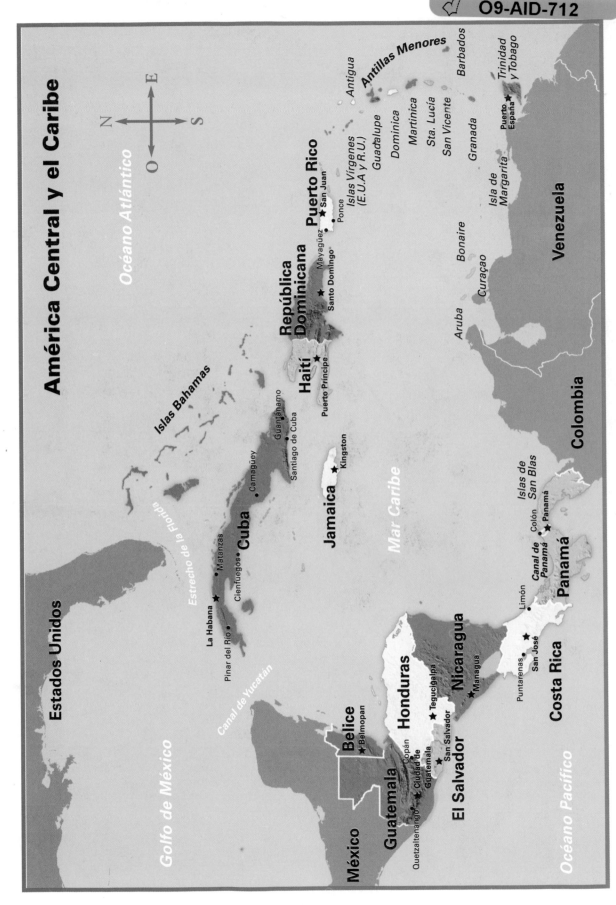

América Central y el Caribe

SECOND EDITION

PANORAMA

Introducción a la lengua española

SECOND EDITION

PANORAMA

Introducción a la lengua española

José A. Blanco

Philip Redwine Donley, Late
Austin Community College

VISTA
HIGHER LEARNING

Boston, Massachusetts

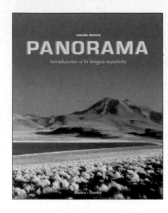

The **PANORAMA, Second Edition,** cover celebrates the natural beauty of the Spanish-speaking world you will discover throughout this program. The cover photo is an image of **Laguna Miscanti** and **Cerro Miñiques** in Chile.

Publisher: José A. Blanco

President: Stephen Pekich

Editorial Director: Denise St. Jean

Art Director: Linda Jurras

Design Manager: Polo Barrera

Project Manager: Kristen Odlum Chapron

Staff Editors: María Cinta Aparisi, Armando Brito, Gabriela Ferland, María Isabel García, Sarah Kenney, Paola Ríos Schaaf, Alicia Spinner

Contributing Writers and Editors: Mary Ann Dellinger, Carmela Fazzino-Farah, Adriana Lavergne, Magdalena Malinowska, Lourdes Murray-Eljach, Angélica Solares, Ana Yáñez

Design, Production, and Manufacturing Team: Linde Gee; Oscar Díez, Mauricio Henao, Jonathan Gorey; Gustavo Cinci

Student Text ISBN 1-59334-520-8
Instructor's Annotated Edition ISBN 1-59334-521-6

Library of Congress Card Number: 2004114832

2 3 4 5 6 7 8 9 VH 09 08 07 06 05

TO THE STUDENT

To Vista Higher Learning's great pride and gratification, **PANORAMA** and **VISTAS**, the parent text from which **PANORAMA** is derived, became the best-selling new introductory college Spanish programs in more than a decade in their first editions. It is now our distinct pleasure to welcome you to **PANORAMA, Second Edition**, your point of entry to the Spanish language and to the vibrant, diverse cultures of the Spanish-speaking world.

The direct result of extensive reviews and ongoing input from students and instructors using the first edition, **PANORAMA 2/e** includes both the highly successful, ground-breaking features of the original program, plus many exciting new features. Here are just a few of the elements you will encounter:

Original, hallmark features

- An innovative, easy-to-navigate design built around color-coded sections that appear either completely on one page or on spreads of two facing pages
- Integration of an appealing video up-front in each lesson of the student text
- Practical, high-frequency vocabulary presented in meaningful contexts
- Clear, comprehensive grammar explanations with high-impact graphics and other special features that make structures easier to learn and use
- Ample guided, focused practice to make you comfortable with the vocabulary and grammar you are learning and to give you a solid foundation for communication
- An emphasis on communicative interactions with a classmate, small groups, the full class, and your instructor
- Careful development of reading, writing, and listening skills that integrates learning strategies and a process approach
- Integration of the culture of the everyday lives of Spanish speakers and coverage of the entire Spanish-speaking world
- Unprecedented learning support through on-the-spot student sidebars and on-page correlations to the print and technology ancillaries for each lesson section
- A complete set of coordinated print and technology ancillaries to help you learn Spanish more easily

New to the Second Edition

- Revised grammar scope and sequence for improved coverage within and across lessons
- Jump-start **A primera vista** activities on each lesson's opening page
- Engaging information gap activities in diverse formats
- Increased opportunities for reading and coverage of culture
- New ancillaries like the Vocabulary CDs, the **Panorama cultural** Video, DVDs, and the online **PANORAMA** eText, all closely integrated with your student text

To familiarize yourself with the organization of the text, as well as its *original* and *new* features, turn to page xii and take the **at-a-glance** tour.

table of contents

| | **contextos** | **fotonovela** |

estructura	adelante	panorama

table of contents

	contextos	fotonovela

estructura	adelante	panorama

table of contents

	contextos	fotonovela

estructura	adelante	panorama

table of contents

	contextos	**fotonovela**

Consulta (*Reference*)

estructura	adelante	panorama

PANORAMA-at-a-glance

Lesson Openers
outline the content and features of each lesson.

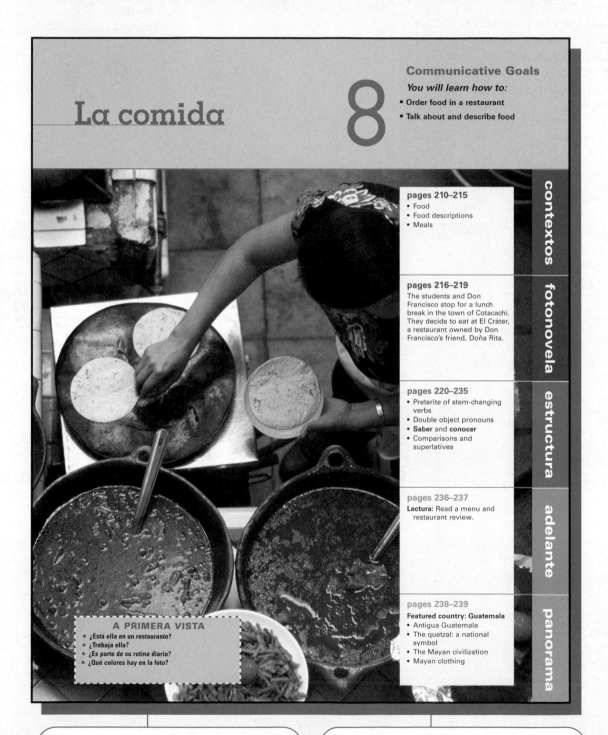

La comida

8

Communicative Goals

You will learn how to:
- Order food in a restaurant
- Talk about and describe food

pages 210–215
- Food
- Food descriptions
- Meals

contextos

pages 216–219
The students and Don Francisco stop for a lunch break in the town of Cotacachi. They decide to eat at El Cráter, a restaurant owned by Don Francisco's friend, Doña Rita.

fotonovela

pages 220–235
- Preterite of stem-changing verbs
- Double object pronouns
- **Saber** and **conocer**
- Comparisons and superlatives

estructura

pages 236–237
Lectura: Read a menu and restaurant review.

adelante

pages 238–239
Featured country: Guatemala
- Antigua Guatemala
- The quetzal: a national symbol
- The Mayan civilization
- Mayan clothing

panorama

A PRIMERA VISTA
- ¿Está ella en un restaurante?
- ¿Trabaja ella?
- ¿Es parte de su rutina diaria?
- ¿Qué colores hay en la foto?

New! A primera vista activities jump-start the lessons, allowing you to use the Spanish you know to talk about the photos.

Communicative goals highlights the real-life tasks you will be able to carry out in Spanish by the end of each lesson.

Contextos
presents vocabulary in meaningful contexts.

6 | **contextos**

ciento cincuenta y tres | **153**

¡De compras!

Más vocabulario

el abrigo	coat
el almacén	department store
el calcetín	sock
el cinturón	belt
las gafas (de sol),	(sun)glasses
las gafas (oscuras)	
los guantes	gloves
el impermeable	raincoat
los lentes de contacto	contact lenses
los lentes (de sol)	(sun)glasses
la ropa	clothing; clothes
la ropa interior	underwear
la sandalia	sandal
el vestido	dress
los zapatos de tenis	tennis shoes; sneakers
el centro comercial	shopping mall
el mercado (al aire libre)	(open-air) market
el precio (fijo)	(fixed; set) price
la rebaja	sale
la tienda	shop; store
costar (o:ue)	to cost
gastar	to spend (money)
pagar	to pay
regatear	to bargain
vender	to sell
hacer juego (con)	to match (with)
llevar	to wear; to take
usar	to wear; to use

Variación léxica

calcetines ←→ medias (Amér. L.)
cinturón ←→ correa (Col., Venez.)
gafas/lentes ←→ espejuelos (Cuba, P.R.),
anteojos (Arg., Chile)
zapatos de tenis ←→ zapatillas de deporte (Esp.),
zapatillas (Arg., Perú)

recursos

TEXT CD Lección 6 | WB pp. 59–60 | LM p. 31 | Lab CD/MP3 Lección 6 | I CD-ROM Lección 6 | Vocab CD Lección 6

Labels in illustration: los pantalones cortos, el traje de baño, el sombrero, Damas, los pantalones, un par de zapatos, Caballeros, los zapatos, la camiseta, el dependiente/el vendedor, la camisa, la chaqueta, la caja, la clienta, la cartera, el dinero en efectivo, la blusa, el traje, la vendedora/la dependienta, la corbata, la bolsa, la tarjeta de crédito, el suéter, la falda, los bluejeans, las medias, la bota

Práctica

1 **Escuchar** Listen to Juanita and Vicente talk about what they're packing for their vacations. Indicate who is packing each item. If both are packing an item, write both names. If neither is packing an item, write an **x**.

1. abrigo _____
2. zapatos de tenis _____
3. impermeable _____
4. chaqueta _____
5. sandalias _____
6. bluejeans _____
7. gafas de sol _____
8. camisetas _____
9. traje de baño _____
10. botas _____
11. pantalones cortos _____
12. suéter _____

2 **Completar** Anita is talking about going shopping. Complete each sentence with the correct word(s), adding definite or indefinite articles when necessary.

caja	medias	tarjeta de crédito
centro comercial	par	traje de baño
dependientas	ropa	vendedores

1. Hoy voy a ir de compras al nuevo _____.
2. Voy a ir a la tienda de ropa para mujeres. Siempre hay muchas rebajas y las _____ son muy simpáticas.
3. Necesito comprarme _____ de zapatos.
4. Y tengo que comprarme _____ nuevo porque el sábado voy a la playa con mis amigos.
5. También voy a comprar unas _____ para mi mamá.
6. Voy a pagar todo (everything) en _____.
7. Pero hoy no tengo dinero. Voy a tener que usar mi _____.
8. Mañana voy al mercado al aire libre. Me gusta regatear con los _____.

3 **Escoger** Choose the item in each group that does not belong.

1. almacén • centro comercial • mercado • sombrero
2. camisa • camiseta • blusa • botas
3. bluejeans • bolsa • falda • pantalones
4. abrigo • suéter • corbata • chaqueta
5. mercado • tienda • almacén • cartera
6. pagar • llevar • hacer juego (con) • usar
7. botas • sandalias • zapatos • traje
8. vender • regatear • ropa interior • gastar

Más vocabulario boxes call out other important theme-related vocabulary in easy-to-reference Spanish-English lists.

Illustrations High-frequency vocabulary is introduced through expansive, full-color illustrations.

Práctica This section always begins with a listening exercise and continues with activities that practice the new vocabulary in meaningful contexts.

Variación léxica presents alternate words and expressions used throughout the Spanish-speaking world.

New! Recursos The icons in the **recursos** boxes are color-coded to match those of the actual components, making it even easier for you to know exactly what print and technology ancillaries you can use to reinforce and expand on every section of every lesson.

PANORAMA-at-a-glance

Contextos
practices vocabulary in a variety of formats.

Práctica exercises reinforce the vocabulary through varied and engaging formats.

Student sidebars provide handy, on-the-spot information that helps you complete the activities.

Comunicación activities allow you to use the vocabulary creatively in interactions with a partner, a small group, or the entire class.

Icons provide on-the-spot visual cues for various types of activities: pair, small group, listening-based, video-related, handout-based, and information gap. For a legend explaining all icons used in the student text, see page xxiii.

Fotonovela
tells the story of four students traveling in Ecuador.

Personajes The photo-based conversations take place among a cast of recurring characters—four college students on vacation in Ecuador and the bus driver who accompanies them.

***Fotonovela* Video** The **Fotonovela** episode appears in the **Fotonovela** Video Program. To learn more about the video, turn to page xxiv.

Conversations Taken from the **Fotonovela** video, the conversations reinforce vocabulary from **Contextos**. They also preview structures from the upcoming **Estructura** section in context *and* in a comprehensible way.

Enfoque cultural provides detailed cultural information on a topic related to the **Fotonovela** conversation.

Expresiones útiles organizes new, active words and expressions by language function so you can focus on using them for real-life, practical purposes.

PANORAMA-at-a-glance

Pronunciación & Ortografía
present the rules of Spanish pronunciation and spelling.

Pronunciación explains the sounds and pronunciation of Spanish in Lessons 1–9.

Ortografía focuses on topics related to Spanish spelling in Lessons 10–15.

Estructura
presents Spanish grammar in a graphic-intensive format.

Ante todo eases you into the grammar with definitions of grammatical terms, reminders about what you already know of English grammar, and references to Spanish grammar from earlier lessons.

Compare & contrast focuses on aspects of grammar that native speakers of English may find difficult, clarifying similarities and differences between Spanish and English.

Diagrams To clarify concepts, clear and easy-to-grasp grammar explanations are reinforced by diagrams that colorfully present sample words, phrases, and sentences.

Charts To help you learn, colorful, easy-to-use charts call out key grammatical structures and forms, as well as important related vocabulary.

Student sidebars provide you with on-the-spot linguistic, cultural, or language-learning information directly related to the materials in front of you.

¡Inténtalo! exercises offer an easy first step in your practice of each new grammar point. They get you working with the grammar right away in simple, easy-to-understand formats.

PANORAMA-at-a-glance

Estructura
provides directed and communicative practice.

Práctica activities provide a wide range of guided, yet meaningful exercises that weave current and previously learned vocabulary together with the current grammar point.

Comunicación offers opportunities for creative expression using the lesson's grammar and vocabulary. These take place with a partner, in small groups, or with the whole class.

Síntesis integrates the current grammar point with previously learned points, providing built-in, consistent review and recycling as you progress through the text.

Expanded! Increased *Nota cultural* **sidebars** expand coverage of the cultures of the Spanish-speaking peoples and countries with a special emphasis on everyday-life practices. In Spanish as of Lesson 7, the cultural notes also provide additional reading practice.

Expanded! New reading-based **activities** involving authentic documents, dialogues, and other brief texts provide increased reading opportunities throughout the textbook.

New! Information Gap activities engage you and a partner in problem-solving and other situations based on handouts your instructor gives you. However, you and your partner each have only half of the information you need, so you must work together to accomplish the task at hand.

Adelante
In every lesson, *Lectura* develops reading skills in the context of the lesson theme.

Antes de leer presents valuable reading strategies and pre-reading activities that strengthen your reading abilities in Spanish.

Readings are specifically related to the lesson theme and recycle vocabulary and grammar you have learned. The selections in Lessons 1–12 are cultural texts, while those in Lessons 13–15 are literary pieces.

Después de leer includes post-reading exercises that review and check your comprehension of the reading.

New! Three cultural and two literary readings are new to **PANORAMA 2/e**. Lessons 4, 7, and 11 feature high-interest, culturally-oriented texts; Lessons 13 and 15 offer new highly accessible, theme-related poems.

PANORAMA-at-a-glance

Adelante

In Lessons 3, 6, 9, 12, and 15, *Escritura* and *Escuchar* develop writing and listening skills.

Escritura

Estrategia
Writing in Spanish

Why do we write? All writing has a purpose. For example, we may write a poem to reveal our innermost feelings, a letter to impart information, or an essay to persuade others to accept a point of view. Proficient writers are not born, however. Writing requires time, thought, effort, and a lot of practice. Here are some tips to help you write more effectively in Spanish.

DO

- Try to write your ideas in Spanish
- Use the grammar and vocabulary that you know
- Use your textbook for examples of style, format, and expression in Spanish
- Use your imagination and creativity
- Put yourself in your reader's place to determine if your writing is interesting

AVOID

- Translating your ideas from English to Spanish
- Simply repeating what is in the textbook or on a web page
- Using a dictionary until you have learned how to use foreign language dictionaries

Tema

Escribir una carta

A friend you met in a chat room for Spanish speakers wants to know about your family. Using some of the verbs and adjectives you have learned in this lesson, write a brief letter describing your family or an imaginary family, including:

- Names and relationships
- Physical characteristics
- Hobbies and interests

Here are some useful expressions for letter writing in Spanish:

Salutations

Estimado/a Julio/Julia	*Dear Julio/Julia*
Querido/a Miguel/Ana María	*Dear Miguel/Ana María*

Closings

Un abrazo,	*A hug,*
Abrazos,	*Hugs,*
Cariños,	*Much love,*
¡Hasta pronto!	*See you soon!*
¡Hasta la próxima semana!	*See you next week!*

Escuchar

Estrategia
Asking for repetition/ Replaying the recording

Sometimes it is difficult to understand what people say, especially in a noisy environment. During a conversation, you can ask someone to repeat by saying **¿Cómo?** (*What?*) or **¿Perdón?** (*Pardon me?*). In class, you can ask your teacher to repeat by saying **Repita, por favor** (*Repeat, please*). If you don't understand a recorded activity, you can simply replay it.

To help you practice this strategy, you will listen to a short paragraph. Ask your professor to repeat it or replay the recording, and then summarize what you heard.

Preparación

Based on the photograph, where do you think Cristina and Laura are? What do you think Laura is saying to Cristina?

Ahora escucha

Now you are going to hear Laura and Cristina's conversation. Use **R** to indicate which adjectives describe Cristina's boyfriend, Rafael. Use **E** for adjectives that describe Laura's boyfriend, Esteban. Some adjectives will not be used.

___ rubio		___ interesante
___ feo		___ antipático
___ alto		___ inteligente
___ trabajador		___ moreno
___ un poco gordo		___ viejo

Comprensión

Identificar
Which person would make each statement: Cristina or Laura?

	Cristina	Laura
1. Mi novio habla sólo de fútbol y de béisbol.	○	○
2. Tengo un novio muy interesante y simpático.	○	○
3. Mi novio es alto y moreno.	○	○
4. Mi novio trabaja mucho.	○	○
5. Mi amiga no tiene buena suerte con los muchachos.	○	○
6. El novio de mi amiga es un poco gordo, pero guapo.	○	○

¿Cierto o falso?
Indicate whether each sentence is **cierto** or **falso,** then correct the false statements.

	Cierto	Falso
1. Esteban es un chico interesante y simpático.	○	○
2. Laura tiene mala suerte con los chicos.	○	○
3. Rafael es muy interesante.	○	○
4. Laura y su novio hablan de muchas cosas.	○	○

recursos

TEXT CD
Lección 3

Estrategia provides strategies that help you prepare for the writing task presented in this section.

Tema describes the writing topic and includes suggestions for approaching it.

Escuchar presents a recorded conversation or narration to develop your listening skills in Spanish. **Estrategia** and **Preparación** prepare you for listening to the recorded passage.

Ahora escucha tracks you through the passage, and **Comprensión** checks your understanding of what you heard.

Panorama
presents the nations of the Spanish-speaking world.

El país en cifras presents interesting, key facts about the featured country.

Maps point out major cities, rivers, and geographical features and situate the country in the context of its immediate surroundings and the world.

Readings A series of brief paragraphs explores facets of the country's culture such as history, places, fine arts, literature, and aspects of everyday life.

¡Increíble pero cierto! highlights an intriguing fact about the country or its people.

Conexión Internet offers Internet activities on the **PANORAMA** website for additional avenues of discovery.

New! *Panorama cultural* **Video** The authentic footage of this video takes you to the featured Spanish-speaking country, letting you experience the sights and sounds of an aspect of its culture. To learn more about the video, turn to page xxv.

Vocabulario
summarizes all the active vocabulary of the lesson.

4 vocabulario 120   ciento veinte

Pasatiempos

andar en patineta	to skateboard
bucear	to scuba dive
escalar montañas (f. pl.)	to climb mountains
escribir una carta	to write a letter
escribir un mensaje electrónico	to write an e-mail message
escribir una (tarjeta) postal	to write a postcard
esquiar	to ski
ganar	to win
ir de excursión (a las montañas)	to go on a hike (in the mountains)
leer correo electrónico	to read e-mail
leer un periódico	to read a newspaper
leer una revista	to read a magazine
nadar	to swim
pasar tiempo	to spend time
pasear	to take a walk; to stroll
pasear en bicicleta	to ride a bicycle
pasear por la ciudad/el pueblo	to walk around the city/the town
patinar (en línea)	to skate (in-line)
practicar deportes (m. pl.)	to play sports
ser aficionado/a (a)	to be a fan (of)
tomar el sol	to sunbathe
ver películas (f. pl.)	to see movies
visitar monumentos (m. pl.)	to visit monuments
la diversión	fun activity; entertainment; recreation
el/la excursionista	hiker
el fin de semana	weekend
el pasatiempo	pastime; hobby
los ratos libres	spare (free) time
el tiempo libre	free time

Deportes

el baloncesto	basketball
el béisbol	baseball
el ciclismo	cycling
el equipo	team
el esquí (acuático)	(water) skiing
el fútbol	soccer
el fútbol americano	football
el golf	golf
el hockey	hockey
el/la jugador(a)	player
la natación	swimming
el partido	game; match
la pelota	ball
el tenis	tennis
el vóleibol	volleyball

Adjetivos

deportivo/a	sports-related
favorito/a	favorite

Lugares

el café	café
el centro	downtown
el cine	movie theater
el gimnasio	gymnasium
la iglesia	church
el lugar	place
el museo	museum
el parque	park
la piscina	swimming pool
la plaza	city or town square
el restaurante	restaurant

Verbos

almorzar (o:ue)	to have lunch
cerrar (e:ie)	to close
comenzar (e:ie)	to begin
conseguir (e:i)	to get; to obtain
contar (o:ue)	to count; to tell
decir (e:i)	to say; to tell
dormir (o:ue)	to sleep
empezar (e:ie)	to begin
encontrar (o:ue)	to find
entender (e:ie)	to understand
hacer	to do; to make
ir	to go
jugar (u:ue)	to play
mostrar (o:ue)	to show
oír	to hear
pedir (e:i)	to ask for; to request
pensar (e:ie)	to think
pensar (+ inf.)	to intend
pensar en	to think about
perder (e:ie)	to lose; to miss
poder (o:ue)	to be able to; can
poner	to put; to place
preferir (e:ie)	to prefer
querer (e:ie)	to want; to love
recordar (o:ue)	to remember
repetir (e:i)	to repeat
salir	to leave
seguir (e:i)	to follow; to continue
suponer	to suppose
traer	to bring
ver	to see
volver (o:ue)	to return

Decir expressions	See page 109.
Expresiones útiles	See page 99.

recursos

LM p. 24   Lab CD/MP3 Lección 4   Vocab CD Lección 4

New! Recorded vocabulary The headset icon at the top of the page and the **recursos** box at the bottom of the page highlight that the active lesson vocabulary is recorded for convenient study on both the Lab Audio Program and the new Vocabulary CDs.

ICONS AND RECURSOS BOXES

Icons

Icons provide on-the-spot support throughout the student text. They appear at the beginning of sections or next to activities in **PANORAMA, Second Edition**.

Icons legend	
Listening activity/section	Video-based activity/section
Pair activity	Information Gap activity
Group activity	Hoja de actividades

- The Information Gap activities and those involving **Hojas de actividades** (*activity sheets*) require handouts that your instructor will give you.
- You will see the listening icon in each lesson's **Contextos**, **Pronunciación**, **Escuchar** and **Vocabulario** sections.
- The video icon appears in the **Fotonovela** and the **Panorama** sections of each lesson.

Recursos

Recursos boxes let you know exactly what print and technology ancillaries you can use to reinforce and expand on every section of the lessons in your textbook. They even include page numbers when applicable. In **PANORAMA 2/e**, the colors of the icons for the CDs and CD-ROMs match those of the actual ancillaries, making it even easier for you to use the complete program. See page xxvi for a description of the ancillaries.

Recursos boxes legend	
WB pp. 37–38 — Workbook	**TEXT CD** Lección 4 — Textbook Activities CD
LM p. 19 — Lab Manual	**Lab CD/MP3** Lección 4 — Lab CDs or MP3 Files Audio CD-ROM
VM pp. 201–202 — Video Manual	**Vocab CD** Lección 4 — Vocabulary CD
vistahigherlearning.com — Companion Website	**V CD-ROM** Lección 4 — *Fotonovela* Video CD-ROM
	I CD-ROM Lección 4 — Interactive CD-ROM

FOTONOVELA VIDEO PROGRAM

Fully integrated with your textbook, the **PANORAMA** video contains fifteen episodes, one for each lesson of the text. The episodes present the adventures of four college students who are studying at the **Universidad de San Francisco** in Quito, Ecuador. They decide to spend their vacation break on a bus tour of the Ecuadorian countryside with the ultimate goal of hiking up a volcano. The video, shot in various locations in Ecuador, tells their story and the story of Don Francisco, the tour bus driver who accompanies them.

The **Fotonovela** section in each textbook lesson is actually an abbreviated version of the dramatic episode featured in the video. Therefore, each **Fotonovela** section can be done before you see the corresponding video episode, after it, or as a section that stands alone in its own right.

As you watch each video episode, you will first see a live segment in which the characters interact using vocabulary and grammar you are studying. As the video progresses, the live segments carefully combine new vocabulary and grammar with previously taught language. You will then see a **Resumen** section in which one of the main video characters recaps the live segment, emphasizing the grammar and vocabulary you are studying within the context of the episode's key events.

In addition, in most of the video episodes, there are brief pauses to allow the characters to reminisce about their home country. These flashbacks—montages of real-life images shot in Spain, Mexico, Puerto Rico, and various parts of Ecuador—connect the theme of the video to everyday life in various parts of the Spanish-speaking world.

THE CAST

Here are the main characters you will meet when you watch the **PANORAMA** video:

From Ecuador,
Inés Ayala Loor

From Spain,
María Teresa (Maite) Fuentes de Alba

From Mexico,
Alejandro (Álex) Morales Paredes

From Puerto Rico,
Javier Gómez Lozano

And, also from Ecuador,
don Francisco Castillo Moreno

PANORAMA CULTURAL VIDEO PROGRAM

The new **Panorama cultural** video is integrated with the **Panorama** section in each lesson of **PANORAMA, Second Edition**. Each segment is 2–3 minutes long and consists of documentary footage from each of the countries featured. The images were specially chosen for interest level and visual appeal, while the all-Spanish narrations were carefully written to reflect the vocabulary and grammar covered in the textbook.

As you watch the video segments, you will experience a diversity of images and topics: cities, monuments, traditions, festivals, archaeological sites, geographical wonders, and more. You will be transported to each Spanish-speaking country including the United States and Canada, thereby having the opportunity to expand your cultural perspectives with information directly related to the content of **PANORAMA, Second Edition**.

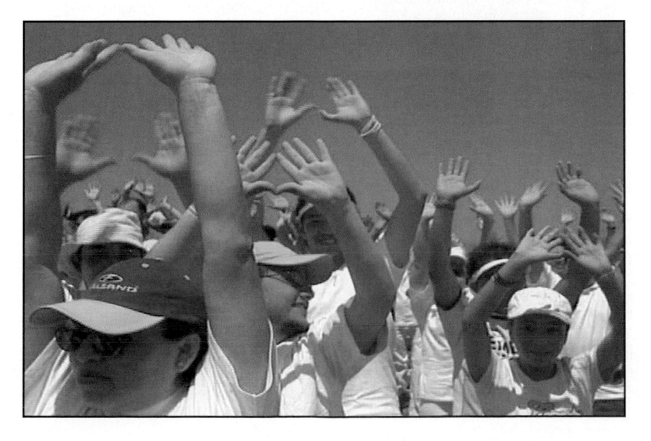

ancillaries

STUDENT ANCILLARIES

▶ **Workbook/Video Manual**
The Workbook/Video Manual contains the workbook activities for each textbook lesson, activities for the **Fotonovela** Video, and new pre-, while-, and post-viewing activities for the **Panorama cultural** Video.

▶ **Lab Manual**
The Lab Manual contains lab activities for each textbook lesson for use with the Lab Audio Program.

▶ **Lab Audio Program**
15 CDs or 1 MP3 Files Audio CD-ROM

▶ **Textbook Activities CD***
The Textbook Activities CD contains the audio recordings for the listening-based activities in the student text.

▶ **New! Vocabulary CDs***
The Vocabulary CDs contain recordings of the active vocabulary in each lesson of the student text.

▶ *Fotonovela* **Video CD-ROM***
The **Fotonovela** Video CD-ROM provides the complete **Fotonovela** Video Program with videoscripts, note-taking capabilities, and navigation tools.

▶ **Significant Revision! Interactive CD-ROMs***
These Interactive CD-ROMs, overwhelmingly popular among students, contain multimedia practice of the language taught in each lesson, as well as practice quizzes with autoscoring and feedback. Improved **Panorama** sections feature interactive geographical maps, comprehension checks, and the entire **Panorama Cultural** Video Program.

▶ **VHL Intro Spanish Pocket Dictionary and Language Guide***
The VHL Intro Spanish Pocket Dictionary and Language Guide is a portable reference for Spanish words, expressions, idioms, and more, created expressly to complement and extend the student text.

 ▶ **Web-SAM** (online Workbook/Video Manual/Lab Manual)

▶ **New! PANORAMA eText**
(www.vistahigherlearning.com)
Accessed through the **PANORAMA 2/e** website, the eText is a ground-breaking online version of **PANORAMA 2/e**. It delivers the contents of the printed textbook, plus the Textbook Activities CDs and the **Fotonovela** and **Panorama cultural** Videos, in interactive formats ideal for online courses and distance learning applications, or as a supplement to **PANORAMA 2/e**. Students can interact with the textbook, access specially designed step-by-step vocabulary and grammar tutorials, do practice activities, complete tests, and communicate orally and in writing with their instructor and e-partners. Instructors have access to powerful electronic gradebook and classroom management tools for tracking students' performance and administering tests.

▶ **Expanded! Companion Website***
(www.vistahigherlearning.com)
The **PANORAMA 2/e** website provides an abundance of activities and resources specially created to reinforce and expand on the language and culture presented in each lesson of the student text. Auto-scored exercises review the vocabulary and grammar; cultural activities explore the theme and country of focus; **Conexión Internet** activities support directly their corresponding activities in the textbook's **Panorama** sections; and a new reading with pre- and post-reading exercises provides increased reading practice. Among the resources included are an electronic verb wheel, an online dictionary, links to the entire Spanish-speaking world, and entryways to the **PANORAMA 2/e** Web-SAM and eText.

---

*Free with purchase of a new Student Text

INSTRUCTOR ANCILLARIES

▶ **New! Instructor's Annotated Edition (IAE)**
The expanded trim size and enhanced design of the **PANORAMA 2/e IAE** make the annotations and facsimile student pages easier to read and reference in the classroom.

▶ **Expanded! Instructor's Resource Manual (IRM)**
The IRM contains Tapescripts, Videoscripts, English translations of both the **Fotonovela** conversations and the **Panorama cultural** Video, **Hojas de actividades** for selected textbook activities, **Vocabulario adicional** handouts for each lesson, and answers to the **¡Inténtalo!** and **Práctica** activities in the student text.

▶ **New! Information Gap Activities Booklet**
This booklet contains the handouts for the information gap activities in the student text, plus additional info gap activities.

▶ **New! Workbook/Video Manual/Lab Manual Answer Key**

▶ **Major Revision! Testing Program**
Four different tests are now provided for each lesson, as well as two midterm and final exams for the semester and quarter systems. All tests and exams have been thoroughly revised to make them more contextualized and communicative and to include reading sections. Two new communicative tests have been added for each lesson, as well as optional sections with alternate listening sections and test items for the **Fotonovela** Video, the **Panorama** textbook sections, and the **Panorama cultural** Video.

▶ **Major Revision! Testing Program Audio CD**
The CD contains the listening passages to be used in conjunction with the listening sections on the tests and exams. Scripts for the passages are located in the printed Testing Program and on the Test Files CD-ROM.

▶ **Major Revision! Test Files CD-ROM**
The Test Files CD-ROM (for Windows® and Macintosh®) contains the tests, exams, listening scripts, optional sections, and answer keys of the printed Testing Program as Microsoft Word® files. Instructors can customize the materials to suit their curricula and/or teaching styles.

▶ **New! Test Generator** BROWNSTONE
The Test Generator provides a test bank of the entire **PANORAMA 2/e** Testing Program on CD-ROM and includes a robust online testing component. Instructors can modify existing tests, create their own tests, and randomly generate new tests. Test items with discrete answers are automatically scored, and all grades are easily exported to WebCT and Blackboard.

▶ **New! *Panorama cultural* Video Program (VHS)**
The **Panorama cultural** Video Program consists of authentic footage from each of the Spanish-speaking countries featured in each lesson's **Panorama** section. The images were specifically chosen for interest level and visual appeal, while the all-Spanish narrations were specially written to reflect the vocabulary and grammar taught in the text.

▶ ***Fotonovela* Video Program (VHS)**
This specially-shot video, a favorite among students using **PANORAMA 1/e**, is closely and distinctively integrated with each lesson of the textbook.

▶ **New! DVD**
The complete **Fotonovela** Video and the new **Panorama cultural** Video are available on DVD.

▶ **New! *Contextos* and *Estructura* Presentations CD-ROM**
This CD-ROM contains PDFs of the Overhead Transparencies (the **Contextos** illustrations, maps, and more); a Microsoft PowerPoint® presentation for each **Estructura** grammar point; and selected photographs from each textbook lesson.

▶ **Overhead Transparencies**
The Transparencies consist of the maps of the countries of the Spanish-speaking world, the **Contextos** vocabulary drawings, and other selected illustrations from the student text.

▶ **Expanded! Companion Website***
(www.vistahigherlearning.com)
The **PANORAMA 2/e** website supports instructors with a wide range of online resources—cultural information and links, lyrics to the music on the **Fotonovela** Video, a professional center, teaching suggestions, course syllabi, lesson plans, and more—that directly correlate to the textbook and go beyond it.

ACKNOWLEDGMENTS

On behalf of its authors and editors, Vista Higher Learning expresses its sincere appreciation to the many college professors nationwide who contributed their ideas and suggestions to **VISTAS**, our flagship program from which **PANORAMA** is derived. We are grateful to the more than fifty members of the Spanish-teaching community who participated in focus groups and class-tested materials at the initial stages of the program, as well as the more than sixty instructors who reviewed it. Their insights and detailed comments were invaluable to **VISTAS** and **PANORAMA** in their final published forms.

VISTAS, Second Edition, and **PANORAMA, Second Edition**, are the direct result of extensive reviews and ongoing input from both students and instructors using the first editions. Accordingly, we gratefully acknowledge these educators and students who shared their suggestions, recommendations, and ideas:

- Mary Ellen Brines of Alma College and her students for their valuable feedback
- Julio Rivera and his students at Foothill College for their generous input
- Dr. Antonio Velásquez of McMaster University in Ontario, Canada for his contributions regarding the presence and influence of the Spanish language and Hispanic cultures in Canada
- Dr. Mary Ann Dellinger of Virginia Military Institute for her work on the first editions and her contributions to the Instructor's Annotated Editions of the second editions
- Dr. Mercedes Valle of the University of Massachusetts, Amherst and Smith College for her contributions to the Testing Program
- José Cruz of Fayetteville Technical Community College for his thorough suggestions for the Web-SAM that have resulted in enhanced Web-SAMs for the second editions
- Yolanda González of Valencia Community College for her thoughtful remarks about and cogent advice for improving **PANORAMA**

We also extend a special thank you to the following teaching professionals:
- The almost one hundred instructors who completed reviews of **VISTAS**. Their comments and suggestions were instrumental in shaping the second editions of both **VISTAS** and **PANORAMA**.
- The six instructors who provided in-depth reviews of **VISTAS** based on the everyday use of the materials in their classrooms. Their practical, detailed comments and constructive ideas were critical in helping us to fine-tune virtually every page of every lesson in **VISTAS** and **PANORAMA**.

VISTAS In-depth Reviewers

María I. Fleck
Cerritos College, CA

Jerome Miner
Knox College, IL

Michael Panbehchi
Virginia Commonwealth
University, VA

Joyce Pinkard
Fresno City College, CA

Claire Reetz
Florida Community College,
Jacksonville, FL

Julio C. Rivera
Foothill College, CA

VISTAS Reviewers

Amanda Amend
St. Michael's College, VT

Renée Andrade
Mount San Antonio College, CA

David Arbesú Fernández
University of Massachusetts,
Amherst, MA

Rafael Arias
Los Angeles Valley College, LA

Emily Ballou
University of Calgary,
Canada

Amy R. Barber
Grove City College, PA

Allen Bertsche
Augustana College, IL

Jane Harrington Bethune
Salve Regina University, RI

Patrick Brady
Tidewater Community College, VA

Mary Ellen Brines
Alma College, MI

Veronica Burke
Lyon College, AR

Karen Burrell
Mary Washington College, VA

Billy Bussell-Thompson
Hofstra University, NY

Danielle Cahill
Christopher Newport University, VA

Fernando Canto-Lugo
Yuba Community College, CA

Patricia H. Carlin
University of Central Arkansas, AR

Irene Chico-Wyatt
University of Kentucky, KY

Kimberly Contag
Minnesota State University,
Mankato MN

Lisa Contreras
Transylvania University, KY

Marzia Corni-Benson
Indian Hills Community College, IA

Linda Crawford
Salve Regina University, RI

José Cruz
Fayetteville Technical
Community College, NC

Maria D. Delgado-Hellin
Willamette University, OR

Rocío Domínguez
Carnegie Mellon University, PA

Deborah M. Edson
Tidewater Community College, VA

John L. Finan
William Rainey Harper College, IL

María I. Fleck
Cerritos College, CA

Roberto Fuertes-Manjón
Midwestern State University, TX

Adalberto García
Midwestern State University, TX

Lourdes Girardi
Glendale Community College, CA

James Grabowska
Minnesota State University,
Mankato MN

Linda Hollabaugh
Midwestern State University, TX

Patricia G. Horner
Stanly Community College, NC

Nan Hussey
Houghton College, NY

Chuck Hutchings
Central Oregon Community
College, OR

Alfonso Illingworth-Rico
Eastern Michigan University, MI

Franklin Inojosa
Richard J. Daley College, IL

Joseph C. Jeter
Alabama A & M University, AL

Eric Jewell
Truman State University, MO

Steven D. Kirby
Eastern Michigan University, MI

M. Phillip Kristiansen
University of the Ozarks, AR

Lora Looney
University of Portland, OR

acknowledgments

VISTAS Reviewers

Esteban E. Loustaunau
Augustana College, IL

Bernard Manker
Grand Rapids Community
College, MI

Carol Marshall
Truman State University, MO

Gianna M. Martella
Western Oregon University, OR

Vidal Martín
Everett Community College, WA

Laurie Mattas
College of DuPage, IL

Haven McBee
Middle Tennessee State
University, TN

Suzanne McLaughlin
Chemeketa Community
College, OR

Jerome Miner
Knox College, IL

Carrie Mittleman
University of Massachusetts,
Amherst, MA

Charles H. Molano
Dodge City Community
College, KS

Karen-Jean Muñoz
Florida Community College,
Jacksonville, FL

Nancy C. Mustafa
Virginia Commonwealth
University, VA

M. Margarita Nodarse
Barry University, FL

Kathleen D. O'Connor
Tidewater Community College, VA

Milagros Ojermark
Diablo Valley College, CA

Daniel Onorato
Modesto Junior College, CA

Michael Panbehchi
Virginia Commonwealth
University, VA

John Parrack
University of Central
Arkansas, AR

Peregrina Pereiro
Washburn University, KS

Gladys A. Perez
University of Portland, OR

Martha Perez
Kirkwood Community College,
Iowa City, IA

Inmaculada Pertusa
University of Kentucky, KY

Joyce Pinkard
Fresno City College, CA

Ruth Ellen Porter
Brewton-Parker College, GA

Karry Putzy
Kirkwood Community College,
Iowa City, IA

Richard Reid
Grand Rapids Community
College, MI

Claire Reetz
Florida Community College,
Jacksonville, FL

Rita Ricaurte
Nebraska Wesleyan
University, NE

Julio C. Rivera
Foothill College, CA

Anthony J. Robb
Rowan University, NJ

Cathy A. Robison
Clemson University, SC

Theresa E. Ruiz-Velasco
College of Lake County, IL

José Carlos Saa-Ramos
Washburn University, KS

Jan Satterlee
Richland Community College, IL

Kathy Schmidt
Minneapolis Community Technical
College, MN

Mary Shea
Napa Valley College, CA

Juanita Shettlesworth
Tennessee Technological
University, TN

Roger Simpson
Clemson University, SC

Laurel Sparks
North Dakota State University, ND

Daniela Stewart
Everett Community College, WA

Cristobal Trillo
Joliet Junior College, IL

Alejandro Varderi
Borough of Manhattan Community
College of CUNY, NY

David J. Viera
Tennessee Technological
University, TN

Keith Watts
Grand Valley State
University, MI

James Reese Weckler
Minnesota State University,
Moorhead, MN

Georgina Whittingham
Oswego, State University of New
York, NY

Terri Wilbanks
University of South Alabama, AL

Diane Wright
Grand Valley State University, MI

Laura Yocom
Centralia College, WA

Mary F. Yudin
Mary Washington College, VA

Hola, ¿qué tal?

1

A PRIMERA VISTA
- Guess what the people in the photo are saying:
  a. Café b. Hola c. Salsa
- Most likely they would also say:
  a. Gracias b. Fiesta c. Buenos días
- The women are:
  a. amigas b. chicos c. señores

Hola, ¿qué tal?

Más vocabulario

Buenos días.	*Good morning.*
Buenas tardes.	*Good afternoon.*
Buenas noches.	*Good evening./night.*
Hasta la vista.	*See you later.*
Hasta pronto.	*See you soon.*
¿Cómo se llama usted?	*What's your name? (form.)*
Le presento a…	*I would like to introduce (name) to you. (form.)*
Te presento a…	*I would like to introduce (name) to you. (fam.)*
nombre	*name*
¿Cómo estás?	*How are you? (fam.)*
No muy bien.	*Not very well.*
¿Qué pasa?	*What's happening?; What's going on?*
por favor	*please*
De nada.	*You're welcome.*
No hay de qué.	*You're welcome.*
Lo siento.	*I'm sorry.*
(Muchas) gracias.	*Thank you (very much).; Thanks (a lot).*

Variación léxica

Items are presented for recognition purposes only.

Buenos días. ⟷ Buenas.
De nada. ⟷ A la orden.
Lo siento. ⟷ Perdón.
¿Qué tal? ⟷ ¿Qué hubo? *(Col.)*
chau ⟷ ciao

ELENA Patricia, éste es el señor Perales.
PATRICIA Encantada.
SEÑOR PERALES Igualmente. ¿De dónde es usted, señorita?
PATRICIA Soy de México. ¿Y usted?
SEÑOR PERALES De Puerto Rico.

TOMÁS ¿Qué tal, Alberto?
ALBERTO Regular. ¿Y tú?
TOMÁS Bien. ¿Qué hay de nuevo?
ALBERTO Nada.

SEÑOR VARGAS Buenas tardes, señora Wong. ¿Cómo está usted?
SEÑORA WONG Muy bien, gracias. ¿Y usted, señor Vargas?
SEÑOR VARGAS Bien, gracias.
SEÑORA WONG Hasta mañana, señor Vargas. Saludos a la señora Vargas.
SEÑOR VARGAS Adiós.

recursos

| TEXT CD Lección 1 | WB pp. 1–2 | LM p. 1 | Lab CD/MP3 Lección 1 | I CD-ROM Lección 1 | Vocab CD Lección 1 |

AYUDA

In Spanish, people can be addressed either formally or informally. Dialogues 1 and 3 are formal exchanges and use **usted** (*you*) forms. Dialogues 2, 4, and 5 are informal and use the familiar **tú** (*you*) form or other informal expressions. You will learn more about this in **Estructura 1.3.**

4

BERTA Hasta luego, Tere.
TERESA Chau, Berta. Nos vemos mañana.

5

CARMEN Hola. Me llamo Carmen.
  ¿Cómo te llamas tú?
ANTONIO Buenas tardes. Me llamo Antonio.
  Mucho gusto.
CARMEN El gusto es mío. ¿De dónde eres?
ANTONIO Soy de los Estados Unidos, de California.

Práctica

1 **Escuchar** 🎧 Listen to each question or statement, then choose the correct response.

1. a. Muy bien, gracias.   b. Me llamo Graciela.
2. a. Lo siento.   b. Mucho gusto.
3. a. Soy de Puerto Rico.   b. No muy bien.
4. a. No hay de qué.   b. Regular.
5. a. Mucho gusto.   b. Hasta pronto.
6. a. Nada.   b. Igualmente.
7. a. Me llamo Guillermo Montero.   b. Muy bien, gracias.
8. a. Buenas tardes. ¿Cómo estás?   b. El gusto es mío.
9. a. Saludos a la señora Ramírez.   b. Encantada.
10. a. Adiós.   b. Regular.

2 **Escoger** For each expression, write another word or phrase that expresses a similar idea.

> **modelo**
> ¿Cómo estás?
> ¿Qué tal?

1. De nada. _____
2. Encantado. _____
3. Adiós. _____
4. Te presento a Antonio. _____
5. Hasta la vista. _____
6. Mucho gusto. _____

3 **Ordenar** Work with a classmate to put this scrambled conversation in order. Then act it out.

—Muy bien, gracias. Soy Rosabel.
—Soy del Ecuador. ¿Y tú?
—Mucho gusto, Rosabel.
—Hola. Me llamo Carlos. ¿Cómo estás?
—Soy de Argentina.
—Igualmente. ¿De dónde eres, Carlos?

CARLOS _____
ROSABEL _____
CARLOS _____
ROSABEL _____
CARLOS _____
ROSABEL _____

4   **Completar** Work with a partner to complete these exchanges.

> **modelo**
>
> **Estudiante 1:** ¿Cómo estás?
> **Estudiante 2:** ___Muy bien, gracias.___

1. **Estudiante 1:** _____
   Estudiante 2: Buenos días. ¿Qué tal?

2. **Estudiante 1:** _____
   Estudiante 2: Me llamo Carmen Sánchez.

3. **Estudiante 1:** _____
   Estudiante 2: De México.

4. **Estudiante 1:** Te presento a Marisol.
   Estudiante 2: _____

5. **Estudiante 1:** Gracias.
   Estudiante 2: _____

6. **Estudiante 1:** _____
   Estudiante 2: Regular.

7. **Estudiante 1:** _____
   Estudiante 2: Nada.

8. **Estudiante 1:** ¡Hasta la vista!
   Estudiante 2: _____

---

5   **Cambiar** Work with a partner and correct the second part of each conversation to make it logical.

> **modelo**
>
> **Estudiante 1:** ¿Qué tal?
> **Estudiante 2:** ~~No hay de qué.~~ Bien. ¿Y tú?

1. **Estudiante 1:** Hasta mañana, señora Ramírez. Saludos al señor Ramírez.
   Estudiante 2: *Muy bien, gracias.*

2. **Estudiante 1:** ¿Qué hay de nuevo, Alberto?
   Estudiante 2: *Sí, me llamo Alberto. ¿Cómo te llamas tú?*

3. **Estudiante 1:** Gracias, Tomás.
   Estudiante 2: *Regular. ¿Y tú?*

4. **Estudiante 1:** Miguel, ésta es la señorita Perales.
   Estudiante 2: *No hay de qué, señorita.*

5. **Estudiante 1:** ¿De dónde eres, Antonio?
   Estudiante 2: *Muy bien, gracias. ¿Y tú?*

6. **Estudiante 1:** ¿Cómo se llama usted?
   Estudiante 2: *El gusto es mío.*

7. **Estudiante 1:** ¿Qué pasa?
   Estudiante 2: *Hasta luego, Alicia.*

8. **Estudiante 1:** Buenas tardes, señor. ¿Cómo está usted?
   Estudiante 2: *Soy de Puerto Rico.*

Comunicación

6   **Diálogos**   With a partner, complete and act out these conversations.

> **Conversación 1**   —Hola. Me llamo Teresa. ¿Cómo te llamas tú?
> —_____
> —Soy de Puerto Rico. ¿Y tú?
> —_____

> **Conversación 2**   —_____
> —Muy bien, gracias. ¿Y usted, señora López?
> —_____
> —Hasta luego, señora. Saludos al señor López.
> —_____

> **Conversación 3**   —_____
> —Regular. ¿Y tú?
> —_____
> —Nada.

7   **Conversaciones**   This is the first day of class. Write four short conversations based on what the people in this scene would say.

8   **Situaciones**   In groups of three, write and act out these situations.

1. On your way out of class on the first day of school, you strike up a conversation with the two students who were sitting next to you. You find out each student's name and where he or she is from before you say goodbye and go to your next class.
2. At the next class you meet up with a friend and find out how he or she is doing. As you are talking, your friend Elena enters. Introduce her to your friend.
3. As you're leaving the bookstore, you meet your parents' friends Mrs. Sánchez and Mr. Rodríguez. You greet them and ask how each person is. As you say goodbye, you send greetings to Mrs. Rodríguez.
4. Make up and act out a real-life situation that you and your classmates can imagine yourselves in.

¡Todos a bordo!

Los cuatro estudiantes, don Francisco y la Sra. Ramos se reúnen (*meet*) en la universidad.

PERSONAJES

DON FRANCISCO

SRA. RAMOS

ÁLEX

JAVIER

INÉS

MAITE

SRA. RAMOS Buenos días, chicos. Yo soy Isabel Ramos de la agencia Ecuatur.

DON FRANCISCO Y yo soy don Francisco, el conductor.

SRA. RAMOS Bueno, ¿quién es María Teresa Fuentes de Alba?

MAITE ¡Soy yo!

SRA. RAMOS Ah, bien. Aquí tienes los documentos de viaje.

MAITE Gracias.

SRA. RAMOS ¿Javier Gómez Lozano?

JAVIER Aquí... soy yo.

JAVIER ¿Qué tal? Me llamo Javier.

ÁLEX Mucho gusto, Javier. Yo soy Álex. ¿De dónde eres?

JAVIER De Puerto Rico. ¿Y tú?

ÁLEX Yo soy de México.

DON FRANCISCO Bueno, chicos, ¡todos a bordo!

INÉS Con permiso.

recursos

| V CD-ROM Lección 1 | VM pp. 195–196 | I CD-ROM Lección 1 |

SRA. RAMOS Y tú eres Inés Ayala Loor, ¿verdad?

INÉS Sí, yo soy Inés.

SRA. RAMOS Y tú eres Alejandro Morales Paredes, ¿no?

ÁLEX Sí, señora.

INÉS Hola. Soy Inés.

MAITE Encantada. Yo me llamo Maite. ¿De dónde eres?

INÉS Soy del Ecuador, de Portoviejo. ¿Y tú?

MAITE De España. Soy de Madrid, la capital. Oye, ¿qué hora es?

INÉS Son las diez y tres minutos.

ÁLEX Perdón.

DON FRANCISCO ¿Y los otros?

SRA. RAMOS Son todos.

DON FRANCISCO Está bien.

Enfoque cultural Saludos y presentaciones

In the Hispanic world, it is customary for men and women to shake hands when meeting someone for the first time and when saying hello and goodbye to people they already know. Men greet female friends and family members with a brief kiss on the cheek, and they greet males they know well with an **abrazo**—a quick hug and pat on the back. Women of all ages frequently greet good friends, family members, and other loved ones with a brief kiss on one or both cheeks.

Expresiones útiles

Identifying yourself and others

▶ **¿Cómo se llama usted?**
What's your name?

▷ **Yo soy don Francisco, el conductor.**
I'm Don Francisco, the driver.

▶ **¿Cómo te llamas?**
What's your name?

▷ **Me llamo Javier.**
My name is Javier.

▶ **¿Quién es... ?**
Who is... ?

▷ **Aquí... soy yo.**
Here... that's me.

▶ **Tú eres... , ¿verdad?/¿no?**
You are ..., right?/no?

▷ **Sí, señora.**
Yes, ma'am.

Saying what time it is

▶ **¿Qué hora es?**
What time is it?

▷ **Es la una.**
It's one o'clock.

▷ **Son las dos.**
It's two o'clock.

▷ **Son las diez y tres minutos.**
It's 10:03.

Saying "excuse me"

▶ **Con permiso.**
Pardon me.; Excuse me.
(to request permission)

▶ **Perdón.**
Pardon me.; Excuse me.
(to get someone's attention or to ask forgiveness)

When starting a trip

▶ **¡Todos a bordo!**
All aboard!

▶ **¡Buen viaje!**
Have a good trip!

Getting a friend's attention

▶ **Oye...**
Listen...

Reacciona a la fotonovela

1 **¿Cierto o falso?** Indicate if each statement is **cierto** or **falso**. Then correct the false statements.

	Cierto	Falso
1. Javier y Álex son pasajeros (*passengers*).	○	○
2. Javier Gómez Lozano es el conductor.	○	○
3. Inés Ayala Loor es de la agencia Ecuatur.	○	○
4. Inés es del Ecuador.	○	○
5. Maite es de España.	○	○
6. Javier es de Puerto Rico.	○	○
7. Álex es del Ecuador.	○	○

NOTA CULTURAL

Maite is a shortened version of the name **María Teresa**.

Other popular "combination names" in Spanish are **Juanjo**: **Juan José** and **Maruja**: **María Eugenia**.

2 **Identificar** Indicate which person would make each statement. One name will be used twice.

1. Yo soy de México. ¿De dónde eres tú?
2. ¡Atención! ¡Todos a bordo!
3. ¿Yo? Soy de la capital de España.
4. Y yo soy del Ecuador.
5. ¿Qué hora es, Inés?
6. Yo soy de Puerto Rico. ¿Y tú?

ÁLEX   INÉS   MAITE

DON FRANCISCO   JAVIER

¡LENGUA VIVA!

In Spanish-speaking countries, **don** and **doña** are used with men's and women's first names to show respect: **don Francisco**, **doña Rita**. Note that these words are not capitalized.

3 **Completar** Complete this slightly altered version of the conversation that Inés and Maite had.

INÉS Hola. ¿Cómo te (1)_____?
MAITE Me llamo Maite. ¿Y (2)_____?
INÉS Inés. Mucho (3)_____.
MAITE (4)_____ gusto es mío.
INÉS ¿De (5)_____ eres?
MAITE (6)_____ España. ¿Y (7)_____?
INÉS Del (8)_____.

4 **Conversar** Imagine that you are chatting with a traveler you just met at the airport. With a partner, prepare a conversation using these cues.

Estudiante 1	Estudiante 2
Say "good afternoon" to your partner and ask for his or her name.	Say hello and what your name is. Then ask what your partner's name is.
Say what your name is and that you are glad to meet your partner.	Say that the pleasure is yours.
Ask how your partner is.	Say that you're doing well, thank you.
Ask where your partner is from.	Say where you're from.
Wish your partner a good trip.	Say thank you and goodbye.

Pronunciación

The Spanish alphabet

The Spanish alphabet consisted of 29 letters until 1994, when the **Real Academia Española** removed **ch (che)** and **ll (elle)**. You may still see **ch** and **ll** listed as separate letters in reference works printed before 1994. The Spanish letter, **ñ (eñe),** doesn't appear in the English alphabet. The letters **k (ka)** and **w (doble ve)** are used only in words of foreign origin.

Letra	Nombre(s)	Ejemplos	Letra	Nombre(s)	Ejemplos
a	a	adiós	**ñ**	eñe	ma**ñ**ana
b	be	**b**ien, pro**b**lema	**o**	o	**o**nce
c	ce	**c**osa, **c**ero	**p**	pe	**p**rofesor
d	de	**d**iario, na**d**a	**q**	cu	**q**ué
e	e	**e**studiante	**r**	ere	**r**egular, seño**r**a
f	efe	**f**oto	**s**	ese	**s**eñor
g	ge	**g**racias, **G**erardo, re**g**ular	**t**	te	**t**ú
h	hache	**h**ola	**u**	u	**u**sted
i	i	**i**gualmente	**v**	ve	**v**ista, nue**v**o
j	jota	**J**avier	**w**	doble ve	*walkman*
k	ka, ca	**k**ilómetro	**x**	equis	e**x**istir, Mé**x**ico
l	ele	**l**ápiz	**y**	i griega, ye	**y**o
m	eme	**m**apa	**z**	zeta, ceta	**z**ona
n	ene	**n**acionalidad			

El alfabeto Repeat the Spanish alphabet and example words after your instructor.

Práctica Spell these words aloud in Spanish.

1. nada
2. maleta
3. quince
4. muy
5. hombre
6. por favor
7. San Fernando
8. Estados Unidos
9. Puerto Rico
10. España
11. Javier
12. Ecuador
13. Maite
14. gracias
15. Nueva York

Refranes Read these sayings aloud.

Ver es creer.[1]

En boca cerrada no entran moscas.[2]

1 Seeing is believing.   2 Silence is golden.

1.1 Nouns and articles

Spanish nouns

ANTE TODO   A noun is a word used to identify people, animals, places, things, or ideas. Unlike English, all Spanish nouns, even those that refer to non-living things, have gender; that is, they are considered either masculine or feminine. As in English, nouns in Spanish also have number, meaning that they are either singular or plural.

Nouns that refer to living things

Masculine nouns		Feminine nouns	
el hombre	*the man*	**la mujer**	*the woman*
ending in –o		*ending in –a*	
el chico	*the boy*	**la chica**	*the girl*
el pasajero	*the (male) passenger*	**la pasajera**	*the (female) passenger*
ending in –or		*ending in –ora*	
el conductor	*the (male) driver*	**la conductora**	*the (female) driver*
el profesor	*the (male) teacher*	**la profesora**	*the (female) teacher*
ending in –ista		*ending in –ista*	
el turista	*the (male) tourist*	**la turista**	*the (female) tourist*

▶ As shown above, nouns that refer to males, like **el hombre**, are generally masculine, while nouns that refer to females, like **la mujer**, are generally feminine.

▶ Many nouns that refer to male beings end in **–o** or **–or**. Their corresponding feminine forms end in **–a** and **–ora**, respectively.

el conductor

la profesora

▶ The masculine and feminine forms of nouns that end in **–ista**, like **turista**, are the same, so gender is indicated by the article **el** (masculine) or **la** (feminine). Some other nouns have identical masculine and feminine forms.

el joven
the youth; the young man

la joven
the youth; the young woman

el estudiante
the (male) student

la estudiante
the (female) student

recursos

WB
pp. 3–8

LM
pp. 3–6

Lab CD/MP3
Lección 1

I CD-ROM
Lección 1

vistahigher
learning.com

¡LENGUA VIVA!

Profesor(a) and **turista** are *cognates*— words that share similar spellings and meanings in Spanish and English. Recognizing cognates will help you determine the meaning of many Spanish words. Here are some other cognates: **la administración, el animal, el apartamento, el cálculo, el color, la decisión, la historia, la música, el restaurante, el/la secretario/a**

CONSEJOS

Cognates can certainly be very helpful in your study of Spanish. Beware, however, of "false" cognates, those that have similar spellings in Spanish and English, but different meanings:
la carpeta *file folder*
el conductor *driver*
el éxito *success*
la fábrica *factory*

Nouns that refer to non-living things

Masculine nouns		Feminine nouns	
ending in –o		**ending in –a**	
el cuaderno	*the notebook*	**la cosa**	*the thing*
el diario	*the diary*	**la escuela**	*the school*
el diccionario	*the dictionary*	**la grabadora**	*the tape recorder*
el número	*the number*	**la maleta**	*the suitcase*
el video	*the video*	**la palabra**	*the word*
ending in –ma		**ending in –ción**	
el problema	*the problem*	**la lección**	*the lesson*
el programa	*the program*	**la conversación**	*the conversation*
ending in –s		**ending in –dad**	
el autobús	*the bus*	**la nacionalidad**	*the nationality*
el país	*the country*	**la comunidad**	*the community*

¡LENGUA VIVA!

The Spanish word for *video* can be pronounced with the stress on the **i** or the **e**. For that reason, you might see the word written with or without an accent: **video** or **vídeo**.

▶ As shown above, certain noun endings are strongly associated with a specific gender, so you can use them to determine if a noun is masculine or feminine.

▶ Because the gender of nouns that refer to non-living things cannot be determined by foolproof rules, you should memorize the gender of each noun you learn. It is helpful to memorize each noun with its corresponding article, **el** for masculine and **la** for feminine.

▶ Another reason to memorize the gender of every noun is that there are common exceptions to the rules of gender. For example, **el mapa** (*map*) and **el día** (*day*) end in **–a,** but are masculine. **La mano** (*hand*) ends in **-o,** but is feminine.

Plural of nouns

¡ATENCIÓN!

In general, when a singular noun has an accent mark on the last syllable, the accent is dropped from the plural form:
la lección →
las lecciones
el autobús →
los autobuses
You will learn more about accent marks in **Lección 4, Pronunciación,** p. 101.

▶ In Spanish, nouns that end in a vowel form the plural by adding **–s**. Nouns that end in a consonant add **–es**. Nouns that end in **–z** change the **–z** to **–c**, then add **–es**.

el chic**o** ➡ los chic**os**

el diari**o** ➡ los diari**os**

la palabr**a** ➡ las palabr**as**

el problem**a** ➡ los problem**as**

la nacionalida**d** ➡ las nacionalida**des**

el paí**s** ➡ los paí**ses**

el profeso**r** ➡ los profeso**res**

el lápi**z** (*pencil*) ➡ los lápi**ces**

▶ You use the masculine plural form of the noun to refer to a group that includes both males and females.

1 pasajer**o** + 2 pasajer**as** = 3 pasajer**os**

2 chic**os** + 2 chic**as** = 4 chic**os**

Spanish articles

ANTE TODO   As you know, English often uses definite articles (**the**) and indefinite articles (**a, an**) before nouns. Spanish also has definite and indefinite articles. Unlike English, Spanish articles vary in form because they agree in gender and number with the nouns they modify.

Definite articles

Masculine		Feminine	
SINGULAR	PLURAL	SINGULAR	PLURAL
el diccionario *the dictionary*	**los** diccionarios *the dictionaries*	**la** computadora *the computer*	**las** computadoras *the computers*

▶ Spanish has four forms that are equivalent to the English definite article *the*. You use definite articles to refer to specific nouns.

Indefinite articles

Masculine		Feminine	
SINGULAR	PLURAL	SINGULAR	PLURAL
un pasajero *a (one) passenger*	**unos** pasajeros *some passengers*	**una** fotografía *a (one) photograph*	**unas** fotografías *some photographs*

▶ Spanish has four forms that are equivalent to the English indefinite article, which according to context may mean *a*, *an*, or *some*. You use indefinite articles to refer to unspecified persons or things.

¡LENGUA VIVA!

Feminine singular nouns that begin with **a-** or **ha-** require the masculine articles **el** and **un**. This is done in order to avoid repetition of the **a** sound:

el agua *water*

las aguas *waters*

un hacha *ax*

unas hachas *axes*

¡LENGUA VIVA!

Since **la fotografía** is feminine, so is its shortened form, **la foto**, even though it ends in **–o**.

¡INTÉNTALO!   Provide a definite article for each noun in the first column and an indefinite article for each noun in the second column. The first item has been done for you.

¿el, la, los o las?

1. ___la___ chica
2. _____ chico
3. _____ maleta
4. _____ cuadernos
5. _____ lápiz
6. _____ mujeres

¿un, una, unos o unas?

1. ___un___ autobús
2. _____ escuelas
3. _____ computadora
4. _____ hombres
5. _____ señora
6. _____ lápices

Práctica

1 **¿Singular o plural?** If the word is singular, make it plural. If it is plural, make it singular.

1. el número *los números*
2. un diario *unos diario*
3. la estudiante *las estudiantes*
4. el conductor *los conductors*
5. el país *los países*
6. las cosas *la cosa*
7. unos turistas *un turista*
8. las nacionalidades *la nacionalidad*
9. unas computadoras *una computadora*
10. los problemas *el problema*
11. una fotografía *unas fotografías*
12. los profesores *el profesor*
13. unas señoritas *una señorita*
14. el hombre *los hombres*
15. la grabadora *las grabadoras*
16. la señora *las señoras*

2 **Identificar** For each drawing, provide the noun with its corresponding definite and indefinite articles.

> **modelo**
> las maletas, unas maletas

1. *una / la computadora*

2. *unos los cuadernos*

3. *unas las mujeres*

4. *un/el chico*

5. *un/la escuela*

6. *las/unas fotografías*

7. *el/unos autobuses*

8. *el/un diario*

Comunicación

3 **Charadas** In groups, play a game of charades. Individually, think of two nouns for each charade, for example, a boy using a computer (**un chico; una computadora**). The first person to guess correctly acts out the next charade.

1.2 Numbers 0–30

Los números 0–30

0	cero				
1	uno	**11**	once	**21**	veintiuno
2	dos	**12**	doce	**22**	veintidós
3	tres	**13**	trece	**23**	veintitrés
4	cuatro	**14**	catorce	**24**	veinticuatro
5	cinco	**15**	quince	**25**	veinticinco
6	seis	**16**	dieciséis	**26**	veintiséis
7	siete	**17**	diecisiete	**27**	veintisiete
8	ocho	**18**	dieciocho	**28**	veintiocho
9	nueve	**19**	diecinueve	**29**	veintinueve
10	diez	**20**	veinte	**30**	treinta

▶ The number **uno** (*one*) and numbers ending in **–uno**, such as **veintiuno**, have more than one form. Before masculine nouns, **uno** shortens to **un**. Before feminine nouns, **uno** changes to **una**.

un hombre ➤ veinti**ún** hombres   **una** mujer ➤ veinti**una** mujeres

▶ To ask *how many* people or things there are, use **cuántos** before masculine nouns and **cuántas** before feminine nouns.

▶ The Spanish equivalent of both *there is* and *there are* is **hay**. Use **¿Hay...?** to ask *Is there...?* or *Are there...?* Use **no hay** to express *there is not* or *there are not*.

—**¿Cuántos** estudiantes **hay**?
How many students are there?

—**Hay** tres estudiantes en la foto.
There are three students in the photo.

—**¿Hay** chicas en la fotografía?
Are there girls in the picture?

—**Hay** cuatro chicos, y **no hay** chicas.
There are four guys, and there are no girls.

¡INTÉNTALO! Provide the Spanish words for these numbers.

1. **7**	6. **15**	11. **30**	16. **10**
2. **16**	7. **21**	12. **4**	17. **2**
3. **29**	8. **9**	13. **12**	18. **5**
4. **1**	9. **23**	14. **28**	19. **22**
5. **0**	10. **11**	15. **14**	20. **13**

Práctica

1 **Contar** Following the pattern, provide the missing numbers in Spanish.

1. 1, 3, 5, .., 29
2. 2, 4, 6, .., 30
3. 3, 6, 9, .., 30
4. 30, 28, 26, .., 0
5. 30, 25, 20, .., 0
6. 28, 24, 20, .., 0

2 **Resolver** Solve these math problems with a partner.

> **modelo**
>
> 5 + 3 =
> **Estudiante 1:** cinco más tres son...
> **Estudiante 2:** ocho

1. **2 + 15 =**
2. **20 − 1 =**
3. **5 + 7 =**
4. **18 + 12 =**
5. **3 + 22 =**

6. **6 − 3 =**
7. **11 + 12 =**
8. **7 − 7 =**
9. **8 + 5 =**
10. **23 − 14 =**

3 **¿Cuántos hay?** How many persons or things are there in these drawings?

> **modelo**
>
> Hay cuatro maletas.

1. _Hay veinte lapices_

2. _hay un hombre_

Chicos

3. _Hay ventecuneo chicos_

4. _hay un conductor_

5. _hay cuatro fotografias_

6. _Hay treinta cuadernos_

7. _Hay seis turistas_

Chicas

8. _hay diesisiete chicas_

Comunicación

4

En la clase With a classmate, take turns asking and answering these questions about your classroom.

1. ¿Cuántos estudiantes hay?
2. ¿Cuántos profesores hay?
3. ¿Hay una computadora?
4. ¿Hay una maleta?
5. ¿Cuántos mapas hay?

6. ¿Cuántos lápices hay?
7. ¿Hay cuadernos?
8. ¿Cuántas grabadoras hay?
9. ¿Hay hombres?
10. ¿Cuántas mujeres hay?

5

Preguntas With a classmate, take turns asking and answering questions about the drawing. Talk about:

1. How many children there are
2. How many women there are
3. If there are some photographs
4. If there is a boy
5. How many notebooks there are

6. If there is a bus
7. If there are tourists
8. How many pencils there are
9. If there is a man
10. How many computers there are

1.3 Present tense of ser

Subject pronouns

ANTE TODO In order to use verbs, you will need to learn about subject pronouns. A subject pronoun replaces the name or title of a person, place, or thing, and acts as the subject of a verb. In both Spanish and English, subject pronouns are divided into three groups: first person, second person, and third person.

Subject pronouns			
	SINGULAR		**PLURAL**
FIRST PERSON	**yo** — *I*	**nosotros** — *we* (masculine)
		nosotras — *we* (feminine)
SECOND PERSON	**tú** — *you* (familiar)	**vosotros** — *you* (masc., fam.)
	usted (Ud.) — *you* (formal)	**vosotras** — *you* (fem., fam.)
		ustedes (Uds.) — *you* (form.)
THIRD PERSON	**él** — *he*	**ellos** — *they* (masc.)
	ella — *she*	**ellas** — *they* (fem.)

¡LENGUA VIVA!

In Latin America, **ustedes** is used as the plural for both **tú** and **usted**. In Spain, however, **vosotros** and **vosotras** are used as the plural of **tú**, and **ustedes** is used only as the plural of **usted**.

● ● ●

Usted and **ustedes** are abbreviated as **Ud.** and **Uds.**, or occasionally as **Vd.** and **Vds.**

▶ Spanish has two subject pronouns that mean *you* (singular). Use **tú** when addressing a friend, a family member, or a child you know well. Use **usted** to address a person with whom you have a formal or more distant relationship, such as a superior at work, a professor, or an older person.

▶ The masculine plural forms **nosotros**, **vosotros**, and **ellos** refer to a group of males or to a group of males and females. The feminine plural forms **nosotras**, **vosotras**, and **ellas** can refer only to groups made up exclusively of females.

nosotros, vosotros, ellos

nosotros, vosotros, ellos

nosotras, vosotras, ellas

▶ There is no Spanish equivalent of the English subject pronoun *it*. Generally it is not expressed in Spanish.

Es un problema.   Es una computadora.
It's a problem.   *It's a computer.*

The present tense of *ser*

ANTE TODO   In **Contextos** and **Fotonovela**, you have already used several forms of the present tense of **ser** (*to be*) to identify yourself and others and to talk about where you and others are from. **Ser** is an irregular verb, which means its forms don't follow the regular patterns that most verbs follow. You need to memorize the forms, which appear in the following chart.

ser			
	ser *(to be)*		
SINGULAR FORMS	yo	**soy**	*I am*
	tú	**eres**	*you are* (fam.)
	Ud./él/ella	**es**	*you are* (form.); *he/she is*
PLURAL FORMS	nosotros/as	**somos**	*we are*
	vosotros/as	**sois**	*you are* (fam.)
	Uds./ellos/ellas	**son**	*you are* (form.); *they are*

Uses of *ser*

▶ To identify people and things

—¿Quién **es** él?
Who is he?

—**Es** Javier Gómez Lozano.
He's Javier Gómez Lozano.

—¿Qué **es**?
What is it?

—**Es** un mapa de España.
It's a map of Spain.

Es Maite.

Es un autobús.

▶ To express possession, with the preposition **de**

—¿**De** quién **es**?
Whose is it?

—**Es** el diario **de** Maite.
It's Maite's diary.

—**Es** la computadora **de** Álex.
It's Álex's computer.

—¿**De** quiénes **son**?
Whose are they?

—**Son** los lápices **de** la chica.
They are the girl's pencils.

—**Son** las maletas **del** chico.
They are the boy's suitcases.

¡ATENCIÓN!

When **de** is followed by the article **el**, the two combine to form the contraction **del**. **De** does *not* contract with **la, las,** or **los**.

• • •

There is no Spanish equivalent of the English construction [*noun*] +'s (*Maite's*). In its place, Spanish uses [*noun*] + **de** + [*owner*]: **el diario de Maite**.

▶ To express origin, using the preposition **de**

—¿**De** dónde **es** Javier?
Where is Javier from?

—**Es de** Puerto Rico.
He's from Puerto Rico.

—¿**De** dónde **es** Inés?
Where is Inés from?

—**Es del** Ecuador.
She's from Ecuador.

▶ To express profession or occupation

Don Francisco **es conductor**.
Don Francisco is a driver.

Yo **soy estudiante**.
I am a student.

¡INTÉNTALO! Provide the correct present forms of **ser** in the column. The first item has been done for you.

1. Gabriel _____es_____
2. Juan y yo _____
3. Óscar y Flora _____
4. Adriana _____
5. las turistas _____
6. el chico _____
7. los conductores _____
8. el señor y la señora Ruiz _____

Práctica

1

Pronombres What subject pronouns would you use to a) talk to these people directly and b) talk about them?

1. una chica
2. el presidente de México
3. tres chicas y un chico
4. un estudiante
5. la señora Ochoa
6. dos profesoras

2

Identidad y origen With a partner, take turns asking and answering questions about these people: **¿Quién es?/¿Quiénes son?** and **¿De dónde es?/¿De dónde son?**

> **modelo**
>
> Ricky Martin (Puerto Rico)
> **Estudiante 1:** ¿Quién es?   **Estudiante 1:** ¿De dónde es?
> **Estudiante 2:** Es Ricky Martin.   **Estudiante 2:** Es de Puerto Rico.

1. Enrique Iglesias (España)
2. Sammy Sosa (República Dominicana)
3. Rebecca Lobo y Martin Sheen (Estados Unidos)
4. Carlos Santana y Salma Hayek (México)
5. Shakira (Colombia)
6. Antonio Banderas y Penélope Cruz (España)
7. Edward James Olmos y Jimmy Smits (Estados Unidos)
8. Gloria Estefan (Cuba)

3

¿Qué es? Ask your partner what each object is and to whom it belongs.

> **modelo**
>
> **Estudiante 1:** ¿Qué es?   **Estudiante 1:** ¿De quién es?
> **Estudiante 2:** Es una grabadora.   **Estudiante 2:** Es del profesor.

1.   2.   3.   4.

Comunicación

4

Preguntas Using the items in the word bank, ask your partner questions about the ad. Be imaginative in your responses.

¿Quién?	¿De dónde?	¿Cuántos?
¿Qué?	¿De quién?	¿Cuántas?

SOMOS ECUATURISTA, S.A.
El autobús nacional del Ecuador

- 25 autobuses en total
- 30 conductores del Ecuador
- pasajeros internacionales
- mapas de las regiones del país

¡Todos a bordo!

5

¿Quién es? In small groups, take turns pretending to be a person from Spain, Mexico, Puerto Rico, Cuba, or the United States who is famous in these professions. Your partners will try to guess who you are.

actor *actor*	deportista *athlete*	escritor(a) *writer*
actriz *actress*	cantante *singer*	músico/a *musician*

modelo

Estudiante 3: ¿Eres de Puerto Rico?
Estudiante 1: Sí. Soy de Puerto Rico.
Estudiante 2: ¿Eres hombre?
Estudiante 1: No. Soy mujer.
Estudiante 3: ¿Eres escritora?
Estudiante 1: No. Soy actriz.
Estudiante 2: ¿Eres Rita Moreno?
Estudiante 1: ¡Sí! ¡Sí!

1.4 Telling time

 ANTE TODO In both English and Spanish, the verb *to be* (**ser**) and numbers are used to tell time.

▶ To ask what time it is, use **¿Qué hora es?** When telling time, use **es + la** with **una** and **son + las** with all other hours.

Es la una.　　**Son las** dos.　　**Son las** seis.

▶ As in English, you express time from the hour to the half-hour in Spanish by adding minutes.

Son las cuatro **y cinco**.　　Son las once **y veinte**.

▶ You may use either **y cuarto** or **y quince** to express fifteen minutes or quarter past the hour. For thirty minutes or half past the hour, you may use either **y media** or **y treinta**.

Es la una **y cuarto**.　　Son las doce **y media**.　　Son las nueve **y quince**.　　Son las siete **y treinta**.

▶ You express time from the half-hour to the hour in Spanish by subtracting minutes or a portion of an hour from the next hour.

Es la una **menos cuarto**.　　Son las tres **menos quince**.　　Son las ocho **menos veinte**.　　Son las tres **menos diez**.

▶ To ask at what time a particular event takes place, use the phrase **¿A qué hora (...)?**
To state at what time something takes place, use the construction **a la(s)** + *time*.

¿A qué hora es la clase de biología?   La clase es **a las dos**.
(At) what time is biology class?   *The class is at two o'clock.*

¿A qué hora es la fiesta?   **A las ocho**
(At) what time is the party?   *At eight*

▶ Here are some useful words and phrases associated with telling time:

Son las ocho **en punto**.   Son las nueve **de la mañana**.
It's 8 o'clock on the dot/sharp.   *It's 9 a.m. (in the morning).*

Es **el mediodía**.   Son las cuatro y cuarto **de la tarde**.
It's noon.   *It's 4:15 p.m. (in the afternoon).*

Es **la medianoche**.   Son las diez y media **de la noche**.
It's midnight.   *It's 10:30 p.m. (at night).*

Oye, ¿qué hora es?

Son las diez y tres minutos.

Oiga, ¿qué hora es?

Son las diez.

¡INTÉNTALO!   Practice telling time by completing these sentences.
The first item has been done for you.

1. (1:00 a.m.)   Es la _____una_____ de la mañana.
2. (2:50 a.m.)   Son las tres _____ diez de la mañana.
3. (4:15 p.m.)   Son las cuatro y _____ de la tarde.
4. (8:30 p.m.)   Son las ocho y _____ de la noche.
5. (9:15 a.m.)   Son las nueve y quince de la _____.
6. (12:00 p.m.) Es el _____.
7. (6:00 a.m.)   Son las seis de la _____.
8. (4:05 p.m.)   Son las cuatro y cinco de la _____.
9. (12:00 a.m.) Es la _____.
10. (3:45 a.m.) Son las cuatro menos _____ de la mañana.

Práctica

1 **Ordenar** Put these times in order, from the earliest to the latest.

a. Son las dos de la tarde.   d. Son las seis menos cuarto de la tarde.
b. Son las once de la mañana.   e. Son las dos menos diez de la tarde.
c. Son las siete y media de la noche.   f. Son las ocho y veintidós de la mañana.

2 **¿Qué hora es?** Give the times shown on each clock or watch.

> **modelo**
> Son las cuatro y cuarto/quince de la tarde.

1. _____ 2. _____ 3. _____ 4. _____ 5. _____

6. _____ 7. _____ 8. _____ 9. _____ 10. _____

3 **¿A qué hora?** Ask your partner at what time these events take place. Your partner will answer according to the cues provided.

> **modelo**
> la clase de matemáticas (2:30 p.m.)
> **Estudiante 1:** ¿A qué hora es la clase de matemáticas?
> **Estudiante 2:** Es a las dos y media de la tarde.

1. el programa *Las cuatro amigas* (11:30 a.m.)
2. el drama *La casa de Bernarda Alba* (7:00 p.m.)
3. el programa *Los turistas* (8:30 a.m.)
4. la clase de español (10:30 a.m.)
5. la clase de biología (9:40 a.m. sharp)
6. la clase de historia (10:50 a.m.)
7. el partido (*game*) de béisbol (5:15 p.m.)
8. el partido de tenis (12:45 p.m. sharp)
9. el partido de baloncesto (*basketball*) (7:45 p.m.)
10. la fiesta (8:30 p.m.)

Comunicación

4

En la televisión With a partner, take turns asking and answering questions about these television listings.

> *modelo*
>
> **Estudiante 1:** ¿A qué hora es el documental *Las computadoras*?
> **Estudiante 2:** Es a las nueve en punto de la noche.

TV Hoy – Programación

11:00 am	Telenovela: *Cuatro viajeros y un autobús*	**5:00 pm**	Noticiero: *Veinticuatro horas*
12:00 pm	Película: *El cóndor* (drama)	**6:00 pm**	Noticias
2:00 pm	Telenovela: *Dos mujeres y dos hombres*	**7:00 pm**	Especial musical: *Música folklórica de México*
3:00 pm	Programa juvenil: *Fiesta*	**7:30 pm**	La naturaleza: *Jardín secreto*
3.30 pm	Telenovela: *¡Sí, sí, sí!*	**8:00 pm**	Telenovela: *Tres mujeres*
4:00 pm	Documental: *Las computadoras*	**9:00 pm**	Telenovela: *El diario de la Sra. González*

5

Preguntas With a partner, answer these questions based on your own knowledge.

1. Son las tres de la tarde en Nueva York. ¿Qué hora es en Los Ángeles?

2. Son las ocho y media en Chicago. ¿Qué hora es en Miami?

3. Son las dos menos cinco en San Francisco. ¿Qué hora es en San Antonio?

4. ¿A qué hora es el programa *60 Minutes*?; ¿A qué hora es el programa *Today Show*?

6

Más preguntas Using the questions in the previous activity as a model, make up four questions of your own. Then, get together with a classmate and take turns asking and answering each other's questions.

Síntesis

7

Situación With a partner, play the roles of a journalism student interviewing a visiting literature professor (**profesor(a) de literatura**) from Venezuela. Be prepared to act out the conversation for your classmates.

Estudiante	Profesor(a) de literatura
Ask professor his/her name	→ Ask student his/her name
Ask professor what time his/her literature class is	→ Ask student where he/she is from
Ask how many students are in his/her class	→ Ask to whom his/her tape recorder belongs
Say thank you and goodbye.	→ Say thank you and you are pleased to meet him/her.

Lectura

Antes de leer

Estrategia
Recognizing cognates

As you learned earlier in this lesson, cognates are words that share similar meanings and spellings in two or more languages. When reading in Spanish, it's helpful to look for cognates and use them to guess the meaning of what you're reading. But watch out for false cognates. For example, **librería** means *bookstore,* not *library,* and **embarazada** means *pregnant,* not *embarrassed.* Look at this list of Spanish words, paying special attention to prefixes and suffixes. Can you guess the meaning of each word?

importante	oportunidad
farmacia	cultura
inteligente	activo
dentista	sociología
decisión	espectacular
televisión	restaurante
médico	policía

Examinar el texto
Glance quickly at the reading selection and guess what type of document it is. Explain your answer.

Cognados
Read the document and make a list of the cognates you find. Guess their English equivalents, then compare your answers with those of a classmate.

Teléfonos importantes

Policía

Médico

Dentista

Pediatra

Farmacia

Banco Central

Aerolíneas Nacionales

Cine Metro

Hora/Temperatura

Profesora Salgado (universidad)

Felipe (oficina)

Gimnasio Gente Activa

Restaurante Roma

Supermercado Famoso

Librería El Inteligente

54.11.11

54.36.92

54.87.11

53.14.57

54.03.06

54.90.83

54.87.40

53.45.96

53.24.81

54.15.33

54.84.99

54.36.04

53.75.44

54.77.23

54.66.04

Después de leer

¿Cierto o falso?

Indicate whether each statement is **cierto** or **falso**. Then correct the false statements.

1. There is a child in this household.

2. To renew a prescription you would dial 54.90.83.

3. If you wanted the exact time and information about the weather you'd dial 53.24.81.

4. Felipe probably works outdoors.

5. This household probably orders a lot of Chinese food.

6. If you had a toothache, you would dial 54.87.11.

7. You would dial 54.87.40 to make a flight reservation.

8. To find out if a best-selling book was in stock, you would dial 54.66.04.

9. If you needed information about aerobics classes, you would dial 54.15.33.

10. You would call **Cine Metro** to find out what time a movie starts.

Hacer una lista

Make your own list of phone numbers like the one shown in this reading. Include emergency phone numbers as well as frequently called numbers. Use as many cognates from the reading as you can.

Estados Unidos

El país en cifras°

- ▶ **Población° de EE.UU.:** 296 millones
- ▶ **Población de origen hispano:** 39 millones
- ▶ **País de origen de hispanos en EE.UU.:**

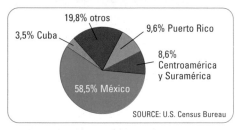

19,8% otros
3,5% Cuba
9,6% Puerto Rico
8,6% Centroamérica y Suramérica
58,5% México

SOURCE: U.S. Census Bureau

- ▶ **Estados con la mayor° población hispana:**

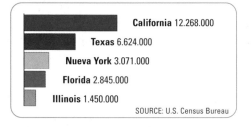

California 12.268.000
Texas 6.624.000
Nueva York 3.071.000
Florida 2.845.000
Illinois 1.450.000

SOURCE: U.S. Census Bureau

Canadá

El país en cifras

- ▶ **Población del Canadá:** 32 millones
- ▶ **Población de origen hispano:** 300.000
- ▶ **País de origen de hispanos en Canadá:**

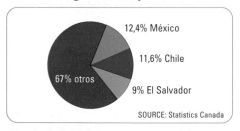

12,4% México
11,6% Chile
67% otros
9% El Salvador

SOURCE: Statistics Canada

- ▶ **Ciudades con la mayor población hispana:**
  Montreal, Toronto, Vancouver

en cifras *in figures* Población *Population* mayor *largest* creció *grew*
cada *each* niños *children* Se estima *It is estimated* va a ser *is going to be*

Mission District, en San Francisco

CANADÁ

Vancouver
· Calgary

Ottawa ★
· Montre
Toronto ·
Chicago · Nueva York ·
San Francisco
Las Vegas EE. UU.
· Los Ángeles Washington DC ✪
· San Diego

Océano Atlántico

San Antonio

Miami

Golfo de México

MÉXICO

El Álamo, en San Antonio, Texas

Mar Caribe

AK HI

recursos

| WB pp. 9–10 | VM pp. 225–226 | I CD-ROM Lección 1 | vistahigher learning.com |

¡Increíble pero cierto!

La población hispana en los Estados Unidos
creció° un 58% entre los años 1990 y 2000 (casi
13 millones de personas más). Hoy, uno de
cada° seis niños° en los Estados Unidos es de
origen hispano. Se estima° que en el año 2020
va a ser° uno de cada cuatro.

SOURCE: U.S. Census Bureau and The Associated Press

Comida • **La comida mexicana**

La comida° mexicana es muy popular en los Estados Unidos. Los tacos, las enchiladas, las quesadillas y los frijoles son platos° mexicanos que frecuentemente forman parte de las comidas de muchos norteamericanos. También° son populares las variaciones de la comida mexicana en los Estados Unidos... el tex-mex y el cali-mex.

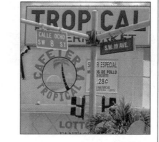

Lugares • **La Pequeña Habana**

La Pequeña Habana° es un barrio° de Miami, Florida, donde viven° muchos cubanoamericanos. Es un lugar° donde se encuentran° las costumbres° de la cultura cubana, los aromas y sabores° de su comida y la música salsa. La Pequeña Habana es una parte de Cuba en los Estados Unidos.

Costumbres • **Desfile puertorriqueño**

Cada junio desde° 1951 (mil novecientos cincuenta y uno), los puertorriqueños celebran su cultura con un desfile° en Nueva York. Es un gran espectáculo con carrozas° y música salsa, flamenco y hip-hop. Muchos espectadores llevan° la bandera° de Puerto Rico en su ropa° o pintada en la cara°.

Sociedad° • **La influencia hispánica en Canadá**

La presencia hispana en Canadá es importante en la cultura del país. En 1998 (mil novecientos noventa y ocho) se establecieron° los *Latin American Achievement Awards Canada*, para reconocer° los logros° de la comunidad en varios campos°. Dos figuras importantes de origen argentino son Alberto Manguel (novelista) y Sergio Marchi (Embajador° de Canadá en las Naciones Unidas°). Hay grupos musicales que son parte de la cultura hispana en Canadá: Dominicanada, Bomba, Norteño y Rasca.

¿Qué aprendiste? Completa las frases con la información adecuada (*appropriate*).

1. Hay _____ de personas de origen hispano en los Estados Unidos.

2. Los cuatro estados con las poblaciones hispanas más grandes son (en orden) _____, Texas, _____ y Florida.

3. Toronto, Montreal y _____ son las tres ciudades con mayor población hispana del Canadá.

4. Las quesadillas y las enchiladas son platos _____.

5. La Pequeña _____ es un barrio de Miami.

6. En Miami hay muchas personas de origen _____.

7. Cada junio se celebra en Nueva York un gran desfile para personas de origen _____.

8. Dominicanada es un _____ del Canadá.

Conexión Internet Investiga estos temas en el sitio **www.vistahigherlearning.com**.

1. Haz (*Make*) una lista de seis hispanos célebres de EE.UU. o Canadá. Explica (*Explain*) por qué (*why*) son célebres.

2. Escoge (*Choose*) seis lugares en los Estados Unidos con nombres hispanos y busca información sobre el origen y el significado (*meaning*) de cada nombre.

Comida *Food* platos *dishes* También *Also* La Pequeña Habana *Little Havana* barrio *neighborhood* viven *live* lugar *place* se encuentran *are found* costumbres *customs* sabores *flavors* Cada junio desde *Each June since* desfile *parade* con carrozas *with floats* llevan *wear* bandera *flag* ropa *clothing* cara *face* Sociedad *Society* se establecieron *were established* reconocer *to recognize* logros *achievements* campos *fields* Embajador *Ambassador* Naciones Unidas *United Nations*

Saludos

Hola.	Hello; Hi.
Buenos días.	Good morning.
Buenas tardes.	Good afternoon.
Buenas noches.	Good evening.; Good night.

Despedidas

Adiós.	Goodbye.
Nos vemos.	See you.
Hasta luego.	See you later.
Hasta la vista.	See you later.
Hasta pronto.	See you soon.
Hasta mañana.	See you tomorrow.
Saludos a...	Greetings to …
Chau.	Bye.

¿Cómo está?

¿Cómo está usted?	How are you? (form.)
¿Cómo estás?	How are you? (fam.)
¿Qué hay de nuevo?	What's new?
¿Qué pasa?	What's happening?; What's going on?
¿Qué tal?	How are you?; How is it going?
(Muy) bien, gracias.	(Very) well, thanks.
Nada.	Nothing.
No muy bien.	Not very well.
Regular.	So so; OK.

Expresiones de cortesía

Con permiso.	Pardon me; Excuse me.
De nada.	You're welcome.
Lo siento.	I'm sorry.
(Muchas) gracias.	Thank you (very much).; Thanks (a lot).
No hay de qué.	You're welcome.
Perdón.	Pardon me.; Excuse me.
por favor	please

Títulos

señor (Sr.); don	Mr.; sir
señora (Sra.)	Mrs.; ma'am
señorita (Srta.)	Miss

Presentaciones

¿Cómo se llama usted?	What's your name? (form.)
¿Cómo te llamas (tú)?	What's your name? (fam.)
Me llamo...	My name is …
¿Y tú?	And you? (fam.)
¿Y usted?	And you? (form.)
Mucho gusto.	Pleased to meet you.
El gusto es mío.	The pleasure is mine.
Encantado/a.	Delighted.; Pleased to meet you.
Igualmente.	Likewise.
Éste/Ésta es...	This is …
Le presento a...	I would like to introduce (name) to you… (form.)
Te presento a...	I would like to introduce (name) to you… (fam.)
nombre	name

¿De dónde es?

¿De dónde es usted?	Where are you from? (form.)
¿De dónde eres?	Where are you from? (fam.)
Soy de...	I'm from …

Palabras adicionales

¿cuánto(s)/a(s)?	how much/many?
¿de quién...?	whose …? (sing.)
¿de quiénes...?	whose …? (plural)
(no) hay	there is (not); there are (not)

Países

Ecuador	Ecuador
España	Spain
Estados Unidos (EE.UU.; E.U.)	United States
México	Mexico
Puerto Rico	Puerto Rico

Verbos

ser	to be

Sustantivos

el autobús	bus
la capital	capital (city)
el chico	boy
la chica	girl
la computadora	computer
la comunidad	community
el/la conductor(a)	driver
la conversación	conversation
la cosa	thing
el cuaderno	notebook
el día	day
el diario	diary
el diccionario	dictionary
la escuela	school
el/la estudiante	student
la foto(grafía)	photograph
la grabadora	tape recorder
el hombre	man
el/la joven	youth; young person
el lápiz	pencil
la lección	lesson
la maleta	suitcase
la mano	hand
la mujer	woman
la nacionalidad	nationality
el número	number
el país	country
la palabra	word
el/la pasajero/a	passenger
el problema	problem
el/la profesor(a)	teacher
el programa	program
el/la turista	tourist
el video	video

Numbers 0–30	See page 14.
Telling time	See pages 22–23.
Expresiones útiles	See page 7.

recursos		
LM p. 6	Lab CD/MP3 Lección 1	Vocab CD Lección 1

En la universidad

Communicative Goals

You will learn how to:

- Talk about your classes and school life
- Discuss everyday activities
- Ask questions in Spanish
- Describe the location of people and things

A PRIMERA VISTA

- ¿Hay dos chicas en la foto?
- ¿Son turistas o estudiantes?
- ¿Qué hora es, la una de la mañana o de la tarde?

En la universidad

Más vocabulario

la biblioteca	*library*
la cafetería	*cafeteria*
la casa	*house; home*
el estadio	*stadium*
el laboratorio	*laboratory*
la librería	*bookstore*
la residencia estudiantil	*dormitory*
la universidad	*university; college*
el/la compañero/a de clase	*classmate*
el/la compañero/a de cuarto	*roommate*
la clase	*class*
el examen	*test; exam*
el horario	*schedule*
la prueba	*test; quiz*
el semestre	*semester*
la tarea	*homework*
el trimestre	*trimester; quarter*
la administración de empresas	*business administration*
el arte	*art*
la especialización	*major*
la biología	*biology*
las ciencias	*sciences*
la computación	*computer science*
la contabilidad	*accounting*
el curso	*course*
la economía	*economics*
el español	*Spanish*
la física	*physics*
la geografía	*geography*
la música	*music*

Variación léxica

pluma ⟷ bolígrafo
pizarra ⟷ tablero (*Col.*)

el reloj

la ventana

la puerta

la profesora

el estudiante

la mesa

el libro

la mochila

la pluma

recursos

TEXT CD
Lección 2

WB
pp. 11–12

LM
p. 7

Lab CD/MP3
Lección 2

I CD-ROM
Lección 2

Vocab CD
Lección 2

el mapa

la pizarra

LAS MATERIAS	COURSES
la historia	history
las humanidades	humanities
el inglés	English
las lenguas extranjeras	foreign languages
la literatura	literature
las matemáticas	mathematics
el periodismo	journalism
la psicología	psychology
la química	chemistry
la sociología	sociology

el papel

el borrador

la tiza

la papelera

el escritorio

la estudiante

la silla

Práctica

1 Escuchar 🎧 Listen to Professor Morales talk about her Spanish classroom, then check the items she mentions.

puerta ○   sillas ○
ventanas ○   libros ○
pizarra ○   plumas ○
borrador ○   mochilas ○
tiza ○   papel ○
escritorios ○   reloj ○

2 Emparejar Match each question with its most logical response. **¡Ojo!** (*Careful!*) Two of the responses will not be used.

1. ¿Qué clase es?
2. ¿Quiénes son?
3. ¿Quién es?
4. ¿De dónde es?
5. ¿A qué hora es la clase de inglés?
6. ¿Cuántos estudiantes hay?

a. Hay veinticinco.
b. Es un reloj.
c. Es del Perú.
d. Es la clase de química.
e. Es el señor Bastos.
f. Mucho gusto.
g. Es a las nueve en punto.
h. Son los profesores.

3 Identificar Identify the word that does not fit in each group.

1. examen • grabadora • tarea • prueba
2. economía • matemáticas • biblioteca • contabilidad
3. pizarra • tiza • borrador • librería
4. lápiz • cafetería • papel • cuaderno
5. veinte • diez • pluma • treinta
6. conductor • laboratorio • autobús • pasajero
7. humanidades • mesa • ciencias • lenguas extranjeras
8. papelera • casa • residencia estudiantil • biblioteca

4 ¿Qué clase es? Use the clues to name the subject matter of each class.

modelo
los elementos, los átomos
Es la clase de química.

1. Abraham Lincoln, Winston Churchill
2. Picasso, Leonardo da Vinci
3. Freud, Jung
4. África, el océano Pacífico
5. la cultura de España, verbos
6. Hemingway, Shakespeare
7. geometría, trigonometría
8. las plantas, los animales

Los días de la semana

¿Qué día es hoy (today)?

Hoy es martes.

¿Cuándo (when) es el examen?

Es el viernes.

septiembre

lunes	martes	miércoles	jueves	viernes	sábado	domingo
	1	2	3	4	5	6
7	8	9	10			

¡LENGUA VIVA!

The days of the week are never capitalized in Spanish.

•••

Monday is considered the first day of the week in Spanish-speaking countries.

CONSÚLTALO

Note that September in Spanish is **septiembre**. To see all of the months of the year, go to **Contextos, Lección 5**, p. 124.

---

5 **¿Qué día es hoy?** Complete each statement with the correct day of the week.

1. Hoy es martes. Mañana es _____. Ayer fue _____.
2. Ayer fue sábado. Mañana es _____. Hoy es _____.
3. Mañana es viernes. Hoy es _____. Ayer fue _____.
4. Ayer fue domingo. Hoy es _____. Mañana es _____.
5. Hoy es jueves. Ayer fue _____. Mañana es _____.
6. Mañana es lunes. Hoy es _____. Ayer fue _____.

AYUDA

Ayer fue...
Yesterday was...

6 **Analogías** Use these words to complete the analogies. Some words will not be used.

arte	día	martes	pizarra
biblioteca	domingo	matemáticas	profesor
catorce	estudiante	mujer	reloj

1. maleta ⟷ pasajero ⊜ mochila ⟷ _____
2. chico ⟷ chica ⊜ hombre ⟷ _____
3. pluma ⟷ papel ⊜ tiza ⟷ _____
4. inglés ⟷ lengua ⊜ miércoles ⟷ _____
5. papel ⟷ cuaderno ⊜ libro ⟷ _____
6. quince ⟷ dieciséis ⊜ lunes ⟷ _____
7. Cervantes ⟷ literatura ⊜ Dalí ⟷ _____
8. autobús ⟷ conductor ⊜ clase ⟷ _____
9. EE.UU. ⟷ mapa ⊜ hora ⟷ _____
10. veinte ⟷ veintitrés ⊜ jueves ⟷ _____

Comunicación

7 **Horario** Choose three classes to create your own class schedule, then discuss it with a classmate.

materia	hora	días	profesor(a)
historia	9–10	lunes, miércoles	Ordóñez
biología	12–1	lunes, jueves	Dávila
periodismo	2–3	martes, jueves	Quiñones
matemáticas	2–3	miércoles, jueves	Jiménez
arte	12–1:30	lunes, miércoles	Molina

modelo

Estudiante 1: Tomo (*I take*) biología los lunes y jueves con la profesora Dávila.

Estudiante 2: ¿Sí? Yo no tomo biología. Yo tomo arte los lunes y miércoles con el profesor Molina.

8 **La clase** First, look around your classroom to get a mental image, then close your eyes. Your partner will then use these words or other vocabulary to ask you questions about the classroom. After you have answered six questions, switch roles.

modelo

Estudiante 1: ¿Cuántas ventanas hay?

Estudiante 2: Hay cuatro ventanas.

escritorio	mochila	puerta
estudiante	pizarra	reloj
libro	profesor(a)	silla

9 **Nuevos amigos** During the first week of class, you meet a new student in the cafeteria. With a partner, prepare a conversation using these cues.

Estudiante 1

Greet your new acquaintance.

Find out about him or her.

Ask about your partner's class schedule.

Say nice to meet you and goodbye.

Estudiante 2

Introduce yourself.

Tell him or her about yourself.

Compare your schedule to your partner's.

Say nice to meet you and goodbye.

¿Qué clases tomas?

Maite, Inés, Javier y Álex hablan de las clases.

PERSONAJES

MAITE

INÉS

ÁLEX

JAVIER

ÁLEX Hola, Ricardo...
Aquí estamos en la Mitad del Mundo. ¿Qué tal las clases en la UNAM?

MAITE Es exactamente como las fotos en los libros de geografía.

INÉS ¡Sí! ¿También tomas tú geografía?

MAITE Yo no. Yo tomo inglés y literatura. También tomo una clase de periodismo.

MAITE Muy buenos días. María Teresa Fuentes, de Radio Andina FM 93. Hoy estoy con estudiantes de la Universidad San Francisco de Quito.
¡A ver! La señorita que está cerca de la ventana... ¿Cómo te llamas y de dónde eres?

MAITE ¿En qué clase hay más chicos?

INÉS Bueno, eh... en la clase de historia.

MAITE ¿Y más chicas?

INÉS En la de sociología hay más chicas, casi un ochenta y cinco por ciento.

MAITE Y tú, joven, ¿cómo te llamas y de dónde eres?

JAVIER Me llamo Javier Gómez y soy de San Juan, Puerto Rico.

MAITE ¿Tomas muchas clases este semestre?

JAVIER Sí, tomo tres: historia y arte los lunes, miércoles y viernes y computación los martes y jueves.

MAITE ¿Te gustan las computadoras, Javier?

JAVIER No me gustan nada. Me gusta mucho más el arte... y, sobre todo, me gusta dibujar.

ÁLEX ¿Cómo que no? ¿No te gustan las computadoras?

recursos

V CD-ROM Lección 2	VM pp. 197–198	I CD-ROM Lección 2

INÉS Hola. Me llamo Inés Ayala Loor y soy del Ecuador... de Portoviejo.

MAITE Encantada. ¿Qué clases tomas en la universidad?

INÉS Tomo geografía, inglés, historia, sociología y arte.

MAITE Tomas muchas clases, ¿no?

INÉS Pues sí, me gusta estudiar mucho.

ÁLEX Pero si son muy interesantes, hombre.

JAVIER Sí, ¡muy interesantes!

Enfoque cultural La vida universitaria

Universities in Spanish-speaking countries differ from those in the United States. In most cases students enroll in programs that prepare them for a specific career, rather than choosing a major. The courses for these programs are standardized within each country, so students take few elective courses. The classes themselves are also taught differently. Most are conducted as lectures that meet one or two times weekly. Grades are often based on a scale of one to ten, where five is passing.

Expresiones útiles

Talking about classes

▶ **¿Qué tal las clases en la UNAM?**
How are classes going at UNAM?

▶ **¿También tomas tú geografía?**
Are you also taking geography?

▷ **No, tomo inglés y literatura.**
No, I'm taking English and literature.

▶ **Tomas muchas clases, ¿no?**
You're taking lots of classes, aren't you?

▷ **Pues sí.** *Well, yes.*

▶ **¿En qué clase hay más chicos?**
In which class are there more guys?

▷ **En la clase de historia.**
In history class.

Talking about likes/dislikes

▶ **¿Te gusta estudiar?**
Do you like to study?

▷ **Sí, me gusta mucho. Pero también me gusta mirar la televisión.**
Yes, I like it a lot. But I also like to watch television.

▶ **¿Te gusta la clase de sociología?**
Do you like sociology class?

▷ **Sí, me gusta muchísimo.**
Yes, I like it very much.

▶ **¿Te gustan las computadoras?**
Do you like computers?

▷ **No, no me gustan nada.**
No, I don't like them at all.

Talking about location

▶ **Aquí estamos en...**
Here we are at/in...

▶ **¿Dónde está la señorita?**
Where is the young woman?

▷ **Está cerca de la ventana.**
She's near the window.

Expressing hesitation

▶ **A ver...**
Let's see...

▶ **Bueno...**
Well...

Reacciona a la fotonovela

1

Escoger Choose the answer that best completes each sentence.

1. Maite toma (*is taking*) _____ en la universidad.
   a. geografía, inglés y periodismo   b. economía, periodismo y literatura
   c. periodismo, inglés y literatura

2. Inés toma sociología, geografía, _____ .
   a. inglés, historia y arte   b. periodismo, computación y arte
   c. historia, literatura y biología

3. Javier toma _____ clases este semestre.
   a. cuatro   b. tres   c. dos

4. Javier toma historia y _____ los _____ .
   a. computación; martes y jueves   b. arte; lunes, martes y miércoles
   c. arte; lunes, miércoles y viernes

2

Identificar Indicate which person would make each statement.
The names may be used more than once.

1. Sí, me gusta estudiar.
2. ¡Hola! ¿Te gustan las clases en la UNAM?
3. ¿La clase de periodismo? Sí, me gusta mucho.
4. Hay más chicas en la clase de sociología.
5. Buenos días. Yo soy de Radio Andina FM 93.
6. ¡Uf! ¡No me gustan las computadoras!
7. Las computadoras son muy interesantes.
   Me gustan muchísimo.
8. Me gusta dibujar en la clase de arte.

INÉS

JAVIER   MAITE

ÁLEX

3

Completar These sentences are similar to things said in the **Fotonovela.**
Complete each sentence with the correct word(s).

el arte	geografía	la Mitad del Mundo
la clase de historia	la sociología	la Universidad San Francisco de Quito

1. Maite, Javier, Inés y yo estamos en...
2. Hay fotos impresionantes de la Mitad del Mundo en los libros de...
3. Me llamo Maite. Estoy aquí con estudiantes de...
4. Hay muchos chicos en...
5. No me gustan las computadoras. Me gusta más...

4

Preguntas personales Interview a classmate about his/her likes and dislikes of the university and university life.

> **modelo**
>
> **Estudiante 1:** ¿Te gusta la cafetería?
> **Estudiante 2:** No, no me gusta la cafetería. Pero me gusta la residencia
>   estudiantil.
> **Estudiante 1:** ¿Te gustan las computadoras?
> **Estudiante 2:** Sí, me gustan mucho. Tomo una clase de computación.

Pronunciación

Spanish vowels

a   **e**   **i**   **o**   **u**

Spanish vowels are never silent; they are always pronounced in a short, crisp way without the glide sounds used in English.

| **Álex** | **clase** | **nada** | **encantada** |

The letter **a** is pronounced like the *a* in *father*, but shorter.

| **el** | **ene** | **mesa** | **elefante** |

The letter **e** is pronounced like the *e* in *they*, but shorter.

| **Inés** | **chica** | **tiza** | **señorita** |

The letter **i** sounds like the *ee* in *beet*, but shorter.

| **hola** | **con** | **libro** | **don Francisco** |

The letter **o** is pronounced like the *o* in *tone*, but shorter.

| **uno** | **regular** | **saludos** | **gusto** |

The letter **u** sounds like the *oo* in *room*, but shorter.

Práctica   Practice the vowels by saying the names of these places in Spain.

1. Madrid
2. Alicante
3. Tenerife
4. Toledo
5. Barcelona
6. Granada
7. Burgos
8. La Coruña

Oraciones   Read the sentences aloud, focusing on the vowels.

1. Hola. Me llamo Ramiro Morgado.
2. Estudio arte en la Universidad de Salamanca.
3. Tomo también literatura y contabilidad.
4. Ay, tengo clase en cinco minutos. ¡Nos vemos!

Refranes   Practice the vowels by reading these sayings aloud.

Del dicho al hecho hay un gran trecho.[1]

Cada loco con su tema.[2]

TEXT CD Lección 2	**LM** p. 8	**Lab CD/MP3** Lección 2	**I CD-ROM** Lección 2

recursos

1 *Easier said than done.*
2 *To each his own.*

2.1 Present tense of –ar verbs

ANTE TODO In order to talk about activities, you need to use verbs. Verbs express actions or states of being. In English and Spanish, the infinitive is the base form of the verb. In English, the infinitive is preceded by the word *to*: *to study*, *to be*. The infinitive in Spanish is a one-word form and can be recognized by its endings: **–ar, –er,** or **–ir**. In this lesson, you will learn the forms of regular **–ar** verbs.

recursos

WB
pp. 13–20

LM
pp. 9–12

Lab CD/MP3
Lección 2

I CD-ROM
Lección 2

vistahigher
learning.com

–ar verb		**–er verb**		**–ir verb**	
estudiar	*to study*	**comer**	*to eat*	**escribir**	*to write*

estudiar

		estudiar *(to study)*	
SINGULAR FORMS	yo	estudi**o**	*I study*
	tú	estudi**as**	*you* (fam.) *study*
	Ud./él/ella	estudi**a**	*you* (form.) *study; he/she studies*
PLURAL FORMS	nosotros/as	estudi**amos**	*we study*
	vosotros/as	estudi**áis**	*you* (fam.) *study*
	Uds./ellos/ellas	estudi**an**	*you* (form.) *study; they study*

¿Tomas muchas clases este semestre?

Sí, tomo tres.

▶ To create the forms of most regular verbs in Spanish, you drop the infinitive endings (**–ar, –er, –ir**). You then add to the stem the endings that correspond to the different subject pronouns. The following diagram will help you visualize the process by which verb forms are created.

Conjugation of –ar verbs

INFINITIVE	VERB STEM	CONJUGATED FORM
estudi**ar**	estudi-	yo estudi**o**
bail**ar**	bail-	tú bail**as**
trabaj**ar**	trabaj-	nosotros trabaj**amos**

Common –ar verbs

bailar	to dance	**estudiar**	to study
buscar	to look for	**explicar**	to explain
caminar	to walk	**hablar**	to talk; to speak
cantar	to sing	**llegar**	to arrive
cenar	to have dinner	**llevar**	to carry
comprar	to buy	**mirar**	to look (at); to watch
contestar	to answer	**necesitar (+ *inf*.)**	to need
conversar	to converse; to chat	**practicar**	to practice
desayunar	to have breakfast	**preguntar**	to ask (a question)
descansar	to rest	**preparar**	to prepare
desear (+ *inf*.)	to desire; to wish	**regresar**	to return
dibujar	to draw	**terminar**	to end; to finish
enseñar	to teach	**tomar**	to take; to drink
escuchar	to listen (to)	**trabajar**	to work
esperar (+ *inf*.)	to wait (for); to hope	**viajar**	to travel

¡ATENCIÓN!

The Spanish verbs **buscar, escuchar, esperar,** and **mirar** do not need to be followed by prepositions as they do in English.

Busco la tarea.
I'm looking for the homework.

Escucho la música.
I'm listening to the music.

Espero el autobús.
I'm waiting for the bus.

Miro la pizarra.
I'm looking at the blackboard.

COMPARE & CONTRAST

Compare the verbs in the English sentences to the verb in the Spanish equivalent.
   Paco **trabaja** en la cafetería.

1. *Paco works in the cafeteria.*
2. *Paco is working in the cafeteria.*
3. *Paco does work in the cafeteria.*

English uses three sets of forms to talk about the present: 1) the simple present (*Paco works*), 2) the present progressive (*Paco is working*), and 3) the emphatic present (*Paco does work*). In Spanish, the simple present can be used in all three cases.

In both Spanish and English, the present tense is also sometimes used to express future action.

   Marina **viaja** a Madrid mañana.

1. *Marina travels to Madrid tomorrow.*
2. *Marina will travel to Madrid tomorrow.*
3. *Marina is traveling to Madrid tomorrow.*

▶ In Spanish, as in English, when two verbs are used together with no change of subject, the second verb is generally in the infinitive.

Deseo hablar con don Francisco.
I want to speak with Don Francisco.

Necesitamos comprar cuadernos
We need to buy notebooks.

▶ To make a sentence negative in Spanish, the word **no** is placed before the conjugated verb. In this case, **no** means *not*.

Ellos **no** miran la televisión.
They don't watch television.

Alicia **no** desea bailar ahora.
Alicia doesn't want to dance now.

▶ Note that no subject pronouns were used in the Spanish conversation depicted above. Spanish speakers often omit them because the verb endings indicate who the subject is. In Spanish, subject pronouns are used for emphasis, clarification, or contrast, as in the examples below.

Clarification/Contrast

—¿Qué enseñan **ellos**?
What do they teach?

—**Ella** enseña arte y **él** enseña física.
She teaches art, and he teaches physics.

Emphasis

—¿Quién desea trabajar hoy?
Who wants to work today?

—**Yo** no deseo trabajar hoy.
I don't want to work today.

¡INTÉNTALO! Provide the present tense forms of these verbs. The first items have been done for you.

hablar

1. Yo ___hablo___ español.
2. Ellos _____ español.
3. Inés _____ español.
4. Nosotras _____ español.
5. Tú _____ español.
6. Los estudiantes _____ español.
7. Usted _____ español.
8. Javier y yo _____ español.

trabajar

1. Ustedes ___trabajan___ mucho.
2. Juanita y yo _____ mucho.
3. Nuestra profesora _____ mucho.
4. Tú _____ mucho.
5. Yo _____ mucho.
6. Las chicas _____ mucho.
7. Él _____ mucho.
8. Tú y Álex _____ mucho.

desear

1. Usted ___desea___ viajar.
2. Yo _____ viajar.
3. Nosotros _____ viajar.
4. Lourdes y Luz _____ viajar.
5. Tú _____ viajar.
6. Ella _____ viajar.
7. Marco y yo _____ viajar.
8. Ustedes _____ viajar.

Práctica

1 **Completar** Complete the conversation with the appropriate forms of the verbs. Then act it out with a partner.

▶ **JUAN** ¡Hola, Linda! ¿Qué tal las clases?

LINDA Bien. (1)_____ (tomar) tres clases... química, biología y computación. Y tú, ¿cuántas clases (2)_____ (tomar)?

JUAN (3)_____ (tomar) cuatro... sociología, biología, arte y literatura. Yo (4)_____ (tomar) biología a las cuatro con el doctor Cárdenas. ¿Y tú?

LINDA Lily, Alberto y yo (5)_____ (tomar) biología a las diez, con la profesora Garza.

JUAN ¿(6)_____ (estudiar) ustedes mucho?

LINDA Sí, porque hay muchos exámenes. Alberto y yo (7)_____ (estudiar) dos horas juntos todos los días (*together every day*).

JUAN ¿Lily no (8)_____ (estudiar) con ustedes?

LINDA Shhh... No, ella (9)_____ (estudiar) con su novio (*boyfriend*), Arturo.

2 **Oraciones** Form sentences using the words provided. Remember to conjugate the verbs and add any other necessary words.

1. Ustedes / practicar / vocabulario
2. (Yo) desear / practicar / verbos / hoy
3. ¿Preparar (tú) / tarea?
4. clase de español / terminar / once
5. ¿Qué / buscar / ustedes?
6. (Nosotros) buscar / pluma
7. (Yo) comprar / computadora
8. Mi (*My*) compañera de cuarto / regresar / lunes
9. Ella / bailar / y / cantar / muy bien
10. jóvenes / desear / descansar / ahora

3 **Actividades** Get together with a classmate and take turns asking each other if you do these activities.

modelo

tomar el autobús
Estudiante 1: ¿Tomas el autobús?
Estudiante 2: Sí, tomo el autobús. /
          No, no tomo el autobús.

bailar merengue	escuchar música rock	practicar el español
cantar bien	estudiar física	trabajar en la universidad
dibujar en clase	mirar la televisión	viajar a Europa

Comunicación

4

Describir With a partner, describe what you see in the pictures using the given verbs.

modelo
enseñar
La profesora enseña química.

1. caminar, hablar, llevar

2. buscar, descansar, estudiar

3. dibujar, cantar, escuchar

4. llevar, tomar, viajar

5

Charadas In groups of three students, play a game of charades using the verbs in the word bank. For example, if someone is studying, you say "**Estudias.**" The first person to guess correctly acts out the next charade.

bailar	cantar	descansar	enseñar	mirar
caminar	conversar	dibujar	escuchar	preguntar

Síntesis

6

Conversación Get together with a classmate and pretend that you are friends who have not seen each other on campus for a few days. Have a conversation in which you catch up on things. Mention how you're feeling, what classes you're taking, what days and times you have classes, and what classes you like and don't like.

2.2 Forming questions in Spanish

ANTE TODO There are three basic ways to ask questions in Spanish. Can you guess what they are by looking at the photos and photo captions on this page?

¿Dibujas mucho?

Las computadoras son muy interesantes, ¿no?

¿También tomas tú geografía?

CONSEJOS

With a partner, take turns saying the example statements and questions on this page out loud. With books closed, your partner should guess whether you are making a statement or asking a question. Make sure to raise the pitch of your voice at the end of the questions. Then take turns making up statements of your own and turning them into questions, using all three of the methods described on this page.

▶ One way to form a question is to raise the pitch of your voice at the end of a declarative sentence. When writing any question in Spanish, be sure to use an upside down question mark (¿) at the beginning and a regular question mark (?) at the end of the sentence.

Statement	Question
Ustedes trabajan los sábados.	¿Ustedes trabajan los sábados?
You work on Saturdays.	*Do you work on Saturdays?*
Miguel busca un mapa.	¿Miguel busca un mapa?
Miguel is looking for a map.	*Is Miguel looking for a map?*

▶ As in English, you can form a question by inverting the order of the subject and the verb of a declarative statement. The subject may even be placed at the end of the sentence.

Statement	Question
SUBJECT VERB	VERB SUBJECT
Ustedes trabajan los sábados.	¿**Trabajan ustedes** los sábados?
You work on Saturdays.	*Do you work on Saturdays?*
SUBJECT VERB	VERB SUBJECT
Carlota regresa a las seis.	¿**Regresa** a las seis **Carlota**?
Carlota returns at six.	*Does Carlota return at six?*

▶ Questions can also be formed by adding the tags **¿no?** or **¿verdad?** at the end of a statement.

Statement	Question
Ustedes trabajan los sábados.	Ustedes trabajan los sábados, **¿verdad?**
You work on Saturdays.	*You work on Saturdays, right?*
Carlota regresa a las seis.	Carlota regresa a las seis, **¿no?**
Carlota returns at six.	*Carlota returns at six, doesn't she?*

Question words

Interrogative words

¿Adónde?	*Where (to)?*	**¿De dónde?**	*From where?*
¿Cómo?	*How?*	**¿Dónde?**	*Where?*
¿Cuál?, ¿Cuáles?	*Which?; Which one(s)?*	**¿Por qué?**	*Why?*
¿Cuándo?	*When?*	**¿Qué?**	*What?; Which?*
¿Cuánto/a?	*How much?*	**¿Quién?**	*Who?*
¿Cuántos/as?	*How many?*	**¿Quiénes?**	*Who (plural)?*

▶ To ask a question that requires more than a simple *yes* or *no* answer, an interrogative word is used.

¿Cuál de ellos estudia en la biblioteca?
Which of them studies in the library?

¿Cuándo descansan ustedes?
When do you rest?

¿Cuántos estudiantes hablan español?
How many students speak Spanish?

¿Dónde trabaja Ricardo?
Where does Ricardo work?

¿Qué clases tomas?
What classes are you taking?

¿Adónde caminamos?
Where are we walking?

¿De dónde son Álex y Javier?
Where are Álex and Javier from?

¿Por qué necesitas hablar con ella?
Why do you need to talk to her?

¿Quién enseña la clase de arte?
Who teaches the art class?

¿Cuánta tarea hay?
How much homework is there?

CONSÚLTALO

¿Qué? and **¿cuál(es)?** You will learn more about the difference between **qué** and **cuál** in **Estructura 9.3**, pp. 256–257.

▶ When pronouncing this type of question, the pitch of your voice falls at the end of the sentence.

¿Cómo llegas a clase?
How do you get to class?

¿Por qué necesitas estudiar?
Why do you need to study?

▶ In Spanish **no** can mean both *no* and *not*. Therefore, when answering a yes/no question in the negative, you need to use **no** twice.

¿Caminan a la universidad?
Do you walk to the university?

No, no caminamos a la universidad.
No, we do not walk to the university.

¡INTÉNTALO! Make questions out of these statements. Use intonation in column 1 and the tag **¿no?** in column 2. The first item has been done for you.

Statement	Intonation	Tag questions
1. Hablas inglés.	¿Hablas inglés?	Hablas inglés, ¿no?
2. Trabajamos mañana.		
3. Ustedes desean bailar.		
4. Raúl estudia mucho.		
5. Enseño a las nueve.		
6. Luz mira la televisión.		
7. Los chicos descansan.		
8. Él prepara la prueba.		

Práctica

1   **Preguntas** Change these sentences into questions by inverting the word order.

> **modelo**
>
> Ernesto habla con su compañero de clase.
> ¿Habla Ernesto con su compañero de clase? /
> ¿Habla con su compañero de clase Ernesto?

1. La profesora Cruz prepara la prueba.

2. Sandra y yo necesitamos estudiar.

3. Los chicos practican el vocabulario.

4. Jaime termina la tarea.

5. Tú trabajas en la biblioteca.

2   **Completar** Irene and Manolo are chatting in the library. Complete their conversation with the appropriate questions.

IRENE	Hola, Manolo. (1)_____
MANOLO	Bien, gracias. (2)_____
IRENE	Muy bien. (3)_____
MANOLO	Son las nueve.
IRENE	(4)_____
MANOLO	Estudio historia.
IRENE	(5)_____
MANOLO	Porque hay un examen mañana.
IRENE	(6)_____
MANOLO	Sí, me gusta mucho la clase.
IRENE	(7)_____
MANOLO	El profesor Padilla enseña la clase.
IRENE	(8)_____
MANOLO	No, no tomo psicología este semestre.
IRENE	(9)_____
MANOLO	Regreso a la residencia a las once.
IRENE	(10)_____
MANOLO	No, no deseo tomar soda. ¡Deseo estudiar!

3   **Dos profesores** In pairs, create a dialogue, similar to the one in **Actividad 2**, between profesor Padilla and his colleague profesora Martínez. Use question words.

> **modelo**
>
> **Prof. Padilla:** ¿Qué enseñas este semestre?
> **Prof. Martínez:** Enseño dos cursos de sociología.

Comunicación

4

Encuesta Your instructor will give you a worksheet. Change the categories in the first column into questions, then use them to survey your classmates. Find at least one person for each category. Be prepared to report the results of your survey to the class.

Categorías	Nombres
1. Estudiar computación	
2. Tomar una clase de psicología	
3. Dibujar bien	
4. Cantar bien	
5. Escuchar música clásica	
6. Escuchar jazz	
7. Hablar mucho en clase	
8. Desear viajar a España	

5

Un juego (*A game*) In groups of four or five, play a game of *Jeopardy.*® Each person has to write two clues. Then take turns reading the clues and guessing the questions. The person who guesses correctly reads the next clue.

Es algo que...	**Es un lugar donde...**	**Es una persona que...**
It's something that...	*It's a place where...*	*It's a person that...*

modelo

Estudiante 1: Es un lugar donde estudiamos.
Estudiante 2: ¿Qué es la biblioteca?

Estudiante 1: Es algo que escuchamos.
Estudiante 2: ¿Qué es la música?

Estudiante 1: Es un director de España.
Estudiante 2: ¿Quién es Pedro Almodóvar?

◄ **NOTA CULTURAL**

Pedro Almodóvar is an award-winning film director from Spain. His films are full of both humor and melodrama, and their controversial subject matter has often sparked great debate. His 1999 film **Todo sobre mi madre** (*All About My Mother*) received an Oscar for Best Foreign Film and Best Director at the Cannes Film Festival.

Síntesis

6

Entrevista Imagine that you are a reporter for the school newspaper. Write five questions about student life at your school and use them to interview two classmates. Be prepared to report your findings to the class.

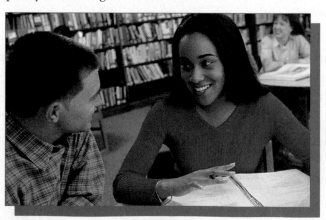

2.3 Present tense of **estar**

CONSÚLTALO

To review the forms of **ser**, see **Estructura 1.3**, pp. 17–18.

ANTE TODO   In **Lección 1**, you learned how to conjugate and use the ver **ser** *(to be)*. You will now learn a second verb which means *to be*, the verb **estar**.

Although **estar** ends in **–ar**, it does not follow the pattern of regular **–ar** verbs. The **yo** form (**estoy**) is irregular. Also, all forms have an accented **á** except the **yo** and **nosotros/as** forms.

estar		
estar *(to be)*		
SINGULAR FORMS		
yo	est**oy**	*I am*
tú	est**ás**	*you* (fam.) *are*
Ud./él/ella	est**á**	*you* (form.) *are; he/she is*
PLURAL FORMS		
nosotros/as	est**amos**	*we are*
vosotros/as	est**áis**	*you* (fam.) *are*
Uds./ellos/ellas	est**án**	*you* (form.) *are; they are*

Hola, Ricardo… Aquí estamos en la Mitad del Mundo.

María está en el laboratorio.

COMPARE & CONTRAST

In the following chart, compare the uses of the verb **estar** to those of the verb **ser**.

¡ATENCIÓN!

You use **la casa** to express *the house*, but **en casa** to express *at home*.

Uses of *estar*

Location
Estoy en casa
I am at home.

Inés **está** al lado de Javier.
Inés is next to Javier.

Health
Álex **está** enfermo hoy.
Álex is sick today.

Well-being
—¿Cómo **estás**, Maite?
How are you, Maite?

—**Estoy** muy bien, gracias.
I'm very well, thank you.

Uses of *ser*

Identity
Hola, **soy** Maite.
Hello, I'm Maite.

Occupation
Soy estudiante.
I'm a student.

Origins
—¿**Eres** de España?
Are you from Spain?

—Sí, **soy** de España.
Yes, I'm from Spain.

Time-telling
Son las cuatro.
It's four o'clock.

Prepositions often used with *estar*

al lado de	*next to; beside*	**delante de**	*in front of*
a la derecha de	*to the right of*	**detrás de**	*behind*
a la izquierda de	*to the left of*	**encima de**	*on top of*
en	*in; on*	**entre**	*between; among*
cerca de	*near*	**lejos de**	*far from*
con	*with*	**sin**	*without*
debajo de	*below*	**sobre**	*on; over*

▶ **Estar** is often used with certain prepositions to describe the location of a person or an object.

La clase **está al lado de** la biblioteca.
The class is next to the library.

El estadio no **está lejos de** la librería.
The stadium isn't far from the bookstore.

Los libros **están encima del** escritorio.
The books are on top of the desk.

El mapa está **entre** la pizarra y la puerta.
The map is between the blackboard and the door.

El laboratorio **está cerca de** la clase.
The lab is near the classroom.

Los estudiantes **están en** la clase.
The students are in class.

Maribel **está delante de** José.
Maribel is in front of José.

El libro **está sobre** la mesa.
The book is on the table.

¡A ver! La señorita que está cerca de la ventana...

Aquí estoy con cuatro estudiantes de la universidad... ¡Qué aventura!

¡INTÉNTALO!   Provide the present tense forms of **estar**. The first item has been done for you.

1. Ustedes _están_ en la clase.
2. José _está_ en la biblioteca.
3. Yo _estoy_ en el estadio.
4. Nosotras _estamos_ en la cafetería.
5. Tú _estás_ en el laboratorio.
6. Elena _está_ en la librería.
7. Ellas _están_ en la clase.

8. Ana y yo _estamos_ en la clase.
9. Usted _está_ en la biblioteca.
10. Javier y Maribel _están_ en el estadio.
11. Nosotros _estamos_ en la cafetería.
12. Yo _estoy_ en el laboratorio.
13. Carmen y María _están_ en la librería.
14. Tú _estás_ en la clase.

Práctica

1

Completar Daniela has just returned home from her classes at the local university. Complete this conversation with the appropriate forms of **ser** or **estar**.

MAMÁ   Hola, Daniela. ¿Cómo (1)_____?

DANIELA Hola, mamá. (2)_____ bien. ¿Dónde (3)_____ papá?
¡Ya (*already*) (4)_____ las ocho de la noche!

MAMÁ   No (5)_____ aquí. (6)_____ en la oficina.

DANIELA Y Andrés y Margarita, ¿dónde (7)_____ ellos?

MAMÁ   (8)_____ en el restaurante La Palma con Martín.

DANIELA ¿Quién (9)_____ Martín?

MAMÁ   (10)_____ un compañero de clase. (11)_____ de México.

DANIELA Ah. Y el restaurante La Palma, ¿dónde (12)_____?

MAMÁ   (13)_____ cerca de la Plaza Mayor, en San Modesto.

DANIELA Gracias, mamá. Voy (*I'm going*) al restaurante. ¡Hasta pronto!

2

Escoger Choose the preposition that best completes each sentence.

1. La pluma está (encima de / detrás de) la mesa.
2. La ventana está (a la izquierda de / debajo de) la puerta.
3. La pizarra está (debajo de / delante de) los estudiantes.
4. Las sillas están (encima de / detrás de) los escritorios.
5. Los estudiantes llevan los libros (en / sobre) la mochila.
6. La biblioteca está (sobre / al lado de) la residencia estudiantil.
7. España está (cerca de / lejos de) Puerto Rico.
8. Cuba está (cerca de / lejos de) los Estados Unidos.
9. Felipe trabaja (con / en) Ricardo en la cafetería.

3

¿Dónde está...? Imagine that you are in the school bookstore and can't find various items. Ask the clerk (your partner) where the items in the drawing are located. Then switch roles.

modelo

Estudiante 1: ¿Dónde están los diccionarios?
Estudiante 2: Los diccionarios están debajo de los libros de literatura.

Comunicación

4

¿Dónde estás...? Get together with a partner and take turns asking each other where you are at these times.

> **modelo**
>
> lunes / 10:00 a.m.
> **Estudiante 1:** ¿Dónde estás los lunes a las diez de la mañana?
> **Estudiante 2:** Estoy en la clase de español.

1. sábados / 6:00 a.m.
2. miércoles / 9:15 a.m.
3. lunes / 11:10 a.m.
4. jueves / 12:30 a.m.

5. viernes / 2:25 p.m.
6. martes / 3:50 p.m.
7. jueves / 5:45 p.m.
8. miércoles / 8:20 p.m.

5

La ciudad universitaria You are an exchange student at a Spanish university. Tell a classmate which buildings you are looking for and ask for their location relative to where you are.

> **modelo**
>
> **Estudiante 1:** ¿La Facultad de Medicina está lejos?
> **Estudiante 2:** No, está cerca. Está a la izquierda de la Facultad de Administración de Empresas.

Facultad de Medicina
Facultad de Administración de Empresas
Facultad de Química
Biblioteca
Facultad de Bellas Artes
Colegio Mayor Cervantes

Síntesis

6

Entrevista Use these questions to interview two classmates. Then switch roles.

1. ¿Cómo estás?
2. ¿Dónde estamos ahora?
3. ¿Dónde está tu (*your*) compañero/a de cuarto ahora?
4. ¿Cuántos estudiantes hay en la clase de español?
5. ¿Quién(es) no está(n) en la clase hoy?
6. ¿A qué hora termina la clase hoy?
7. ¿Estudias mucho?
8. ¿Cuántas horas estudias para (*for*) una prueba?

2.4 Numbers 31–100

Los números 31–100

31	treinta y uno	37	treinta y siete	50	cincuenta
32	treinta y dos	38	treinta y ocho	60	sesenta
33	treinta y tres	39	treinta y nueve	70	setenta
34	treinta y cuatro	40	cuarenta	80	ochenta
35	treinta y cinco	41	cuarenta y uno	90	noventa
36	treinta y seis	42	cuarenta y dos	100	cien, ciento
			(and so on)		

▶ **Y** is used in most numbers from **31** through **99**.

> Hay **ochenta y cinco** exámenes.
> *There are eighty-five exams.*

> Hay **cuarenta y dos** estudiantes.
> *There are forty-two students.*

¿En qué clase hay más chicas?

En la de sociología... casi un ochenta y cinco por ciento.

▶ With numbers that end in **uno** (31, 41, etc.), **uno** becomes **un** before a masculine noun and **una** before a feminine noun.

> Hay **treinta y un** chicos.
> *There are thirty-one guys.*

> Hay **treinta y una** chicas.
> *There are thirty-one girls.*

▶ **Cien** is used before nouns and in counting. The words **un, una**, and **uno** are never used before **cien** in Spanish. **Ciento** is used for numbers over one hundred.

> ¿Cuántos libros hay? **Cientos.**
> *How many books are there?*
> *Hundreds.*

> Hay **cien** libros y **cien** sillas.
> *There are one hundred books*
> *and one hundred chairs.*

¡INTÉNTALO! Provide the words for these numbers.

1. **56** _____
2. **31** _____
3. **84** _____
4. **99** _____
5. **43** _____

6. **68** _____
7. **72** _____
8. **35** _____
9. **87** _____
10. **59** _____

11. **100** _____
12. **61** _____
13. **96** _____
14. **74** _____
15. **42** _____

Práctica

1 **Baloncesto** Provide these basketball scores in Spanish.

1. Ohio State 76, Michigan 65
2. Florida 92, Florida State 84
3. Stanford 58, UCLA 49
4. Purdue 81, Indiana 78
5. Princeton 67, Harvard 55
6. Duke 100, Virginia 91
7. Kansas 95, Colorado 53
8. Texas 79, Oklahoma 47
9. Army 86, Navy 71
10. Kentucky 98, Tennessee 74

NOTA CULTURAL

Basketball (**baloncesto** or **básquetbol**) is a popular sport in many Spanish-speaking countries. Spain, Puerto Rico, Argentina, and Mexico, for example, have national leagues and champion teams often go on to international competitions.

2 **Números de teléfono** What courses would you take if you were studying at a university in Spain? Take turns deciding and having your partner give you the phone number for enrollment information.

modelo

Estudiante 1: Necesito tomar una clase de química.
Estudiante 2: El número del departamento es el noventa y uno, cuarenta y siete, uno, veintinueve, ochenta y siete.

NOTA CULTURAL

In Spanish-speaking countries, the number of digits in phone numbers may vary from four to seven; they are often said in pairs.

DIRECTORIO

Departamento	Número de teléfono
Administración de empresas	(91) 758-6562
Arte	(91) 944-1216
Biología	(91) 634-3211
Computación	(91) 472-2350
Contabilidad	(91) 419-7660
Economía	(91) 773-1382
Español	(91) 944-3915
Física	(91) 634-7148
Geografía	(91) 834-5238
Historia	(91) 834-3371
Literatura	(91) 552-6359
Psicología	(91) 564-8799
Química	(91) 471-2987
Sociología	(91) 837-2225

3 **Números** In pairs, take turns reading aloud telephone numbers at random from the list in **Actividad 2** without mentioning the associated department. Your partner must provide the department.

modelo

Estudiante 1: (91) 564-8799.
Estudiante 2: Es el departamento de psicología.

Comunicación

4

Precios (*Prices*) With a partner, take turns asking how much the items in the ad cost.

> **modelo**
>
> **Estudiante 1:** Deseo comprar papel.
> ¿Cuánto cuesta (*How much does it cost*)?
>
> **Estudiante 2:** Un paquete cuesta (*it costs*) cuatro dólares
> y cuarenta y un centavos.

5

Entrevista   Find out the telephone numbers and e-mail addresses of four classmates.

> **modelo**
>
> **Estudiante 1:** ¿Cuál es tu (*your*) número de teléfono?
>
> **Estudiante 2:** Es el 6-35-19-51.
>
> **Estudiante 1:** ¿Y tu dirección de correo electrónico?
>
> **Estudiante 2:** Es jota-Smith-arroba-pe-ele-punto-
> e-de-u. (jsmith@pl.edu)

Síntesis

6

¿A qué distancia...? Your instructor will give you and a partner incomplete charts that indicate the distances between Madrid and various locations. Fill in the missing information on your chart by asking your partner questions.

> **modelo**
>
> **Estudiante 1:** ¿A qué distancia está Arganda del Rey?
>
> **Estudiante 2:** Está a veintisiete kilómetros de Madrid.

Lectura
Antes de leer

Estrategia
Predicting Content Through Formats

Recognizing the format of a document can help you to predict its content. For instance, invitations, greeting cards, and classified ads follow an easily identifiable format, which usually gives you a general idea of the information they contain. Look at the text and identify it based on its format.

	lunes	martes	miércoles	jueves	viernes
8:30	biología		biología		biología
9:00		historia		historia	
9:30	inglés		inglés		inglés
10:00					
10:30					
11:00					
12:00					
12:30					
1:00					
2:00	arte		arte		arte

If you guessed that this is a page from a student's schedule, you are correct. You can now infer that the document contains information about a student's weekly schedule, including days, times, and activities.

Cognados
With a classmate, make a list of the cognates in the text and guess their English meanings. What do cognates reveal about the content of the document?

Examinar el texto
Look at the format of the document entitled *¡Español en Madrid!* What type of text is it? What information do you expect to find in a document of this kind?

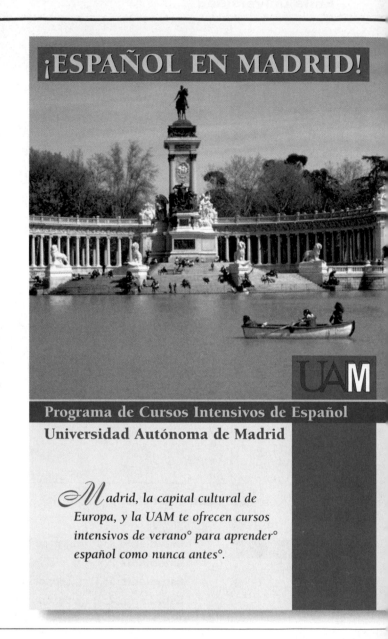

¡ESPAÑOL EN MADRID!

UAM

Programa de Cursos Intensivos de Español
Universidad Autónoma de Madrid

Madrid, la capital cultural de Europa, y la UAM te ofrecen cursos intensivos de verano° para aprender° español como nunca antes°.

Después de leer

Correspondencias
Provide the letter of each item in Column B that matches the words in Column A. Two items will not be used.

A

1. profesores
2. vivienda
3. Madrid
4. número de teléfono
5. Español 2B
6. número de fax

B

a. (34) 91 523 4500
b. (34) 91 524 0210
c. 23 junio – 30 julio
d. capital cultural de Europa
e. 16 junio – 22 julio
f. especializados en enseñar español como lengua extranjera
g. (34) 91 523 4623
h. familias españolas

¿Dónde?
En el campus de la UAM, edificio° de la Facultad de Filosofía y Letras.

¿Quiénes son los profesores?
Son todos hablantes nativos del español y catedráticos° de la UAM especializados en enseñar el español como lengua extranjera.

¿Qué niveles se ofrecen?
Se ofrecen tres niveles° básicos:
1. Español Elemental, A, B y C
2. Español Intermedio, A y B
3. Español Avanzado, A y B

Viviendas
Para estudiantes extranjeros se ofrece vivienda° con familias españolas.

¿Cuándo?
Este verano desde° el 16 de junio hasta el 10 de agosto. Los cursos tienen una duración de 6 semanas.

Cursos	Empieza°	Termina
Español 1A	16 junio	22 julio
Español 1B	23 junio	30 julio
Español 1C	30 junio	10 agosto
Español 2A	16 junio	22 julio
Español 2B	23 junio	30 julio
Español 3A	16 junio	22 julio
Español 3B	23 junio	30 julio

Información
Para mayor información, sirvan comunicarse con la siguiente° oficina:

Universidad Autónoma de Madrid
**Programa de Español
como Lengua Extranjera
Ctra. Colmenar Viejo, Km. 15
28049 Madrid, ESPAÑA
Tel. (34) 91 523 4500
Fax (34) 91 523 4623
www.uam.es**

verano *summer* aprender *to learn* nunca antes *never before* edificio *building* catedráticos *professors* niveles *levels*
vivienda *housing* desde *from* Empieza *Begins* siguiente *following*

¿Cierto o falso?
Indicate whether each statement is **cierto** (*true*) or **falso** (*false*).
Then correct the false statements.

               Cierto Falso

1. La Universidad Autónoma de Madrid ofrece (*offers*) cursos intensivos de italiano. ○ ○

2. La lengua nativa de los profesores del programa es el inglés. ○ ○

3. Los cursos de español son en la Facultad de Ciencias. ○ ○

4. Los estudiantes pueden vivir (*can live*) con familias españolas. ○ ○

               Cierto Falso

5. La universidad que ofrece los cursos intensivos está en Salamanca. ○ ○

6. Español 3B termina en agosto. ○ ○

7. Si deseas información sobre (*about*) los cursos intensivos de español, es posible llamar al (34) 91 523 4500. ○ ○

8. Español 1A empieza en julio. ○ ○

España

El país en cifras

▶ **Área:** 504.750 km² (kilómetros cuadrados) ó 194.884 millas cuadradas°, incluyendo las islas Baleares y las islas Canarias

▶ **Población:** 39.874.000

▶ **Capital:** Madrid—3.976.000

▶ **Ciudades principales:** Barcelona—2.729.000, Valencia—2.149.171, Sevilla—1.727.304, Zaragoza—827.730

SOURCE: Population Division, UN Secretariat

▶ **Moneda°:** euro

▶ **Idiomas°:** español o castellano, catalán, gallego, valenciano, eusquera

Gallego Eusquera Català Español Valenciano

Regiones lingüísticas

Bandera de España

Españoles célebres

▶ **Miguel de Cervantes,** escritor° (1547–1616)

▶ **Pedro Almodóvar,** director de cine° (1949–)

▶ **Rosa Montero,** escritora y periodista° (1951–)

▶ **Pedro Duque,** astronauta (1963–)

▶ **Arantxa Sánchez Vicario,** tenista (1971–)

millas cuadradas *square miles* Moneda *Currency* Idiomas *Languages*
escritor *writer* cine *film* periodista *reporter* pueblo *town*
Cada año *Every year* Durante todo un día *All day long* miles *thousands*
se tiran *throw at each other* varias toneladas *many tons*

La Sagrada Familia en Barcelona

Plaza Mayor en Madrid

Mar Cantábrico
La Coruña
San Sebastián
FRANCIA
ANDORRA
Pirineos
Zaragoza Río Ebro
Salamanca
Barcelona
ESPAÑA
Madrid
Valencia
Menorca
Mallorca
Ibiza
Islas Baleares
Sierra Nevada
Mar Mediterráneo
Sevilla
Estrecho de Gibraltar
Ceuta
Melilla
MARRUECOS
PORTUGAL

El baile flamenco

Islas Canarias
La Palma
Tenerife Gran Canaria Lanzarote
Gomera Fuerteventura
Hierro

recursos

| WB pp. 21–22 | VM pp. 227–228 | I CD-ROM Lección 2 | vistahigher learning.com |

¡Increíble pero cierto!

En Buñol, un pueblo° de Valencia, la producción de tomates es un recurso económico muy importante. Cada año° se celebra el festival de *La Tomatina*. Durante todo un día°, miles° de personas se tiran° tomates. Llegan turistas de todo el país, y se usan varias toneladas° de tomates.

Lugares • La Universidad de Salamanca

La Universidad de Salamanca, fundada en 1218 (mil doscientos dieciocho), es la más antigua° de España. Más de 35.000 (treinta y cinco mil) estudiantes toman clases en la universidad. La universidad está en la ciudad de Salamanca, famosa por sus edificios° históricos.

Economía • La Unión Europea

Desde° 1992 (mil novecientos noventa y dos) España es miembro de la Unión Europea, un grupo de países europeos que trabaja para desarrollar° una política° económica y social común en Europa. La moneda de los países de la Unión Europea es el euro.

Las meninas,
Diego Velázquez, 1656.

Artes • Velázquez y el Prado

El Prado, en Madrid, es uno de los museos más famosos del mundo°. En el Prado hay pinturas° importantes de Botticelli, del Greco, y de los españoles Goya y Velázquez. *Las Meninas* es la obra más conocida° de Diego Velázquez, pintor° oficial de la corte real° durante el siglo° XVII.

Comida • La paella

La paella es uno de los platos típicos de España. Siempre se prepara° con arroz° y azafrán°, pero hay diferentes recetas°. La paella valenciana, por ejemplo, es de pollo° y conejo°, y la paella marinera es de mariscos°.

¿Qué aprendiste? Completa las frases con la información adecuada.

1. La _____ trabaja para desarrollar una política económica común en Europa.
2. El arroz y el azafrán son ingredientes básicos de la _____.
3. El Prado está en _____.
4. La universidad más antigua de España es la _____.
5. La ciudad de _____ es famosa por sus edificios históricos.
6. El gallego es una de las lenguas oficiales de _____.

Una playa de Ibiza

Conexión Internet Investiga estos temas en el sitio **www.vistahigherlearning.com**.

1. Busca (*Look for*) información sobre la Universidad de Salamanca u otra universidad española. ¿Qué cursos ofrece (*does it offer*)? ¿Ofrece tu universidad cursos similares?
2. Busca información sobre un español o una española célebre (por ejemplo, un(a) político/a, un actor, una actriz, un(a) artista). ¿De qué parte de España es, y por qué es célebre?

....

más antigua *oldest* edificios *buildings* Desde *Since* desarrollar *develop* política *policy* mundo *world* pinturas *paintings*
más conocida *best-known* pintor *painter* corte real *royal court* siglo *century* Siempre se prepara *It is always prepared*
arroz *rice* azafrán *saffron* recetas *recipes* pollo *chicken* conejo *rabbit* mariscos *seafood*

La clase y la universidad

el borrador	eraser
la clase	class
el/la compañero/a de clase	classmate
el/la compañero/a de cuarto	roommate
el escritorio	desk
el/la estudiante	student
el libro	book
el mapa	map
la mesa	table
la mochila	backpack
el papel	paper
la papelera	wastebasket
la pizarra	blackboard
la pluma	pen
el/la profesor(a)	teacher
la puerta	door
el reloj	clock; watch
la silla	seat
la tiza	chalk
la ventana	window
la biblioteca	library
la cafetería	cafeteria
la casa	house; home
el estadio	stadium
el laboratorio	laboratory
la librería	bookstore
la residencia estudiantil	dormitory
la universidad	university; college
el curso, la materia	course
la especialización	major
el examen	test; exam
el horario	schedule
la prueba	test; quiz
el semestre	semester
la tarea	homework
el trimestre	trimester; quarter

Las materias

la administración de empresas	business administration
el arte	art
la biología	biology
las ciencias	sciences
la computación	computer science
la contabilidad	accounting
la economía	economics
el español	Spanish
la física	physics
la geografía	geography
la historia	history
las humanidades	humanities
el inglés	English
las lenguas extranjeras	foreign languages
la literatura	literature
las matemáticas	mathematics
la música	music
el periodismo	journalism
la psicología	psychology
la química	chemistry
la sociología	sociology

Preposiciones

al lado de	next to; beside
a la derecha de	to the right of
a la izquierda de	to the left of
en	in; on
cerca de	near
con	with
debajo de	below; under
delante de	in front of
detrás de	behind
encima de	on top of
entre	between; among
lejos de	far from
sin	without
sobre	on; over

Palabras adicionales

¿Adónde?	(to) Where?
ahora	now
¿Cuál?, ¿Cuáles?	Which?; Which one(s)?
¿Por qué?	Why?
porque	because

Verbos

bailar	to dance
buscar	to look for
caminar	to walk
cantar	to sing
cenar	to have dinner
comprar	to buy
contestar	to answer
conversar	to converse; to chat
desayunar	to have breakfast
descansar	to rest
desear	to wish; to desire
dibujar	to draw
enseñar	to teach
escuchar la radio/música	to listen (to) the radio/music
esperar (+ *inf.*)	to wait (for); to hope
estar	to be
estudiar	to study
explicar	to explain
hablar	to talk; to speak
llegar	to arrive
llevar	to carry
mirar	to look (at); to watch
necesitar (+ *inf.*)	to need
practicar	to practice
preguntar	to ask (a question)
preparar	to prepare
regresar	to return
terminar	to end; to finish
tomar	to take; to drink
trabajar	to work
viajar	to travel

Los días de la semana

¿Cuándo?	When?
¿Qué día es hoy?	What day is it?
Hoy es…	Today is …
la semana	week
lunes	Monday
martes	Tuesday
miércoles	Wednesday
jueves	Thursday
viernes	Friday
sábado	Saturday
domingo	Sunday

Numbers 31–100	See page 53.
Expresiones útiles	See page 37.

La familia

3

Communicative Goals

You will learn how to:

- Talk about your family and friends
- Describe people and things
- Express ownership

A PRIMERA VISTA
- ¿Hay cuatro personas en la foto?
- ¿Hay una mujer a la izquierda? ¿Y a la derecha?
- ¿Está el hombre al lado de ella?
- ¿Conversan ellos? ¿Caminan?

La familia

Más vocabulario

los abuelos	*grandparents*
el/la bisabuelo/a	*great-grandfather/great-grandmother*
la familia	*family*
el/la gemelo/a	*twin*
el/la hermanastro/a	*stepbrother/stepsister*
el/la hijastro/a	*stepson/stepdaughter*
la madrastra	*stepmother*
el medio hermano/ la media hermana	*half-brother/ half-sister*
el padrastro	*stepfather*
los padres	*parents*
los parientes	*relatives*
el/la cuñado/a	*brother-in-law/ sister-in-law*
la nuera	*daughter-in-law*
el/la suegro/a	*father-in-law/ mother-in-law*
el yerno	*son-in-law*
el/la amigo/a	*friend*
el apellido	*last name*
la gente	*people*
el/la muchacho/a	*boy/girl*
el/la niño/a	*child*
el/la novio/a	*boyfriend/girlfriend*
la persona	*person*
el/la artista	*artist*
el/la doctor(a), el/la médico/a	*doctor; physician*
el/la ingeniero/a	*engineer*
el/la periodista	*journalist*
el/la programador(a)	*computer programmer*

(handwritten notes: Identical; Paternal mellizos)

Variación léxica

madre ⟷ mamá, mami (*colloquial*)
padre ⟷ papá, papi (*colloquial*)
muchacho/a ⟷ chico/a

La familia de José Miguel Pérez Santoro

(handwritten: male side; paternos)

Juan Santoro Sánchez
mi abuelo (*my grandfather*)

Ernesto Santoro González
mi tío (*uncle*)
hijo (*son*) **de Juan y Socorro**

Marina Gutiérrez de Santoro
mi tía (*aunt*)
esposa (*wife*) **de Ernesto**

Silvia Socorro Santoro Gutiérrez
mi prima (*cousin*)
hija (*daughter*) **de Ernesto y Marina**

Héctor Manuel Santoro Gutiérrez
mi primo (*cousin*)
nieto (*grandson*) **de Juan y Socorro**

Carmen Santoro Gutiérrez
mi prima
hija de Ernesto y Marina

¡LENGUA VIVA!

In Spanish-speaking countries, it is common:
- for people to go by both first name and middle name, such as **José Miguel.**
- for people to have two last names: first the father's, then the mother's (the first last name of each parent) such as **Pérez Soto.**
- for wives sometimes to replace their second last name with their husband's first last name, preceded by **de: Mirta Santoro de Pérez.**

female side *maternos*

Socorro González de Santoro

mi mañaño

mijo my child

mi abuela (*my grandmother*)

Mirta Santoro de Pérez

mi madre (*mother*)

hija de Juan y Socorro

Rubén Ernesto Pérez Gómez

mi padre (*father*)

esposo de mi madre

cuñado

José Miguel Pérez Santoro

hijo de Rubén y de Mirta

Beatriz Alicia Pérez de Morales

mi hermana (*sister*)

Felipe Morales Zapata

esposo (*husband*) de Beatriz Alicia

Víctor Miguel Morales Pérez

mi sobrino (*nephew*)

hermano (*brother*) de Anita

Anita Morales Pérez

mi sobrina (*niece*)

nieta (*granddaughter*) de mis padres

los hijos (*children*) de Beatriz Alicia y de Felipe

Práctica

1 **Escuchar** 🎧 Listen to each statement made by José Miguel Pérez Santoro, then indicate whether it is **cierto** or **falso,** based on his family tree.

	Cierto	Falso		Cierto	Falso
1.	○	○	6.	○	○
2.	○	○	7.	○	○
3.	○	○	8.	○	○
4.	○	○	9.	○	○
5.	○	○	10.	○	○

2 **Emparejar** Provide the letter of the phrase that matches each description. Two items will not be used.

1. Mi hermano programa las computadoras.
2. Son los padres de mi esposo.
3. Son los hijos de mis (*my*) tíos.
4. Mi tía trabaja en un hospital.
5. Es el hijo de mi madrastra y el hijastro de mi padre.
6. Es el esposo de mi hija.
7. Es el hijo de mi hermana.
8. Mi primo dibuja y pinta mucho.
9. Mi hermanastra da (*gives*) clases en la universidad.
10. Mi padre trabaja con planos (*blueprints*).

a. Es médica.
b. Es mi hermanastro.
c. Es programador.
d. Es ingeniero.
e. Son mis suegros.
f. Es mi novio.
g. Es mi padrastro.
h. Son mis primos.
i. Es artista.
j. Es profesora.
k. Es mi sobrino.
l. Es mi yerno.

3 **Definiciones** Define these family terms in Spanish.

> **modelo**
> hijastro
> *Es el hijo de mi esposo/a, pero no es mi hijo.*

1. abuela
2. bisabuelo
3. tío
4. parientes
5. suegra
6. cuñado
7. nietos
8. yerno
9. medio hermano
10. hermanastro

4 **Escoger** Complete the description of each photo using words you learned in **Contextos**.

◄ **NOTA CULTURAL**

In the U.S., it is common for family members to live at great distances from one another. However, in Latin America and Spain, extended families tend to live near each other in the same neighborhood, town, city, or region.

1. La _____ de Sara es muy grande.

2. Héctor y Lupita son _____.

3. Alberto Díaz es _____.

4. Rubén camina con su _____.

5. Los dos _____ están en el parque.

6. Don Manuel es el _____ de Martín.

7. Elena Vargas Soto es _____.

8. Irene es _____.

Comunicación

CONSÚLTALO

Cities and towns where family members are from can be seen in **Panorama** on p.90.

5

Una familia With a classmate, identify the members in the family tree by asking questions about how each family member is related to Graciela Vargas García.

> **modelo**
>
> **Estudiante 1:** ¿Quién es Beatriz Pardo de Vargas?
> **Estudiante 2:** Es la abuela de Graciela.

David Vargas Olmedo — de Quito
Beatriz Pardo de Vargas — de Ibarra
Carlos Antonio López Ríos — de Cuenca
Lupe Vargas de López — de Quito
Juan Vargas Pardo — de Quito
María Susana García de Vargas — de Guayaquil
Ernesto López Vargas — de Loja
Ramón Vargas García — de Machala
Graciela Vargas García — de Machala

Now take turns asking each other these questions. Then invent three original questions.

1. ¿Cómo se llama el primo de Graciela?
2. ¿Cómo se llama la hija de David y de Beatriz?
3. ¿De dónde es María Susana?
4. ¿De dónde son Ramón y Graciela?
5. ¿Cómo se llama el yerno de David y de Beatriz?
6. ¿De dónde es Carlos Antonio?
7. ¿De dónde es Ernesto?
8. ¿Cuáles son los apellidos del sobrino de Lupe?

6

Preguntas personales With a classmate, take turns asking each other these questions.

1. ¿Cuántas personas hay en tu familia?
2. ¿Cómo se llaman tus padres? ¿De dónde son? ¿Dónde trabajan?
3. ¿Cuántos hermanos tienes? ¿Cómo se llaman? ¿Dónde estudian o trabajan?
4. ¿Cuántos primos tienes? ¿Cuáles son los apellidos de ellos? ¿Cuántos son niños y cuántos son adultos? ¿Hay más chicos o más chicas en tu familia?
5. ¿Eres tío/a? ¿Cómo se llaman tus sobrinos/as? ¿Dónde estudian o trabajan?
6. ¿Quién es tu pariente favorito?
7. ¿Tienes novio/a? ¿Tienes esposo/a? ¿Cómo se llama?

AYUDA

tengo *I have*
tienes *you have*
tu *your* (sing.)
tus *your* (plural)
mi *my* (sing.)
mis *my* (plural)

¿Es grande tu familia?

Los chicos hablan de sus familias en el autobús.

MAITE Inés, ¿tienes una familia grande?

INÉS Pues, sí... mis papás, mis abuelos, cuatro hermanas y muchos tíos y primos.

INÉS Sólo tengo un hermano mayor, Pablo. Su esposa, Francesca, es médica. No es ecuatoriana, es italiana. Sus papás viven en Roma, creo. Vienen de visita cada año. Ah... y Pablo es periodista.

MAITE ¡Qué interesante!

INÉS ¿Y tú, Javier? ¿Tienes hermanos?

JAVIER No, pero aquí tengo unas fotos de mi familia.

INÉS ¡Ah! ¡Qué bien! ¡A ver!

INÉS ¿Y cómo es él?

JAVIER Es muy simpático. Él es viejo pero es un hombre muy trabajador.

MAITE Oye, Javier, ¿qué dibujas?

JAVIER ¿Eh? ¿Quién? ¿Yo? ¡Nada!

MAITE ¡Venga! ¡No seas tonto!

MAITE Jaaavieeer... Oye, pero ¡qué bien dibujas!

JAVIER Este... pues... ¡Sí! ¡Gracias!

4

5

JAVIER ¡Aquí están!

INÉS ¡Qué alto es tu papá!
Y tu mamá, ¡qué bonita!

JAVIER Mira, aquí estoy yo.
Y éste es mi abuelo. Es el
padre de mi mamá.

INÉS ¿Cuántos años tiene tu
abuelo?

JAVIER Noventa y dos.

9

10

MAITE Álex, mira, ¿te gusta?

ÁLEX Sí, mucho. ¡Es muy bonito!

DON FRANCISCO Epa, ¿qué pasa
con Inés y Javier?

Enfoque cultural La familia hispana

It is difficult to generalize about families in any culture, not just among
Spanish speakers. There are many kinds of Hispanic families—large
and small, close-knit and distant, loving and contentious. Traditionally,
however, the family is one of the most important social institutions for
Spanish speakers. Extended families, consisting of nuclear families
and grandparents, aunts, and uncles, may reside in the same dwelling.
Unmarried children often may live with their parents while attending
college or working full-time.

Reacciona a la fotonovela

1 **¿Cierto o falso?** Indicate whether each sentence is **cierto** or **falso.** Correct the false statements.

	Cierto	Falso
1. Inés tiene una familia grande.	○	○
2. El hermano de Inés es médico.	○	○
3. Francesca es de Italia.	○	○
4. Javier tiene cuatro hermanos.	○	○
5. El abuelo de Javier tiene ochenta años.	○	○
6. Javier habla del padre de su (*his*) padre.	○	○

2 **Identificar** Indicate which person would make each statement. The names may be used more than once. **¡Ojo!** One name will not be used.

1. ¡Tengo una familia grande! ¡Tengo un hermano, cuatro hermanas y muchos primos!
2. Mi abuelo tiene mucha energía. Trabaja mucho.
3. ¿Es tu mamá? ¡Es muy bonita!
4. Oye, chico… ¿qué dibujas?
5. ¿Fotos de mi familia? ¡Tengo muchas!
6. Mmm… Inés y Javier… ¿qué pasa con ellos?
7. ¡Dibujas muy bien! Eres un artista excelente.
8. Mmm… ¿Yo? ¡No dibujo nada!

ÁLEX　　JAVIER

INÉS　　MAITE

DON FRANCISCO

3 **Escribir** In pairs, choose don Francisco, Álex, or Maite and write a brief description of his or her family. Be creative!

MAITE

ÁLEX

DON FRANCISCO

Maite es de España. ¿Cómo es su familia?

Álex es de México. ¿Cómo es su familia?

Don Francisco es del Ecuador. ¿Cómo es su familia?

4 **Conversar** With a partner, use these questions to talk about your families.

1. ¿Cuántos años tienes?
2. ¿Tienes una familia grande?
3. ¿Tienes hermanos o hermanas?
4. ¿Cuántos años tiene tu abuelo (tu hermana, tu primo, etc.)?
5. ¿De dónde son tus padres?

AYUDA

Yo tengo… años.
Mi abuelo tiene… años.

Pronunciación

Diphthongs and linking

hermano	**niña**	**cuñado**

In Spanish, **a**, **e**, and **o** are considered strong vowels. The weak vowels are **i** and **u**.

---

ruido	**parientes**	**periodista**

A diphthong is a combination of two weak vowels or of a strong vowel and a weak vowel. Diphthongs are pronounced as a single syllable.

---

mi hijo	**una clase excelente**

Two identical vowel sounds that appear together are pronounced like one long vowel.

la abuela

---

con Natalia	**sus sobrinos**	**las sillas**

Two identical consonants together sound like a single consonant.

---

es ingeniera	**mis abuelos**	**sus hijos**

A consonant at the end of a word is linked with the vowel at the beginning of the next word.

---

mi hermano	**su esposa**	**nuestro amigo**

A vowel at the end of a word is linked with the vowel at the beginning of the next word.

Práctica Say these words aloud, focusing on the diphthongs.

1. historia
2. nieto
3. parientes
4. novia
5. residencia
6. prueba
7. puerta
8. ciencias
9. lenguas
10. estudiar
11. izquierda
12. ecuatoriano

Oraciones Read these sentences aloud to practice diphthongs and linking words.

1. Hola. Me llamo Anita Amaral. Soy del Ecuador.
2. Somos seis en mi familia.
3. Tengo dos hermanos y una hermana.
4. Mi papá es del Ecuador y mi mamá es de España.

Refranes Read these sayings aloud to practice diphthongs and linking sounds.

Cuando una puerta se cierra, otra se abre.[1]

Hablando del rey de Roma, por la puerta se asoma.[2]

1 When one door closes, another opens. 2 Speak of the devil and he will appear.

3.1 Descriptive adjectives

ANTE TODO Adjectives are words that describe people, places, and things. In Spanish, descriptive adjectives are often used with the verb **ser** to point out the characteristics or qualities of nouns or pronouns, such as nationality, size, color, shape, personality, and appearance.

NOUN	ADJECTIVE		PRONOUN	ADJECTIVE
El abuelo de Maite es **alto**.			**Él** es muy **simpático** también.	

Forms and agreement of adjectives

COMPARE & CONTRAST

In English, the forms of descriptive adjectives do not change to reflect the gender (masculine/feminine) and number (singular/plural) of the noun or pronoun they describe.

*Juan is **nice**.*   *Elena is **nice**.*   *They are **nice**.*

In Spanish, the forms of descriptive adjectives agree in gender and/or number with the nouns or pronouns they describe.

Juan es simpátic**o**.   Elena es simpátic**a**.   Ellos son simpátic**os**.

▶ Adjectives that end in **–o** have four different forms. The feminine singular is formed by changing the **–o** to **–a**. The plural is formed by adding **–s** to the singular forms.

Masculine		Feminine	
SINGULAR	PLURAL	SINGULAR	PLURAL
el muchach**o** alt**o**	los muchach**os** alt**os**	la muchach**a** alt**a**	las muchach**as** alt**as**

Mi abuelo es muy simpático.

¡Qué alto es tu papá! Y tu mamá, ¡qué bonita!

▶ Adjectives that end in **–e** or a consonant have the same masculine and feminine forms.

Masculine		Feminine	
SINGULAR	PLURAL	SINGULAR	PLURAL
el muchacho inteligent**e**	los muchachos inteligent**es**	la muchacha inteligent**e**	las muchachas inteligent**es**
el examen difícil	los exámenes difíci**les**	la clase difícil	las clases difíci**les**

▶ Adjectives that end in **–or** are variable in both gender and number.

Masculine		Feminine	
SINGULAR	PLURAL	SINGULAR	PLURAL
el hombre trabajad**or**	los hombres trabajad**ores**	la mujer trabajad**ora**	las mujeres trabajad**oras**

▶ Adjectives that refer to nouns of different genders use the masculine plural form.

Manuel es alt**o**.   Lola es alt**a**.   Manuel y Lola son alt**os**.

Common adjectives

alto/a	tall	**gordo/a**	fat	**moreno/a**	brunet(te)
antipático/a	unpleasant	**grande**	big; large	**mucho/a**	much; many; a lot of
bajo/a	short (in height)	**guapo/a**	handsome; good-looking	**pelirrojo/a**	red-haired
bonito/a	pretty	**importante**	important	**pequeño/a**	small
bueno/a	good	**inteligente**	intelligent	**rubio/a**	blond(e)
delgado/a	thin; slender	**interesante**	interesting	**simpático/a**	nice; likeable
difícil	hard; difficult	**joven**	young	**tonto/a**	silly; foolish
fácil	easy	**malo/a**	bad	**trabajador(a)**	hard-working
feo/a	ugly	**mismo/a**	same	**viejo/a**	old

Adjectives of nationality

▶ Adjectives of nationality are formed like other descriptive adjectives. Adjectives of nationality that end in **–o** form the feminine by changing the **–o** to **–a**.

chin**o** ⟶ chin**a**   mexican**o** ⟶ mexican**a**

The plural is formed by adding an **–s** to the masculine or feminine form.

chin**o** ⟶ chin**os**   mexican**a** ⟶ mexican**as**

▶ Adjectives of nationality that end in **–e** have only two forms, singular and plural.

canadiens**e** ⟶ canadiens**es**   estadounidens**e** ⟶ estadounidens**es**

▶ Adjectives of nationality that end in a consonant form the feminine by adding **–a**.

alemá**n** → alema**na**   españo**l** → españo**la**
japoné**s** → japone**sa**   inglé**s** → ingle**sa**

Some adjectives of nationality

alemán, alemana	German	**inglés, inglesa**	English
canadiense	Canadian	**italiano/a**	Italian
chino/a	Chinese	**japonés, japonesa**	Japanese
ecuatoriano/a	Ecuadorian	**mexicano/a**	Mexican
español(a)	Spanish	**norteamericano/a**	(North) American
estadounidense	from the U. S.	**puertorriqueño/a**	Puerto Rican
francés, francesa	French	**ruso/a**	Russian

irlandes - irish
asiatica - asian
australiano - australian

Chino - chinese
Polaco - Polish
Taiwanes - Taiwanese

Position of adjectives

▶ Descriptive adjectives and adjectives of nationality generally follow the nouns they modify.

El niño **rubio** es de España.
The blond boy is from Spain.

La mujer **española** habla inglés.
The Spanish woman speaks English.

▶ Unlike descriptive adjectives, adjectives of quantity are placed before the modified noun.

Hay **muchos** libros en la biblioteca.
There are many books in the library.

Hablo con **dos** turistas puertorriqueños.
I am talking with two Puerto Rican tourists.

▶ **Bueno/a** and **malo/a** can be placed before or after a noun. When placed before a masculine singular noun, the forms are shortened: **bueno ➝ buen; malo ➝ mal**.

Joaquín es un **buen** amigo.
Joaquín es un amigo **bueno.**   ➝   *Joaquín is a good friend.*

Hoy es un **mal** día.
Hoy es un día **malo.**   ➝   *Today is a bad day.*

▶ When **grande** appears before a singular noun, it is shortened to **gran,** and the meaning of the word changes: **gran** = *great* and **grande** = *big, large*.

Don Francisco es un **gran** hombre.
Don Francisco is a great man.

La familia de Inés es **grande**.
Inés' family is large.

> **¡LENGUA VIVA!**
>
> Like **bueno** and **grande**, **santo** is also shortened before masculine nouns (unless they begin with **To-** or **Do-**): **San Francisco, San José, Santo Tomás. Santa** is used with the names of female saints: **Santa Bárbara, Santa Clara.**

¡INTÉNTALO!   Provide the appropriate forms of the adjectives. The first item in each group has been done for you.

simpático

1. Mi hermano es <u>simpático</u>.
2. La profesora Martínez es <u>simpatica</u>.
3. Rosa y Teresa son <u>simpatras</u>?
4. Nosotros somos <u>simpatros</u>.

español

1. Luis es <u>español</u>.
2. Mis primas son <u>espanolas</u>.
3. Rafael y yo somos <u>espanolus</u>.
4. Mi tía es <u>espanola</u>.

difícil

1. Clara es <u>difícil</u>.
2. El periodista es <u>difícil</u>.
3. Ellas son <u>dificiles</u>.
4. Los turistas son <u>difíciles</u>.

guapo

1. Su esposo es <u>guapo</u>.
2. Mis sobrinas son <u>guapas</u>.
3. Los padres de ella son <u>guapo</u>.
4. Marta es <u>guapa</u>.

Práctica

1   **Emparejar** Find the words in column B that are the opposite of the words in column A. One word in B will not be used, and another will be used twice.

Marcos

Jorge

A	**B**
1. guapo	a. delgado
2. moreno	b. pequeño
3. alto	c. malo
4. gordo	d. feo
5. joven	e. viejo
6. grande	f. rubio
7. simpático	g. antipático
8. bonito	h. bajo

2   **Completar** Indicate the nationalities of the following people by selecting the correct adjectives and changing their forms when necessary.

NOTA CULTURAL

Carlos Fuentes (1928–) is one of Mexico's best known living writers. His novel, **La muerte** (*death*) **de Artemio Cruz**, explores the psyche of a Mexican revolutionary.

1. Una persona del Ecuador es _____.
2. Carlos Fuentes es un gran escritor (*writer*) de México; es _____.
3. Los habitantes de Vancouver son _____.
4. Armani es un diseñador de modas (*fashion designer*) _____.
5. Gérard Depardieu es un actor _____.
6. Tony Blair y Margaret Thatcher son _____.
7. Claudia Schiffer y Boris Becker son _____.
8. Los habitantes de Puerto Rico son _____.

3   **Describir** Look at the drawing and describe each family member using as many adjectives as possible.

Carlos Romero Sandoval

Josefina Barcos de Romero

Susana Romero Barcos

Tomás Romero Barcos

Alberto Romero Pereda

1. Susana Romero Barcos es _____.
2. Tomás Romero Barcos es _____.
3. Los dos hermanos son _____.
4. Josefina Barcos de Romero es _____.
5. Carlos Romero Sandoval es _____.
6. Alberto Romero Pereda es _____.
7. Tomás y su (*his*) padre son _____.
8. Susana y su (*her*) madre son _____.

Comunicación

4

¿Cómo es? With a partner, take turns describing each item on the list. Tell your partner whether you agree (**Estoy de acuerdo.**) or disagree (**No estoy de acuerdo.**) with the descriptions.

> **modelo**
>
> San Francisco
> **Estudiante 1:** San Francisco es una ciudad muy bonita.
> **Estudiante 2:** No estoy de acuerdo. Es muy fea.

1. Nueva York
2. Jim Carrey
3. Celine Dion
4. El presidente de los Estados Unidos
5. Steven Spielberg
6. La primera dama (*first lady*) de los Estados Unidos
7. El/La profesor(a) de español
8. Los Ángeles
9. Mi universidad
10. Mi clase de español

5

Anuncio personal Write a personal ad that describes yourself and your ideal boyfriend, girlfriend, or mate. Then compare your ad with a classmate's. How are you similar and how are you different? Are you looking for the same things in a boyfriend, girlfriend, or mate?

SOY ALTA, morena y bonita. Soy ecuatoriana, de Quito. Estudio arte en la universidad. Busco un chico similar. Mi novio ideal es alto, moreno, inteligente y muy simpático.

Síntesis

6

Diferencias Your instructor will give you and a partner each a drawing of a family. Find the six differences between your picture and your partner's.

> **modelo**
>
> **Estudiante 1:** La madre es rubia.
> **Estudiante 2:** No, la madre es morena.

3.2 Possessive adjectives

 ANTE TODO   Possessive adjectives, like descriptive adjectives, are words that are used to qualify people, places, or things. Possessive adjectives express the quality of ownership or possession.

Forms of possessive adjectives

SINGULAR FORMS	PLURAL FORMS	
mi	**mis**	*my*
tu	**tus**	*your* (fam.)
su	**sus**	*his, her, its, your* (form.)
nuestro/a	**nuestros/as**	*our*
vuestro/a	**vuestros/as**	*your* (fam.)
su	**sus**	*their, your* (form.)

tu = your
tú = you

COMPARE & CONTRAST

In English, possessive adjectives are invariable; that is, they do not agree in gender and number with the nouns they modify. Spanish possessive adjectives, however, do agree in number with the nouns they modify.

my cousin	*my cousins*	*my aunt*	*my aunts*
mi primo	**mis** primos	**mi** tía	**mis** tías

The forms **nuestro** and **vuestro** agree in both gender and number with the nouns they modify.

nuestr**o** prim**o**	nuestr**os** prim**os**	nuestr**a** tía	nuestr**as** tí**as**

▶ Possessive adjectives are always placed before the nouns they modify.

—¿Está **tu novio** aquí?   —No, **mi novio** está en la biblioteca.
Is your boyfriend here?   *No, my boyfriend is in the library.*

CONSEJOS

Look at the context, focusing on nouns and pronouns, to help you determine the meaning of **su(s)**.

▶ Because **su** and **sus** have multiple meanings (*your, his, her, their, its*), you can avoid confusion by using this construction instead: [*article*] + [*noun*] + **de** + [*subject pronoun*].

sus parientes

los parientes **de él/ella**	*his/her relatives*
los parientes **de Ud./Uds.**	*your relatives*
los parientes **de ellos/ellas**	*their relatives*

¡INTÉNTALO!   Provide the appropriate form of each possessive adjective. The first item in each column has been done for you.

1. Es ___mi___ (*my*) libro.
2. ___mi___ (*My*) familia es ecuatoriana.
3. ___tu___ (*Your*, fam.) esposo es italiano.
4. ___nuestro___ (*Our*) profesor es español.
5. Es ___su___ (*her*) reloj.
6. Es ___tu___ (*your*, fam.) mochila.
7. Es ___su___ (*your*, form.) maleta.
8. ___su___ (*Their*) sobrina es alemana.
9. ___Sus___ (*Her*) primos son franceses.
10. ___nuestros___ (*Our*) primos son canadienses.
11. Son ___sus___ (*their*) lápices.
12. ___Sus___ (*Their*) nietos son japoneses.
13. Son ___nuestras___ (*our*) plumas.
14. Son ___mis___ (*my*) papeles.
15. ___Mis___ (*My*) amigas son inglesas.
16. Son ___sus___ (*his*) cuadernos.

Práctica

1 **La familia de Manolo** Complete each sentence with the correct possessive adjective. Use the subject of each sentence as a guide.

1. Me llamo Manolo, y _____ (nuestro, mi, sus) hermano es Federico.
2. _____ (Nuestra, Sus, Mis) madre Silvia es profesora y enseña química.
3. Ella admira mucho a _____ (tu, nuestro, sus) estudiantes porque trabajan mucho.
4. Yo estudio en la misma universidad, pero no tomo clases con _____ (mi, nuestras, tus) madre.
5. Federico trabaja en una oficina con _____ (mis, tu, nuestro) padre.
6. _____ (Mi, Su, Tu) oficina está en el centro de Quito.
7. Javier y Óscar son _____ (mis, mi, sus) tíos de Guayaquil.
8. ¿Y tú? ¿Cómo es _____ (mi, su, tu) familia?

2 **Clarificar** Clarify each sentence with a prepositional phrase. Follow the model.

> **modelo**
>
> Su hermana es muy bonita. (ella)
> *La hermana de ella es muy bonita.*

1. Su casa es muy grande. (ellos) _____
2. ¿Cómo se llama su hermano? (ellas) _____
3. Sus padres trabajan en el centro. (ella) _____
4. Sus abuelos son muy simpáticos. (él) _____
5. Maribel es su prima. (ella) _____
6. Su primo lee los libros. (ellos) _____

3 **¿Dónde está?** With a partner, imagine that you can't remember where you put some of the belongings you see in the pictures. Your partner will help you by reminding you where your things are. Take turns playing each role.

CONSÚLTALO

For a list of useful prepositions for this exercise, refer to the table: *Prepositions often used with* **estar**, in **Estructura 2.3**, p. 50.

> **modelo**
>
> **Estudiante 1:** ¿Dónde está mi mochila?
> **Estudiante 2:** Tu mochila está encima del escritorio.

1.

2.

3.

4.

5.

6.

Comunicación

4

Describir Get together with a partner and take turns describing the people and places on the list.

> **modelo**
>
> La biblioteca de su universidad
> La biblioteca de nuestra universidad es muy grande. Hay muchos libros en la biblioteca. Mis amigos y yo estudiamos en la biblioteca.

1. Tu profesor favorito
2. Tu profesora favorita
3. Su clase de español
4. La librería de su universidad
5. Tus padres
6. Tus abuelos
7. Tu mejor (*best*) amigo
8. Tu mejor amiga
9. Su universidad
10. Tu país de origen

5

Una familia In small groups, each student pretends to be a different member of the family pictured and shares that person's private thoughts about the others in the family. Make two positive comments and two negative ones.

> **modelo**
>
> **Estudiante 1:** Mi hijo Roberto es muy trabajador. Estudia mucho y termina su tarea.
> **Estudiante 2:** Nuestra familia es difícil. Mis padres no escuchan mis opiniones.

Síntesis

6

Describe a tu familia Get together with two classmates and describe your family to them in several sentences (**Mi padre es alto y moreno. Mi madre es delgada y muy bonita. Mis hermanos son...**). They will work together to try to repeat your description (**Su padre es alto y moreno. Su madre...**). If they forget any details, they will ask you questions (**¿Es alto tu hermano?**). Alternate roles until all of you have described your families.

3.3 Present tense of –er and –ir verbs

ANTE TODO In **Lección 2,** you learned how to form the present tense of regular **–ar** verbs. You also learned about the importance of verb forms, which change to show who is performing the action. The chart below shows the forms of verbs from two other important verb groups, **–er** verbs, and **–ir** verbs.

CONSÚLTALO

To review the conjugation of **–ar** verbs, see **Estructura 2.1**, p. 40.

Present tense of *–er,* and *–ir* verbs		
	comer *(to eat)*	**escribir** *(to write)*
SINGULAR FORMS		
yo	com**o**	escrib**o**
tú	com**es**	escrib**es**
Ud./él/ella	com**e**	escrib**e**
PLURAL FORMS		
nosotros/as	com**emos**	escrib**imos**
vosotros/as	com**éis**	escrib**ís**
Uds./ellos/ellas	com**en**	escrib**en**

▶ **–Er** and **–ir** verbs have very similar endings. Study the preceding chart to detect the patterns that make it easier for you to use them to communicate in Spanish.

CONSEJOS

Here are some tips on learning Spanish verbs:
1) Learn to identify the stem of each verb, to which all endings attach.
2) Memorize the endings that go with each verb and verb tense.
3) As often as possible, practice using different forms of each verb in speech and writing.
4) Devote extra time to learning irregular verbs, such as **ser** and **estar.**

Inés y Javier comen.

Maite escribe.

▶ Like **–ar** verbs, the **yo** forms of **–er** and **–ir** verbs end in **–o.**

Yo com**o**.   Yo escrib**o**.

▶ Except for the **yo** form, all of the verb endings for **–er** verbs begin with **–e.**

–es	**–emos**	**–en**
–e	**–éis**	

▶ **–Er** and **–ir** verbs have the exact same endings, except in the **nosotros/as** and **vosotros/as** forms.

nosotros ◀ com**emos** / escrib**imos**   vosotros ◀ com**éis** / escrib**ís**

Common –er and –ir verbs

–er verbs	
aprender (a + _inf._)	_to learn_
beber	_to drink_
comer	_to eat_
comprender	_to understand_
correr	_to run_
creer (en)	_to believe (in)_
deber (+ _inf._)	_should; must; ought to_
leer	_to read_

–ir verbs	
abrir	_to open_
asistir (a)	_to attend_
compartir	_to share_
decidir (+ _inf._)	_to decide_
describir	_to describe_
escribir	_to write_
recibir	_to receive_
vivir	_to live_

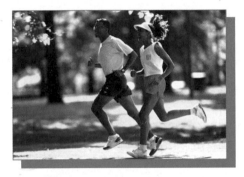

Ellos **corren** en el parque.

Él **escribe** una carta.

¡INTÉNTALO! Provide the appropriate present tense forms of these verbs. The first item in each column has been done for you.

correr
1. Graciela ___corre___ .
2. Tú _corres_ .
3. Yo _corro_ .
4. Sara y Ana _corren_ .
5. Usted _corre_ .
6. Ustedes _corren_ .
7. La gente _corre_ .
8. Marcos y yo _corremos_ .

abrir
1. Ellos _abren_ la puerta.
2. Carolina _abre_ la maleta.
3. Yo _abro_ las ventanas.
4. Nosotras _abrimos_ los libros.
5. Usted _abre_ el cuaderno.
6. Tú _abres_ la ventana.
7. Ustedes _abren_ las maletas.
8. Los muchachos _abremos_ los cuadernos.

aprender
1. Él _aprende_ español.
2. Maribel y yo _aprendemos_ inglés.
3. Tú _aprendes_ japonés.
4. Tú y tu hermanastra _aprendes_ francés.
5. Mi hijo _aprendes_ chino.
6. Yo _aprende_ alemán.
7. Usted _aprende_ inglés.
8. Nosotros _aprendemos_ italiano.

Práctica

1 **Completar** Complete Susana's sentences about her family with the correct forms of the verbs in parentheses. One of the verbs will remain in the infinitive.

1. Mi familia y yo _____ (vivir) en Guayaquil.
2. Tengo muchos libros. Me gusta _____ (leer).
3. Mi hermano Alfredo es muy inteligente. Alfredo _____ (asistir) a clases los lunes, miércoles y viernes.
4. Los martes y jueves Alfredo y yo _____ (correr).
5. Mis padres _____ (comer) mucho.
6. Yo _____ (creer) que (*that*) mis padres deben comer menos (*less*).

2 **Oraciones** Juan is talking about what he and his friends do after school. Form complete sentences.

> **modelo**
> Yo / correr / amigos / lunes y miércoles
> *Yo corro con mis amigos los lunes y miércoles.*

1. Manuela / asistir / clase / yoga
2. Eugenio / abrir / correo electrónico (*e-mail*)
3. Isabel y yo / leer / biblioteca
4. Sofía y Roberto / aprender / hablar / inglés
5. Tú / comer / cafetería / universidad
6. Mi novia y yo / compartir / libro de historia

3 **Consejos** Mario teaches Japanese at a university in Quito and is spending a year in Tokyo with his family. In pairs, use the words below to say what he and/or his family members are doing or should do to adjust to life in Japan. Then, create one more sentence using a verb not in the list.

> **modelo**
> recibir libros / deber practicar japonés
> **Estudiante 1:** *Mario y su esposa reciben muchos libros en japonés.*
> **Estudiante 2:** *Los hijos deben practicar japonés.*

aprender japonés	decidir explorar el país
asistir a clases	escribir listas de palabras en japonés
beber sake	leer novelas japonesas
deber comer cosas nuevas	vivir con una familia japonesa
¿?	¿?

Comunicación

4 **Entrevista** Get together with a classmate and use these questions to interview each other. Be prepared to report the results of your interviews to the class.

1. ¿Dónde comes al mediodía? ¿Comes mucho?
2. ¿Debes comer más (*more*) o menos (*less*)?
3. ¿Cuándo asistes a tus clases?
4. ¿Cuál es tu clase favorita? ¿Por qué?
5. ¿Dónde vives?
6. ¿Con quién vives?
7. ¿Qué cursos debes tomar el próximo (*next*) semestre?
8. ¿Lees el periódico (*newspaper*)? ¿Qué periódico lees y cuándo?
9. ¿Recibes muchas cartas (*letters*)? ¿De quién(es)?
10. ¿Escribes poemas?

5 **Encuesta** Your instructor will give you a worksheet. Walk around the class and ask a different classmate each question about his/her familiy members. Be prepared to report the results of your survey to the class.

Actividades	Miembros de la familia
1. Vivir en una casa	
2. Beber café	Los padres de Juan.
3. Correr todos los días (every day)	
4. Comer mucho en restaurantes	
5. Recibir mucho correo electrónico (e-mail)	
6. Comprender tres lenguas	
7. Deber estudiar más (more)	
8. Leer muchos libros	

Síntesis

6 **Horario** Your instructor will give you and a partner incomplete versions of Alicia's schedule. Fill in the missing information on the schedule by talking to your partner. Be prepared to reconstruct Alicia's complete schedule with the class.

Estudiante 1: A las ocho, Alicia corre.
Estudiante 2: ¡Ah, sí! (*Writes down information*)
Estudiante 2: A las nueve, ella ...

3.4 Present tense of tener and venir

ANTE TODO The verbs **tener** (*to have*) and **venir** (*to come*) are among the most frequently used in Spanish. Because most of their forms are irregular, you will have to learn each one individually.

tener and venir

		tener	venir
SINGULAR FORMS	yo	ten**go**	ven**go**
	tú	tien**es**	vien**es**
	Ud./él/ella	tien**e**	vien**e**
PLURAL FORMS	nosotros/as	ten**emos**	ven**imos**
	vosotros/as	ten**éis**	ven**ís**
	Uds./ellos/ellas	tien**en**	vien**en**

▶ The endings are the same as those of regular **–er** and **–ir** verbs, except for the **yo** forms, which are irregular: **tengo, vengo.**

▶ In the **tú, Ud.,** and **Uds.** forms, the **e** of the stem changes to **ie** as shown below.

INFINITIVE	VERB STEM	VERB FORM
tener ⟶	ten- ⟶	tú t**ie**nes él/ella/Ud. t**ie**ne ellos/ellas/Uds. t**ie**nen
venir ⟶	ven- ⟶	tú v**ie**nes él/ella/Ud. v**ie**ne ellos/ellas/Uds. v**ie**nen

CONSEJOS

Use what you already know about regular **–er** and **–ir** verbs to identify the irregularities in **tener** and **venir**:
1) Which verb forms use a regular stem? Which use an irregular stem?
2) Which verb forms use the regular endings? Which use irregular endings?

¿Tienes hermanos?

Sí, tengo cuatro hermanas y un hermano mayor.

▶ The **nosotros** and **vosotros** forms are the only ones which are regular. Compare them to the forms of **comer** and **escribir** that you learned on page 78.

	tener	comer	venir	escribir
nosotros/as	ten**emos**	com**emos**	ven**imos**	escrib**imos**
vosotros/as	ten**éis**	com**éis**	ven**ís**	escrib**ís**

Expressions with *tener*

tener... años	*to be... years old*	**tener (mucha) prisa**	*to be in a (big) hurry*
tener (mucho) calor	*to be (very) hot*	**tener razón**	*to be right*
tener (mucho) cuidado	*to be (very) careful*	**no tener razón**	*to be wrong*
tener (mucho) frío	*to be (very) cold*	**tener (mucha) sed**	*to be (very) thirsty*
tener (mucha) hambre	*to be (very) hungry*	**tener (mucho) sueño**	*to be (very) sleepy*
tener (mucho) miedo (de)	*to be (very) afraid/ scared (of)*	**tener (mucha) suerte**	*to be (very) lucky*

▶ In certain idiomatic or set expressions in Spanish, you use the construction **tener** + [*noun*] to express *to be* + [*adjective*]. The chart above contains a list of the most common expressions with **tener.**

—¿**Tienen** hambre ustedes?　　　　—Sí, y **tenemos** sed también.
Are you hungry?　　　　　　　　　*Yes, and we're thirsty, too.*

▶ To express an obligation, use **tener que** (*to have to*) + [*infinitive*].

—¿Qué **tienes que** estudiar hoy?　　—**Tengo que** estudiar biología.
What do you have to study today?　　*I have to study biology.*

▶ To ask people if they feel like doing something, use **tener ganas de** (*to feel like*) + [*infinitive*].

—¿**Tienes ganas de** comer?　　　　—No, **tengo ganas de** dormir.
Do you feel like eating?　　　　　*No, I feel like sleeping.*

LACiudad.COM
Usted tiene que visitarnos.

¡INTÉNTALO!　Provide the appropriate forms of **tener** and **venir**. The first item in each column has been done for you.

tener

1. Ellos __tienen__ dos hermanos.
2. Yo _____ una hermana.
3. El artista _____ tres primos.
4. Nosotros _____ diez tíos.
5. Eva y Diana _____ un sobrino.
6. Usted _____ cinco nietos.
7. Tú _____ dos hermanastras.
8. Ustedes _____ cuatro hijos.
9. Ella _____ una hija.

venir

1. Mis padres __vienen__ de México.
2. Tú _____ de España.
3. Nosotras _____ de Cuba.
4. Pepe _____ de Italia.
5. Yo _____ de Francia.
6. Ustedes _____ del Canadá.
7. Alfonso y yo _____ de Portugal.
8. Ellos _____ de Alemania.
9. Usted _____ de Venezuela.

Práctica

1   **Emparejar** Find the phrase in column B that matches best with the phrase in column A. One phrase in column B will not be used.

A

1. el Polo Norte
2. una sauna
3. la comida salada (*salty food*)
4. una persona muy inteligente
5. un abuelo
6. una dieta

B

a. tener calor
b. tener sed
c. tener frío
d. tener razón
e. tener ganas de
f. tener hambre
g. tener 75 años

2   **Completar** Complete the sentences with the forms of **tener** or **venir**.

1. Hoy nosotros _____ una reunión familiar (*family reunion*).
2. Yo _____ en autobús de la Universidad de Quito.
3. Todos mis parientes _____, excepto mi tío Manolo y su esposa.
4. Ellos no _____ ganas de venir porque viven en Portoviejo.
5. Mi prima Susana y su novio no _____ hasta las ocho porque ella _____ que trabajar.
6. En las fiestas, mi hermana siempre _____ muy tarde.
7. Nosotros _____ mucha suerte porque las reuniones son divertidas (*fun*).
8. Mi madre cree que mis sobrinos son muy simpáticos. Creo que ella _____ razón.

3   **Describir** Look at the drawings and describe what people are doing using an expression with **tener.**

1. _____

2. _____

3. _____

4. _____

5. _____

6. _____

Comunicación

4

¿Sí o no? Using complete sentences, indicate whether these statements apply to you.

1. Mi padre tiene 50 años.
2. Mis amigos vienen a mi casa todos los días (*every day*).
3. Vengo a la universidad los martes.
4. Tengo hambre.
5. Tengo dos computadoras.
6. Tengo sed.
7. Tengo que estudiar los domingos.
8. Tengo una familia grande.

Now interview a classmate by transforming each statement into a question. Be prepared to report the results of your interview to the class.

> **modelo**
>
> **Estudiante 1:** ¿Tiene tu padre 50 años?
> **Estudiante 2:** No, no tiene 50 años. Tiene 65.

5

Preguntas Get together with a classmate and ask each other these questions.

1. ¿Tienes que estudiar hoy?
2. ¿Cuántos años tienes? ¿Y tus hermanos/as?
3. ¿Cuándo vienes a la clase de español?
4. ¿Cuándo vienen tus amigos a tu casa, apartamento o residencia estudiantil?
5. ¿De qué tienes miedo? ¿Por qué?
6. ¿Qué tienes ganas de hacer esta noche (*tonight*)?

6

Conversación Use an expression with **tener** to hint at what's on your mind. Your partner will ask questions to find out why you feel that way. If your partner cannot guess what's on your mind after three attempts, tell him/her. Then switch roles.

> **modelo**
>
> **Estudiante 1:** Tengo miedo.
> **Estudiante 2:** ¿Tienes que hablar en público?
> **Estudiante 1:** No.
> **Estudiante 2:** ¿Tienes un examen hoy?
> **Estudiante 1:** Sí, y no tengo tiempo para estudiar.

Síntesis

7

Minidrama Act out this situation with a partner: you are introducing your boyfriend/girlfriend to your extended family. To avoid any surprises before you go, talk about who is coming and what each family member is like. Switch roles.

Lectura

Antes de leer

Estrategia
Guessing meaning from context

As you read in Spanish, you'll often come across words you haven't learned. You can guess what they mean by looking at the surrounding words and sentences. Look at the following text and guess what **tía abuela** means, based on the context.

¡Hola, Claudia!
¿Qué hay de nuevo?
¿Sabes qué? Ayer fui a ver a mi tía abuela, la hermana de mi abuela. Tiene 85 años pero es muy independiente. Vive en un apartamento en Quito con su prima Lorena, quien también tiene 85 años.

If you guessed *great-aunt*, you are correct, and you can conclude from this word and the format clues that this is a letter about someone's visit with his or her great-aunt.

Examinar el texto
Quickly read through the paragraphs and find two or three words you don't know. Using the context as your guide, guess what these words mean. Then glance at the paragraphs where these words appear and try to predict what the paragraphs are about.

Examinar el formato
Look at the format of the reading. What clues do the captions, photos, and layout give you about its content?

Gente ··· Las familias

1. Me llamo Armando y tengo setenta años pero no me considero viejo. Tengo seis nietas y un nieto. Vivo con mi hija y tengo la oportunidad de pasar mucho tiempo con ella y con mi nieto. Por las tardes salgo a pasear° por el parque con mi nieto y por la noche le leo cuentos°.

Armando. Tiene seis nietas y un nieto.

2. Mi prima Victoria y yo nos llevamos muy bien. Estudiamos juntas° en la universidad y compartimos un apartamento. Ella es muy inteligente y me ayuda con los estudios. Además, es muy simpática y generosa. Si no tengo dinero°, ¡ella me lo presta!

Diana. Vive con su prima.

3. Me llamo Ramona y soy paraguaya, aunque ahora vivo en los Estados Unidos. Tengo tres hijos, uno de nueve años, uno de doce y el mayor de quince. Es difícil a veces, pero mi esposo y yo tratamos° de ayudarlos y comprenderlos siempre.

Ramona. Sus hijos son muy importantes para ella.

4. Tengo mucha suerte.
Aunque° mis padres están
divorciados, tengo una
familia muy unida.
Tengo dos hermanos
y dos hermanas.
Me gusta hablar
y salir a fiestas

Ana María.
Su familia es
muy unida.

con ellos. Ahora tengo novio en la universidad y
él no conoce a mis hermanos. ¡Espero que se
lleven bien!

5. Antes quería° tener hermanos pero ya no es
tan importante. Ser hijo único tiene muchas ventajas°:

no tengo que compartir
mis cosas con hermanos,
no hay discusiones° y,
como soy nieto único
también, ¡mis abuelos
piensan que soy perfecto!

Fernando.
Es hijo único.

6. Como soy joven todavía°, no tengo ni esposa
ni hijos. Pero tengo un sobrino, el hijo de mi
hermano, que es muy especial para mí. Se llama
Benjamín y tiene diez años. Es un muchacho muy
simpático. Siempre tiene hambre y por lo tanto
vamos frecuentemente a comer hamburguesas.
Nos gusta también ir al cine° a ver películas

de acción.
Hablamos
de todo.
¡Creo que
ser tío es
mejor que
ser padre!

Santiago. Ser
tío es divertido.

salgo a pasear *I go take a walk* **cuentos** *stories* **juntas** *together* **dinero** *money*
tratamos *we try* **Aunque** *Although* **quería** *I wanted* **ventajas** *advantages*
discusiones *arguments* **todavía** *still* **ir al cine** *go to the movies*

Después de leer

Emparejar

Glance at the paragraphs and see how the words and
phrases in column A are used in context. Then find their
definitions in column B.

A	B
1. me lo presta	a. the oldest
2. nos llevamos bien	b. movies
3. no conoce	c. the youngest
4. películas	d. loans it to me
5. mejor que	e. borrows it from me
6. el mayor	f. we see each other
	g. doesn't know
	h. we get along
	i. portraits
	j. better than

Seleccionar

Choose the sentence that best summarizes each
paragraph.

1. Párrafo 1
   a. Me gusta mucho ser abuelo.
   b. No hablo mucho con mi nieto.
   c. No tengo nictos.
2. Párrafo 2
   a. Mi prima es antipática.
   b. Mi prima no es muy trabajadora.
   c. Mi prima y yo somos muy buenas amigas.
3. Párrafo 3
   a. Tener hijos es un gran sacrificio pero es muy
      bonito también.
   b. No comprendo a mis hijos.
   c. Mi esposo y yo no tenemos hijos.
4. Párrafo 4
   a. No hablo mucho con mis hermanos.
   b. Comparto mis cosas con mis hermanos.
   c. Mis hermanos y yo somos como (*like*) amigos.
5. Párrafo 5
   a. Me gusta ser hijo único.
   b. Tengo hermanos y hermanas.
   c. Vivo con mis abuelos.
6. Párrafo 6
   a. Mi sobrino tiene diez años.
   b. Me gusta mucho ser tío.
   c. Mi esposa y yo no tenemos hijos.

Escritura

Estrategia
Writing in Spanish

Why do we write? All writing has a purpose. For example, we may write a poem to reveal our innermost feelings, a letter to impart information, or an essay to persuade others to accept a point of view. Proficient writers are not born, however. Writing requires time, thought, effort, and a lot of practice. Here are some tips to help you write more effectively in Spanish.

DO

▶ Try to write your ideas in Spanish

▶ Use the grammar and vocabulary that you know

▶ Use your textbook for examples of style, format, and expression in Spanish

▶ Use your imagination and creativity

▶ Put yourself in your reader's place to determine if your writing is interesting

AVOID

▶ Translating your ideas from English to Spanish

▶ Simply repeating what is in the textbook or on a web page

▶ Using a dictionary until you have learned how to use foreign language dictionaries

Tema

Escribir una carta

A friend you met in a chat room for Spanish speakers wants to know about your family. Using some of the verbs and adjectives you have learned in this lesson, write a brief letter describing your family or an imaginary family, including:

▶ Names and relationships
▶ Physical characteristics
▶ Hobbies and interests

Here are some useful expressions for letter writing in Spanish:

Salutations	
Estimado/a Julio/Julia	*Dear Julio/Julia*
Querido/a Miguel/Ana María	*Dear Miguel/Ana María*

Closings	
Un abrazo,	*A hug,*
Abrazos,	*Hugs,*
Cariños,	*Much love,*
¡Hasta pronto!	*See you soon!*
¡Hasta la próxima semana!	*See you next week!*

Escuchar

Estrategia

Asking for repetition/
Replaying the recording

Sometimes it is difficult to understand what people say, especially in a noisy environment. During a conversation, you can ask someone to repeat by saying **¿Cómo?** (*What?*) or **¿Perdón?** (*Pardon me?*). In class, you can ask your teacher to repeat by saying **Repita, por favor** (*Repeat, please*). If you don't understand a recorded activity, you can simply replay it.

 To help you practice this strategy, you will listen to a short paragraph. Ask your professor to repeat it or replay the recording, and then summarize what you heard.

Preparación

Based on the photograph, where do you think Cristina and Laura are? What do you think Laura is saying to Cristina?

Ahora escucha

Now you are going to hear Laura and Cristina's conversation. Use **R** to indicate which adjectives describe Cristina's boyfriend, Rafael. Use **E** for adjectives that describe Laura's boyfriend, Esteban. Some adjectives will not be used.

____ rubio	____ interesante
____ feo	____ antipático
____ alto	____ inteligente
____ trabajador	____ moreno
____ un poco gordo	____ viejo

Comprensión

Identificar

Which person would make each statement: Cristina or Laura?

	Cristina	Laura
1. Mi novio habla sólo de fútbol y de béisbol.	○	○
2. Tengo un novio muy interesante y simpático.	○	○
3. Mi novio es alto y moreno.	○	○
4. Mi novio trabaja mucho.	○	○
5. Mi amiga no tiene buena suerte con los muchachos.	○	○
6. El novio de mi amiga es un poco gordo, pero guapo.	○	○

¿Cierto o falso?

Indicate whether each sentence is **cierto** or **falso,** then correct the false statements.

	Cierto	Falso
1. Esteban es un chico interesante y simpático.	○	○
2. Laura tiene mala suerte con los chicos.	○	○
3. Rafael es muy interesante.	○	○
4. Laura y su novio hablan de muchas cosas.	○	○

recursos

TEXT CD
Lección 3

Ecuador

El país en cifras

▶ **Área:** 283.560 km² (109.483 millas²), *incluyendo las islas Galápagos, aproximadamente el área de Colorado*

▶ **Población:** 13.798.000

▶ **Capital:** Quito— 1.832.000

▶ **Ciudades principales:**
Guayaquil—2.359.000, Cuenca—247.000, Machala—191.000, Portoviejo—164.000

SOURCE: Population Division, UN Secretariat

▶ **Moneda:** dólar estadounidense

▶ **Idiomas:** español (oficial), quichua

La lengua° oficial del Ecuador es el español, pero también se hablan° otras° lenguas en el país. Aproximadamente unos 4.000.000 de ecuatorianos hablan lenguas indígenas; la mayoría° de ellos habla quichua. El quichua es el dialecto ecuatoriano del quechua, la lengua de los incas.

Bandera del Ecuador

Ecuatorianos célebres

▶ **Francisco Eugenio De Santa Cruz y Espejo,** médico, periodista y patriota (1747–1795)

▶ **Juan León Mera,** novelista (1832–1894)

▶ **Eduardo Kingman,** pintor° (1913–1998)

▶ **Rosalía Arteaga,** abogada°, política y ex-vicepresidenta (1956–)

lengua *language* se hablan *are spoken* otras *other* mayoría *majority* pintor *painter* abogada *lawyer* sur *south* mundo *world* pies *feet* dos veces más alto *twice as tall*

Las islas Galápagos

COLOMBIA

Indígenas del Amazonas

Río Esmeraldas

• Ibarra

Quito ☆

Volcán Cotopaxi

Río Napo

Portoviejo

Río Daule

Volcán Tungurahua

Río Pastaza

Cordillera de los Andes

Guayaquil

Volcán Chimborazo

Océano Pacífico

Cuenca

Los indígenas del Ecuador hablan quichua.

• Machala

La ciudad de Quito y la Cordillera de los Andes

• Loja

PERÚ

Catedral de Guayaquil

recursos

| WB pp. 33–34 | VM pp. 229–230 | I CD-ROM Lección 3 | vistahigher learning.com |

¡Increíble pero cierto!

El volcán Cotopaxi, situado a unos 60 kilómetros al sur° de Quito, es considerado el volcán activo más alto del mundo°. Tiene una altura de 5.897 metros (19.340 pies°). Es dos veces más alto° que el monte St. Helens (2.550 metros o 9.215 pies) en el estado de Washington.

ESTADOS UNIDOS

OCÉANO ATLÁNTICO

OCÉANO PACÍFICO

ECUADOR

AMÉRICA DEL SUR

Lugares • Las islas Galápagos

Muchas personas vienen de lejos a visitar las islas Galápagos porque son un verdadero tesoro° ecológico. Aquí Charles Darwin estudió° las especies que inspiraron° sus ideas sobre la evolución. Como las islas están lejos del continente, sus plantas y animales son únicos. Las islas son famosas por sus tortugas° gigantes.

Artes • Oswaldo Guayasamín

Oswaldo Guayasamín fue° uno de los artistas latinoamericanos más famosos del mundo. Fue escultor° y muralista. Su expresivo estilo viene del cubismo y sus temas preferidos son la injusticia y la pobreza° sufridas° por los indígenas de su país.

Madre y niño en azul, Oswaldo Guayasamín,1986.

Deportes • El *trekking*

El sistema montañoso de los Andes cruza° y divide el Ecuador en varias regiones. La Sierra, que tiene volcanes, grandes valles y una variedad increíble de plantas y animales, es perfecta para el *trekking*. Muchos turistas visitan el Ecuador cada° año para hacer° *trekking* y escalar montañas°.

Lugares • Latitud 0

Hay un monumento en el Ecuador, a unos 22 kilómetros (14 millas) de Quito, donde los visitantes están en el hemisferio norte y el hemisferio sur a la misma vez°. Este monumento se llama la Mitad del Mundo°, y es un destino turístico muy popular.

Explosión del volcán Tungurahua en 1999

¿Qué aprendiste? Completa las frases con la información correcta.

1. La ciudad más grande (*biggest*) del Ecuador es _____.
2. La capital del Ecuador es _____.
3. Unos 4.000.000 de ecuatorianos hablan _____.
4. Darwin estudió el proceso de la evolución en _____.
5. Dos temas del arte de _____ son la pobreza y la _____.
6. Un destino turístico muy popular es _____.
7. La Sierra es un lugar perfecto para el _____.
8. El volcán _____ es el volcán activo más alto del mundo.

Conexión Internet Investiga estos temas en el sitio **www.vistahigherlearning.com**.

1. Busca información sobre una ciudad del Ecuador.
   ¿Te gustaría (*would you like*) visitar la ciudad? ¿Por qué?
2. Haz una lista de tres animales o plantas que viven sólo en las islas Galápagos.
   ¿Dónde hay animales o plantas similares?

....

verdadero tesoro *true treasure* estudió *studied* inspiraron *inspired* tortugas *tortoises* fue *was* escultor *sculptor* pobreza *poverty* sufridas *suffered* cruza *crosses* cada *every* hacer *to do* escalar montañas *to climb mountains* a la misma vez *at the same time* Mitad del Mundo *Equatorial Line Monument (lit. Midpoint of the World)*

La familia

el/la abuelo/a	grandfather/grandmother
los abuelos	grandparents
el apellido	last name
el/la bisabuelo/a	great-grandfather/great-grandmother
el/la cuñado/a	brother-in-law/sister-in-law
el/la esposo/a	husband; wife; spouse
la familia	family
el/la gemelo/a	twin
el/la hermanastro/a	stepbrother/stepsister
el/la hermano/a	brother/sister
el/la hijastro/a	stepson/stepdaughter
el/la hijo/a	son/daughter
los hijos	children
la madrastra	stepmother
la madre	mother
el/la medio/a hermano/a	half-brother/half-sister
el/la nieto/a	grandson/granddaughter
la nuera	daughter-in-law
el padrastro	stepfather
el padre	father
los padres	parents
los parientes	relatives
el/la primo/a	cousin
el/la sobrino/a	nephew/niece
el/la suegro/a	father-in-law/mother-in-law
el/la tío/a	uncle/aunt
el yerno	son-in-law

Otras personas

el/la amigo/a	friend
la gente	people
el/la muchacho/a	boy/girl
el/la niño/a	child
el/la novio/a	boyfriend/girlfriend
la persona	person

Profesiones

el/la artista	artist
el/la doctor(a), el/la médico/a	doctor; physician
el/la ingeniero/a	engineer
el/la periodista	journalist
el/la programador(a)	computer programmer

Adjetivos

alto/a	tall
antipático/a	unpleasant
bajo/a	short (in height)
bonito/a	pretty
buen, bueno/a	good
delgado/a	thin; slender
difícil	difficult; hard
fácil	easy
feo/a	ugly
gordo/a	fat
gran, grande	big
guapo/a	handsome; good-looking
importante	important
inteligente	intelligent
interesante	interesting
joven	young
mal, malo/a	bad
mismo/a	same
moreno/a	brunet(te)
mucho/a	much; many; a lot of
pelirrojo/a	red-haired
pequeño/a	small
rubio/a	blond(e)
simpático/a	nice; likeable
tonto/a	silly; foolish
trabajador(a)	hard-working
viejo/a	old

Nacionalidades

alemán, alemana	German
canadiense	Canadian
chino/a	Chinese
ecuatoriano/a	Ecuadorian
español(a)	Spanish
estadounidense	from the U. S.
francés, francesa	French
inglés, inglesa	English
italiano/a	Italian
japonés, japonesa	Japanese
mexicano/a	Mexican
norteamericano/a	(North) American
puertorriqueño/a	Puerto Rican
ruso/a	Russian

Verbos

abrir	to open
aprender (a + inf.)	to learn
asistir (a)	to attend
beber	to drink
comer	to eat
compartir	to share
comprender	to understand
correr	to run
creer (en)	to believe (in)
deber (+ inf.)	should; must
decidir (+ inf.)	to decide
describir	to describe
escribir	to write
leer	to read
recibir	to receive
tener	to have
venir	to come
vivir	to live

Possessive adjectives	See page 75.
Expressions with *tener*	See page 83.
Expresiones útiles	See page 67.

recursos

LM p. 18	Lab CD/MP3 Lección 3	Vocab CD Lección 3

Los pasatiempos

4

contextos

fotonovela

estructura

adelante

panorama

A PRIMERA VISTA

- ¿Qué son estas personas, atletas o artistas?
- ¿En qué tienen interés, en el fútbol o el tenis?
- ¿Son viejos? ¿Son delgados?
- ¿Tienen frío o calor?

Los pasatiempos

Más vocabulario

el béisbol	baseball
el ciclismo	cycling
el esquí (acuático)	(water) skiing
el fútbol americano	football
el golf	golf
el hockey	hockey
la natación	swimming
el tenis	tennis
el vóleibol	volleyball
el equipo	team
el/la excursionista	hiker
el parque	park
el partido	game; match
la plaza	city or town square
andar en patineta	to skateboard
bucear	to scuba dive
escalar montañas	to climb mountains
esquiar	to ski
ganar	to win
ir de excursión (a las montañas)	to go on a hike (in the mountains)
practicar deportes (*m. pl.*)	to play sports
ser aficionado/a (a)	to be a fan (of)
escribir una carta/ un mensaje electrónico/ una (tarjeta) postal	to write a letter/ an e-mail message/ a postcard
leer correo electrónico	to read e-mail
leer una revista	to read a magazine
deportivo/a	sports-related

Variación léxica

piscina ⟷ pileta (*Arg.*); alberca (*Méx.*)
baloncesto ⟷ básquetbol (*Amér. L.*)
béisbol ⟷ pelota (*P. Rico, Rep. Dom.*)

Lee el periódico. (leer)

Pasea en bicicleta. (pasear)

la pelota

Visitan el monumento. (visitar)

el fútbol

la jugadora

Pasean. (pasear)

Toma el sol. (tomar)

Nada. (nadar)

la piscina

Patina en línea.
(patinar)

el jugador

el baloncesto

Práctica

1 **Escuchar** 🎧 Indicate the letter of the activity in Column B that best corresponds to each statement you hear. Two items in Column B will not be used.

A	B
1. _____	a. Leer correo electrónico
2. _____	b. Tomar el sol
3. _____	c. Pasear en bicicleta
4. _____	d. Ir a un partido de fútbol americano
5. _____	e. Escribir una tarjeta postal
6. _____	f. Practicar muchos deportes
	g. Nadar
	h. Ir de excursión a las montañas

2 **¿Cierto o falso?** Indicate whether each statement is **cierto** or **falso** based on the illustration.

	Cierto	Falso
1. Un hombre nada en la piscina. *A man swims in the water*	●	○
2. Un hombre lee una revista. *A man reads a magazine*	○	●
3. Un chico pasea en bicicleta. *A boy rides a bike*	●	○
4. Hay un partido de baloncesto en el parque. *The is a game of basketball in the park*	●	○
5. Dos muchachos esquían. *2 men water skiing*	○	●
6. Dos mujeres practican el golf.	○	●
7. Una mujer y dos niños visitan un monumento. *Mujer = woman*	●	○
8. Un hombre bucea. *A man scuba dives*	○	●
9. Hay un excursionista. *There is a hiker*	○	●
10. Una mujer toma el sol. *A woman takes a sun bath*	●	○

3 **Clasificar** Fill in the chart below with as many terms from **Contextos** as you can.

Actividades	Deportes	Personas
andar en patineta	besbol	equipo
bucear	cielismo	excursionista
escalar montañas	esqui	
esquiar	futbol	
ir de excursion	hockey	
	natacion	
	tens	
	volesbol	

el cine | el museo | el gimnasio | el restaurante

CINE ESTRELLA

MUSEO DE BELLAS ARTES

GIMNASIO BARCELONA

Café Asturias

PORTOFINO

el café

En el centro

Más vocabulario

la diversión	fun activity; entertainment; recreation
el fin de semana	weekend
el pasatiempo	pastime; hobby
los ratos libres	spare (free) time
el tiempo libre	free time
la iglesia	church
el lugar	place
pasar tiempo	to spend time
pasear por la ciudad/el pueblo	to walk around the city/the town
ver películas (*f. pl.*)	to see movies
favorito/a	favorite

4 **Identificar** Identify the place where these activities would take place.

> **modelo**
> Esquiamos.
> *Es una montaña.*

1. Tomamos una limonada. *We Drink a lemonade*
2. Vemos una película. *We See a movie*
3. Nadamos y tomamos el sol. *We swim and sunbathe*
4. Hay muchos monumentos.
5. Comemos tacos y fajitas.
6. Miramos pinturas (*paintings*) de Diego Rivera y Frida Kahlo.
7. Hay mucho tráfico.
8. Practicamos deportes.

5 **Entrevista** In pairs, take turns asking each other and answering the questions.

1. ¿Hay un café cerca de la universidad? ¿Dónde está?
2. ¿Cuál es tu restaurante favorito?
3. ¿Te gusta viajar y visitar monumentos? ¿Por qué?
4. ¿Te gusta ir al cine los fines de semana?
5. ¿Cuáles son tus películas favoritas?
6. ¿Te gusta practicar deportes?
7. ¿Cuáles son tus deportes favoritos? ¿Por qué?
8. ¿Cuáles son tus pasatiempos favoritos?

◄ **CONSÚLTALO**

To review expressions with **gustar**, see **Lección 2, Expresiones útiles**, p. 37.

UN DÍA CON ÁNGELA

Un día inolvidable.

Comunicación

6

Preguntar Ask a classmate what he or she does in the places mentioned below. Your classmate will respond using verbs from the word bank.

> **modelo**
>
> un pueblo interesante
> **Estudiante 1:** ¿Qué haces *(do you do)* cuando estás en un pueblo interesante?
> **Estudiante 2:** Paseo por el pueblo y busco lugares bonitos.

beber	leer	patinar
correr	mirar	practicar
escalar	nadar	tomar
escribir	pasear	visitar

1. una biblioteca
2. un estadio
3. una plaza
4. una piscina
5. las montañas
6. un parque
7. un café
8. un museo

7

Conversación Using the words and expressions provided, work with a partner to prepare a short conversation about your pastimes.

> **modelo**
>
> **Estudiante 1:** ¿Cuándo patinas en línea?
> **Estudiante 2:** Patino en línea los domingos. Y tú, ¿patinas en línea?
> **Estudiante 1:** No, no me gusta patinar en línea. Me gusta practicar el béisbol.

¿a qué hora?	¿cuándo?	¿qué?
¿cómo?	¿dónde?	¿con quién(es)?

8

Pasatiempos In pairs, tell each other what pastimes three of your friends and family members enjoy. Be prepared to share with the class any pastimes you noticed they have in common.

> **modelo**
>
> **Estudiante 1:** Mi hermana pasea mucho en bicicleta. Pero mis padres practican la natación. Mi hermano no nada, pero visita muchos museos.
> **Estudiante 2:** Mi primo lee muchas revistas, pero no practica muchos deportes. Mis tíos esquían y practican el golf...

¡Vamos al parque!

Los estudiantes pasean por la ciudad y hablan de sus pasatiempos.

PERSONAJES

DON FRANCISCO

JAVIER

INÉS

ÁLEX

MAITE

JOVEN

1

DON FRANCISCO Tienen una hora libre. Pueden explorar la ciudad, si quieren. Tenemos que ir a las cabañas a las cuatro.

2

JAVIER Inés, ¿quieres ir a pasear por la ciudad?

INÉS Sí, vamos.

3

ÁLEX ¿Por qué no vamos al parque, Maite? Podemos hablar y tomar el sol.

MAITE ¡Buena idea! También quiero escribir unas postales.

6

ÁLEX ¡Maite!

MAITE ¡Dios mío!

7

JOVEN Mil perdones. Lo siento muchísimo.

MAITE ¡No es nada! Estoy bien.

8

ÁLEX Ya son las dos y treinta. Debemos regresar al autobús, ¿no?

MAITE Tienes razón.

ÁLEX Oye, Maite, ¿qué vas a hacer esta noche?

MAITE No tengo planes. ¿Por qué?

recursos

V CD-ROM
Lección 4

VM
pp. 201–202

I CD-ROM
Lección 4

MAITE ¿Eres aficionado a los deportes, Álex?

ÁLEX Sí, me gusta mucho el fútbol. Me gusta también nadar, correr e ir de excursión a las montañas.

MAITE Yo también corro mucho.

ÁLEX Oye, Maite, ¿por qué no jugamos al fútbol con él?

MAITE Mmm... no quiero. Voy a terminar de escribir unas postales.

ÁLEX Eh, este... a veces salgo a correr por la noche. ¿Quieres venir a correr conmigo?

MAITE Sí, vamos. ¿A qué hora?

ÁLEX ¿A las seis?

MAITE Perfecto.

DON FRANCISCO Esta noche van a correr. ¡Y yo no tengo energía para pasear!

Enfoque cultural El fútbol

Soccer, or **fútbol**, is the most popular spectator sport and the most widely played team game in the world. It is also the most popular sport in the Spanish-speaking world. People of all ages can be seen playing soccer in public parks and streets, and each country has a professional league with its own stars. Juan Ramón Riquelme from Argentina, Marcelo Salas from Chile, and Francisco Palencia from Mexico are among the most famous contemporary Hispanic soccer players.

Expresiones útiles

Making invitations

▶ **¿Por qué no vamos al parque?**
Why don't we go to the park?
▷ **¡Buena idea!**
Good idea!
▶ **¿Por qué no jugamos al fútbol?**
Why don't we play soccer?
▷ **Mmm... no quiero.**
Hmm... I don't want to.
▷ **Lo siento, pero no puedo.**
I'm sorry, but I can't.

▶ **¿Quieres ir a pasear por la ciudad conmigo?**
Do you want to walk around the city with me?
▷ **Sí, vamos.**
Yes, let's go.
▷ **Sí, si tenemos tiempo.**
Yes, if we have time.

Making plans

▶ **¿Qué vas a hacer esta noche?**
What are you going to do tonight?
▷ **No tengo planes.**
I don't have any plans.
▷ **Voy a terminar de escribir unas postales.**
I'm going to finish writing some postcards.

Talking about pastimes

▶ **¿Eres aficionado/a a los deportes?**
Are you a sports fan?
▷ **Sí, me gustan todos los deportes.**
Yes, I like all sports.
▷ **Sí, me gusta mucho el fútbol.**
Yes, I like soccer a lot.

▶ **Me gusta también nadar, correr e ir de excursión a las montañas.**
I also like to swim, run, and go hiking in the mountains.
▷ **Yo también corro mucho.**
I also run a lot.

Apologizing

▶ **Mil perdones./Lo siento muchísimo.**
I'm so sorry.

Reacciona a la fotonovela

1

Escoger Choose the answer that best completes each sentence.

1. Inés y Javier _____.
   a. toman el sol   b. pasean por la ciudad   c. corren por el parque

2. Álex desea _____ en el parque.
   a. hablar y tomar el sol   b. hablar y leer el periódico   c. nadar y tomar el sol

3. A Álex le gusta nadar, _____.
   a. jugar al fútbol y escribir postales   b. escalar montañas y esquiar
   c. ir de excursión y correr

4. A Maite le gusta _____.
   a. nadar y correr   b. correr y escribir postales   c. correr y jugar al fútbol

5. Maite desea _____.
   a. ir de excursión   b. jugar al fútbol   c. ir al parque

2

Identificar Identify the person who would make each statement.

1. No me gusta practicar el fútbol pero me gusta correr. _____
2. ¿Por qué no vamos a pasear por la ciudad? _____
3. ¿Por qué no exploran ustedes la ciudad? Tienen tiempo. _____
4. ¿Por qué no corres conmigo esta noche? _____
5. No voy al parque. Prefiero estar con mi amigo. _____

JAVIER

INÉS

ÁLEX

MAITE

DON FRANCISCO

3

Preguntas Answer the questions using the information from the **Fotonovela**.

1. ¿Qué desean hacer Inés y Javier?

2. ¿Qué desea hacer Álex en el parque?

3. ¿Qué desea hacer Maite en el parque?

4. ¿Qué deciden hacer Maite y Álex esta noche?

4

Conversación With a partner, prepare a conversation in which you talk about pastimes and invite each other to do some activity together. Use these expressions:

▶ ¿Eres aficionado/a a...? Are you a fan of...
▶ ¿Te gusta...? You like...
▶ ¿Qué vas a hacer esta noche?
▶ ¿Por qué no...?
▶ ¿Quieres... conmigo?

Pronunciación

Word stress and accent marks

pe-lí-cu-la	**e-di-fi-cio**	**ver**	**yo**

Every Spanish syllable contains at least one vowel. When two vowels (two weak vowels or one strong and one weak) are joined in the same syllable they form a **diphthong**. A **monosyllable** is a word formed by a single syllable.

bi-blio-te-ca   **vi-si-tar**   **par-que**   **fút-bol**

The syllable of a Spanish word that is pronounced most emphatically is the "stressed" syllable.

pe-lo-ta   **pis-ci-na**   **ra-tos**   **ha-blan**

Words that end in **n, s,** or a **vowel** are usually stressed on the next to last syllable.

na-ta-ción   **pa-pá**   **in-glés**   **Jo-sé**

If words that end in **n, s,** or a **vowel** are stressed on the last syllable, they must carry an accent mark on the stressed syllable.

bai-lar   **es-pa-ñol**   **u-ni-ver-si-dad**   **tra-ba-ja-dor**

Words that do *not* end in **n, s,** or a **vowel** are usually stressed on the last syllable.

béis-bol   **lá-piz**   **ár-bol**   **Gó-mez**

If words that do *not* end in **n, s,** or a **vowel** are stressed on the next to last syllable, they must carry an accent mark on the stressed syllable.

En la unión está la fuerza.[2]

Práctica Pronounce each word, stressing the correct syllable. Then give the word stress rule for each word.

1. profesor
2. Puebla
3. ¿Cuántos?
4. Mazatlán
5. examen
6. ¿Cómo?
7. niños
8. Guadalajara
9. programador
10. México
11. están
12. geografía

Oraciones Read the conversation aloud to practice word stress.

MARINA Hola, Carlos. ¿Qué tal?
CARLOS Bien. Oye, ¿a qué hora es el partido de fútbol?
MARINA Creo que es a las siete.
CARLOS ¿Quieres ir?
MARINA Lo siento, pero no puedo. Tengo que estudiar biología.

Quien ríe de último, ríe mejor.[1]

Refranes Read these sayings aloud to practice word stress.

recursos			
TEXT CD Lección 4	LM p. 20	Lab CD/MP3 Lección 4	I CD-ROM Lección 4

1 He who laughs last, laughs longest.   2 United we stand.

4.1 Present tense of ir

ANTE TODO The verb **ir** (*to go*) is irregular in the present tense. Note that, except for the **yo** form (**voy**) and the lack of a written accent on the **vosotros** form (**vais**), the endings are the same as those for **–ar** verbs.

ir			
Singular forms		**Plural forms**	
yo	**voy**	nosotros/as	**vamos**
tú	**vas**	vosotros/as	**vais**
Ud./él/ella	**va**	Uds./ellos/ellas	**van**

▶ **Ir** is often used with the preposition **a** (*to*). If **a** is followed by the definite article **el**, they combine to form the contraction **al**. If **a** is followed by the other definite articles (**la, las, los**), there is no contraction.

a + el = al

Voy **al** parque con Juan.
I'm going to the park with Juan.

Los excursionistas van **a las** montañas.
The hikers are going to the mountains.

▶ The construction **ir a** + [*infinitive*] is used to talk about actions that are going to happen in the future. It is equivalent to the English *to be going to* + [*infinitive*].

Va a leer el periódico.
He is going to read the newspaper.

Van a pasear por el pueblo.
They are going to walk around town.

Voy a escribir unas postales.

Álex y Maite van a volver al autobús.

▶ **Vamos a** + [*infinitive*] can also express the idea of *let's (do something)*.

Vamos a pasear.
Let's take a stroll.

¡Vamos a ver!
Let's see!

¡INTÉNTALO! Provide the present tense forms of **ir**. The first item has been done for you.

1. Ellos _____van_____.
2. Yo _____voy_____.
3. Tu novio _____vas_____.
4. Adela _____va_____.
5. Mi prima y yo _____vamos_____.
6. Tú _____vas_____.
7. Ustedes _____van_____.
8. Nosotros _____vamos_____.
9. Usted _____vas_____.
10. Nosotras _____vamos_____.
11. Miguel _____va_____.
12. Ellos _____van_____.

Práctica

1

¿Adónde van? Everyone in your neighborhood is dashing off to various places.
▶ Say where they are going.

1. la señora Castillo / el centro
2. las hermanas Gómez / la piscina
3. tu tío y tu papá / el partido de fútbol
4. yo / el Museo de Arte Moderno
5. nosotros / el restaurante Miramar

2

¿Qué van a hacer? These sentences describe what several students in a college hiking club are doing today. Use **ir a** + [*infinitive*] to say that they are also going to do the same activities tomorrow.

> **modelo**
>
> Martín y Rodolfo nadan en la piscina.
>
> Van a nadar en la piscina mañana también.

1. Sara lee una revista.
2. Yo practico deportes.
3. Ustedes van de excursión.
4. El presidente del club patina.
5. Tú tomas el sol.
6. Paseamos con nuestros amigos.

3

Preguntas With a partner, take turns asking and answering questions about where the people are going and what they are going to do there.

> **modelo**
>
> **Estudiante 1:** ¿Adónde va Estela?
> **Estudiante 2:** Va a la Librería Sol.
> **Estudiante 1:** Va a comprar un libro.

1. Álex y Miguel

2. mi amigo

3. tú

4. los estudiantes

5. profesora Torres

6. ustedes

Comunicación

4 **Situaciones** Work with a partner and say where you and your friends go in the following situations.

1. Cuando deseo descansar…
2. Cuando mi novio/a tiene que estudiar…
3. Si mis compañeros de clase necesitan practicar el español…
4. Si deseo hablar con unos amigos…
5. Cuando tengo dinero (*money*)…
6. Cuando mis amigos y yo tenemos hambre…
7. Si tengo tiempo libre…
8. Cuando mis amigos desean esquiar…
9. Si estoy de vacaciones…
10. Si quiero leer…

5 **Encuesta** Your instructor will give you a worksheet. Walk around the class and ask your classmates if they are going to do these activities today. Find one person to answer **Sí** and one to answer **No** for each item and note their names on the worksheet in the appropriate column. Be prepared to report your findings to the class.

modelo

Tú: ¿Vas a leer el periódico hoy?
Ana: Sí, voy a leer el periódico hoy.
Luis: No, no voy a leer el periódico hoy.

Actividades	Sí	No
1. Comer en un restaurante chino		
2. Leer el periódico		
3. Escribir un mensaje electrónico	Ana	Luis
4. Correr 20 kilómetros		
5. Ver una película de horror		
6. Pasear en bicicleta		

6 **Entrevista** Interview two classmates to find out where they are going and what they are going to do on their next vacation.

modelo

Estudiante 1: ¿Adónde vas de vacaciones (*for vacation*)?
Estudiante 2: Voy a Guadalajara con mis amigos.
Estudiante 1: ¿Y qué van a hacer (*to do*) ustedes en Guadalajara?
Estudiante 2: Vamos a visitar unos monumentos y museos.

Síntesis

7 **El fin de semana** Create a schedule with your activities for this weekend.

▶ For each day, list at least three things you have to do.
▶ For each day, list at least two things you will do for fun.
▶ Tell a classmate what your weekend schedule is like. He or she will write down what you say.
▶ Switch roles to see if you have any plans in common.
▶ Take turns asking each other to participate in some of the activities you listed.

4.2 Stem-changing verbs: e→ie, o→ue

CONSÚLTALO

To review the present tense of regular **–ar** verbs, see **Estructura 2.1**, p. 40.

• • •

To review the present tense of regular **–er** and **–ir** verbs, see **Estructura 3.3**, p. 78.

ANTE TODO Stem-changing verbs deviate from the normal pattern of regular verbs. In stem-changing verbs, the stressed vowel of the stem changes when the verb is conjugated.

INFINITIVE		VERB STEM		STEM CHANGE		CONJUGATED FORM
empezar	▶	emp**ez**-	▶	emp**iez**-	▶	emp**ie**zo
volver		v**o**lv-		v**ue**lv-		v**ue**lvo

▶ In many verbs, such as **empezar** *(to begin)*, the stem vowel changes from **e** to **ie**. Note that the **nosotros/as** and **vosotros/as** forms don't have a stem change.

empezar (e:ie)

Singular forms		Plural forms	
yo	emp**ie**zo	nosotros/as	empezamos
tú	emp**ie**zas	vosotros/as	empezáis
Ud./él/ella	emp**ie**za	Uds./ellos/ellas	emp**ie**zan

Álex y Maite vuelven al autobús.

Álex empieza a enviar mensajes.

▶ In many other verbs, such as **volver** *(to return)*, the stem vowel changes from **o** to **ue**. The **nosotros/as** and **vosotros/as** forms have no stem change.

volver (o:ue)

Singular forms		Plural forms	
yo	v**ue**lvo	nosotros/as	volvemos
tú	v**ue**lves	vosotros/as	volvéis
Ud./él/ella	v**ue**lve	Uds./ellos/ellas	v**ue**lven

▶ To help you identify stem-changing verbs, they will appear as follows throughout the text:

empezar (e:ie), volver (o:ue)

Common stem-changing verbs

e:ie			o:ue	
cerrar	to close		**almorzar**	to have lunch
comenzar (a + *inf.*)	to begin		**contar**	to count; to tell
empezar (a + *inf.*)	to begin		**dormir**	to sleep
entender	to understand		**encontrar**	to find
pensar (+ *inf.*)	to think		**mostrar**	to show
perder	to lose; to miss		**poder (+ *inf.*)**	to be able; can
preferir (+ *inf.*)	to prefer		**recordar**	to remember
querer (+ *inf.*)	to want; to love		**volver**	to return

¡LENGUA VIVA!

The verb **perder** can mean *to lose* or *to miss*, in the sense of "to miss a train":

Siempre pierdo mis llaves.
I always lose my keys.

Es importante no perder el autobús.
It's important not to miss the bus.

▶ **Jugar** (*to play* a sport or game), is the only Spanish verb that has a **u:ue** stem change.
Jugar is followed by **a** + [*definite article*] when the name of a sport or game is mentioned.

*Oye, Maite,
¿por qué no jugamos
al fútbol?*

*Álex y el joven
juegan al fútbol.*

▶ **Comenzar** and **empezar** require the preposition **a** when they are followed by
an infinitive.

     Comienzan a jugar a las siete.   Ana **empieza a** escribir una postal.
     They begin playing at seven.   *Ana starts to write a postcard.*

▶ **Pensar** + [*infinitive*] means *to plan* or *to intend to do something*. **Pensar en** means
to think about someone or *something*.

     ¿Piensan ir al gimnasio?   **¿En** qué **piensas**?
     Are you planning to go to the gym?   *What are you thinking about?*

¡INTÉNTALO!   Provide the present tense forms of these verbs. The first item in each
column has been done for you.

cerrar (e:ie)	dormir (o:ue)
1. Ustedes ___cierran___.	1. Mi abuela no ___duerme___.
2. Tú ___cierras___.	2. Yo no ___duermo___.
3. Nosotras ___cerrass___.	3. Tú no ___duermas___.
4. Mi hermano ___cierra___.	4. Mis hijos no ___duermân___.
5. Yo ___cierro___.	5. Usted no ___duerma___.
6. Usted ___cierra___.	6. Nosotros no ___dormimos___.
7. Los chicos ___cierran___.	7. Él no ___duerma___.
8. Ella ___cierra___.	8. Ustedes no ___duerman___.

Práctica

1

Completar Complete this conversation with the appropriate forms of the verbs. Then act it out with a partner.

PABLO Óscar, voy al centro ahora.

ÓSCAR ¿A qué hora (1)_____ (pensar) volver? El partido de fútbol (2)_____ (empezar) a las dos.

PABLO (3)_____ (Volver) a la una. (4)_____ (querer) ver el partido.

ÓSCAR (5)¿_____ (Recordar) que (*that*) nuestro equipo es muy bueno?
(6)¡_____ (poder) ganar!

PABLO No, (7)_____ (pensar) que va a (8)_____ (perder). Los jugadores de Guadalajara son salvajes (*wild*) cuando (9)_____ (jugar).

2

Preferencias With a partner, take turns asking and answering questions about what these people want to do, using the cues provided.

> **modelo**
>
> Guillermo: estudiar / pasear en bicicleta.
> **Estudiante 1:** ¿Quiere estudiar Guillermo?
> **Estudiante 2:** No, prefiere pasear en bicicleta.

NOTA CULTURAL

Dominó (*dominoes*) is a popular pastime throughout Colombia, Venezuela, Central America, and the Spanish-speaking countries of the Caribbean. It's played by young and old alike, primarily at family gatherings and among friends, but sometimes also competitively.

1. tú: trabajar / dormir

2. Uds.: mirar la televisión / jugar al dominó

3. tus amigos: ir de excursión / descansar

4. tú: comer en la cafetería / ir a un restaurante

5. Elisa: ver una película / leer una revista

6. María y su hermana: tomar el sol / practicar el esquí acuático

3

Describir Use a verb from the list to describe what these people are doing.

almorzar   cerrar   contar   dormir   encontrar   mostrar

1. Las niñas _duermen_

2. Yo _Cierro la ventana_

3. Nosotros _almozamos_

4. Tú
Tu encuentras su dinero.

5. Pedro
muestra
Pedro muestra un cuadro

6. Teresa
Cuenta

Comunicación

4

Frecuencia In pairs, use the verbs from the list and other stem-changing verbs you know to create sentences telling your partner which activities you do daily (**todos los días**), which you do once a month (**una vez al mes**), and which you do once a year (**una vez al año**). Then switch roles.

> **modelo**
>
> **Estudiante 1:** Yo recuerdo a mi familia todos los días.
> **Estudiante 2:** Yo pierdo uno de mis libros una vez al año.

cerrar	perder
dormir	poder
empezar	preferir
encontrar	querer
jugar	recordar
¿?	¿?

todos los días	una vez al mes	una vez al año

5

En la televisión Read the television listings for Saturday. In pairs, write a conversation between two siblings arguing about what to watch. Be creative and be prepared to act out your conversation for the class.

> **modelo**
>
> **Hermano:** Quiero ver la Copa Mundial.
> **Hermana:** ¡No! Prefiero ver...

	13:00	14:00	15:00	16:00	17:00	18:00	19:00	20:00	21:00	22:00	23:00
7	Copa Mundial (*World Cup*) de fútbol			El tiempo libre		Fútbol internacional: Copa América: México-Argentina				Torneo de Natación	
8	Abierto (*Open*) Mexicano de Tenis: Alejandro Hernández (México) vs. Jacobo Díaz (España). Semifinales			Campeonato (*Championship*) de baloncesto Los Correcaminos de Tampico vs. los Santos de San Luis					Aficionados al buceo	Cozumel: Aventuras	
12	Gente famosa		Amigos		Médicos jóvenes			Película: **El centro de la ciudad**		Película: **Terror en la plaza mayor**	
13	El padrastro			Periodistas en peligro (*danger*)			El esquí acuático			Patinaje Artístico	
17	Biografías: La artista Frida Kahlo			Música de la semana			Entrevista del día: Miguel Indurain y su pasión por el ciclismo			Cine de la noche: **Los excursionistas perdidos (*lost*)**	

Síntesis

6

Situación Your instructor will give you and your partner a partially illustrated itinerary of a city tour. Complete the itineraries by asking each other questions using the verbs in the captions and vocabulary you have learned.

> **modelo**
>
> **Estudiante 1:** Por la mañana, empiezan en el café.
> **Estudiante 2:** Y luego ...

4.3 Stem-changing verbs: e→i

ANTE TODO   You've already seen that many verbs in Spanish change their stem vowel when conjugated. There is a third kind of stem-vowel change in some verbs, such as **pedir** (*to ask for; to request*). In these verbs, the stressed vowel in the stem changes from **e** to **i**, as shown in the diagram.

INFINITIVE	VERB STEM	STEM CHANGE	CONJUGATED FORM
pedir ▷	p**e**d- ▷	p**i**d- ▷	p**i**do

▶ As with other stem-changing verbs you have learned, there is no stem change in the **nosotros/as** or **vosotros/as** forms in the present tense.

pedir (e:i)

Singular forms		Plural forms	
yo	pido	nosotros/as	pedimos
tú	pides	vosotros/as	pedís
Ud./él/ella	pide	Uds./ellos/ellas	piden

▶ To help you identify verbs with the **e:i** stem change, they will appear as follows throughout the text:

pedir (e:i)

▶ The following are the most common **e:i** stem-changing verbs:

conseguir	**decir**	**repetir**	**seguir**
to get; to obtain	*to say;* *to tell*	*to repeat*	*to follow; to continue;* *to keep (doing something)*

Pido favores cuando es necesario.
I ask for favors when it's necessary.

Sigue esperando.
He keeps waiting.

Javier **dice** la verdad.
Javier is telling the truth.

Consiguen ver buenas películas.
They get to see good movies.

▶ The **yo** forms of **seguir** and **conseguir** have a spelling change as well as the stem change **e→i**.

Sigo su plan.
I'm following their plan.

Consigo novelas en la librería.
I get novels at the bookstore.

¡INTÉNTALO!   Provide the correct forms of the verbs.

repetir (e:i)	**decir (e:i)**	**seguir (e:i)**
1. Arturo y Eva _repiten_.	1. Yo _digo_.	1. Yo _sigo_.
2. Yo _repito_.	2. Él _dice_.	2. Nosotros _seguemos_.
3. Nosotros _repetimos_.	3. Tú _dices_.	3. Tú _sigues_.
4. Julia _repite_.	4. Usted _dice_.	4. Los chicos _siguen_.
5. Sofía y yo _repetimos_.	5. Ellas _dicen_.	5. Usted _sigue_.
6. Tú _repites_.	6. Nosotros _decimos_.	6. Anita _sigues_.

Práctica

1 **Completar** Complete these sentences with the correct form of the verb provided.

1. Cuando mi familia pasea por la ciudad, mi madre siempre va al café y _____ (pedir) una soda.
2. Pero mi padre _____ (decir) que perdemos mucho tiempo. Tiene prisa por llegar al bosque de Chapultepec.
3. Mi padre tiene suerte, porque él siempre _____ (conseguir) lo que (*that which*) desea.
4. Cuando llegamos al parque, mis hermanos y yo _____ (seguir) conversando (*talking*) con nuestros padres.
5. Mis padres siempre _____ (repetir) la misma cosa: "Nosotros tomamos el sol aquí sin ustedes."
6. Yo siempre _____ (pedir) permiso para volver a casa un poco más tarde porque me gusta mucho el parque.

◀ **NOTA CULTURAL**

A popular weekend destination for residents and tourists, **El bosque de Chapultepec** is a beautiful park located in Mexico City. It occupies over 1.5 square miles and includes lakes, wooded areas, several museums, and a botanical garden.

2 **Combinar** Combine words from the columns to create sentences about yourself and people you know.

A	**B**
Yo	(no) pedir muchos favores
Mi compañero/a de cuarto	nunca (*never*) pedir perdón
Mi mejor (*best*) amigo/a	nunca seguir las instrucciones
Mi familia	siempre seguir las instrucciones
Mis amigos/as	conseguir libros en Internet
Mis amigos y yo	repetir el vocabulario
Mis padres	(no) decir mentiras
Mi hermano/a	
Mi profesor(a) de español	

3 **Opiniones** Work in pairs to guess how your partner completed the sentences from **Actividad 2**. If you guess incorrectly, your partner must supply the correct answer. Switch roles.

◀ **CONSÚLTALO**

To review possessive adjectives, see **Estructura 3.2**, p. 75.

modelo

Estudiante 1: En mi opinión, tus padres consiguen libros en Internet.
Estudiante 2: ¡No! Mi hermana consigue libros en Internet.

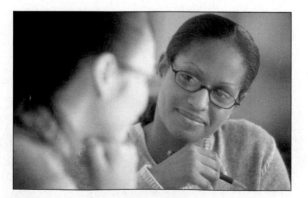

Comunicación

4

Las películas Use these questions to interview a classmate.

1. ¿Prefieres las películas románticas, las películas de acción o las películas de horror? ¿Por qué?
2. ¿Dónde consigues información sobre (*about*) una película?
3. ¿Dónde consigues las entradas (*tickets*) para una película?
4. Para decidir qué películas vas a ver, ¿sigues las recomendaciones de los críticos? ¿Qué dicen los críticos en general?
5. ¿Qué cines en tu comunidad muestran las mejores (*best*) películas?
6. ¿Vas a ver una película esta semana? ¿A qué hora empieza la película?

Síntesis

5

El cine In pairs, first scan the ad and jot down all the stem-changing verbs. Then answer the questions. Be prepared to share your answers with the class.

1. ¿Qué palabras indican que *Un mundo azul oscuro (Dark Blue World)* es una película dramática?
2. ¿Cuántas personas hay en el póster?
3. ¿Cómo son las personas del póster? ¿Qué relación tienen?
4. ¿Te gustan las películas como ésta (*this one*)?
5. Describe tu película favorita con los verbos de la **Lección 4.**

4.4 Verbs with irregular yo forms

ANTE TODO In Spanish, several verbs have irregular **yo** forms in the present tense. You have already seen three verbs with the **–go** ending in the **yo** form: **decir → digo**, **tener → tengo**, and **venir → vengo**. Now you will learn several more.

Verbs with irregular *yo* forms				
hacer *(to do;* *to make)*	**poner** *(to put;* *to place)*	**salir** *(to leave)*	**suponer** *(to suppose)*	**traer** *(to bring)*
hago	**pongo**	**salgo**	**supongo**	**traigo**
haces	pones	sales	supones	traes
hace	pone	sale	supone	trae
hacemos	ponemos	salimos	suponemos	traemos
hacéis	ponéis	salís	suponéis	traéis
hacen	ponen	salen	suponen	traen

SINGULAR FORMS (rows 1–3), PLURAL FORMS (rows 4–6)

▶ The verbs **hacer**, **poner**, **salir**, **suponer**, and **traer** have **yo** forms that end in **–go**. The other forms are regular.

A veces salgo a correr por la noche.

Nunca salgo a correr, no hago ejercicio, pero sí tengo energía... ¡para leer el periódico y tomar un café!

▶ **Poner** can also mean *to turn on* a household appliance.

Carlos **pone** la radio.
Carlos turns on the radio.

María **pone** la televisión.
María turns on the television.

▶ **Salir de** is used to indicate that someone is leaving a particular place.

Hoy **salgo del** hospital.
Today I leave the hospital.

Sale de la clase a las cuatro.
He leaves class at four.

▶ **Salir para** is used to indicate someone's destination.

Mañana **salgo para** México.
Tomorrow I leave for Mexico.

Hoy **salen para** España.
Today they leave for Spain.

▶ **Salir con** means *to leave with someone* or *something*, or *to date someone*.

Alberto **sale con** su mochila.
Alberto is leaving with his backpack.

Margarita **sale con** Guillermo.
Margarita is going out with Guillermo.

Hoy voy a **salir con** mi hermana.
Today I'm going out with my sister.

Mi primo **sale con** una chica muy bonita.
My cousin is going out with a very pretty girl.

The verbs ver and oír

▶ The verb **ver** (*to see*) has an irregular **yo** form. The other forms of **ver** are regular, but note that the **vosotros/as** form does not carry an accent mark.

ver				
Singular forms			**Plural forms**	
yo	**veo**		nosotros/as	vemos
tú	ves		vosotros/as	veis
Ud./él/ella	ve		Uds./ellos/ellas	ven

Oye, ¿por qué no jugamos al fútbol?

Maite ve la pelota.

▶ The verb **oír** (*to hear*) has an irregular **yo** form and the spelling change **i→y** in the **tú, usted, él, ella, ustedes, ellos,** and **ellas** forms. The **nosotros/as** and **vosotros/as** forms have an accent mark.

oír				
Singular forms			**Plural forms**	
yo	**oigo**		nosotros/as	oímos
tú	oyes		vosotros/as	oís
Ud./él/ella	oye		Uds./ellos/ellas	oyen

Oigo a unas personas en la otra sala.
I hear some people in the other room.

¿Oyes música latina?
Do you hear Latin music?

¡INTÉNTALO! Provide the appropriate forms of these verbs. The first item has been done for you.

1. salir   Isabel ___sale___   Nosotros _salimos_   Yo _salgo_
2. ver   Yo _veo_   Ustedes _ven_   Tú _ves_
3. poner   Rita y yo _ponemos_   Yo _pongo_   Los niños _ponen_
4. hacer   Yo _hago_   Tú _haces_   Usted _hace_
5. oír   Él _oye_   Nosotros _oímos_   Yo _oigo_
6. traer   Ellas _traen_   Yo _traigo_   Tú _traes_
7. suponer   Yo _supongo_   Mi amigo _supone_   Nosotras _suponemos_

Práctica

1

Completar Complete this conversation with the appropriate forms of the verbs. Then act it out with a partner.

ERNESTO David, ¿qué (1)__*haces*__ (hacer) hoy? *What did you make today?*

DAVID Ahora estudio biología, ~~but~~ pero esta noche (2)__*Salgo*__ (salir) con Luisa. Vamos al cine. Los críticos (3)__*dicen*__ (decir) que la nueva (*new*) película de Almodóvar es buena.

ERNESTO ¿Y Diana? ¿Qué (4)__*hace*__ (hacer) ella?

DAVID (5)__*Sale*__ (Salir) a comer con sus padres.

ERNESTO ¿Qué (6)__*hacen*__ (hacer) Andrés y Javier?

DAVID Tienen que (7)__*hacer*__ (hacer) las maletas. (8)__*Salen*__ (Salir) para Monterrey mañana.

ERNESTO Pues, ¿qué (9)__*hago*__ (hacer) yo?

DAVID (10)__*Supongo*__ (Suponer) que puedes estudiar o (11)__*veo*__ (ver) la televisión.

ERNESTO No quiero estudiar. Mejor (12)__*pthere*__ (poner) el televisor. Mi programa favorito empieza en unos minutos.

Now I study, but at nite I leave with Luisa.

2

Oraciones Form sentences using the cues provided and verbs from **Estructura 4.4**.

> **modelo**
>
> Tú / _____ / cosas / en / su lugar / antes de (*before*) / salir
> *Tú pones las cosas en su lugar antes de salir.*

1. Mis amigos / _____ / conmigo / centro
2. Tú / _____ / cámara
3. Alberto / _____ / música del café Pasatiempos
4. Yo / no / _____ / muchas películas
5. domingo / nosotros / _____ / mucha / tarea
6. Si / yo / _____ / que / yo / querer / ir / cine / mis amigos / ir / también

3

Describir Use a verb from **Estructura 4.4** to describe what these people are doing.

1. Fernán

2. Los aficionados

3. Yo

4. Nosotros

5. La señora Vargas

6. El estudiante

Comunicación

4

Preguntas Get together with a classmate and ask each other these questions.

1. ¿Qué traes a clase?
2. ¿Quiénes traen un diccionario a clase? ¿Por qué traen un diccionario?
3. ¿A qué hora sales de tu residencia o de tu casa por la mañana? ¿A qué hora sale tu compañero/a de cuarto o tu esposo/a?
4. ¿Dónde pones tus libros cuando regresas de clase? ¿Siempre (*Always*) pones tus cosas en su lugar?
5. ¿Pones fotos de tu familia en tu casa? ¿Quiénes son las personas que están en las fotos?
6. ¿Oyes la radio cuando estudias?
7. ¿En qué circunstancias dices mentiras?
8. ¿Haces mucha tarea los fines de semana?
9. ¿Sales con tus amigos los fines de semana? ¿A qué hora? ¿Qué hacen?
10. ¿Te gusta ver deportes en la televisión o prefieres ver otros programas? ¿Cuáles?

5

Charadas In groups, play a game of charades. Each person should think of two phrases using the verbs **hacer, poner, salir, oír, traer,** or **ver.** The first person to guess correctly acts out the next charade.

6

Entrevista You are doing a market research report on lifestyles. Interview a classmate to find out when he or she goes out with the following people and what they do for entertainment.

▶ los amigos
▶ el/la novio/a
▶ el/la esposo/a
▶ la familia

Síntesis

7

Situación Imagine that you are speaking with your roommate. With a partner, prepare a conversation using these cues.

Estudiante 1

Ask your partner what he or she is doing.

Say what you suppose he or she is watching.

Say no, because you are going out with friends and tell where you are going.

Say what you are going to do, and ask your partner whether her or she wants to come along.

Estudiante 2

Tell your partner that you are watching TV.

Say that you like the show _____. Ask if he or she wants to watch.

Say you think it's a good idea, and ask what your partner and his or her friends are doing there.

Say no and tell your partner what you prefer to do.

Lectura

Antes de leer

Estrategia
Predicting content from visuals

When you are reading in Spanish, be sure to look for visual clues that will orient you as to the content and purpose of what you are reading. Photos and illustrations, for example, will often give you a good idea of the main points that the reading covers. You may also encounter very helpful visuals that are used to summarize large amounts of data in a way that is easy to comprehend; these include bar graphs, pie charts, flow charts, lists of percentages, and other sorts of diagrams.

Examinar el texto

Take a quick look at the visual elements of the magazine article in order to generate a list of ideas about its content. Then compare your list with a classmate's. Are your lists the same or are they different? Discuss your lists and make any changes needed to produce a final list of ideas.

Contestar

Read the list of ideas you wrote in **Examinar el texto,** and look again at the visual elements of the magazine article. Then answer these questions:

1. Who is the woman in the photo, and what is her role?

2. What is the article about?

3. What is the subject of the bar graph?

4. What is the subject of the pie chart?

por María Úrsula Echevarría

El fútbol es el deporte más popular en el mundo° hispano, según° una encuesta° reciente realizada entre jóvenes universitarios. Mucha gente practica este deporte y tiene un equipo de fútbol favorito. Cada cuatro años se realiza la Copa Mundial°. Argentina y Uruguay han ganado° este campeonato° más de una vez°. Los aficionados siguen los partidos de fútbol en casa por tele y en muchos otros lugares como los bares, los restaurantes, los estadios y los clubes deportivos. Los jóvenes juegan al fútbol con sus amigos en parques y gimnasios.

Países hispanos en campeonatos mundiales de fútbol (1930-2002)

Fuente: Federación Internacional de Fútbol Asociado (FIFA).

Bar graph — No. de veces (y-axis: 0, 2, 4, 6, 8, 10, 12, 14): Argentina, México, España, Uruguay, Chile, Paraguay, Colombia, Perú

Pero, por supuesto°, en los países de habla hispana también hay otros deportes populares. ¿Qué deporte sigue al fútbol en estos países? Bueno, ¡depende del país y de otros factores!

Después de leer

Evaluación y predicción

Which of the following sports events would be most popular among the college students surveyed? Rate them from one (most popular) to five (least popular). Which would be the most popular at your college or university?

_____ 1. La Copa Mundial de Fútbol

_____ 2. Los Juegos Olímpicos

_____ 3. El torneo de tenis de Wimbledon

_____ 4. La Serie Mundial de Béisbol

_____ 5. El Tour de Francia

No sólo el fútbol

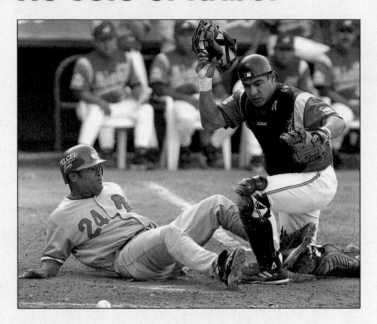

En Colombia, por ejemplo, el béisbol es muy popular después del fútbol, aunque° esto varía según la región del país. En la costa del norte de Colombia, el béisbol es una pasión. Y el ciclismo también es un deporte que los colombianos siguen con mucho interés.

Donde el béisbol es más popular

En los países del Caribe, el béisbol es el deporte predominante. Éste es el caso en Puerto Rico, Cuba y la República Dominicana. Los niños empiezan a jugar cuando son muy pequeños. En Puerto Rico y la República Dominicana, la gente también quiere participar en otros deportes como el baloncesto, o ver los partidos en la tele. Y para los espectadores aficionados del Caribe, el boxeo es número dos.

Donde el fútbol es más popular

En México el béisbol es el segundo° deporte más popular después° del fútbol. Pero en Argentina, después del fútbol, el rugby tiene mucha importancia. En Perú a la gente le gusta mucho ver partidos de vóleibol. ¿Y en España? Mucha gente prefiere el baloncesto, el tenis y el ciclismo.

Deportes más populares

Fútbol (69%)
Béisbol (10%)
Baloncesto (8%)
Ciclismo (4%)
Tenis (4%)
Boxeo (3%)
Vóleibol (2%)

---

mundo *world* **según** *according to* **encuesta** *survey* **se realiza la Copa Mundial** *the World Cup is held* **han ganado** *have won* **campeonato** *championship* **más de una vez** *more than once* **por supuesto** *of course* **segundo** *second* **después** *after* **aunque** *although*

¿Cierto o falso?

Indicate whether each sentence is **cierto** or **falso,** then correct the false statements.

	Cierto	Falso
1. El vóleibol es el segundo deporte más popular en México.	○	○
2. En España a la gente le gustan varios deportes como el baloncesto y el ciclismo.	○	○
3. En la costa del norte de Colombia, el tenis es una pasión.	○	○
4. En el Caribe el deporte más popular es el béisbol.	○	○

Preguntas

Answer these questions in Spanish.

1. ¿Dónde ven los aficionados el fútbol? Y tú, ¿cómo ves tus deportes favoritos?
2. ¿Te gusta el fútbol? ¿Por qué?
3. ¿Miras la Copa Mundial en la televisión?
4. ¿Qué deportes miras en la televisión?
5. En tu opinión, ¿cuáles son los tres deportes más populares en tu universidad? ¿en tu comunidad? ¿en los Estados Unidos?
6. ¿Qué haces en tu tiempo libre?

México

El país en cifras

▶ **Área:** 1.972.550 km² (761.603 millas²), casi° tres veces° el área de Texas.

La situación geográfica de México, al sur° de los Estados Unidos, ha influido en° la economía y la sociedad de los dos países. Una de las consecuencias es la emigración de la población mexicana al país vecino°. Hoy día, más de 20 millones de personas de descendencia mexicana viven en los Estados Unidos.

▶ **Población:** 110.139.000

▶ **Capital:** México, D.F.—18.934.000

▶ **Ciudades principales:** Guadalajara— 3.889.000, Monterrey—3.502.000, Puebla—1.888.000, Ciudad Juárez— 1.462.000

SOURCE: Population Division, UN Secretariat

▶ **Moneda:** peso mexicano

▶ **Idiomas:** español (oficial), náhuatl, idiomas mayas

La bandera de México

Mexicanos célebres

▶ **Benito Juárez,** héroe nacional (1806–1872)

▶ **Octavio Paz,** poeta (1914–1998)

▶ **Elena Poniatowska,** periodista y escritora (1932–)

▶ **Julio César Chávez,** boxeador (1962–)

casi *almost* veces *times* sur *south* ha influido en *has influenced* vecino *neighboring* vecindario *neighborhood* calles *streets* ha elegido *has chosen* Atún *tuna* cortas *short* nunca *never*

Un delfín en Baja California

ESTADOS UNIDOS

Autorretrato con mono (*Self-portrait with monkey*), Frida Kahlo, 1938.

Ciudad Juárez

Golfo de California

Baja California

Río Grande

Río Bravo del Norte

Sierra Madre Oriental

Sierra Madre Occidental

ESTADOS UNIDOS

MÉXICO

OCÉANO ATLÁNTICO

OCÉANO PACÍFICO

AMÉRICA DEL SUR

Monterrey

Océano Pacífico

Ciudad de México

Puerto Vallarta

Guadalajara

Puebla

Acapulco

Ruinas aztecas en México D.F.

Saltador en Acapulco

recursos

| WB pp. 47–48 | VM pp. 231–232 | I CD-ROM Lección 4 | vistahigher learning.com |

¡Increíble pero cierto!

En la Ciudad de México cada vecindario° nombra sus calles° en honor a un tema especial. Un vecindario ha elegido° la literatura, y tiene calles llamadas *Dickens*, *Dante* y *Shakespeare*. En otro están las calles del *Atún*° y del *Cilantro*. Irónicamente, las calles del *Amor* y la *Felicidad* son cortas°, mientras que la calle del *Trabajo* nunca° termina.

Ciudades • **México D.F.**

La Ciudad de México, fundada° en 1525 (mil quinientos veinticinco), también se llama el D.F. o Distrito Federal. Muchos turistas e inmigrantes vienen a la ciudad porque es el centro cultural y económico del país. El crecimiento° de la población es de los más altos° del mundo. El D.F. tiene una población mayor que las de Nueva York, Madrid o París.

Artes • **Diego Rivera y Frida Kahlo**

Frida Kahlo y Diego Rivera eran° artistas mexicanos muy famosos. Casados° en 1929 (mil novecientos veintinueve), los dos se interesaron° en las condiciones sociales de la gente indígena de su país. Puedes ver algunas de sus obras° en el Museo de Arte Moderno de la Ciudad de México.

Historia • **Los aztecas**

Los aztecas dominaron° en México del siglo° XIV hasta el siglo XVI. Sus canales, puentes° y pirámides con templos religiosos eran° muy importantes. El imperio azteca terminó° cuando llegaron° los conquistadores en 1519 (mil quinientos diecinueve), pero la presencia azteca sigue hoy. La Ciudad de México está situada en la capital azteca de Tenochtitlán, y muchos turistas van a visitar sus ruinas°.

Golfo de México

Península de Yucatán

Mérida

Bahía de Campeche

Cancún

Veracruz

Istmo de Tehuantepec

BELICE

GUATEMALA

Comida • **Las tortillas**

La base de la comida mexicana es la tortilla, que se hace° con maíz° y con harina°. Los tacos, las enchiladas y las quesadillas se hacen con tortillas y son tan populares en México como en los Estados Unidos. Puedes conseguir tortillas muy buenas en muchos restaurantes mexicanos.

¿Qué aprendiste? Responde a las preguntas (*questions*) con una frase completa.

1. ¿Qué lenguas hablan los mexicanos?

2. ¿Cómo es la población del D.F. en comparación a otras ciudades?

3. ¿En qué se interesaron Kahlo y Rivera?

4. Nombra algunas (*some*) de las estructuras de la arquitectura azteca.

5. ¿Dónde está situada la capital de México?

6. ¿Por qué es importante la tortilla?

Conexión Internet Investiga estos temas en el sitio **www.vistahigherlearning.com**.

1. Busca información sobre dos lugares de México. ¿Te gustaría (*Would you like*) vivir allí? ¿Por qué?

2. Busca información sobre dos artistas mexicanos. ¿Cómo se llaman sus obras (*works*) más famosas?

....

fundada *founded* **crecimiento** *growth* **más altos** *highest* **eran** *were* **casados** *married* **se interesaron** *were interested in* **obras** *works* **dominaron** *dominated* **siglo** *century* **puentes** *bridges* **eran** *were* **terminó** *ended* **llegaron** *arrived* **ruinas** *ruins* **se hace** *is made* **maíz** *corn* **harina** *flour*

Pasatiempos

andar en patineta	to skateboard
bucear	to scuba dive
escalar montañas (f. pl.)	to climb mountains
escribir una carta	to write a letter
escribir un mensaje electrónico	to write an e-mail message
escribir una (tarjeta) postal	to write a postcard
esquiar	to ski
ganar	to win
ir de excursión (a las montañas)	to go on a hike (in the mountains)
leer correo electrónico	to read e-mail
leer un periódico	to read a newspaper
leer una revista	to read a magazine
nadar	to swim
pasar tiempo	to spend time
pasear	to take a walk; to stroll
pasear en bicicleta	to ride a bicycle
pasear por la ciudad/el pueblo	to walk around the city/the town
patinar (en línea)	to skate (in-line)
practicar deportes (m. pl.)	to play sports
ser aficionado/a (a)	to be a fan (of)
tomar el sol	to sunbathe
ver películas (f. pl.)	to see movies
visitar monumentos (m. pl.)	to visit monuments
la diversión	fun activity; entertainment; recreation
el/la excursionista	hiker
el fin de semana	weekend
el pasatiempo	pastime; hobby
los ratos libres	spare (free) time
el tiempo libre	free time

Deportes

el baloncesto	basketball
el béisbol	baseball
el ciclismo	cycling
el equipo	team
el esquí (acuático)	(water) skiing
el fútbol	soccer
el fútbol americano	football
el golf	golf
el hockey	hockey
el/la jugador(a)	player
la natación	swimming
el partido	game; match
la pelota	ball
el tenis	tennis
el vóleibol	volleyball

Adjetivos

deportivo/a	sports-related
favorito/a	favorite

Lugares

el café	café
el centro	downtown
el cine	movie theater
el gimnasio	gymnasium
la iglesia	church
el lugar	place
el museo	museum
el parque	park
la piscina	swimming pool
la plaza	city or town square
el restaurante	restaurant

Verbos

almorzar (o:ue)	to have lunch
cerrar (e:ie)	to close
comenzar (e:ie)	to begin
conseguir (e:i)	to get; to obtain
contar (o:ue)	to count; to tell
decir (e:i)	to say; to tell
dormir (o:ue)	to sleep
empezar (e:ie)	to begin
encontrar (o:ue)	to find
entender (e:ie)	to understand
hacer	to do; to make
ir	to go
jugar (u:ue)	to play
mostrar (o:ue)	to show
oír	to hear
pedir (e:i)	to ask for; to request
pensar (e:ie)	to think
pensar (+ inf.)	to intend
pensar en	to think about
perder (e:ie)	to lose; to miss
poder (o:ue)	to be able to; can
poner	to put; to place
preferir (e:ie)	to prefer
querer (e:ie)	to want; to love
recordar (o:ue)	to remember
repetir (e:i)	to repeat
salir	to leave
seguir (e:i)	to follow; to continue
suponer	to suppose
traer	to bring
ver	to see
volver (o:ue)	to return

Decir expressions	See page 109.
Expresiones útiles	See page 99.

Las vacaciones

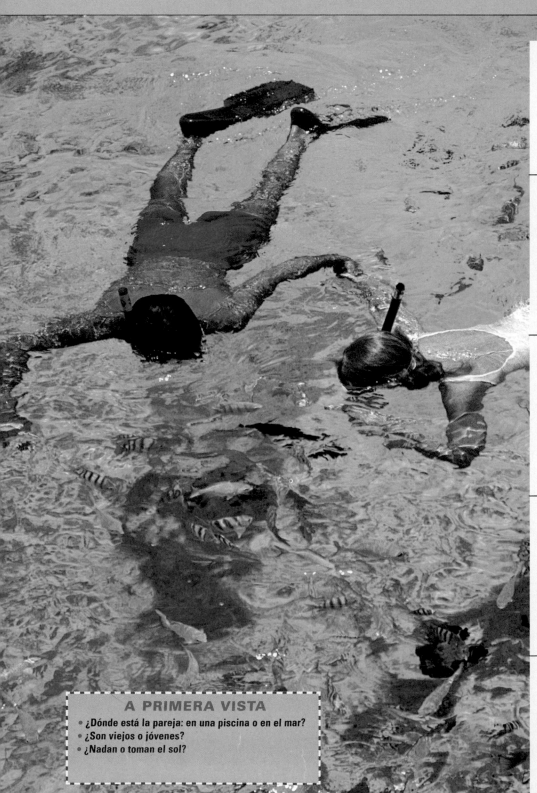

Communicative Goals

You will learn how to:

- Discuss and plan a vacation
- Describe a hotel
- Talk about how you feel
- Talk about the seasons and the weather

A PRIMERA VISTA
- ¿Dónde está la pareja: en una piscina o en el mar?
- ¿Son viejos o jóvenes?
- ¿Nadan o toman el sol?

Las vacaciones

Más vocabulario

la cabaña	cabin
la cama	bed
la habitación individual, doble	single, double room
el piso	floor (of a building)
la planta baja	ground floor
el campo	countryside
el paisaje	landscape
el equipaje	luggage
la estación de autobuses, del metro, de tren	bus, subway, train station
la llegada	arrival
el pasaje (de ida y vuelta)	(round-trip) ticket
la salida	departure; exit
acampar	to camp
estar de vacaciones	to be on vacation
hacer las maletas	to pack (one's suitcases)
hacer una excursión	to go on a hike; to go on a tour
hacer turismo (m.)	to go sightseeing
hacer un viaje	to take a trip
ir de compras	to go shopping
ir de pesca	to go fishing
ir de vacaciones	to go on vacation
ir en autobús (m.), auto(móvil) (m.), avión (m.), barco (m.), motocicleta (f.), taxi (m.)	to go by bus, car, plane, boat, motorcycle, taxi

Variación léxica

automóvil ⟷ coche (Esp.), carro (Amér. L.)

autobús ⟷ camión (Méx.), guagua (P. Rico)

motocicleta ⟷ moto (coloquial)

la agente de viajes

Confirma una reservación. (confirmar)

el pasaporte

En la agencia de viajes

la habitación

el ascensor

el empleado

la llave

la huésped

el botones

el huésped

En el hotel

Saca/Toma fotos.
(sacar, tomar)

BIENVENIDOS

Pasa por la aduana. (pasar)

avión

viajero

la inspectora de aduanas

En el aeropuerto

Pesca. (pescar)

Monta a caballo. (montar)

Va en barco.

Juegan a las cartas. (jugar)

céano, el mar

la playa

En la playa

Práctica

1 **Escuchar** 🎧 Indicate who would probably make each statement you hear. Each answer is used twice.

a. el agente de viajes
b. la inspectora de aduanas
c. un empleado del hotel

1. _____   3. _____   5. _____
2. _____   4. _____   6. _____

2 **Escoger** Choose the best answer for each sentence.

1. Un huésped es una persona que ___B___.
   a. hace una excursión   *A Guest is a person that is in a hotel*
   b. está en un hotel
   c. pesca en el mar
2. Abrimos la puerta con _____.
   a. una llave
   b. una cabaña
   c. una llegada
3. Enrique tiene _____ en las montañas.
   a. un pasaporte
   b. una cabaña
   c. un pasaje
4. Antes de (*Before*) ir de vacaciones hay que _____.
   a. pescar
   b. ir en tren
   c. hacer las maletas
5. A veces (*Sometimes*) es necesario _____ en un aeropuerto internacional.
   a. hacer turismo
   b. pasar por la aduana
   c. pescar
6. Me gusta mucho ir al campo. _____ es increíble.
   a. El paisaje
   b. El pasaje
   c. El equipaje

3 **Analogías** Complete the analogies using the words below.

auto	~~botones~~	llegada	pasaporte
avión	huésped	~~mar~~	sacar

1. acampar → campo ⊜ pescar → *mar*
2. aduana → inspector ⊜ hotel → *botones*
3. llave → habitación ⊜ pasaje →
4. estudiante → libro ⊜ turista →
5. aeropuerto → viajero ⊜ hotel →
6. maleta → hacer ⊜ foto →

Las estaciones y los meses del año

el invierno: **diciembre, enero, febrero**

la primavera: **marzo, abril, mayo**

el verano: **junio, julio, agosto**

el otoño: **septiembre, octubre, noviembre**

—¿**Cuál es la fecha de hoy?** / *What is today's date?*
—**Es el primero de octubre.** / *It's the first of October.*
—**Es el diez de noviembre.** / *It's November 10th.*

El tiempo

—¿**Qué tiempo hace?** / *How's the weather?*
—**Hace buen/mal tiempo.** / *The weather is good/bad.*

Hace (mucho) calor.
It's (very) hot.

Hace (mucho) frío.
It's (very) cold.

Llueve.
It's raining.

Nieva.
It's snowing.

Más vocabulario

Está (muy) nublado.	It's (very) cloudy.
Hace fresco.	It's cool.
Hace (mucho) sol.	It's (very) sunny.
Hace (mucho) viento.	It's (very) windy.
Hay (mucha) niebla.	It's (very) foggy.

4   **El Hotel Regis**   Label the floors of the hotel.

Números ordinales

primer, primero/a	*first*
segundo/a	*second*
tercer, tercero/a	*third*
cuarto/a	*fourth*
quinto/a	*fifth*
sexto/a	*sixth*
séptimo/a	*seventh*
octavo/a	*eighth*
noveno/a	*ninth*
décimo/a	*tenth*

a. _____ piso
b. _____ piso
c. _____ piso
d. _____ piso
e. _____ piso
f. _____ piso
g. _____ piso
h. _____ baja

---

5   **Contestar**   Look at the illustration of the months and seasons on the previous page and, with a classmate, answer these questions.

> **modelo**
>
> **Estudiante 1:** *¿Cuál es el primer mes de la primavera?*
> **Estudiante 2:** *marzo*

¡ATENCIÓN!

Primero and **tercero** are shortened to **primer** and **tercer** before a masculine, singular noun: **el primer mes, el tercer piso.**

1. ¿Cuál es el primer mes del invierno?
2. ¿Cuál es el segundo mes de la primavera?
3. ¿Cuál es el tercer mes del otoño?
4. ¿Cuál es el primer mes del año?
5. ¿Cuál es el quinto mes del año?
6. ¿Cuál es el octavo mes del año?
7. ¿Cuál es el décimo mes del año?
8. ¿Cuál es el segundo mes del verano?
9. ¿Cuál es el tercer mes del invierno?
10. ¿Cuál es la cuarta estación del año?

---

6   **Las estaciones**   Name the season that applies to the description.

1. Las clases terminan.
2. Vamos a la playa.
3. Acampamos.
4. Nieva mucho.
5. Las clases empiezan.
6. Hace mucho calor.
7. Llueve mucho.
8. Esquiamos.
9. El entrenamiento (*training*) de béisbol
10 Día de Acción de Gracias (*Thanksgiving*)

---

7   **¿Cuál es la fecha?**   Give the dates for these holidays.

> **modelo**
>
> el día de San Valentín
> *Es el 14 de febrero.*

1. el día de San Patricio
2. el día de Halloween
3. el primer día de verano
4. el Año Nuevo
5. mi cumpleaños (*birthday*)
6. mi fiesta favorita

8 **Seleccionar** Paco is talking about his family and friends. Choose the word or phrase that best completes each sentence.

1. A mis padres les gusta ir a Cancún porque (hace sol, nieva).
2. Mi primo de Kansas dice que durante (*during*) un tornado, hace mucho (sol, viento).
3. Mis amigos van a esquiar si (nieva, está nublado).
4. Tomo el sol cuando (hace calor, hay niebla).
5. Nosotros vamos a ver una película si hace (buen, mal) tiempo.
6. Mi hermana prefiere correr cuando (hace mucho calor, hace fresco).
7. Mis tíos van de excursión si hace (buen, mal) tiempo.
8. Mi padre no quiere jugar al golf si (hace fresco, llueve).
9. Cuando hace mucho (sol, frío) no salgo de casa y tomo chocolate caliente (*hot*).
10. Hoy mi sobrino va al parque porque (llueve, hace buen tiempo).

◄ **NOTA CULTURAL**

Cancún, at the tip of Mexico's Yucatán Peninsula, is a popular tourist destination for foreigners and Mexicans alike. It offers beautiful beaches and excellent opportunities for snorkeling, diving, and sailing.

9 **El clima** With a partner, take turns asking and answering questions about the weather and temperatures in these cities.

> **modelo**
>
> **Estudiante 1:** ¿Qué tiempo hace hoy en Nueva York?
> **Estudiante 2:** Hace frío y hace viento.
> **Estudiante 1:** ¿Cuál es la temperatura máxima?
> **Estudiante 2:** Treinta y un grados (*degrees*).
> **Estudiante 1:** ¿Y la temperatura mínima?
> **Estudiante 2:** Diez grados.

soleado   lluvia   nieve   nublado   viento

Nueva York	Miami	Chicago	París	Madrid	Tokio
Máx. 31°	Máx. 84°	Máx. 23°	Máx. 38°	Máx. 42°	Máx. 49°
Mín. 10°	Mín. 62°	Mín. 5°	Mín. 26°	Mín. 27°	Mín. 34°

Montreal	México D.F.	Cozumel	Caracas	Quito	Buenos Aires
Máx. 18°	Máx. 76°	Máx. 91°	Máx. 80°	Máx. 60°	Máx. 85°
Mín. 2°	Mín. 41°	Mín. 73°	Mín. 72°	Mín. 51°	Mín. 59°

◄ **NOTA CULTURAL**

In most Spanish-speaking countries, temperatures are given in degrees Celsius. Do you know how to convert between **grados centígrados** and **grados Fahrenheit**?

degrees C. × 9 ÷ 5 + 32 = degrees F.

degrees F. - 32 × 5 ÷ 9 = degrees C.

10 **Completar** Complete these sentences with your own ideas.

1. Cuando hace sol, yo…
2. Cuando llueve, mis amigos y yo…
3. Cuando hace calor, mi familia…
4. Cuando hay niebla, la gente…
5. Cuando hace frío, yo…
6. Cuando hace mal tiempo, mis amigos…
7. Cuando nieva, muchas personas…
8. Cuando está nublado, mis amigos y yo…
9. Cuando hace fresco, mis padres…
10. Cuando hace buen tiempo, mis amigos…

Comunicación

11

Preguntas personales In pairs, ask each other these questions.

1. ¿Cuál es la fecha de hoy?
2. ¿Qué estación es?
3. ¿Te gusta esta estación? ¿Por qué?
4. ¿Qué estación prefieres? ¿Por qué?
5. ¿Prefieres el mar o las montañas? ¿La playa o el campo? ¿Por qué?
6. Cuando estás de vacaciones, ¿qué haces?
7. Cuando haces turismo, ¿qué te gusta hacer y ver?
8. ¿Piensas ir de vacaciones este verano? ¿Adónde quieres ir? ¿Por qué?
9. ¿Qué deseas ver?
10. ¿Cómo te gusta viajar ... en avión, en motocicleta ...?

12

Encuesta Your instructor will give you a worksheet. How does the weather affect what you do? Walk around the class and ask your classmates what they prefer or like to do in the following weather conditions. Note their responses on your worksheet. Make sure to personalize your survey by adding a few original questions to the list. Be prepared to report your findings to the class.

> **CONSÚLTALO**
>
> **Calor** and **frío** can apply to both weather and people. **Hacer** is used to describe weather conditions or climate (**Hace frío en Santiago.** *It's cold in Santiago.*). **Tener** is used to refer to people (**El viajero tiene frío.** *The traveler is cold.*). See **Estructura 3.4** p. 82.

Tiempo	Actividades
1. Hace mucho calor.	
2. Nieva.	
3. Hace buen tiempo.	
4. Hace fresco.	
5. Llueve.	
6. Está nublado.	
7. Hace mucho frío.	

13

Minidrama With two or three classmates, prepare and act out a skit about people who are on vacation or are planning a vacation. The skit should take place in one of the areas mentioned below.

1. Una agencia de viajes
2. Una casa
3. Un aeropuerto, una estación de tren o una estación de autobuses
4. Un hotel
5. El campo o la playa

Síntesis

14

Un viaje You are planning a trip to Mexico and have many questions about your itinerary on which your partner, a travel agent, will advise you. Your instructor will give you and your partner each a sheet with different instructions for acting out the roles.

Tenemos una reservación.

Don Francisco y los estudiantes llegan al hotel.

PERSONAJES

MAITE

INÉS

DON FRANCISCO

ÁLEX

JAVIER

EMPLEADA

BOTONES

EMPLEADA ¿En qué puedo servirles?

DON FRANCISCO Mire, yo soy Francisco Castillo Moreno y tenemos una reservación a mi nombre.

EMPLEADA Mmm... no veo su nombre aquí. No está.

DON FRANCISCO ¿Está segura, señorita? Quizás la reservación está a nombre de la agencia de viajes, Ecuatur.

EMPLEADA Pues sí, aquí está... dos habitaciones dobles y una individual, de la ciento uno a la ciento tres,... todas en las primeras cabañas.

DON FRANCISCO Gracias, señorita. Muy amable.

BOTONES Bueno, la habitación ciento dos... Por favor.

INÉS Oigan, yo estoy aburrida. ¿Quieren hacer algo?

JAVIER ¿Por qué no vamos a explorar la ciudad un poco más?

INÉS ¡Excelente idea! ¡Vamos!

MAITE No, yo no voy. Estoy cansada y quiero descansar un poco porque a las seis voy a correr con Álex.

ÁLEX Y yo quiero escribir un mensaje electrónico antes de ir a correr.

JAVIER Pues nosotros estamos listos, ¿verdad, Inés?

INÉS Sí, vamos.

MAITE Adiós.

INÉS & JAVIER ¡Chau!

recursos

| V CD-ROM Lección 5 | VM pp. 203–204 | I CD-ROM Lección 5 |

ÁLEX Hola, chicas. ¿Qué están haciendo?

MAITE Estamos descansando.

JAVIER Oigan, no están nada mal las cabañas, ¿verdad?

INÉS Y todo está muy limpio y ordenado.

ÁLEX Sí, es excelente.

MAITE Y las camas son tan cómodas.

ÁLEX Bueno, nos vemos a las seis.

MAITE Sí, hasta luego.

ÁLEX Adiós.

MAITE ¿Inés y Javier? Juntos otra vez.

Enfoque cultural El alojamiento

There are many different types of lodging **(alojamiento)** for travelers in Hispanic countries. In major cities there are traditional hotels, but a more economical choice is a youth hostel, or **albergue juvenil,** where people can stay in a large, barracks-type room for a very low fee. Another option is an inn, or **hostal,** usually a privately owned residence. A unique type of lodging in Spain is a **parador,** which is usually a converted castle, palace, or villa that has been preserved and emphasizes the culture and cuisine of the region.

Expresiones útiles

Talking to hotel personnel

▶ **¿En qué puedo servirles?**
How can I help you?

▷ **Tenemos una reservación a mi nombre.**
We have a reservation in my name.

▶ **Mmm... no veo su nombre. No está.**
I don't see your name. It's not here.

▷ **¿Está seguro/a? Quizás/Tal vez está a nombre de Ecuatur.**
Are you sure? Maybe it's under the name of Ecuatur.

▶ **Aquí está... dos habitaciones dobles y una individual.**
Here it is, two double rooms and one single.

▶ **Aquí tienen las llaves.**
Here are your keys.

▷ **Gracias, señorita. Muy amable.**
Thank you, miss. You're very kind.

▶ **¿Dónde pongo las maletas?**
Where do I put the suitcases?

▷ **Allí, encima de la cama.**
There, on the bed.

Describing a hotel

▶ **No están nada mal las cabañas.**
The cabins aren't bad at all.

▶ **Todo está muy limpio y ordenado.**
Everything is very clean and orderly.

▶ **Es excelente/estupendo/ fabuloso/fenomenal.**
It's excellent/stupendous/ fabulous/great.

▶ **Es increíble/magnífico/ maravilloso/perfecto.**
It's incredible/magnificent/ marvelous/perfect.

▶ **Las camas son tan cómodas.**
The beds are so comfortable.

Talking about how you feel

▶ **Estoy un poco aburrido/a/ cansado/a.**
I'm a little bored/tired.

Reacciona a la fotonovela

1 Completar
Complete these sentences with the correct term from the word bank.

aburrida	cansada	habitaciones individuales
la agencia de viajes	descansar	hacer las maletas
las camas	habitaciones dobles	las maletas

1. La reservación para el hotel está a nombre de _____.
2. Los estudiantes tienen dos _____.
3. Maite va a _____ porque está _____.
4. El botones lleva _____ a las habitaciones.
5. Las habitaciones son buenas y _____ son cómodas.

2 Identificar
Identify the person who would make each statement.

1. Antes de correr voy a trabajar en la computadora un poco.
2. Estoy aburrido. Tengo ganas de explorar la ciudad. ¿Vienes tú también?
3. Lo siento mucho, señor, pero su nombre no está en la lista.
4. Creo que la reservación está a mi nombre, señorita.
5. Oye, el hotel es maravilloso, ¿no? Las habitaciones están muy limpias.

¡ATENCIÓN!

The meanings of some adjectives, such as **aburrido**, change depending on whether they are used with **ser** or **estar**. See **Estructura 5.3**, pp. 138–139.

EMPLEADA

ÁLEX

DON FRANCISCO

JAVIER

INÉS

3 Ordenar
Place these events in correct order.

a. Las chicas descansan en su habitación. _____
b. Javier e Inés deciden ir a explorar la ciudad. _____
c. Don Francisco habla con la empleada del hotel. _____
d. Javier, Maite, Inés y Álex hablan en la habitación de las chicas. _____
e. El botones pone las maletas en la cama. _____

4 Conversar
With a partner use these cues to create a conversation between a bellhop and a hotel guest in Spain.

Huésped	Botones
Ask the bellhop to carry your suitcases to your room.	Say "yes, sir/ma'am/miss."
Comment that the hotel is excellent and that everything is very clean.	Agree, then point out the guest's room, a single room on the sixth floor.
Ask if the bellhop is sure. You think you have room 96.	Confirm that the guest has room 69. Ask where you should put the suitcases.
Tell the bellhop to put them on the bed and thank him or her.	Say "you're welcome" and "goodbye."

NOTA CULTURAL

You might have difficulty finding a hotel room in parts of Spain during the month of August.

As in many other European countries, a large portion of the population goes on vacation for the entire month. Many shops and offices close. Life resumes its usual pace in September.

Pronunciación 🎧

Spanish b and v

bueno　　　**vóleibol**　　　**biblioteca**　　　**vivir**

There is no difference in pronunciation between the Spanish letters **b** and **v**. However, each letter can be pronounced two different ways, depending on which letters appear next to them.

bonito　　　**viajar**　　　**también**　　　**investigar**

B and **v** are pronounced like the English hard *b* when they appear either as the first letter of a word, at the beginning of a phrase, or after **m** or **n**.

deber　　　**novio**　　　**abril**　　　**cerveza**

In all other positions, **b** and **v** have a softer pronunciation, which has no equivalent in English. Unlike the hard **b**, which is produced by tightly closing the lips and stopping the flow of air, the soft **b** is produced by keeping the lips slightly open.

bola　　　**vela**　　　**Caribe**　　　**declive**

In both pronunciations, there is no difference in sound between **b** and **v**. The English *v* sound, produced by friction between the upper teeth and lower lip, does not exist in Spanish. Instead, the soft **b** comes from friction between the two lips.

Verónica y su esposo cantan boleros.

When **b** or **v** begins a word, its pronunciation depends on the previous word. At the beginning of a phrase or after a word that ends in **m** or **n**, it is pronounced as a hard **b**.

Benito　　es de Boquerón　　pero vive　　en Victoria.

Words that begin with **b** or **v** are pronounced with a soft **b** if they appear immediately after a word that ends in a vowel or any consonant other than **m** or **n**.

Práctica　Read these words aloud to practice the **b** and the **v**.

1. hablamos
2. trabajar
3. botones
4. van
5. contabilidad
6. bien
7. doble
8. novia
9. béisbol
10. cabaña
11. llave
12. invierno

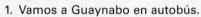

No hay mal que por bien no venga.[1]

Hombre prevenido vale por dos.[2]

Oraciones　Read these sentences aloud to practice the **b** and the **v**.

1. Vamos a Guaynabo en autobús.
2. Voy de vacaciones a la Isla Culebra.
3. Tengo una habitación individual en el octavo piso.
4. Víctor y Eva van en avión al Caribe.
5. La planta baja es bonita también.
6. ¿Qué vamos a ver en Bayamón?
7. Beatriz, la novia de Víctor, es de Arecibo, Puerto Rico.

Refranes　Read these sayings aloud to practice the **b** and the **v**.

1 *Every cloud has a silver lining.*
2 *An ounce of prevention equals a pound of cure.*

recursos			
TEXT CD Lección 5	**LM** p. 26	**Lab CD/MP3** Lección 5	**I CD-ROM** Lección 5

5.1 Estar with conditions and emotions

ANTE TODO As you learned in **Lecciones 1** and **2**, the verb **estar** is used to talk about how you feel and to say where people, places, and things are located. **Estar** is also used with adjectives to talk about certain emotional and physical conditions.

▶ **Estar** is used with adjectives to describe the physical condition of places and things.

La habitación **está** sucia.
The room is dirty.

La puerta **está** cerrada.
The door is closed.

▶ **Estar** is also used with adjectives to describe how people feel, both mentally and physically.

Estoy aburrida.
¿Quieren hacer
algo?

No, estoy
cansada.

Adjectives that describe emotions and conditions

abierto/a	open	**contento/a**	happy; content	**listo/a**	ready
aburrido/a	bored	**desordenado/a**	disorderly	**nervioso/a**	nervous
alegre	happy; joyful	**enamorado/a (de)**	in love (with)	**ocupado/a**	busy
avergonzado/a	embarrassed			**ordenado/a**	orderly
cansado/a	tired	**enojado/a**	mad; angry	**preocupado/a (por)**	worried (about)
cerrado/a	closed	**equivocado/a**	wrong		
cómodo/a	comfortable	**feliz**	happy	**seguro/a**	sure
confundido/a	confused	**limpio/a**	clean	**sucio/a**	dirty
				triste	sad

¡INTÉNTALO! Provide the present tense forms of **estar**, and choose which adjective best completes the sentence. The first item has been done for you.

1. La biblioteca ____está____ (cerrada / nerviosa) los domingos por la noche. cerrada
2. Nosotros _____ muy (ocupados / equivocados) todos los lunes.
3. Ellas _____ (alegres / confundidas) porque tienen tiempo libre.
4. Javier _____ (enamorado / ordenado) de Maribel.
5. Diana _____ (enojada / limpia) con su novio.
6. Yo _____ (nerviosa / abierta) por el viaje.
7. La habitación siempre _____ (ordenada / segura) cuando vienen sus padres.
8. Ustedes no comprenden; _____ (equivocados / tristes).
9. Marina y yo _____ (preocupados / aburridos) por el examen.
10. Usted _____ muy (cansado / sucio) los lunes por la mañana.

Práctica

1 **¿Cómo están?** Complete Martín's statements about how he and other people are ▶ feeling. In the first blank, fill in the correct form of **estar**. In the second blank, fill in the adjective that best fits the context.

1. Yo _____ un poco _____ porque tengo un examen mañana.
2. Mi hermana Patricia _____ muy _____ porque mañana va a hacer una excursión al campo.
3. Mis hermanos Juan y José salen de la casa a las cinco de la mañana. Por la noche, siempre _____ muy _____.
4. Mi amigo Ramiro _____ _____; su novia se llama Adela.
5. Mi papá y sus colegas _____ muy _____ hoy. ¡Hay mucho trabajo!
6. Patricia y yo _____ un poco _____ por ellos porque trabajan mucho.
7. Mi amiga Mónica _____ un poco _____ porque su novio no puede salir esta noche.
8. Esta clase no es muy interesante. ¿Tú _____ _____ también?

2 **Describir** Describe these people and places.

1. Anabela

2. Juan y Luisa

3. la habitación de Teresa

4. la habitación de César

Comunicación

3 **Situaciones** With a partner, use **estar** to talk about how you feel in these situations.

1. Cuando hace sol...
2. Cuando tomas un examen...
3. Cuando estás de vacaciones...
4. Cuando tienes mucho trabajo...
5. Cuando viajas en avión...
6. Cuando estás con la familia...
7. Cuando estás en la clase de español...
8. Cuando ves una película con tu actor/actriz favorito/a...

5.2 The present progressive

ANTE TODO Both Spanish and English use the present progressive. In both languages, it consists of the present tense of the verb *to be* and the present participle (the *-ing* form of the verb in English).

Estoy escuchando.	Carlos **está corriendo**.	Ella **está escribiendo** una carta.
I am listening.	*Carlos is running.*	*She is writing a letter.*

Hola, chicas. ¿Qué están haciendo?

Estamos descansando.

▶ The present progressive is formed with the present tense of **estar** and the present participle of the main verb.

FORM OF **ESTAR** + PRESENT PARTICIPLE		FORM OF **ESTAR** + PRESENT PARTICIPLE	
Estoy	**pescando.**	**Estamos**	**comiendo.**
I am	*fishing.*	*We are*	*eating.*

▶ The present participle of regular **–ar**, **–er**, and **–ir** verbs is formed as follows:

INFINITIVE		STEM		ENDING		PRESENT PARTICIPLE
hablar	▶	habl-	▶	**-ando**	▶	habl**ando**
comer		com-		**-iendo**		com**iendo**
escribir		escrib-		**-iendo**		escrib**iendo**

> **¡ATENCIÓN!**
>
> When the stem of an **–er** or **–ir** verb ends in a vowel, the present participle ends in **–yendo.**
>
> leer → le → **leyendo**
> oír → o → **oyendo**
> traer → tra → **trayendo**

▶ **Ir, poder**, and **venir** have irregular present participles (**yendo, pudiendo, viniendo**), but these verbs are rarely used in the present progressive. Several other verbs have irregular present participles that you will need to learn.

▶ **–Ir** stem-changing verbs have a stem change in the present participle.

–*ir* stem-changing verbs

e:ie in the present tense	e → i in the present participle
preferir	pref**i**riendo
sentir	s**i**ntiendo

e:i in the present tense	e → i in the present participle
conseguir	consig**u**iendo
pedir	p**i**diendo
seguir	s**i**guiendo

o:ue in the present tense	o → u in the present participle
dormir	d**u**rmiendo

The use of the present progressive is much more restricted in Spanish than in English. In Spanish, the present progressive is mainly used to emphasize that an action is in progress at the time of speaking.

Inés **está escuchando** música latina **ahora mismo**.
Inés is listening to Latin music right now.

Álex y su amigo **todavía están jugando** al fútbol.
Álex and his friend are still playing soccer.

In English, the present progressive is often used to talk about situations and actions that occur over an extended period of time or in the future. In Spanish, the simple present tense is often used instead.

Javier **estudia** computación este semestre.
Javier is studying computer science this semester.

Inés y Maite **salen** mañana para los Estados Unidos.
Inés and Maite are leaving tomorrow for the United States.

Estamos pensando en lo mismo:

su **F**uturo

Su asesor para ganar
FIDUCOLOMBIA
Sociedad Fiduciaria S.A.

¡INTÉNTALO! Create complete sentences by putting the verbs in the present progressive. The first item has been done for you.

1. Mis amigos / descansar en la playa Mis amigos están descansando en la playa.
2. Nosotros / practicar deportes
3. Carmen / comer en casa
4. Nuestro equipo / ganar el partido
5. Yo / leer el periódico
6. Él / pensar en comprar una bicicleta
7. Ustedes / jugar a las cartas
8. José y Francisco / dormir
9. Marisa / leer correo electrónico
10. Yo / preparar sándwiches
11. Carlos / tomar fotos
12. ¿dormir / tú?

Práctica

1 **Completar** Alfredo's Spanish class is preparing to travel to Puerto Rico. Use the present progressive of the verb in parentheses to complete Alfredo's description of what everyone is doing.

1. Yo _____ (investigar) la situación política de la isla (*island*).
2. La esposa del profesor _____ (hacer) las maletas.
3. Marta y José Luis _____ (buscar) información sobre San Juan en Internet.
4. Enrique y yo _____ (leer) un correo electrónico de nuestro amigo puertorriqueño.
5. Javier _____ (aprender) mucho sobre la cultura puertorriqueña.
6. Y tú _____ (practicar) tu español, ¿verdad?

2 **¿Qué están haciendo?** María and her friends are vacationing at a resort in San Juan, Puerto Rico. Complete her description of what everyone is doing right now.

◄ **CONSÚLTALO**

For more information about Puerto Rico, see **Panorama**, pp. 148–149.

1. Yo

2. Javier

3. Alejandro y Rebeca

4. Celia y yo

5. Samuel

6. Lorenzo

3 **Personajes famosos** Say what these celebrities are doing right now, using the cues provided.

◄ **AYUDA**

John Grisham - **novelas**
Sarah McLachlan - **canciones**
James Cameron - **cine**
Venus Williams - **tenis**
Tiger Woods - **golf**
Mikhail Baryshnikov - **ballet**
Picabo Street - **esquí**
Regis Philbin - **televisión**

> **modelo**
> Serena Williams está jugando al tenis ahora mismo.

A		B	
John Grisham	Mikhail Baryshnikov	bailar	hablar
Sarah McLachlan	Picabo Street	cantar	hacer
James Cameron	Regis Philbin	correr	jugar
Venus Williams	¿?	escribir	¿?
Tiger Woods	¿?	esquiar	¿?

Comunicación

4 **Un amigo preguntón** You have a friend who calls you at all hours to see what you're doing. What do you tell him or her if he or she calls you at these times?

> **modelo**
> 8:00 a.m.
> *Estoy desayunando.*

1. 5:00 a.m.	3. 9:30 a.m.	5. 11:00 a.m.	7. 12:00 p.m.
2. 2:00 p.m.	4. 5:00 p.m.	6. 9:00 p.m.	8. 11:30 p.m.

5 **Describir** Work with a partner and use the present progressive to describe what's going on in this Spanish beach scene.

NOTA CULTURAL ▶

Drawn by its warm climate and attractive coasts, more tourists flock to Spain annually than to practically any other country in the world. In the summer months, the arrival of tourists makes the country's population swell to over twice its year-round population.

6 **Conversar** Imagine that you and a classmate are each babysitting a group of children. With a partner, prepare a telephone conversation using these cues. Be creative and add further comments about the evening.

Estudiante 1

Say hello and ask what the kids are doing.

Tell your partner that two of your kids are running and dancing in the house.

Tell your partner that you are tired and that the other two are watching TV and eating pizza.

Tell your partner that you have to go because the kids are playing soccer in the house.

Estudiante 2

Say hello and tell your partner that two of your kids are doing their homework. Then ask what the kids at his/her house are doing.

Tell your partner that one of the kids is reading.

Tell your partner that one of the kids is sleeping.

Say goodbye and good luck (**¡Buena suerte!**)

Síntesis

7 **¿Qué están haciendo?** A group of classmates is traveling to San Juan, Puerto Rico for a week-long Spanish immersion program. The participants are running late before the flight, and you and your partner must locate them. Your instructor will give you and your partner different handouts that will help you do this.

5.3 Ser and estar

ANTE TODO You have already learned that **ser** and **estar** both mean *to be* but are used for different purposes. The following charts summarize the key differences in usage between **ser** and **estar**.

Uses of *ser*

1. **Nationality and place of origin** . . . .
Martín **es** argentino.
Es de Buenos Aires.

2. **Profession or occupation** . . . .
Adela **es** agente de viajes.
Francisco **es** médico.

3. **Characteristics of people and things** . . .
José y Clara **son** simpáticos.
El clima de Puerto Rico **es** agradable.

4. **Generalizations** . . . .
¡**Es** fabuloso viajar!
Es difícil estudiar a la una de la mañana.

5. **Possession** . . . .
Es la pluma de Maite.
Son las llaves de don Francisco.

6. **What something is made of** . . . .
La bicicleta **es** de metal.
Los pasajes **son** de papel.

7. **Time and date** . . . .
Hoy **es** martes. **Son** las dos.
Hoy **es** el primero de julio.

8. **Where or when an event takes place** . .
El partido **es** en el estadio Santa Fe.
La conferencia **es** a las siete.

¡ATENCIÓN!

Note that **de** is generally used after **ser** to express not only origin (**Es de Buenos Aires.**) and possession (**Es la pluma de Maite.**), but also what material something is made of (**La bicicleta es de metal.**).

Soy Francisco Castillo Moreno. Yo soy de la agencia Ecuatur.

Su nombre no está en mi lista.

Uses of *estar*

1. **Location or spatial relationships** . . . . .
El aeropuerto **está** lejos de la ciudad.
Tu habitación **está** en el tercer piso.

2. **Health** . . . .
¿Cómo **estás**?
Estoy bien, gracias.

3. **Physical states and conditions** . . . . . .
El profesor **está** ocupado.
Las ventanas **están** abiertas.

4. **Emotional states** . . . .
Marisa **está** feliz hoy.
Estoy muy enojado con Javier.

5. **Certain weather expressions** . . . .
Está lloviendo.
Está nublado.

6. **Ongoing actions (progressive tenses)** . .
Estamos estudiando para un examen.
Ana **está** leyendo una novela.

Ser and *estar* with adjectives

▶ With many descriptive adjectives, **ser** and **estar** can both be used, but the meaning will change.

Juan **es** delgado.
Juan is thin.

Juan **está** más delgado hoy.
Juan looks thinner today.

Ana **es** nerviosa.
Ana is a nervous person.

Ana **está** nerviosa por el examen.
Ana is nervous because of the exam.

▶ In the examples above, the statements with **ser** are general observations about the inherent qualities of Juan and Ana. The statements with **estar** describe conditions that are variable.

▶ Here are some adjectives that change in meaning when used with **ser** and **estar**.

With *ser*	With *estar*
El chico **es listo**. *The boy is smart.*	El chico **está listo**. *The boy is ready.*
La profesora **es mala**. *The professor is bad.*	La profesora **está mala**. *The professor is sick.*
Jaime **es aburrido**. *Jaime is boring.*	Jaime **está aburrido**. *Jaime is bored.*
Las peras **son verdes**. *The pears are green.*	Las peras **están verdes**. *The pears are not ripe.*
El gato **es muy vivo**. *The cat is very lively.*	El gato **está vivo**. *The cat is alive.*
El puente **es seguro**. *The bridge is safe.*	Él no **está seguro**. *He's not sure.*

¡INTÉNTALO! Form complete sentences by using the correct form of **ser** or **estar**, the correct form of each adjective, and any other necessary words. The first item has been done for you.

1. Alejandra / cansado
    Alejandra está cansada.

2. Ellos / pelirrojo
   _____

3. Carmen / alto
   _____

4. Yo / la clase de español
   _____

5. Película / a las once
   _____

6. Hoy / viernes
   _____

7. Nosotras / enojado
   _____

8. Antonio / médico
   _____

9. Romeo y Julieta / enamorado
   _____

10. Libros / de Ana
    _____

11. Marisa y Juan / estudiando
    _____

12. Partido de baloncesto / gimnasio
    _____

Práctica

1 **Completar** Complete this conversation with the appropriate forms of **ser** and **estar**.

EDUARDO   ¡Hola, Ceci! ¿Cómo (1)_____?

CECILIA   Hola, Eduardo. Bien, gracias. ¡Qué guapo (2)_____ hoy!

EDUARDO   Gracias. (3)_____ muy amable. Oye, ¿qué (4)_____ haciendo?

     (5)¿_____ ocupada?

CECILIA   No, sólo le (6)_____ escribiendo una carta a mi prima Pilar.

EDUARDO   ¿De dónde (7)_____ ella?

CECILIA   Pilar (8)_____ del Ecuador. Su papá (9)_____ médico en Quito. Pero

     ahora Pilar y su familia (10)_____ de vacaciones en Ponce, Puerto Rico.

EDUARDO   Y... ¿cómo (11)_____ Pilar?

CECILIA   (12)_____ muy lista. Y también (13)_____ alta, rubia y muy bonita.

2 **Describir** With a partner, describe the people in the drawing. Your descriptions should answer the questions.

1. ¿Quiénes son las personas en el dibujo?
2. ¿Dónde están?
3. ¿Cómo son?
4. ¿Cómo están?
5. ¿Qué están haciendo?
6. ¿Qué estación es?
7. ¿Qué tiempo hace?
8. ¿Quiénes están de vacaciones?

Comunicación

3

Describir With a classmate, take turns describing people. First mention where each person is from. Then describe what each person is like, how each person is feeling, and what he or she is doing right now.

> **modelo**
>
> tu compañero/a de cuarto
>
> *Mi compañera de cuarto es de San Juan, Puerto Rico. Es muy inteligente. Está cansada pero está estudiando porque tiene un examen.*

1. tu mejor (*best*) amigo/a
2. tus padres
3. tu profesor(a) favorito/a
4. tu novio/a o esposo/a
5. tu primo/a favorito/a
6. tus abuelos

4

Adivinar Get together with a partner and describe a celebrity to him or her using these questions as a guide. Don't mention the celebrity's name. Can your partner guess who you are describing?

1. ¿Cómo es?
2. ¿Cómo está?
3. ¿De dónde es?
4. ¿Dónde está?
5. ¿Qué está haciendo?
6. ¿Cuál es su profesión?

5

En el aeropuerto In small groups, take turns using **ser** and **estar** to describe this scene at Luis Muñoz Marín International Airport. What do the people in the picture look like? How are they feeling? What are they doing?

NOTA CULTURAL ▶

Luis Muñoz Marín International Airport in San Juan, Puerto Rico is a major transportation hub of the Caribbean. The airport connects the region with the rest of the world.

Síntesis

6

Conversación You and your partner are two of the characters in the drawing in **Actividad 5**. After boarding, you discover that you are sitting next to each other and must make conversation. Act out what you would say to your fellow passenger. Choose one of the pairs below or pick your own.

1. Señor Villa y Elena
2. Señorita Esquivel y la señora Limón
3. Señora Villa y Luz
4. Emilio y Elena

5.4 Direct object nouns and pronouns

SUBJECT	VERB	DIRECT OBJECT NOUN
Álex y Javier	están tomando	fotos.
Álex and Javier	*are taking*	*photos.*

▶ A direct object noun receives the action of the verb directly and generally follows the verb. In the example above, the direct object noun answers the question *What are Javier and Álex taking?*

▶ When a direct object noun in Spanish is a person or a pet, it is preceded by the word **a**. This is called the personal **a**; there is no English equivalent for this construction.

Don Francisco visita **a** la señora Ramos. Don Francisco visita el Hotel Prado.
Don Francisco is visiting Mrs. Ramos. *Don Francisco is visiting the Hotel Prado.*

▶ In the first sentence above, the personal **a** is required because the direct object is a person. In the second sentence, the personal **a** is not required because the direct object is a place, not a person.

¿Dónde pongo las maletas?

Puede ponerlas encima de la cama.

Hay muchos lugares interesantes por aquí. ¿Quieren ir a verlos?

Direct object pronouns

SINGULAR		PLURAL	
me	*me*	**nos**	*us*
te	*you* (fam.)	**os**	*you* (fam.)
lo	*you* (m., form.); *him; it* (m.)	**los**	*you* (m., form.); *them* (m.)
la	*you* (f., form.); *her; it* (f.)	**las**	*you* (f., form.); *them* (f.)

▶ Direct object pronouns are words that replace direct object nouns. Like English, Spanish sometimes uses a direct object pronoun to avoid repeating a noun already mentioned.

	DIRECT OBJECT			DIRECT OBJECT PRONOUN	
Maribel hace	las maletas.	▶	Maribel	las	hace.
Felipe compra	el sombrero.		Felipe	lo	compra.
Vicky tiene	la llave.		Vicky	la	tiene.

▶ In affirmative sentences, direct object pronouns generally appear before the conjugated verb. In negative sentences, the pronoun is placed between the word **no** and the verb.

Adela practica **el tenis**.
Adela **lo** practica.

Adela no tiene **las llaves**.
Adela **no las** tiene.

Carmen compra **los pasajes**.
Carmen **los** compra.

Diego no hace **las maletas**.
Diego **no las** hace.

▶ When the verb is an infinitive construction, such as **ir a** + [infinitive], the direct object pronoun can be placed before the conjugated form or attached to the infinitive.

Ellos van a escribir **unas postales**.
Ellos **las** van a escribir.
Ellos van a escribir**las**.

Lidia quiere ver **una película**.
Lidia **la** quiere ver.
Lidia quiere ver**la**.

▶ When the verb is in the present progressive, the direct object pronoun can be placed before the conjugated form or attached to the present participle.

Gerardo está leyendo **la lección**.
Gerardo **la** está leyendo.
Gerardo está leyéndo**la**.

Toni está mirando **el partido**.
Toni **lo** está mirando.
Toni está mirándo**lo**.

¡ATENCIÓN!

When a direct object pronoun is attached to the present participle, an accent mark is added to maintain the proper stress. To learn more about accents, see **Lección 4, Pronunciación,** p. 101, **Lección 10, Ortografía,** p. 275, and **Lección 11, Ortografía,** p. 305.

¡INTÉNTALO! Choose the correct response to each question. The first one has been done for you.

1. ¿Tienes el libro de español? *c*
   a. Sí, la tengo. b. No, no los tengo. c. Sí, lo tengo.
2. ¿Me puedes llevar al partido de baloncesto?
   a. Sí, los puedo llevar. b. Sí, te puedo llevar. c. No, no las puedo llevar.
3. El artista quiere dibujarte con tu mamá, ¿no?
   a. Sí, quiere dibujarlos mañana. b. Sí, nos quiere dibujar mañana.
   c. Sí, quiere dibujarte mañana.
4. ¿Quién tiene las llaves de nuestra habitación?
   a. Yo no las tengo. b. Amalia los tiene, ¿no? c. Yo la tengo.
5. ¿Quién te lleva al aeropuerto?
   a. Yo te llevo al aeropuerto. b. Rita los lleva al aeropuerto.
   c. Mónica me lleva al aeropuerto a las seis.
6. ¿Puedes oírme?
   a. Sí, te puedo oír bien. b. No, no los oigo. c. Sí, las oigo bien.
7. ¿Estudia ella los verbos irregulares?
   a. No, no la estudia. b. Sí, lo estudia. c. Sí, los estudia.
8. ¿Practican ellos la pronunciación todos los días?
   a. Sí, lo practican. b. Sí, la practican. c. No, no los practican.

Práctica

1   **Sustitución**   Professor Vega's class is planning a trip to Costa Rica. Describe their preparations by changing the direct object nouns into direct object pronouns.

> **modelo**
>
> La profesora Vega tiene su pasaporte.
> La profesora Vega lo tiene.

1. Gustavo y Héctor confirman las reservaciones.
2. Nosotros leemos los folletos (*brochures*).
3. Ana María estudia el mapa.
4. Yo aprendo los nombres de los monumentos de San José.
5. Alicia escucha a la profesora.
6. Miguel escribe las direcciones para ir al hotel.
7. Esteban busca el pasaje.
8. Nosotros planeamos una excursión.

◄ **¡LENGUA VIVA!**

There are many Spanish words that correspond to *ticket*. **Billete** and **pasaje** usually refer to a ticket for travel, such as an airplane ticket. **Entrada** refers to a ticket to an event, such as a concert or a movie. **Boleto** can be used in either case.

2   **Vacaciones**   Ramón is going to San Juan, Puerto Rico with his friends, Javier and Marcos. Express his thoughts more succinctly using direct object pronouns.

> **modelo**
>
> Quiero hacer una excursión.
> Quiero hacerla./La quiero hacer.

1. Voy a hacer mi maleta.
2. Necesitamos llevar los pasaportes.
3. Marcos está pidiendo el folleto turístico.
4. Javier debe llamar a sus padres.
5. Ellos esperan visitar el Viejo San Juan.
6. Puedo llamar a Javier por la mañana.
7. Prefiero traer mi cámara.
8. No queremos perder nuestras reservaciones de hotel.

◄ **NOTA CULTURAL**

Because Puerto Rico is a U.S. territory, passengers traveling there from the U.S. mainland do not need passports or visas. Passengers traveling to Puerto Rico from a foreign country, however, must meet travel requirements identical to those required for travel to the U.S. mainland. Puerto Ricans are U.S. citizens and can therefore travel to the U.S. mainland without any travel documents.

3   **¿Quién?**   The Garza family is preparing to go on a vacation to Puerto Rico. Based on the clues, answer the questions. Use direct object pronouns in your answers.

> **modelo**
>
> ¿Quién hace las reservaciones para el hotel? (El Sr. Garza)
> El Sr. Garza las hace.

1. ¿Quién compra los pasajes para el vuelo (*flight*)? (La Sra. Garza)

2. ¿Quién tiene que hacer las maletas de los niños? (María)

3. ¿Quiénes buscan los pasaportes? (Antonio y María)

4. ¿Quién va a confirmar las reservaciones para el hotel? (La Sra. Garza)

5. ¿Quién busca la cámara? (María)

6. ¿Quién compra un mapa de Puerto Rico? (Antonio)

Comunicación

4

Entrevista Interview a classmate using these questions. Be sure to use direct object pronouns in your responses.

1. ¿Ves mucho la televisión?
2. ¿Cuándo vas a ver tu programa favorito?
3. ¿Quién prepara la comida (*food*) en tu casa?   *Mi madre la prepara.*
4. ¿Te visita mucho tu familia?
5. ¿Visitas mucho a tus abuelos?
6. ¿Nos entienden nuestros padres a nosotros?
7. ¿Cuándo ves a tus amigos/as?
8. ¿Cuándo te llaman tus amigos/as?

5

En el aeropuerto Get together with a partner and take turns asking each other questions about the drawing. Use the word bank and direct object pronouns.

> *modelo*
>
> **Estudiante 1:** ¿Quién está leyendo el libro?
> **Estudiante 2:** Susana está leyéndolo.

buscar	confirmar	escribir	leer	tener	vender
comprar	encontrar	escuchar	llevar	traer	¿?

Orlando

El señor López

Marta   El señor y la señora Sánchez   Susana   Miguelito

Síntesis

6

Adivinanzas Play a guessing game in which you describe a person, place, or thing and your partner guesses who or what it is. Then switch roles. Each of you should give at least five descriptions.

> *modelo*
>
> **Estudiante 1:** Lo uso para (*I use it to*) escribir en mi cuaderno.
>   Es amarillo y no es muy grande. ¿Qué es?
> **Estudiante 2:** ¿Es un lápiz?
> **Estudiante 1:** ¡Sí!

Lectura

Antes de leer

Estrategia
Scanning

Scanning involves glancing over a document in search of specific information. For example, you can scan a document to identify its format, to find cognates, to locate visual clues about the document's content, or to find specific facts. Scanning allows you to learn a great deal about a text without having to read it word for word.

Examinar el texto

Scan the reading selection for cognates and write a few of them down.

1. _____   4. _____
2. _____   5. _____
3. _____   6. _____

Based on the cognates you found, what do you think this document is about?

_____

Preguntas

Read the following questions. Then scan the document again to look for answers to the questions.

1. What is the format of the reading selection?

   _____

2. Which place is the document about?

   _____

3. What are some of the visual cues this document provides? What do they tell you about the content of the document?

   _____

4. Who produced the document, and what do you think it is for?

   _____

recursos

vistahigher
learning.com

Turismo ecológico en Puerto Rico

Hotel La Cabaña
~ Lajas, Puerto Rico ~

Habitaciones

- 40 individuales
- 15 dobles
- Teléfono / TV / Cable
- Aire acondicionado
- Restaurante (Bar)
- Piscina
- Área de juegos
- Cajero automático°

El hotel está situado en Playa Grande, un pequeño pueblo de pescadores del mar Caribe. Es el lugar perfecto para el viajero que viene de vacaciones. Las playas son seguras y limpias, ideales para tomar el sol, descansar, tomar fotografías y nadar. Está abierto los 365 días del año. Hay una rebaja° especial para estudiantes universitarios.

DIRECCIÓN: Playa Grande 406, Lajas, PR 00667, cerca del Parque Nacional Foresta.

Cajero automático *ATM* rebaja *discount*

Atracciones cercanas

Playa Grande ¿Busca la playa perfecta? Playa Grande es la playa que está buscando. Usted puede ir de pesca, sacar fotos, nadar y pasear en bicicleta. Playa Grande es un paraíso para el turista que quiere practicar deportes acuáticos. El lugar es bonito e interesante y usted tiene muchas oportunidades para descansar y disfrutar en familia.

Valle Niebla Ir de excursión, tomar café, montar a caballo, caminar, acampar, hacer picnic. Más de 100 lugares para acampar.

Bahía Fosforescente Sacar fotos, pescar, salidas de noche, excursión en barco. Una maravillosa experiencia con peces° fosforescentes.

Arrecifes de Coral Sacar fotos, bucear, explorar. Es un lugar único en el Caribe.

Playa Vieja Tomar el sol, pasear en bicicleta, jugar a las cartas, escuchar música. Ideal para la familia.

Parque Nacional Foresta Sacar fotos, visitar el Museo de Arte Nativo. Reserva Mundial de la Biosfera.

Santuario de las Aves Sacar fotos, observar aves°, seguir rutas de excursión.

peces *fish* **aves** *birds*

Después de leer

Listas

Which of the amenities of the Hotel La Cabaña would most interest these potential guests? Explain your choices.

1. Dos padres con un hijo de seis años y una hija de ocho años

_____

2. Un hombre y una mujer en su luna de miel (*honeymoon*)

_____

3. Una persona en un viaje de negocios (*business trip*)

_____

Conversaciones

With a partner, take turns asking each other the following questions.

1. ¿Quieres visitar el Hotel La Cabaña? ¿Por qué?
2. Tienes tiempo de visitar sólo tres de las atracciones turísticas que están cerca del hotel. ¿Cuáles vas a visitar? ¿Por qué?
3. ¿Qué prefieres hacer en Valle Niebla? ¿En Playa Vieja? ¿En el Parque Nacional Foresta?

Situaciones

You have just arrived at the Hotel La Cabaña. Your classmate is the concierge. Use the phrases below to express your interests and ask him or her for suggestions about where to go.

1. montar a caballo
2. bucear
3. pasear en bicicleta
4. pescar
5. observar aves

Contestar

Answer the following questions.

1. ¿Quieres visitar Puerto Rico? Explica tu respuesta.

_____

2. ¿Adónde quieres ir de vacaciones el verano que viene? Explica tu respuesta.

_____

Puerto Rico

El país en cifras

▸ **Área:** 8.959 km² (3.459 millas²)
menor° que el área de Connecticut

▸ **Población:** 4.091.000
*Puerto Rico es una de las islas más
densamente pobladas° del mundo. Cerca
de la mitad° de la población vive en San Juan,
la capital.*

▸ **Capital:** San Juan—1.466.000

SOURCE: Population Division, UN Secretariat

▸ **Ciudades principales:** Arecibo—100.000,
Bayamón—222.815, Fajardo—40.000,
Mayagüez—100.371, Ponce—187.749

▸ **Moneda:** dólar estadounidense

▸ **Idiomas:** español (oficial); inglés (oficial)
*Aproximadamente la cuarta parte de la población
puertorriqueña habla inglés. Pero, en las zonas
turísticas este porcentaje es mucho más alto. El uso
del inglés es obligatorio para documentos federales.*

Bandera
de Puerto Rico

Puertorriqueños célebres

▸ **Raúl Juliá,** actor (1940–1994)

▸ **Roberto Clemente,** beisbolista
(1934–1972)

▸ **Luis Rafael Sánchez,** escritor
(1936–)

▸ **Ricky Martin,** cantante y actor (1971–)

▸ **Rita Moreno,** actriz, cantante, bailarina (1931–)

Plaza de Arecibo

Hoteles en El Condado,
San Juan

Océano Atlántico

Arecibo

San Juan ⭐

Bayamón

Río Grande de Añasco

Mayagüez

Cordillera Central

Ponce

Sierra de Cayey

Mar Caribe

Parque de Bombas,
Ponce

Pescadores en Mayagüez

menor *less* pobladas *populated* mitad *half* río subterráneo *underground river*
más largo *longest* sistema de cuevas *cave system* bóveda *vault*
fortaleza *fort* caber *fit*

recursos			
WB pp. 57–58	**VM** pp. 233–234	**I CD-ROM** Lección 5	**vistahigher learning.com**

OCÉANO
ATLÁNTICO

PUERTO RICO

OCÉANO
PACÍFICO

¡Increíble pero cierto!

El río *Camuy* es el tercer río subterráneo°
largo° del mundo y tiene el sistema de cuevas°
más grande en el hemisferio occidental.
La *Cueva de los Tres Pueblos* es una gigantesca
bóveda°, tan grande que toda la fortaleza° del
Morro puede caber° en su interior.

Lugares • **El Morro**

El Morro es una fortaleza que protegía° la bahía° de San Juan entre los años 1500 (mil quinientos) y 1900 (mil novecientos). Hoy día muchos turistas visitan este lugar, que ahora es un museo. Es el sitio más fotografiado de Puerto Rico. La arquitectura de la fortaleza es impresionante. Tiene misteriosos túneles, oscuras mazmorras° y vistas fabulosas de la bahía.

Artes • **Salsa**

Este estilo musical, de orígenes puertorriqueños y cubanos, nació° en la ciudad de Nueva York. Dos de los músicos de salsa más famosos son Tito Puente (1923–2000) y Willie Colón (1950–), los dos de Nueva York. Las estrellas° de la salsa en Puerto Rico son Felipe Rodríguez y Héctor Lavoe. Hoy, Puerto Rico es el centro universal de la salsa; el Gran Combo de Puerto Rico es una de las orquestas de salsa más famosas.

Isla de Culebra

Fajardo

Isla de Vieques

Ciencias • **El Observatorio de Arecibo**

El Observatorio de Arecibo tiene el radiotelescopio más grande del mundo. Gracias al telescopio los científicos° pueden estudiar la atmósfera de la Tierra° y la Luna°, fenómenos celestiales como los quasares y pulsares y escuchar emisiones de radio de otras galaxias, buscando inteligencia extraterrestre.

Historia • **Relación con los Estados Unidos**

Puerto Rico pasó a ser° parte de los Estados Unidos después de° la Guerra° de 1898 (mil ochocientos noventa y ocho) y se hizo° un estado libre asociado en 1952 (mil novecientos cincuenta y dos). Los puertorriqueños, ciudadanos° estadounidenses desde° 1917 (mil novecientos diecisiete), tienen representación en el Congreso pero no votan en las elecciones presidenciales y no pagan impuestos° federales. Hay un debate entre los puertorriqueños: ¿debe la isla seguir como estado libre asociado, hacerse un estado como los otros o hacerse independiente?

¿Qué aprendiste? Responde a las preguntas con una frase completa.

1. ¿Cuál es la moneda de Puerto Rico?
2. ¿Qué idiomas se hablan (*are spoken*) en Puerto Rico?
3. ¿Cuál es el sitio más fotografiado de Puerto Rico?
4. ¿Qué es el Gran Combo?
5. ¿Qué hacen los científicos en el Observatorio de Arecibo?

Conexión Internet Investiga estos temas en el sitio **www.vistahigherlearning.com**.

1. Describe a dos puertorriqueños famosos. ¿Cómo son? ¿Qué hacen? ¿Dónde viven? ¿Por qué son célebres?
2. Busca información sobre lugares buenos para el ecoturismo en Puerto Rico. Luego presenta un informe a la clase.

---

protegía *protected* **bahía** *bay* **mazmorras** *dungeons* **nació** *was born* **estrellas** *stars* **científicos** *scientists* **Tierra** *Earth* **Luna** *Moon* **pasó a ser** *became* **después de** *after* **Guerra** *War* **se hizo** *became* **ciudadanos** *citizens* **desde** *since* **pagan impuestos** *pay taxes*

Los viajes y las vacaciones

acampar	to camp
confirmar una reservación	to confirm a reservation
estar de vacaciones (*f. pl.*)	to be on vacation
hacer las maletas	to pack (one's suitcases)
hacer turismo (*m.*)	to go sightseeing
hacer un viaje	to take a trip
hacer una excursión	to go on a hike; to go on a tour
ir de compras (*f. pl.*)	to go shopping
ir de pesca (*f.*)	to go fishing
ir de vacaciones	to go on vacation
ir en autobús (*m.*), auto(móvil)(*m.*), avión (*m.*), barco (*m.*), motocicleta (*f.*), taxi (*m.*)	to go by bus, car, plane, boat, motorcycle, taxi
jugar a las cartas	to play cards
montar a caballo (*m.*)	to ride a horse
pasar por la aduana	to go through customs
pescar	to fish
sacar/tomar fotos (*f. pl.*)	to take photos
el/la agente de viajes	travel agent
el/la inspector(a) de aduanas	customs inspector
el/la viajero/a	traveler
el aeropuerto	airport
la agencia de viajes	travel agency
la cabaña	cabin
el campo	countryside
el equipaje	luggage
la estación de autobuses, del metro, de tren	bus, subway, train station
la llegada	arrival
el mar	sea
el océano	ocean
el paisaje	landscape
el pasaje (de ida y vuelta)	(round-trip) ticket
el pasaporte	passport
la playa	beach
la salida	departure; exit

El hotel

el ascensor	elevator
el/la botones	bellhop
la cama	bed
el/la empleado/a	employee
la habitación individual, doble	single, double room
el hotel	hotel
el/la huésped	guest
la llave	key
el piso	floor (of a building)
la planta baja	ground floor

Adjetivos

abierto/a	open
aburrido/a	bored; boring
alegre	happy; joyful
amable	nice; friendly
avergonzado/a	embarrassed
cansado/a	tired
cerrado/a	closed
cómodo/a	comfortable
confundido/a	confused
contento/a	happy; content
desordenado/a	disorderly
enamorado/a (de)	in love (with)
enojado/a	mad; angry
equivocado/a	wrong
feliz	happy
limpio/a	clean
listo/a	ready; smart
nervioso/a	nervous
ocupado/a	busy
ordenado/a	orderly
preocupado/a (por)	worried (about)
seguro/a	sure; safe
sucio/a	dirty
triste	sad

Los números ordinales

primer, primero/a	first
segundo/a	second
tercer, tercero/a	third
cuarto/a	fourth
quinto/a	fifth
sexto/a	sixth
séptimo/a	seventh
octavo/a	eighth
noveno/a	ninth
décimo/a	tenth

Palabras adicionales

ahora mismo	right now
el año	year
¿Cuál es la fecha (de hoy)?	What is the date (today)?
de buen/mal humor	in a good/bad mood
la estación	season
el mes	month
todavía	yet; still

Seasons, months, and dates	See page 124.
Weather Expressions	See page 124.
Direct object pronouns	See page 142.
Expresiones útiles	See page 129.

¡De compras!

6

Communicative Goals

You will learn how to:
- Talk about and describe clothing
- Express preferences in a store
- Negotiate and pay for items you buy

contextos

fotonovela

estructura

adelante

panorama

¡De compras!

Más vocabulario

el abrigo	coat
el almacén	department store
el calcetín	sock
el cinturón	belt
las gafas (de sol), las gafas (oscuras)	(sun)glasses
los guantes	gloves
el impermeable	raincoat
los lentes de contacto	contact lenses
los lentes (de sol)	(sun)glasses
la ropa	clothing; clothes
la ropa interior	underwear
la sandalia	sandal
el vestido	dress
los zapatos de tenis	tennis shoes; sneakers
el centro comercial	shopping mall
el mercado (al aire libre)	(open-air) market
el precio (fijo)	(fixed; set) price
la rebaja	sale
la tienda	shop; store
costar (o:ue)	to cost
gastar	to spend (money)
pagar	to pay
regatear	to bargain
vender	to sell
hacer juego (con)	to match (with)
llevar	to wear; to take
usar	to wear; to use

Variación léxica

calcetines ⟷ medias (*Amér. L.*)

cinturón ⟷ correa (*Col., Venez.*)

gafas/lentes ⟷ espejuelos (*Cuba, P.R.*), anteojos (*Arg., Chile*)

zapatos de tenis ⟷ zapatillas de deporte (*Esp.*), zapatillas (*Arg., Perú*)

Damas

los pantalones cortos

el traje de baño

los pantalones

la camiseta

el dependiente/el vendedor

la camisa

la clienta

el dinero en efectivo

la blusa

el traje

la bolsa

el suéter

la falda

las medias

recursos

TEXT CD
Lección 6

WB
pp. 59–60

LM
p. 31

Lab CD/MP3
Lección 6

I CD-ROM
Lección 6

Vocab CD
Lección 6

Práctica

el sombrero

Caballeros

un par de zapatos

los zapatos

la chaqueta

la caja

la cartera

la vendedora/la dependienta

la corbata

la tarjeta de crédito

los bluejeans

la bota

1 **Escuchar** 🎧 Listen to Juanita and Vicente talk about what they're packing for their vacations. Indicate who is packing each item. If both are packing an item, write both names. If neither is packing an item, write an **x**.

1. abrigo _____
2. zapatos de tenis _____
3. impermeable _____
4. chaqueta _____
5. sandalias _____
6. bluejeans _____
7. gafas de sol _____
8. camisetas _____
9. traje de baño _____
10. botas _____
11. pantalones cortos _____
12. suéter _____

2 **Completar** Anita is talking about going shopping. Complete each sentence with the correct word(s), adding definite or indefinite articles when necessary.

caja	medias	tarjeta de crédito
centro comercial	par	traje de baño
dependientas	ropa	vendedores

1. Hoy voy a ir de compras al nuevo _____.
2. Voy a ir a la tienda de ropa para mujeres. Siempre hay muchas rebajas y las _____ son muy simpáticas.
3. Necesito comprarme _____ de zapatos.
4. Y tengo que comprarme _____ nuevo porque el sábado voy a la playa con mis amigos.
5. También voy a comprar unas _____ para mi mamá.
6. Voy a pagar todo (*everything*) en _____.
7. Pero hoy no tengo dinero. Voy a tener que usar mi _____.
8. Mañana voy al mercado al aire libre. Me gusta regatear con los _____.

3 **Escoger** Choose the item in each group that does not belong.

1. almacén • centro comercial • mercado • sombrero
2. camisa • camiseta • blusa • botas
3. bluejeans • bolsa • falda • pantalones
4. abrigo • suéter • corbata • chaqueta
5. mercado • tienda • almacén • cartera
6. pagar • llevar • hacer juego (con) • usar
7. botas • sandalias • zapatos • traje
8. vender • regatear • ropa interior • gastar

Los colores

amarillo/a · anaranjado/a · azul

blanco/a · gris · marrón, café · morado/a · negro/a

rojo/a · rosado/a · verde

¡LENGUA VIVA!

The names of colors vary throughout the Spanish-speaking world. For example, in some countries, **anaranjado/a** may be referred to as **naranja**, **morado/a** as **púrpura**, and **rojo/a** as **colorado**.

Other terms that will prove helpful include **claro** (*light*) and **oscuro** (*dark*): **azul claro, azul oscuro.**

Adjetivos

barato/a	*cheap*
bueno/a	*good*
cada	*each*
caro/a	*expensive*
corto/a	*short (in length)*
elegante	*elegant*
hermoso/a	*beautiful*
largo/a	*long (in length)*
loco/a	*crazy*
nuevo/a	*new*
otro/a	*other; another*
pobre	*poor*
rico/a	*rich*

4 **Contrastes** Complete each phrase with the opposite of the underlined word.

1. una corbata <u>barata</u> • unas camisas…
2. unas vendedoras <u>malas</u> • unos dependientes…
3. un vestido <u>corto</u> • una falda…
4. un hombre muy <u>pobre</u> • una mujer muy…
5. una cartera <u>nueva</u> • un cinturón…
6. unos trajes <u>hermosos</u> • unos bluejeans…
7. un impermeable <u>caro</u> • unos suéteres…
8. unos calcetines <u>blancos</u> • unas medias…

CONSÚLTALO

Like other adjectives you have seen, colors must agree in gender and number with the nouns they modify. Ex: **las camisas verdes, el vestido amarillo.** For a review of descriptive adjectives, see **Estructura 3.1** pp.70–71.

5 **Preguntas** Answer these questions with a classmate.

1. ¿De qué color es la rosa de Texas?
2. ¿De qué color es la bandera (*flag*) del Canadá?
3. ¿De qué color es la casa donde vive el presidente de los EE.UU.?
4. ¿De qué color es el océano Atlántico?
5. ¿De qué color es la nieve?
6. ¿De qué color es el café?
7. ¿De qué color es el dólar de los EE.UU.?
8. ¿De qué color es la cebra (*zebra*)?

Comunicación

6

Las maletas With a classmate, answer these questions about the drawings.

1. ¿Qué ropa hay al lado de la maleta de Carmela?

CONSÚLTALO ▶

To review weather, see **Lección 5**, **Contextos**, p. 124.

2. ¿Qué hay en la maleta?

3. ¿De qué color son las sandalias?

4. ¿Adónde va Carmela?

5. ¿Qué tiempo va a hacer?

 NOTA CULTURAL ▶

6. ¿Qué hay al lado de la maleta de Pepe?

Bariloche is a popular spot for skiing in South America. Located in Argentina's Patagonia region, the town is also known for its chocolate factories and its dramatic scenery with beautiful lakes, mountains, and forests.

7. ¿Qué hay en la maleta?

8. ¿De qué color es el suéter?

9. ¿Qué va a hacer Pepe en Bariloche?

10. ¿Qué tiempo va a hacer?

7

¿Adónde van? Imagine that you are going on a vacation with two classmates. Get together with your classmates and decide where you're going. Then draw three suitcases and write in each one what clothing each person is taking. Present your drawings to the rest of the class, answering these questions.

- ¿Adónde van?
- ¿Qué tiempo va a hacer allí?
- ¿Qué van a hacer allí?
- ¿Qué hay en sus maletas?
- ¿De qué color es la ropa que llevan?

8

Preferencias Use these questions to interview a classmate. Then switch roles.

1. ¿Adónde vas a comprar ropa? ¿Por qué?
2. ¿Qué tipo de ropa prefieres? ¿Por qué?
3. ¿Cuáles son tus colores favoritos?
4. En tu opinión, ¿es importante comprar ropa nueva frecuentemente? ¿Por qué?
5. ¿Gastas mucho dinero en ropa cada mes? ¿Buscas rebajas?
6. ¿Regateas cuando compras ropa? ¿Usas una tarjeta de crédito?

¡Qué ropa más bonita!

Javier e Inés van de compras al mercado.

INÉS

JAVIER

EL VENDEDOR

1

2

3

INÉS Javier, ¡qué ropa más bonita! A mí me gusta esa camisa blanca y azul. Debe ser de algodón. ¿Te gusta?

JAVIER Yo prefiero la camisa de la izquierda... la gris con rayas rojas. Hace juego con mis botas marrones.

INÉS Está bien, Javier. Mira, necesito comprarle un regalo a mi hermana Graciela. Acaba de empezar un nuevo trabajo...

JAVIER ¿Tal vez una bolsa?

VENDEDOR Esas bolsas son típicas de las montañas. ¿Le gustan?

INÉS Sí. Quiero comprarle una a mi hermana.

6

7

8

VENDEDOR Buenas tardes, joven. ¿Le puedo servir en algo?

JAVIER Sí. Voy a ir de excursión a las montañas y necesito un buen suéter.

VENDEDOR ¿Qué talla usa usted?

JAVIER Uso talla grande.

VENDEDOR Éstos son de talla grande.

JAVIER ¿Qué precio tiene ése?

VENDEDOR ¿Le gusta este suéter? Le cuesta ciento cincuenta mil sucres.

JAVIER Quiero comprarlo, pero, señor, no soy rico. ¿Ciento veinte mil sucres?

VENDEDOR Bueno, para usted... sólo ciento treinta mil sucres.

JAVIER Está bien, señor.

recursos

V CD-ROM
Lección 6

VM
pp. 205–206

I CD-ROM
Lección 6

INÉS Me gusta aquélla. ¿Cuánto cuesta?

VENDEDOR Ésa cuesta ciento sesenta mil sucres. ¡Es de muy buena calidad!

INÉS Uy, demasiado cara. Quizás otro día.

JAVIER Acabo de comprarme un suéter. Y tú, ¿qué compraste?

INÉS Compré esta bolsa para mi hermana.

INÉS También compré una camisa y un sombrero. ¿Qué tal me veo?

JAVIER ¡Guapa, muy guapa!

Enfoque cultural Mercados al aire libre

Open-air markets, or **mercados al aire libre,** are an important part of the commerce and culture of many Hispanic countries. Fresh fruits and vegetables, tapestries, clothing, pottery and crafts are commonly seen among the vendors' wares. One of the most famous is the market in Otavalo, Ecuador, which has taken place every Saturday since pre-Incan times. Another popular market is **El Rastro** in Madrid, held every Sunday, where tourists can buy antiques and many other goods.

Expresiones útiles

Talking about clothing

▶ **¡Qué ropa más bonita!**
What nice clothing!
▶ **Me gusta esta/esa camisa blanca de rayas negras.**
I like this/that white shirt with black stripes.
▶ **Está de moda.**
It's in fashion.
▶ **Debe ser de algodón/lana/seda.**
It must be cotton/wool/silk.
▶ **Es de cuadros/lunares/rayas.**
It's plaid/polka-dotted/striped.
▶ **Me gusta este/ese suéter.**
I like this/that sweater.
▶ **Es de muy buena calidad.**
It's very good quality.
▶ **¿Qué talla lleva/usa usted?**
What size do you wear?
▷ **Llevo/Uso talla grande.**
I wear a large.
▶ **¿Qué número calza usted?**
What (shoe) size do you wear?
▷ **Calzo el treinta y seis.**
I wear a size thirty-six.

Talking about how much things cost

▶ **¿Cuánto cuesta?**
How much does it cost?
▷ **Sólo cuesta noventa mil sucres.**
It only costs ninety thousand sucres.
▷ **Demasiado caro/a.**
Too expensive.
▷ **Es una ganga.**
It's a bargain.

Saying what you bought

▶ **¿Qué compró Ud./él/ella?**
What did you (form.)/he/she buy?
▷ **Compré esta bolsa para mi hermana.**
I bought this purse for my sister.
▶ **¿Qué compraste?**
What did you buy?
▷ **Acabo de comprarme un sombrero.**
I have just bought myself a hat.

Reacciona a la fotonovela

1   **¿Cierto o falso?** Indicate whether each sentence is **cierto** or **falso**. Correct the false statements.

	Cierto	Falso
1. A Inés le gusta la camisa verde y amarilla.	○	○
2. Javier necesita comprarle un regalo a su hermana.	○	○
3. Las bolsas en el mercado son típicas de las montañas.	○	○
4. Javier busca un traje de baño.	○	○
5. Inés compró un sombrero, un suéter y una bolsa.	○	○
6. Javier regatea con el vendedor.	○	○

2   **Identificar** Provide the name of the person who would make each statement. The names may be used more than once.

1. ¿Te gusta el sombrero que compré? _____
2. Estos suéteres son de talla grande. ¿Qué talla usa usted? _____
3. ¿Por qué no compras una bolsa para Graciela? _____
4. Creo que mis botas hacen juego con la camisa. _____
5. Estas bolsas son excelentes, de muy buena calidad. _____
6. Creo que las blusas aquí son de algodón. _____

INÉS

JAVIER

EL VENDEDOR

3   **Contestar** Answer the questions using the information in the **Fotonovela**.

1. Inés quiere comprarle un regalo a su hermana. ¿Por qué?
2. ¿Cuánto cuesta la bolsa de las montañas?
3. ¿Por qué necesita Javier un buen suéter?
4. ¿Cuál es el precio final del suéter?
5. ¿Qué compra Inés en el mercado?
6. ¿Qué talla usa Javier?

CONSEJOS

When discussing prices, it's important to keep in mind singular and plural forms of verbs.

La **camisa cuesta** diez dólares.

Las **botas cuestan** sesenta dólares.

El **precio** de las botas **es** sesenta dólares.

Los **precios** de la ropa **son** altos.

4   **Conversar** With a partner, role-play a conversation between a customer and a sales person in an open-air market.

Cliente/a	Vendedor(a)
Say good afternoon.	Greet the customer and ask what he or she would like.
Explain that you are looking for a particular item of clothing.	Show him or her some items and ask what he or she prefers.
Discuss colors and sizes.	Discuss colors and sizes.
Ask for the price and begin bargaining.	Tell him or her a price. Negotiate a price.
Settle on a price and purchase the item.	Accept a price and say thank you.

AYUDA

¿Qué desea?
What would you like?

Estoy buscando...
I'm looking for...

Prefiero el/la rojo/a.
I prefer the red one.

¿Cuánto cuesta?
How much does it cost?

Es demasiado.
It's too much.

Pronunciación 🎧

The consonants **d** and **t**

¿Dónde?	**vender**	**nadar**	**verdad**

Like **b** and **v**, the Spanish **d** can also have a hard sound or a soft sound, depending on which letters appear next to it.

Don	**dinero**	**tienda**	**falda**

At the beginning of a phrase and after **n** or **l**, the letter **d** is pronounced with a hard sound. This sound is similar to the English *d* in *dog*, but a little softer and duller. The tongue should touch the back of the upper teeth, not the roof of the mouth.

medias	**verde**	**vestido**	**huésped**

In all other positions, **d** has a soft sound. It is similar to the English *th* in *there*, but a little softer.

Don Diego no tiene el diccionario.

When **d** begins a word, its pronunciation depends on the previous word. At the beginning of a phrase or after a word that ends in **n** or **l**, it is pronounced as a hard **d**.

Doña Dolores es de la capital.

Words that begin with **d** are pronounced with a soft **d** if they appear immediately after a word that ends in a vowel or any consonant other than **n** or **l**.

traje	**pantalones**	**tarjeta**	**tienda**

When pronouncing the Spanish **t**, the tongue should touch the back of the upper teeth, not the roof of the mouth. Unlike the English *t,* no air is expelled from the mouth.

Práctica Read these phrases aloud to practice the **d** and the **t**.

1. Hasta pronto.
2. De nada.
3. Mucho gusto.
4. Lo siento.
5. No hay de qué.
6. ¿De dónde es usted?
7. ¡Todos a bordo!
8. No puedo.
9. Es estupendo.
10. No tengo computadora.
11. ¿Cuándo vienen?
12. Son las tres y media.

Oraciones Read these sentences aloud to practice the **d** and the **t**.

1. Don Teodoro tiene una tienda en un almacén en La Habana.
2. Don Teodoro vende muchos trajes, vestidos y zapatos todos los días.
3. Un día un turista, Federico Machado, entra en la tienda para comprar un par de botas.
4. Federico regatea con don Teodoro y compra las botas y también un par de sandalias.

En la variedad está el gusto.[1]

Refranes Read these sayings aloud to practice the **d** and the **t**.

Aunque la mona se vista de seda, mona se queda.[2]

1 Variety is the spice of life.
2 You can't make a silk purse out of a sow's ear.

recursos			
TEXT CD Lección 6	**LM** p. 32	**Lab CD/MP3** Lección 6	**I CD-ROM** Lección 6

6.1 Numbers 101 and higher

Numbers 101 and higher			
101	ciento uno	1.000	mil
200	doscientos/as	1.100	mil cien
300	trescientos/as	2.000	dos mil
400	cuatrocientos/as	5.000	cinco mil
500	quinientos/as	100.000	cien mil
600	seiscientos/as	200.000	doscientos mil
700	setecientos/as	550.000	quinientos cincuenta mil
800	ochocientos/as	1.000.000	un millón (de)
900	novecientos/as	8.000.000	ocho millones (de)

▶ As shown in the preceding chart, Spanish uses a period to indicate thousands and millions, rather than a comma as used in English.

▶ The numbers 200 through 999 agree in gender with the nouns they modify.

324 bolsas
trescientas veinticuatro bolsas

605 sombreros
seiscientos cinco sombreros

La bolsa cuesta ciento sesenta mil sucres.

▶ The word **mil**, which can mean *a thousand* and *one thousand*, is not usually used in the plural form when referring to numbers. **Un millón** (*a million* or *one million*), has the plural form **millones** in which the accent is dropped.

1.000 zapatos
mil zapatos

25.000 faldas
veinticinco mil faldas

2.000.000 de clientes
dos millones de clientes

▶ To express a more complex number, string together its component parts.

55.422
cincuenta y cinco mil cuatrocientos veintidós

¡INTÉNTALO! Give the Spanish equivalent of each number. The first item has been done for you.

1. **102** _ciento dos_
2. **5.000.000** _Cinco millones_
3. **2001** _dos mil uno_
4. **1776** _mil setecientos setenta y seis_
5. **345** _trescientos cuarenta y cinco_
6. **550.300** _quinientos cincuenta mil trescientos_
7. **235** _doscientos treinta y cinco_
8. **1999** _mil novecientos noventa y nueve_
9. **113** _ciento trece_
10. **205** _doscientos cinco_
11. **17.123** _diecisiete mil ciento veinta y tres_
12. **497** _cuatrocientos noventa y siete_

Práctica

1 **Completar** Complete the following sequences of numbers.

1. 50, 150, 250 ... 1.050

2. 5.000, 20.000, 35.000 ... 95.000

3. 100.000, 200.000, 300.000 ... 1.000.000

4. 100.000.000, 90.000.000, 80.000.000 ... 0

2 **Resolver** Read the math problems aloud and solve them.

> **modelo**
>
> 200 + 300 =
> Doscientos más trescientos son quinientos.

+	más
−	menos
=	son

1. 1000 + 753 =
2. 1.000.000 − 30.000 =
3. 10.000 + 555 =
4. 150 + 150 =
5. 100.000 + 205.000 =
6. 29.000 − 10.000 =

Comunicación

3 **En la librería** In pairs look at the ad and answer the questions.

¡Librería TU ACENTO tiene rebajas en toda la tienda!

Puedes comprar libros populares como:

El planeta rojo, 154 pesos, 210 páginas
Un billón de pesos y dónde lo gastan, 130 pesos, 455 páginas
Misterio en el almacén, 268 pesos, 379 páginas
Historia de la Segunda Guerra Mundial, 1939–1945,
    324 pesos, 802 páginas
El béisbol: Pasión en La Habana, 249 pesos, 101 páginas
El loco del impermeable, 247 pesos, 290 páginas

---

1. ¿Qué libro tiene más páginas? ¿Cuántas tiene?

2. ¿Qué libro tiene menos (*least*) páginas? ¿Cuántas tiene?

3. ¿Qué libro tiene una fecha en su título? ¿Cuál es la fecha?

4. ¿Qué libro es más caro? ¿Cuánto cuesta?

5. ¿Qué libro es menos caro? ¿Cuánto cuesta?

6. ¿Qué libro quieren ustedes comprar en la librería *Tu acento*? ¿Por qué?

7. ¿Cuál es su libro favorito? ¿Cuántas páginas tiene?

6.2 Indirect object pronouns

ANTE TODO In **Lección 5**, you learned that a direct object is a noun or pronoun that receives the action of the verb directly. In contrast, indirect objects are nouns or pronouns that receive the action of the verb indirectly. Note the following example:

SUBJECT	I.O. PRONOUN	VERB	DIRECT OBJECT	INDIRECT OBJECT
Roberto	**le**	presta	cien pesos	**a Luisa**.
Roberto		*lends*	*100 pesos*	*to Luisa.*

An indirect object is a noun or pronoun that answers the question *to whom* or *for whom* an action is done. In the preceding example, the indirect object answers this question: **¿A quién le presta Roberto cien pesos?** *To whom does Roberto lend 100 pesos?*

Indirect object pronouns

SINGULAR		PLURAL	
me	(to, for) *me*	**nos**	(to, for) *us*
te	(to, for) *you* (fam.)	**os**	(to, for) *you* (fam.)
le	(to, for) *you* (form.)	**les**	(to, for) *you* (form.)
	(to, for) *him; her*		(to, for) *them*

Using indirect object pronouns

▶ Spanish speakers commonly use both an indirect object pronoun and the noun to which it refers in the same sentence. This is done to emphasize and clarify to whom the pronoun refers.

I.O. PRONOUN	INDIRECT OBJECT	I.O. PRONOUN	INDIRECT OBJECT
Ella **le** vende la ropa a **Elena**.		**Les** prestamos el dinero a **Inés y Álex**.	

▶ Indirect object pronouns are also used without the indirect object noun when the person for whom the action is being done is known.

Ana **le** presta la falda **a Elena**.
Ana lends her skirt to Elena.

También **le** presta unos bluejeans.
She also lends her a pair of blue jeans.

▶ Indirect object pronouns are usually placed before the conjugated form of the verb. In negative sentences the pronoun is placed between **no** and the conjugated verb.

Martín **me** compra un regalo.   Eva **no me** escribe cartas.
Martín buys me a gift.   *Eva doesn't write me letters.*

¡ATENCIÓN!

When an indirect object pronoun is attached to a present participle, an accent mark is added to maintain the proper stress. For more information on accents, see **Pronunciación**, p. 101, **Ortografía**, p. 275, and p. 305.

▶ When a conjugated verb is followed by an infinitive or the present progressive, the indirect object pronoun may be placed before the conjugated verb or attached to the infinitive or present participle.

Él no quiere **pagarte**.   Él está **escribiéndole** una postal a ella.
He does not want to pay you.   *He is writing a postcard to her.*

Él no **te** quiere pagar.   Él **le** está escribiendo una postal a ella.
He does not want to pay you.   *He is writing a postcard to her.*

▶ Because the indirect object pronouns **le** and **les** have multiple meanings, Spanish speakers often clarify to whom the pronouns refer with the preposition **a** + [*pronoun*] or **a** + [*noun*].

UNCLARIFIED STATEMENTS	CLARIFIED STATEMENTS
Yo **le** compro un abrigo.	Yo **le** compro un abrigo **a él/ella/usted**.
Ella **le** describe un libro.	Ella **le** describe un libro **a Juan**.

UNCLARIFIED STATEMENTS	CLARIFIED STATEMENTS
Él **les** vende unos sombreros.	Él **les** vende unos sombreros a **ellos/ellas/ustedes**.
Ellos **les** hablan muy claro.	Ellos **les** hablan muy claro **a los clientes**.

▶ The irregular verb **dar** (*to give*), as well as **decir**, are often used with indirect object pronouns.

dar

Singular forms		Plural forms	
yo	**doy**	nosotros/as	**damos**
tú	**das**	vosotros/as	**dais**
Ud./él/ella	**da**	Uds./ellos/ellas	**dan**

¡ATENCIÓN!

Here are some common expressions with **dar**:

dar consejos
to give advice

dar un regalo
to give a present

dar una fiesta
to throw a party

Mi abuela **me da** muchos regalos.   **Te digo** la verdad.
My grandmother gives me lots of gifts.   *I'm telling you the truth.*

Voy a **darle** consejos.   No **les digo** mentiras a mis padres.
I'm going to give her advice.   *I don't tell lies to my parents.*

CONSÚLTALO

Remember that **decir** is a stem-changing verb (**e:i**) with an irregular **yo** form: **digo**. To review the present tense of **decir**, see **Estructura 4.3**, p. 109.

¡INTÉNTALO!   Use the cues in parentheses to provide the indirect object pronoun for the sentence. The first item has been done for you.

1. Juan _____le_____ quiere dar un regalo. (*to Elena*)
2. María ___nos___ prepara un café. (*for us*)
3. Beatriz y Felipe ___me___ escriben desde Cuba. (*to me*)
4. Marta y yo ___les___ compramos unos guantes. (*for them*)
5. Los vendedores ___te___ venden ropa. (*to you, fam. sing.*)
6. La dependienta ___nos___ enseña los guantes. (*to us*)

Práctica

1 **Completar** Fill in the correct pronouns to complete Mónica's description of her family's holiday shopping.

1. Juan y yo ___le___ damos una blusa a nuestra hermana Gisela.
2. Mi tía ___Me___ da a nosotros una mesa para la casa.
3. Gisela ___le___ da dos corbatas a su novio.
4. A mi mamá yo _____ doy un par de guantes negros.
5. A mi profesora _____ doy dos libros de José Martí.
6. Juan ___les___ da un regalo a mis padres.
7. Mis padres _____ dan a mí un traje nuevo.
8. Y a ti, yo _____ doy un regalo también. ¿Quieres verlo?

2 **Combinar** Use an item from each column and an indirect object pronoun to create logical sentences.

> **modelo**
>
> Mis padres les dan regalos a mis primos.

A	B	C	D
Yo	comprar	correo electrónico	mí
El dependiente	dar	corbata	ustedes
El profesor Arce	decir	dinero en efectivo	clienta
La vendedora	escribir	ejercicio	la novia
Mis padres	explicar	problemas	mis primos
Tú	pagar	regalos	ti
Nosotros/as	prestar	ropa	nosotros
¿?	vender	¿?	¿?

3 **Describir** Describe what's happening in these photos based on the cues provided.

1. escribir / mensaje electrónico

2. mostrar / fotos

3. dar / documentos

4. pedir / llaves

5. vender / suéter

6. comprar / bolsa

Comunicación

4

Entrevista Take turns with a classmate asking and answering questions using the word bank.

> **modelo**
>
> escribir mensajes electrónicos
> **Estudiante 1:** ¿A quién le escribes mensajes electrónicos?
> **Estudiante 2:** Le escribo mensajes electrónicos a mi hermano.

cantar canciones de amor (*love songs*)	escribir mensajes electrónicos
comprar ropa	pedir dinero
dar consejos	preparar comida (*food*) mexicana
decir mentiras	prestar dinero

5

¡Somos ricos! You and your classmates chipped in on a lottery ticket and you won! Now you want to spend money on your loved ones. In groups of three, discuss what each person is buying for family and friends.

> **modelo**
>
> **Estudiante 1:** Quiero comprarle un vestido de Carolina Herrera a mi madre.
> **Estudiante 2:** Y yo voy a darles un carro nuevo a mis padres.
> **Estudiante 3:** Voy a comprarles una casa a mis padres, pero a mis
> amigos no les voy a dar nada.

NOTA CULTURAL ▶

Carolina Herrera (1941–) is a Venezuelan fashion designer known worldwide for her elegant, understated designs. In the past two decades, she has become very successful and even has a fragrance line.

6

Entrevista Use these questions to interview a classmate.

1. ¿Qué tiendas, almacenes o centros comerciales prefieres?
2. ¿A quién le compras regalos cuando hay rebajas?
3. ¿A quién le prestas dinero cuando esa persona lo necesita?
4. Quiero ir de compras. ¿Cuánto dinero me puedes prestar?
5. ¿Te dan tus padres su tarjeta de crédito cuando vas de compras?

Síntesis

7

Minidrama With two classmates, take turns playing the roles of two shoppers and a clerk in a clothing store. The shoppers should take turns talking about the articles of clothing they are looking for, for whom they are buying the clothes, and what they bought for the same people last year. The clerk should recommend several items based on the shoppers' descriptions.

AYUDA

Here are some useful sentences in addition to the **Expresiones útiles** on p.157.

Me queda grande/pequeño.
It's big/small on me.

¿Tiene otro color?
Do you have another color?

¿Está en rebaja?
Is it on sale?

6.3 Preterite tense of regular verbs

ANTE TODO In order to talk about events in the past, Spanish uses two simple tenses: the preterite and the imperfect. In this lesson, you will learn how to form the preterite tense, which is used to express actions or states completed in the past.

Preterite of regular *–ar*, *–er*, and *–ir* verbs

		–ar verbs **comprar**	*–er* verbs **vender**	*–ir* verbs **escribir**
SINGULAR FORMS	yo	compr**é** *I bought*	vend**í** *I sold*	escrib**í** *I wrote*
	tú	compr**aste**	vend**iste**	escrib**iste**
	Ud./él/ella	compr**ó**	vend**ió**	escrib**ió**
PLURAL FORMS	nosotros/as	compr**amos**	vend**imos**	escrib**imos**
	vosotros/as	compr**asteis**	vend**isteis**	escrib**isteis**
	Uds./ellos/ellas	compr**aron**	vend**ieron**	escrib**ieron**

¡ATENCIÓN!

The **yo** and **Ud./él/ella** forms of all three conjugations have written accents on the last syllable to show that it is stressed.

▶ As the preceding chart shows, the endings for regular **–er** and **–ir** verbs are identical in the preterite.

¿Qué compraste?

Compré esta bolsa.

▶ Note that the **nosotros/as** forms of regular **–ar** and **–ir** verbs in the preterite are identical to the present tense forms. Context will help you determine which tense is being used.

En invierno **compramos** la ropa en la tienda de la universidad.
In the winter, we buy clothing at the university store.

Anoche **compramos** unos zapatos de tenis y unas sandalias.
Last night we bought a pair of tennis shoes and a pair of sandals.

▶ **–Ar** and **–er** verbs that have a stem change in the present tense are regular in the preterite. They do *not* have a stem change.

	PRESENT	PRETERITE
cerrar (e:ie)	La tienda **cierra** a las seis.	La tienda **cerró** a las seis.
volver (o:ue)	Carlitos **vuelve** tarde.	Carlitos **volvió** tarde.
jugar (u:ue)	Él **juega** al fútbol.	Él **jugó** al fútbol.

¡ATENCIÓN!

-**Ir** verbs that have a stem change in the present tense also have a stem change in the preterite. You will learn about this in **Estructura 8.1**, p. 220.

▶ Verbs that end in **–car**, **–gar**, and **–zar** have a spelling change in the first person singular (**yo** form) in the preterite.

bus**car**	▶	bus**c**-	▶	**qu**-	▶	yo bus**qué**
lle**gar**		lle**g**-		**gu**-		yo lle**gué**
empe**zar**		empe**z**-		**c**-		yo empe**cé**

▶ Except for the **yo** form, all other forms of **–car**, **–gar**, and **–zar** verbs are regular in the preterite.

▶ Three other verbs —**creer**, **leer**, and **oír** — have spelling changes in the preterite. The **i** of the verb endings of **creer**, **leer**, and **oír** carries an accent in the **yo, tú, nosotros/as,** and **vosotros/as** forms, and changes to **y** in the **Ud./él/ella** and **Uds./ellos/ellas** forms.

creer	▶	cre-	▶	cre**í**, cre**í**ste, cre**y**ó, cre**í**mos, cre**í**steis, cre**y**eron
leer		le**o**-		le**í**, le**í**ste, le**y**ó, le**í**mos, le**í**steis, le**y**eron
oír		o-		o**í**, o**í**ste, o**y**ó, o**í**mos, o**í**steis, o**y**eron

▶ **Ver** is regular in the preterite, but none of its forms has an accent. **ver** ⟶ **vi**, **viste**, **vio**, **vimos**, **visteis**, **vieron**.

Words commonly used with the preterite

anoche	*last night*	**pasado/a (adj.)**	*last; past*
anteayer	*the day before yesterday*	**el año pasado**	*last year*
		la semana pasada	*last week*
ayer	*yesterday*	**una vez**	*once; one time*
de repente	*suddenly*	**dos veces**	*twice; two times*
desde... hasta...	*from... until...*	**ya**	*already*

Ayer llegué a Santiago de Cuba.
Yesterday I arrived in Santiago de Cuba.

Anoche oí un ruido extraño.
Last night I heard a strange noise.

▶ **Acabar de** + [*infinitive*] is used to say that something has just occurred. Note that **acabar** is in the present tense in this construction.

Acabo de comprar una falda.
I just bought a skirt.

Acabas de ir de compras.
You just went shopping.

¡INTÉNTALO! Provide the appropriate preterite forms of the verbs. The first item in each column has been done for you.

celebrar
1. Elena celebró.
2. Yo Celebré.
3. Los chicos celebraron.
4. Emilio y yo celebramos.
5. Tú celebraste.

comer
1. Los niños comieron.
2. Tú comiste.
3. Usted comió.
4. Nosotros comimos.
5. Yo comí.

salir
1. Tú y yo salimos.
2. Ella saliste.
3. Pablo y Elena salieron.
4. Nosotros salimos.
5. Yo salí.

comenzar
1. Ustedes comenzaron.
2. Nosotras comenzimos.
3. Yo comenzi.
4. Marcos comenzó.
5. Tú comenzaste.

Práctica

1 **Completar** Andrea is talking about what happened last weekend. Complete each sentence by choosing the correct verb and putting it in the preterite.

1. El sábado a las diez de la mañana, la profesora Mora _____ (asistir, costar, usar) a una reunión (*meeting*) de profesores.
2. A la una, yo _____ (llegar, bucear, llevar) a la tienda con mis amigos.
3. Mis amigos y yo _____ (comprar, regatear, gastar) dos o tres cosas.
4. Yo _____ (costar, comprar, escribir) unos pantalones negros y mi amigo Mateo _____ (gastar, pasear, comprar) una camisa azul.
5. Después, nosotros _____ (llevar, vivir, comer) cerca de un mercado.
6. A las nueve, Pepe _____ (hablar, pasear, nadar) con su novia por teléfono.
7. El sábado por la tarde, mi mamá les _____ (escribir, beber, vivir) una carta a nuestros parientes en Cuba.
8. El domingo por la mañana mi tía Manuela _____ (decidir, salir, escribir) comprarme un traje elegante.
9. A las cuatro de la tarde, mi tía _____ (beber, salir, encontrar) un traje para mí y después _____ (acabar, ver, salir) una película.

2 **Preguntas** Imagine that you have a pesky friend who keeps asking you questions. Respond that you already did or have just done what he or she asks.

modelo

leer la lección
Estudiante 1: ¿Leíste la lección?
Estudiante 2: Sí, ya la leí./Sí, acabo de leerla.

1. escribir el correo electrónico
2. lavar (*to wash*) la ropa
3. oír las noticias (*news*)
4. comprar pantalones cortos
5. practicar los verbos
6. pagar la cuenta (*bill*)
7. empezar la composición
8. ver la película *Buena Vista Social Club*

NOTA CULTURAL

The **Buena Vista Social Club** is a musical phenomenon that has been taking the world by storm since the group's rise to stardom in the 1990s. A number of Cuban musicians, popular decades earlier but almost forgotten, recorded a Grammy-winning album of traditional Cuban music. Later, a documentary about their comeback story was released, along with subsequent albums featuring the group's music.

3 **Combinar** Combine words and phrases from each column to talk about what you and others did. Be sure to use the correct form of each verb.

modelo

Mis amigos y yo llegamos tarde a clase una vez.

yo	ver televisión	anoche
mi compañero/a de cuarto	hablar con un(a)	anteayer
mis amigos y yo	chico/a guapo/a	ayer
mi mejor (*best*) amigo/a	llevar un traje/vestido	la semana pasada
mis padres	comprar ropa nueva	el año pasado
el/la profesor(a) de español	leer un buen libro	una vez
el presidente de los	llegar tarde a clase	dos veces
Estados Unidos	gastar mucho dinero	
	compartir ropa	

Comunicación

4   **Las vacaciones** Imagine that you took these photos on a vacation with friends. Get together with a partner and use the pictures to tell him or her about your trip.

5   **El fin de semana** Your instructor will give you and your partner different incomplete charts about what four employees at **Almacén Gigante** did last weekend. After you fill out the chart based on each other's information, you will fill out the final column about your partner.

Síntesis

6   **Conversación** Get together with a partner and have a conversation about what you did last week using verbs from the word bank. Don't forget to include school activities, shopping, and pastimes.

acampar	buscar	escribir	jugar	trabajar
asistir	comer	estudiar	leer	vender
bailar	comprar	gastar	oír	ver
beber	correr	hablar	tomar	viajar

6.4 Demonstrative adjectives and pronouns

Demonstrative adjectives

ANTE TODO In Spanish, as in English, demonstrative adjectives are words that "demonstrate" or "point out" nouns. Demonstrative adjectives precede the nouns they modify and, like other Spanish adjectives you have studied, agree with them in gender and number. Observe these examples, then study the chart.

esta camisa	**ese** vendedor	**aquellos** zapatos
this shirt	*that salesman*	*those shoes (over there)*

Demonstrative adjectives

	Singular		Plural		
	MASCULINE	FEMININE	MASCULINE	FEMININE	
	este	**esta**	**estos**	**estas**	*this; these*
	ese	**esa**	**esos**	**esas**	*that; those*
	aquel	**aquella**	**aquellos**	**aquellas**	*that; those (over there)*

▶ There are three sets of demonstrative adjectives. To determine which one to use, you must establish the relationship between the speaker and the noun(s) being pointed out.

▶ The demonstrative adjectives **este, esta, estos,** and **estas** are used to point out nouns that are close to the speaker and the listener.

Me gustan estos zapatos.

▶ The demonstrative adjectives **ese, esa, esos,** and **esas** are used to point out nouns that are not close in space and/or time to the speaker. They may, however, be close to the listener.

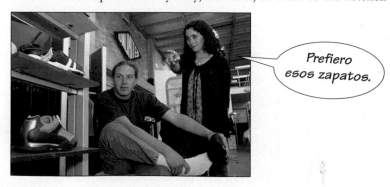

Prefiero esos zapatos.

▶ The demonstrative adjectives **aquel, aquella, aquellos,** and **aquellas** are used to point out nouns that are far away from the speaker and the listener.

> *Aquel auto es de mi hermana.*

Demonstrative pronouns

▶ Demonstrative pronouns are identical to their corresponding demonstrative adjectives, with the exception that they carry an accent mark on the stressed vowel.

—¿Quieres comprar **este suéter**?
Do you want to buy this sweater?

—No, no quiero **éste**. Quiero **ése**.
No, I don't want this one. I want that one.

—¿Vas a leer **estas revistas**?
Are you going to read these magazines?

—Sí, voy a leer **éstas**. También voy a leer **aquéllas**.
Yes, I'm going to read these. I'll also read those (over there).

Demonstrative pronouns

	Singular		Plural	
	MASCULINE	FEMININE	MASCULINE	FEMININE
	éste	**ésta**	**éstos**	**éstas**
	ése	**ésa**	**ésos**	**ésas**
	aquél	**aquélla**	**aquéllos**	**aquéllas**

▶ There are three neuter demonstrative pronouns: **esto, eso,** and **aquello**. These forms refer to unidentified or unspecified nouns, situations, ideas, and concepts. They do not change in gender or number and never carry an accent mark.

—¿Qué es **esto**?
What's this?

—**Eso** es interesante.
That's interesting.

—**Aquello** es bonito.
That's pretty.

¡INTÉNTALO!   Provide the correct form of the demonstrative adjective for these nouns. The first item has been done for you.

1. la falda / este _____esta falda_____
2. los estudiantes / este ___estos estudiantes___
3. los países / aquel ___aquellos países___
4. la ventana / ese ___esa ventana___
5. los periodistas / ese ___esas periodistas___
6. las empleadas / ese ___esas empleadas___
7. el chico / aquel ___aquel chico___
8. las sandalias / este ___estas sandalias___
9. el autobús / ese ___ese autobús___
10. las chicas / aquel ___aquellas chicas___

this skirt
those students
these countries
that window
those journalists

Práctica

1   **Cambiar** Make the singular sentences plural and the plural sentences singular.

> **modelo**
>
> Estas camisas son blancas.
> *Esta camisa es blanca.*

1. Aquellos sombreros son muy elegantes.
2. Ese abrigo es muy caro.
3. Estos cinturones son hermosos.
4. Esos precios son muy buenos.
5. Estas faldas son muy cortas.
6. ¿Quieres ir a aquel almacén?
7. Esas blusas son baratas.
8. Esta corbata hace juego con mi traje.

2   **Completar** Here are some things people might say while shopping. Complete the sentences with the correct demonstrative pronouns.

1. No me gustan esos zapatos. Voy a comprar _____. (*these*)
2. ¿Vas a comprar ese traje o _____? (*this one*)
3. Esta guayabera es bonita pero prefiero _____. (*that one*)
4. Estas corbatas rojas son muy bonitas pero _____ son fabulosas. (*those*)
5. Estos cinturones cuestan demasiado. Prefiero _____. (*those over there*)
6. ¿Te gustan esas botas o _____? (*these*)
7. Esa bolsa roja es bonita pero prefiero _____. (*that one over there*)
8. No voy a comprar estas botas, voy a comprar _____. (*those over there*)
9. ¿Prefieres estos pantalones o _____? (*those*)
10. Me gusta este vestido pero voy a comprar _____. (*that one*)
11. Me gusta ese almacén pero _____ es mejor (*better*). (*that one over there*)
12. Esa blusa es bonita pero cuesta demasiado. Voy a comprar _____. (*this one*)

◀ **NOTA CULTURAL**

The **guayabera** is a men's shirt typically worn in some parts of the Caribbean. Never tucked in, it is casual wear, but variations exist for more formal occasions, such as weddings, parties, or the office.

3   **Describir** With your partner, look for two items in the classroom that are one of these colors: **amarillo, azul, blanco, marrón, negro, verde, rojo.** Take turns pointing them out to each other, first using demonstrative adjectives, and then demonstrative pronouns.

> **modelo**
>
> azul
>
> **Estudiante 1:** *Esta silla es azul. Aquella mochila es azul.*
> **Estudiante 2:** *Ésta es azul. Aquélla es azul.*

Now use demonstrative adjectives and pronouns to discuss the colors of your classmates' clothing. One of you can ask a question about an article of clothing, using the wrong color. Your partner will correct you and point out that color somewhere else in the room.

> **modelo**
>
> **Estudiante 1:** *¿Esa camisa es negra?*
> **Estudiante 2:** *No, ésa es azul. Aquélla es negra.*

Comunicación

4

Conversación With a classmate, use demonstrative adjectives and pronouns to ask each other questions about the people around you. Use words and expressions from the word bank and/or your own ideas.

modelo

> **Estudiante 1:** ¿Cómo se llama esa chica?
> **Estudiante 2:** Se llama Rebeca.
> **Estudiante 1:** ¿A qué hora llegó aquel chico a la clase?
> **Estudiante 2:** A las nueve.

¿A qué hora...?	¿Cómo se llama...?
¿Cuándo...?	¿De dónde es/son...?
¿Cuántos años tiene(n)...?	¿De quién es/son...?
¿Cómo es/son...?	¿Qué clases toma(n)...?

5

En una tienda Imagine that you and a classmate are in Madrid shopping at **Zara**. Study the floor plan, then have a conversation about what you see around you. Use demonstrative adjectives and pronouns as much as possible.

modelo

> **Estudiante 1:** Me gusta este suéter azul.
> **Estudiante 2:** Yo prefiero aquella chaqueta.

Síntesis

6

Diferencias Your instructor will give you and a partner each a drawing of a department store. They are almost identical, but not quite. Use demonstrative adjectives and pronouns to find seven differences.

modelo

> **Estudiante 1:** Aquellos lentes de sol son feos, ¿verdad?
> **Estudiante 2:** No. Aquellos lentes de sol son hermosos.

Lectura

Antes de leer

Estrategia

Skimming

Skimming involves quickly reading through a document to absorb its general meaning. This practice allows you to understand the main ideas without having to read word for word. When you skim a text, you might want to look at its title and subtitles. You might also want to read the first sentence of each paragraph.

Examinar el texto

Look at the format of the reading selection. How is it organized? What does the organization of the document tell you about its content?

Buscar cognados

Scan the reading selection to locate at least five cognates. Based on the cognates, what do you think the reading selection is about?

1. _____   4. _____
2. _____   5. _____
3. _____

The reading selection is about _____.

Impresiones generales

Now skim the reading selection to understand its general meaning. Jot down your impressions. What new information did you learn about the document by skimming it? Based on all the information you now have, answer these questions.

1. Who produced this document?
2. What is its purpose?
3. Who is its intended audience?

¡Corona tiene las ofertas más locas del verano!

30% 40% 50%

La tienda más elegante de la ciudad con precios increíbles y con la tarjeta de crédito más conveniente del mercado.

JÓVENES	NIÑOS

Bluejeans chicos y chicas
PACOS
Americanos. Tradicional
Ahora: $9.000 el par

30% de rebaja

Vestido de niña
GIRASOL
Tallas de la 2 a la 12.
De cuadros y rayas
Ahora: $8.625

30% de rebaja

Suéteres
CARAMELO
Algodón y lana.
Colores blanco, gris y negro
Antes: $10.500

Ahora: $6.825

Pantalón deportivo de niño
MILÁN
Tallas de la 4 a la 16
Ahora: $13.500

30% de rebaja

Lentes de contacto
VISIÓN
Americanos. Colores azul, verde y morado
Antes: $15.000 el par

Ahora $10.000

Zapatos de tenis
ACUARIO
Números del 20 al 25
Ahora: $15.000 el par

30% de rebaja

Trajes de baño chicos y chicas
SUBMARINO
Microfibra. Todas las tallas
Ahora: $12.500

50% de rebaja

Pantalones cortos
MACARENA
Talla mediana
Ahora: $15.000

30% de rebaja

Gafas de sol
VISIÓN
Origen canadiense
Antes: $23.000

Ahora: $14.950

Camisetas de algodón
POLO
Antes: $15.000
Ahora: $7.500

50% de rebaja

Por la compra de $40.000, puede llevar un regalo gratis.
- Un hermoso cinturón de señora
- Un par de calcetines
- Una corbata de seda
- Una bolsa para la playa
- Una mochila
- Unas medias

real *royal* liquidación *clearance sale* antes *before*

Después de leer

Completar
Complete this paragraph about the reading selection with the correct forms of the words from the word bank.

almacén	hacer juego	tarjeta de crédito
caro	increíble	tienda
dinero	pantalones	verano
falda	rebaja	zapato

En este anuncio (*advertisement*) de periódico el _____ Corona anuncia la liquidación de _____ con grandes _____ en todos los departamentos. Con muy poco _____ usted puede equipar a toda su familia. Si no tiene dinero en efectivo, puede utilizar su _____ y pagar luego. Para el caballero con gustos refinados, hay _____ importados de París y Roma. La señora elegante puede encontrar blusas de seda que _____ con todo tipo de _____ o _____. Los precios de esta liquidación son realmente _____.

¿Cierto o falso?
Indicate whether each statement is **cierto** or **falso**. Correct the false statements.

1. Hay ropa de algodón para jóvenes.
2. La ropa interior tiene una rebaja del 30%.
3. El almacén Corona tiene un departamento de zapatos.
4. Normalmente las sandalias cuestan $22.000 el par.

Preguntas
Answer these questions in Spanish.

1. Imagina que vas a ir a la tienda Corona. ¿Qué departamentos vas a visitar? ¿el departamento de ropa para señoras, el departamento de ropa para caballeros…?
2. ¿Qué vas a buscar en Corona?
3. ¿Hay tiendas similares a la tienda Corona en tu pueblo o ciudad? ¿Cómo se llaman? ¿Tienen muchas gangas?

Escritura

Estrategia

Brainstorming

How do you find ideas to write about? In the early stages of writing, brainstorming can help you generate ideas on a specific topic. Before writing your first draft, you should spend ten to fifteen minutes brainstorming and jotting down any ideas about the topic that occur to you. Whenever possible, try to write down your ideas in Spanish. Express your ideas in single words or phrases, and jot them down in any order. While brainstorming, do not worry about whether your ideas are good or bad. Selecting and organizing ideas should be the second stage of your writing. Remember that the more ideas you write down while you are brainstorming, the more options you will have to choose from later when you start to organize your ideas.

Preparing interview questions

Before conducting an interview, you may find it helpful to brainstorm a list of interview questions, remembering to include the five W's (*who, when, where, what, why*) and the H (*how*). For example:

- ¿Cuándo vas de compras?
- ¿Con quién(es) vas de compras?
- ¿Adónde vas de compras?
- ¿Por qué te gusta ir de compras a ese almacén?
- ¿Qué compras normalmente?
- ¿Cómo pagas? ¿Con un cheque, con una tarjeta de crédito...?

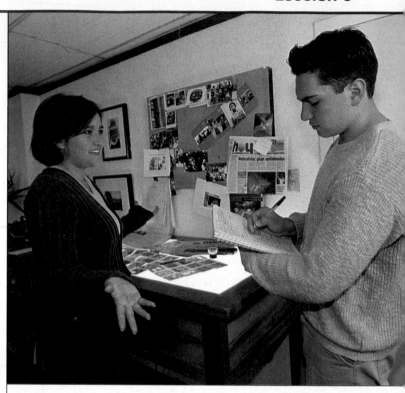

Tema

Escribe un informe

Write a report for the school newspaper about an interview you conducted with a student about his or her shopping habits and clothing preferences. First, brainstorm a list of interview questions. Then conduct the interview using the questions below as a guide, but feel free to ask other questions as they occur to you.

Examples of questions:

- ¿Qué tiendas, almacenes o centros comerciales prefieres?
- ¿Compras ropa de catálogos o por Internet?
- ¿Prefieres comprar ropa cara o barata? ¿Por qué?
- ¿Te gusta buscar gangas?
- ¿Qué ropa llevas cuando vas a clase?
- ¿Qué ropa llevas cuando sales a bailar?
- ¿Qué ropa llevas cuando practicas un deporte?
- ¿Cuáles son tus colores favoritos? ¿Compras mucha ropa de esos colores?
- ¿Les das ropa a tu familia o a tus amigos/as?

Escuchar

Estrategia
Listening for linguistic cues

You can enhance your listening comprehension by listening for specific linguistic cues. For example, if you listen for the endings of conjugated verbs, or for familiar constructions, such as **acabar de** + [*infinitive*] or **ir a** + [*infinitive*], you can find out whether an event already took place, is taking place now, or will take place in the future. Verb endings also give clues about who is participating in the action.

 To practice listening for linguistic cues, you will now listen to four sentences. As you listen, note whether each sentence refers to a past, present, or future action. Also jot down the subject of each sentence.

Preparación

Based on the photograph below, what do you think Marisol has recently done? What do you think Marisol and Alicia are talking about? What else can you guess about their conversation from the visual clues in the photograph?

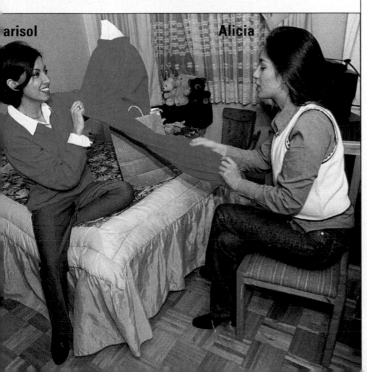

Marisol   Alicia

Ahora escucha

Now you are going to hear Marisol and Alicia's conversation. Make a list of the clothing items that each person mentions. Then put a check mark after the item if the person actually purchased it.

Marisol	Alicia
1. _____	1. _____
2. _____	2. _____
3. _____	3. _____
4. _____	4. _____

Comprensión

¿Cierto o falso?
Indicate whether each statement is **cierto** or **falso**. Then correct the false statements.

1. Marisol y Alicia acaban de ir de compras juntas (*together*).
2. Marisol va a comprar unos pantalones y una blusa mañana.
3. Marisol compró una blusa de cuadros.
4. Alicia compró unos zapatos nuevos hoy.
5. Alicia y Marisol van a ir al café.
6. Marisol gastó todo el dinero de la semana en ropa nueva.

Preguntas
Discuss these questions with a classmate. Be sure to explain your answers.

1. ¿Crees que Alicia y Marisol son buenas amigas? ¿Por qué?
2. ¿Cuál de las dos estudiantes es más ahorradora (*frugal*)? ¿Por qué?
3. ¿Crees que a Alicia le gusta la ropa que Marisol compró?
4. ¿Crees que la moda es importante para Alicia? ¿Para Marisol? ¿Por qué?
5. ¿Es importante para ti estar a la moda? ¿Por qué?

recursos

TEXT CD
Lección 6

Cuba

El país en cifras

▶ **Área:** 110.860 km^2 (42.803 millas^2), *aproximadamente el área de Pensilvania*
▶ **Población:** 11.369.000
▶ **Capital:** La Habana—2.306.000

La Habana Vieja fue declarada° Patrimonio° Cultural de la Humanidad por la UNESCO en 1982. Este distrito es uno de los lugares más fascinantes de Cuba. En La Plaza de Armas, se puede visitar el majestuoso Palacio de Capitanes Generales, que ahora es un museo. En la calle° Obispo, frecuentada por el autor Ernest Hemingway, hay hermosos cafés, clubes nocturnos y tiendas elegantes.

▶ **Ciudades principales:**
Santiago de Cuba—446.000;
Camagüey—294.000; Holguín—242.000;
Guantánamo—208.000
SOURCE: Population Division, UN Secretariat

▶ **Moneda:** peso cubano
▶ **Idiomas:** español (oficial)

Bandera de Cuba

Cubanos célebres

▶ **Carlos Finlay,** doctor y científico (1833–1915)
▶ **José Martí,** político y poeta (1853–1895)
▶ **Fidel Castro,** primer ministro, comandante en jefe° de las fuerzas armadas (1926–)
▶ **Zoé Valdés,** escritora (1959–)

fue declarada *was declared* Patrimonio *Heritage* calle *street*
comandante en jefe *commander in chief* liviano *light*
colibrí abeja *hummingbird bee* ave *bird* mundo *world*
miden *measure* pesan *weigh*

Fortaleza El Morro

Golfo de México

ESTADOS UNIDOS

Océano Atlántico

Playa en Santiago de Cuba

Cabaret Tropicana, famoso club de La Habana

La Habana

Cordillera de los Órganos

ESTADOS UNIDOS

CUBA

OCÉANO PACÍFICO

OCÉANO ATLÁNTICO

AMÉRICA DEL SUR

Isla de la Juventud

Mar Caribe

Camagüey

Vista aérea de campos de caña de azúcar

recursos

| WB pp. 69–70 | VM pp. 235–236 | I CD-ROM Lección 6 | vistahigher learning.com |

¡Increíble pero cierto!

Pequeño y liviano°, el colibrí abeja° de Cuba es una de las 320 especies de colibrí, y es también el ave° más pequeña del mundo°. Menores que muchos insectos, estas aves minúsculas miden° 5 centímetros y pesan° sólo 1,95 gramos.

Baile • **Ballet Nacional de Cuba**

La bailarina Alicia Alonso fundó el Ballet Nacional de Cuba en 1948, después de° convertirse en una estrella° internacional en el Ballet de Nueva York y en Broadway. El Ballet Nacional de Cuba es famoso en todo el mundo por su creatividad y perfección técnica.

Economía • **La caña de azúcar y el tabaco**

La caña de azúcar° es el producto agrícola más cultivado° de la isla y su exportación es muy importante para la economía del país. El tabaco, que se usa para fabricar los famosos puros° cubanos, es otro cultivo de mucha importancia.

Historia • **Los taínos**

Los taínos eran° una de las tres tribus indígenas que vivían° en la isla cuando llegaron los españoles en el siglo XV. Los taínos también vivían en Puerto Rico, la República Dominicana, Haití, Trinidad, Jamaica y en partes de las Bahamas y la Florida.

Música • **Celia Cruz**

La cantante Celia Cruz (1924-2003) es considerada la reina° de la música salsa. Su carrera empezó en Cuba en los años cincuenta. Aunque° Celia Cruz salió de Cuba en 1960, siempre cantó en español. Su forma de cantar atrae a oyentes° de todo el mundo. Ganó un *Grammy* en 1990.

Holguín

Santiago de Cuba
Guantánamo

Sierra Maestra

¿Qué aprendiste? Responde a las preguntas con una frase completa.
1. ¿Quién es el líder del gobierno de Cuba?
2. ¿Qué autor está asociado con la Habana Vieja?
3. ¿Por qué es famoso el Ballet Nacional de Cuba?
4. ¿Cuáles son los dos cultivos más importantes para la economía cubana?
5. ¿Qué fabrican los cubanos con la planta del tabaco?
6. ¿Quiénes eran (*were*) los taínos?
7. ¿Cuándo empezó Celia Cruz su carrera musical?

Conexión Internet Investiga estos temas en el sitio **www.vistahigherlearning.com**.
1. Busca información sobre un(a) cubano/a célebre. ¿Por qué es célebre? ¿Qué hace? ¿Todavía vive en Cuba?
2. Busca información sobre una de las ciudades principales de Cuba. ¿Qué atracciones hay en esta ciudad?

----

después de *after* **estrella** *star* **caña de azúcar** *sugar cane* **cultivado** *grown* **puros** *cigars* **eran** *were* **vivían** *lived*
reina *queen* **Aunque** *Although* **atrae a oyentes** *attracts listeners*

La ropa

el abrigo	coat
los bluejeans	jeans
la blusa	blouse
la bolsa	purse; bag
la bota	boot
el calcetín	sock
la camisa	shirt
la camiseta	t-shirt
la cartera	wallet
la chaqueta	jacket
el cinturón	belt
la corbata	tie
la falda	skirt
las gafas (de sol), las gafas (oscuras)	(sun)glasses
los guantes	gloves
el impermeable	raincoat
los lentes de contacto	contact lenses
los lentes (de sol)	(sun)glasses
las medias	pantyhose; stockings
los pantalones	pants
los pantalones cortos	shorts
la ropa	clothing; clothes
la ropa interior	underwear
la sandalia	sandal
el sombrero	hat
el suéter	sweater
el traje	suit
el traje (de baño)	(bathing) suit
el vestido	dress
los zapatos de tenis	tennis shoes, sneakers

Ir de compras

el almacén	department store
la caja	cash register
el centro comercial	shopping mall
el/la cliente/a	customer
el/la dependiente/a	clerk
el dinero	money
(en) efectivo	cash
el mercado (al aire libre)	(open-air) market
un par de zapatos	a pair of (shoes)
el precio (fijo)	(fixed; set) price
la rebaja	sale
el regalo	gift
la tarjeta de crédito	credit card
la tienda	shop; store
el/la vendedor(a)	salesperson
costar (o:ue)	to cost
gastar	to spend (money)
hacer juego (con)	to match (with)
llevar	to wear; to take
pagar	to pay
regatear	to bargain
usar	to wear; to use
vender	to sell

Adjetivos

barato/a	cheap
bueno/a	good
cada	each
caro/a	expensive
corto/a	short (in length)
elegante	elegant
hermoso/a	beautiful
largo/a	long (in length)
loco/a	crazy
nuevo/a	new
otro/a	other; another
pobre	poor
rico/a	rich

Los colores

el color	color
amarillo/a	yellow
anaranjado/a	orange
azul	blue
blanco/a	white
gris	gray
marrón, café	brown
morado/a	purple
negro/a	black
rojo/a	red
rosado/a	pink
verde	green

Palabras adicionales

acabar de (+ inf.)	to have just done something
anoche	last night
anteayer	the day before yesterday
ayer	yesterday
de repente	suddenly
desde	from
dos veces	twice; two times
hasta	until
pasado/a (adj.)	last; past
el año pasado	last year
la semana pasada	last week
prestar	to lend; to loan
una vez	once; one time
ya	already

Numbers 101 and higher	See page 160.
Indirect object pronouns	See page 162.
Dar expressions	See page 163.
Demonstrative adjectives and pronouns	See page 170.
Expresiones útiles	See page 157.

La rutina diaria

7

A PRIMERA VISTA
- ¿Está ella en casa o en una tienda?
- ¿Es la blusa que lleva de rayas o lunares?
- ¿Está contenta o enojada?
- ¿De qué color son los ojos de ella? ¿Y el pelo?

La rutina diaria

Más vocabulario

el baño, el cuarto de baño	bathroom
el inodoro	toilet
el jabón	soap
el despertador	alarm clock
el maquillaje	makeup
la rutina diaria	daily routine
bañarse	to bathe; to take a bath
cepillarse el pelo	to brush one's hair
dormirse (o:ue)	to go to sleep; to fall asleep
lavarse la cara	to wash one's face
levantarse	to get up
maquillarse	to put on makeup
antes (de)	before
después	afterwards; then
después (de)	after
durante	during
entonces	then
luego	then
más tarde	later
por la mañana	in the morning
por la noche	at night
por la tarde	in the afternoon; in the evening
por último	finally

Variación léxica

afeitarse	⟷	rasurarse (Méx., Amér. C.)
ducha	⟷	regadera (Col., Méx., Venez.)
ducharse	⟷	bañarse (Amér. L.)
pantuflas	⟷	chancletas (Méx., Col.); zapatillas (Esp.)

En la habitación por la mañana

Por la mañana

Se peina.
(peinarse)

Se acuesta.
(acostarse)

En la habitación por la noche

Se lava las manos.
(lavarse las manos)

Se cepilla los dientes.
(cepillarse los dientes)

la toalla

la pasta
de dientes

las pantuflas

Por la noche

Práctica

1 **Escuchar** 🎧 Escucha las frases e indica si cada frase es **cierta** o **falsa**, según el dibujo.

1. _____
2. _____
3. _____
4. _____
5. _____

6. _____
7. _____
8. _____
9. _____
10. _____

2 **Seleccionar** Selecciona las palabras que no están relacionadas con su grupo.

1. lavabo • toalla • despertador • jabón
2. manos • antes de • después de • por último
3. acostarse • jabón • despertarse • dormirse
4. espejo • lavabo • despertador • entonces
5. dormirse • toalla • vestirse • levantarse
6. pelo • cara • manos • inodoro
7. espejo • champú • jabón • pasta de dientes
8. maquillarse • vestirse • peinarse • dientes
9. baño • dormirse • despertador • acostarse
10. ducharse • crema de afeitar • bañarse

3 **Identificar** Con un(a) compañero/a, identifica las cosas que cada persona necesita. Sigue el modelo.

> **modelo**
> Jorge / lavarse la cara
> **Estudiante 1:** ¿Qué necesita Jorge para lavarse la cara?
> **Estudiante 2:** Necesita jabón y una toalla.

1. Mariana / maquillarse
2. Gerardo / despertarse
3. Celia / bañarse
4. Gabriel / ducharse
5. Roberto / afeitarse
6. Sonia / lavarse el pelo
7. Vanesa / lavarse las manos
8. Manuel / vestirse
9. Simón / acostarse
10. Daniela / lavarse la cara

4   **Ordenar** Pon (*Put*) esta historia (*story*) en orden.

    a. Se afeita después de cepillarse los dientes. _____

    b. Se acuesta a las once y media de la noche. _____

    c. Por último, se duerme. _____

    d. Después de afeitarse, sale para las clases. _____

    e. Asiste a todas sus clases y vuelve a su casa. _____

    f. Andrés se despierta a las seis y media de la mañana. _____

    g. Después de volver a casa, come un poco. Luego estudia en su habitación. _____

    h. Se viste y entonces se cepilla los dientes. _____

    i. Se cepilla los dientes antes de acostarse. _____

    j. Se ducha antes de vestirse. _____

5   **La rutina diaria** Con un(a) compañero/a, mira los dibujos y describe lo que hacen Ángel y Lupe.

1.

2.

3.

4.

5.

6.

7.

8.

NOTA CULTURAL

En España, por lo general, **las duchas** en las casas son desmontables (*detachable*) como en el dibujo. Algunas (*some*) duchas en los hoteles son así también.

Comunicación

6 **La farmacia** Lee el anuncio (*ad*) y responde a las preguntas con un(a) compañero/a.

LA FARMACIA NUEVO SOL tiene todo
lo que necesitas para la vida diaria.

Esta semana tenemos grandes rebajas.

Por poco dinero puedes comprar lo que necesitas para el cuarto de baño ideal.

Para los hombres ofrecemos...
Buenas cremas de afeitar de Guapo y Máximo

Para las mujeres ofrecemos...
Nuevos maquillajes de Marisol y jabones de baño Ilusiones y Belleza

Y para todos tenemos los mejores jabones, pastas de dientes y cepillos de dientes.

¡Visita **LA FARMACIA NUEVO SOL!**
Te ofrecemos los mejores precios. Tenemos una tienda cerca de tu casa.

1. ¿Qué tipo de tienda es?
2. ¿Qué productos ofrecen para las mujeres?
3. ¿Qué productos ofrecen para los hombres?
4. Haz (*make*) una lista de los verbos que asocias con los productos del anuncio.
5. ¿Dónde compras tus productos de higiene?
6. ¿Tienes una tienda favorita? ¿Cuál es?

7 **Rutinas diarias** Trabajen en parejas (*pairs*) para describir la rutina diaria de dos o tres de estas personas. Pueden usar palabras de la lista.

antes (de)	entonces	primero
después (de)	luego	tarde
durante el día	por último	temprano

1. un(a) profesor(a) de la universidad
2. un(a) turista
3. un hombre o una mujer de negocios (*businessman/woman*)
4. un vigilante (*night watchman*)
5. un(a) jubilado/a (*retired person*)
6. el presidente de los Estados Unidos
7. un niño de cuatro años
8. la reina (*queen*) Sofía de España

¡Jamás me levanto temprano!

Álex y Javier hablan de sus rutinas diarias.

JAVIER Hola, Álex. ¿Qué estás haciendo?

ÁLEX Nada... sólo estoy leyendo mi correo electrónico. ¿Adónde fueron?

JAVIER Inés y yo fuimos a un mercado. Fue muy divertido. Mira, compré este suéter. Me encanta. No fue barato pero es chévere, ¿no?

ÁLEX Sí, es ideal para las montañas.

JAVIER ¡Qué interesantes son los mercados al aire libre! Me gustaría volver pero ya es tarde. Oye, Álex, sabes que mañana tenemos que levantarnos temprano.

ÁLEX Ningún problema.

JAVIER ¡Increíble! ¡Álex, el superhombre!

ÁLEX Oye, Javier, ¿por qué no puedes levantarte temprano?

JAVIER Es que por la noche no quiero dormir, sino dibujar y escuchar música. Por eso es difícil despertarme por la mañana.

JAVIER El autobús no sale hasta las ocho y media. ¿Vas a levantarte mañana a las seis también?

ÁLEX No, pero tengo que levantarme a las siete menos cuarto porque voy a correr.

JAVIER Ah, ya... ¿Puedes despertarme después de correr?

ÁLEX Éste es el plan para mañana. Me levanto a las siete menos cuarto y corro por treinta minutos. Vuelvo, me ducho, me visto y a las siete y media te despierto. ¿De acuerdo?

JAVIER ¡Absolutamente ninguna objeción!

JAVIER ¿Seguro? Pues yo jamás me levanto temprano. Nunca oigo el despertador cuando estoy en casa y mi mamá se enoja mucho.

ÁLEX Tranquilo, Javier. Yo tengo una solución.

ÁLEX Cuando estoy en casa en la Ciudad de México, siempre me despierto a las seis en punto. Me ducho en cinco minutos y luego me cepillo los dientes. Después me afeito, me visto y ¡listo! ¡Me voy!

DON FRANCISCO Hola, chicos. Mañana salimos temprano, a las ocho y media... ni un minuto antes ni un minuto después.

ÁLEX No se preocupe, don Francisco. Todo está bajo control.

DON FRANCISCO Bueno, pues, hasta mañana.

DON FRANCISCO ¡Ay, los estudiantes! Siempre se acuestan tarde. ¡Qué vida!

Enfoque cultural El horario de la vida diaria

En algunos países hispanos, el horario de la vida diaria es muy diferente al de EE.UU. En estos países, muchas personas trabajan de las ocho de la mañana a las dos de la tarde. A las dos salen del trabajo para ir a almorzar. Vuelven a las cuatro y salen a las seis de la tarde. Muchos utilizan esas dos horas para almorzar en casa con sus familias y, a veces (*sometimes*), dormir una siesta. También, frecuentemente la gente cena más tarde que en los EE.UU.

Expresiones útiles

Telling where you went

▶ **¿Adónde fuiste/fue usted?**
Where did you go?

▷ **Fui a un mercado.**
I went to a market.

▶ **¿Adónde fueron ustedes?**
Where did you go?

▷ **Fuimos a un mercado.**
Fue muy divertido.
We went to a market.
It was a lot of fun.

Talking about morning routines

▶ **(Jamás) me levanto temprano/tarde.**
I (never) get up early/late.

▶ **Nunca oigo el despertador.**
I never hear the alarm clock.

▶ **Es difícil/fácil despertarme.**
It's hard/easy to wake up.

▶ **Cuando estoy en casa, siempre me despierto a las seis en punto.**
When I'm home, I always wake up at six on the dot.

▶ **Me ducho y luego me cepillo los dientes.**
I take a shower and then I brush my teeth.

▶ **Después me afeito y me visto.**
Afterwards, I shave and get dressed.

Reassuring someone

▶ **Ningún problema.**
No problem.

▶ **No te preocupes.** *(fam.)*/
No se preocupe. *(form.)*
Don't worry.

▶ **Todo está bajo control.**
Everything is under control.

▶ **Tranquilo.**
Don't worry.; Be cool.

Additional vocabulary

▶ **sino**
but (rather)

Reacciona a la fotonovela

1 **¿Cierto o falso?** Indica si las siguientes oraciones (*sentences*) son **ciertas** o **falsas**. Corrige (*Correct*) las frases falsas.

1. Álex está mirando la televisión.

2. El suéter que Javier acaba de comprar es caro pero es muy bonito.

3. Javier cree que el mercado es aburrido y no quiere volver.

4. El autobús va a salir mañana a las siete y media en punto.

5. A Javier le gusta mucho dibujar y escuchar música por la noche.

¡LENGUA VIVA!

Remember that **en punto** means *on the dot*. If the group were instead leaving at *around seven thirty*, you would say **a eso de las siete y media**.

2 **Identificar** Identifica quién puede decir las siguientes frases. Puedes usar cada nombre más de una vez.

1. ¡Ay, los estudiantes nunca se acuestan temprano! _____

2. ¿El despertador? ¡Jamás lo oigo por la mañana! _____

3. Es fácil despertarme temprano. Y sólo necesito cinco minutos para ducharme. _____

4. Mañana vamos a salir a las ocho y media. _____

5. Acabo de ir a un mercado fabuloso. _____

6. No se preocupe. Tenemos todo bajo control para mañana. _____

DON FRANCISCO

JAVIER

ÁLEX

3 **Ordenar** Ordena correctamente los planes que tiene Álex.

a. Me visto. _____

b. Corro por media hora. _____

c. Despierto a Javier a las siete y media. _____

d. Vuelvo a la habitación. _____

e. Me levanto a las siete menos cuarto. _____

f. Me ducho. _____

4 **Mi rutina** En parejas (*pairs*), hablen de sus rutinas de la mañana y de la noche. Indiquen a qué horas hacen las actividades más importantes.

CONSÚLTALO

To review telling time in Spanish, see **Estructura 1.4**, pp. 22–23.

> **modelo**
>
> **Estudiante 1:** ¿Prefieres levantarte temprano o tarde?
> **Estudiante 2:** Prefiero levantarme tarde... muy tarde.
>
> **Estudiante 1:** ¿A qué hora te levantas durante la semana?
> **Estudiante 2:** A las once. ¿Y tú?

Pronunciación

The consonant **r**

ropa	**rutina**	**rico**	**Ramón**

In Spanish, **r** has a strong trilled sound at the beginning of a word. No English words have a trill, but English speakers often produce a trill when they imitate the sound of a motor.

gustar	**durante**	**primero**	**crema**

In any other position, **r** has a weak sound similar to the English *tt* in *better* or the English *dd* in *ladder*. In contrast to English, the tongue touches the roof of the mouth behind the teeth.

pizarra	**corro**	**marrón**	**aburrido**

The letter combination **rr,** which only appears between vowels, always has a strong trilled sound.

caro	**carro**	**pero**	**perro**

Between vowels, the difference between the strong trilled **rr** and the weak **r** is very important, as a mispronunciation could lead to confusion between two different words.

Práctica Lee las palabras en voz alta, prestando (*paying*) atención a la pronunciación de la **r** y la **rr.**

1. Perú
2. Rosa
3. borrador
4. madre
5. comprar
6. favor
7. rubio
8. reloj
9. Arequipa
10. tarde
11. cerrar
12. despertador

Oraciones Lee las oraciones en voz alta, prestando atención a la pronunciación de la **r** y la **rr.**

1. Ramón Robles Ruiz es programador. Su esposa Rosaura es artista.
2. A Rosaura Robles le encanta regatear en el mercado.
3. Ramón nunca regatea… le aburre regatear.
4. Rosaura siempre compra cosas baratas.
5. Ramón no es rico pero prefiere comprar cosas muy caras.
6. ¡El martes Ramón compró un carro nuevo!

Refranes Lee en voz alta los refranes, prestando atención a la **r** y a la **rr.**

Perro que ladra no muerde.[1]

No se ganó Zamora en una hora.[2]

1 *A dog's bark is worse than its bite.*
2 *Rome wasn't built in a day.*

recursos			
TEXT CD Lección 7	**LM** p. 38	**Lab CD/MP3** Lección 7	**I CD-ROM** Lección 7

7.1 Reflexive verbs

recursos

WB
pp. 75–82

LM
pp. 39–42

Lab CD/MP3
Lección 7

I CD-ROM
Lección 7

vistahigher
learning.com

ANTE TODO   A reflexive verb is used to indicate that the subject does something to or for himself or herself. In other words, it "reflects" the action of the verb back to the subject. Reflexive verbs always use reflexive pronouns.

SUBJECT   REFLEXIVE VERB

Joaquín   **se ducha** por la mañana.

Reflexive verbs

lavarse *(to wash oneself)*

SINGULAR FORMS	yo	**me lavo**	*I wash (myself)*
	tú	**te lavas**	*you wash (yourself)*
	Ud.	**se lava**	*you wash (yourself)*
	él / ella	**se lava**	*he/she washes (himself/herself)*
PLURAL FORMS	nosotros/as	**nos lavamos**	*we wash (ourselves)*
	vosotros/as	**os laváis**	*you wash (yourselves)*
	Uds.	**se lavan**	*you wash (yourselves)*
	ellos/ellas	**se lavan**	*they wash (themselves)*

▶ The pronoun **se** attached to an infinitive identifies the verb as reflexive: **lavarse.**

▶ When a reflexive verb is conjugated, the reflexive pronoun agrees with the subject.

     Me afeito.   **Te despiertas** a las siete.

¡ATENCIÓN!

Except for **se**, reflexive pronouns have the same forms as direct and indirect object pronouns.

• • •

Se is used for both singular and plural subjects —there is no individual plural form:
Pablo **se** lava.
Ellos **se** lavan.

Me ducho, me cepillo los dientes, me visto y ¡listo!

¡Ay, los estudiantes! Siempre se acuestan tarde.

▶ Like object pronouns, reflexive pronouns generally appear before a conjugated verb. With infinitives and present participles, they may be placed before the conjugated verb or attached to the infinitive or present participle.

Ellos **se** van a vestir.	**Nos** estamos lavando las manos.
Ellos van a vestir**se.**	Estamos lavándo**nos** las manos.
They are going to get dressed.	*We are washing our hands.*

¡ATENCIÓN!

When a reflexive pronoun is attached to a present participle, an accent mark is added to maintain the original stress:

bañando → bañándo**se**
afeitando → afeitándo**se**

Common reflexive verbs

acordarse (de) (o:ue)	to remember	**llamarse**	to be called; to be named
acostarse (o:ue)	to go to bed		
afeitarse	to shave	**maquillarse**	to put on makeup
bañarse	to bathe; to take a bath	**peinarse**	to comb one's hair
cepillarse	to brush	**ponerse**	to put on
despedirse (de) (e:i)	to say goodbye (to)	**ponerse (+ adj.)**	to become (+ adj.)
despertarse (e:ie)	to wake up	**preocuparse (por)**	to worry (about)
dormirse (o:ue)	to go to sleep; to fall asleep	**probarse** (o:ue)	to try on
		quedarse	to stay; to remain
ducharse	to shower; to take a shower	**quitarse**	to take off
		secarse	to dry (oneself)
enojarse (con)	to get angry (with)	**sentarse** (e:ie)	to sit down
irse	to go away; to leave	**sentirse** (e:ie)	to feel
lavarse	to wash (oneself)	**vestirse** (e:i)	to get dressed
levantarse	to get up		

AYUDA

You have already learned several adjectives that can be used with **ponerse** when it means *to become*:

alegre, cómodo/a, contento/a, elegante, guapo/a, nervioso/a, rojo/a, and **triste.**

¡ATENCIÓN!

Because you learned how to form the preterite of non-reflexive regular verbs in **Estructura 6.3,** you also know how to form the preterite of the common reflexive verbs in the list, with the exception of the stem-changing –**ir** verbs, **irse** and **ponerse.** You will learn more preterite forms such as those of the verb **ir** (**Estructura 7.3**), stem-changing –**ir** verbs (**Estructura 8.1**) and **poner** (**Estructura 9.1**).

¡ATENCIÓN!

Parts of the body or clothing are generally not referred to with possessives, but with the definite article.

La niña se quitó **los** zapatos.

Necesito cepillarme **los** dientes.

COMPARE & CONTRAST

Unlike English, a number of verbs in Spanish can be reflexive or non-reflexive. If the verb acts upon the subject, the reflexive form is used. If the verb acts upon something other than the subject, the non-reflexive form is used. Compare these sentences.

Lola **lava** los platos.

Lola **se lava** la cara.

As the preceding sentences show, reflexive verbs sometimes have different meanings than their non-reflexive counterparts. For example, **lavar** means *to wash,* while **lavarse** means *to wash oneself, to wash up.*

¡INTÉNTALO! Indica el presente de los verbos reflexivos que siguen. El primero de cada columna ya está conjugado.

despertarse

1. Mis hermanos _se despiertan_ tarde.
2. Tú _____ tarde.
3. Nosotros _____ tarde.
4. Benito _____ tarde.
5. Yo _____ tarde.
6. Ustedes _____ tarde.
7. Ella _____ tarde.
8. Adriana y yo _____ tarde.
9. Ellos _____ tarde.

ponerse

1. Él _se pone_ una chaqueta.
2. Yo _____ una chaqueta.
3. Usted _____ una chaqueta.
4. Nosotras _____ una chaqueta.
5. Las niñas _____ una chaqueta.
6. Tú _____ una chaqueta.
7. El botones _____ una chaqueta.
8. Beatriz y Gil _____ una chaqueta.
9. Ustedes _____ una chaqueta.

Práctica

1   **Nuestra rutina** La familia de Blanca sigue la misma rutina todos los días. Según (*According to*) Blanca, ¿qué hacen ellos?

> **modelo**
>
> mamá / despertarse a las 5:00
> *Mamá se despierta a las cinco.*

1. Roberto y yo / levantarse a las 7:00
2. papá / ducharse primero y / luego afeitarse
3. yo / lavarse la cara y / vestirse antes de tomar café
4. mamá / peinarse y / luego maquillarse
5. todos / sentarse a la mesa para comer
6. Roberto / cepillarse los dientes después de comer
7. yo / ponerse el abrigo antes de salir
8. nosotros / despedirse de mamá

NOTA CULTURAL

Como en los EE.UU., **tomar café** en el desayuno es muy común en los países hispanos.

En muchas familias, los niños toman café con leche (*coffee with milk*) en el desayuno antes de ir a la escuela.

El café en los países hispanos generalmente es más fuerte que en los EE.UU., y el descafeinado (*decaffeinated*) no es muy popular.

2   **La fiesta elegante** Selecciona el verbo apropiado y completa las frases con la forma correcta.

1. Tú _____ (lavar / lavarse) el auto antes de ir a la fiesta.
2. Nosotros no _____ (acordar / acordarse) de comprar regalos.
3. Para llegar a tiempo, Raúl y Marta _____ (acostar / acostarse) a los niños antes de irse.
4. Yo _____ (sentir / sentirse) bien hoy.
5. Mis amigos siempre _____ (vestir / vestirse) con ropa muy cara.
6. ¿_____ (probar / probarse) ustedes la ropa antes de comprarla?
7. Usted _____ (prcocupar / preocuparse) mucho por sus amigos, ¿no?
8. En general, _____ (afeitar / afeitarse) yo mismo, pero hoy el barbero (*barber*) me _____ (afeitar / afeitarse).

¡LENGUA VIVA!

In Spain a car is called a **coche** while in many parts of Latin America it is known as a **carro**. Although you'll be understood using any of these terms, using **auto (automóvil)** will surely get you where you want to go.

3   **Describir** Mira los dibujos y describe lo que estas personas hacen.

1. El joven

2. Carmen

3. Juan

4. Ellos

5. Estrella

6. Toni

Comunicación

4

Preguntas personales En parejas, túrnense (*take turns*) para hacerse estas preguntas.

1. ¿A qué hora te levantas durante la semana?
2. ¿A qué hora te levantas los fines de semana?
3. ¿Prefieres levantarte tarde o temprano? ¿Por qué?
4. ¿Te enojas frecuentemente con tus amigos?
5. ¿Te preocupas fácilmente? ¿Qué te preocupa?
6. ¿Qué cosas te ponen contento/a?
7. ¿Qué haces cuando te sientes triste?
8. ¿Y cuando te sientes alegre?
9. ¿Te acuestas tarde o temprano durante la semana?
10. ¿A qué hora te acuestas los fines de semana?

5

Charadas En grupos, jueguen a las charadas. Cada (*Each*) persona debe pensar en dos frases con verbos reflexivos. La primera persona que adivina (*guesses*) la charada dramatiza la próxima (*next*).

6

Debate En grupos, discutan (*discuss*) este tema (*topic*): ¿Quiénes necesitan más tiempo para arreglarse (*to get ready*) antes de salir, los hombres o las mujeres? Hagan una lista de las razones (*reasons*) que tienen para defender sus ideas e informen a la clase.

Síntesis

7

La familia ocupada Tú y tu compañero/a asisten a un programa de verano en Lima, Perú. Viven con la familia Ramos. Tu profesor(a) te va a dar la rutina incompleta que la familia sigue en las mañanas. Trabaja con tu compañero/a para completarla.

> **modelo**
>
> **Estudiante 1:** ¿Qué hace el señor Ramos a las seis y cuarto?
> **Estudiante 2:** El señor Ramos se levanta.

7.2 Indefinite and negative words

ANTE TODO Indefinite words refer to people and things that are not specific, for example, *someone* or *something*. Negative words deny the existence of people and things or contradict statements, for instance, *no one* or *nothing*. As the following chart shows, Spanish indefinite words have corresponding negative words, which are opposite in meaning.

Indefinite and negative words

Indefinite words		Negative words	
algo	*something; anything*	**nada**	*nothing; not anything*
alguien	*someone; somebody; anyone*	**nadie**	*no one; nobody; not anyone*
alguno/a(s), algún	*some; any*	**ninguno/a, ningún**	*no; none; not any*
o... o	*either... or*	**ni... ni**	*neither... nor*
siempre	*always*	**nunca, jamás**	*never, not ever*
también	*also; too*	**tampoco**	*neither; not either*

▶ There are two ways to form negative sentences in Spanish: 1) You can place the negative word before the verb, or 2) you can place **no** before the verb and the negative word after the verb.

Nadie se levanta temprano.
No one gets up early.

No se levanta nadie temprano.
No one gets up early.

Ellos **nunca se enojan**.
They never get angry.

Ellos **no se enojan nunca**.
They never get angry.

Yo siempre me despierto a las seis en punto. ¿Y tú?

Pues yo jamás me levanto temprano. Nunca oigo el despertador.

▶ Because they refer to people, **alguien** and **nadie** are often used with the personal **a**. The personal **a** is also used before the pronouns **alguno/a, algunos/as,** and **ninguno/a** when these words refer to people and they are the direct object of the verb.

—Perdón, señor, ¿busca usted **a alguien**?
—No, gracias, señorita, no busco **a nadie**.

—Tomás, ¿buscas **a alguno** de tus hermanos?
—No, mamá, no busco **a ninguno**.

COMPARE & CONTRAST

In English, it is incorrect to use more than one negative word in a sentence. In Spanish, however, sentences frequently contain two or more negative words. Compare the following Spanish and English sentences.

Nunca le escribo a **nadie**.
I never write to anyone.

No me preocupo por **nada nunca**.
I do not ever worry about anything.

As the preceding sentences show, once an English sentence contains one negative word (for example, *not* or *never*), no other negative word may be used. Instead, indefinite (or affirmative) words are used. In Spanish, however, once a sentence is negative, no other affirmative (that is, indefinite) word may be used. Instead, all indefinite ideas must be expressed in the negative.

▶ Although in Spanish **pero** and **sino** both mean *but*, they are not interchangeable. **Sino** is used when the first part of a sentence is negative and the second part contradicts it. In this context, **sino** means *but rather* or *on the contrary*. In all other cases, **pero** is used to mean *but*.

Los estudiantes no se acuestan
   temprano **sino** tarde.
*The students don't go to bed
   early, but rather late.*

Las toallas son caras,
   pero bonitas.
*The towels are expensive,
   but beautiful.*

María no habla francés
   sino español.
*María doesn't speak French,
   but rather Spanish.*

José es inteligente, **pero**
   no saca buenas notas.
*José is intelligent but
   doesn't get good grades.*

¡INTÉNTALO! Cambia las siguientes frases para que sean negativas. La primera frase se da *(is given)* como ejemplo.

1. Siempre se viste bien.
   ___Nunca___ se viste bien.
   ___No___ se viste bien ___nunca___.
2. Alguien se ducha.
   ___Nadie___ se ducha.
   ___No___ se ducha ___nadie___.
3. Ellas van también.
   Ellas ___tampoco___ van.
   Ellas ___no___ van ___tampoco___.
4. Alguien se pone nervioso.
   ___Nadie___ se pone nervioso.
   ___No___ se pone nervioso ___nadie___.
5. Tú siempre te lavas las manos.
   Tú ___nunca___ te lavas las manos.
   Tú ___no___ te lavas las manos ___nunca___.
6. Voy a traer algo.
   ___No___ voy a traer ___nada___.

7. Juan se afeita también.
   Juan _____ se afeita.
   Juan _____ se afeita _____.
8. Mis amigos viven en una residencia o en casa.
   Mis amigos _____ viven _____ en una residencia _____ en casa.
9. La profesora hace algo en su escritorio.
   La profesora _____ hace _____ en su escritorio.
10. Tú y yo vamos al mercado.
    ___ni___ tú ___ni___ yo vamos al mercado.
11. Tienen un espejo en su casa.
    _____ tienen _____ espejo en su casa.
12. Algunos niños se ponen el abrigo.
    _____ niño se pone el abrigo.

Práctica

1

¿Pero o sino? Forma frases sobre los estudiantes usando **pero** o **sino**.

> **modelo**
>
> Muchos estudiantes viven en residencias estudiantiles / muchos de ellos quieren vivir fuera del campus.
>
> *Muchos estudiantes viven en residencias estudiantiles, pero muchos de ellos quieren vivir fuera del campus.*

1. Marcos nunca se despierta temprano / siempre llega puntual a clase.
2. Lisa y Katarina no se acuestan temprano / muy tarde.
3. Alfonso es inteligente / algunas veces es antipático.
4. Los directores de la residencia no son ecuatorianos / peruanos.
5. No nos acordamos de comprar champú / compramos jabón.
6. Emilia no es estudiante / profesora.
7. No quiero levantarme / tengo que ir a clase.
8. Miguel no se afeita por la mañana / por la noche.

2

Completar Completa esta conversación. Usa expresiones negativas en tus respuestas. Luego, dramatiza la conversación con un(a) compañero/a.

AURELIO Ana María, ¿encontraste algún regalo para Eliana?
ANA MARÍA (1)_____
AURELIO ¿Viste a algunas amigas en el centro comercial?
ANA MARÍA (2)_____
AURELIO ¿Me llamó alguien?
ANA MARÍA (3)_____
AURELIO ¿Quieres ir al teatro o al cine esta noche?
ANA MARÍA (4)_____
AURELIO ¿No quieres salir a comer?
ANA MARÍA (5)_____
AURELIO ¿Hay algo interesante en la televisión esta noche?
ANA MARÍA (6)_____
AURELIO ¿Tienes algún problema?
ANA MARÍA (7)_____

Comunicación

3 **Opiniones** Completa estas frases de una manera lógica. Luego, compara tus respuestas con las de un(a) compañero/a.

1. Mi habitación es _____ pero _____.
2. Mis padres no son _____ sino _____.
3. Mi compañero/a es _____ pero _____.
4. Por la noche me gusta _____ pero _____.
5. Un(a) profesor(a) ideal no es _____ sino _____.
6. Mis amigos son _____ pero _____.

4 **Quejas** (*Complaints*) En parejas hagan (*make*) una lista de cinco quejas comunes (*common*) que tienen los estudiantes. Usen expresiones negativas.

> **modelo**
> Nadie me entiende.

Ahora hagan (*make*) una lista de cinco quejas que los padres tienen de sus hijos.

> **modelo**
> Nunca limpian sus habitaciones.

5 **Anuncio** (*Ad*) En parejas, lean el anuncio y respondan a las preguntas.

1. ¿Es el anuncio positivo o negativo? ¿Por qué?

2. ¿Cuáles son las palabras indefinidas en el anuncio?

3. Escriban el texto del anuncio cambiando todo por expresiones negativas.

4. Ahora preparen su propio (*own*) anuncio usando expresiones afirmativas y negativas para compartir con la clase.

¿Buscas algún producto especial?

¡Siempre hay algo para todos en las tiendas García!

Síntesis

6   **Encuesta** Tu profesor(a) te va a dar una hoja de actividades para hacer una encuesta. Circula por la clase y pídeles a tus compañeros que comparen las actividades que hacen durante la semana con las que hacen durante los fines de semana. Escribe las respuestas.

7.3 Preterite of **ser** and **ir**

ANTE TODO   In **Lección 6**, you learned how to form the preterite tense of regular **–ar**, **–er**, and **–ir** verbs. The following chart contains the preterite forms of **ser** (*to be*) and **ir** (*to go*). Since these forms are irregular, you will need to memorize them.

Preterite of *ser* and *ir*

		ser	ir
SINGULAR FORMS	yo	**fui**	**fui**
	tú	**fuiste**	**fuiste**
	Ud./él/ella	**fue**	**fue**
PLURAL FORMS	nosotros/as	**fuimos**	**fuimos**
	vosotros/as	**fuisteis**	**fuisteis**
	Uds./ellos/ellas	**fueron**	**fueron**

¡ATENCIÓN!

Note that, whereas regular **–er** and **–ir** verbs have accent marks in the **yo** and **Ud.** forms of the preterite, **ser** and **ir** do not.

▶ Since the preterite forms of **ser** and **ir** are identical, context clarifies which of the two verbs is being used.

Él **fue** a comprar champú y jabón.
He went to buy shampoo and soap.

—¿Cómo **fue** la película anoche?
How was the movie last night?

¿Adónde fueron ustedes?

Inés y yo fuimos a un mercado. Fue muy divertido.

¡INTÉNTALO!   Completa las siguientes frases usando el pretérito de **ser** e **ir**. La primera frase de cada columna se da (*is given*) como ejemplo.

ir	ser
1. Los viajeros ___fueron___ a Perú.	1. Usted ___fue___ muy amable.
2. Patricia _____ a Cuzco.	2. Yo _____ muy cordial.
3. Tú _____ a Iquitos.	3. Ellos _____ muy simpáticos.
4. Gregorio y yo _____ a Lima.	4. Nosotros _____ muy desagradables.
5. Yo _____ a Trujillo.	5. Ella _____ muy antipática.
6. Ustedes _____ a Arequipa.	6. Tú _____ muy chistoso.
7. Mi padre _____ a Lima.	7. Ustedes _____ muy cordiales.
8. Nosotras _____ a Cuzco.	8. La gente _____ muy agradable.
9. Él _____ a Machu Picchu.	9. Tomás y yo _____ muy corteses.
10. Usted _____ a Nazca.	10. Los profesores _____ muy buenos.

Práctica

1 **Completar** Completa estas conversaciones con la forma correcta del pretérito de **ser** o **ir**. Indica el infinitivo de cada forma verbal.

Conversación 1

RAÚL   ¿Adónde (1) _fuiste_ ustedes de vacaciones? _ir_

▶ PILAR   (2) _fuimos_ al Perú. _ir_

RAÚL   ¿Cómo (3) _fue_ el viaje? _ser_

PILAR   ¡(4) _fue_ estupendo! Machu Picchu y la Plaza de Armas son increíbles. _ser_

RAÚL   ¿(5) _fue_ caro el viaje? _ser_

PILAR   No, el precio (6) _fue_ muy bajo, sólo costó tres mil dólares. _ser_

Conversación 2

ISABEL   Tina y Vicente (7) _fueron_ novios, ¿no? _ser_

LUCÍA   Sí, pero ahora no. Anoche Tina (8) _fue_ a comer con Gregorio _ir_
          y la semana pasada ellos (9) _fueron_ al partido de fútbol. _ir_

ISABEL   ¿Ah sí? Javier y yo (10) _fuimos_ al partido y no los vimos. _ir_

NOTA CULTURAL

La **Plaza de Armas** en Lima, Perú, es la plaza más famosa de la ciudad.

Es un sitio turístico muy popular. En la plaza está el palacio municipal. También hay jardines de rosas (*rose gardens*), una fuente (*fountain*), y una catedral.

2 **Descripciones** Forma frases con los siguientes elementos. Usa el pretérito.

A	B	C	D
yo	(no) ir	a un restaurante	ayer
tú	(no) ser	en autobús	anoche
mi compañero/a		estudiante	anteayer
nosotros		muy simpático	la semana pasada
mis amigos/as		a la playa	el año pasado
ustedes		dependiente/a en una tienda	
		en avión	

Comunicación

3 **Preguntas** En parejas, túrnense (*take turns*) para hacerse estas preguntas.

1. ¿Adónde fuiste de vacaciones este año? ¿Con quién fuiste?
2. ¿Cómo fueron tus vacaciones?
3. ¿Fuiste de compras esta semana? ¿Adónde? ¿Qué compraste?
4. ¿Fuiste al cine la semana pasada? ¿Fueron tus amigos también?
5. ¿Qué película viste? ¿Cómo fue?
6. ¿Fuiste a la cafetería hoy? ¿A qué hora?
7. ¿Adónde fuiste durante el fin de semana? ¿Por qué?
8. ¿Quién fue tu profesor(a) favorito/a el semestre pasado? ¿Por qué?

4 **El viaje** En parejas, escriban un diálogo de un(a) viajero/a hablando con el/la agente de viajes sobre un viaje que tomó recientemente. Tienen cinco minutos para escribirlo. La pareja con más usos del pretérito de **ser** e **ir** y con menos errores gana.

modelo

Agente: ¿Cómo fue el viaje?

Viajero: El viaje fue maravilloso/horrible...

7.4 Gustar and verbs like gustar

ANTE TODO   In **Lección 2**, you learned that the expressions **me gusta(n)** and
te gusta(n) express the English concepts of *I like* and *you like*.
You will now learn more about the verb **gustar** and other similar verbs. Observe the
following examples.

Me gusta ese champú.

> ENGLISH EQUIVALENT
> *I like that shampoo.*
> LITERAL MEANING
> *That shampoo is pleasing to me.*

¿**Te gustaron** las clases?

> ENGLISH EQUIVALENT
> *Did you like the classes?*
> LITERAL MEANING
> *Were the classes pleasing to you?*

▶ As the examples show, the construction **me gusta(n)** does not have a direct equivalent
in English. The literal meaning of this construction is *to be pleasing to (someone)*, and
it requires the use of an indirect object pronoun.

INDIRECT OBJECT PRONOUN		SUBJECT	SUBJECT		DIRECT OBJECT
Me	**gusta**	ese champú.	*I*	*like*	*that shampoo.*

▶ In the diagram above, observe how in the Spanish sentence the object being liked **(ese
champú)** is really the subject of the sentence. The person who likes the object, in turn, is
an indirect object because it answers the question: *To whom is the shampoo pleasing?*

¿No te gustan las computadoras?

Me gustan mucho los parques.

▶ The forms most commonly used with **gustar** and similar verbs are the third person
(singular and plural). When the object or person being liked is singular, the singular form
(gusta) is used. When two or more objects or persons are being liked, the plural form
(gustan) is used. Observe this diagram:

		SINGULAR
me, te, le, nos, os, les	gusta gustó	la película el concierto
		PLURAL
	gustan gustaron	las vacaciones los museos de Lima

▶ To express what someone likes or does not like to do, **gustar** is followed by an infinitive.
The singular form of **gustar** is used even if there is more than one infinitive.

No **nos gusta comer** a las nueve.
We don't like to eat at nine o'clock.

Les gusta cantar y **bailar** en las fiestas.
They like to sing and dance at parties.

▶ The construction **a** + [*pronoun*] (**a mí, a ti, a Ud., a él,** etc.) is used to clarify or to emphasize who is pleased.

A ella le gustan las toallas verdes, pero **a él** no le gustan.
She likes green towels, but he doesn't like them.

A ti te gusta cenar en casa, pero **a mí** no me gusta.
You like to eat dinner at home, but I don't like to.

▶ The construction **a** + [*noun*] can also be used before the indirect object pronoun to clarify or to emphasize who is pleased.

A los turistas les gustó mucho Machu Picchu.
The tourists liked Machu Picchu a lot.

A Juanita le gustaron mucho los mercados al aire libre.
Juanita liked the open-air markets a lot.

▶ Other verbs in Spanish are used in the same way as **gustar**. Here is a list of the most common ones.

Verbs like *gustar*

aburrir	to bore	**importar**	to be important to; to matter
encantar	to like very much; to love (inanimate objects)	**interesar**	to be interesting to; to interest
faltar	to lack; to need	**molestar**	to bother; to annoy
fascinar	to fascinate	**quedar**	to be left over; to fit (clothing)

¡INTÉNTALO! Indica el pronombre del objeto indirecto y la forma del tiempo presente adecuados en cada frase. La primera frase de cada columna se da (*is given*) como ejemplo.

gustar

1. A él ___le gusta___ viajar.
2. A mí _me gusta_ bailar.
3. A nosotras _nos gusta_ cantar.
4. A ustedes _les gusta_ leer.
5. A ti _te gusta_ correr.
6. A Pedro _le gusta_ gritar.
7. A mis padres _les gusta_ caminar.
8. A usted _le gusta_ jugar tenis.
9. A mi esposo y a mí _nos gusta_ dormir.
10. A Alberto _le gusta_ dibujar.
11. A todos _les gusta_ opinar.
12. A Pili no _le gusta_ ir de compras.

encantar

1. A ellos ___les encantan___ los deportes.
2. A ti _te encantan_ las películas.
3. A usted _le encantan_ los viajes.
4. A mí _me encantan_ las revistas.
5. A Jorge y a Luis _les encantan_ los perros.
6. A nosotros _nos encantan_ las vacaciones.
7. A ustedes _les encantan_ las fiestas.
8. A Marcela _le encantan_ los libros.
9. A mis amigos _le encantan_ los museos.
10. A ella _le encanta_ el ciclismo.
11. A Pedro _le encanta_ el limón.
12. A ti y a mí _nos encanta_ el baile.

Práctica

1 **Completar** Completa las frases con todos los elementos necesarios.

1. ___A___ Adela _le gustan_ (gustar) las canciones (*songs*) de Enrique Iglesias.
2. A ___Mí___, me _gustan_ (gustar) más la música de Shakira.
3. A mis amigos _les encanta_ (encantar) la música de Maná.
4. ___A___ Juan y Rafael no les _molesta_ (molestar) la música alta (*loud*).
5. ___A___ nosotros _nos fascinan_ (fascinar) los grupos de pop latino.
6. Creo que a Elena _le interesa_ (interesar) más la música clásica.
7. A ___mí___ me _aburre_ (aburrir) la música clásica.
8. ¿A ___tu___ te _faltaron_ (faltar) dinero para el concierto de Carlos Santana?
9. Sí. Sólo _me quedan_ (quedar) cinco dólares.
10. ¿Cuánto dinero te _quedan_ (quedar) a ___tu___?

NOTA CULTURAL

Ahora la música latina es popular en los EE.UU. gracias a artistas como **Shakira**, de nacionalidad colombiana, y **Enrique Iglesias**, español. Pero hay artistas famosos como **Carlos Santana** y **Gloria Estefan** que difundieron (*spread*) la música latina por todo el mundo (*world*) en los años 60, 70, 80 y 90.

2 **Describir** Mira los dibujos y describe lo que está pasando. Usa los siguientes verbos.

aburrir	faltar	molestar
encantar	interesar	quedar

1. A Ramón   2. A nosotros

3. A ti

4. A Sara

3 **Gustos** Forma frases con los elementos de las columnas A, B y C. Después, inventa dos frases originales con los mismos verbos.

> **modelo**
> A ti te interesan las ruinas de Machu Picchu.

A	B	C
yo	aburrir	despertarse temprano
tú	encantar	mirarse en el espejo
mi mejor amigo/a	faltar	la música rock
mis amigos y yo	gustar	las pantuflas rosadas
Bart y Homer Simpson	interesar	la pasta de dientes con menta (*mint*)
Shakira	molestar	las ruinas de Machu Picchu
Antonio Banderas		los zapatos caros

Comunicación

4

Preguntas En parejas, túrnense para hacer y contestar estas preguntas.

1. ¿Te gusta levantarte temprano o tarde? ¿Por qué? ¿Y tu compañero/a de cuarto?
2. ¿Te gusta acostarte temprano o tarde? ¿Y tu compañero/a de cuarto?
3. ¿Te gusta dormir la siesta?
4. ¿Te gusta acampar o prefieres quedarte en un hotel cuando estás de vacaciones?
5. ¿Qué te gusta hacer en el verano?
6. ¿Qué te gusta más de esta universidad? ¿Qué te molesta?
7. ¿Te interesan más las ciencias o las humanidades? ¿Por qué?
8. ¿Qué cosas te molestan?

> **NOTA CULTURAL** ▶
>
> **La siesta** (un descanso de dos o tres horas) no es hoy tan común como antes.
>
> Cuando España entró en la Unión Europea, muchas empresas (*businesses*) redujeron (*reduced*) la siesta.

5

Completar Completa estas frases de una manera lógica.

1. A mi novio/a le fascina(n)…
2. A mi mejor (*best*) amigo/a no le interesa(n)…
3. A mis padres les importa(n)…
4. A nosotros nos molesta(n)…
5. A mis hermanos les aburre(n)…
6. A mi compañero/a de cuarto le aburre(n)…
7. A los turistas les interesa(n)…
8. A los jugadores profesionales les encanta(n)…
9. A nuestro/a profesor(a) le molesta(n)…

6

La residencia Tú y tu compañero/a de clase son los directores de una residencia estudiantil en Perú. Su profesor(a) les va a dar a cada uno de ustedes las descripciones de cinco estudiantes. Con la información tienen que escoger (*choose*) quiénes van a ser compañeros de cuarto. Después, completen la lista.

Síntesis

7

Situación Trabajen en parejas para representar los papeles (*roles*) de un(a) cliente/a y un(a) dependiente/a. Usen las instrucciones como guía.

Dependiente/a	Cliente/a

Dependiente/a

Saluda al/a la cliente/a y pregúntale cómo lo/la puedes ayudar.

Pregúntale si le interesan los estilos modernos y empieza a enseñarle la ropa.

Habla de los gustos del/de la cliente/a.

Da opiniones favorables al/a la cliente/a (las botas te quedan fantásticas…).

Cliente/a

➤ Saluda al/a la dependiente/a y dile (*tell him/her*) qué quieres comprar y qué colores prefieres.

➤ Explícale que los estilos modernos te interesan. Escoge (*choose*) las cosas que te interesan.

➤ Habla de la ropa ((no) me queda(n) bien/mal, me encanta(n)…).

➤ Decide cuáles son las cosas que te gustan y qué vas a comprar.

Lectura

Antes de leer

Estrategia

Predicting content from the title

Prediction is an invaluable strategy in reading for comprehension. We can usually predict the content of a newspaper article from its headline, for example. More often than not, we decide whether or not to read the article based on its headline. Predicting content from the title will help you increase your reading comprehension in Spanish.

Examinar el texto

Lee el título de la lectura y haz tres predicciones sobre el contenido. Escribe tus predicciones en una hoja de papel.

Compartir

Comparte tus ideas con un(a) compañero/a de clase.

Cognados

Haz una lista de seis cognados que encuentres en la lectura.

1. _____.
2. _____.
3. _____.
4. _____.
5. _____.
6. _____.

¿Qué te dicen los cognados sobre el tema de la lectura?

recursos

vistahigher
learning.com

¡Qué día!

Anterior ▼ ⬇Siguiente ▼ 🔼 Responder 🔼 Responder a todos

Fecha: Lunes, 10 de mayo
De: Guillermo Zamora
Asunto: ¡Qué día!
Para: Lupe; Marcos; Sandra; Jorge

Hola chicos:

La semana pasada me di cuenta° de que necesito organizar mejor mi rutina... pero especialmente necesito prepararme mejor para los exámenes. Me falta mucha disciplina, me molesta no tener control de mi tiempo y nunca deseo repetir los eventos de esta semana.

El miércoles pasé todo el día y toda la noche estudiando para el examen de biología del jueves por la mañana. Me aburre la biología y no empecé a estudiar hasta el día antes del examen. El jueves a las 8, después de no dormir en toda la noche, fui exhausto al examen. Fue difícil, pero afortunadamente° me acordé de todo el material. Esa noche me acosté temprano y dormí mucho.

Me desperté a las 9, y fue extraño° ver a mi compañero de

cuarto, Andrés, preparándose para ir a dormir. Nunca hablamos mucho y no comenté nada. Fui al baño a cepillarme los dientes para ir a clase. ¿Y Andrés? Él se acostó. "¡Qué extraño es este chico!," pensé.

Mi clase es a las 10, y fue necesario hacer las cosas rápido. Todo empezó a ir mal... eso pasa siempre cuando uno tiene prisa. Cuando busqué mis cosas para el baño, no las encontré. Entonces me duché sin jabón, me cepillé los dientes sin cepillo de dientes y me peiné con las manos. Tampoco encontré ropa limpia, y usé la sucia. Rápido, tomé mis libros. ¿Y Andrés? Roncando°... ¡a las 9:50!

Cuando salí corriendo para la clase, la prisa no me permitió ver el campus desierto. Cuando llegué a la clase, no vi a nadie. No vi al profesor ni a los estudiantes. Por último miré mi reloj, y vi la hora. Las 10 en punto... ¡de la noche!

¡Dormí 24 horas!

Guillermo

me di cuenta *I realized* **afortunadamente** *fortunately* **extraño** *strange*
Roncando *snoring*

Después de leer

Seleccionar
Selecciona la respuesta (*answer*) correcta.

1. ¿Quién es el/la narrador(a)? _____.
   a. Andrés
   b. una profesora
   c. Guillermo
2. ¿Qué le molesta al narrador? _____.
   a. Le molestan los exámenes de biología.
   b. Le molesta no tener control de su tiempo.
   c. Le molesta mucho organizar su rutina.
3. ¿Por qué está exhausto? _____.
   a. Porque fue a una fiesta la noche anterior.
   b. Porque no le gusta la biología.
   c. Porque pasó la noche anterior estudiando.
4. ¿Por qué no hay nadie en clase? _____.
   a. Porque es de noche.
   b. Porque todos están de vacaciones.
   c. Porque el profesor canceló la clase.
5. ¿Cómo es la relación de Guillermo y Andrés? _____
   a. Son buenos amigos.
   b. No hablan mucho.
   c. Tienen una buena relación.

Ordenar
Ordena los sucesos de la narración. Utiliza los números del 1 al 9.

a. Toma el examen de biología. ____
b. No encuentra la bolsa para el baño. ____
c. Andrés se duerme. ____
d. Pasa todo el día y toda la noche estudiando para un examen. ____
e. Se ducha sin jabón. ____
f. Se acuesta temprano. ____
g. Vuelve a su cuarto a las 10 de la noche. ____
h. Se despierta a las 9 y su compañero de cuarto se prepara para dormir. ____
i. Va a clase y no hay nadie. ____

Contestar
Contesta estas preguntas.

1. ¿Cómo es tu rutina diaria? ¿Muy organizada?
2. ¿Cuándo empiezas a estudiar para los exámenes?
3. ¿Tienes compañero/a de cuarto? ¿Son amigos/as?
4. Para comunicarte con tus amigos/as, ¿prefieres el teléfono o el correo electrónico? ¿Por qué?

Perú

El país en cifras

▶ **Área:** 1.285.220 km^2 (496.224 millas^2), *un poco menos que el área de Alaska*

▶ **Población:** 27.804.000

▶ **Capital:** Lima—8.185.000

▶ **Ciudades principales:** Arequipa—764.000, Trujillo—643.000, Chiclayo—527.000, Callao—442.000, Iquitos—348.000

SOURCE: Population Division, UN Secretariat

Iquitos es un puerto muy importante en el río Amazonas. Desde Iquitos se envían° muchos productos a otros lugares, incluyendo goma°, nueces°, madera°, arroz°, café y tabaco. Iquitos es también un destino popular para los ecoturistas que visitan la selva°.

▶ **Moneda:** nuevo sol

▶ **Idiomas:** español (oficial), quechua (oficial), aimará

Bandera del Perú

Peruanos célebres

▶ **Clorinda Matto de Turner,** escritora (1852–1909)

▶ **César Vallejo,** poeta (1892–1938)

▶ **Javier Pérez de Cuéllar,** diplomático (1920–)

▶ **Mario Vargas Llosa,** novelista (1936–)

Mario Vargas Llosa

se envían *are shipped* goma *rubber* nueces *nuts* madera *timber* arroz *rice* selva *jungle* grabó *engraved* tamaño *size*

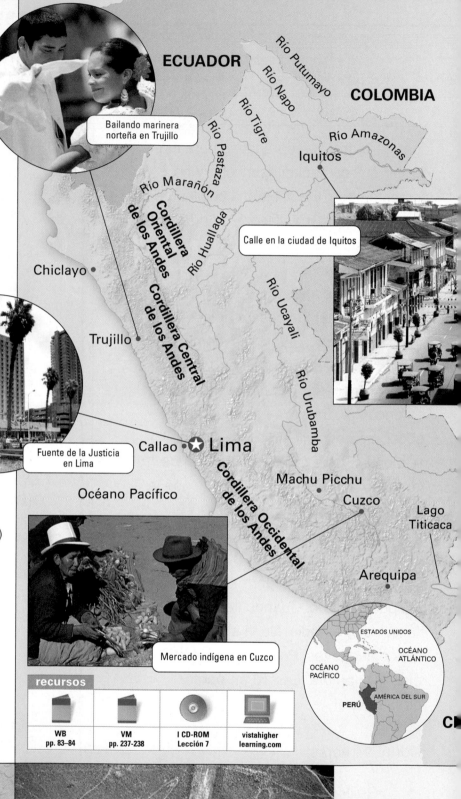

Bailando marinera norteña en Trujillo

Calle en la ciudad de Iquitos

Fuente de la Justicia en Lima

Mercado indígena en Cuzco

recursos

| WB pp. 83–84 | VM pp. 237-238 | I CD-ROM Lección 7 | vistahigher learning.com |

ECUADOR
COLOMBIA
Río Putumayo
Río Napo
Río Tigre
Río Pastaza
Río Amazonas
Iquitos
Río Marañón
Cordillera Oriental de los Andes
Río Huallaga
Chiclayo
Cordillera Central de los Andes
Río Ucayali
Trujillo
Río Urubamba
Callao · Lima
Cordillera Occidental de los Andes
Machu Picchu
Océano Pacífico
Cuzco
Lago Titicaca
Arequipa

ESTADOS UNIDOS
OCÉANO ATLÁNTICO
OCÉANO PACÍFICO
AMÉRICA DEL SUR
PERÚ

¡Increíble pero cierto!

Hace más de dos mil años la civilización nazca de Perú grabó° más de 2.000 km de líneas en el desierto. Los dibujos sólo son descifrables desde el aire. Uno de ellos es un cóndor del tamaño° de un estadio. Las Líneas de Nazca son uno de los grandes misterios de la humanidad.

Lugares • Lima

Lima es una ciudad moderna y antigua° a la vez°. La Iglesia de San Francisco es notable por la influencia de la arquitectura árabe. También son fascinantes las exhibiciones sobre los incas en el Museo del Oro del Perú y en el Museo Nacional de Antropología y Arqueología. Barranco, el barrio° bohemio de la ciudad, es famoso por su ambiente cultural y sus bares y restaurantes.

BRASIL

Historia • Los incas

Antes del siglo° XVI, los incas desarrollaron° sistemas avanzados de comunicaciones y de contabilidad y construyeron° acueductos, calles° y templos. A 80 kilómetros al noroeste de Cuzco está Machu Picchu, una ciudad antigua del imperio inca. Está a una altitud de 2.350 metros (7.710 pies), entre dos cimas° de los Andes. Cuando los conquistadores españoles llegaron a Perú, nunca encontraron Machu Picchu. En 1911, el arqueólogo norteamericano Hiram Bingham la descubrió. Todavía no se sabe° ni cómo se construyó una ciudad a esa altura, ni por qué los incas la abandonaron.

Artes • La música andina

Machu Picchu aún no existía° cuando se originó la música cautivadora° de las antiguas culturas indígenas de los Andes. Las influencias española y africana le prestaron a esta música sus ritmos de hoy. Dos tipos de flauta°, la quena y la antara, producen esta música tan particular. En las décadas de los sesenta y los setenta se popularizó un movimiento para preservar la música andina, y hasta° Simon y Garfunkel la incorporaron en su repertorio con la canción° "El cóndor pasa".

Economía • Llamas y alpacas

El Perú se conoce° por sus llamas, alpacas, guanacos y vicuñas, todos animales mamíferos° parientes del camello. Estos animales todavía son de enorme importancia para la economía del país. Dan lana° para hacer ropa, mantas°, bolsas y artículos turísticos. La llama se usa también para la carga y el transporte.

BOLIVIA

¿Qué aprendiste? Responde a las preguntas con una frase completa.

1. ¿Qué productos envía Iquitos a otros lugares?
2. ¿Cuáles son las lenguas oficiales del Perú?
3. ¿Por qué es notable la Iglesia de San Francisco en Lima?
4. ¿Por qué los conquistadores españoles no encontraron la ciudad de Machu Picchu?
5. ¿Qué son la quena y la antara?
6. ¿Qué hacen los peruanos con la lana de sus llamas y alpacas?

Conexión Internet Investiga estos temas en el sitio **www.vistahigherlearning.com**.

1. Investiga la cultura incaica. ¿Cuáles son algunos de los aspectos interesantes de su cultura?
2. Busca información sobre dos artistas, escritores o músicos peruanos, y presenta un breve informe a tu clase.

---

antigua *old* a la vez *at the same time* barrio *neighborhood* siglo *century* desarrollaron *developed* construyeron *built* calles *roads*
cimas *summits* no se sabe *it is not known* no existía *didn't exist* cautivadora *captivating* flauta *flute* hasta *even*
canción *song* se conoce *is known* mamíferos *mammalian* lana *wool* mantas *blankets*

Los verbos reflexivos

acordarse (de) (o:ue)	to remember
acostarse (o:ue)	to go to bed
afeitarse	to shave
bañarse	to bathe; take a bath
cepillarse el pelo	to brush one's hair
cepillarse los dientes	to brush one's teeth
despedirse (de) (e:i)	to say goodbye (to)
despertarse (e:ie)	to wake up
dormirse (o:ue)	to go to sleep; to fall asleep
ducharse	to shower; to take a shower
enojarse (con)	to get angry (with)
irse	to go away; to leave
lavarse la cara	to wash one's face
lavarse las manos	to wash one's hands
levantarse	to get up
llamarse	to be called; to be named
maquillarse	to put on makeup
peinarse	to comb one's hair
ponerse	to put on
ponerse (+ *adj.*)	to become (+ adj.)
preocuparse (por)	to worry (about)
probarse (o:ue)	to try on
quedarse	to stay; to remain
quitarse	to take off
secarse	to dry (oneself)
sentarse (e:ie)	to sit down
sentirse (e:ie)	to feel
vestirse (e:i)	to get dressed

Palabras de secuencia

antes (de)	before
después (de)	afterwards; then
después de	after
durante	during
entonces	then
luego	then
más tarde	later
por último	finally

Palabras afirmativas y negativas

algo	something; anything
alguien	someone; somebody; anyone
alguno/a(s), algún	some; any
jamás	never; not ever
nada	nothing; not anything
nadie	no one; nobody; not anyone
ni… ni	neither… nor
ninguno/a, ningún	no; none; not any
nunca	never; not ever
o… o	either… or
siempre	always
también	also; too
tampoco	neither; not either

En el baño

el baño, el cuarto de baño	bathroom
el champú	shampoo
la crema de afeitar	shaving cream
la ducha	shower
el espejo	mirror
el inodoro	toilet
el jabón	soap
el lavabo	sink
el maquillaje	makeup
la pasta de dientes	toothpaste
la toalla	towel

Gustar y verbos similares

aburrir	to bore
encantar	to like very much; to love (inanimate objects)
faltar	to lack; to need
fascinar	to fascinate
gustar	to be pleasing to; to like
importar	to be important to; to matter
interesar	to be interesting to; to interest
molestar	to bother; to annoy
quedar	to be left over; to fit (clothing)

Palabras adicionales

el despertador	alarm clock
las pantuflas	slippers
la rutina diaria	daily routine
por la mañana	in the morning
por la noche	at night
por la tarde	in the afternoon; in the evening

Expresiones útiles	See page 187.

Expresiones útiles | See page 187.

recursos

| LM p. 42 | Lab CD/MP3 Lección 7 | Vocab CD Lección 7 |

La comida

A PRIMERA VISTA

• ¿Está ella en un restaurante?
• ¿Trabaja ella?
• ¿Es parte de su rutina diaria?
• ¿Qué colores hay en la foto?

La comida

Más vocabulario

el/la camarero/a	waiter
la comida	food; meal
el/la dueño/a	owner; landlord
los entremeses	hors d'oeuvres
el menú	menu
el plato (principal)	(main) dish
la sección de (no) fumar	(non) smoking section
el agua (mineral)	(mineral) water
la bebida	drink
la cerveza	beer
la leche	milk
el ajo	garlic
las arvejas	peas
los cereales	cereal; grain
los frijoles	beans
el melocotón	peach
las papas/patatas (fritas)	(fried) potatoes; French fries
el pollo (asado)	(roast) chicken
el queso	cheese
la sandía	watermelon
el sándwich	sandwich
el yogur	yogurt
el aceite	oil
la margarina	margarine
la mayonesa	mayonnaise
el refresco	soft drink
el vinagre	vinegar
delicioso/a	delicious
rico/a	tasty; delicious
sabroso/a	tasty; delicious

Variación léxica

camarones ⟷ gambas (Esp.)

camarero ⟷ mesero (Amér. L.), mesonero (Ven.), mozo (Arg., Chile, Urug., Perú)

refresco ⟷ gaseosa (Amér. C., Amér. S.)

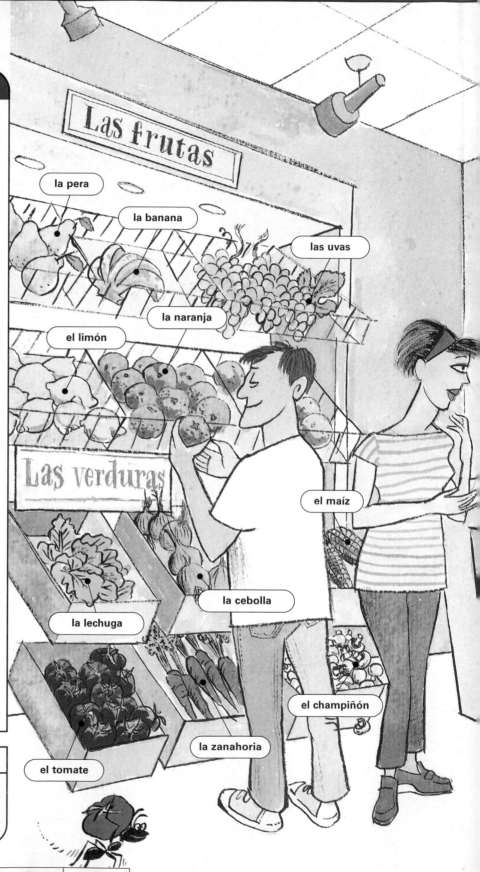

Las frutas

la pera

la banana

las uvas

la naranja

el limón

Las verduras

el maíz

la cebolla

la lechuga

el champiñón

la zanahoria

el tomate

Práctica

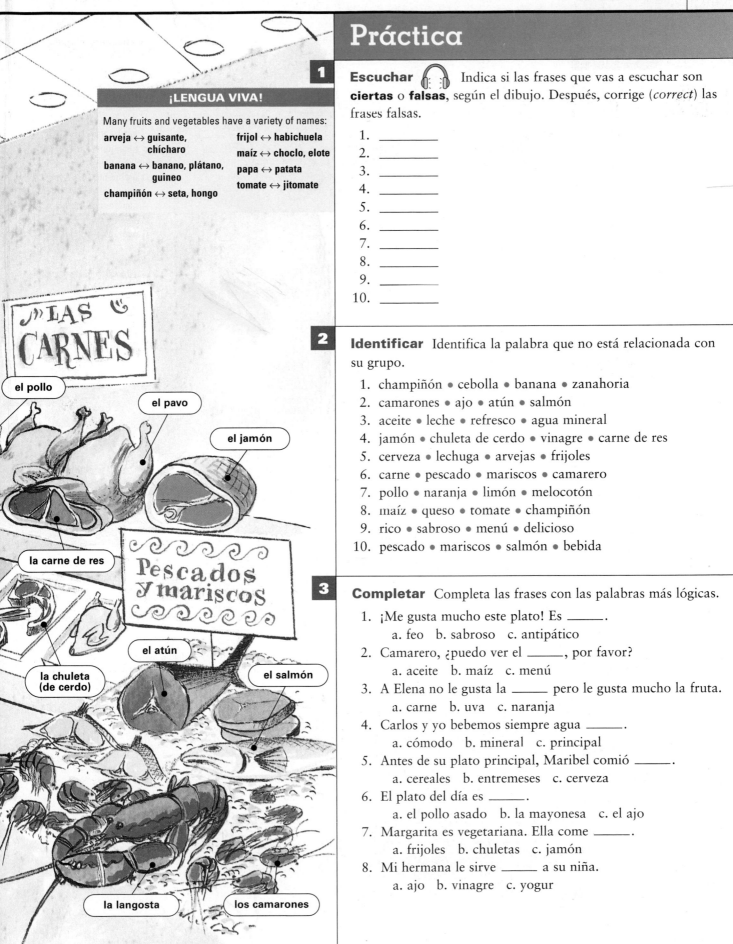

1

Escuchar 🎧 Indica si las frases que vas a escuchar son **ciertas** o **falsas**, según el dibujo. Después, corrige (*correct*) las frases falsas.

1. _____
2. _____
3. _____
4. _____
5. _____
6. _____
7. _____
8. _____
9. _____
10. _____

2

Identificar Identifica la palabra que no está relacionada con su grupo.

1. champiñón • cebolla • banana • zanahoria
2. camarones • ajo • atún • salmón
3. aceite • leche • refresco • agua mineral
4. jamón • chuleta de cerdo • vinagre • carne de res
5. cerveza • lechuga • arvejas • frijoles
6. carne • pescado • mariscos • camarero
7. pollo • naranja • limón • melocotón
8. maíz • queso • tomate • champiñón
9. rico • sabroso • menú • delicioso
10. pescado • mariscos • salmón • bebida

3

Completar Completa las frases con las palabras más lógicas.

1. ¡Me gusta mucho este plato! Es _____.
   a. feo   b. sabroso   c. antipático
2. Camarero, ¿puedo ver el _____, por favor?
   a. aceite   b. maíz   c. menú
3. A Elena no le gusta la _____ pero le gusta mucho la fruta.
   a. carne   b. uva   c. naranja
4. Carlos y yo bebemos siempre agua _____.
   a. cómodo   b. mineral   c. principal
5. Antes de su plato principal, Maribel comió _____.
   a. cereales   b. entremeses   c. cerveza
6. El plato del día es _____.
   a. el pollo asado   b. la mayonesa   c. el ajo
7. Margarita es vegetariana. Ella come _____.
   a. frijoles   b. chuletas   c. jamón
8. Mi hermana le sirve _____ a su niña.
   a. ajo   b. vinagre   c. yogur

el desayuno

el jugo (de fruta)

el café

el pan (tostado)

el azúcar

la mantequilla

la salchicha

el huevo

el almuerzo

el té helado

la manzana

la hamburguesa

el pan

las papas fritas

Más vocabulario

escoger	*to choose*
merendar (e:ie)	*to snack*
pedir (e:i)	*to order (food)*
probar (o:ue)	*to taste; to try*
recomendar (e:ie)	*to recommend*
servir (e:i)	*to serve*
el té	*tea*
el vino blanco	*white wine*

la cena

la sal

el vino tinto

la pimienta

la sopa

la ensalada

el arroz

los espárragos

el bistec

4 **Completar** Trabaja con un(a) compañero/a de clase para relacionar cada producto con el grupo alimenticio (*food group*) correcto.

> **modelo**
>
> _La carne_ es del grupo uno.

el aceite	las bananas	los cereales	la leche
el arroz	el café	los espárragos	el pescado
el azúcar	la carne	los frijoles	el vino

1. _____ y el queso son del grupo cuatro.
2. _____ son del grupo ocho.
3. _____ y el pollo son del grupo tres.
4. _____ es del grupo cinco.
5. _____ es del grupo dos.
6. Las manzanas y _____ son del grupo siete.
7. _____ es del grupo seis.
8. _____ son del grupo diez.
9. _____ y los tomates son del grupo nueve.
10. El pan y _____ son del grupo diez.

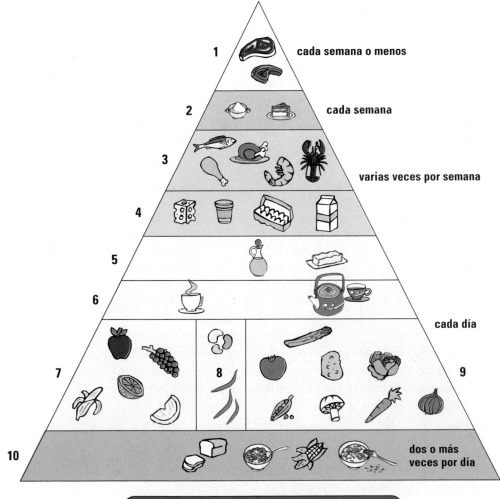

1 — cada semana o menos
2 — cada semana
3 — varias veces por semana
4
5
6
7 8 9 — cada día
10 — dos o más veces por día

La Pirámide Alimenticia Latinoamericana

5 **¿Cierto o falso?** Consulta la Pirámide Alimenticia Latinoamericana de la página 213 e indica si las frases son **ciertas** o **falsas**. Si la frase es falsa, escribe las comidas que sí están en el grupo indicado.

> **modelo**
>
> El queso está en el grupo diez.
>
> *Falso. En ese grupo están el maíz, el pan y el arroz.*

1. La manzana, la banana, el limón y las arvejas están en el grupo siete.

2. En el grupo cuatro están los huevos, la leche y el aceite.

3. El azúcar está en el grupo dos.

4. En el grupo diez están el pan, el arroz y el maíz.

5. El pollo está en el grupo uno.

6. En el grupo nueve están la lechuga, el tomate, las arvejas, la naranja, la papa, los espárragos y la cebolla.

7. En el grupo seis están el café y el té.

8. En el grupo cinco está el arroz.

9. En el grupo tres están el pescado, el yogur y el bistec.

10. En el grupo ocho está la cerveza.

6 **Combinar** Combina palabras de cada columna, en cualquier (*any*) orden, para formar diez frases lógicas sobre las comidas. Añade otras palabras si es necesario.

> **modelo**
>
> La camarera nos sirve la ensalada.

A	B	C
El/La camarero/a	almorzar	la sección de no fumar
El/La dueño/a	escoger	el desayuno
Mi familia	merendar	la ensalada
Mi novio/a	pedir	la sandía
Mis amigos y yo	probar	el restaurante
Mis padres	recomendar	el jugo de naranja
Mi hermano/a	servir	el refresco
El/La médico/a	gustar	el plato
Yo	preferir	el arroz

NOTA CULTURAL

El arroz es un alimento básico en el Caribe, Centroamérica y México. Aparece frecuentemente como acompañante de un plato principal y se sirve con frijoles muchas veces. Un plato muy popular en varios países es el **arroz con pollo** *(chicken and rice casserole)*.

7 **Un menú** Con un(a) compañero/a de clase, usa la Pirámide Alimenticia Latinoamericana de la página 213 para crear un menú para una cena especial. Incluye alimentos de los diez grupos para los entremeses, los platos principales y las bebidas. Luego presenta el menú a la clase.

> **modelo**
>
> La cena especial que voy a preparar es deliciosa.
> Primero, hay dos entremeses: una ensalada César y una
> sopa de langosta. El plato principal es salmón con una
> salsa de ajo y espárragos. También voy a servir arroz...

Comunicación

8

Conversación   En grupos, contesten las siguientes preguntas.

1. ¿Meriendas mucho durante el día? ¿Qué comes? ¿A qué hora?
2. ¿Qué comidas te gustan más para la cena?
3. ¿A qué hora, dónde y con quién almuerzas?
4. ¿Cuáles son las comidas más (*most*) típicas de tu almuerzo?
5. ¿Desayunas? ¿Qué comes y bebes por la mañana?
6. ¿Qué comida deseas probar?
7. ¿Comes cada día comidas de los diferentes grupos de la pirámide alimenticia? ¿Cuáles son las comidas y bebidas más frecuentes en tu dieta?
8. ¿Qué comida recomiendas a tus amigos? ¿Por qué?
9. ¿Eres vegetariano/a? ¿Crees que ser vegetariano/a es una buena idea? ¿Por qué?
10. ¿Te gusta cocinar (*cook*)? ¿Qué comidas preparas para tus amigos? ¿Para tu familia?

¡LENGUA VIVA!

In addition to **beber**, the verb **tomar** is often used to express *to drink*.

9

Describir   Con dos compañeros/as de clase, describe las dos fotos, contestando las siguientes preguntas.

▶ ¿Quiénes están en las fotos?

▶ ¿Dónde están?

▶ ¿Qué hora es?

▶ ¿Qué comen y qué beben?

10

Crucigrama (*Crossword puzzle*)   Tu profesor(a) les va a dar a ti y a tu compañero/a un crucigrama incompleto. Tú tienes las palabras que necesita tu compañero/a y él/ella tiene las palabras que tú necesitas. Tienen que darse pistas (*clues*) para completarlo. No pueden decir la palabra necesaria; deben utilizar definiciones, ejemplos y frascs incompletas.

modelo

13 vertical: Es un condimento que normalmente viene con la sal.
10 horizontal: Es una fruta amarilla.

¿Qué tal la comida?

Don Francisco y los estudiantes van al restaurante El Cráter.

PERSONAJES

MAITE

INÉS

DON FRANCISCO

ÁLEX

JAVIER

DOÑA RITA

CAMARERO

JAVIER ¿Sabes dónde estamos?

INÉS Mmm, no sé. Oiga, don Francisco, ¿sabe usted dónde estamos?

DON FRANCISCO Estamos cerca de Cotacachi.

ÁLEX ¿Dónde vamos a almorzar, don Francisco? ¿Conoce un buen restaurante en Cotacachi?

DON FRANCISCO Pues, conozco a doña Rita Perales, la dueña del mejor restaurante de la ciudad, el restaurante El Cráter.

DOÑA RITA Hombre, don Paco, ¿Usted por aquí?

DON FRANCISCO Sí, doña Rita... y hoy le traigo clientes. Le presento a Maite, Inés, Álex y Javier. Los llevo a las montañas para ir de excursión.

MAITE Voy a tomar un caldo de patas y un lomo a la plancha.

JAVIER Para mí las tortillas de maíz y el ceviche de camarón.

ÁLEX Yo también quisiera las tortillas de maíz y el ceviche.

INÉS Voy a pedir caldo de patas y lomo a la plancha.

DON FRANCISCO Yo quiero tortillas de maíz y una fuente de fritada, por favor.

DOÑA RITA Y de tomar, les recomiendo el jugo de piña, frutilla y mora. ¿Se lo traigo a todos?

TODOS Sí, perfecto.

CAMARERO ¿Qué plato pidió usted?

MAITE Un caldo de patas y lomo a la plancha.

DOÑA RITA ¡Bienvenidos al restaurante El Cráter! Están en muy buenas manos... don Francisco es el mejor conductor del país. Y no hay nada más bonito que nuestras montañas. Pero si van a ir de excursión deben comer bien. Vengan chicos, por aquí.

JAVIER ¿Qué nos recomienda Ud.?

DOÑA RITA Bueno, las tortillas de maíz son riquísimas. La especialidad de la casa es el caldo de patas... ¡tienen que probarlo! El lomo a la plancha es un poquito más caro que el caldo pero es sabrosísimo. También les recomiendo el ceviche y la fuente de fritada.

DOÑA RITA ¿Qué tal la comida? ¿Rica?

JAVIER Rica, no. ¡Riquísima!

ÁLEX Sí. ¡Y nos la sirvieron tan rápidamente!

MAITE Una comida deliciosa, gracias.

DON FRANCISCO Hoy es el cumpleaños de Maite...

DOÑA RITA ¡Ah! Tenemos unos pasteles que están como para chuparse los dedos...

Enfoque cultural La comida hispana

La cocina (*cuisine*) hispana es una combinación de comidas e ingredientes de varias regiones. La carne de res, la papa, el maíz y el chile, por ejemplo, son característicos de los países andinos. Los frijoles, el arroz, la caña de azúcar y la banana son productos típicos de los países del Caribe. La cocina española incorpora pescados y carnes cocinados (*cooked*) con condimentos como el ajo y la cebolla. La comida típica de Centroamérica es similar a la mexicana y consta de (*consists of*) carne, pescados, chile, tortillas y salsas.

Expresiones útiles

Finding out where you are
- ¿Sabe Ud./Sabes dónde estamos? *Do you know where we are?*
- Estamos cerca de Cotacachi. *We're near Cotacachi.*

Talking about people and places you're familiar with
- ¿Conoce usted/Conoces un buen restaurante en Cotacachi? *Do you know a good restaurant in Cotacachi?*
- Sí, conozco varios. *Yes, I know several.*
- ¿Conoce/Conoces a doña Rita? *Do you know doña Rita?*

Ordering food
- ¿Qué le puedo traer? *What can I bring you?*
- Voy a tomar/pedir un caldo de patas y un lomo a la plancha. *I am going to have/to order the beef soup and grilled flank steak.*
- Para mí las tortillas de maíz y el ceviche de camarón, por favor. *Corn tortillas and lemon-marinated shrimp for me, please.*
- Yo también quisiera... *I also would like...*
- Y de tomar, el jugo de piña, frutilla y mora. *And pineapple/strawberry/blackberry juice to drink.*
- ¿Qué plato pidió usted? *What did you order?*
- Yo pedí un caldo de patas. *I ordered the beef soup.*

Talking about the food at a restaurant
- ¿Qué tal la comida? *How is the food?*
- Muy rica, gracias. *Very tasty, thanks.*
- ¡Riquísima! *Extremely delicious!*

Reacciona a la fotonovela

1 **Escoger** Escoge la respuesta (*answer*) que completa mejor (*best*) cada oración.

1. Don Francisco lleva a los estudiantes a _____ al restaurante de una amiga.
   a. cenar   b. desayunar   c. almorzar
2. Doña Rita es _____.
   a. la hermana de don Francisco   b. la dueña del restaurante
   c. una camarera que trabaja en El Cráter
3. Doña Rita les recomienda a los viajeros _____.
   a. el caldo de patas y el lomo a la plancha
   b. el bistec, las verduras frescas y el vino tinto   c. unos pasteles (*cakes*)
4. Inés va a pedir _____.
   a. las tortillas de maíz y una fuente de fritada (*mixed grill*)
   b. el ceviche de camarón y el caldo de patas
   c. el caldo de patas y el lomo a la plancha

◄ **NOTA CULTURAL**

El **ceviche** es un plato típico de Suramérica. Se prepara con jugo de limón, cebolla, chiles y pescado crudo (*raw*) o mariscos.

2 **Identificar** Indica quién puede decir las siguientes frases.

1. No me gusta esperar en los restaurantes.
   ¡Qué bueno que nos sirvieron rápidamente!
2. Les recomiendo la especialidad de la casa.
3. ¡Maite y yo pedimos los mismos platos!
4. Disculpe, señora... ¿qué platos recomienda usted?
5. Yo conozco a una señora que tiene un restaurante excelente. Les va a gustar mucho.
6. Hoy es mi cumpleaños (*birthday*).

ÁLEX

DOÑA RITA

INÉS

DON FRANCISCO

JAVIER

MAITE

3 **Preguntas** Contesta las siguientes preguntas sobre la **Fotonovela**.

1. ¿Dónde comieron don Francisco y los estudiantes?

2. ¿Cuál es la especialidad de El Cráter?

3. ¿Qué pidió Javier? ¿Y Álex? ¿Qué tomaron todos?

4. ¿Qué tal los pasteles en El Cráter?

4 **En el restaurante**

1. Prepara con un(a) compañero/a una conversación en la que le preguntas si conoce algún buen restaurante en tu comunidad. Tu compañero/a responde que él/ella sí conoce un restaurante que sirve una comida deliciosa. Lo/La invitas a cenar y tu compañero/a acepta. Determinan la hora para verse en el restaurante y se despiden.

2. Trabaja con un(a) compañero/a para representar los papeles (*roles*) de un(a) cliente/a y un(a) camarero/a en un restaurante. El/La camarero/a te pregunta qué te puede servir y tú preguntas cuál es la especialidad de la casa. El/La camarero/a te dice cuál es la especialidad y te recomienda algunos platos del menú. Tú pides entremeses, un plato principal y escoges una bebida. El/La camarero/a te da las gracias y luego te sirve la comida.

◄ **CONSÚLTALO**

To review indefinite words like **algún,** see **Estructura 7.2,** p. 194.

Pronunciación

ll, ñ, c, and z

pollo	**llave**	**ella**	**cebolla**

Most Spanish speakers pronounce the letter **ll** like the *y* in *yes*.

mañana	**señor**	**baño**	**niña**

The letter **ñ** is pronounced much like the *ny* in *canyon*.

café	**colombiano**	**cuando**	**rico**

Before **a**, **o**, or **u**, the Spanish **c** is pronounced like the *c* in *car*.

cereales	**delicioso**	**conducir**	**conocer**

Before **e** or **i**, the Spanish **c** is pronounced like the *s* in *sit* . (In parts of Spain, **c** before **e** or **i** is pronounced like the *th* in *think*.)

zeta	**zanahoria**	**almuerzo**	**cerveza**

The Spanish **z** is pronounced like the *s* in *sit*. (In parts of Spain, **z** is pronounced like the *th* in *think*.)

Práctica   Lee las palabras en voz alta.

1. mantequilla	5. español	9. quince
2. cuñado	6. cepillo	10. compañera
3. aceite	7. zapato	11. almorzar
4. manzana	8. azúcar	12. calle

Oraciones   Lee las oraciones en voz alta.

1. Mi compañero de cuarto se llama Toño Núñez. Su familia es de la ciudad de Guatemala y de Quetzaltenango.
2. Dice que la comida de su mamá es deliciosa, especialmente su pollo al champiñón y sus tortillas de maíz.
3. Creo que Toño tiene razón porque hoy cené en su casa y quiero volver mañana para cenar allí otra vez.

Refranes   Lee los refranes en voz alta.

Las apariencias engañan.[1]

Panza llena, corazón contento.[2]

1 Looks can be deceiving.

2 A full belly makes a happy heart.

recursos

TEXT CD	LM	Lab CD/MP3	I CD-ROM
Lección 8	p. 44	Lección 8	Lección 8

8.1 Preterite of stem-changing verbs

ANTE TODO As you learned in **Lección 6**, **–ar** and **–er** stem-changing verbs have no stem change in the preterite. **–Ir** stem-changing verbs, however, do have a stem change. Study the following charts and observe where the stem changes occur.

Preterite of –ir stem-changing verbs		
	servir *(to serve)*	**dormir** *(to sleep)*
SINGULAR FORMS		
yo	serví	dormí
tú	serviste	dormiste
Ud./él/ella	si̱rvió	du̱rmió
PLURAL FORMS		
nosotros/as	servimos	dormimos
vosotros/as	servisteis	dormisteis
Uds./ellos/ellas	si̱rvieron	du̱rmieron

▶ Stem-changing **–ir** verbs, in the preterite only, have a stem change in the **Ud./él/ella** and **Uds./ellos/ellas** forms. The stem change consists of either **e** to **i** or **o** to **u**.

(e ➤ i) pedir: **pi**dió, **pi**dieron   (o ➤ u) morir (*to die*): **mu**rió, **mu**rieron

Perdón,
¿quiénes pidieron
las tortillas
de maíz?

¿Y qué plato
pidió usted?

¡INTÉNTALO! Cambia los infinitivos al pretérito.

1. Yo ___serví___. (servir, dormir, pedir, preferir, repetir, seguir)

2. Usted ___murió___. (morir, conseguir, pedir, sentirse, despedirse, vestirse)

3. Tú ___conseguiste___. (conseguir, servir, morir, pedir, dormir, repetir)

4. Ellas ___ripetieron___. (repetir, dormir, seguir, preferir, morir, servir)

5. Nosotros ___seguimos___. (seguir, preferir, servir, vestirse, despedirse, dormirse)

6. Ustedes ___se sintieron___. (sentirse, vestirse, conseguir, pedir, despedirse, dormirse)

7. Él ___durmió___. (dormir, morir, preferir, repetir, seguir, pedir)

Práctica

1

Completar Completa las siguientes frases para describir lo que pasó anoche en el restaurante El Famoso.

1. Paula y Humberto Suárez llegaron al restaurante El Famoso a las ocho y _____ (seguir) al camarero a una mesa en la sección de no fumar.
2. El señor Suárez _____ (pedir) una chuleta de cerdo. La señora Suárez decidió probar los camarones.
3. Para tomar, los dos _____ (pedir) vino tinto.
4. El camarero _____ (repetir) el pedido (*the order*) para confirmarlo.
5. La comida tardó mucho (*took a long time*) en llegar y los señores Suárez _____ (dormirse) esperando la comida.
6. A las nueve el camarero les _____ (servir) la comida.
7. Después de comer la chuleta de cerdo, el señor Suárez _____ (sentirse) muy mal.
8. De repente, el señor Suárez se _____ (morir).
9. Pobre señor Suárez… ¿por qué no _____ (pedir) los camarones?

2

El camarero loco En el restaurante La Hermosa trabaja un camarero muy loco que siempre comete muchos errores. Indica lo que los clientes pidieron y lo que el camarero les sirvió.

modelo

Armando / papas fritas
Armando pidió papas fritas, pero el camarero le sirvió maíz.

1. Nosotros / jugo de naranja
2. Beatriz / queso
3. Tú / arroz

4. Elena y Alejandro /atún
5. Usted / agua mineral
6. Yo / hamburguesa

Comunicación

3

El almuerzo Completa las oraciones de César de una manera lógica.

> *modelo*
>
> Mi compañero de cuarto se despertó temprano, pero yo…
>
> *Mi compañero de cuarto se despertó temprano, pero yo me desperté tarde.*

1. Yo llegué al restaurante a tiempo, pero mis amigos…
2. Beatriz pidió la ensalada de frutas, pero yo…
3. Yolanda les recomendó el bistec, pero Eva y Paco…
4. Nosotros preferimos las papas fritas, pero Yolanda…
5. El camarero sirvió la carne, pero yo…
6. Beatriz y yo pedimos café, pero Yolanda y Paco…
7. Eva se sintió enferma, pero Paco y yo…
8. Nosotros repetimos el postre, pero Eva…
9. Ellos salieron tarde, pero yo…
10. Yo me dormí temprano, pero mi compañero de cuarto…

NOTA CULTURAL

Hay cerca de 4.000 variedades de **papa**. Los incas del Perú fueron los primeros en cultivar papas en el año 200 a.C.

Las utilizaron para curar heridas (*injuries*), prevenir enfermedades (*diseases*) y ayudar con la digestión.

4

Entrevista Trabajen en parejas y túrnense para entrevistar a su compañero/a.

1. ¿Te acostaste tarde o temprano anoche? ¿A qué hora te dormiste? ¿Dormiste bien?
2. ¿A qué hora te despertaste esta mañana? Y ¿a qué hora te levantaste?
3. ¿A qué hora vas a acostarte esta noche?
4. ¿Qué almorzaste ayer? ¿Quién te sirvió el almuerzo?
5. ¿Qué cenaste ayer?
6. ¿Cenaste en un restaurante recientemente? ¿Con quién?
7. ¿Qué pediste en el restaurante? ¿Qué pidieron los demás?
8. ¿Se durmió alguien en alguna de tus clases la semana pasada? ¿En qué clase?

Síntesis

5

Describir En grupos, estudien la foto y las preguntas que siguen. Luego, describan la cena romántica de Eduardo y Rosa.

▶ ¿Adónde salieron a cenar?

▶ ¿Qué pidieron?

▶ ¿Les sirvieron la comida rápidamente?

▶ ¿Les gustó la comida?

▶ ¿Cuánto costó?

▶ ¿Van a volver a este restaurante en el futuro?

▶ ¿Recomiendas el restaurante?

CONSÚLTALO

To review words commonly associated with the preterite such as **anoche**, see **Estructura 6.3**, p.167.

8.2 Double object pronouns

ANTE TODO   In **Lecciones 5** and **6**, you learned that direct and indirect object pronouns replace nouns and that they often refer to nouns that have already been referenced. You will now learn how to use direct and indirect object pronouns together. Observe the following diagram.

Indirect Object Pronouns			Direct Object Pronouns	
me	nos	**+**	lo	los
te	os		la	las
le (se)	les (se)			

▶ When direct and indirect object pronouns are used together, the indirect object pronoun always precedes the direct object pronoun.

     I.O.   D.O.   **DOUBLE OBJECT PRONOUNS**
El camarero **me** muestra **el menú**. ⟶ El camarero **me lo** muestra.
The waiter shows me the menu.   *The waiter shows it to me.*

     I.O.   D.O.   **DOUBLE OBJECT PRONOUNS**
Nos sirven **los platos**. ⟶ **Nos los** sirven.
They serve us the dishes.   *They serve them to us.*

     I.O.   D.O.   **DOUBLE OBJECT PRONOUNS**
Maribel **te** pidió **una hamburguesa**. ⟶ Maribel **te la** pidió.
Maribel ordered a hamburger for you.   *Maribel ordered it for you.*

Y de tomar, les recomiendo el jugo de piña... ¿Se lo traigo a todos?

Sí, perfecto.

▶ In Spanish, two pronouns that begin with the letter **l** cannot be used together. Therefore, the indirect object pronouns **le** and **les** always change to **se** when they are used with **lo, los, la,** and **las**.

     I.O.   D.O.   **DOUBLE OBJECT PRONOUNS**
Le escribí **la carta**. ⟶ **Se la** escribí.
I wrote him the letter.   *I wrote it to him.*

     I.O.   D.O.   **DOUBLE OBJECT PRONOUNS**
Les sirvió **los entremeses**. ⟶ **Se los** sirvió.
He served them the hors d'oeuvres.   *He served them to them.*

▶ Because **se** has multiple meanings, Spanish speakers often clarify to whom the pronoun refers by adding **a usted, a él, a ella, a ustedes, a ellos,** or **a ellas.**

¿El sombrero? Carlos **se** lo vendió **a ella.**
The hat? Carlos sold it to her.

¿Las verduras? Ellos **se** las compran **a usted.**
The vegetables? They buy them for you.

▶ Double object pronouns are placed before a conjugated verb. With infinitives and present participles, they may be placed before the conjugated verb or attached to the end of the infinitive or present participle.

DOUBLE OBJECT PRONOUNS
Te lo voy a mostrar.

DOUBLE OBJECT PRONOUNS
Voy a mostrár**telo**.

DOUBLE OBJECT PRONOUNS
Nos las están sirviendo.

DOUBLE OBJECT PRONOUNS
Están sirviéndo**noslas**.

▶ As you can see above, when double object pronouns are attached to an infinitive or a present participle, an accent mark is added to maintain the original stress.

¿Qué tal la comida, rica?

Sí. ¡Y nos la sirvieron tan rápidamente!

 ¡INTÉNTALO! Escribe el pronombre de objeto directo o indirecto que falta en cada frase.

Objeto directo

1. ¿La ensalada? El camarero nos ___la___ sirvió.
2. ¿El salmón? La dueña me_____ recomienda.
3. ¿La comida? Voy a preparárte_____.
4. ¿Las bebidas? Estamos pidiéndose_____.
5. ¿Los refrescos? Te _____ puedo traer ahora.
6. ¿Los platos de arroz? Van a servírnos_____ después.

Objeto indirecto

1. ¿Puedes traerme tu plato? No, no ___te___ lo puedo traer.
2. ¿Quieres mostrarle la carta? Sí, voy a mostrár_____la ahora.
3. ¿Les serviste la carne? No, no _____ la serví.
4. ¿Vas a leerle el menú? No, no _____ lo voy a leer.
5. ¿Me recomiendas la langosta? Sí, _____ la recomiendo.
6. ¿Cuándo vas a prepararnos la cena? _____ la voy a preparar en una hora.

Práctica

1 **Responder** Imagínate que trabajas de camarero/a en un restaurante. Responde a las órdenes de estos clientes usando pronombres.

> **modelo**
> Sra. Gómez: Una ensalada, por favor.
> *Sí, señora. Enseguida (Right away) se la traigo.*

1. Sr. López: La mantequilla, por favor.
2. Srta. Rivas: Los camarones, por favor.
3. Sra. Lugones: El pollo asado, por favor.
4. Tus compañeros/as de cuarto: Café, por favor.
5. Tu profesor(a) de español: Papas fritas, por favor.
6. Dra. González: La chuleta de cerdo, por favor.
7. Tus padres: Los champiñones, por favor.
8. Dr. Torres: La cuenta (*check*), por favor.

2 **¿Quién?** La señora Cevallos está planeando una cena. Se pregunta cómo va a resolver ciertas situaciones. En parejas, túrnense (*take turns*) para decir lo que ella está pensando. Cambien los sustantivos (*nouns*) subrayados por pronombres de objeto directo y hagan (*make*) los otros cambios necesarios.

> **modelo**
> ¡No tengo carne! ¿Quién va a traerme la carne del supermercado? (Mi esposo)
> *Mi esposo va a traérmela./Mi esposo me la va a traer.*

1. ¡Las invitaciones! ¿Quién les manda las invitaciones a los invitados (*guests*)? (Mi hija)
2. No tengo tiempo de ir a la bodega. ¿Quién me puede comprar el vino? (Mi hijo)
3. ¡Ay! No tengo suficientes platos. ¿Quién puede prestarme los platos que necesito? (Mi mamá)
4. Nos falta mantequilla. ¿Quién nos trae la mantequilla? (Mi cuñada)
5. ¡Los postres (*desserts*)! ¿Quién está preparándonos los postres? (Silvia y Renata)
6. No hay suficientes sillas. ¿Quiénes nos traen las sillas que faltan? (Héctor y Lorena)
7. No tengo tiempo de pedirle el azúcar a Mónica. ¿Quién puede pedirle el azúcar? (Mi hijo)
8. ¿Quién va a servirles la cena a los invitados? (Mis hijos)

Comunicación

3

Contestar Trabajen en parejas. Túrnense para hacer preguntas usando las palabras interrogativas **¿Quién?** o **¿Cuándo?** y para responderlas. Sigan el modelo.

> **modelo**
>
> nos enseña español
> **Estudiante 1:** ¿Quién nos enseña español?
> **Estudiante 2:** La profesora Camacho nos lo enseña.

1. te puede explicar (*explain*) la tarea cuando no la entiendes
2. les vende el almuerzo a los estudiantes
3. vas a comprarme boletos (*tickets*) para un concierto
4. te escribe mensajes electrónicos
5. nos prepara los entremeses
6. me vas a prestar tu computadora
7. te compró esa bebida
8. nos va a recomendar el menú de la cafetería
9. le enseñó español al/a la profesor(a)
10. me vas a mostrar tu casa o apartamento

4

Preguntas Hazle estas preguntas a un(a) compañero/a.

> **modelo**
>
> **Estudiante 1:** ¿Les prestas tu casa a tus amigos/as? ¿Por qué?
> **Estudiante 2:** No, no se la presto a mis amigos porque no son muy responsables.

1. ¿Me prestas tu coche (*car*)? ¿Ya le prestaste tu coche a otro/a amigo/a?
2. ¿Quién te presta dinero cuando lo necesitas?
3. ¿Les prestas dinero a tus amigos/as? ¿Por qué?
4. ¿Nos compras el almuerzo a mí y a los otros compañeros de clase?
5. ¿Les mandas correo electrónico a tus amigos? ¿Y a tu familia?
6. ¿Les das regalos a tus amigos? ¿Cuándo?
7. ¿Quién te va a preparar la cena esta noche?
8. ¿Quién te va a preparar el desayuno mañana?

Síntesis

5

Regalos de Navidad Tu profesor(a) te va a dar a ti y a un(a) compañero/a una parte de la lista de los regalos de Navidad (*Christmas gifts*) que Berta pidió y los regalos que sus parientes le compraron. Conversen para completar sus listas.

> **modelo**
>
> **Estudiante 1:** ¿Qué le pidió Berta a su mamá?
> **Estudiante 2:** Le pidió una computadora.
> **Estudiante 2:** ¿Se la compró?
> **Estudiante 1:** Sí, se la compró.

8.3 Saber and conocer

ANTE TODO Spanish has two verbs that mean *to know*: **saber** and **conocer**. They cannot be used interchangeably. Note that all forms of **saber** and **conocer** are regular in the present tense except their **yo** forms.

Saber and conocer

		saber *(to know)*	**conocer** *(to know)*
SINGULAR FORMS	yo	**sé**	**conozco**
	tú	**sabes**	**conoces**
	Ud./él/ella	**sabe**	**conoce**
PLURAL FORMS	nosotros/as	**sabemos**	**conocemos**
	vosotros/as	**sabéis**	**conocéis**
	Uds./ellos/ellas	**saben**	**conocen**

¡ATENCIÓN!

Saber + [*adjective*] is used to explain how something *tastes*.

Sabe muy dulce/bien/amargo.
It tastes very sweet/nice/bitter.

Saber + **a** means *to taste like.*

Sabe a ajo.
It tastes like garlic.

No sabe a nada.
It doesn't taste like anything.

▶ **Saber** means *to know a fact or piece(s) of information* or *to know how to do something.*

> No **sé** tu número de teléfono.
> *I don't know your telephone number.*

> Mi hermana **sabe** hablar francés.
> *My sister knows how to speak French.*

▶ **Conocer** means *to know* or *be familiar/acquainted* with a person, place, or thing.

> ¿**Conoces** la ciudad de Nueva York?
> *Do you know New York City?*

> No **conozco** a tu amigo Esteban.
> *I don't know your friend Esteban.*

▶ When the direct object of **conocer** is a person or pet, the personal **a** is used.

> ¿Conoces los restaurantes de Tegucigalpa? *but* ¿Conoces **a** Rigoberta Menchú?

¡ATENCIÓN!

The following verbs are also conjugated like **conocer**:

conducir *to drive*
ofrecer *to offer*
parecer *to seem*
traducir *to translate*

¡INTÉNTALO! Escribe las formas apropiadas de los siguientes verbos.

saber

1. José no ___sabe___ la hora.
2. Sara y yo _____ jugar al tenis.
3. ¿Por qué no _____ tú estos verbos?
4. Mis padres _____ hablar japonés.
5. Yo _____ a qué hora es la clase.
6. Usted no _____ dónde vivo.
7. Mi hermano no _____ nadar.
8. Nosotros _____ muchas cosas.
9. Carlos nunca _____ qué hora es.
10. Yo _____ dónde comer bien.

verbos como conocer

1. Usted y yo ___conocemos___ (conocer) bien Miami.
2. Mi compañero _____ (conducir) muy mal.
3. Esta clase _____ (parecer) muy buena.
4. Ellos siempre me _____ (ofrecer) ayuda.
5. Yo _____ (traducir) del chino al inglés.
6. Ana, ¿_____ (conocer) los poemas de Mistral?
7. Luis, _____ (parecer) triste.
8. Ustedes _____ (conducir) con cuidado.
9. Yo siempre les _____ (ofrecer) café a mis amigos.
10. Nadie me _____ (conocer) bien.

Práctica

CONSÚLTALO

Locate the Guatemalan cities mentioned here, in **Panorama**, p. 238.

1 **Completar** Completa las frases con la forma apropiada de **saber** o **conocer**.

1. Mi hermana mayor _____ conducir, pero yo no_____.
2. —¿_____ a Carla, mi sobrina? —No, no la _____.
3. —¿_____ ustedes el número de Marta? —Nosotras no lo _____.
4. —Nosotros no _____ Guatemala. —Ah, ¿no? Yo _____ bien las ciudades de Escuintla, Mazatenango, Quetzaltenango y Antigua.
5. —Todavía no _____ a tu novio. —Sí, ya lo _____. Mañana te lo presento.
6. Yo _____ esquiar, pero Tino y Luis son pequeños y no _____.
7. Roberto _____ bien el Popol Vuh, el libro sagrado de los mayas, y también _____ leer los jeroglíficos de los templos mayas.

2 **Emparejar** Escoge la oracion de la lista A que corresponde con la de la lista B y escribe la forma correcta de los verbos en la lista B.

A

1. María del Carmen tiene mucha sed.
2. ¿Puedes traducir el menú? No entiendo francés.
3. ¿Sabes cuándo sirven los entremeses?
4. Gloria, tú no tienes automóvil para ir a la fiesta, ¿verdad?
5. Aquel camarero es el hijastro de mi cuñada María José.
6. ¿De dónde es el dueño del restaurante? ¿Es francés?

B

a. No lo sé, pero _____ (parecer) que van a servirlos pronto.
b. Con gusto le _____ (ofrecer) una bebida.
c. ¿Ah, sí? Pues, no lo _____ (conocer). ¡Qué guapo!
d. Sí, te lo _____ (traducir). Me gusta mucho practicar el francés.
e. No _____ (saber). No me acuerdo, pero conozco a su esposa. Es de Guatemala.
f. No, pero _____ (conducir) el de mis padres.

3 **Combinar** Combina las columnas A, B y C para hacer oraciones completas.

modelo

No conozco a Stephen King. / Stephen King conoce a Meg Ryan.

A	**B**	**C**
Katie Couric	(no) conocer	Cameron Diaz
Bill Gates	(no) saber	Andy García
Shakira		cantar
y Enrique Iglesias		el lago de Atitlán
Mike Myers		en Guatemala
Stephen King		hablar dos lenguas extranjeras
Salma Hayek		hacer reír (laugh) a la gente
yo		preparar buenas comidas
tú		escribir novelas de horror
tu compañero/a		programar computadoras
nosotras		muchas personas importantes

Comunicación

4

Preguntas Con un(a) compañero/a, háganse y respondan a las siguientes preguntas.

1. ¿Qué restaurantes buenos conoces? ¿Vas mucho a comer a restaurantes?
2. En tu familia, ¿quién sabe cantar? ¿Tu opinión es objetiva?
3. ¿Conoces a algún artista hispano?
4. ¿Sabes usar bien Internet? ¿Te parece fácil o difícil?
5. ¿Sabes escuchar cuando alguien te habla de sus problemas?
6. ¿Conoces a algún/alguna chef famoso/a? ¿Qué tipo de comida prepara?
7. ¿Conoces a algún/alguna escritor(a) famoso/a?
8. ¿Sabes si ofrecen cursos de administración de empresas en la universidad?

5

Entrevista Hazle preguntas a un(a) compañero/a sobre los siguientes temas. Utiliza los verbos **saber** y **conocer.**

modelo

Estudiante 1: ¿Conoces un buen restaurante argentino?
Estudiante 2: Sí, conozco La parrilla ardiente.
Estudiante 1: ¿Sabes cocinar comida argentina?
Estudiante 2: Sí, sé preparar un buen asado.

actividades	deportes	recetas (*recipes*)
ciudades	lenguas	restaurantes
compras	países	viajes

Síntesis

6

Anuncio En grupos, lean el anuncio (*advertisement*). Después, contesten las preguntas.

1. Busquen ejemplos de los verbos **saber** y **conocer.**
2. ¿Qué saben del Centro Comercial Oviedo?
3. ¿Qué pueden hacer en el Centro Comercial Oviedo?
4. ¿Conocen otros centros comerciales como éste? ¿Cómo se llaman? ¿Dónde están?
5. ¿Conocen algún centro comercial en otro país? ¿Cómo es?

8.4 Comparisons and superlatives

ANTE TODO Spanish and English use comparisons to indicate which of two people or things has a lesser, equal, or greater degree of a quality. Both languages also use superlatives to express the highest or lowest degree of a quality.

Comparisons

menos interesante	más grande	tan sabroso como
less interesting	*bigger*	*as delicious as*

Superlatives

la/el mejor	la/el peor	la más alta
the best	*the worst*	*the tallest*

Comparisons of inequality

▶ Comparisons of inequality are formed by placing **más** (*more*) or **menos** (*less*) before adjectives, adverbs, and nouns and **que** (*than*) after them.

$$\textbf{más/menos} + \begin{bmatrix} adjective \\ adverb \\ noun \end{bmatrix} + \textbf{que}$$

adjectives

Los bistecs son **más caros que** el pollo.

Steaks are more expensive than chicken.

Estas uvas son **menos sabrosas que** esa pera.

These grapes are less tasty than that pear.

adverbs

Me acuesto **más tarde que** tú.

I go to bed later than you (do).

Mi hermano se despierta **menos temprano que** yo.

My brother wakes up less early than I (do).

nouns

Juan prepara **más platos que** José.

Juan prepares more dishes than José (does).

Susana come **menos carne que** Enrique.

Susana eats less meat than Enrique (does).

Tengo más hambre que un elefante.

El lomo a la plancha es un poquito más caro pero es sabrosísimo.

▶ With verbs, the following construction is used to make comparisons of inequality:

$$\begin{bmatrix} verb \end{bmatrix} + \textbf{más/menos que}$$

Mis hermanos **comen más que** yo.

My brothers eat more than I (do).

Arturo **duerme menos que** su padre.

Arturo sleeps less than his father (does).

Comparisons of equality

The following constructions are used to make comparisons of equality.

$$\textbf{tan} + \begin{bmatrix} \textit{adjective} \\ \textit{adverb} \end{bmatrix} + \textbf{como} \qquad \textbf{tanto/a(s)} + \begin{bmatrix} \textit{singular noun} \\ \textit{plural noun} \end{bmatrix} + \textbf{como}$$

¿Qué tal tu ceviche?

La comida es tan rica como en España.

Este plato es **tan delicioso como** aquél.
This dish is as delicious as that one (is).

Ustedes probaron **tantos platos como** ellos.
You tried as many dishes as they did.

▶ Comparisons of equality with verbs are formed by placing **tanto como** after the verb. Note that in this construction **tanto** does not change in number or gender.

$$\begin{bmatrix} \textit{verb} \end{bmatrix} + \textbf{tanto como}$$

No **duermo tanto como** mi tía.
I don't sleep as much as my aunt (does).

Estudiamos **tanto como** ustedes.
We study as much as you (do).

Superlatives

▶ The following construction is used to form superlatives. Note that the noun is always preceded by a definite article and that **de** is equivalent to the English *in* or *of*.

$$\textbf{el/la/los/las} + \begin{bmatrix} \textit{noun} \end{bmatrix} + \textbf{más/menos} + \begin{bmatrix} \textit{adjective} \end{bmatrix} + \textbf{de}$$

Es **el café más rico del** país.
It's the most delicious coffee in the country.

Es el menú **menos caro de** todos éstos.
It is the least expensive menu of all of these.

▶ The noun in a superlative construction can be omitted if the person, place, or thing referred to is clear.

¿El restaurante El Cráter?
   Es **el más elegante** de la ciudad.
The El Cráter restaurant?
   It's the most elegant (one) in the city.

Recomiendo el pollo asado.
   Es **el más sabroso** del menú.
I recommend the roast chicken.
   It's the most delicious (thing) on the menu.

Irregular comparisons and superlatives

Irregular comparative and superlative forms

Adjective		Comparative form		Superlative form	
bueno/a	good	**mejor**	better	**el/la mejor**	(the) best
malo/a	bad	**peor**	worse	**el/la peor**	(the) worst
grande	big	**mayor**	bigger	**el/la mayor**	(the) biggest
pequeño/a	small	**menor**	smaller	**el/la menor**	(the) smallest
joven	young	**menor**	younger	**el/la menor**	(the) youngest
viejo/a	old	**mayor**	older	**el/la mayor**	(the) eldest

Inés, ¿tienes hermanos?

Sí, tengo un hermano mayor.

¿Adónde vamos a almorzar, don F?

Pues, conozco el mejor restaurante de la ciudad, el restaurante El Cráter.

▶ When **grande** and **pequeño/a** refer to age, the irregular comparative and superlative forms, **mayor** and **menor**, are used. However, when these adjectives refer to size, the regular forms, **más grande** and **más pequeño/a**, are used.

Isabel es **la mayor** de su familia.
Isabel is the eldest in her family.

Tu ensalada es **más grande** que ésa.
Your salad is bigger than that one.

Yo soy **menor** que tú.
I'm younger than you.

Pedí **el plato más pequeño** del menú.
I ordered the smallest dish on the menu.

▶ The adverbs **bien** and **mal** have the same irregular comparative forms as the adjectives **bueno/a** and **malo/a**.

Julio nada **mejor** que los otros chicos.
Julio swims better than the other boys.

Ellas cantan **peor** que las otras chicas.
They sing worse than the other girls.

Absolute superlatives

▶ In Spanish the absolute superlative is equivalent to *extremely, exceptionally, super,* or *very* before an adjective or adverb. You encountered an absolute superlative when you learned how to say **Me gusta(n) muchísimo...**

▶ To form the absolute superlative of most adjectives and adverbs, drop the final vowel, if there is one, and add **-ísimo/a(s).**

malo ⟶ **mal-** ⟶ **malísimo**   **mucho** ⟶ **much-** ⟶ **muchísimo**

¡El bistec está **malísimo**!   Comes **muchísimo**.
The steak is very bad!   *You eat a lot (very, very much).*

difícil + **-ísimo** ⟶ **dificilísimo**   **fácil** + **ísimo** ⟶ **facilísimo**

Esta prueba es **dificilísima**.   Los exámenes son **facilísimos**.
This quiz is exceptionally difficult.   *The tests are extremely easy.*

▶ Adjectives and adverbs whose stem ends in **c, g,** or **z** change spelling to **qu, gu,** and **c** in the absolute superlative.

rico ⟶ **riquísimo**   **largo** ⟶ **larguísimo**   **feliz** ⟶ **felicísimo**

▶ Adjectives that end in **–n** or **–r** normally form the absolute superlative by adding **-císimo.**

joven + **-císimo** ⟶ **jovencísimo**   **trabajador** + **-císimo** ⟶ **trabajadorcísimo**

¡INTÉNTALO!   Escribe el equivalente de las palabras en inglés.

Comparativos

1. (*than*) Ernesto mira más televisión ___que___ Alberto.
2. (*less*) Tú eres __menos__ simpático que Federico.
3. (*as much*) La camarera sirve __tanta__ carne como pescado.
4. (*more*) Conozco __más__ restaurantes que tú.
5. (*as much as*) No estudio __tanto como__ tú.
6. (*as*) ¿Sabes jugar al tenis tan bien __como__ tu hermana?
7. (*as many*) ¿Puedes beber __tan__ refrescos como yo?
8. (*as*) Mis amigos parecen __tanto__ simpáticos como ustedes.

Superlativos

1. (*the most intelligent*) Marisa es __la más inteligente__ de todas.
2. (*the least boring*) Ricardo y Tomás son __los menos borrados__ de la fiesta.
3. (*the worst*) Miguel y Antonio son __los peores__ estudiantes de la clase.
4. (*the eldest*) Mi profesor de biología es __el mayor__ de la universidad.
5. (*extremely delicious*) El pollo de este supermercado es __sabrosísimo__.
6. (*the youngest*) Carlos es __el menor__ de mis hermanos.
7. (*the best*) Este plato es __el mejor__ del restaurante.
8. (*extremely tall*) Sara es __altísima__.

Práctica

1 **Escoger** De las palabras que están entre paréntesis, escoge la correcta para comparar a dos hermanas muy diferentes. Haz (*Make*) las adaptaciones necesarias.

1. Lucila es más alta y más bonita ___que___ Tita. (de, más, menos, que)
2. Tita es más delgada porque come ___mas___ verduras que su hermana. (de, más, menos, que)
3. Lucila es más ___simpatico___ que Tita porque es alegre. (listo, simpático, bajo)
4. A Tita le gusta comer en casa. Va a ___menos___ restaurantes que su hermana. (más, menos, que) Es tímida, pero activa. Hace ___mas___ ejercicio que su hermana. (más, tanto, menos) Todos los días toma más ___de___ cinco vasos de agua mineral. (que, tan, de)   # = de
5. Lucila come muchas papas fritas y se preocupa ___mas___ que Tita por comer frutas. (de, más, menos) Son ___tan___ diferentes, pero se llevan bien. (como, tan, tanto)

2 **Emparejar** Completa las oraciones (*sentences*) de la columna A con información de la columna B para comparar a Mario y a Luis, los novios de Lucila y Tita.

A	B
1. Mario es _____ como Luis.	amigos extranjeros
2. Mario viaja tanto _____ Luis.	como
3. Luis escoge _____ clases de cocina (*cooking*) como Mario.	diferencia
4. Luis habla _____ tan bien como Mario.	francés
5. Mario tiene tantos _____ como Luis.	tan interesante
6. ¡Qué casualidad (*coincidence*)! Mario y Luis también son hermanos, pero no hay tanta _____ entre ellos como entre Lucila y Tita.	tantas

3 **Completar** Tu profesor(a) va a darte (*to give you*) una hoja de actividades con descripciones de José Valenzuela Carranza y Ana Orozco Hoffman. Completa las oraciones acerca de (*about*) Ana, José y sus familias con las palabras de la lista.

atlética	del	mejor	peor
altísima	la	menor	periodista
bajo	más	guapísimo	trabajadorcísimo
de	mayor	Orozco	Valenzuela

1. José es el _____ y el más _____ de su familia. Es _____ y _____. Es el mejor _____ de la ciudad y el _____ jugador de baloncesto.
2. Ana es la más _____ y _____ mejor jugadora de baloncesto del estado. Es la _____ de sus hermanos y es _____. Estudió la profesión _____ difícil _____ todas.
3. Jorge es el _____ jugador de juegos electrónicos de su familia.
4. Mauricio es el menor de la familia _____.
5. El abuelo es el _____ de todos los miembros de la familia Valenzuela.
6. Fifí es la perra más antipática _____ mundo.

Comunicación

4

Intercambiar En parejas, hagan comparaciones sobre diferentes cosas. Pueden usar las sugerencias de la lista u otras ideas.

modelo

Estudiante 1: Los pollos de *Pollitos del Corral* son los mejores del mundo.

Estudiante 2: Pues yo creo que los pollos de *Rostipollos* son tan buenos como los pollos de *Pollitos del Corral*.

Estudiante 1: Mmm... no tienen tanta mantequilla como los pollos de *Pollitos del Corral*. Tienes razón. Son sabrosísimos.

cafés en tu ciudad/pueblo
restaurantes en tu ciudad/pueblo
tiendas en tu ciudad/pueblo

libros favoritos
periódicos en tu ciudad/pueblo
revistas favoritas

comidas favoritas
cursos que toman
profesores

5

Conversar En grupos, túrnense (*take turns*) para hacer comparaciones entre ustedes mismos (*yourselves*) y una persona de cada categoría de la lista.

▶ una persona de tu familia

▶ un(a) amigo/a especial

▶ una persona famosa

Síntesis

6

La familia López En grupos, túrnense para hablar de Sara, Sabrina, Cristina, Ricardo y David y hacer comparaciones entre ellos.

modelo

Estudiante 1: Sara es tan alta como Sabrina.

Estudiante 2: Sí, pero David es el más alto de la familia.

Estudiante 3: En mi opinión, él es guapísimo, también.

Lectura

Antes de leer

Estrategia
Reading for the main idea

As you know, you can learn a great deal about a reading selection by looking at the format and looking for cognates, titles, and subtitles. You can skim to get the gist of the reading selection and scan it for specific information. Reading for the main idea is another useful strategy; it involves locating the topic sentences of each paragraph to determine the author's purpose for writing a particular piece. Topic sentences can provide clues about the content of each paragraph, as well as the general organization of the reading. Your choice of which reading strategies to use will depend on the style and format of each reading selection.

Examinar el texto

En esta sección tenemos dos textos diferentes. ¿Qué estrategias puedes usar para leer la crítica culinaria? ¿Cuáles son las apropiadas para familiarizarte con el menú? Utiliza las estrategias más eficaces° para cada texto. ¿Qué tienen en común? ¿Qué tipo de comida sirven en el restaurante?

Identificar la idea principal

Lee la primera frase de cada párrafo de la crítica culinaria del restaurante **La feria del maíz.** Apunta° el tema principal de cada párrafo. Luego lee todo el primer párrafo. ¿Crees que el restaurante le gustó al/a la autor(a) de la crítica culinaria? ¿Por qué? Ahora lee la crítica entera. En tu opinión, ¿cuál es la idea principal de la crítica? ¿Por qué la escribió el/la autor(a)? Compara tus opiniones con las de un(a) compañero/a.

recursos

vistahigher
learning.com

eficaces *efficient* Apunta *Jot down*

MENÚ

Entremeses

Tortilla servida con
- Ajiaceite (chile, aceite) • Ajicomino (chile, comino)

Pan tostado servido con
- Queso frito a la pimienta • Salsa de ajo y mayonesa

Sopas

- Tomate • Cebolla • Verduras • Pollo y huevo
- Carne de res • Mariscos

Entradas

Tomaticán
(tomate, papas, maíz, chile, arvejas, zanahorias y verduras)

Tamales
(maíz, azúcar, ajo, cebolla)

Frijoles enchilados
(frijoles negros, carne de cerdo o de res, arroz, chile)

Chilaquil
(tortilla de maíz, queso, hierbas y chile)

Tacos
(tortillas, pollo, verduras y mole)

Cóctel de mariscos
(camarones, langostas, vinagre, sal, pimienta, aceite)

Postres

- Plátanos caribeños • Cóctel de frutas al ron
- Uvate (uvas, azúcar de caña y ron) • Flan napolitano
- Helado de piña y naranja • Pastel de yogur

Después de leer

Preguntas

En parejas, contesten las siguientes preguntas sobre la crítica culinaria de **La feria del maíz.**

1. ¿Quién es el dueño y chef de **La feria del maíz**?

2. ¿Qué tipo de comida se sirve en el restaurante?

3. ¿Cuál es el problema con el servicio?

4. ¿Cómo es el ambiente del restaurante?

5. ¿Qué comidas probó el autor de la crítica culinaria?

6. ¿Quieren probar ustedes el restaurante **La feria del maíz**? ¿Por qué?

23F

Gastronomía

La feria del maíz

Sobresaliente°. En el nuevo restaurante **La feria del maíz** va a encontrar la perfecta combinación entre la comida tradicional y el encanto de la vieja ciudad de Antigua. Ernesto Sandoval, antiguo jefe de cocina° del famoso restaurante **El fogón**, está teniendo mucho éxito° en su nueva aventura culinaria.

El gerente°, el experimentado José Sierra, controla a la perfección la calidad del servicio. El camarero que me atendió esa noche fue muy amable en todo momento. Sólo hay

La feria del maíz
13 calle 4-41 Zona 1
La Antigua, Guatemala
2329912

lunes a sábado
10:30am-11:30pm
domingo 10:00am-10:00pm

Comida ⑂⑂⑂⑂⑂

Servicio ⑂⑂⑂

Ambiente ⑂⑂⑂⑂

Precio ⑂⑂⑂

que comentar que, debido al éxito inmediato de **La feria del maíz**, se necesitan más camareros para atender a los clientes de una forma más eficaz. En esta ocasión, el

mesero tardó unos veinte minutos en traerme la bebida.

Afortunadamente, no me importó mucho la espera entre plato y plato, pues el ambiente es tan agradable que me sentí como en casa. El restaurante mantiene el estilo colonial de Antigua. Por dentro°, el estilo es elegante y rústico a la vez. Cuando el tiempo lo permite, se puede comer también en el patio, donde hay muchas flores.

El servicio de camareros y el ambiente agradable del local pasan a un segundo plano cuando llega la comida, de una calidad extraordinaria. Las tortillas de casa se sirven

con un ajiaceite delicioso. La sopa de mariscos es excelente, y los tamales, pues, tengo que confesar que son mejores que los de mi abuelita. También recomiendo los tacos de pollo, servidos con un mole buenísimo. De postre, don Ernesto me preparó su especialidad, un flan napolitano sabrosísimo.

Los precios pueden parecer altos° para una comida tradicional, pero, la calidad de los productos con que se cocinan los platos y el exquisito ambiente de **La feria del maíz** le garantizan° una experiencia inolvidable.

Bebidas

• Cerveza negra • Chilate (bebida de maíz, chile y cacao)
• Jugos de fruta • Agua mineral • Té helado
• Vino tinto/blanco • Ron

Sobresaliente *Outstanding* **jefe de cocina** *head chef* **éxito** *success*
gerente *manager* **Por dentro** *Inside* **altos** *high* **garantizan** *guarantee*

Un(a) guía turístico/a

Tú eres un(a) guía turístico/a en Guatemala. Estás en el restaurante **La feria del maíz** con un grupo de turistas norteamericanos. Ellos no hablan español y quieren pedir de comer, pero necesitan tu ayuda. Lee nuevamente el menú e indica qué error comete cada turista.

1. La señora Johnson es diabética y no puede comer azúcar. Pide sopa de verdura y tamales. No pide nada de postre.

2. Los señores Petit son vegeterianos y piden sopa de tomate, frijoles enchilados y plátanos caribeños.

3. El señor Smith, que es alérgico al chocolate, pide tortilla servida con ajiaceite, chilaquil y chilate para beber.

4. La adorable hija del señor Smith tiene sólo cuatro años y le gustan mucho las verduras y las frutas naturales. Su papá le pide tomaticán y un cóctel de frutas.

5. La señorita Jackson está a dieta y pide uvate, flan napolitano y helado.

Guatemala

El país en cifras

▶ **Área:** 108.890 km^2 (42.042 millas^2),
un poco más pequeño que Tennessee
▶ **Población:** 12.952.000
▶ **Capital:** la Ciudad de Guatemala—3.869.000
▶ **Ciudades principales:**
Quetzaltenango—101.000, Escuintla—68.000,
Mazatenango—42.000, Puerto Barrios—39.000
SOURCE: Population Division, UN Secretariat
▶ **Moneda:** quetzal
▶ **Idiomas:** español (oficial),
lenguas mayas
*El español es la lengua de un
60 por ciento° de la población;
el otro 40 por ciento tiene una
de las lenguas mayas (cakchiquel,
quiché y kekchícomo entre
otras) como lengua materna.
Una palabra que las lenguas
mayas tienen en común es ixim,
que significa maíz, un cultivo°
de mucha importancia en estas
culturas.*

Bandera de Guatemala

Guatemaltecos célebres

▶ **Carlos Mérida,** pintor (1891–1984)
▶ **Miguel Ángel Asturias,** escritor (1899–1974)
▶ **Margarita Carrera,** poeta y ensayista (1929–)
▶ **Rigoberta Menchú Tum,** activista (1959–)

por ciento *percent*   cultivo *crop*   telas *fabrics*
tinte *dye*   aplastados *crushed*
hace... destiñan *keeps the colors from running*

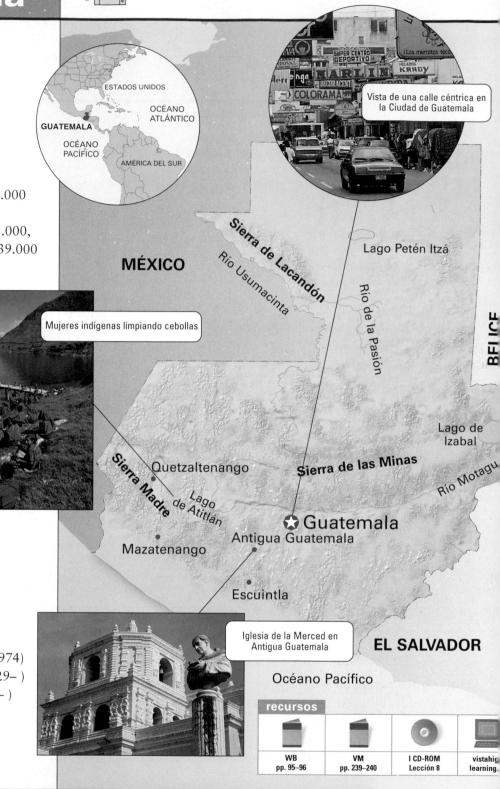

ESTADOS UNIDOS
OCÉANO ATLÁNTICO
GUATEMALA
OCÉANO PACÍFICO
AMÉRICA DEL SUR

Vista de una calle céntrica en la Ciudad de Guatemala

MÉXICO

Sierra de Lacandón
Río Usumacinta
Lago Petén Itzá
Río de la Pasión

Mujeres indígenas limpiando cebollas

Lago de Izabal

Sierra Madre
Quetzaltenango
Lago de Atitlán
Sierra de las Minas
Río Motagua

Mazatenango

✪ Guatemala
Antigua Guatemala

Escuintla

Iglesia de la Merced en Antigua Guatemala

EL SALVADOR

Océano Pacífico

recursos

WB pp. 95–96	VM pp. 239–240	I CD-ROM Lección 8	vistahigher learning

¡Increíble pero cierto!

¿Qué ingrediente secreto se encuentra en las telas°
tradicionales de Guatemala? ¡El mosquito! El
excepcional tinte° de estas telas es producto de una
combinación de flores y de mosquitos aplastados°.
El insecto hace que los colores no se destiñan°.
Quizás es por ésto que los artesanos representan
la figura del mosquito en muchas de sus telas.

Ciudades • La Antigua Guatemala

La Antigua Guatemala fue fundada en 1543. Fue una capital de gran importancia hasta 1773, cuando un terremoto° la destruyó. La Antigua Guatemala conserva el carácter original de su arquitectura y hoy es uno de los centros turísticos del país. Su celebración de la Semana Santa° es, para muchas personas, la más importante del hemisferio.

Naturaleza • El quetzal

El quetzal simbolizó la libertad para los antiguos° mayas porque creían° que este pájaro° no podía vivir en cautividad°. Hoy el quetzal es el símbolo nacional. El pájaro da su nombre a la moneda nacional y aparece en los billetes° del país. Desafortunadamente, está en peligro° de extinción. Para su protección, el gobierno mantiene una reserva biológica especial.

Historia • Los mayas

Desde 1500 a.C. hasta 900 d.C. los mayas habitaron gran parte de lo que ahora es Guatemala. Su civilización fue muy avanzada. Fueron arquitectos y constructores de pirámides, templos y observatorios. Descubrieron° y usaron el cero antes que los europeos, e inventaron un calendario complejo° y preciso.

Artesanía • La ropa tradicional

La ropa tradicional de los guatemaltecos se llama *huipil* y muestra el amor de la cultura maya por la naturaleza. Ellos se inspiran en las flores, plantas y animales para hacer sus diseños°. Es de colores vivos° y tiene formas geométricas. El diseño y los colores de cada *huipil* indican el pueblo de origen y a veces el sexo y la edad° de la persona que lo lleva.

¿Qué aprendiste? Responde a las preguntas con una frase completa.

1. ¿Qué significa la palabra *ixim*?
2. ¿Quién es Rigoberta Menchú?
3. ¿Qué pájaro representa a Guatemala?
4. ¿Qué simbolizó el quetzal para los mayas?
5. ¿Cuál es la moneda nacional de Guatemala?
6. ¿De qué fueron arquitectos los mayas?
7. ¿Qué celebración de la Antigua Guatemala es la más importante del hemisferio para muchas personas?
8. ¿Qué descubrieron los mayas antes que los europeos?
9. ¿Qué muestra la ropa tradicional de los guatemaltecos?
10. ¿Qué indica un *huipil* con su diseño y sus colores?

(márgenes izquierdos) Mar Caribe · Golfo de Honduras · Puerto Barrios · **HONDURAS**

Conexión Internet Investiga estos temas en el sitio **www.vistahigherlearning.com**.

1. Busca información sobre Rigoberta Menchú. ¿De dónde es? ¿Qué libros publicó? ¿Por qué es famosa?
2. Estudia un sitio arqueológico en Guatemala para aprender más sobre los mayas, y prepara un breve informe para tu clase.

terremoto *earthquake* Semana Santa *Holy Week* antiguos *ancient* creían *they believed* pájaro *bird* cautividad *captivity*
los billetes *bills* peligro *danger* descubrieron *discovered* complejo *complex* diseños *designs* vivos *bright* edad *age*

Las comidas

el/la camarero/a	waiter
la comida	food; meal
el/la dueño/a	owner; landlord
el menú	menu
la sección de (no) fumar	(non) smoking section
el almuerzo	lunch
la cena	dinner
el desayuno	breakfast
los entremeses	hors d'oeuvres
el plato (principal)	(main) dish
delicioso/a	delicious
rico/a	tasty; delicious
sabroso/a	tasty; delicious
escoger	to choose
merendar (e:ie)	to snack
pedir (e:i)	to order (food)
probar (o:ue)	to taste; to try
recomendar (e:ie)	to recommend
servir (e:i)	to serve

Las frutas

la banana	banana
las frutas	fruits
el limón	lemon
la manzana	apple
el melocotón	peach
la naranja	orange
la pera	pear
la sandía	watermelon
la uva	grape

Las verduras

las arvejas	peas
la cebolla	onion
el champiñón	mushroom
la ensalada	salad
los espárragos	asparagus
los frijoles	beans
la lechuga	lettuce
el maíz	corn
las papas/patatas (fritas)	(fried) potatoes; French fries
el tomate	tomato
las verduras	vegetables
la zanahoria	carrot

La carne y el pescado

el atún	tuna
el bistec	steak
los camarones	shrimp
la carne	meat
la carne de res	beef
la chuleta (de cerdo)	(pork) chop
la hamburguesa	hamburger
el jamón	ham
la langosta	lobster
los mariscos	shellfish
el pavo	turkey
el pescado	fish
el pollo (asado)	(roast) chicken
la salchicha	sausage
el salmón	salmon

Otras comidas

el aceite	oil
el ajo	garlic
el arroz	rice
el azúcar	sugar
los cereales	cereal; grains
el huevo	egg
la mantequilla	butter
la margarina	margarine
la mayonesa	mayonnaise
el pan (tostado)	(toasted) bread
la pimienta	black pepper
el queso	cheese
la sal	salt
el sándwich	sandwich
la sopa	soup
el vinagre	vinegar
el yogur	yogurt

Las bebidas

el agua (mineral)	(mineral) water
la bebida	drink
el café	coffee
la cerveza	beer
el jugo (de fruta)	(fruit) juice
la leche	milk
el refresco	soft drink
el té (helado)	(iced) tea
el vino (blanco/tinto)	(white/red) wine

Verbos

conducir	to drive
conocer	to know; to be acquainted with
morir (o:ue)	to die
ofrecer	to offer
parecer	to seem
saber	to know; to know how
traducir	to translate

Las comparaciones

como	like; as
más de (+ number)	more than
más... que	more ... than
menos de (+ number)	fewer than
menos... que	less ... than
tan... como	as ... as
tantos/as... como	as many... as
tanto... como	as much... as
el/la mayor	the eldest
el/la mejor	the best
el/la menor	the youngest
el/la peor	the worst
mejor	better
peor	worse

Expresiones útiles	See page 217.

recursos		
LM p. 48	Lab CD/MP3 Lección 8	Vocab CD Lección 8

Las fiestas

Communicative Goals

You will learn how to:

- Express congratulations
- Express gratitude
- Ask for and pay the bill at a restaurant

A PRIMERA VISTA

- ¿Se conocen ellas?
- ¿Cómo se sienten, alegres o tristes?
- ¿Está una de las chicas más contenta que la otra?
- ¿De qué color es su ropa, marrón o negra?

Las fiestas

Más vocabulario

la alegría	*happiness*
la amistad	*friendship*
el amor	*love*
el beso	*kiss*
la sorpresa	*surprise*
el aniversario (de bodas)	*(wedding) anniversary*
la boda	*wedding*
el cumpleaños	*birthday*
el día de fiesta	*holiday*
el divorcio	*divorce*
el matrimonio	*marriage*
la Navidad	*Christmas*
el/la recién casado/a	*newlywed*
la quinceañera	*young woman's fifteenth birthday celebration*
celebrar	*to celebrate*
cumplir años	*to have a birthday*
divertirse (e:ie)	*to have fun*
graduarse (de/en)	*to graduate (from/in)*
invitar	*to invite*
jubilarse	*to retire (from work)*
nacer	*to be born*
odiar	*to hate*
pasarlo bien/mal	*to have a good/bad time*
reírse (e:i)	*to laugh*
relajarse	*to relax*
sorprender	*to surprise*
sonreír (e:i)	*to smile*
cambiar (de)	*to change*
dejar una propina	*to leave a tip*
pagar la cuenta	*to pay the bill*
juntos/as	*together*

Variación léxica

pastel ⟷ torta *(Arg., Venez.)*

comprometerse ⟷ prometerse *(Esp.)*

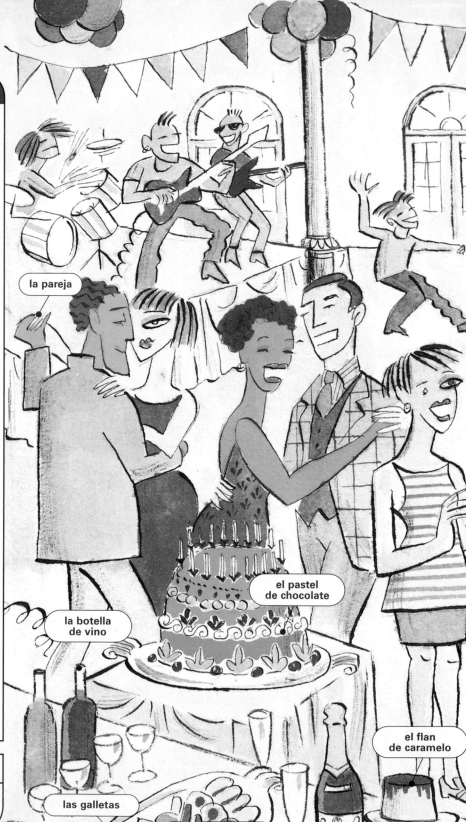

la pareja

el pastel de chocolate

la botella de vino

el flan de caramelo

las galletas

los postres

el champán

los dulces

Práctica

brindar

el invitado

galar

el helado

Relaciones personales

casarse (con)	*to get married (to)*
comprometerse (con)	*to get engaged (to)*
divorciarse (de)	*to get divorced (from)*
enamorarse (de)	*to fall in love (with)*
llevarse bien/mal (con)	*to get along well/badly (with)*
romper (con)	*to break up (with)*
salir (con)	*to go out (with); to date*
separarse (de)	*to separate (from)*
tener una cita	*to have a date; to have an appointment*

1 **Escuchar** Escucha la conversación e indica si las oraciones son **ciertas** o **falsas**.

1. A Silvia no le gusta mucho el chocolate.
2. Silvia sabe que sus amigos le van a hacer una fiesta.
3. Los amigos de Silvia le compraron un pastel de chocolate.
4. Los amigos brindan por Silvia con refrescos.
5. Silvia y sus amigos van a comer helado.
6. Los amigos de Silvia le van a servir flan y galletas.

2 **Emparejar** Indica la letra de la frase que mejor completa cada oración.

a. **se jubiló**	d. **nos divertimos**	g. **se llevan bien**
b. **dejó una propina**	e. **nació**	h. **lo pasaron mal**
c. **sonrió**	f. **se casaron**	i. **tenemos una cita**

1. María y sus compañeras de cuarto ＿＿＿. Son buenas amigas.
2. Pablo y yo ＿＿＿ en la fiesta. Bailamos y comimos mucho.
3. Manuel y Felipe ＿＿＿ en el cine. La película fue muy mala.
4. ¡Tengo una nueva sobrina! Ella ＿＿＿ ayer por la mañana.
5. Mi madre le ＿＿＿ muy grande al camarero.
6. Mi padre ＿＿＿ hace un año. Ahora no trabaja.
7. A Elena le gustan las galletas. Ella ＿＿＿ después de comérselas todas.
8. Jorge y yo ＿＿＿ esta noche. Vamos a ir a un restaurante muy elegante.
9. Jaime y Laura ＿＿＿ el septiembre pasado. La boda fue maravillosa.

3 **Definiciones** En parejas, definan las palabras y escriban una frase para cada ejemplo.

modelo

romper (con) una pareja termina la relación
Marta rompió con su novio.

1. regalar
2. helado
3. pareja
4. invitado
5. casarse
6. quinceañera
7. sorpresa
8. pasarlo bien

Las etapas de la vida de Sergio

el nacimiento

la niñez

la adolescencia

la juventud

la madurez

la vejez

4 **Las etapas de la vida** Identifica las etapas de la vida que se describen (*are described*) en las frases.

1. Mi abuela se jubiló y se mudó (*moved*) a Viña del Mar.
2. Mi padre trabaja para una compañía grande en Santiago.
3. ¿Viste a mi nuevo sobrino en el hospital? Es precioso y ¡tan pequeño!
4. Mi abuelo murió este año.
5. Mi hermana se enamoró de un chico nuevo en la escuela.
6. Mi hermana pequeña juega con muñecas (*dolls*).

5 **Cambiar** Tu hermano menor no entiende nada de las etapas de la vida. En parejas, túrnense (*take turns*) para decir que las afirmaciones son falsas y corríjanlas (*correct them*) cambiando las expresiones subrayadas (*underlined*).

> **modelo**
>
> **Estudiante 1:** La <u>niñez</u> es cuando trabajamos mucho.
> **Estudiante 2:** No, te equivocas (*you're wrong*). La madurez es cuando trabajamos mucho.

1. <u>El nacimiento</u> es el fin de la vida.
2. <u>La juventud</u> es la etapa cuando nos jubilamos.
3. A los sesenta y cinco años, muchas personas <u>comienzan a trabajar.</u>
4. Julián y nuestra prima <u>se divorcian</u> mañana.
5. Mamá <u>odia</u> a su hermana.
6. El abuelo murió, por eso la abuela es <u>separada</u>.
7. Cuando te gradúas de la universidad, estás en la etapa de <u>la adolescencia</u>.
8. Mi tío nunca se casó, es <u>viudo</u>.

Comunicación

6

Una fiesta Trabaja con dos compañeros/as para planear una fiesta. Recuerda incluir la siguiente (*following*) información.

1. ¿Qué tipo de fiesta es? ¿Dónde va a ser? ¿Cuándo va a ser?
2. ¿A quiénes van a invitar?
3. ¿Qué van a comer? ¿Quiénes van a llevar o a preparar la comida?
4. ¿Qué van a beber? ¿Quiénes van a llevar las bebidas?
5. ¿Qué van a hacer todos durante la fiesta?

7

Encuesta Tu profesor(a) va a darte una hoja de actividades. Haz las preguntas de la hoja a dos o tres compañeros/as de clase para saber qué actitudes tienen en sus relaciones personales. Luego comparte los resultados de la encuesta (*survey*) con la clase y comenta tus conclusiones.

Preguntas	Nombres	Actitudes
1. ¿Te importa la amistad? ¿Por qué?		
2. ¿Es mejor tener un(a) buen(a) amigo/a o muchos/as amigos/as?		
3. ¿Cuáles son las características que buscas en tus amigos/as?		
4. ¿Tienes novio/a? ¿A qué edad es posible enamorarse?		
5. ¿Deben las parejas hacer todo juntos? ¿Deben tener las mismas opiniones? ¿Por qué?		

¡LENGUA VIVA!

While a **buen(a) amigo/a** is a *good friend*, the term **amigo/a íntimo/a** refers to a *close friend*, or a very good friend, without any romantic overtones.

8

Minidrama En parejas, consulten la ilustración en la página 244, y luego, usando las palabras de la lista, preparen un minidrama para representar (*to act out*) las etapas de la vida de Sergio. Pueden ser creativos e inventar más información sobre su vida.

amor	celebrar	enamorarse	romper
boda	comprometerse	graduarse	salir
cambiar	cumpleaños	jubilarse	separarse
casarse	divorciarse	nacer	tener una cita

¡Feliz cumpleaños, Maite!

Don Francisco y los estudiantes celebran el cumpleaños de Maite en el restaurante El Cráter.

PERSONAJES

MAITE

INÉS

DON FRANCISCO

ÁLEX

JAVIER

DOÑA RITA

CAMARERO

INÉS A mí me encantan los dulces. Maite, ¿tú qué vas a pedir?

MAITE Ay, no sé. Todo parece tan delicioso. Quizás el pastel de chocolate.

JAVIER Para mí el pastel de chocolate con helado. Me encanta el chocolate. Y tú, Álex, ¿qué vas a pedir?

ÁLEX Generalmente prefiero la fruta, pero hoy creo que voy a probar el pastel de chocolate.

DON FRANCISCO Yo siempre tomo un flan y un café.

DOÑA RITA & CAMARERO ¡Feliz cumpleaños, Maite!

INÉS ¿Hoy es tu cumpleaños, Maite?

MAITE Sí, el 22 de junio. Y parece que vamos a celebrarlo.

TODOS MENOS MAITE ¡Felicidades!

ÁLEX Yo también acabo de cumplir los veintitrés años.

MAITE ¿Cuándo?

ÁLEX El cuatro de mayo.

DOÑA RITA Aquí tienen un flan, pastel de chocolate con helado... y una botella de vino para dar alegría.

MAITE ¡Qué sorpresa! ¡No sé qué decir! Muchísimas gracias.

DON FRANCISCO El conductor no puede tomar vino. Doña Rita, gracias por todo. ¿Puede traernos la cuenta?

DOÑA RITA Enseguida, Paco.

recursos

| V CD-ROM Lección 9 | VM pp. 211–212 | I CD-ROM Lección 9 |

MAITE ¡Gracias! Pero, ¿quién le dijo que es mi cumpleaños?

DOÑA RITA Lo supe por don Francisco.

ÁLEX Ayer te lo pregunté, ¡y no quisiste decírmelo! ¿Eh? ¡Qué mala eres!

JAVIER ¿Cuántos años cumples?

MAITE Veintitrés.

INÉS Creo que debemos dejar una buena propina. ¿Qué les parece?

MAITE Sí, vamos a darle una buena propina a la señora Perales. Es simpatiquísima.

DON FRANCISCO Gracias una vez más. Siempre lo paso muy bien aquí.

MAITE Muchísimas gracias, señora Perales. Por la comida, por la sorpresa y por ser tan amable con nosotros.

Enfoque cultural Las celebraciones hispanas

Las celebraciones de la independencia, los carnavales y la Semana Santa son fiestas importantísimas en los países hispanos. Las fechas de Navidad y Noche Vieja (*New Year's Eve*) son, quizás, las más festejadas (*celebrated*). Otra celebración importante es el santo. Cada día del año tiene un santo asignado, y algunas personas que se llaman igual que el santo del día (*who have the same name as the day's saint*) lo celebran. El 19 de marzo, por ejemplo, los que se llaman José o Josefa celebran el día de San José.

Expresiones útiles

Celebrating a birthday party

▶ **¡Feliz cumpleaños!**
Happy birthday!

▶ **¡Felicidades!/¡Felicitaciones!**
Congratulations!

▶ **¿Quién le dijo que es mi cumpleaños?**
Who told you (form.) *that it's my birthday?*

▷ **Lo supe por don Francisco.**
I found out through don Francisco.

▶ **¿Cuántos años cumples/cumple Ud.?**
How old are you now?

▷ **Veintitrés.**
Twenty-three.

Asking for and getting the bill

▶ **¿Puede traernos la cuenta?**
Can you bring us the bill?

▶ **La cuenta, por favor.**
The bill, please.

▷ **Enseguida, señor/señora/señorita.**
Right away, sir/ma'am/miss.

Expressing gratitude

▶ **¡(Muchas) gracias!**
Thank you (very much)!

▶ **Muchísimas gracias.**
Thank you very, very much.

▶ **Gracias por todo.**
Thanks for everything.

▶ **Gracias una vez más.**
Thanks again. (lit. Thanks one more time.)

Leaving a tip

▶ **Creo que debemos dejar una buena propina. ¿Qué les parece?**
I think we should leave a good tip. What do you guys think?

▷ **Sí, vamos a darle una buena propina.**
Yes, let's give her a good tip.

Reacciona a la fotonovela

1 **Completar** Completa las frases con la información correcta, según la fotonovela.

1. De postre, don Francisco siempre pide _____.
2. A Javier le encanta _____.
3. Álex cumplió los _____ años _____.
4. Hoy Álex quiere tomar algo diferente. De postre, quiere pedir _____.
5. Los estudiantes le van a dejar _____ a doña Rita.

2 **Identificar** Identifica quién puede decir las siguientes frases.

1. Gracias, doña Rita, pero no puedo tomar vino.
2. ¡Qué simpática es doña Rita! Fue tan amable conmigo.
3. A mí me encantan los dulces y los pasteles, ¡especialmente si son de chocolate!
4. Mi amigo acaba de informarme que hoy es el cumpleaños de Maite.
5. ¿Tienen algún postre de fruta? Los postres de fruta son los mejores.
6. Me parece una buena idea dejarle una buena propina a la dueña. ¿Qué piensan ustedes?

 JAVIER
 ÁLEX
INÉS MAITE

DON FRANCISCO DOÑA RITA

NOTA CULTURAL

En los países hispanos los camareros no dependen tanto de **las propinas** como en los EE.UU. Por eso, en estos países no es común dejar propina. Pero siempre es buena idea dejar una buena propina cuando el grupo es grande o el servicio es excepcional.

3 **Completar** Selecciona algunas de las opciones de la lista para completar las frases.

el amor	la cuenta	la galleta	la quinceañera
una botella de vino	día de fiesta	pedir	¡Qué sorpresa!
celebrar	el divorcio	un postre	una sorpresa

1. Maite no sabe que van a celebrar su cumpleaños porque es _____.
2. Cuando una pareja celebra su aniversario y quiere tomar algo especial, compra _____.
3. Después de una cena o un almuerzo, es normal pedir _____.
4. Inés y Maite no saben exactamente lo que van a _____ de postre.
5. Después de comer en un restaurante, tienes que pagar _____.
6. Una pareja de enamorados nunca piensa en _____.
7. Hoy no trabajamos porque es un _____.

CONSÚLTALO

Some Latin American countries mark a girl's fifteenth birthday by celebrating a **quinceañera,** a party in her honor in which she is "presented" to society. To read more, see **Lectura** p. 261.

4 **Fiesta sorpresa** Trabajen en grupos para representar una conversación en la que uno/a de ustedes está celebrando su cumpleaños en un restaurante.

- Una persona le desea feliz cumpleaños a su compañero/a y le pregunta cuántos años cumple.
- Cada persona del grupo le pide al/a la camarero/a un postre y algo de beber.
- Después de terminar los postres, una persona pide la cuenta.
- Otra persona habla de dejar una propina.
- Los amigos que no cumplen años dicen que quieren pagar la cuenta.
- El/la que cumple años les da las gracias por todo.

Pronunciación 🎧

The letters h, j, and g

helado	**hombre**	**hola**	**hermosa**

The Spanish **h** is always silent.

José	**jubilarse**	**dejar**	**pareja**

The letter **j** is pronounced much like the English *h* in *his*.

agencia	**general**	**Gil**	**Gisela**

The letter **g** can be pronounced three different ways. Before **e** or **i**, the letter **g** is pronounced much like the English *h*.

Gustavo, gracias por llamar el domingo.

At the beginning of a phrase or after the letter **n**, the Spanish **g** is pronounced like the English *g* in *girl*.

Me gradué en agosto.

In any other position, the Spanish **g** has a somewhat softer sound.

Guerra	**conseguir**	**guantes**	**agua**

In the combinations **gue** and **gui**, the **g** has a hard sound and the **u** is silent. In the combination **gua**, the **g** has a hard sound and the **u** is pronounced like the English *w*.

Práctica Lee las palabras en voz alta, prestando atención a la **h**, la **j** y la **g**.

1. hamburguesa	5. geografía	9. seguir	13. Jorge
2. jugar	6. magnífico	10. gracias	14. tengo
3. oreja	7. espejo	11. hijo	15. ahora
4. guapa	8. hago	12. galleta	16. guantes

Oraciones Lee las oraciones en voz alta, prestando atención a la **h**, la **j** y la **g**.

1. Hola. Me llamo Gustavo Hinojosa Lugones y vivo en Santiago de Chile.
2. Tengo una familia grande; somos tres hermanos y tres hermanas.
3. Voy a graduarme en mayo.
4. Para celebrar mi graduación mis padres van a regalarme un viaje a Egipto.
5. ¡Qué generosos son!

Refranes Lee los refranes en voz alta, prestando atención a la **h**, la **j** y la **g**.

A la larga, lo más dulce amarga.[1]

El hábito no hace al monje.[2]

1 *Too much of a good thing.*
2 *The clothes don't make the man.*

9.1 Irregular preterites

ANTE TODO You already know that the verbs **ir** and **ser** are irregular in the preterite. You will now learn other verbs whose preterite forms are also irregular.

Preterite of *tener, venir,* and *decir*

		tener (**u**-stem)	venir (**i**-stem)	decir (**j**-stem)
SINGULAR FORMS	yo	tuv**e**	vin**e**	dij**e**
	tú	tuv**iste**	vin**iste**	dij**iste**
	Ud./él/ella	tuv**o**	vin**o**	dij**o**
PLURAL FORMS	nosotros/as	tuv**imos**	vin**imos**	dij**imos**
	vosotros/as	tuv**isteis**	vin**isteis**	dij**isteis**
	Uds./ellos/ellas	tuv**ieron**	vin**ieron**	dij**eron**

▶ The following verbs observe similar stem-changes to **tener, venir,** and **decir**.

INFINITIVE	U-STEM	PRETERITE FORMS
poder	pud-	pude, pudiste, pudo, pudimos, pudisteis, pudieron
poner	pus-	puse, pusiste, puso, pusimos, pusisteis, pusieron
saber	sup-	supe, supiste, supo, supimos, supisteis, supieron
estar	estuv-	estuve, estuviste, estuvo, estuvimos, estuvisteis, estuvieron

INFINITIVE	I-STEM	PRETERITE FORMS
querer	quis-	quise, quisiste, quiso, quisimos, quisisteis, quisieron
hacer	hic-	hice, hiciste, hizo, hicimos, hicisteis, hicieron

INFINITIVE	J-STEM	PRETERITE FORMS
traer	traj-	traje, trajiste, trajo, trajimos, trajisteis, trajeron
conducir	conduj-	conduje, condujiste, condujo, condujimos, condujisteis, condujeron
traducir	traduj-	traduje, tradujiste, tradujo, tradujimos, tradujisteis, tradujeron

¡ATENCIÓN!

The endings of these verbs are the regular preterite endings of –**er**/–**ir** verbs, except for the **yo** and **Ud./él/ella** forms. Note that these endings are unaccented.

¡ATENCIÓN!

Most verbs that end in –**cir** are **j**-stem verbs in the preterite. For example, **producir → produje, produjiste,** etc.

▶ Notice that the preterites with **j**-stems omit the letter **i** in the **ellos, ellas,** and **ustedes** form.

Mis amigos **trajeron** comida a la fiesta.   Ellos **comieron** muchos dulces.

ORBITEL

$5.000

$10.000

$20.000

¿Dijiste larga distancia?
En tarjetas prepagadas ninguna te da más minutos para hablar

The preterite of *dar*

Singular forms		Plural forms	
yo	**di**	nosotros/as	**dimos**
tú	**diste**	vosotros/as	**disteis**
Ud./él/ella	**dio**	Uds./ellos/ellas	**dieron**

▶ The endings for **dar** are the same as the regular preterite endings for **–er** and **–ir** verbs, except that there are no accent marks.

> La camarera me **dio** el menú.
> *The waitress gave me the menu.*

> Le **di** a Juan algunos consejos.
> *I gave Juan some advice.*

> Los invitados le **dieron** un regalo.
> *The guests gave him/her a gift.*

> Nosotros **dimos** una gran fiesta.
> *We gave a great party.*

▶ The preterite of **hay** (*inf.* **haber**) is **hubo** (*there was; there were*).

CONSÚLTALO

Note that there are other ways to say *there was* or *there were* in Spanish. See **Estructura 10.1**, p. 276.

Doña Rita les dio una botella de vino a los viajeros.

Hubo una fiesta en el restaurante El Cráter.

¡INTÉNTALO! Escribe en cada espacio en blanco la forma correcta del pretérito del verbo que está entre paréntesis.

1. (querer) tú ___quisiste___
2. (decir) usted _____
3. (hacer) nosotras _____
4. (traer) yo _____
5. (conducir) ellas _____
6. (estar) ella _____
7. (tener) tú _____
8. (dar) ella y yo _____
9. (traducir) yo _____
10. (haber) ayer _____
11. (saber) usted _____
12. (poner) ellos _____

13. (venir) yo ___vine___
14. (poder) tú _____
15. (querer) ustedes _____
16. (estar) nosotras _____
17. (decir) tú _____
18. (saber) ellos _____
19. (hacer) él _____
20. (poner) yo _____
21. (traer) nosotras _____
22. (tener) yo _____
23. (dar) tú _____
24. (poder) ustedes _____

Práctica

1 Completar Completa estas frases con el pretérito de los verbos entre paréntesis.

1. El sábado _____ (haber) una fiesta sorpresa para Elsa en mi casa.
2. Sofía _____ (hacer) un pastel para la fiesta y Miguel _____ (traer) un flan.
3. Los amigos y parientes de Elsa _____ (venir) y _____ (traer) regalos.
4. El hermano de Elsa no _____ (venir) porque _____ (tener) que trabajar.
5. Su tía María Dolores tampoco _____ (poder) venir.
6. Cuando Elsa abrió la puerta, todos gritaron (*shouted*): "¡Feliz cumpleaños!" y su esposo le _____ (dar) un beso.
7. Al final de la fiesta, todos _____ (decir) que se divirtieron mucho.
8. La historia (*story*) le _____ (dar) a Elsa tanta risa (*laughter*) que no _____ (poder) dejar de reírse durante toda la noche.

2 Describir En parejas, usen verbos de la lista para describir lo que estas personas hicieron. Deben dar por lo menos dos frases por cada dibujo.

dar	hacer	tener	traer
estar	poner	traducir	venir

1. El señor López

2. Norma

3. Anoche nosotros

4. Roberto y Elena

Comunicación

3

Preguntas En parejas, túrnense para hacerse y responder a estas preguntas.

1. ¿Fuiste a una fiesta de cumpleaños el año pasado? ¿De quién?
2. ¿Quiénes fueron a la fiesta?
3. ¿Quién condujo el carro?
4. ¿Cómo estuvo la fiesta?
5. ¿Quién llevó regalos, bebidas o comida? ¿Llevaste algo especial?
6. ¿Hubo comida? ¿Quién la hizo? ¿Hubo champán?
7. ¿Qué regalo diste tú? ¿Qué otros regalos dieron los invitados?
8. ¿Cuántos invitados hubo en la fiesta?
9. ¿Qué tipo de música hubo?
10. ¿Qué dijeron los invitados de la fiesta?

4

Encuesta Tu profesor(a) va a darte una hoja de actividades. Para cada una de las actividades de la lista, encuentra a alguien que hizo esa actividad en el tiempo indicado.

> **modelo**
>
> Traer dulces a clase
> **Estudiante 1:** ¿Trajiste dulces a clase?
> **Estudiante 2:** Sí, traje galletas y helado a la fiesta del fin del semestre.

Actividades　　　　　　　　Nombres

1. Ponerse un disfraz (*costume*) de Halloween
2. Traer dulces a clase
3. Conducir su carro a clase
4. Estar en la biblioteca ayer
5. Dar un beso a alguien ayer
6. Poder levantarse temprano esta mañana
7. Hacer un viaje a un país hispano en el verano
8. Tener una cita anoche
9. Ir a una fiesta el fin de semana pasado
10. Tener que trabajar el sábado pasado

NOTA CULTURAL ▶

Halloween es una fiesta que también se celebra en algunos países hispanos, como México, por su proximidad con los Estados Unidos, pero no es parte de la cultura hispana. Sin embargo, sí lo es el Día de todos los Santos (1 de noviembre) y el Día de los Muertos (2 de noviembre). Según la tradición mexicana, el Día de los Muertos los espíritus de los muertos regresan para visitar a los vivos. Muchas personas van al cementerio ese día y algunas pasan la noche allí. También es costumbre comer pan y dulces en forma de calaveras (*skulls*) y esqueletos (*skeletons*).

Síntesis

5

Conversación En parejas, preparen una conversación en la que un(a) hermano/a va a visitar a su hermano/a para explicarle por qué no fue a su fiesta de graduación y para saber cómo estuvo la fiesta. Incluyan la siguiente información en la conversación:

- Cuál fue el menú
- Quiénes vinieron a la fiesta y quiénes no pudieron venir
- Quiénes prepararon la comida o trajeron algo
- Si él/ella tuvo que preparar algo
- Lo que la gente hizo antes y después de comer
- Cómo lo pasaron, bien o mal

9.2 Verbs that change meaning in the preterite

ANTE TODO   The verbs **conocer, saber, poder,** and **querer** change meanings when used in the preterite. Because of this, each of them corresponds to more than one verb in English, depending on its tense.

Verbs that change meaning in the preterite

Present	**Preterite**
conocer	
to know; to be acquainted with	*to meet*
Conozco a esa pareja.	**Conocí** a esa pareja ayer.
I know that couple.	*I met that couple yesterday.*
saber	
to know information;	*to find out; to learn*
to know how to do something	**Supimos** la verdad anoche.
Sabemos la verdad.	*We found out (learned) the truth*
We know the truth.	*last night.*
poder	
to be able; can	*to manage; to succeed (could and did)*
Podemos hacerlo.	**Pudimos** hacerlo ayer.
We can do it.	*We managed to do it yesterday.*
querer	
to want; to love	*to try*
Quiero ir a la fiesta pero tengo	**Quise** evitar el accidente pero
que trabajar.	fue imposible.
I want to go the party, but I have	*I tried to avoid the accident but it was*
to work.	*impossible.*

¡ATENCIÓN!

In the preterite, the verbs **poder** and **querer** have different meanings, depending on whether they are used in affirmative or negative sentences.

pude *I was able (to)*
no pude *I failed (to)*
quise *I tried (to)*
no quise *I refused (to)*

¡INTÉNTALO!   Elige la respuesta más lógica.

1. Yo no hice lo que me pidieron mis padres. ¡Tengo mis principios!
   a. No quise hacerlo.   b. No supe hacerlo.

2. Hablamos por primera vez con Nuria y Ana en la boda.
   a. Las conocimos en la boda.   b. Las supimos en la boda.

3. Por fin hablé con mi hermano después de llamarlo siete veces.
   a. No quise hablar con él.   b. Pude hablar con él.

4. Josefina se acostó para relajarse. Se durmió inmediatamente.
   a. Pudo relajarse.   b. No pudo relajarse.

5. Después de mucho buscar, encontraste la definición en el diccionario.
   a. No supiste la respuesta.   b. Supiste la repuesta.

6. Las chicas fueron a la fiesta. Cantaron, bailaron mucho y hablaron con todos los invitados.
   a. Ellas pudieron divertirse.   b. Ellas no supieron divertirse.

Práctica

1

Carlos y Eva Forma frases con los siguientes elementos. Usa el pretérito. Al final, inventa la razón del divorcio de Carlos y Eva.

1. Anoche / mi esposa y yo / saber / que / Carlos y Eva / divorciarse

▶ 2. Los / conocer / viaje / Isla de Pascua

3. No / poder / hablar / mucho / con / ellos / ese / día

4. Pero / ellos / ser / simpático / y / nosotros / hacer planes / vernos / con más / frecuencia

5. Yo / poder / su / número / teléfono / encontrar / páginas / amarillo

6. (Yo) querer / llamar / les / ese día / pero / no / tener / tiempo.

7. Cuando / los / llamar / nosotros / poder / hablar / Eva.

8. Nosotros / saber / razón / divorcio / después / hablar / ella

NOTA CULTURAL

La Isla de Pascua es un remoto territorio chileno situado en el océano Pacífico Sur. Sus inmensas estatuas son uno de los mayores misterios del mundo: nadie sabe cómo o por qué se construyeron. Para más información, véase **Panorama**, p. 265.

Comunicación

2

Completar Completa estas frases de una manera lógica.

1. Ayer mi compañero/a de cuarto supo…
2. Esta mañana no pude…
3. Conocí a mi mejor amigo/a en…
4. Mis padres no quisieron…
5. Mi mejor amigo/a no pudo…
6. Mi novio/a y yo nos conocimos en…
7. La semana pasada supe…
8. Ayer mis amigos quisieron…

3

Telenovela (*Soap opera*) En parejas, escriban el diálogo para una escena de una telenovela. La escena trata de (*is about*) una situación amorosa entre tres personas: Mirta, Daniel y Raúl. Usen el pretérito de **conocer, poder, querer** y **saber** en su diálogo.

PASIÓN — HECHICERÍA   AVENTURA — INQUISICIÓN

LA MUJER DOBLE

Síntesis

4

Conversación En una hoja de papel, escribe dos listas: las cosas que hiciste durante el fin de semana y las cosas que quisiste hacer pero no pudiste. Luego, compara tu lista con la de un(a) compañero/a, y expliquen por qué no pudieron hacer esas cosas.

9.3 ¿Qué? and ¿cuál?

ANTE TODO   You've already learned how to use interrogative words and phrases. As you know, **¿qué?** and **¿cuál?** or **¿cuáles?** mean *what?* or *which?* However, they are not interchangeable.

▶ **¿Qué?** is used to ask for a definition or an explanation.

¿Qué es el flan?   **¿Qué** estudias?
What is flan?   *What do you study?*

▶ **¿Cuál(es)?** is used when there is a choice among several possibilities.

¿Cuál de los dos prefieres,   **¿Cuáles** son tus medias,
el vino o el champán?   las negras o las blancas?
Which of these (two) do you prefer,   *Which ones are your socks,*
    wine or champagne?   *the black ones or the white ones?*

▶ **¿Cuál?** cannot be used before a noun; in this case, **¿qué?** is used.

¿Qué sorpresa te dieron tus amigos?   **¿Qué** colores te gustan?
What surprise did your friends give you?   *What colors do you like?*

▶ **¿Qué?** used before a noun has the same meaning as **¿cuál?**

¿Qué regalo te gusta?   **¿Qué dulces** quieren ustedes?
What (Which) gift do you like?   *What (Which) sweets do you want?*

Review of interrogative words and phrases

¿a qué hora?	*at what time?*		**¿cuánto/a?**	*how much?*
¿adónde?	*(to) where?*		**¿cuántos/as?**	*how many?*
¿cómo?	*how?*		**¿de dónde?**	*from where?*
¿cuál(es)?	*what?; which?*		**¿dónde?**	*where?*
¿cuándo?	*when?*		**¿qué?**	*what?; which?*
			¿quién(es)?	*who?*

¡INTÉNTALO!   Completa las preguntas con **¿qué?** o **¿cuál(es)?**, según el contexto.

1. ¿ __Cuál__ de los dos te gusta más?
2. ¿ _____ es tu teléfono?
3. ¿ _____ tipo de pastel pediste?
4. ¿ _____ es una quinceañera?
5. ¿ _____ haces ahora?
6. ¿ _____ son tus platos favoritos?
7. ¿ _____ bebidas te gustan más?
8. ¿ _____ es esto?
9. ¿ _____ es el mejor?
10. ¿ _____ es tu opinión?
11. ¿ _____ fiestas celebras tú?
12. ¿ _____ botella de vino prefieres?
13. ¿ _____ es tu helado favorito?
14. ¿ _____ pones en la mesa?
15. ¿ _____ restaurante prefieres?
16. ¿ _____ estudiantes estudian más?
17. ¿ _____ quieres comer esta noche?
18. ¿ _____ es la sorpresa mañana?
19. ¿ _____ postre prefieres?
20. ¿ _____ opinas?

Práctica

1

Completar Tu clase de español va a crear un sitio web. Completa estas frases con alguna(s) palabra(s) interrogativa(s). Luego, con un(a) compañero/a hagan y contesten las preguntas para obtener la información para el sitio web.

1. ¿_____ es la fecha de tu cumpleaños?
2. ¿_____ naciste?
3. ¿_____ es tu estado civil?
4. ¿_____ te relajas?
5. ¿_____ es tu mejor amigo/a?
6. ¿_____ cosas te hacen reír?
7. ¿_____ postres te gustan? ¿_____ te gusta más?
8. ¿_____ problemas tuviste en la primera cita con alguien?

Comunicación

2

Una invitación En parejas, lean esta invitación. Luego, túrnense para hacer y contestar preguntas con **qué** y **cuál** basadas en la información de la invitación.

¡LENGUA VIVA!

The word **invitar** is not used exactly like *invite*. If you say **Te invito a un café**, it means that you are offering to buy that person a coffee.

> **modelo**
> **Estudiante 1:** ¿Cuál es el nombre del padre de la novia?
> **Estudiante 2:** Su nombre es Fernando Sandoval Valera.

> *Fernando Sandoval Valera*   *Lorenzo Vásquez Amaral*
> *Isabel Arzipe de Sandoval*   *Elena Soto de Vásquez*
>
> *tienen el agrado de invitarlos*
> *a la boda de sus hijos*
>
> *María Luisa y José Antonio*
>
> *La ceremonia religiosa tendrá lugar*
> *el sábado 10 de junio a las dos de la tarde*
> *en el Templo de Santo Domingo*
> *(Calle Santo Domingo, 961).*
>
> *Después de la ceremonia sírvanse pasar a la recepción en el salón*
> *de baile del Hotel Metrópoli (Sotero del Río, 465).*

3

Quinceañera Trabaja con un(a) compañero/a. Uno/a de ustedes es el/la director(a) del salón de fiestas "Renacimiento". El/la otro/a es el padre/la madre de Ana María, quien quiere hacer la fiesta de quinceañera de su hija sin gastar más de $25 por invitado/a. Su profesor(a) va a darles la información necesaria para confirmar la reservación.

> **modelo**
> **Estudiante 1:** ¿Cuánto cuestan los entremeses?
> **Estudiante 2:** Depende. Puede escoger champiñones por 50 centavos o camarones por dos dólares.
> **Estudiante 1:** ¡Uf! A mi hija le gustan los camarones, pero son muy caros.
> **Estudiante 2:** Bueno, también puede escoger quesos por un dólar por invitado.

9.4 Pronouns after prepositions

ANTE TODO   In Spanish, as in English, the object of a preposition is the noun or pronoun that follows a preposition. Observe the following diagram.

PREPOSITION	NOUN	PREPOSITION	PRONOUN

La sopa es para   Alicia   y para   él.

Prepositional pronouns

	Singular		Plural	
	mí	me	**nosotros/as**	us
	ti	you (fam.)	**vosotros/as**	you (fam.)
preposition +	**Ud.**	you (form.)	**Uds.**	you (form.)
	él	him	**ellos**	them (m.)
	ella	her	**ellas**	them (f.)

▶ Note that, except for **mí** and **ti,** these pronouns are the same as the subject pronouns.

▶ The preposition **con** combines with **mí** and **ti** to form **conmigo** and **contigo,** respectively.

—¿Quieres venir **conmigo** a Concepción?   —Sí, gracias, me gustaría ir **contigo.**
Do you want to come with me to Concepción?   *Yes, thanks, I would like to go with you.*

▶ The preposition **entre** is followed by **tú** and **yo** instead of **ti** and **mí.**

Papá va a sentarse **entre tú y yo.**
Dad is going to sit between you and me.

¡ATENCIÓN!

Remember that **mí** (*me*) has an accent mark to distinguish it from the possessive adjective **mi** (*my*).

CONSÚLTALO

For more prepositions, refer to **Estructura 2.3,** p. 50.

¡INTÉNTALO!   Completa las frases con las preposiciones y los pronombres apropiados.

1. *(with him)* No quiero ir ___con él___.
2. *(for her)* Las galletas son _____.
3. *(for me)* Los mariscos son _____.
4. *(with you, pl. form.)* Preferimos estar _____.
5. *(with you, fam.)* Me gusta salir _____.
6. *(with me)* ¿Por qué no quieres tener una cita _____?
7. *(for her)* La cuenta es _____.
8. *(for them, m.)* La habitación es muy pequeña _____.
9. *(with them, f.)* Anoche celebré la Navidad _____.
10. *(for you, fam.)* Este beso es _____.
11. *(with you, fam.)* Nunca me aburro _____.
12. *(with you, pl. form.)* ¡Qué bien que vamos _____!
13. *(for you, fam.)* _____ la vida es muy fácil.
14. *(for them, f.)* _____ no hay sorpresas.

Práctica

1 **Completar** David sale con sus amigos a comer. Para saber quién come qué, lee el mensaje electrónico que David le envió (*sent*) a Cecilia dos días después y completa el diálogo en el restaurante con los pronombres apropiados.

> **modelo**
>
> **Camarero:** Los camarones en salsa verde, ¿para quién son?
> **David:** Son para ___ella___.

Para	Asunto

Hola, Cecilia:

¿Recuerdas la comida del viernes? Quiero repetir el menú en mi casa el miércoles. Ahora voy a escribir lo que comimos, luego me dices si falta algún plato. Yo pedí el filete de pescado y Maribel camarones en salsa verde. Tatiana pidió un plato grandísimo de machas a la parmesana. Diana y Silvia pidieron langostas, ¿te acuerdas? Y tú, ¿qué pediste? Ah, sí, un bistec grande con papas. Héctor también pidió un bistec, pero más pequeño. Miguel pidió pollo y vino tinto para todos. Y la profesora comió ensalada verde porque está a dieta. ¿Falta algo? Espero tu mensaje. Hasta pronto. David.

CAMARERO   El filete de pescado, ¿para quién es?
DAVID   Es para (1)_____.
CAMARERO   Aquí está. ¿Y las machas a la parmesana y las langostas?
DAVID   Las machas son para (2)_____.
SILVIA Y DIANA   Las langostas son para (3)_____.
CAMARERO   Tengo un bistec grande...
DAVID   Cecilia, es para (4)_____, ¿no es cierto? (*Cecilia nods.*) Y el bistec más pequeño es para (5)_____.
CAMARERO   ¿Y la botella de vino?
MIGUEL   Es para todos (6)_____, y el pollo es para (7)_____.
CAMARERO   (*a la profesora*) Entonces la ensalada verde es para (8)_____.

Comunicación

2 **Compartir** Tu profesor(a) va a darte una hoja de actividades en la que hay un dibujo. En parejas, hagan preguntas para saber dónde está cada una de las personas en el dibujo. Ustedes tienen dos versiones diferentes de la ilustración. Al final (*end*) deben saber dónde está cada persona.

> **modelo**
>
> **Estudiante 1:** ¿Quién está al lado de Óscar?
> **Estudiante 2:** Alfredo está al lado de él.

Alfredo	Dolores	Graciela	Raúl
Sra. Blanco	Enrique	Leonor	Rubén
Carlos	Sra. Gómez	Óscar	Yolanda

Lectura

Antes de leer

Estrategia
Recognizing word families

Recognizing root words can help you guess the meaning of words in context, ensuring better comprehension of a reading selection. Using this strategy will enrich your Spanish vocabulary as you will see below.

Examinar el texto

Familiarízate con el texto usando las estrategias de lectura más efectivas para ti. ¿Qué tipo de documento es? ¿De qué tratan° las cuatro secciones del documento? Explica tus respuestas.

Raíces°

Completa el siguiente cuadro° para ampliar tu vocabulario. Usa palabras de la lectura de esta lección y el vocabulario de las lecciones anteriores. ¿Qué significan las palabras que escribiste en el cuadro?

modelo

Verbo	Sustantivos	Otras formas
agradecer	agradecimiento/ gracias	agradecido
1. estudiar	_____	_____
2. _____	_____	celebrado
3. _____	baile	_____
4. bautizar	_____	_____

recursos

vistahigher learning.com

¿De qué tratan...? *What are they about?*
Raíces *Roots* cuadro *chart*

Vida social

Matrimonio
Espinoza Álvarez- Reyes Salazar

El día sábado 12 de junio de 2004 a las 19 horas, se celebró el matrimonio de Silvia Reyes y Carlos Espinoza en la Catedral de Santiago. La ceremonia fue oficiada por el pastor Federico Salas y participaron los padres de los novios, el señor Jorge Espinoza y señora y el señor José Alfredo Reyes y señora. Después de la ceremonia, los padres de los recién casados ofrecieron una fiesta bailable en el restaurante Doña Mercedes.

Bautismo

José María recibió el bautismo el 26 de junio de 2004.

Sus padres, don Roberto Lagos Moreno y doña María Angélica Sánchez, compartieron la alegría de la fiesta con todos sus parientes y amigos. La ceremonia religiosa tuvo lugar° en la Catedral de Aguas Blancas. Después de la ceremonia, padres, parientes y amigos celebraron una fiesta en la residencia de la familia Lagos.

Fiesta quinceañera

32B

El doctor don Amador Larenas Fernández y la señora Felisa Vera de Larenas celebraron los quince años de su hija Ana Ester junto a sus parientes y amigos. La quinceañera° reside en la ciudad de Valparaíso y es estudiante del Colegio Francés. La fiesta de presentación en sociedad de la señorita Ana Ester fue el día viernes 4 de mayo a las 19 horas, en el Club Español. Entre los invitados especiales asistieron el alcalde° de la ciudad, don Pedro Castedo, y su esposa. La música estuvo a cargo de la Orquesta Americana. ¡Feliz cumpleaños le deseamos a la señorita Ana Ester en su fiesta bailable!

Expresión de gracias
Carmen Godoy Tapia

Agradecemos° sinceramente a todas las personas que nos acompañaron en el último adiós a nuestra apreciada esposa, madre, abuela y tía, la señora Carmen Godoy Tapia. El funeral tuvo lugar el día 28 de junio de 2004 en la ciudad de Viña del Mar. La vida de Carmen Godoy fue un ejemplo de trabajo, amistad, alegría y amor para todos nosotros. La familia agradece de todo corazón° su asistencia° al funeral a todos los parientes y amigos. Su esposo, hijos y familia.

---

tuvo lugar *took place* quinceañera *fifteen year-old girl* alcalde *mayor*
Agradecemos *We thank* de todo corazón *sincerely* asistencia *attendance*

Después de leer

Corregir
Escribe estos comentarios otra vez para corregir la información errónea.

1. El alcalde y su esposa asistieron a la boda de Silvia y Carlos.
2. Todos los anuncios° describen eventos felices.
3. Ana Ester Larenas cumple dieciséis años.
4. Roberto Lagos y María Angélica Sánchez son hermanos.
5. Carmen Godoy Tapia les dio las gracias a las personas que asistieron al funeral.

Identificar
Escribe el nombre de la(s) persona(s) descrita(s)°.

1. Dejó viudo a su esposo en junio de 2004.
2. Sus padres y todos los invitados brindaron por él, pero él no entendió por qué.
3. El Club Español les presentó una cuenta considerable para pagar.
4. Unió a los novios en santo matrimonio.
5. La celebración de su cumpleaños marcó el comienzo de su vida adulta.

Un anuncio
Trabaja con dos o tres compañeros/as de clase e inventen un anuncio breve sobre una celebración importante. Esta celebración puede ser una graduación, un matrimonio o una gran fiesta en la que ustedes participan. Incluyan la siguiente información.

1. Nombres de los participantes
2. La fecha, la hora y el lugar
3. Qué se celebra
4. Otros detalles de interés

---

anuncios *announcements* descritas *described*

Escritura

Estrategia
Using a dictionary

A common mistake made by beginning language learners is to embrace the dictionary as the ultimate resource for reading, writing, and speaking. While it is true that the dictionary is a useful tool that can provide valuable information about vocabulary, using the dictionary correctly requires that you understand the elements of each entry.

If you glance at a Spanish-English dictionary, you will notice that its format is similar to that of an English dictionary. The word is listed first, usually followed by its pronunciation. Then come the definitions, organized by parts of speech. Sometimes the most frequently used definitions are listed first.

To find the best word for your needs, you should refer to the abbreviations and the explanatory notes that appear next to the entries. For example, imagine that you are writing about your pastimes. You want to write, "I want to buy a new racket for my match tomorrow," but you don't know the Spanish word for "racket." In the dictionary, you may find an entry like this:

> **racket** s 1. alboroto; 2. raqueta (*dep.*)

The abbreviation key at the front of the dictionary says that *s* corresponds to **sustantivo** *(noun)*. Then, the first word you see is **alboroto**. The definition of **alboroto** is *noise* or *racket,* so **alboroto** is probably not the word you're looking for. The second word is **raqueta,** followed by the abbreviation *dep.*, which stands for **deportes**. This indicates that the word **raqueta** is the best choice for your needs.

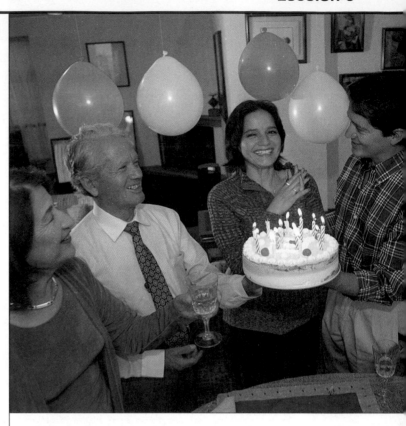

Tema

Escribir una composición

Compara una celebración familiar (como una boda, una fiesta de cumpleaños o una graduación) a la que tú asististe recientemente, con otro tipo de celebración. Utiliza palabras y expresiones de la siguiente lista.

Para expresar similitudes

además; también	*in addition; also*
al igual que	*the same as*
como	*as; like*
de la misma manera	*in the same manner (way)*
del mismo modo	*in the same manner (way)*
tan + [*adjetivo*] + como	*as + [adjective] + as*
tanto/a(s) + [*sustantivo*] + como	*as many/much + [noun] + as*

Para expresar diferencias

a diferencia de	*unlike*
a pesar de	*in spite of*
aunque	*although*
en cambio	*on the other hand*
más/menos… que	*more/less . . . than*
no obstante	*nevertheless; however*
por otro lado	*on the other hand*
por el contrario	*on the other hand*
sin embargo	*nevertheless; however*

Escuchar

Estrategia

Guessing the meaning of words through context

When you hear an unfamiliar word, you can often guess its meaning by listening to the words and phrases around it.

 To practice this strategy, you will now listen to a paragraph. Jot down the unfamiliar words that you hear. Then listen to the paragraph again and jot down the word or words that are the most useful clues to the meaning of each unfamiliar word.

Preparación

Lee la invitación. ¿De qué crees que van a hablar Rosa y Josefina?

Margarita Robles de García
y Roberto García Olmos

Piden su presencia en la celebración
del décimo aniversario de bodas
el día 13 de marzo de 2004
con una misa en la Iglesia Virgen del Coromoto
a las 6:30

seguida por cena y baile
en el restaurante El Campanero,
Calle Principal, Las Mercedes
a las 8:30

Ahora escucha

Ahora escucha la conversación entre Josefina y Rosa. Cuando oigas una de las palabras de la columna A, usa el contexto para identificar el sinónimo o la definición en la columna B.

A	B
____ festejar	a. conmemoración religiosa de una muerte
____ dicha	b. tolera
____ bien parecido	c. suerte
____ finge (fingir)	d. celebrar
____ soporta (soportar)	e. me divertí
____ yo lo disfruté (disfrutar)	f. horror
	g. crea una ficción
	h. guapo

Comprensión

¿Cierto o falso?

Lee cada frase e indica si lo que dice es **cierto** o **falso**. Corrige las frases falsas.

1. No invitaron a mucha gente a la fiesta de Margarita y Roberto porque ellos no conocen a muchas personas.

2. Algunos fueron a la fiesta con pareja y otros fueron sin compañero/a.

3. Margarita y Roberto decidieron celebrar el décimo aniversario porque no tuvieron ninguna celebración en su matrimonio.

4. A Rosa y a Josefina les parece interesante Rafael.

5. Josefina se divirtió mucho en la fiesta porque bailó toda la noche con Rafael.

Preguntas

1. ¿Son solteras Rosa y Josefina? ¿Cómo lo sabes?

2. ¿Tienen las chicas una amistad de mucho tiempo con la pareja que celebra su aniversario? ¿Cómo lo sabes?

Chile

El país en cifras

▶ **Área:** 756.950 km^2 (292.259 millas^2), *dos veces el área de Montana*

▶ **Población:** 16.136.000
Aproximadamente el 80 por ciento de la población es urbana, y la tercera parte° de los chilenos vive en la capital.

▶ **Capital:** Santiago de Chile—5.867.000

▶ **Ciudades principales:**
Concepción—356.000,
Viña del Mar—326.000,
Valparaíso—283.000, Temuco—246.000

SOURCE: Population Division, UN Secretariat

▶ **Moneda:** peso chileno

▶ **Idiomas:** español (oficial), mapuche

Bandera de Chile

Chilenos célebres

▶ **Bernardo O'Higgins,** militar° y héroe nacional (1778–1842)

▶ **Gabriela Mistral,** Premio Nobel de Literatura, 1945; poeta y diplomática (1889–1957)

▶ **Pablo Neruda,** Premio Nobel de Literatura, 1971; poeta (1904–1973)

▶ **Isabel Allende,** novelista (1942–)

Pablo Neruda

la tercera parte *a third*   militar *soldier*   el terremoto *earthquake*
heridas *wounded*   hogar *home*

PERÚ

Pampa del Tamarugal

Cordillera de los Andes

BOLIVIA

Palacio de la Moneda en Santiago

Una calle de Santiago

Pescadores de Valparaíso

Océano Pacífico

Valparaíso   Viña del Mar

★ Santiago de Chile

Río Maipo

ARGENTINA

• Concepción

• Temuco

Vista de la costa de Viña del Mar

Una celebración en Temuco

Lago Buenos Aires

Océano Atlántico

Punta Arenas

Estrecho de Magallanes

Isla Grande de Tierra del Fuego

recursos			
WB pp. 105–106	VM pp. 241–242	I CD-ROM Lección 9	vistahigh learning.c

¡Increíble pero cierto!

El terremoto° más grande de la historia tuvo lugar en Chile el 22 de mayo de 1960. Registró una intensidad récord de 9.5 en la escala de Richter. Murieron 2.000 personas, 3.000 resultaron heridas° y 2.000.000 perdieron su hogar°. La geografía del país se modificó notablemente.

Lugares • La Isla de Pascua

La Isla de Pascua° recibió ese nombre porque los exploradores holandeses° llegaron a la isla por primera vez el día de Pascua de 1722. Ahora es parte del territorio de Chile. La Isla de Pascua es famosa por los *moai*, estatuas enormes que representan personas con rasgos° muy exagerados. Estas estatuas las construyeron los *rapa nui*, los antiguos habitantes de la zona. Todavía no se sabe mucho sobre los *rapa nui*, ni tampoco se sabe por qué decidieron abandonar la isla.

Deportes • Los deportes de invierno

Hay muchos lugares para practicar los deportes de invierno en Chile porque las montañas nevadas de los Andes ocupan gran parte del país. El Parque Nacional de Villarrica, por ejemplo, situado al pie de un volcán y junto a° un lago, es un sitio popular para el esquí y el *snowboard*. Para los que prefieren deportes más extremos, el centro de esquí Valle Nevado organiza excursiones del heli-esquí.

Ciencias • Astronomía

Los observatorios chilenos, situados en los Andes, son lugares excelentes para las observaciones astronómicas. Científicos° de todo el mundo van a Chile para estudiar las estrellas° y otros fenómenos de la galaxia. Hoy día Chile está construyendo nuevos observatorios y telescopios para mejorar las imágenes del universo.

Economía • El vino

La producción de vino comenzó en Chile en el siglo° XVI. Ahora la industria del vino constituye una parte importante de la actividad agrícola del país y la exportación de sus productos está subiendo° cada vez más. Los vinos chilenos reciben el aprecio internacional por su gran variedad, sus ricos y complejos sabores° y su precio moderado. Los más conocidos internacionalmente son los vinos de Aconcagua, de Santiago y de Huasco.

¿Qué aprendiste? Responde a las preguntas con una frase completa.

1. ¿Qué porcentaje (*percentage*) de la población chilena es urbana?
2. ¿Qué son los *moai*? ¿Dónde están?
3. ¿Qué deporte extremo ofrece el centro de esquí Valle Nevado?
4. ¿Por qué van a Chile científicos de todo el mundo?
5. ¿Cuándo comenzó la producción de vino en Chile?
6. ¿Por qué reciben los vinos chilenos el aprecio internacional?

Conexión Internet Investiga estos temas en el sitio **www.vistahigherlearning.com**.

1. Busca información sobre Pablo Neruda e Isabel Allende. ¿Dónde y cuándo nacieron? ¿Cuáles son algunas de sus obras (*works*)? ¿Cuáles son algunos de los temas de sus obras?
2. Busca información sobre sitios donde los chilenos y los turistas practican deportes de invierno en Chile. Selecciona un sitio y descríbeselo a tu clase.

La Isla de Pascua *Easter Island*   **holandeses** *Dutch*   **rasgos** *features*   **junto a** *beside*   **Científicos** *Scientists*   **estrellas** *stars*
siglo *century*   **subiendo** *increasing*   **complejos sabores** *complex flavors*

Las celebraciones

el aniversario (de bodas)	*(wedding) anniversary*
la boda	*wedding*
el cumpleaños	*birthday*
el día de fiesta	*holiday*
la fiesta	*party*
el/la invitado/a	*guest*
la Navidad	*Christmas*
la quinceañera	*young woman's fifteenth birthday celebration*
la sorpresa	*surprise*
brindar	*to toast (drink)*
celebrar	*to celebrate*
cumplir años	*to have a birthday*
dejar una propina	*to leave a tip*
divertirse (e:ie)	*to have fun*
invitar	*to invite*
pagar la cuenta	*to pay the bill*
pasarlo bien/mal	*to have a good/bad time*
regalar	*to give (a gift)*
reírse (e:i)	*to laugh*
relajarse	*to relax*
sonreír (e:i)	*to smile*
sorprender	*to surprise*

Los postres y otras comidas

la botella (de vino)	*bottle (of wine)*
el champán	*champagne*
los dulces	*sweets; candy*
el flan (de caramelo)	*baked (caramel) custard*
la galleta	*cookie*
el helado	*ice cream*
el pastel (de chocolate)	*(chocolate) cake; pie*
el postre	*dessert*

Las relaciones personales

la amistad	*friendship*
el amor	*love*
el divorcio	*divorce*
el estado civil	*marital status*
el matrimonio	*marriage*
la pareja	*(married) couple; partner*
el/la recién casado/a	*newlywed*
casarse (con)	*to get married (to)*
comprometerse (con)	*to get engaged (to)*
divorciarse (de)	*to get divorced (from)*
enamorarse (de)	*to fall in love (with)*
llevarse bien/mal (con)	*to get along well/ badly (with)*
odiar	*to hate*
romper (con)	*to break up (with)*
salir (con)	*to go out (with); to date*
separarse (de)	*to separate (from)*
tener una cita	*to have a date; to have an appointment*
casado/a	*married*
divorciado/a	*divorced*
juntos/as	*together*
separado/a	*separated*
soltero/a	*single*
viudo/a	*widower/widow*

Las etapas de la vida

la adolescencia	*adolescence*
la edad	*age*
el estado civil	*marital status*
las etapas de la vida	*the stages of life*
la juventud	*youth*
la madurez	*maturity; middle age*
la muerte	*death*
el nacimiento	*birth*
la niñez	*childhood*
la vejez	*old age*
cambiar (de)	*to change*
graduarse (de/en)	*to graduate (from/in)*
jubilarse	*to retire (from work)*
nacer	*to be born*

Palabras adicionales

la alegría	*happiness*
el beso	*kiss*
conmigo	*with me*
contigo	*with you*

Expresiones útiles	*See page 247.*

En el consultorio

10

Communicative Goals

You will learn how to:

- Describe how you feel physically
- Talk about health and medical conditions

contextos

fotonovela

estructura

adelante

panorama

A PRIMERA VISTA
- ¿Cuál de ellas es la doctora? ¿La mujer de pelo largo o de pelo corto?
- ¿En qué etapa de la vida está la doctora, la vejez o la madurez?
- ¿Es una de ellas mayor que la otra o son aproximadamente de la misma edad?

En el consultorio

Más vocabulario

la clínica	clinic
el consultorio	doctor's office
el/la dentista	dentist
el examen médico	physical exam
la farmacia	pharmacy
el hospital	hospital
la operación	operation
la sala de emergencia(s)	emergency room
el cuerpo	body
la muela	molar
el oído	(sense of) hearing; inner ear
el accidente	accident
la salud	health
el síntoma	symptom
caerse	to fall (down)
darse con	to bump into; to run into
doler (o:ue)	to hurt
enfermarse	to get sick
estar enfermo/a	to be sick
lastimarse (el pie)	to injure (one's foot)
poner una inyección	to give an injection
recetar	to prescribe
romperse (la pierna)	to break (one's leg)
sacar(se) una muela	to have a tooth removed
sufrir una enfermedad	to suffer an illness
torcerse (o:ue) (el tobillo)	to sprain (one's ankle)
toser	to cough

Variación léxica

gripe	⟷	gripa (*Col., Gua., Méx.*)
resfriado	⟷	catarro (*Cuba, Esp., Gua.*)
sala de emergencia(s)	⟷	sala de urgencias (*Arg., Esp., Méx.*)
romperse	⟷	quebrarse (*Arg., Gua.*)

el corazón

el paciente

el ojo

la nariz

la doctora

la cabeza

SALIDA

la oreja

la boca

el cuello

la garganta

el estómago

el dedo

la rodilla

Síntomas y condiciones médicas

el dolor (de cabeza)	(head)ache; pain
la gripe	flu
la infección	infection
el resfriado	cold
la tos	cough
congestionado/a	congested; stuffed up
embarazada	pregnant
grave	grave; serious
mareado/a	dizzy; nauseated
médico/a	medical
saludable	healthy
sano/a	healthy
ser alérgico/a (a)	to be allergic (to)
tener dolor (*m.*)	to have pain
tener fiebre	to have a fever

la radiografía

el hueso

la enfermera

Estornuda.

la paciente

Toma la temperatura.

el brazo

la pierna

el tobillo

La medicina

el antibiótico	*antibiotic*
la aspirina	*aspirin*
el medicamento	*medication*
la pastilla	*pill; tablet*
la receta	*prescription*

Práctica

1 **Escuchar** 🎧 Escucha las frases y selecciona la respuesta más adecuada.

a. Tengo dolor de cabeza y fiebre.
b. No fui a la clase porque estaba enfermo.
c. Me caí la semana pasada jugando al tenis.
d. Debes ir a la farmacia.
e. Porque tengo gripe.
f. Sí, tengo mucha tos por las noches.
g. Lo llevaron directamente a la sala de emergencia.
h. No sé. Todavía tienen que tomarme la temperatura.

1. _____   5. _____
2. _____   6. _____
3. _____   7. _____
4. _____   8. _____

2 **Completar** Completa las siguientes frases con una palabra de la misma familia de la palabra subrayada. Usa la forma correcta de cada palabra.

1. Cuando <u>oyes</u> algo, usas el _____, que es uno de los cinco sentidos.
2. Cuando te <u>enfermas</u>, te sientes _____ y necesitas ir al consultorio para ver a la _____.
3. El médico <u>examina</u> tu salud durante tu _____ anual.
4. ¿Alguien _____? Creo que oí un <u>estornudo</u> (*sneeze*).
5. No puedo <u>arrodillarme</u> (*kneel down*) porque me lastimé la _____ en un accidente de coche.
6. ¿Vas al _____ para <u>consultar</u> al médico?
7. Si te rompes un <u>diente</u>, vas al _____.
8. Si tienes una _____ de garganta, tu garganta está <u>infectada</u>.

3 **Contestar** Mira el dibujo de las páginas 268 y 269 y contesta las preguntas.

1. ¿Qué hace la doctora?
2. ¿Qué hay en la pared?
3. ¿Qué hace la enfermera?
4. ¿Qué hace el paciente?
5. ¿A quién le duele la garganta?
6. ¿Qué hace la paciente?
7. ¿Qué tiene la paciente?
8. ¿Quién toma la temperatura?

4

Asociaciones Trabajen en parejas para identificar las partes del cuerpo que ustedes asocian con las siguientes actividades. Sigan el modelo.

modelo

nadar
Estudiante 1: Usamos los brazos para nadar.
Estudiante 2: Usamos las piernas también.

1. hablar por teléfono
2. tocar el piano
3. correr en el parque
4. escuchar música
5. ver una película
6. toser
7. llevar zapatos
8. comprar perfume
9. estudiar biología
10. comer lomo a la plancha

AYUDA

Remember that in Spanish, body parts are usually referred to with an article and not a possessive:
Me duelen los pies.
The idea of "my" is expressed by the indirect object pronoun **me**.

5

Cuestionario Contesta el cuestionario seleccionando las respuestas que reflejen mejor tus experiencias. Suma (*Add*) los puntos de cada respuesta y anota el resultado. Después, con el resto de la clase, compara y analiza los resultados del cuestionario y comenta lo que dicen de la salud y de los hábitos de todo el grupo.

¿Tienes buena salud?

27-30 puntos	Salud y hábitos excelentes
23-26 puntos	Salud y hábitos buenos
22 puntos o menos	Salud y hábitos problemáticos

1. **¿Con qué frecuencia te enfermas? (resfriados, gripe, etc.)**
   Cuatro veces por año o más. (1 punto)
   Dos o tres veces por año. (2 puntos)
   Casi nunca. (3 puntos)

2. **¿Con qué frecuencia tienes dolores de estómago o problemas digestivos?**
   Con mucha frecuencia. (1 punto)
   A veces. (2 puntos)
   Casi nunca. (3 puntos)

3. **¿Con qué frecuencia sufres de dolores de cabeza?**
   Frecuentemente. (1 punto)
   A veces. (2 puntos)
   Casi nunca. (3 puntos)

4. **¿Comes verduras y frutas?**
   No, casi nunca como verduras ni frutas. (1 punto)
   Sí, a veces. (2 puntos)
   Sí, todos los días. (3 puntos)

5. **¿Eres alérgico/a a algo?**
   Sí, a muchas cosas. (1 punto)
   Sí, a algunas cosas. (2 puntos)
   No. (3 puntos)

6. **¿Haces ejercicios aeróbicos?**
   No, casi nunca hago ejercicios aeróbicos. (1 punto)
   Sí, a veces. (2 puntos)
   Sí, con frecuencia. (3 puntos)

7. **¿Con qué frecuencia te haces un examen médico?**
   Nunca o casi nunca. (1 punto)
   Cada dos años. (2 puntos)
   Cada año y/o antes de practicar un deporte. (3 puntos)

8. **¿Con qué frecuencia vas al dentista?**
   Nunca voy al dentista. (1 punto)
   Sólo cuando me duele una muela. (2 puntos)
   Por lo menos una vez por año. (3 puntos)

9. **¿Qué comes normalmente por la mañana?**
   No como nada por la mañana. (1 punto)
   Tomo una bebida dietética. (2 puntos)
   Como cereal y fruta. (3 puntos)

10. **¿Con qué frecuencia te sientes mareado/a?**
    Frecuentemente. (1 punto)
    A veces. (2 puntos)
    Casi nunca. (3 puntos)

NOTA CULTURAL

Al igual que (*just like*) en Costa Rica (ver **Panorama**, pp. 292-293), en España, México y Argentina los servicios médicos son gratis (*free*). En España, por ejemplo, se paga el servicio médico con fondos (*funds*) públicos.

Comunicación

6 **¿Qué le pasó?** Trabajen en un grupo de dos o tres personas. Hablen de lo que les pasó y de cómo se sienten las personas que aparecen en los dibujos.

1. Adela

2. Francisco

3. Pilar

4. Pedro

5. Cristina

6. Félix

7 **Un accidente** Cuéntale (*Tell*) a la clase de un accidente o una enfermedad que tuviste. Incluye información que conteste las siguientes preguntas.

✔ ¿Qué ocurrió?

✔ ¿Dónde ocurrió?

✔ ¿Cuándo ocurrió?

✔ ¿Cómo ocurrió?

✔ ¿Quién te ayudó y cómo?

✔ ¿Tuviste algún problema después del accidente o después de la enfermedad?

✔ ¿Cuánto tiempo tuviste el problema?

8 **Crucigrama** (*Crossword*) Tu profesor(a) les va a dar a ti y a tu compañero/a un crucigrama incompleto. Tú tienes las palabras que necesita tu compañero/a y él/ella tiene las palabras que tú necesitas. Tienen que darse pistas (*clues*) para completarlo. No pueden decir la palabra necesaria; deben utilizar definiciones, ejemplos y frases incompletas.

> **modelo**
>
> **10 horizontal:** La usamos para hablar.
> **14 vertical:** Es el médico que examina los dientes.

¡Uf! ¡Qué dolor!

Don Francisco y Javier van a la clínica de la doctora Márquez.

JAVIER Estoy aburrido... tengo ganas de dibujar. Con permiso.

INÉS ¡Javier! ¿Qué te pasó?

JAVIER ¡Ay! ¡Uf! ¡Qué dolor! ¡Creo que me rompí el tobillo!

DON FRANCISCO No te preocupes, Javier. Estamos cerca de la clínica donde trabaja la doctora Márquez, mi amiga.

DRA. MÁRQUEZ ¿Cuánto tiempo hace que se cayó?

JAVIER Ya se me olvidó... déjeme ver... este... eran más o menos las dos o dos y media cuando me caí... o sea hace más de una hora. ¡Me duele mucho!

DRA. MÁRQUEZ Bueno, vamos a sacarle una radiografía. Queremos ver si se rompió uno de los huesos del pie.

DON FRANCISCO Sabes, Javier, cuando era chico yo les tenía mucho miedo a los médicos. Visitaba mucho al doctor porque me enfermaba con mucha frecuencia... tenía muchas infecciones de la garganta. No me gustaban las inyecciones ni las pastillas. Una vez me rompí la pierna jugando al fútbol...

JAVIER ¡Doctora! ¿Qué dice? ¿Está roto el tobillo?

DRA. MÁRQUEZ Tranquilo, le tengo buenas noticias, Javier. No está roto el tobillo. Apenas está torcido.

JAVIER ¿Tengo dolor? Sí, mucho. ¿Dónde? En el tobillo. ¿Tengo fiebre? No lo creo. ¿Estoy mareado? Un poco. ¿Soy alérgico a algún medicamento? No. ¿Embarazada? Definitivamente NO.

DRA. MÁRQUEZ ¿Cómo se lastimó el pie?

JAVIER Me caí cuando estaba en el autobús.

JAVIER Pero, ¿voy a poder ir de excursión con mis amigos?

DRA. MÁRQUEZ Creo que sí. Pero debe descansar y no caminar mucho durante un par de días. Le receto unas pastillas para el dolor.

DRA. MÁRQUEZ Adiós, Francisco. Adiós, Javier. ¡Cuidado! ¡Buena suerte en las montañas!

Enfoque cultural La medicina en los países hispanos

Varios factores económicos y culturales hacen el sistema de sanidad de los países hispanos diferente del sistema estadounidense. En las farmacias, muchas veces las personas le consultan sus síntomas al farmacéutico y él mismo (*he himself*) les da el medicamento, sin necesidad de recetas médicas. La influencia de las culturas indígenas se refleja en la importancia que tienen los curanderos (*folk medicine practitioners*) en muchas regiones. Éstos combinan hierbas medicinales y elementos religiosos para curar las enfermedades.

Expresiones útiles

Discussing medical conditions

▶ **¿Cómo se lastimó el pie?**
How did you hurt your foot?
▷ **Me caí en el autobús.**
I fell when I was on the bus.

▶ **¿Te duele el tobillo?**
Does your ankle hurt? (fam.)
▶ **¿Le duele el tobillo?**
Does your ankle hurt? (form.)
▷ **Sí, (me duele) mucho.**
Yes, (it hurts) a lot.

▶ **¿Es usted alérgico/a a algún medicamento?**
Are you allergic to any medication?
▷ **Sí, soy alérgico/a a la penicilina.**
Yes, I'm allergic to penicillin.

▶ **¿Está roto el tobillo?**
Is my ankle broken?
▷ **No está roto. Apenas está torcido.**
It's not broken. It's just twisted.

▶ **¿Te enfermabas frecuentemente?**
Did you get sick frequently? (fam.)
▷ **Sí, me enfermaba frecuentemente.**
Yes, I used to get sick frequently.
▷ **Tenía muchas infecciones.**
I used to get a lot of infections.

Other expressions

▶ **hace + [*period of time*] + que + [*present tense*]:**
▶ **¿Cuánto tiempo hace que te duele?**
How long has it been hurting?
▷ **Hace una hora que me duele.**
It's been hurting for an hour.

▶ **hace + [*period of time*] + que + [*preterite*]:**
▶ **¿Cuánto tiempo hace que se cayó?**
How long ago did you fall?
▷ **Me caí hace más de una hora./Hace más de una hora que me caí.**
I fell more than an hour ago.

Reacciona a la fotonovela

1 **¿Cierto o falso?** Decide si lo que dicen las siguientes frases sobre Javier es **cierto** o **falso**. Corrige las frases falsas.

	Cierto	Falso
1. Está aburrido y tiene ganas de hacer algo creativo.	○	○
2. Cree que se rompió la rodilla.	○	○
3. Se lastimó cuando se cayó en el autobús.	○	○
4. Es alérgico a dos medicamentos.	○	○
5. No está mareado pero sí tiene un poco de fiebre.	○	○

2 **Identificar** Identifica quién puede decir las siguientes frases.

DRA. MÁRQUEZ

DON FRANCISCO

JAVIER

1. Hace años me rompí la pierna cuando estaba jugando al fútbol.
2. Hace más de una hora que me rompí la pierna. Me duele muchísimo.
3. Tengo que sacarle una radiografía. No sé si se rompió uno de los huesos del pie.
4. No hay problema, vamos a ver a mi amiga, la doctora Márquez.
5. Bueno, parece que el tobillo no está roto. Qué bueno, ¿no?
6. No sé si voy a poder ir de excursión con el grupo.

3 **Ordenar** Pon los siguientes eventos en el orden correcto.

a. La doctora le saca una radiografía. _____
b. La doctora le receta unas pastillas para el dolor. _____
c. Javier se lastima el tobillo en el autobús. _____
d. Don Francisco le habla a Javier de cuando era chico. _____
e. Javier quiere dibujar un rato (*a while*). _____
f. Don Francisco lo lleva a una clínica. _____

4 **En el consultorio** Trabajen en parejas para representar los papeles (*roles*) de un(a) médico/a y su paciente. Usen las instrucciones como guía.

Médico/a		**Paciente**
Pregúntale al / a la paciente si le duele.	→	Te caíste en casa. Describe tu dolor.
Pregúntale cuánto tiempo hace que se cayó.	→	Describe la situación. Piensas que te rompiste el dedo.
Mira el dedo. Debes recomendar un tratamiento (*treatment*) al / a la paciente.	→	Debes hacer preguntas al / a la médico/a sobre el tratamiento (*treatment*).

AYUDA

Here are some useful expressions:

¿Cómo se lastimó...?
¿Le duele...?
¿Cuánto tiempo hace que...?
Tengo...
Estoy...
¿Es usted alérgico/a a algún medicamento?
Usted debe...

Ortografía
El acento y las sílabas fuertes

In Spanish, written accent marks are used on many words. Here is a review of some of the principles governing word stress and the use of written accents.

as-pi-ri-na   gri-pe   to-man   an-tes

In Spanish, when a word ends in a vowel, **-n**, or **-s**, the spoken stress usually falls on the next-to-last syllable. Words of this type are very common and do not need a written accent.

a-sí   in-glés   in-fec-ción   hé-ro-e

When a word ends in a vowel, **-n**, or **-s**, and the spoken stress does *not* fall on the next-to-last syllable, then a written accent is needed.

hos-pi-tal   na-riz   re-ce-tar   to-ser

When a word ends in any consonant *other* than **-n** or **-s**, the spoken stress usually falls on the last syllable. Words of this type are very common and do not need a written accent.

lá-piz   fút-bol   hués-ped   sué-ter

When a word ends in any consonant *other* than **-n** or **-s** and the spoken stress does *not* fall on the last syllable, then a written accent is needed.

far-ma-cia   bio-lo-gí-a   su-cio   frí-o

Diphthongs (two weak vowels or a strong and weak vowel together) are normally pronounced as a single syllable. A written accent is needed when a diphthong is broken into two syllables.

sol   pan   mar   tos

Spanish words of only one syllable do not usually carry a written accent (unless it is to distinguish meaning: **se** and **sé**.)

CONSÚLTALO

In Spanish, **a**, **e** and **o** are considered strong vowels while **i** and **u** are weak vowels. To review this concept, see **Lección 3**, **Pronunciación** p. 69.

Práctica Busca las palabras que necesitan acento escrito y escribe su forma correcta.

1. sal-mon
2. ins-pec-tor
3. nu-me-ro
4. fa-cil
5. ju-go
6. a-bri-go
7. ra-pi-do

8. sa-ba-do
9. vez
10. me-nu
11. o-pe-ra-cion
12. im-per-me-a-ble
13. a-de-mas
14. re-ga-te-ar

15. an-ti-pa-ti-co
16. far-ma-cia
17. es-qui
18. pen-sion
19. pa-is
20. per-don

El ahorcado *(Hangman)* Juega al ahorcado para adivinar las palabras.

1. __ l __ __ __ __ __ a   Vas allí cuando estás enfermo.
2. __ __ __ __ e __ c __ __ n   Se usa para poner una vacuna (*vaccination*).
3. __ __ d __ o __ __ __ __ __ a   Ves los huesos.
4. __ __ __ __ i __ o   Trabaja en un hospital.
5. a __ __ __ b __ __ __ __ __ __ Es una medicina.

10.1 The imperfect tense

ANTE TODO In **Lección 6** you learned the preterite tense. You will now learn the imperfect, used to describe past activities in a different way.

recursos

WB
pp. 111–120

LM
pp. 57–60

Lab CD/MP3
Lección 10

I CD-ROM
Lección 10

vistahigher
learning.com

The imperfect of regular verbs

		cantar	beber	escribir
SINGULAR FORMS	yo	cant**aba**	beb**ía**	escrib**ía**
	tú	cant**abas**	beb**ías**	escrib**ías**
	Ud./él/ella	cant**aba**	beb**ía**	escrib**ía**
PLURAL FORMS	nosotros/as	cant**ábamos**	beb**íamos**	escrib**íamos**
	vosotros/as	cant**abais**	beb**íais**	escrib**íais**
	Uds./ellos/ellas	cant**aban**	beb**ían**	escrib**ían**

Sabes, Javier, cuando era chico yo les tenía mucho miedo a los médicos.

De niño tenía que ir mucho a una clínica. ¡No me gustaban nada las inyecciones!

▶ There are no stem changes in the imperfect.

entender (e:ie)
servir (e:i)
doler (o:ue)

Entendíamos japonés.
We used to understand Japanese.
El camarero les **servía** el café.
The waiter was serving them coffee.
A Javier le **dolía** el tobillo.
Javier's ankle was hurting.

¡ATENCIÓN!

Note that the imperfect endings of –**er** and –**ir** verbs are the same. Also note that the **nosotros** form of –**ar** verbs always carries an accent mark on the first **a** of the ending. All forms of –**er** and –**ir** verbs in the imperfect carry an accent on the first **i** of the ending.

▶ The imperfect form of **hay** is **había** (*there was; there were; there used to be*). Like **hay,** **había** can be followed by a singular or plural noun.

Había un solo médico en la sala.
There was only one doctor in the room.

Había dos pacientes allí.
There were two patients there.

Irregular verbs in the imperfect

		ir	ser	ver
SINGULAR FORMS	yo	ib**a**	er**a**	ve**ía**
	tú	ib**as**	er**as**	ve**ías**
	Ud./él/ella	ib**a**	er**a**	ve**ía**
PLURAL FORMS	nosotros/as	**í**b**amos**	**é**r**amos**	ve**íamos**
	vosotros/as	ib**ais**	er**ais**	ve**íais**
	Uds./ellos/ellas	ib**an**	er**an**	ve**ían**

¡ATENCIÓN!

Ir, ser, and **ver** are the only verbs in Spanish that are irregular in the imperfect.

CONSÚLTALO

You will learn more about the contrast between the preterite and the imperfect in **Estructura 10.2**, pp. 280–281.

Uses of the imperfect

▶ The imperfect is used to describe past events in a different way than the preterite. As a general rule, the imperfect is used to describe actions which are seen by the speaker as incomplete or "continuing," while the preterite is used to describe actions which have been completed. The imperfect expresses what was happening at a certain time or how things used to be. The preterite, in contrast, expresses a completed action.

—¿Qué te **pasó**?
What happened to you?

—Me **torcí** el tobillo.
I sprained my ankle.

—¿Dónde **vivías** de niño?
Where did you live as a child?

—**Vivía** en San José.
I lived in San José.

▶ The following words and expressions are often used with the imperfect because they express habitual or repeated actions: **de niño/a** (*as a child*), **todos los días** (*every day*), **mientras** (*while*).

Uses of the imperfect

1. **Habitual or repeated actions**	**Íbamos** al parque los domingos. *We used to go to the park on Sundays.*
2. **Events or actions that were in progress**	Yo **leía** mientras él **estudiaba**. *I was reading while he was studying.*
3. **Physical characteristics**	**Era** alto y guapo. *He was tall and handsome.*
4. **Mental or emotional states**	**Quería** mucho a su familia. *He loved his family very much.*
5. **Time-telling**	**Eran** las tres y media. *It was 3:30.*
6. **Age**	Los niños **tenían** seis años. *The children were six years old.*

¡INTÉNTALO! Indica la forma correcta de cada verbo en el imperfecto.

1. Yo _hablaba_ (hablar, bailar, recetar, correr, comer, decidir, vivir)

2. Tú _____ (nadar, encontrar, comprender, venir, ir, ser, ver)

3. Usted _____ (hacer, doler, asistir, ser, pasear, poder, ir)

4. Nosotras _____ (ser, tomar, ir, poner, seguir, ver, pensar)

5. Ellos _____ (salir, viajar, ir, querer, ser, pedir, empezar)

6. Yo _____ (ver, estornudar, sufrir, ir, dar, ser, toser)

Práctica

1 **Completar** Primero, completa las frases con el imperfecto de los verbos. Luego, pon las oraciones en orden lógico y compáralas con las de un(a) compañero/a.

a. El doctor dijo que no _____ (ser) nada grave.
b. El doctor _____ (querer) ver la nariz del niño.
c. Su mamá _____ (estar) dibujando cuando Miguelito entró llorando.
d. Miguelito _____ (tener) la nariz hinchada (*swollen*). Fueron al hospital.
e. Miguelito no _____ (ir) a jugar más. Ahora quería ir a casa a descansar.
f. Miguelito y sus amigos _____ (jugar) al béisbol en el patio.
g. _____ (ser) las dos de la tarde.
h. Miguelito le dijo a la enfermera que _____ (dolerle) la nariz.

2 **Transformar** Forma oraciones completas. Usa las formas correctas del imperfecto y añade (*add*) todas las palabras necesarias.

1. Julieta y César / ser / paramédicos

2. trabajar / juntos y / llevarse / bien

3. cuando / haber / accidente, / siempre / analizar / situación / con cuidado

4. preocuparse / mucho / por / pacientes

5. si / paciente / tener / mucho / dolor, / ponerle / inyección

3 **En la escuela de medicina** Usa los verbos de la lista para completar las frases con las formas correctas del imperfecto. Algunos verbos se usan más de una vez.

caerse	enfermarse	ir	querer	tener
comprender	estornudar	pensar	sentirse	tomar
doler	hacer	poder	ser	toser

1. Cuando Javier y Victoria _____ estudiantes de medicina, siempre _____ que ir al médico.
2. Cada vez que él _____ un examen, a Javier le _____ mucho la cabeza.
3. Cuando Victoria _____ ejercicio aeróbico, siempre _____ mareada.
4. Todas las primaveras, Javier _____ mucho porque es alérgico al polen.
5. Victoria también _____ de su bicicleta en camino a clase.
6. Después de comer en la cafetería, a Victoria siempre le _____ el estómago.
7. Javier _____ ser médico para ayudar a los demás.
8. Pero no _____ por qué él _____ con tanta frecuencia.
9. Cuando Victoria _____ fiebre, no _____ ni leer el termómetro.
10. Javier _____ dolor de muelas, pero nunca _____ ir al dentista.
11. Victoria _____ mucho cuando _____ congestionada.
12. Javier y Victoria _____ que nunca _____ a graduarse.

NOTA CULTURAL

En los países de habla hispana, los estudiantes generalmente eligen su carrera (*career*) universitaria cuando salen de la escuela secundaria. Por ejemplo, los que quieren ser médicos empiezan sus estudios de medicina cuando entran a la universidad.

Los estudiantes de medicina tienen cerca de seis o siete años de estudios universitarios y después dos años más de especialización.

Comunicación

4

Entrevista Trabajen en parejas. Un(a) estudiante usa estas preguntas para entrevistar a su compañero/a. Luego compartan los resultados de la entrevista con la clase.

1. Cuando eras estudiante de primaria, ¿te gustaban tus profesores/as?
2. ¿Veías mucha televisión cuando eras niño/a?
3. Cuando tenías diez años, ¿cuál era tu programa de televisión favorito?
4. Cuando eras niño/a, ¿qué hacía tu familia durante las vacaciones?
5. ¿Cuántos años tenías en 1996?
6. Cuando eras estudiante de secundaria, ¿qué hacías con tus amigos/as?
7. Cuando tenías quince años, ¿cuál era tu grupo musical favorito?
8. Antes de tomar esta clase, ¿sabías hablar español?

5

Describir En parejas, túrnense para describir cómo eran sus vidas cuando eran niños. Pueden usar las sugerencias de la lista u otras ideas. Luego informen a la clase sobre la vida del/de la compañero/a.

NOTA CULTURAL ▶

El Parque Nacional Tortuguero está en la costa del Caribe, al norte de la ciudad de Limón, en Costa Rica. Varias especies de tortuga (*turtle*) utilizan las playas del parque para poner (*lay*) sus huevos. Esto ocurre de noche, y hay guías que llevan pequeños grupos de turistas a observar este fenómeno biológico.

> **modelo**
>
> De niña, mi familia y yo siempre íbamos a Tortuguero. Tomábamos un barco desde Limón, y por las noches mirábamos las tortugas (*turtles*) en la playa. Algunas veces teníamos suerte, porque las tortugas venían a poner (*lay*) huevos. Otras veces, volvíamos al hotel sin ver ninguna tortuga.

- Las vacaciones
- Ocasiones especiales
- Qué hacías durante el verano
- Celebraciones con tus amigos/as
- Celebraciones con tu familia

- Cómo era tu escuela
- Cómo eran tus amigos/as
- Los viajes que hacías
- A qué jugabas
- Qué hacías cuando te sentías enfermo/a

Síntesis

6

En el consultorio Tu profesor(a) te va a dar una lista incompleta con los pacientes que fueron al consultorio del doctor Donoso ayer. En parejas, conversen para completar sus listas y saber a qué hora llegaron las personas al consultorio y cuáles eran sus problemas.

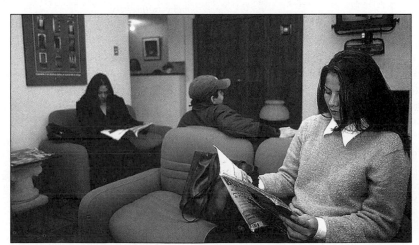

10.2 The preterite and the imperfect

ANTE TODO Now that you have learned the forms of the preterite and the imperfect, you will learn more about how they are used. The preterite and the imperfect are not interchangeable. In Spanish, the choice between these two tenses depends on the context and on the point of view of the speaker.

Me caí cuando estaba en el autobús.

De niño jugaba mucho al fútbol. Una vez me rompí la pierna.

COMPARE & CONTRAST

Uses of the preterite	Uses of the imperfect
1. To express actions that are viewed by the speaker as completed Don Francisco **se rompió** la pierna. *Don Francisco broke his leg.* **Fueron** a Buenos Aires ayer. *They went to Buenos Aires yesterday.*	**1.** To describe an ongoing past action with no reference to its beginning or end Don Francisco **esperaba** a Javier. *Don Francisco was waiting for Javier.* El médico **se preocupaba** por sus pacientes. *The doctor worried about his patients.*
2. To express the beginning or end of a past action La película **empezó** a las nueve. *The movie began at nine o'clock.* Ayer **terminé** el proyecto para la clase de química. *Yesterday I finished the project for chemistry class.*	**2.** To express habitual past actions and events Cuando **era** joven, **jugaba** al tenis. *When I was young, I used to play tennis.* De niño, don Francisco **se enfermaba** con mucha frecuencia. *As a child, Don Francisco used to get sick very frequently.*
3. To narrate a series of past actions or events La doctora me **miró** los oídos, me **hizo** unas preguntas y **escribió** la receta. *The doctor looked in my ears, asked me some questions, and wrote the prescription.* **Me di** con la mesa, **me caí** y **me lastimé** el pie. *I bumped into the table, I fell, and I injured my foot.*	**3.** To describe physical and emotional states or characteristics La chica **quería** descansar. **Se sentía** mal y **tenía** dolor de cabeza. *The girl wanted to rest. She felt ill and had a headache.* Ellos **eran** altos y **tenían** ojos verdes. *They were tall and had green eyes.* **Estábamos** felices de ver a la familia. *We were happy to see the family.*

AYUDA

These words and expressions, as well as similar ones, commonly occur with the preterite: **ayer, anteayer, una vez, dos veces, tres veces, el año pasado, de repente.**

They usually imply that an action has happened at a specific point in time. For a review, see **Estructura 6.3**, p. 166.

AYUDA

These words and expressions, as well as similar ones, commonly occur with the imperfect: **de niño/a, todos los días, mientras, siempre, con frecuencia, todas las semanas.** They usually express habitual or repeated actions in the past.

▶ The preterite and the imperfect often appear in the same sentence. In such cases the imperfect describes what *was happening*, while the preterite describes the action that "interrupted" the ongoing activity.

Miraba la tele cuando **sonó**
  el teléfono.
I was watching TV when
  the phone rang.

Maite **leía** el periódico cuando
  llegó Álex.
Maite was reading the newspaper
  when Álex arrived.

▶ You will also see the preterite and the imperfect together in narratives such as fiction, news, and retelling of events. In these cases the imperfect provides all of the background information, such as time, weather, and location, while the preterite indicates the specific events that occurred to advance the plot.

Eran las dos de la mañana y el
  detective ya no **podía** mantenerse
  despierto. **Se bajó** lentamente del
  coche, **estiró** las piernas y **levantó**
  los brazos hacia el cielo oscuro.
It was two in the morning, and the
  detective could no longer stay awake.
  He slowly stepped out of the car,
  stretched his legs, and raised his arms
  toward the dark sky.

La luna **estaba** llena y no **había** en
  el cielo ni una sola nube. De repente,
  el detective **escuchó** un grito
  espeluznante proveniente del
  parque.
The moon was full and there
  wasn't a single cloud in the sky.
  Suddenly, the detective heard a piercing
  scream coming from the park.

Un médico colombiano descubrió la vacuna contra la malaria

El doctor colombiano Manuel Elkin Patarroyo descubrió una vacuna contra la malaria. Esta enfermedad se erradicó hace décadas en muchas partes del mundo. Sin embargo, los casos de malaria empezaban a aumentar otra vez, justo cuando salió la vacuna de Patarroyo. En mayo de 1993, el doctor Patarroyo donó la vacuna, a nombre de Colombia, a la Organización Mundial de la Salud. Los grandes laboratorios farmacéuticos presionaron a la OMS porque querían la vacuna. Pero en 1995 las dos partes, el doctor Patarroyo y la OMS, ratificaron el pacto original.

¡INTÉNTALO! Elige el pretérito o el imperfecto para completar la historia. Explica por qué se usa ese tiempo verbal en cada ocasión.

1. _____ (Fueron/Eran) las doce.
2. _____ (Hubo/Había) mucha gente en la calle.
3. A las doce y media, Tomás y yo _____ (entramos/entrábamos) en el Restaurante Tárcoles.
4. Todos los días yo _____ (almorcé/almorzaba) con Tomás al mediodía.
5. El camarero _____ (llegó/llegaba) inmediatamente, para darnos el menú.
6. Nosotros _____ (empezamos/empezábamos) a leerlo.
7. Yo _____ (pedí/pedía) el pescado.
8. De repente, el camarero _____ (volvió/volvía) a nuestra mesa.
9. Y nos _____ (dio/daba) una mala noticia.
10. Desafortunadamente, no _____ (tuvieron/tenían) más pescado.
11. Por eso Tomás y yo _____ (decidimos/decidíamos) comer en otro lugar.
12. _____ (Llovió/Llovía) muy fuerte cuando _____ (salimos/salíamos) del café.
13. Así que _____ (regresamos/regresábamos) al Restaurante Tárcoles.
14. Esta vez, _____ (pedí/pedía) el arroz con pollo.

Práctica

1   **Seleccionar**   Utiliza el tiempo verbal adecuado, según (*according to*) el contexto.

1. La semana pasada, Manolo y Aurora _____ (querer) dar una fiesta. _____ (Decidir) invitar a seis amigos y servirles mucha comida.

2. Manolo y Aurora _____ (estar) preparando la comida cuando Elena _____ (llamar). Como siempre, _____ (tener) que estudiar para un examen.

3. A las seis, _____ (volver) a sonar el teléfono. Su amigo Francisco tampoco _____ (poder) ir a la fiesta, porque _____ (tener) fiebre. Manolo y Aurora _____ (sentirse) muy tristes, pero _____ (tener) que preparar la comida.

4. Después de otros 15 minutos, _____ (sonar) el teléfono. Sus amigos, los señores Vega, _____ (estar) en camino (*en route*) al hospital: a su hijo le _____ (doler) mucho el estómago. Sólo dos de los amigos _____ (poder) ir a la cena.

5. Por supuesto, _____ (ir) a tener demasiada comida. Finalmente, cinco minutos antes de las ocho, _____ (llamar) Ramón y Javier. Ellos _____ (pensar) que la fiesta _____ (ser) la próxima semana.

6. Tristes, Manolo y Aurora _____ (sentarse) a comer solos. Mientras _____ (comer) pronto _____ (llegar) a la conclusión de que _____ (ser) mejor estar solos: ¡La comida _____ (estar) malísima!

2   **Completar**   Completa esta noticia con la forma correcta del pretérito o el imperfecto.

Un accidente trágico

Ayer temprano por la mañana (1)_____ (haber) un trágico accidente en el centro de Buenos Aires cuando un autobús no (2)_____ (ver) venir un auto. La mujer que (3)_____ (conducir) el auto (4)_____ (morir) al instante y los paramédicos (5)_____ (tener) que llevar al pasajero al hospital porque (6)_____ (sufrir) varias fracturas. El conductor del autobús (7)_____ (decir) que no (8)_____ (ver) el auto hasta el último (*last*) momento porque (9)_____ (haber) mucha niebla y (10)_____ (estar) lloviendo. Él (11)_____ (intentar) (*to attempt*) dar un viraje brusco (*to swerve*), pero (12)_____ (perder) el control del autobús y no (13)_____ (poder) evitar (*to avoid*) el accidente. Según nos informaron, no (14)_____ (lastimarse) ningún pasajero del autobús.

CONSEJOS

Reading Spanish-language newspapers is a good way to practice verb tenses. You will find that both the imperfect and the preterite occur with great regularity. Many newsstands carry international papers, and many Spanish-language newspapers (such as Spain's *El País*, Mexico's *Reforma*, and Argentina's *Clarín*) are on the Web.

3   **Completar**   Completa las frases de una manera lógica. Usa el pretérito o el imperfecto. En parejas, comparen sus respuestas.

1. De niño/a, yo…
2. Yo conducía el auto mientras…
3. Anoche mi novio/a…
4. Ayer el/la profesor(a)…
5. La semana pasada un(a) amigo/a…
6. Con frecuencia mis padres…
7. Esta mañana en la cafetería…
8. Hablábamos con el doctor cuando…

Comunicación

4

Entrevista Usa estas preguntas para entrevistar a un(a) compañero/a acerca de su primer(a) novio/a. Si quieres, puedes añadir (*to add*) otras preguntas.

1. ¿Quién fue tu primer(a) novio/a?
2. ¿Cuántos años tenían ustedes cuando se conocieron?
3. ¿Cómo era él/ella?
4. ¿Qué le gustaba hacer? ¿Le interesaban los deportes?
5. ¿Por cuánto tiempo salieron ustedes?
6. ¿Qué hacían ustedes cuando salían?
7. ¿Pensaban casarse?
8. ¿Cuándo y por qué rompieron ustedes?

5

La sala de emergencia En parejas, miren la lista e inventen qué les pasó a estas personas que están en la sala de emergencias.

> **modelo**
>
> Eran las tres de la tarde. Como todos los días, Pablo jugaba al fútbol con sus amigos. Estaba muy contento. De repente, se cayó y se rompió el brazo. Después fue a la sala de emergencias.

Paciente	Edad	Hora	Condición
1. Pablo Romero	9 años	15:20	hueso roto (el brazo)
2. Estela Rodríguez	45 años	15:25	tobillo torcido
3. Lupe Quintana	29 años	15:37	embarazada, dolores
4. Manuel López	52 años	15:45	infección de garganta
5. Marta Díaz	3 años	16:00	temperatura muy alta, fiebre
6. Roberto Salazar	32 años	16:06	dolor de muelas
7. Marco Brito	18 años	16:18	daño en el cuello, posible fractura
8. Ana María Ortiz	66 años	16:29	reacción alérgica a un medicamento

6

Situación Anoche alguien robó (*stole*) el examen de la **Lección 10** de la oficina de tu profesor(a) y tú tienes que averiguar (*to find out*) quién lo hizo. Pregúntales a tres compañeros dónde estaban, con quién estaban y qué hicieron entre las ocho y las doce de la noche.

Síntesis

7

La primera vez En grupos, cuéntense cómo fue la primera vez que les pusieron una inyección, se rompieron un hueso, pasaron la noche en un hospital, estuvieron mareados/as, etc. Incluyan los siguientes puntos en su conversación: una descripción del día que hacía, sus edades, qué pasó y cómo se sentían.

10.3 Constructions with se

In **Lección 7** you learned how to use **se** as the third person reflexive pronoun (**El se despierta. Ellos se visten. Ella se baña.**). **Se** can also be used to form constructions in which the person performing the action is not expressed or is de-emphasized.

Impersonal constructions with *se*

▶ In Spanish, verbs that are not reflexive can be used with **se** to form impersonal constructions. These are statements in which the person performing the action is not expressed or defined. In English, the passive voice or indefinite subjects *(you, they, one)* are used.

Se habla español en Costa Rica.	**Se puede leer** en la sala de espera.
Spanish is spoken in Costa Rica.	*You can read in the waiting room.*
Se hacen operaciones aquí.	**Se necesitan** medicinas enseguida.
They perform operations here.	*They need medicine right away.*

> **¡ATENCIÓN!**
>
> Note that the third person singular verb form is used with singular nouns and the third person plural form is used with plural nouns:
>
> **Se vende ropa.**
>
> **Se venden camisas.**

▶ You often see the impersonal **se** in signs, advertisements, and directions.

SE PROHÍBE NADAR

Se necesitan programadores
GRUPO TECNO
Tel. 778-34-34

ENTRADA

Se entra por la izquierda

Se for unplanned events

¿Cuánto tiempo hace que se cayó?

Ya se me olvidó.

Bueno, vamos a sacarle una radiografía para ver si se le rompió el hueso.

▶ **Se** is also used to form statements that describe accidental or unplanned events. In this construction, the person who performs the action is de-emphasized, so as to imply that the accident or unplanned event is not his or her direct responsibility. These statements are constructed using the following pattern.

se +	[INDIRECT OBJECT PRONOUN]	+ [VERB]	+ [SUBJECT]
Se	me	cayó	la pluma.

▶ In this type of construction, what would normally be the direct object of the sentence becomes the subject, and it agrees with the verb, not with the indirect object pronoun.

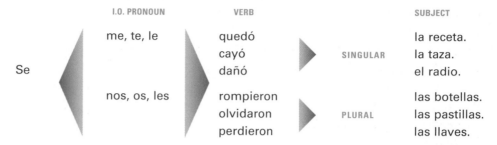

	I.O. PRONOUN	VERB		SUBJECT
	me, te, le	quedó / cayó / dañó	SINGULAR	la receta. / la taza. / el radio.
Se	nos, os, les	rompieron / olvidaron / perdieron	PLURAL	las botellas. / las pastillas. / las llaves.

▶ The following verbs are the ones most frequently used with **se** to describe unplanned events.

Verbs commonly used with *se*

caer	to fall; to drop	perder (e:ie)	to lose
dañar	to damage; to break down	quedar	to be left behind
olvidar	to forget	romper	to break

Se me perdió el teléfono de la farmacia.
I lost the pharmacy's phone number.

Se nos olvidaron los pasajes.
We forgot the tickets.

▶ To clarify or emphasize who the person involved in the action is, this construction commonly begins with the preposition **a** + [*noun*] or **a** + [*prepositional pronoun*].

Al paciente se le perdió la receta.
The patient lost his prescription.

A Diana se le olvidó ir al consultorio ayer.
Diana forgot to go to the doctor's office yesterday.

A mí se me cayeron los cuadernos.
I dropped the notebooks.

A ustedes se les quedaron los libros en casa.
You left the books at home.

¡INTÉNTALO! Completa las frases de la columna A con **se** impersonal y los verbos correspondientes en presente.

A

1. <u>Se enseñan</u> (enseñar) cinco lenguas en esta universidad.
2. _____ (comer) muy bien en El Cráter.
3. _____ (vender) muchas camisetas allí.
4. _____ (servir) platos exquisitos cada noche.
5. _____ (necesitar) mucho dinero.
6. _____ (buscar) secretaria.

Completa las frases de la columna B con **se** y los verbos en pretérito para expresar sucesos imprevistos.

B

1. <u>Se me rompieron</u> (*I broke*) las gafas.
2. _____ (*You* (fam.) *dropped*) las pastillas.
3. _____ (*They lost*) la receta.
4. _____ (*You* (form.) *left*) aquí la radiografía.
5. _____ (*We forgot*) pagar la medicina.
6. _____ (*They left*) los antibióticos en la clínica.

Práctica

1 **¿Cierto o falso?** Lee estas oraciones sobre la vida en 1901. Indica si lo que dice cada oración es **cierto** o **falso**. Luego corrige las oraciones falsas.

1. Se veía mucha televisión.
2. Se escribían muchos libros.
3. Se viajaba mucho en tren.
4. Se montaba a caballo.
5. Se mandaba mucho correo electrónico.
6. Se preparaban muchas comidas en casa.
7. Se llevaban minifaldas.
8. Se pasaba mucho tiempo con la familia.

2 **Traducir** Traduce estos letreros (*signs*) y anuncios (*ads*) al español.

1. Nurses needed
2. Eating and drinking prohibited
3. Programmers sought
4. English is spoken
5. Computers sold
6. No talking
7. Teacher needed
8. Books sold
9. Do not enter
10. Spanish is spoken

3 **¿Qué pasó?** Mira los dibujos e indica lo que pasó en cada uno.

1. camarero / pastel

2. Sr. Álvarez / espejo

3. Arturo / tarea

4. Sra. Domínguez / llaves

5. Carla y Lupe / botellas de vino

6. Juana / platos

Comunicación

4

Preguntas Trabajen en parejas y usen estas preguntas para entrevistarse.

1. ¿Qué comidas se sirven en tu restaurante favorito?
2. ¿Se te olvidó invitar a alguien a tu última fiesta o comida? ¿A quién?
3. ¿A qué hora se abre la cafetería de tu universidad?
4. ¿Alguna vez se te quedó algo importante en la casa? ¿Qué?
5. ¿Alguna vez se te perdió algo importante durante un viaje?
6. ¿Qué se vende en una farmacia?
7. ¿Sabes si en la farmacia se aceptan cheques?
8. ¿Alguna vez se te rompió algo muy caro? ¿Qué?

5

Opiniones En parejas, terminen cada oración con ideas originales. Después, comparen los resultados con la clase para ver qué pareja tuvo las mejores ideas.

1. No se tiene que dejar propina cuando…
2. Antes de viajar, se debe…
3. Si se come bien, …
4. Para tener una vida sana, se debe…
5. Se sirve la mejor comida en…
6. Se hablan muchas lenguas en…

Síntesis

6

Anuncios En grupos, preparen dos anuncios de televisión para presentar a la clase. Usen el imperfecto y por lo menos dos construcciones con **se** en cada uno.

modelo

Se me cayeron unos libros en el pie y me dolía mucho. Pero ahora no, gracias a SuperAspirina 500. ¡Dos pastillas y se me fue el dolor! Se puede comprar SuperAspirina 500 en todas las farmacias Recetamax.

10.4 Adverbs

ANTE TODO   Adverbs are words that describe how, when, and where actions take place. They can modify verbs, adjectives, and even other adverbs. In previous lessons, you have already learned many Spanish adverbs, such as the ones below.

aquí	hoy	nunca
ayer	mal	siempre
bien	muy	temprano

▶ The most common adverbs are those which end in **–mente**. These are equivalent to the English adverbs which end in -ly.

fácilmente *easily*   **generalmente** *generally*
verdaderamente *truly; really*   **simplemente** *simply*

▶ To form adverbs which end in **–mente**, add **–mente** to the feminine form of the adjective. If the adjective does not have a special feminine form, just add **–mente** to the standard form.

ADJECTIVE	FEMININE FORM	SUFFIX	ADVERB
seguro	segura	-mente	seguramente
fabuloso	fabulosa	-mente	fabulosamente
enorme		-mente	enormemente
feliz		-mente	felizmente

▶ Adverbs that end in **–mente** generally follow the verb, while adverbs that modify an adjective or another adverb precede the word they modify.

Javier dibuja **maravillosamente**.   Inés está **casi siempre** ocupada.
Javier draws wonderfully.   *Inés is almost always busy.*

Common adverbs and adverbial expressions

a menudo	*often*	**así**	*like this; so*	**menos**	*less*
a tiempo	*on time*	**bastante**	*enough; rather*	**muchas veces**	*a lot; many times*
a veces	*sometimes*	**casi**	*almost*		
además (de)	*furthermore; besides*	**con frecuencia**	*frequently*	**poco**	*little*
		de vez en cuando	*from time to time*	**por lo menos**	*at least*
apenas	*hardly; scarcely*			**pronto**	*soon*
		despacio	*slowly*	**rápido**	*quickly*

¡INTÉNTALO!   Transforma los adjetivos en adverbios.

1. alegre   *alegremente*   5. real _____   9. maravilloso _____
2. constante _____   6. frecuente _____   10. normal _____
3. gradual _____   7. tranquilo _____   11. básico _____
4. perfecto _____   8. regular _____   12. afortunado _____

Práctica

1

Escoger Completa las oraciones con los adverbios adecuados.

1. La cita era para las dos pero llegamos _____. (mientras, nunca, tarde)
2. El problema fue que _____ se nos descompuso el despertador. (aquí, ayer, despacio)
3. La recepcionista no se enojó porque sabe que normalmente llego _____. (a veces, a tiempo, poco)
4. _____ el doctor estaba listo. (por lo menos, muchas veces, casi)
5. _____ tuvimos que esperar cinco minutos. (así, además, apenas)
6. El doctor dijo que nuestra hija Irene necesitaba cambiar su rutina diaria _____. (temprano, menos, inmediatamente)
7. El doctor nos explicó _____ las recomendaciones del Cirujano General (*Surgeon General*) sobre la salud de los jóvenes. (de vez en cuando, bien, apenas)
8. _____ nos dijo que Irene estaba bien, pero tenía que hacer más ejercicio y comer mejor. (bastante, afortunadamete, a menudo)

Comunicación

2

Aspirina Lee el anuncio y responde a las preguntas con un(a) compañero/a.

1. ¿Cuáles son los adverbios que aparecen en el anuncio?
2. Según el anuncio, ¿cuáles son las ventajas (*advantages*) de este tipo de aspirina? ¿Cuáles son sus cualidades?
3. ¿Tienen ustedes muchos dolores de cabeza? ¿Qué toman para curarlos?
4. ¿Qué medicamentos ven con frecuencia en los anuncios de televisión? Escriban descripciones de varios de estos anuncios. Usen adverbios en sus descripciones.

Lectura

Antes de leer

Estrategia
Activating background knowledge

Using what you already know about a particular subject will often help you better understand a reading selection. For example, if you read an article about a recent medical discovery, you might think about what you already know about health in order to understand unfamiliar words or concepts.

Examinar el texto

Utiliza las estrategias de lectura que tú consideras las más efectivas para hacer unas observaciones preliminares acerca del texto. Después trabajen en parejas para comparar sus observaciones acerca del texto. Luego contesten las siguientes preguntas:

- Analiza el formato del texto. ¿Qué tipo de texto es? ¿Dónde crees que se publicó este artículo?
- ¿Quiénes son Carla Baron y Tomás Monterrey?
- Mira la foto del libro. ¿Qué sugiere el título del libro sobre su contenido?

Conocimiento previo

Ahora piensen en su conocimiento previo° sobre el cuidado de la salud en los viajes. Consideren las siguientes preguntas:

- ¿Viajaste alguna vez a otro estado o a otro país?
- ¿Tuviste algunos problemas durante tus viajes con el agua, la comida o el clima del país?
- ¿Olvidaste poner en tu maleta algún medicamento que después necesitaste?
- Imagina que tu amigo/a se va de viaje. Dile por lo menos cinco cosas que debe hacer para prevenir cualquier problema de salud.

conocimiento previo *background knowledge*

Libro de la semana

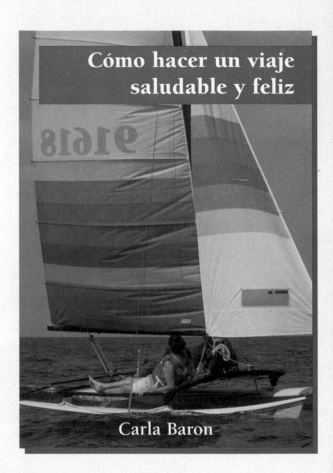

Cómo hacer un viaje saludable y feliz

Carla Baron

Después de leer

Correspondencias Busca las correspondencias entre los problemas y las recomendaciones.

Problemas
1. el agua _____
2. el sol _____
3. la comida _____
4. la identificación _____
5. el clima _____

Recomendaciones
a. Hay que adaptarse a los ingredientes no familiares.
b. Toma sólo productos purificados (*purified*).
c. Es importante llevar ropa adecuada cuando viajas.
d. Lleva loción o crema con alta protección solar.
e. Lleva tu pasaporte.

Entrevista a Carla Baron
por Tomás Monterrey

Tomás: ¿Por qué escribió su libro *Cómo hacer un viaje saludable y feliz?*

Carla: Me encanta viajar, conocer otras culturas y escribir. Mi primer viaje lo hice cuando era estudiante universitaria. Todavía recuerdo el día en que llegamos a San Juan, Puerto Rico. Era el panorama ideal para unas vacaciones maravillosas, pero al llegar a la habitación del hotel, bebí mucha agua de la llave° y luego pedí un jugo de frutas con mucho hielo°. El clima en San Juan es tropical y yo tenía mucha sed y calor. Los síntomas llegaron en menos de media hora: pasé dos días con dolor de estómago y corriendo al cuarto de baño cada 10 minutos. Desde entonces, siempre que viajo sólo bebo agua mineral y llevo un pequeño bolso con medicinas necesarias como pastillas para el dolor y también bloqueador solar, una crema repelente de mosquitos y un desinfectante.

Tomás: ¿Son reales° las situaciones que se narran en su libro?

Carla: Sí, son reales y son mis propias° historias°. A menudo los autores crean caricaturas divertidas de un turista en dificultades. ¡En mi libro la turista en dificultades soy yo!

Tomás: ¿Qué recomendaciones puede encontrar el lector en su libro?

Carla: Bueno, mi libro es anecdótico y humorístico, pero el tema de la salud se trata° de manera seria. En general, se dan recomendaciones sobre ropa adecuada para cada sitio, consejos para protegerse del sol, y comidas y bebidas adecuadas para el turista que viaja al Caribe o a la América del Sur.

Tomás: ¿Tiene algún consejo para las personas que se enferman cuando viajan?

Carla: Muchas veces los turistas toman el avión sin saber nada acerca del país que van a visitar. Ponen toda su ropa en la maleta, toman el pasaporte, la cámara fotográfica y ¡a volar°! Es necesario tomar precauciones porque nuestro cuerpo necesita adaptarse al clima, al sol, a la humedad, al agua y a la comida. Se trata de° viajar, admirar las maravillas del mundo y regresar a casa con hermosos recuerdos. En resumen, el secreto es "prevenir en vez de° curar".

llave *faucet* **hielo** *ice* **reales** *true* **propias** *own* **historias** *stories*
se trata *is treated* **¡a volar!** *off they go!* **Se trata de** *It's a question of*
en vez de *instead of*

Seleccionar Selecciona la respuesta correcta.

1. El tema principal de este libro es _____.
   a. Puerto Rico b. la salud y el agua c. otras culturas
   d. el cuidado de la salud en los viajes

2. Las situaciones narradas en el libro son _____.
   a. autobiográficas b. inventadas c. ficticias

3. ¿Qué recomendaciones no vas a encontrar en este libro? _____
   a. cómo vestirse adecuadamente
   b. cómo prevenir las quemaduras solares
   c. consejos sobre la comida y la bebida
   d. cómo dar propina en los países del Caribe o de América del Sur

4. En opinión de la señorita Baron, _____.
   a. es bueno tomar agua de la llave y beber jugo de frutas con mucho hielo
   b. es mejor tomar solamente agua embotellada (*bottled*)
   c. los minerales son buenos para el dolor abdominal
   d. es importante visitar el cuarto de baño cada 10 minutos

5. ¿Cuál de los siguientes productos no lleva la autora cuando viaja a otros países? _____
   a. desinfectante
   b. crema repelente
   c. detergente
   d. pastillas medicinales

Costa Rica

El país en cifras

▶ **Área:** 51.100 km² (19.730 millas²),
aproximadamente el área de Virginia Occidental°

▶ **Población:** 4.454.000

Costa Rica es el país de Centroamérica con la población más homogénea. El 98% de sus habitantes es blanco y mestizo°. Más del 50% de la población es de descendencia° española y un alto porcentaje tiene sus orígenes en otros países europeos.

▶ **Capital:** San José —1.080.000

▶ **Ciudades principales:**
Alajuela —173.000, Cartago —119.000,
Puntarenas —102.000, Heredia —73.000

SOURCE: Population Division, UN Secretariat

▶ **Moneda:** colón costarricense°

▶ **Idioma:** español (oficial)

Bandera de Costa Rica

Costarricenses célebres

▶ **Carmen Lyra,** escritora (1888–1949)

▶ **Chavela Vargas,** cantante (1919–)

▶ **Óscar Arias Sánchez,** político (1941–)

▶ **Claudia Poll,** nadadora° olímpica (1972–)

Óscar Arias recibió
el Premio Nobel
de la Paz en 1987.

Virginia Occidental *West Virginia* mestizo *of indigenous and white parentage* descendencia *descent* costarricense *Costa Rican* nadadora *swimmer* ejército *army* gastos *expenditures* cuartel *barracks*

Celebración del
Viernes Santo

Cráter del
Volcán Poás

NICARAGUA

Río Tempisque

Cordillera de Guanacaste

Río San Juan

Cordillera Central

Volcán Poás

Cordillera
de Tilarán

Alajuela

Puntarenas

Heredia

Río Grande
de Tárcoles

Volcán Irazú

San José

Cartago

Cordillera

Edificio Metálico
en San José

Océano
Pacífico

ESTADOS UNIDOS

OCÉANO
ATLÁNTICO

COSTA RICA

OCÉANO
PACÍFICO

AMÉRICA DEL SUR

Basílica de Nuestra Señora
de los Ángeles en Cartago

recursos			
WB pp. 121–122	VM pp. 243–244	I CD-ROM Lección 10	vistahigher learning.com

WB pp. 121–122
VM pp. 243–244
I CD-ROM Lección 10

¡Increíble pero cierto!

Costa Rica es el único país latinoamericano que no tiene ejército°. Sin gastos° militares, el gobierno puede poner más dinero en la educación y las artes. En la foto aparece el Museo Nacional de Costa Rica, antiguo cuartel del ejército.

MUSEO NACIONAL DE COSTA RICA

Lugares • Los parques nacionales

Establecido° para la protección de los delicados ecosistemas de la región y su biodiversidad, el sistema de parques nacionales ocupa el 12% del territorio de Costa Rica. En los parques, los ecoturistas pueden ver hermosas cataratas°, montañas y una multitud de plantas exóticas. Algunos parques ofrecen también la oportunidad de ver quetzales, monos°, jaguares, armadillos y elegantes mariposas° en su hábitat natural.

Economía • Las plantaciones de café

Costa Rica fue el primer país centroamericano en desarrollar° la industria del café. En el siglo° XIX los costarricenses empezaron a exportar su delicioso café, de rico aroma, a Inglaterra°, lo cual contribuyó mucho a la prosperidad de la nación. Hoy día, más de 50.000 costarricenses trabajan en el cultivo de café. El café representa cerca del 15% de las exportaciones anuales del país.

Sociedad • Una nación progresista

Un modelo de democracia y de estabilidad, Costa Rica es también uno de los países más progresistas del mundo°. Ofrece servicios médicos gratuitos° a todos sus ciudadanos° y también a los turistas. En 1870 Costa Rica eliminó la pena de muerte° y en 1948 eliminó el ejército° e hizo obligatoria y gratuita la educación para todos los costarricenses.

Mar Caribe

Limón

anca

PANAMÁ

Bañistas en Limón

¿Qué aprendiste? Responde a las preguntas con una frase completa.

1. ¿Cómo se llama la capital de Costa Rica?

2. ¿Quién es Claudia Poll?

3. ¿Qué porcentaje del territorio de Costa Rica ocupan los parques nacionales?

4. ¿Qué hacen los parques nacionales?

5. ¿Qué pueden ver los turistas en los parques nacionales?

6. ¿Cuántos costarricenses trabajan en las plantaciones de café hoy día?

7. ¿Cuándo eliminó Costa Rica la pena de muerte?

Conexión Internet Investiga estos temas en el sitio **www.vistahigherlearning.com**.

1. Busca información sobre Óscar Arias Sánchez. ¿Quién es? ¿Por qué se le considera (*is he considered*) un costarricense célebre?

2. Busca información sobre los artistas de Costa Rica. ¿Qué artista, escritor o cantante te interesa más? ¿Por qué?

....

Establecido *Established* cataratas *waterfalls* monos *monkeys* mariposas *butterflies* desarrollar *develop* siglo *century*
Inglaterra *England* mundo *world* gratuitos *free* ciudadanos *citizens* pena de muerte *death penalty* ejército *army*

Nicaragua

El país en cifras

▶ **Área:** 129.494 km^2 (49.998 millas^2), *aproximadamente el área de Nueva York Nicaragua es el país más grande de Centroamérica. Su terreno es muy variado e incluye bosques tropicales, montañas, sabanas° y marismas°, además de unos 40 volcanes.*

▶ **Población:** 5.774.000

▶ **Capital:** Managua—1.166.000
Managua está en una región de una notable inestabilidad geográfica, con muchos volcanes y terremotos°. En décadas recientes, los nicaragüenses han decidido que no vale la pena° construir rascacielos° porque no resisten los terremotos.

▶ **Ciudades principales:** León—249.000, Masaya—149.000, Granada—113.000

SOURCE: Population Division, UN Secretariat

▶ **Moneda:** córdoba

▶ **Idiomas:** español (oficial), misquito, inglés

Bandera de Nicaragua

Nicaragüenses célebres

▶ **Rubén Darío,** poeta (1867–1916)
▶ **Violeta Barrios de Chamorro,** política y ex-presidenta (1929–)
▶ **Daniel Ortega,** político y ex-presidente (1945–)
▶ **Gioconda Belli,** poeta (1948–)

sabanas *grasslands* marismas *marshes* terremoto *earthquake*
no vale la pena *it's not worthwhile* rascacielos *skyscrapers* tiburón *shark*
agua dulce *freshwater* bahía *bay* fue cercada *was closed off* atunes *tuna*

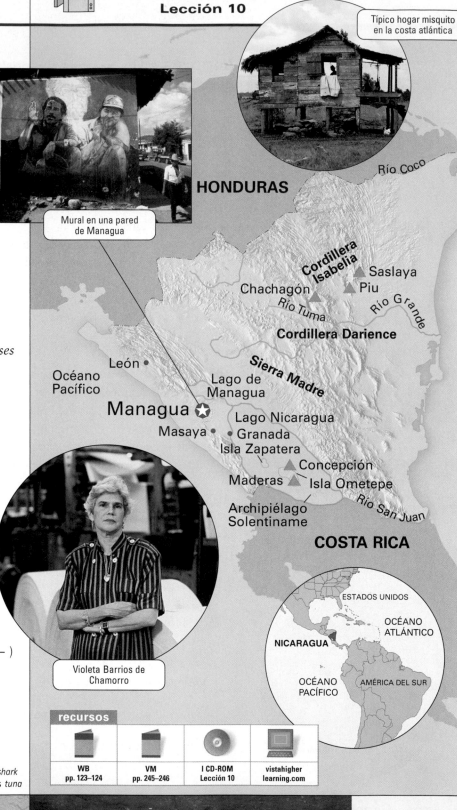

Típico hogar misquito en la costa atlántica

Mural en una pared de Managua

HONDURAS

Río Coco

Cordillera Isabelia

Chachagón · Saslaya
Río Tuma · Piu
Río Grande

Cordillera Darience

Sierra Madre

León ·
Océano Pacífico
Lago de Managua

Managua ☆

Masaya · Lago Nicaragua
· Granada
Isla Zapatera

Concepción
Maderas · Isla Ometepe

Archipiélago Solentiname

Río San Juan

COSTA RICA

ESTADOS UNIDOS
OCÉANO ATLÁNTICO
NICARAGUA
OCÉANO PACÍFICO
AMÉRICA DEL SUR

Violeta Barrios de Chamorro

recursos

WB pp. 123–124	**VM** pp. 245–246	**I CD-ROM** Lección 10	vistahigher learning.com

¡Increíble pero cierto!

En el lago Nicaragua está la única especie de tiburón° de agua dulce° del mundo. Los científicos creen que el lago fue antes una enorme bahía° que luego fue cercada° por erupciones volcánicas. Esta teoría explicaría la presencia de tiburones, atunes° y otras especies de peces que normalmente sólo viven en mares y océanos.

Historia • **Las huellas de Acahualinca**

La región de Managua se caracteriza por tener un gran número de sitios prehistóricos. Las huellas° de Acahualinca son uno de los restos° más famosos y antiguos°. Se formaron hace más de 6.000 años, a orillas° del lago Managua. Las huellas, tanto de humanos como de animales, se dirigen° hacia una misma dirección. Esto hace pensar a los expertos que corrían hacia el lago para escapar de una erupción volcánica.

Artes • **Ernesto Cardenal (1925–)**

Ernesto Cardenal, poeta, escultor y sacerdote° católico, es uno de los escritores más famosos de Nicaragua, país conocido por sus grandes poetas. Ha escrito° más de 35 libros y se le considera uno de los principales autores de Latinoamérica. Desde joven creyó en el poder° de la poesía°. En los años 60, Cardenal organizó la comunidad artística del archipiélago Solentiname en el lago Nicaragua. Fue ministro de cultura del país desde 1979 hasta 1988, y también fue vicepresidente de Casa de los Tres Mundos, una organización creada para el intercambio cultural internacional.

Naturaleza • **El lago Nicaragua**

El lago Nicaragua, con un área de más de 8.000 km² (3.100 millas²), es el lago más grande de Centroamérica. Dentro del lago hay más de 370 islas°, formadas por las erupciones del volcán Mombacho. La isla Zapatera, casi deshabitada ahora, fue un cementerio° indígena donde todavía se encuentran estatuas prehistóricas que parecen representar dioses. En el lago también se encuentran muchos peces exóticos.

¿Qué aprendiste? Responde a las preguntas con una frase completa.

1. ¿Por qué no hay muchos rascacielos en Managua?

2. Nombra dos ex-presidentes de Nicaragua.

3. ¿Qué especie única vive en el lago Nicaragua?

4. ¿Cuál es una de las teorías sobre la formación de las huellas de Acahualinca?

5. ¿Por qué es famoso el archipiélago Solentiname?

6. ¿Quién es Ernesto Cardenal?

7. ¿Cómo se formaron las islas del lago Nicaragua?

8. ¿Qué hay de interés arqueológico en la isla Zapatera?

Conexión Internet Investiga estos temas en el sitio **www.vistahigherlearning.com**.

1. ¿Dónde se habla inglés en Nicaragua y por qué?
2. ¿Qué información hay ahora sobre la economía y/o los derechos humanos en Nicaragua?

huellas *footprints* **restos** *remains* **antiguos** *ancient* **orillas** *shores* **se dirigen** *are headed* **sacerdote** *priest* **Ha escrito** *He has written* **poder** *power* **poesía** *poetry* **islas** *island* **cementerio** *cemetery*

El cuerpo

la boca	mouth
el brazo	arm
la cabeza	head
el corazón	heart
el cuello	neck
el cuerpo	body
el dedo	finger
el estómago	stomach
la garganta	throat
el hueso	bone
la muela	molar
la nariz	nose
el oído	(sense of) hearing; inner ear
el ojo	eye
la oreja	(outer) ear
el pie	foot
la pierna	leg
la rodilla	knee
el tobillo	ankle

La salud

el accidente	accident
el antibiótico	antibiotic
la aspirina	aspirin
la clínica	clinic
el consultorio	doctor's office
el/la dentista	dentist
el/la doctor(a)	doctor
el dolor (de cabeza)	(head)ache; pain
el/la enfermero/a	nurse
el examen médico	physical exam
la farmacia	pharmacy
la gripe	flu
el hospital	hospital
la infección	infection
el medicamento	medication
la medicina	medicine
la operación	operation
el/la paciente	patient
la pastilla	pill; tablet
la radiografía	X-ray
la receta	prescription
el resfriado	cold (illness)
la sala de emergencia(s)	emergency room
la salud	health
el síntoma	symptom
la tos	cough

Verbos

caerse	to fall (down)
dañar	to damage; to break down
darse con	to bump into; to run into
doler (o:ue)	to hurt
enfermarse	to get sick
estar enfermo/a	to be sick
estornudar	to sneeze
lastimarse (el pie)	to injure (one's foot)
olvidar	to forget
poner una inyección	to give an injection
prohibir	to prohibit
recetar	to prescribe
romper	to break
romperse (la pierna)	to break (one's leg)
sacar(se) una muela	to have a tooth removed
ser alérgico/a (a)	to be allergic (to)
sufrir una enfermedad	to suffer an illness
tener dolor (m.)	to have a pain
tener fiebre	to have a fever
tomar la temperatura	to take someone's temperature
torcerse (o:ue) (el tobillo)	to sprain (one's ankle)
toser	to cough

Adjetivos

congestionado/a	congested; stuffed-up
embarazada	pregnant
grave	grave; serious
mareado/a	dizzy; nauseated
médico/a	medical
saludable	healthy
sano/a	healthy

Adverbios

a menudo	often
a tiempo	on time
a veces	sometimes
además (de)	furthermore; besides
apenas	hardly; scarcely
así	like this; so
bastante	enough; rather
casi	almost
con frecuencia	frequently
de niño/a	as a child
de vez en cuando	from time to time
despacio	slowly
menos	less
mientras	while
muchas veces	a lot; many times
poco	little
por lo menos	at least
pronto	soon
rápido	quickly
todos los días	every day

Expresiones útiles	See page 273.

La tecnología

Communicative Goals

You will learn how to:

- **Talk about using technology and electronic products**
- **Use common expressions on the telephone**
- **Talk about car trouble**

A PRIMERA VISTA
- ¿Se llevan ellos bien o mal?
- ¿Crees que hace mucho tiempo que se conocen?
- ¿Están saludables?
- ¿Qué partes del cuerpo se ven en la foto?

La tecnología

Más vocabulario

la calculadora	calculator
la cámara de video, digital	video, digital camera
el canal	(TV) channel
el cederrón	CD-ROM
la contestadora	answering machine
el estéreo	stereo
el **fax**	fax (machine)
la televisión por cable	cable television
el tocadiscos compacto	compact disc player
el video(casete)	video(cassette)
el archivo	file
arroba	@ symbol
la dirección electrónica	e-mail address
Internet	Internet
la página principal	home page
el programa de computación	software
la red	network; Web
el sitio web	Website
apagar	to turn off
borrar	to erase
descargar	to download
funcionar	to work
grabar	to record
guardar	to save
imprimir	to print
llamar	to call
navegar (en Internet)	to surf (the Internet)
poner, prender	to turn on
quemar	to burn (a CD)
sonar (o:ue)	to ring
descompuesto/a	not working; out of order
lento/a	slow
lleno/a	full

Variación léxica

computadora ⟷ ordenador (*Esp.*),
computador (*Col.*)

descargar ⟷ bajar (*Esp., Col., Arg., Ven.*)

el televisor

la pantalla

el reproductor de DVD

la videocasetera

la impresora

la computadora (portátil)

la computadora

el monitor

el (teléfono) celular

el ratón

el teclado

el cederrón

Práctica

1 **Escuchar** 🎧 Escucha esta conversación entre dos amigas. Después completa las oraciones.

1. María y Ana están en _____.
   a. una tienda   b. un cibercafé   c. un restaurante
2. El hijo de Ana le mandó _____.
   a. unas fotos digitales   b. un cederrón   c. un disco compacto
3. A María le encantan _____.
   a. los celulares   b. las cámaras digitales   c. los cibercafés
4. Ana prefiere guardar las fotos en _____.
   a. la pantalla   b. un archivo   c. un cederrón
5. María quiere tomar un café y _____.
   a. poner la computadora   b. sacar fotos digitales
   c. navegar en Internet
6. Ana paga por el café y _____.
   a. el uso de Internet   b. la impresora   c. el cederrón

2 **Oraciones** Escribe oraciones usando los elementos siguientes. Usa el pretérito y agrega (*add*) las palabras necesarias.

1. Yo / descargar / fotos digitales / Internet

2. Yo / apagar / televisor / diez / noche

3. ¿Quién / poner / videocasetera?

4. Daniel y su esposa / comprar / computadora portátil / ayer

5. Sara y yo / ir / cibercafé / para / navegar en Internet

6. Jaime / decidir / comprar / calculadora / nuevo

7. Sandra / perder / control remoto

8. David / poner / contestadora / y / acostarse

9. teléfono celular / sonar / pero / yo / no contestar

10. Yo / sacar / fotos / cámara digital

3 **Preguntas** Mira el dibujo de **Contextos** y contesta las preguntas.

1. ¿Qué tipo de café es?
2. ¿Cuántas impresoras hay? ¿Cuántos ratones?
3. ¿Por qué vinieron estas personas al café?
4. ¿Qué hace el camarcro?
5. ¿Qué hace la mujer en la computadora? ¿Y el hombre?
6. ¿Qué máquinas están cerca del televisor?
7. ¿Dónde hay un cibercafé en tu ciudad?
8. ¿Por qué puedes tú necesitar un cibercafé?

Cibercafé CORRIENTES

el control remoto

el *walkman*

el disco compacto

En la gasolinera

el capó, el cofre

el parabrisas

Revisa el aceite. (revisar)

el carro, el coche

Llena el tanque. (llenar)

el radio

el volante

el baúl

la gasolina

la llanta

Más vocabulario

la autopista, la carretera	highway
la calle	street
la circulación, el tráfico	traffic
el garaje, el taller (mecánico)	(mechanic's) garage; repair shop
la gasolinera	gas station
la licencia de conducir	driver's license
el/la mecánico/a	mechanic
la policía	police (force)
la velocidad máxima	speed limit
arrancar	to start
arreglar	to fix; to arrange
bajar(se) de	to get off of/out of (a vehicle)
conducir, manejar	to drive
estacionar	to park
parar	to stop
subir(se) a	to get on/into (a vehicle)

---

4 **Completar** Completa las siguientes frases con las palabras correctas.

1. Para poder conducir legalmente necesitas...
2. Puedes poner las maletas en...
3. Si tu carro no funciona debes llevarlo a...
4. Para llenar el tanque de tu coche necesitas ir a...
5. Antes de un viaje largo, es importante revisar...
6. Otra palabra para autopista es...
7. Mientras hablas por teléfono celular, no es buena idea...
8. Otra palabra para coche es...

◄ **¡LENGUA VIVA!**

Aunque **carro** es el término que se usa en la mayoría de países hispanos, no es el único. En España, por ejemplo, se dice **coche**, y en Argentina, Chile y Uruguay se dice **auto**.

---

5 **Conversación** Completa la conversación con las formas correctas de las siguientes palabras.

el aceite	la gasolina	llenar	el parabrisas	el taller
el baúl	las llantas	manejar	revisar	el volante

EMPLEADO Bienvenido al (1)_____ mecánico Óscar. ¿En qué le puedo servir?

JUAN Buenos días. Quiero (2)_____ el tanque y revisar (3)_____, por favor.

EMPLEADO Con mucho gusto. Si quiere, también le limpio (4)_____.

JUAN Sí, gracias. Está un poquito sucio. La próxima semana tengo que (5)_____ hasta Buenos Aires. ¿Puede cambiar (6)_____? Están gastadas (*worn*). ◄

EMPLEADO Claro que sí, pero voy a tardar un par de horas.

JUAN Mejor regreso mañana. Ahora no tengo tiempo. ¿Cuánto le debo por (7)_____?

EMPLEADO Sesenta pesos. Y veinticinco por (8)_____ y cambiar el aceite.

CONSÚLTALO

For more information about **Buenos Aires**, see **Panorama** p. 322.

Comunicación

6

Preguntas Trabajen en grupos para contestar las siguientes preguntas. Después compartan sus respuestas con la clase.

1. a. ¿Tienes un teléfono celular? ¿Para qué lo usas?
   b. ¿Qué utilizas más: el teléfono o el correo electrónico? ¿Por qué?
   c. En tu opinión, ¿cuáles son las ventajas (*advantages*) y desventajas de los diferentes modos de comunicación?
2. a. ¿Con qué frecuencia usas la computadora?
   b. ¿Para qué usas Internet?
   c. ¿Tienes tu propio sitio web? ¿Cómo es?
3. a. ¿Miras la televisión con frecuencia? ¿Qué programas ves?
   b. ¿Tienes televisión por cable? ¿Por qué?
   c. ¿Tienes una videocasetera? ¿Un reproductor de DVD? ¿Un reproductor de DVD en la computadora?
   d. ¿A través de (*By*) qué medio escuchas música? ¿Radio, estéreo, tocadiscos compacto o computadora?
4. a. ¿Tienes licencia de conducir?
   b. ¿Cuánto tiempo hace que la conseguiste?
   c. ¿Tienes carro? Descríbelo.
   d. ¿Llevas tu carro al taller? ¿Para qué?

NOTA CULTURAL ▶

Algunos sitios web utilizan códigos para identificar su país de origen. Éstos son los códigos para algunos países hispanohablantes.

Argentina .ar
Colombia .co
México .mx
España .es
Venezuela .ve

CONSÚLTALO ▶

To review expressions like **hace…que**, see **Lección 10, Expresiones útiles**, p. 273.

7

Postal En parejas, lean la tarjeta postal. Después contesten las preguntas.

> 19 julio de 1979
>
> Hola Paco,
>
> ¡Saludos! Estamos de viaje por unas semanas. La Costa del Sol es muy bonita. No hemos encontrado a tus amigos porque nunca están en casa cuando llamamos. El teléfono suena y suena y nadie contesta. Vamos a seguir llamando.
>
> Sacamos muchas fotos muy divertidas. Cuando regresemos y las revelemos (get them developed), te las voy a enseñar. Las playas son preciosas y la gente muy amable. Hasta ahora (until now) el único problema fue que la oficina en la cual reservamos un carro perdió nuestros papeles y tuvimos que esperar mucho tiempo.
>
> También tuvimos un pequeño problema con el hotel. La agencia de viajes nos reservó una habitación en un hotel que está muy lejos de todo. No podemos cambiarla, pero no me importa mucho. A pesar de eso, estamos contentos.
>
> Tu hermana, Gabriela

> EUROPA 12
> ESPAÑA

> Francisco Jiménez
> San Lorenzo 3250
> Rosario, Argentina 2000

1. ¿Cuáles son los problemas que ocurren en el viaje de Gabriela?
2. Con la tecnología de hoy, ¿existen los mismos problemas cuando se viaja? ¿Por qué?
3. Hagan una comparación entre la tecnología de los años 70 y 80 y la de hoy.
4. Imaginen que la hija de Gabriela escribe un correo electrónico sobre el mismo tema con fecha de hoy. Escriban ese correo, incorporando la tecnología de hoy (teléfonos celulares, Internet, cámaras digitales, etc.). Inventen nuevos problemas.

Tecnohombre, ¡mi héroe!

El autobús se daña.

MAITE

INÉS

DON FRANCISCO

ÁLEX

JAVIER

SR. FONSECA

ÁLEX ¿Bueno? ... Con él habla... Ah, ¿cómo estás? ... Aquí, yo muy bien. Vamos para Ibarra. ¿Sabes lo que pasó? Esta tarde íbamos para Ibarra cuando Javier tuvo un accidente en el autobús. Se cayó y tuvimos que llevarlo a una clínica.

JAVIER Episodio veintiuno: Tecnohombre y los superamigos suyos salvan el mundo una vez más.

INÉS Oh, Tecnohombre, ¡mi héroe!

MAITE ¡Qué cómicos! Un día de éstos, ya van a ver...

ÁLEX Van a ver quién es realmente Tecnohombre. Mis superamigos y yo nos hablamos todos los días por el teléfono Internet, trabajando para salvar el mundo. Pero ahora, con su permiso, quiero escribirle un mensaje electrónico a mi mamá y navegar en la red un ratito.

INÉS Pues... no sé... creo que es el alternador. A ver... sí... Mire, don Francisco... está quemado el alternador.

DON FRANCISCO Ah, sí. Pero aquí no podemos arreglarlo. Conozco a un mecánico pero está en Ibarra, a veinte kilómetros de aquí.

ÁLEX ¡Tecnohombre, a sus órdenes!

DON FRANCISCO ¡Eres la salvación, Álex! Llama al Sr. Fonseca al cinco, treinta y dos, cuarenta y siete, noventa y uno. Nos conocemos muy bien. Seguro que nos ayuda.

ÁLEX Buenas tardes. ¿Con el señor Fonseca por favor?... Soy Álex Morales, cliente de Ecuatur. Le hablo de parte del señor Francisco Castillo... Es que íbamos para Ibarra y se nos dañó el autobús. ... Pensamos que es el... el alternador... Estamos a veinte kilómetros de la ciudad...

4

DON FRANCISCO Chicos, creo que tenemos un problema con el autobús. ¿Por qué no se bajan?

5

DON FRANCISCO Mmm, no veo el problema.

INÉS Cuando estaba en la escuela secundaria, trabajé en el taller de mi tío. Me enseñó mucho sobre mecánica. Por suerte, arreglé unos autobuses como éste.

DON FRANCISCO ¡No me digas! Bueno, ¿qué piensas?

9

SR. FONSECA Creo que va a ser mejor arreglar el autobús allí mismo. Tranquilo, enseguida salgo.

10

ÁLEX Buenas noticias. El señor Fonseca viene enseguida. Piensa que puede arreglar el autobús aquí mismo.

MAITE ¡La Mujer Mecánica y Tecnohombre, mis héroes!

DON FRANCISCO ¡Y los míos también!

Enfoque cultural El transporte en la ciudad

En las ciudades hispanas suele haber (*there is usually*) más transporte público que en las estadounidenses y sus habitantes dependen menos de los carros. En los países hispanos también es más frecuente el uso de carros pequeños y de motocicletas que gastan poca gasolina. En las ciudades españolas, por ejemplo, la gasolina es muy cara y también hay poco espacio para el estacionamiento (*parking*); por eso es tan frecuente el uso de vehículos pequeños y económicos.

Expresiones útiles

Talking on the telephone

▶ **Aló./¿Bueno?/Diga.**
Hello.

▶ **¿Quién habla?**
Who is speaking?

▶ **¿De parte de quién?**
Who is calling?

▷ **Con él/ella habla.**
This is he/she.

▷ **Le hablo de parte de Francisco Castillo.**
I'm speaking to you on behalf of Francisco Castillo.

▶ **¿Puedo dejar un recado?**
May I leave a message?

▷ **Está bien. Llamo más tarde.**
That's fine. I'll call later.

Talking about bus or car problems

▶ **¿Qué pasó?**
What happened?

▷ **Se nos dañó el autobús.**
The bus broke down.

▷ **Se nos pinchó una llanta.**
We had a flat tire.

▷ **Está quemado el alternador.**
The alternator is burned out.

Saying how far away things are

▶ **Está a veinte kilómetros de aquí.**
It's twenty kilometers from here.

▶ **Estamos a veinte millas de la ciudad.**
We're twenty miles from the city.

Expressing surprise

▶ **¡No me digas!**
You don't say! (fam.)

▶ **¡No me diga!**
You don't say! (form.)

Offering assistance

▶ **A sus órdenes.**
At your service.

Additional vocabulary

▶ **aquí mismo**
right here

Reacciona a la fotonovela

1 **Seleccionar** Selecciona las respuestas que completan correctamente las siguientes frases.

1. Álex quiere _____.
   a. llamar a su mamá por teléfono celular b. escribirle a su mamá y navegar en la red
   c. hablar por teléfono Internet y navegar en la red
2. Se les dañó el autobús. Inés dice que _____.
   a. el alternador está quemado b. se pinchó una llanta c. el taller está lejos
3. Álex llama al mecánico, el señor _____.
   a. Castillo b. Ibarra c. Fonseca
4. Maite llama a Inés la "Mujer Mecánica" porque antes _____.
   a. trabajaba en el taller de su tío b. arreglaba computadoras
   c. conocía a muchos mecánicos
5. El grupo está a _____ de la ciudad.
   a. veinte millas b. veinte grados centígrados c. veinte kilómetros

2 **Identificar** Identifica quién puede decir las siguientes frases.

1. Gracias a mi tío tengo un poco de experiencia
   arreglando autobuses.
2. Sé manejar un autobús pero no sé arreglarlo.
   ¿Por qué no llamamos a mi amigo?
3. Sabes, admiro mucho a la Mujer Mecánica y
   a Tecnohombre.
4. Aló... Sí, ¿de parte de quién?
5. El nombre de Tecnohombre fue idea mía.
   ¡Qué cómico!, ¿no?

JAVIER   ÁLEX

MAITE

INÉS   DON FRANCISCO

3 **Problema mecánico** Trabajen en parejas para representar los papeles (*roles*) de un(a) mecánico/a y un(a) cliente/a que está llamando al taller porque su carro está descompuesto. Usen las instrucciones como guía.

Mecánico/a	Cliente/a
Contesta el teléfono con un saludo y el nombre del taller.	Saluda y explica que tu carro está descompuesto.
Pregunta qué tipo de problema tiene exactamente.	Explica que tu carro no arranca cuando hace frío.
Di que debe traer el carro al taller.	Pregunta cuándo puedes llevarlo.
Ofrece una hora para revisar el carro.	Acepta la hora que ofrece el/la mecánico/a.
Da las gracias y despídete.	Despídete y cuelga (*hang up*) el teléfono.

Ahora cambien los papeles y representen otra conversación. Ustedes son un(a) técnico/a y un(a) cliente/a. Usen estas ideas:

el celular no guarda mensajes   la impresora imprime muy lentamente
la computadora no descarga fotos   el reproductor de DVD está descompuesto

Ortografía

La acentuación de palabras similares

Although accent marks usually indicate which syllable in a word is stressed, they are also used to distinguish between words that have the same or similar spellings.

Él maneja el coche.   **Sí, voy si quieres.**

Although one-syllable words do not usually carry written accents, some *do* have accent marks to distinguish them from words that have the same spelling but different meanings.

Sé cocinar.   **Se baña.**   **¿Tomas té?**   **Te duermes.**

Sé (*I know*) and **té** (*tea*) have accent marks to distinguish them from the pronouns **se** and **te**.

---

para mí   **mi cámara**   **Tú lees.**   **tu estéreo**

Mí (*Me*) and **tú** (*you*) have accent marks to distinguish them from the possessive adjectives **mi** and **tu**.

¿Por qué vas?   **Voy porque quiero.**

Several words of more than one syllable also have accent marks to distinguish them from words that have the same or similar spellings.

Éste es rápido.   **Este módem es rápido.**

Demonstrative pronouns have accent marks to distinguish them from demonstrative adjectives.

¿Cuándo fuiste?   **Fui cuando me llamó.**

¿Dónde trabajas?   **Voy al taller donde trabajo.**

Adverbs have accent marks when they are used to convey a question.

Práctica Marca los acentos en las palabras que los necesitan.

ANA Alo, soy Ana. ¿Que tal?

JUAN Hola, pero... ¿por que me llamas tan tarde?

ANA Porque mañana tienes que llevarme a la universidad. Mi auto esta dañado.

JUAN ¿Como se daño?

ANA Se daño el sabado. Un vecino (*neighbor*) choco con (*crashed into*) el.

Crucigrama Utiliza las siguientes pistas (*clues*) para completar el crucigrama. ¡Ojo con los acentos!

Horizontales

1. Él _____ levanta.
4. No voy _____ no puedo.
7. Tú _____ acuestas.
9. ¿ _____ es el examen?
10. Quiero este video y _____.

Verticales

2. ¿Cómo _____ usted?
3. Eres _____ mi hermano.
5. ¿_____ tal?
6. Me gusta _____ suéter.
8. Navego _____ la red.

	recursos	
LM p. 62	Lab CD/MP3 Lección 11	I CD-ROM Lección 11

11.1 Familiar commands

ANTE TODO In Spanish, the command forms are used to give orders or advice. You use **tú** commands when you want to give an order or advice to someone you normally address with the familiar **tú**.

Affirmative *tú* commands

Infinitive	Present tense *él/ella* form	Affirmative *tú* command
hablar	habla	**habla** (tú)
guardar	guarda	**guarda** (tú)
prender	prende	**prende** (tú)
volver	vuelve	**vuelve** (tú)
pedir	pide	**pide** (tú)
imprimir	imprime	**imprime** (tú)

▶ Affirmative **tú** commands usually have the same form as the **él/ella** form of the present indicative.

Guarda el documento antes de cerrarlo.
Save the document before closing it.

Imprime tu tarea para la clase de inglés.
Print your homework for English class.

▶ There are eight irregular affirmative **tú** commands.

decir	**di**	salir	**sal**
hacer	**haz**	ser	**sé**
ir	**ve**	tener	**ten**
poner	**pon**	venir	**ven**

¡Sal de aquí ahora mismo!
Leave here at once!

Haz los ejercicios.
Do the exercises.

▶ Since **ir** and **ver** have the same **tú** command (**ve**), context will determine the meaning.

Ve al cibercafé con Yolanda.
Go to the cybercafé with Yolanda.

Ve ese programa... es muy interesante.
See that program... it's very interesting.

recursos

WB pp. 127–134

LM pp. 63–66

Lab CD/MP3 Lección 11

I CD-ROM Lección 11

vistahigher learning.com

¡LENGUA VIVA!

To form affirmative **vosotros** commands, drop the –r from the infinitive and add –d:

parar → parad
poner → poned
salir → salid

Negative **vosotros** commands have the same form as the **vosotros** forms of the present subjunctive, which is introduced in **Estructura 12.3**:

no paréis
no pongáis
no salgáis

Apaga ese walkman y contesta el teléfono.

¡No me digas!

Negative *tú* commands

Infinitive	Present tense *yo* form	Negative *tú* command
hablar	hablo	**no hables** (tú)
guardar	guardo	**no guardes** (tú)
prender	prendo	**no prendas** (tú)
volver	vuelvo	**no vuelvas** (tú)
pedir	pido	**no pidas** (tú)

▶ The negative **tú** commands are formed by dropping the final **–o** of the **yo** form of the present tense. For **–ar** verbs, add **–es**. For **–er** and **–ir** verbs, add **–as**.

Héctor, **no pares** el carro en el medio de la calle.
Héctor, don't stop the car in the middle of the street.

No prendas la computadora todavía.
Don't turn on the computer yet.

No pierdas tu licencia de conducir.
Don't lose your driver's license.

No repitas las instrucciones.
Don't repeat the instructions.

▶ Verbs with irregular **yo** forms maintain the same irregularity in their negative **tú** commands. These verbs include **conducir, conocer, decir, hacer, ofrecer, oír, poner, salir, tener, traducir, traer, venir,** and **ver**.

No pongas aquel cederrón en la computadora portátil.
Don't put that CD-ROM in the laptop.

No conduzcas tan rápido.
Don't drive so fast.

▶ Verbs ending in **–car**, **–gar**, and **–zar** have a spelling change in the negative **tú** commands.

sa**car**	c ➤ **qu**	no sa**que**s
apa**gar**	g ➤ **gu**	no apa**gu**es
almor**zar**	z ➤ **c**	no almuer**c**es

▶ The following verbs have irregular negative **tú** commands.

Infinitive	Negative *tú* command
dar	**no des**
estar	**no estés**
ir	**no vayas**
saber	**no sepas**
ser	**no seas**

¡INTÉNTALO! Indica los mandatos (*commands*) familiares afirmativos y negativos de estos verbos.

1. correr — _Corre_ más rápido. / No _corras_ más rápido.
2. llenar — _____ el tanque. / No _____ el tanque.
3. salir — _____ ahora. / No _____ ahora.
4. descargar — _____ ese documento. / No _____ ese documento.
5. venir — _____ aquí. / No _____ aquí.
6. levantarse — _____ temprano. / No _____ temprano.
7. volver — _____ pronto. / No _____ pronto.
8. hacerlo — _____ ya. / No _____ ahora.

Práctica

1   **Completar** Tu mejor amigo no entiende nada de tecnología y te pide ayuda. Completa los comentarios de tu amigo con el mandato de cada verbo.

1. No _____ en una hora. _____ ahora mismo. (venir)
2. _____ tu tarea después. No la _____ ahora. (hacer)
3. No _____ a la tienda a comprar papel para la impresora. _____ a la cafetería a comprarme algo de comer. (ir)
4. No _____ que no sabes abrir un archivo. _____ que el programa de computación funciona sin problemas. (decirme)
5. _____ generoso con tu tiempo, y no _____ antipático si no entiendo fácilmente. (ser)
6. _____ mucha paciencia y no _____ prisa. (tener)
7. _____ tu teléfono celular, pero no _____ la computadora. (apagar)

2   **Cambiar** Pedro y Marina no pueden ponerse de acuerdo (*agree*) cuando viajan en su carro. Cuando Pedro dice que algo es necesario, Marina expresa una opinión diferente. Usa la información entre paréntesis para formar las órdenes que Marina le da a Pedro.

> **modelo**
>
> **Pedro:** Necesito revisar el aceite del carro. (seguir hasta el próximo pueblo)
> **Marina:** No revises el aceite del carro. Sigue hasta el próximo pueblo.

1. Necesito conducir más rápido. (parar el carro)
2. Necesito poner el radio. (hablarme)
3. Necesito almorzar ahora. (comer más tarde)
4. Necesito sacar los discos compactos. (manejar con cuidado)
5. Necesito estacionar el carro en esta calle. (pensar en otra opción)
6. Necesito volver a esa gasolinera. (arreglar el carro en un taller)
7. Necesito leer el mapa. (pedirle ayuda a aquella señora)
8. Necesito dormir en el carro. (acostarse en una cama)

3   **Problemas** Tú y tu compañero/a trabajan en el centro de computadoras de la universidad. Muchos estudiantes están llamando con problemas. Denles órdenes para ayudarlos a resolverlos.

> **modelo**
>
> **Problema:** No veo nada en la pantalla.
> **Tu respuesta:** Prende la pantalla de tu computadora.

apagar...	descargar...	grabar...	imprimir...	prender...
borrar...	funcionar...	guardar...	navegar...	quemar...

1. No me gusta este programa de computación.
2. Tengo miedo de perder mi documento.
3. Prefiero leer este sitio web en papel.
4. Mi correo electrónico funciona muy lentamente.
5. Busco información sobre los gauchos de Argentina.
6. Tengo demasiados archivos en mi computadora.
7. Mi computadora se congeló (*froze*).
8. Quiero ver las fotos del cumpleaños de mi hermana.

◄ **NOTA CULTURAL**

Los gauchos (*nomadic cowboys*), conocidos por su habilidad (*skill*) para montar caballos y utilizar lazos, viven en la región más extensa de Argentina, la Patagonia. Esta región ocupa casi la mitad (*half*) de la superficie (*land area*) del país.

Comunicación

4

Órdenes Circula por la clase e intercambia órdenes negativas y afirmativas con tus compañeros/as. Debes seguir las órdenes que ellos te dan o reaccionar apropiadamente.

> **modelo**
>
> **Estudiante 1:** Dame todo tu dinero.
> **Estudiante 2:** No, no quiero dártelo. Muéstrame tu cuaderno.
> **Estudiante 1:** Aquí está.
> **Estudiante 3:** Ve a la pizarra y escribe tu nombre.
> **Estudiante 4:** No quiero. Hazlo tú.

5

Anuncios Miren este anuncio (*ad*). Luego, en grupos pequeños, preparen tres anuncios adicionales para tres escuelas que compiten (*compete*) con ésta.

INFORMÁTICA ARGENTINA

Toma nuestros cursos y aprende a usar la computadora

abre y lee tus archivos

imprime tus documentos

entra al campu de la tecnología

¡Ponte en contacto con nosotros llamando al **11-4-129-1508** HOY!

Síntesis

6

¡Tanto que hacer! Tu profesor(a) te va a dar una lista de diligencias (*errands*). Algunas las hiciste tú y algunas las hizo tu compañero/a. Las diligencias que ya hicieron tienen esta marca ✔. Pero quedan cuatro diligencias por hacer. Dale mandatos a tu compañero/a, y él/ella responde para confirmar si hay que hacerla o ya la hizo.

> **modelo**
>
> **Estudiante 1:** Llena el tanque.
> **Estudiante 2:** Ya llené el tanque. / ¡Oh, no! Tenemos que
>   llenar el tanque.

11.2 Por and para

Unlike English, Spanish has two words that mean *for*: **por** and **para**. These two prepositions are not interchangeable. Study the charts to see how they are used.

Es para usted. Es un cliente de don Paco.

Álex habla por teléfono.

Por is used to indicate...

1. Motion or a general location . . . .
(around, through, along, by)

La excursión nos llevó **por** el centro.
The tour took us through downtown.

Pasamos **por** el parque y **por** el río.
We passed by the park and along the river.

2. Duration of an action . . . .
(for, during, in)

Estuve en la Patagonia **por** un mes.
I was in Patagonia for a month.

Ana navegó la red **por** la tarde.
Ana surfed the net in the afternoon.

3. Reason or motive for an action . . . .
(because of, on account of, on behalf of)

Lo hizo **por** su familia.
She did it on behalf of her family.

Papá llegó a casa tarde **por** el tráfico.
Dad arrived home late because of the traffic.

4. Object of a search . . . .
(for, in search of)

Vengo **por** ti a las ocho.
I'm coming for you at eight.

Javier fue **por** su cámara digital.
Javier went in search of his digital camera.

5. Means by which something is done . . . .
(by, by way of, by means of)

Ellos viajan **por** la autopista.
They travel by (by way of) the highway.

¿Hablaste con la policía **por** teléfono?
Did you talk to the police by (on the) phone?

6. Exchange or substitution . . . .
(for, in exchange for)

Le di dinero **por** la videocasetera.
I gave him money for the VCR.

Muchas gracias **por** el cederrón.
Thank you very much for the CD-ROM.

7. Unit of measure . . . .
(per, by)

José manejaba a 120 kilómetros **por** hora.
José was driving 120 kilometers per hour.

¡ATENCIÓN!

Por is also used in several idiomatic expressions, including:
por aquí *around here*
por ejemplo *for example*
por eso *that's why; therefore*
por fin *finally*

¡ATENCIÓN!

Remember that when giving an exact time, **de** is used instead of **por** before **la mañana**, **la tarde**, etc.

La clase empieza a las nueve **de** la mañana.

• • •

In addition to **por**, **durante** is also commonly used to mean *for* when referring to time.

Esperé al mecánico **durante** cincuenta minutos.

Para is used to indicate...

1. **Destination** . . . . (*toward, in the direction of*)	Salimos **para** Córdoba el sábado. *We are leaving for Córdoba on Saturday.*
2. **Deadline or a specific time in the future** . . (*by, for*)	Él va a arreglar el carro **para** el viernes. *He will fix the car by Friday.*
3. **Purpose or goal** + [*infinitive*] . . . . (*in order to*)	Juan estudia **para** (ser) mecánico. *Juan is studying to be a mechanic.*
4. **Purpose** + [*noun*] . . . . (*for, used for*)	Es una llanta **para** el carro. *It's a tire for the car.*
5. **The recipient of something** . . . . (*for*)	Compré una impresora **para** mi hijo. *I bought a printer for my son.*
6. **Comparison with others or an opinion** . . (*for, considering*)	**Para** un joven, es demasiado serio. *For a young person, he is too serious.* **Para** mí, esta lección no es difícil. *For me, this lesson isn't difficult.*
7. **In the employ of** . . . . (*for*)	Sara trabaja **para** Telecom Argentina. *Sara works for Telecom Argentina.*

▶ In many cases it is grammatically correct to use either **por** or **para** in a sentence. The meaning of the sentence is different, however, depending on which preposition is used.

Caminé **por** el parque.
I walked through the park.

Caminé **para** el parque.
I walked to (toward) the park.

Trabajó **por** su padre.
He worked for (in place of) his father.

Trabajó **para** su padre.
He worked for his father('s company).

¡INTÉNTALO!   Completa estas frases con las preposiciones **por** o **para.**

1. Fuimos al cibercafé __por__ la tarde.
2. Necesitas un módem _____ navegar en la red.
3. Entraron _____ la puerta.
4. Quiero un pasaje _____ Buenos Aires.
5. _____ arrancar el carro, necesito la llave.
6. Arreglé el televisor _____ mi amigo.
7. Estuvieron nerviosos _____ el examen.
8. ¿No hay una gasolinera _____ aquí?
9. Esta computadora es _____ usted.
10. Juan está enfermo. Tengo que trabajar _____ él.
11. Estuvimos en Cancún _____ dos meses.
12. _____ mí, el español es difícil.
13. Tengo que estudiar la lección _____ el lunes.
14. Voy a ir _____ la carretera.
15. Compré dulces _____ mi novia.
16. Compramos el auto _____ un buen precio.

Práctica

1   **Completar**   Completa este párrafo con las preposiciones **por** o **para**.

El mes pasado mi esposo y yo hicimos un viaje a Buenos Aires y sólo pagamos dos mil dólares (1)_____ los pasajes. Estuvimos en Buenos Aires (2)_____ una semana y recorrimos toda la ciudad. Durante el día caminamos (3)_____ la plaza San Martín, el microcentro y el barrio de La Boca, donde viven muchos artistas. (4)_____ la noche fuimos a una tanguería, que es una especie de teatro (5)_____ mirar a la gente bailar tango. Dos días después decidimos hacer una excursión (6)_____ las pampas (7)_____ ver el paisaje y un rodeo con gauchos. Alquilamos (*we rented*) un carro y manejamos (8)_____ todas partes y pasamos unos días muy agradables. El último (*last*) día que estuvimos en Buenos Aires fuimos a Galerías Pacífico (9)_____ comprar recuerdos (*souvenirs*) (10)_____ nuestros hijos y nietos. Compramos tantos regalos que tuvimos que pagar impuestos (*duties*) cuando pasamos (11)_____ la aduana al regresar.

2   **Oraciones**   Crea frases originales con los elementos de las columnas. Une los elementos usando **por** o **para**.

> *modelo*
>
> Fuimos a Mar del Plata por razones de salud para visitar a un especialista.

(No) fuimos al mercado	por/para	comprar frutas	por/para	¿?
(No) fuimos a las montañas	por/para	tres días	por/para	¿?
(No) fuiste a Mar del Plata	por/para	razones de salud	por/para	¿?
(No) fueron a Buenos Aires	por/para	tomar el sol	por/para	¿?

3   **Describir**   Usa **por** o **para** y el tiempo presente para describir estos dibujos.

1. _____   2. _____   3. _____

4. _____   5. _____   6. _____

Comunicación

4

Descripciones Usa **por** o **para** y completa estas frases de una manera (*manner*) lógica. Luego, compara tus respuestas con las de un(a) compañero/a.

1. En casa, hablo con mis amigos...
2. Mi padre/madre trabaja...
3. Ayer fui al taller...
4. Los miércoles tengo clases...
5. A veces voy a la biblioteca...
6. Esta noche tengo que estudiar...
7. Necesito... dólares...
8. Compré un regalo...
9. Mi mejor amigo/a estudia...
10. Necesito hacer la tarea...

5

Situación En parejas, dramaticen esta situación. Utilicen muchos ejemplos de **por** y **para**.

Hijo/a

Pídele dinero a tu padre/madre.

Dile que quieres comprar un carro.

Explica tres razones por las que necesitas un carro.

Dile que por no tener un carro tu vida es muy difícil.

Padre/Madre

⊐⟶ Pregúntale a tu hijo/a para qué lo necesita.

⊐⟶ Pregúntale por qué necesita un carro.

⊐⟶ Explica por qué sus razones son buenas o malas.

⊐⟶ Decide si vas a darle el dinero y explica por qué.

Síntesis

6

Una subasta (*auction*) Cada estudiante debe traer a la clase un objeto o una foto del objeto para vender. En grupos, túrnense para ser el/la vendedor(a) y los postores (*bidders*). Para empezar, el/la vendedor(a) describe el objeto y explica para qué se usa y por qué alguien debe comprarlo.

modelo

Vendedor(a): Aquí tengo una videocasetera Sony. Pueden usar esta videocasetera para ver películas en su casa o para grabar sus programas favoritos. Sólo hace un año que la compré y todavía funciona perfectamente. ¿Quién ofrece $150.00 para empezar?

Postor(a) 1: $50.00 por la videocasetera.

Vendedor(a): ¿Quién me ofrece $60.00? Es una ganga a este precio. Yo pagué $200.00 por ella.

Postor(a) 2: Ofrezco $60.00 por la videocasetera.

11.3 Reciprocal reflexives

ANTE TODO In **Lección 7**, you learned that reflexive verbs indicate that the subject of a sentence does the action to itself. Reciprocal reflexives, on the other hand, express a shared or reciprocal action between two or more people or things. In this context, the pronoun means *(to) each other* or *(to) one another.*

Luis y Marta **se** miran en el espejo.
Luis and Marta look at themselves in the mirror.

Luis y Marta **se** miran.
Luis and Marta look at each other.

▶ Only the plural forms of the reflexive pronouns (**nos**, **os**, **se**) are used to express reciprocal actions because the action must involve more than one person or thing.

Cuando **nos vimos** en la calle,
nos abrazamos.
*When we saw each other on the
street, we hugged one another.*

Ustedes **se** van a **encontrar** en el
cibercafé, ¿no?
*You are meeting each other at
the cybercafé, right?*

Nos ayudamos cuando usamos
la computadora.
*We help each other when we use
the computer.*

Las amigas **se saludaron** y
se besaron.
*The friends greeted each other
and kissed one another.*

¡ATENCIÓN!

Here is a list of common verbs that can express reciprocal actions:
abrazar(se) *to hug; to embrace (each other)*
ayudar(se) *to help (each other)*
besar(se) *to kiss (each other)*
encontrar(se) *to meet (each other); run into (each other)*
saludar(se) *to greet (each other)*

¡INTÉNTALO! Indica el reflexivo recíproco adecuado y el presente o el pretérito de estos verbos.

El presente

1. (escribir) Los novios ___se escriben___.
   Nosotros _____.
   Ana y Ernesto _____.
2. (escuchar) Mis tíos _____.
   Nosotros _____.
   Ellos _____.
3. (ver) Nosotros _____.
   Fernando y Tomás _____.
   Ustedes _____.
4. (llamar) Ellas _____.
   Mis hermanos _____.
   Pepa y yo _____.

El pretérito

1. (saludar) Nicolás y tú ___se saludaron___.
   Nuestros vecinos _____.
   Nosotros _____.
2. (hablar) Los amigos _____.
   Elena y yo _____.
   Nosotras _____.
3. (conocer) Alberto y yo _____.
   Ustedes _____.
   Ellos _____.
4. (encontrar) Ana y Javier _____.
   Los primos _____.
   Mi hermana y yo _____.

Práctica

1 **Un amor recíproco** Describe a Laura y a Elián usando los verbos recíprocos.

> **modelo**
>
> Laura veía a Elián todos los días. Elián veía a Laura todos los días.
> Laura y Elián *se veían todos los días.*

1. Laura conocía bien a Elián. Elián conocía bien a Laura.

2. Laura miraba a Elián con amor. Elián la miraba con amor también.

3. Laura entendía bien a Elián. Elián entendía bien a Laura.

4. Laura hablaba con Elián todas las noches por teléfono. Elián hablaba con Laura todas las noches por teléfono.

5. Laura ayudaba a Elián con sus problemas. Elián la ayudaba también con sus problemas.

2 **Describir** Mira los dibujos y describe lo que estas personas hicieron.

1. Las hermanas _____.   2. Ellos _____.

3. Gilberto y Mercedes _____ /   4. Tú y yo _____ /
   _____ / _____.   _____.

Comunicación

3 **Preguntas** En parejas, túrnense para hacerse estas preguntas.

1. ¿Se vieron tú y tu mejor amigo/a ayer? ¿Cuándo se ven ustedes normalmente?
2. ¿Dónde se encuentran tú y tus amigos?
3. ¿Se ayudan tú y tu mejor amigo/a con sus problemas?
4. ¿Se entienden bien tú y tu novio/a?
5. ¿Dónde se conocieron tú y tu novio/a? ¿Cuánto tiempo hace que se conocen ustedes?
6. ¿Cuándo se dan regalos tú y tu novio/a?
7. ¿Se escriben tú y tus amigos por correo electrónico o prefieren llamarse por teléfono?
8. ¿Siempre se llevan bien tú y tu compañero/a de cuarto? Explica.

11.4 Stressed possessive adjectives and pronouns

ANTE TODO In contrast to English, Spanish has two types of possessive adjectives: the unstressed (or short) forms you learned in **Lección 3** and the stressed (or long) forms. The stressed possessive adjectives are used for emphasis or to express the English phrases *of mine, of yours, of his,* and so on.

Stressed possessive adjectives

Masculine singular	Feminine singular	Masculine plural	Feminine plural	
mío	**mía**	**míos**	**mías**	my; (of) mine
tuyo	**tuya**	**tuyos**	**tuyas**	your; (of) yours (fam.)
suyo	**suya**	**suyos**	**suyas**	your; (of) yours (form.); his; (of) his; her; (of) hers; its
nuestro	**nuestra**	**nuestros**	**nuestras**	our; (of) ours
vuestro	**vuestra**	**vuestros**	**vuestras**	your; (of) yours (fam.)
suyo	**suya**	**suyos**	**suyas**	your; (of) yours (form.); their; (of) theirs

¡ATENCIÓN!

Used with **un/una**, these possessives are similar in meaning to the English expression *of mine/yours/etc.*

Juancho es un amigo mío.
Juancho is a friend of mine.

▶ Stressed possessive adjectives must agree in gender and number with the nouns they modify.

su impresora
her printer

la impresora **suya**
her printer

nuestros televisores
our television sets

los televisores **nuestros**
our television sets

▶ Stressed possessive adjectives are placed after the noun they modify, while unstressed possessive adjectives are placed before the noun.

Son **mis** llaves.
They are my keys.

Son las llaves **mías**.
They are my keys.

▶ A definite article, an indefinite article, or a demonstrative adjective usually precedes a noun modified by a stressed possessive adjective.

Me encantan {
unos discos compactos **tuyos**. *I love some of your CDs.*
los discos compactos **tuyos**. *I love your CDs.*
estos discos compactos **tuyos**. *I love these CDs of yours.*

▶ Since **suyo, suya, suyos,** and **suyas** have more than one meaning, you can avoid confusion by using the construction: [*article*] + [*noun*] + **de** + [*subject pronoun*].

el teclado **suyo**

el teclado **de él/ella**	*his/her keyboard*
el teclado **de usted**	*your keyboard*
el teclado **de ellos/ellas**	*their keyboard*
el teclado **de ustedes**	*your keyboard*

CONSÚLTALO

This is the same construction you learned in **Lección 3** for clarifying **su** and **sus**. To review unstressed possessive adjectives, see **Estructura 3.2**, p. 75.

Possessive pronouns

▶ Possessive pronouns are used to replace a noun + [*possessive adjective*]. In Spanish, the possessive pronouns have the same forms as the stressed possessive adjectives, and they are preceded by a definite article.

la calculadora **nuestra** → **la nuestra**
el *fax* **tuyo** → **el tuyo**
los archivos **suyos** → **los suyos**

▶ A possessive pronoun agrees in number and gender with the noun it replaces.

—Aquí está **mi coche**. ¿Dónde está **el tuyo**?
Here's my car. Where is yours?

—**El mío** está en el taller de mi hermano.
Mine is at my brother's garage.

—¿Tienes **las revistas** de Carlos?
Do you have Carlos' magazines?

—No, pero tengo **las nuestras.**
No, but I have ours.

¡ATENCIÓN!

The definite article (**el/la**) is usually omitted when a stressed possessive follows the verb **ser**.

Perdone, ¿pero **es suya** esta cámara?

No, no **es mía**.

Episodio veintiuno: Tecnohombre y los superamigos suyos salvan el mundo una vez más.

La Mujer Mecánica y Tecnohombre, ¡mis héroes!

¡Y los míos también!

¡INTÉNTALO! Indica las formas tónicas (*stressed*) de estos adjetivos posesivos y los pronombres posesivos correspondientes.

	adjetivos	**pronombres**
1. su videocasetera	la videocasetera suya	la suya
2. mi televisor		
3. nuestros discos compactos		
4. tus calculadoras		
5. su monitor		
6. mis videos		
7. nuestra impresora		
8. tu estéreo		
9. nuestro cederrón		
10. mi computadora		

Práctica

1 **Frases** Forma frases con las siguientes palabras. Usa el presente.

1. Un / amiga / suyo / vivir / Mendoza
2. ¿Me / prestar / calculadora / tuyo?
3. El / coche / suyo / nunca / funcionar / bien
4. No / nos / interesar / problemas / suyo
5. Yo / querer / cámara digital / mío / ahora mismo
6. Un / amigos / nuestro / manejar / como / loco

2 **¿Es suyo?** Un policía ha capturado al hombre que robó (*robbed*) en tu casa. Ahora quiere saber qué cosas son tuyas. Túrnate con un(a) compañero/a para hacer el papel del policía y usa las pistas (*clues*) para contestar las preguntas.

> **modelo**
> No/viejo
> **Policía:** Esta calculadora, ¿es suya?
> **Estudiante:** No, no es mía. La mía era más vieja.

1. Sí   2. Sí   3. Sí

4. No/grande   5. No/pequeño   6. No/de Shakira

NOTA CULTURAL

Hija de madre colombiana y padre libanés, **Shakira** se inspira en las dos culturas para crear su música. A los 15 años grabó un álbum que se encontró entre los favoritos de la música latina. En 2001, Shakira entró al mercado norteamericano con su álbum *Laundry Service* que incluye canciones en inglés y español.

3 **Conversaciones** Completa estas conversaciones con las formas adecuadas de los pronombres posesivos.

1. —La casa de los Ortiz estaba en la Avenida 9 de Julio. ¿Dónde estaba la casa de ustedes?
   —_____ estaba en la calle Bolívar.
2. —A Carmen le encanta su monitor nuevo.
   —¿Sí? A José no le gusta _____.
3. —Puse mis discos aquí. ¿Dónde pusiste _____, Alfonso?
   —Puse _____ en el escritorio.
4. —Se me olvidó traer mis llaves. ¿Trajeron ustedes _____?
   —No, dejamos _____ en casa.
5. —Yo compré mi computadora en una tienda y Marta compró _____ en Internet. Y _____, ¿dónde la compraste?
   —_____ es de Cíbermax.

Comunicación

4

Identificar Trabajen en grupos. Cada estudiante da tres objetos. Pongan (*Put*) todos los objetos juntos. Luego, un(a) estudiante escoge uno o dos objetos y le pregunta a otro/a si esos objetos son suyos. Usen los adjetivos posesivos en sus preguntas.

> **modelo**
>
> **Estudiante 1:** Felipe, ¿son tuyos estos discos compactos?
> **Estudiante 2:** Sí, son míos.
> No, no son míos. Son los discos compactos
> de Bárbara.

5

Comparar Trabajen en parejas. Intenta (*Try to*) convencer a tu compañero/a de que algo que tú tienes es mejor que el que él/ella tiene. Pueden hablar de sus carros, estéreos, discos compactos, clases, horarios o trabajos.

> **modelo**
>
> **Estudiante 1:** Mi computadora tiene una pantalla de
> quince pulgadas (*inches*). ¿Y la tuya?
> **Estudiante 2:** La mía es mejor porque tiene una pantalla
> de diecisiete pulgadas.
> **Estudiante 1:** Pues la mía...

Síntesis

6

Inventos locos En grupos pequeños, lean la descripción de este invento fantástico. Después diseñen su propio invento y expliquen por qué es mejor que el de los demás grupos. Utilicen los posesivos, **por** y **para** y el vocabulario de **Contextos**.

Nuestro celular tiene conexión a Internet, ¿y el tuyo?

Este teléfono celular es mucho mejor que el tuyo por estas razones:

- El nuestro tiene capacidad para guardar un millón de mensajes electrónicos.
- El celular nuestro toma video.
- Da la temperatura.
- Funciona como control remoto para la tele.
- También arranca el coche y toca música como un *walkman*.

Sirve para todo.

Oferta: $45 dólares por mes (con un contrato mínimo de dos años)

Para más información, llama al 607-362-1990 o visita nuestro sitio web www.telefonoloco.com

Lectura

Antes de leer

Estrategia
Recognizing borrowed words

One way languages grow is by borrowing words from each other. English words that relate to technology are often borrowed by Spanish and other languages throughout the world. Sometimes the words are modified slightly to fit the sounds of the languages that borrow them. When reading in Spanish, you can often increase your understanding by looking for words borrowed from English or other languages you know.

Examinar el texto

Mira brevemente° la selección. ¿De qué trata°? ¿Cómo lo sabes?

Buscar

Esta lectura contiene varias palabras tomadas° del inglés. Trabaja con un(a) compañero/a para encontrarlas.

Predecir

Trabaja con un(a) compañero/a para contestar las siguientes preguntas.

1. En la foto, ¿quiénes participan en el juego?
2. ¿Jugabas en una computadora cuando eras niño/a? ¿Juegas ahora?
3. ¿Cómo cambiaron las computadoras y la tecnología en los años 80? ¿En los años 90?
4. ¿Qué tipo de "inteligencia" tiene una computadora?
5. ¿Qué significa "inteligencia artificial" para ti?

recursos

vistahigherlearning.com

brevemente *briefly* ¿De qué trata? *What is it about?* tomadas *taken*

Inteligencia y memoria: la inteligencia artificial
por Alfonso Santamaría

Una de las principales características de la película de ciencia ficción *2001: una odisea del espacio*, es la gran inteligencia de su protagonista no humano, la computadora HAL-9000. Para muchas personas, la genial película de Stanley Kubrick es una reflexión sobre la evolución de la inteligencia, desde que el hombre utilizó por primera vez un hueso como herramienta° hasta la llegada de la inteligencia artificial (I.A.).

Ahora que vivimos en el siglo XXI, un mundo en el que Internet y el *fax* son ya comunes, podemos preguntarnos: ¿consiguieron los científicos especialistas en I.A. crear una computadora como HAL? La respuesta es no. Hoy día no existe una computadora con las capacidades intelectuales de HAL porque todavía no existen *inteligencias*

herramienta *tool* sentido común *common sense* desarrollo *development*
ajedrez *chess*

Después de leer

¿Cierto o falso?

Indica si cada frase es cierta o falsa. Corrige las frases falsas.

_____ 1. La computadora HAL-9000 era muy inteligente.

_____ 2. Deep Blue es un buen ejemplo de la inteligencia artificial general.

_____ 3. El maestro de ajedrez Garry Kasparov le ganó a Deep Blue en 1997.

_____ 4. Las computadoras no tienen la creatividad de Mozart o Picasso.

_____ 5. Hoy hay computadoras como HAL-9000.

artificiales generales que demuestren lo que llamamos "sentido común"°. Sin embargo, la I.A. está progresando mucho en el desarrollo° de las inteligencias especializadas. El ejemplo más famoso es Deep Blue, la computadora de IBM especializada en jugar al ajedrez°.

La idea de crear una máquina con capacidad para jugar al ajedrez se originó en 1950. En esa década, el científico Claude Shannon desarrolló una teoría que se convirtió en realidad en 1967, cuando apareció el primer programa que permitió a una computadora competir, aunque sin éxito°, en un campeonato° de ajedrez. Más de veinte años después, un grupo de expertos en I.A. fue al centro de investigación

Thomas J. Watson de Nueva York para desarrollar Deep Blue, la computadora que en 1997 derrotó° al campeón mundial de ajedrez, Garry Kasparov. Esta extraordinaria computadora pudo ganarle al maestro ruso de ajedrez porque estaba diseñada para procesar 200 millones de jugadas° por segundo. Además, Deep Blue guardaba en su memoria una recopilación de los movimientos de ajedrez más brillantes de toda la historia, entre ellos los que Kasparov efectuó en sus competiciones anteriores.

Para muchas personas la victoria de Deep Blue sobre Kasparov simbolizó la victoria de la inteligencia artificial sobre la del ser humano°. Debemos reconocer los grandes avances científicos en el área de las computadoras y las ventajas° que pueden traernos en un futuro, pero también tenemos que entender sus limitaciones. Las computadoras generan nuevos modelos con conocimientos° muy definidos, pero todavía no tienen sentido común: una computadora como Deep Blue puede ganar una partida° de ajedrez, pero no puede explicar la diferencia entre una reina° y un peón°. Tampoco puede crear algo nuevo y original a partir de lo establecido, como hicieron Mozart o Picasso.

Las inteligencias artificiales especializadas son una realidad. ¿Pero una inteligencia como la de HAL-9000? Pura ciencia ficción. ■

éxito *success* campeonato *championship* derrotó *defeated* jugadas *moves* la del ser humano *that of the human being* ventajas *advantages* conocimientos *knowledge* partida *match* reina *queen* peón *pawn*

Preguntas

Contesta las preguntas.

1. ¿Qué tipo de inteligencia se relaciona con HAL-9000?

2. ¿Qué tipo de inteligencia tienen las computadoras como Deep Blue?

3. ¿Cuándo se originó la idea de crear una máquina para jugar al ajedrez?

4. ¿Qué compañía inventó Deep Blue?

5. ¿Por qué Deep Blue le pudo ganar a Garry Kasparov?

Conversar

En grupos pequeños, hablen de los siguientes temas.

1. ¿Son las computadoras más inteligentes que los seres humanos?

2. ¿Para qué cosas son mejores las computadoras, y para qué cosas son mejores los seres humanos? ¿Por qué?

3. En el futuro, ¿van a tener las computadoras la inteligencia de los seres humanos? ¿Cuándo?

Argentina

El país en cifras

▶ **Área:** 2.780.400 km^2 (1.074.000 millas^2)
Argentina es el país de habla española más grande del mundo. Su territorio es dos veces el tamaño° de Alaska.

▶ **Población:** 39.302.000

▶ **Capital:** Buenos Aires—12.439.000
En Buenos Aires vive cerca del cuarenta por ciento de la población total del país. La ciudad es conocida° como el "París de Suramérica" por el estilo parisino° de muchas de sus calles y edificios.

Buenos Aires

▶ **Ciudades principales:**
Córdoba—1.458.000, Rosario—1.370.000, Mendoza—1.025.000

SOURCE: Population Division, UN Secretariat

▶ **Moneda:** peso argentino

▶ **Idiomas:** español (oficial), guaraní

Bandera de Argentina

Argentinos célebres

▶ **Jorge Luis Borges,** escritor (1899–1986)
▶ **María Eva Duarte de Perón ("Evita"),** primera dama° (1919–1952)
▶ **Mercedes Sosa,** cantante (1935–)
▶ **Gato Barbieri,** saxofonista (1934–)

tamaño *size*   conocida *known*   parisino *Parisian*   primera dama *First Lady*
ancha *wide*   lado *side*   mide *it measures*   campo *field*

Gaucho de la Patagonia

BOLIVIA

PARAGUAY

Las catara
de Iguaz

ESTADOS UNIDOS

OCÉANO
ATLÁNTICO

OCÉANO
PACÍFICO

AMÉRICA DEL SUR

ARGENTINA

San Miguel
De Tucumán

La Cordillera
de los Andes

Córdoba

URUGUAY

Aconcagua

Rosario

Río Paraná

Mendoza

CHILE

Buenos Aires

Mar
del Plata

La Pampa

Océano
Atlántico

San Carlos
de Bariloche

Montañas de Patagonia

Patagonia

Vista de San Carlos
de Bariloche

Tierra del Fuego

recursos			
WB pp. 135–136	VM pp. 247–248	I CD-ROM Lección 11	vistahigher learning.com

¡Increíble pero cierto!

La Avenida 9 de Julio en Buenos Aires es la calle más ancha° del mundo. De lado° a lado mide° cerca de 140 metros, lo que es equivalente a un campo° y medio de fútbol. Su nombre conmemora el Día de la Independencia de Argentina.

BRASIL

Historia • **Inmigración europea**

Se dice que Argentina es el país más "europeo" de toda Latinoamérica, porque después del año 1880, una gran cantidad de inmigrantes dejó Europa para establecerse en este país. Las diferentes culturas de estos inmigrantes, que venían de Italia, Alemania, España e Inglaterra, han dejado una profunda huella° en la música, el cine, el arte y la arquitectura de Argentina.

Artes • **El tango**

El tango, un baile con sonidos y ritmos de origen africano, italiano y español, es uno de los símbolos culturales más importantes de Argentina. Se originó entre los porteños°, muchos de ellos inmigrantes, en la década de 1880. Se hizo popular en París y más tarde entre la clase alta de Argentina. En un principio°, el tango era un baile provocativo y violento, pero se hizo más romántico durante los años 30. Hoy día es popular en muchas partes del mundo°.

Lugares • **Las cataratas de Iguazú**

Entre las fronteras de Argentina, Paraguay y Brasil, al norte de Buenos Aires y cerca de la confluencia° de los ríos Iguazú y Paraná, están las famosas cataratas° de Iguazú. Estas extensas cataratas tienen unos 70 m (230 pies) de altura° y, en época de lluvias, llegan a medir 4 km (2,5 mi) de ancho. Situadas en el Parque Nacional Iguazú, las cataratas son uno de los sitios turísticos más visitados de Suramérica.

Ceramista en
Buenos Aires

¿Qué aprendiste? Responde a las preguntas con una frase completa.

1. ¿Qué porcentaje de la población de Argentina vive en la capital?

2. ¿Quién es Mercedes Sosa?

3. Se dice que Argentina es el país más europeo de América Latina. ¿Por qué?

4. ¿Qué tipo de baile es uno de los símbolos culturales más importantes de Argentina?

5. ¿Dónde y cuándo se originó el tango?

6. ¿Cómo era el tango originalmente?

7. ¿En qué parque nacional están las cataratas de Iguazú?

Conexión Internet Investiga estos temas en el sitio **www.vistahigherlearning.com**.

1. Busca información sobre el tango. ¿Te gustan los ritmos y sonidos del tango? ¿Por qué? ¿Se baila el tango en tu comunidad?

2. ¿Quiénes fueron Juan y Eva Perón y qué importancia tienen en la historia de Argentina?

han dejado una profunda huella *have left a deep mark*   **porteños** *people of Buenos Aires*   **En un principio** *At first*   **mundo** *world*
confluencia *junction*   **cataratas** *waterfalls*   **altura** *height*

Uruguay

El país en cifras

▶ **Área:** 176.220 km² (68.039 millas²)
el tamaño° del estado de Washington

▶ **Población:** 3.455.000

▶ **Capital:** Montevideo—1.352.000

Casi la mitad° de la población de Uruguay vive en Montevideo. Situada en la desembocadura° del famoso Río de la Plata, esta ciudad cosmopolita e intelectual es también un destino popular para las vacaciones, debido a sus numerosas playas de arena° blanca que se extienden hasta la ciudad de Punta del Este.

▶ **Ciudades principales:** Salto—77.000,
Paysandú—75.000, Las Piedras—61.000,
Rivera—55.000

SOURCE: Population Division, UN Secretariat

▶ **Moneda:** peso uruguayo

▶ **Idiomas:** español (oficial)

Bandera de Uruguay

Uruguayos célebres

▶ **Horacio Quiroga,** escritor (1878–1937)

▶ **Juana de Ibarbourou,** escritora (1895–1979)

▶ **Mario Benedetti,** escritor (1920–)

▶ **Cristina Peri Rossi,** escritora y profesora (1941–)

tamaño *size* mitad *half* desembocadura *mouth* arena *sand*
avestruz *ostrich* no voladora *flightless* medir *measure* cotizado *valued*

Gaucho uruguayo

BRASIL

Río Arapey
Rivera
Salto
Río Uruguay
Cuchilla de Haedo
Paysandú
Río Negro
Embalse del Río Negro
Río Negro
Cuchilla Grande
Laguna Merín
Río Yí
Cuchilla Grande Inferior
Colonia
Las Piedras
Río de la Plata
★ Montevideo
Punta del Este

Entrada a la Ciudad Vieja, Colonia del Sacramento

ESTADOS UNIDOS
OCÉANO PACÍFICO
OCÉANO ATLÁNTICO
AMÉRICA DEL SUR
URUGUAY

recursos

| WB pp. 137–138 | VM pp. 249–250 | I CD-ROM Lección 11 | vistahigher learning.com |

¡Increíble pero cierto!

En Uruguay hay muchos animales curiosos, entre ellos el ñandú. De la misma especie del avestruz°, el ñandú es el ave no voladora° más grande del hemisferio occidental. Puede llegar a medir° dos metros. Normalmente, va en grupos de veinte o treinta y vive en el campo. Es muy cotizado° por su carne, sus plumas y sus huevos.

Costumbres • La carne y el mate

La gran importancia de la producción ganadera° en las economías de Uruguay y Argentina se refleja en sus hábitos culinarios. Para los uruguayos, como para los argentinos, la carne de res es un elemento esencial de la dieta diaria. Algunos platos representativos son el asado°, la parrillada° y el chivito°. El mate, una infusión similar al té, es también muy típico de esta región. Es una bebida de origen indígena que está muy presente en la vida social y familiar de estos países aunque, curiosamente, no se sirve en bares o restaurantes.

Deportes • El fútbol

El fútbol es, sin lugar a dudas, el deporte nacional de Uruguay. La afición a este deporte se inició hace mucho en Uruguay. En 1891, se formó el primer equipo de fútbol uruguayo y, en 1930, el país fue la sede° de la primera copa mundial. A partir de los años treinta se inició el período profesional del fútbol uruguayo. El equipo nacional ha conseguido° grandes éxitos a lo largo de los años: dos campeonatos olímpicos en 1923 y 1928, y dos campeonatos mundiales en 1930 y 1950.

Edificio del Parlamento
en Montevideo

Costumbres • El Carnaval

El Carnaval de Montevideo es el más largo del mundo y uno de los mejores de Suramérica. Dura° unos cuarenta días y cuenta con la participación de casi todos los habitantes de la ciudad. Durante el Carnaval, hay desfiles°, bailes y música en las calles de su capital. La celebración más conocida es el *Desfile de las Llamadas*, en el que participan bailarines que desfilan al ritmo del candombe, un colorido baile de tradición africana.

¿Qué aprendiste?　Responde a las preguntas con una frase completa.

1. ¿Qué tienen en común los uruguayos célebres mencionados en la página 324?

2. ¿Cuál es el elemento esencial de la dieta uruguaya?

3. ¿En qué países es importante la producción ganadera?

4. ¿Qué es el mate?

5. ¿Cuándo se formó el primer equipo uruguayo de fútbol?

6. ¿Cuándo se celebró la primera Copa Mundial de fútbol?

7. ¿Cómo se llama la celebración más conocida del Carnaval de Montevideo?

8. ¿Cuántos días dura el Carnaval de Montevideo?

Conexión Internet　Investiga estos temas en el sitio **www.vistahigherlearning.com**.

1. Uruguay es conocido como un país de muchos escritores. Busca información sobre uno de ellos y escribe una biografía.

2. Investiga cuáles son las comidas y bebidas favoritas de los uruguayos. Descríbelas e indica cuáles quieres probar y por qué.

ganadera *cattle (adj.)*　asado *barbecue*　parrillada *beef platter*　chivito *goat*　sede *site*　ha conseguido *has achieved*
Dura *It lasts*　desfiles *parades*

La tecnología

la calculadora	calculator
la cámara digital, de video	digital, video camera
el canal	(TV) channel
el cibercafé	cybercafé
la contestadora	answering machine
el control remoto	remote control
el disco compacto	compact disc
el estéreo	stereo
el *fax*	fax (machine)
el radio	radio (set)
el teléfono (celular)	(cell) telephone
la televisión por cable	cable television
el televisor	televison set
el tocadiscos compacto	compact disc player
el video(casete)	video(cassette)
la videocasetera	VCR
el *walkman*	walkman
apagar	to turn off
funcionar	to work
llamar	to call
poner, prender	to turn on
sonar (o:ue)	to ring
descompuesto/a	not working; out of order
lento/a	slow
lleno/a	full

La computadora

el archivo	file
arroba	@ symbol
el cederrón	CD-ROM
la computadora (portátil)	(portable) computer; (laptop)
la dirección electrónica	e-mail address
el disco compacto	compact disc
la impresora	printer
Internet	Internet
el monitor	(computer) monitor
la página principal	home page
la pantalla	screen
el programa de computación	software
el ratón	mouse
la red	network; Web
el reproductor de DVD	DVD player
el sitio web	website
el teclado	keyboard
borrar	to erase
descargar	to download
grabar	to record
guardar	to save
imprimir	to print
navegar (en Internet)	to surf (the Internet)
quemar	to burn (a CD)

El carro

la autopista, la carretera	highway
el baúl	trunk
la calle	street
el capó, el cofre	hood
el carro, el coche	car
la circulación, el tráfico	traffic
el garaje, el taller (mecánico)	garage; (mechanic's) repair shop
la gasolina	gasoline
la gasolinera	gas station
la licencia de conducir	driver's license
la llanta	tire
el/la mecánico/a	mechanic
el parabrisas	windshield
la policía	police (force)
la velocidad máxima	speed limit
el volante	steering wheel
arrancar	to start
arreglar	to fix; to arrange
bajar(se) de	to get off of/out of (a vehicle)
conducir, manejar	to drive
estacionar	to park
llenar (el tanque)	to fill (the tank)
parar	to stop
revisar (el aceite)	to check (the oil)
subir(se) a	to get on/into (a vehicle)

Verbos

abrazar(se)	to hug; to embrace (each other)
ayudar(se)	to help (each other)
besar(se)	to kiss (each other)
encontrar(se) (o:ue)	to meet (each other); to run into (each other)
saludar(se)	to greet (each other)

Otras palabras y expresiones

por aquí	around here
por ejemplo	for example
por eso	that's why; therefore
por fin	finally

Por and *para*	See pages 310–311.
Stressed possessive adjectives and pronouns	See pages 316–317.
Expresiones útiles	See page 303.

La vivienda

12

Communicative Goals

You will learn how to:

- Welcome people to your home
- Describe your house or apartment
- Talk about household chores
- Give instructions

A PRIMERA VISTA

- ¿Está el chico en casa?
- ¿Tiene una casa moderna o vieja?
- ¿Tiene un teléfono celular en la mano?
- ¿Se va a vestir para ir al trabajo o al gimnasio?

La vivienda

Más vocabulario

las afueras	suburbs; outskirts
el alquiler	rent (payment)
el ama (m., f.) de casa	housekeeper; caretaker
el barrio	neighborhood
el edificio de apartamentos	apartment building
el/la vecino/a	neighbor
la vivienda	housing
el balcón	balcony
el cuarto	room
la entrada	entrance
la escalera	stairs; stairway
el garaje	garage
el jardín	garden; yard
el pasillo	hallway
el patio	patio; yard
el sótano	basement; cellar
la cafetera	coffee maker
el electrodoméstico	electrical appliance
el horno (de microondas)	(microwave) oven
la lavadora	washing machine
la luz	light, electricity
la secadora	clothes dryer
la tostadora	toaster
el cartel	poster
la mesita de noche	night stand
los muebles	furniture
alquilar	to rent
mudarse	to move (from one house to another)

Variación léxica

alcoba, dormitorio	←→	aposento (*Rep. Dom.*); recámara (*Méx.*)
apartamento	←→	departamento (*Arg., Chile*); piso (*Esp.*)
lavar los platos	←→	lavar/fregar los trastes (*Amér. C., Rep. Dom.*)

el altillo

la alcoba, el dormitorio

la cómoda

el armario

el cuadro/ la pintura

Hace la cama. (hacer)

la almohada

la manta

Los quehaceres domésticos

arreglar	to neaten; to straighten up
barrer el suelo	to sweep the floor
cocinar	to cook
ensuciar	to get (something) dirty
hacer quehaceres domésticos	to do household chores
lavar (el suelo, los platos)	to wash (the floor, the dishes)
limpiar la casa	to clean the house
planchar la ropa	to iron the clothes
quitar la mesa	to clear the table

la sala

las cortinas

la lámpara

la mesita

el sofá

Pasa la aspiradora. (pasar)

la alfombra

Práctica

1 **Escuchar** 🎧 Escucha la conversación y completa las frases.

1. Pedro va a limpiar primero _____.
2. Paula va a comenzar en _____.
3. Pedro le recuerda (*reminds*) a Paula que debe _____ en la alcoba de huéspedes.
4. Pedro va a _____ en el sótano.
5. Pedro también va a limpiar _____.
6. Ellos están limpiando la casa porque _____.

la oficina

el sillón
la pared
el estante

Sacude los muebles. (sacudir)

la cocina
el refrigerador
el congelador
la cocina, la estufa
el horno
el lavaplatos

Saca la basura. (sacar)

2 **Escoger** Escoge la letra de la respuesta correcta.

1. Cuando quieres salir al aire libre y estás en el tercer piso, vas _____.
   a. al pasillo   b. al balcón   c. al sótano
2. Cuando quieres tener una lámpara y un despertador cerca de tu cama, puedes ponerlos en _____.
   a. el barrio   b. el cuadro   c. la mesita de noche
3. Si no quieres vivir en el centro de la ciudad, puedes mudarte _____.
   a. al alquiler   b. a las afueras   c. a la vivienda
4. Guardamos (*We keep*) los pantalones, las camisas y los zapatos en _____.
   a. la secadora   b. el armario   c. el patio
5. Para subir de la planta baja al primer piso, usamos _____.
   a. las entradas   b. los carteles   c. las escaleras
6. Ponemos cuadros y pinturas en _____.
   a. las paredes   b. los quehaceres   c. los jardines

3 **Definiciones** En parejas, identifiquen cada cosa que se describe. Luego inventen sus propias descripciones de algunas palabras y expresiones de **Contextos**.

> **modelo**
>
> **Estudiante 1:** Si vives en un apartamento, lo tienes que pagar cada mes.
> **Estudiante 2:** el alquiler

1. Es donde pones la cabeza cuando duermes.
2. Es el quehacer doméstico que haces después de comer.
3. Cubren (*They cover*) las ventanas y decoran la sala a la vez (*at the same time*).
4. Algunos ejemplos de éstos son las cómodas, las mesitas y los sillones.
5. Son las personas que viven en tu barrio.

el vaso

la taza

la copa

la cuchara

Pone la mesa.
(poner)

la servilleta

el plato

el tenedor

el cuchillo

el comedor

4

Completar Completa las siguientes frases con la palabra más adecuada.

1. Para tomar vino necesitas…
2. Para comer una ensalada necesitas…
3. Para tomar café necesitas…
4. Para poner la comida en la mesa necesitas…
5. Para limpiarte la boca después de comer necesitas…
6. Para cortar (*to cut*) un bistec necesitas…
7. Para tomar agua necesitas…
8. Para tomar sopa necesitas…

5

Los quehaceres Trabajen en grupos para indicar quién hace estos quehaceres domésticos en su casa. Luego contesten las preguntas.

modelo

Estudiante 1: ¿Quién pasa la aspiradora en tu casa?
Estudiante 2: Mi hermano y yo pasamos la aspiradora.

barrer el suelo	lavar los platos	planchar la ropa
cocinar	lavar la ropa	sacar la basura
hacer las camas	pasar la aspiradora	sacudir los muebles

1. ¿Quién hace más quehaceres, tú o tus compañeros/as?
2. ¿Quiénes hacen la mayoría de los quehaceres, los hombres o las mujeres?
3. ¿Piensas que debes hacer más quehaceres? ¿Por qué?

Comunicación

6

La vida doméstica En parejas, describan las habitaciones que ven en estas fotos. Identifiquen y describan cinco muebles o adornos (*accessories*) de cada foto y digan dos quehaceres que se pueden hacer en cada habitación.

7

Mi apartamento Dibuja el plano de un apartamento amueblado (*furnished*) imaginario y escribe los nombres de las habitaciones y de los muebles. En parejas, pónganse espalda contra espalda (*sit back to back*). Uno/a de los/las dos describe su apartamento mientras su compañero/a lo dibuja según (*according to*) la descripción. Cuando terminen, miren el segundo dibujo. ¿Es similar al dibujo original? Hablen de los cambios que se necesitan hacer para mejorar el dibujo. Repitan la actividad intercambiando los papeles (*roles*).

CONSÚLTALO

To review bathroom-related vocabulary, see **Lección 7, Contextos**, p. 182.

8

¡Corre, corre! Tu profesor(a) va a darte una serie incompleta de dibujos que forman una historia. Tú y tu compañero/a tienen dos series diferentes. Descríbanse los dibujos para completar la historia.

> **modelo**
>
> **Estudiante 1:** Marta quita la mesa.
> **Estudiante 2:** Francisco...

¡Les va a encantar la casa!

Don Francisco y los estudiantes llegan a Ibarra.

PERSONAJES

INÉS

DON FRANCISCO

ÁLEX

JAVIER

SRA. VIVES

1

2

3

SRA. VIVES ¡Hola, bienvenidos!

DON FRANCISCO Señora Vives, le presento a los chicos. Chicos, ésta es la señora Vives, el ama de casa.

SRA. VIVES Encantada. Síganme que quiero mostrarles la casa. ¡Les va a encantar!

SRA. VIVES Esta alcoba es para los chicos. Tienen dos camas, una mesita de noche, una cómoda… En el armario hay más mantas y almohadas por si las necesitan.

6

7

8

SRA. VIVES Ésta es la sala. El sofá y los sillones son muy cómodos. Pero, por favor, ¡no los ensucien!

SRA. VIVES Allí están la cocina y el comedor. Al fondo del pasillo hay un baño.

DON FRANCISCO Chicos, a ver… ¡atención! La señora Vives les va a preparar las comidas. Pero quiero que ustedes la ayuden con los quehaceres domésticos. Quiero que arreglen sus alcobas, que hagan las camas, que pongan la mesa… ¿entendido?

JAVIER No se preocupe… la vamos a ayudar en todo lo posible.

ÁLEX Sí, cuente con nosotros.

recursos		
V CD-ROM Lección 12	VM pp. 217–218	I CD-ROM Lección 12

SRA. VIVES Javier, no ponga las maletas en la cama. Póngalas en el piso, por favor.

SRA. VIVES Tomen ustedes esta alcoba, chicas.

INÉS Insistimos en que nos deje ayudarla a preparar la comida.

SRA. VIVES No, chicos, no es para tanto, pero gracias por la oferta. Descansen un rato que seguramente están cansados.

ÁLEX Gracias. A mí me gustaría pasear por la ciudad.

INÉS Perdone, don Francisco, ¿a qué hora viene el guía mañana?

DON FRANCISCO ¿Martín? Viene temprano, a las siete de la mañana. Les aconsejo que se acuesten temprano esta noche. ¡Nada de televisión ni de conversaciones largas!

ESTUDIANTES ¡Ay, don Francisco!

Enfoque cultural Las viviendas

Del mismo modo que en los países hispanos era típico construir las ciudades en torno a una plaza central, también era frecuente construir las casas alrededor de un patio abierto central. Aunque esta arquitectura tradicional ya no es muy común, la importancia del patio sigue intacta en la cultura hispana. No es extraño ver crecer árboles de mangos y de aguacates en los patios de las casas de los países tropicales de Latinoamérica. En el sur de España, los geranios y otras flores alegran los balcones y terrazas de las viviendas.

Expresiones útiles

Welcoming people
▶ **¡Bienvenido(s)/a(s)!**
Welcome!

Showing people around the house
▶ **Síganme… que quiero mostrarles la casa.**
Follow me… I want to show you the house.
▶ **Esta alcoba es para los chicos.**
This bedroom is for the guys.
▶ **Ésta es la sala.**
This is the living room.
▶ **Allí están la cocina y el comedor.**
The kitchen and dining room are over there.
▶ **Al fondo del pasillo hay un baño.**
At the end of the hall there is a bathroom.

Telling people what to do
▶ **Quiero que la ayude(n) con los quehaceres domésticos.**
I want you to help her with the household chores.
▶ **Quiero que arregle(n) su(s) alcoba(s).**
I want you to straighten your room(s).
▶ **Quiero que haga(n) las camas.**
I want you to make the beds.
▶ **Quiero que ponga(n) la mesa.**
I want you to set the table.
▶ **Cuente con nosotros.**
You can count on us.
▶ **Insistimos en que nos deje ayudarla a preparar la comida.**
We insist that you let us help you make the food.
▶ **Le (Les) aconsejo que se acueste(n) temprano.**
I recommend that you go to bed early.

Other expressions
▶ **No es para tanto.**
It's not a big deal.
▶ **Gracias por la oferta.**
Thanks for the offer.

Reacciona a la fotonovela

1

¿Cierto o falso? Indica si lo que dicen las siguientes frases es **cierto** o **falso**. Corrige las frases falsas.

	Cierto	Falso
1. Las alcobas de los estudiantes tienen dos camas, dos mesitas de noche y una cómoda.	○	○
2. La señora Vives no quiere que Javier ponga las maletas en la cama.	○	○
3. El sofá y los sillones están en la sala.	○	○
4. Los estudiantes tienen que sacudir los muebles y sacar la basura.	○	○
5. Los estudiantes van a preparar las comidas.	○	○

2

Identificar Identifica quién puede decir las siguientes frases.

1. Nos gustaría preparar la comida esta noche. ¿Le parece bien a usted?
2. Miren, si quieren otra almohada o manta, hay más en el armario.
3. Tranquilo, tranquilo, que nosotros vamos a ayudarla muchísimo.
4. Tengo ganas de caminar un poco por la ciudad.
5. No quiero que nadie mire la televisión esta noche. ¡Tenemos que levantarnos temprano mañana!

ÁLEX   JAVIER

INÉS

DON FRANCISCO   SRA. VIVES

3

Completar Los estudiantes y la señora Vives están haciendo los quehaceres. Adivina en qué cuarto está cada uno de ellos.

1. Inés limpia el congelador. Inés está en _____.
2. Javier limpia el escritorio. Javier está en _____.
3. Álex pasa la aspiradora debajo de la mesa y las sillas. Álex está en _____.
4. La señora Vives sacude el sillón. La señora Vives está en _____.
5. Don Francisco no está haciendo nada. Él está dormido en _____.

4

Mi casa Dibuja el plano (*floor plan*) de una casa o de un apartamento. Puede ser el plano de la casa o del apartamento donde vives o de donde te gustaría vivir. Después, trabajen en parejas y describan lo que se hace en cuatro de las habitaciones. Para terminar, pídanse (*ask for*) ayuda para hacer dos quehaceres domésticos. Pueden usar estas frases en su conversación.

Al fondo hay...	Por favor, ayúdame con...
Allí yo (preparo la comida).	Quiero mostrarte...
Ésta es (la cocina).	Quiero que me ayudes a (sacar la basura).

Ortografía

Las mayúsculas y las minúsculas

Here are some of the rules that govern the use of capital letters (**mayúsculas**) and lowercase letters (**minúsculas**) in Spanish.

Los estudiantes llegaron al aeropuerto a las dos. Luego fueron al hotel.

In both Spanish and English, the first letter of every sentence is capitalized.

Rubén Blades   Panamá   Colón   los Andes

The first letter of all proper nouns (names of people, countries, cities, geographical features, etc.) is capitalized.

Cien años de soledad   *Don Quijote de la Mancha*
El País   *Muy Interesante*

The first letter of the first word in titles of books, films, and works of art is generally capitalized, as well as the first letter of any proper names. In newspaper and magazine titles, as well as other short titles, the initial letter of each word is often capitalized.

---

la señora Ramos   don Francisco
el presidente   Sra. Vives

Titles associated with people are *not* capitalized unless they appear as the first word in a sentence. Note, however, that the first letter of an abbreviated title is capitalized.

Último   Álex   MENÚ   PERDÓN

Accent marks should be retained on capital letters. In practice, however, this rule is often ignored.

---

lunes   viernes   marzo   primavera

The first letter of days, months, and seasons is <u>not</u> capitalized.

---

español   estadounidense   japonés   panameños

The first letter of nationalities and languages is <u>not</u> capitalized.

Profesor Herrera, ¿es cierto que somos venenosas°?

Sí, Pepito. ¿Por qué lloras?

Práctica Corrige las mayúsculas y minúsculas incorrectas.

1. soy lourdes romero. Soy Colombiana.
2. éste Es mi Hermano álex.
3. somos De panamá.
4. ¿es ud. La sra. benavides?
5. ud. Llegó el Lunes, ¿no?

Palabras desordenadas Lee el diálogo de las serpientes. Ordena las letras para saber de qué palabras se trata. Después escribe las letras indicadas para descubrir por qué llora Pepito.

m n a a P á ⎵⎵⎵⎵⎵⎵
s t e m r a ⎵⎵⎵⎵⎵⎵
i g s l é n ⎵⎵⎵⎵⎵⎵
y a U r u g u ⎵⎵⎵⎵⎵⎵⎵
r o ñ e s a ⎵⎵⎵⎵⎵⎵

¡ ⎵orque ⎵⎵e acabo de morder° la ⎵ en ⎵u⎵⎵!

recursos

| LM p. 68 | Lab CD/MP3 Lección 12 | I CD-ROM Lección 12 |

venenosas *venomous*   **morder** *to bite*

12.1 Relative pronouns

 ANTE TODO In both English and Spanish, relative pronouns are used to combine two sentences or clauses that share a common element, such as a noun or pronoun. Study the following diagram.

Mis padres me regalaron **la aspiradora**.
My parents gave me the vacuum cleaner.

La aspiradora funciona muy bien.
The vacuum cleaner works really well.

La aspiradora **que** me regalaron mis padres funciona muy bien.
The vacuum cleaner that my parents gave me works really well.

Lourdes es muy inteligente.
Lourdes is very intelligent.

Lourdes estudia español.
Lourdes is studying Spanish.

Lourdes, **quien** estudia español, es muy inteligente.
Lourdes, who studies Spanish, is very intelligent.

Pueden usar las almohadas que están en el armario.

Chicos, ésta es la señora Vives, quien les va a mostrar la casa.

▶ Spanish has three frequently-used relative pronouns, as shown in the following list.

que	*that; which; who*
quien(es)	*who; whom; that*
lo que	*that which; what*

▶ **Que** is the most frequently used relative pronoun. It can refer to things or to people. Unlike its English counterpart, *that*, **que** is never omitted.

¿Dónde está la cafetera **que** compré?
Where is the coffee maker (that) I bought?

El hombre **que** limpia es Pedro.
The man who is cleaning is Pedro.

▶ The relative pronoun **quien** refers only to people and is often used after a preposition or the personal **a.** Note that **quien** has only two forms: **quien** (singular) and **quienes** (plural).

¿Son las chicas **de quienes** me hablaste la semana pasada?
Are they the girls (that) you told me about last week?

Eva, **a quien** conocí anoche, es mi nueva vecina.
Eva, whom I met last night, is my new neighbor.

▶ **Quien(es)** is occasionally used instead of **que** in clauses set off by commas.

Lola, **quien** es cubana, es médica.	Su tía, **que** es alemana, ya llegó.
Lola, who is Cuban, is a doctor.	*His aunt, who is German, already arrived.*

▶ Unlike **que** and **quien(es)**, **lo que** doesn't refer to a specific noun. It refers to an idea, a situation, or a past event and means *what, that which,* or *the thing that.*

Este mercado tiene todo lo que Inés necesita.

A la señora Vives no le gustó lo que hizo Javier.

Lo que me molesta es el calor.	**Lo que** quiero es una casa.
What bothers me is the heat.	*What I want is a house.*

¡INTÉNTALO! Completa las siguientes oraciones con pronombres relativos.

1. Voy a utilizar los platos ——*que*—— me regaló mi abuela.
2. Ana comparte un apartamento con la chica a ————— conocimos en la fiesta de Jorge.
3. Esta oficina tiene todo ————— necesitamos.
4. Puedes estudiar en el dormitorio ————— está a la derecha de la cocina.
5. Los señores ————— viven en esa casa acaban de llegar de Centroamérica.
6. Los niños a ————— viste en nuestro jardín son mis sobrinos.
7. La piscina ————— ves desde la ventana es la piscina de mis vecinos.
8. Fue Úrsula ————— ayudó a mamá a limpiar el refrigerador.
9. Ya te dije que fue mi padre ————— alquiló el apartamento.
10. ————— te dijo Pablo no es cierto.
11. Tengo que sacudir los muebles ————— están en el altillo una vez al mes.
12. No entiendo por qué no lavaste los vasos ————— están sucios.
13. La mujer a ————— saludaste vive en las afueras.
14. ¿Sabes ————— necesita este dormitorio? ¡Unas cortinas!
15. No quiero volver a hacer ————— hice ayer.
16. No me gusta vivir con personas a ————— no conozco.

Práctica

1 **Combinar** Combina elementos de la columna A y la columna B para formar oraciones lógicas.

A

1. Ése es el hombre _____.
2. La mujer _____.
3. No traje _____.
4. ¿Te gusta la tostadora _____?
5. ¿Cómo se llama el programa _____?
6. Rubén Blades, _____.

B

a. con quien bailaba es mi vecina
b. que te compró Cecilia
c. quien canta mis canciones (*songs*) favoritas, es de Panamá
d. que arregló mi lavadora
e. lo que necesito para la clase de matemáticas
f. que comiste en el restaurante
g. que viste en la televisión anoche

◄ **NOTA CULTURAL**

Rubén Blades es un cantante y actor panameño muy famoso. Ganador de cuatro premios Grammy, Rubén Blades es conocido por su propio estilo de música salsa que demuestra una conciencia social. Se graduó de la Universidad de Panamá y de la Escuela de Derecho de Harvard.

2 **Completar** Completa la historia sobre la casa que Jaime y Tina quieren comprar, usando los pronombres relativos **que, quien, quienes** o **lo que**.

1. Jaime y Tina son los chicos a _____ conocí la semana pasada.
2. Quieren comprar una casa _____ está en las afueras de la ciudad.
3. Es una casa _____ era de una artista famosa.
4. La artista, a _____ yo conocía, murió el año pasado y no tenía hijos.
5. Ahora se vende la casa con todos los muebles _____ ella tenía.
6. La sala tiene una alfombra _____ ella trajo de Kuwait.
7. La casa tiene muchos estantes, _____ a Tina le encanta.

3 **Combinar** Javier y Ana acaban de casarse y han comprado una casa y muchas otras cosas. Combina sus declaraciones para formar una sola oración con los pronombres relativos **que, quien(es)** y **lo que**.

> **modelo**
>
> Vamos a usar los vasos nuevos mañana. Los pusimos en el comedor.
>
> *Mañana vamos a usar los vasos nuevos que pusimos en el comedor.*

1. Tenemos una cafetera nueva. Mi prima nos la regaló.
2. Tenemos una cómoda nueva. Es bueno porque no hay espacio en el armario.
3. Esos platos no nos costaron mucho. Están encima del horno.
4. Esas copas me las regaló mi amiga Amalia. Ella viene a visitarme mañana.
5. La lavadora está casi nueva. Nos la regalaron mis suegros.
6. La vecina nos dio una manta de lana. Ella la compró en México.

Comunicación

4

Entrevista En parejas, túrnense para hacerse las siguientes preguntas.

1. ¿Qué es lo que más te gusta de vivir en las afueras o en la ciudad?
2. ¿Cómo son las personas que viven en tu barrio?
3. ¿Cuál es el quehacer doméstico que menos te gusta? ¿Y el que más te gusta?
4. ¿Quién es la persona que hace los quehaceres domésticos en tu casa?
5. ¿Quiénes son las personas con quienes más sales los fines de semana? ¿Quién es la persona a quien más llamas por teléfono?
6. ¿Cuál es el deporte que más te gusta? ¿Cuál es el que menos te gusta?
7. ¿Cuál es el barrio de tu ciudad que más te gusta y por qué?
8. ¿Quién es la persona a quien más llamas cuando tienes problemas?
9. ¿Quién es la persona a quien más admiras? ¿Por qué?
10. ¿Qué es lo que más te gusta de tu casa?
11. ¿Qué es lo que más te molesta de tus amigos?
12. ¿Qué es lo que menos te gusta de tu barrio?

5

Adivinanza En grupos, túrnense para describir distintas partes de una vivienda usando pronombres relativos. Los demás compañeros tienen que hacer preguntas hasta que adivinen (*guess*) la palabra.

> **modelo**
>
> **Estudiante 1:** Es lo que tenemos en el dormitorio.
> **Estudiante 2:** ¿Es el mueble que usamos para dormir?
> **Estudiante 1:** No. Es lo que usamos para guardar la ropa.
> **Estudiante 3:** Lo sé. Es la cómoda.

Síntesis

6

Definir En parejas, definan las palabras. Usen los pronombres relativos **que, quien(es)** y **lo que.** Luego compartan sus definiciones con la clase.

> **modelo**
>
> lavadora   Es lo que se usa para lavar la ropa.
> pastel   Es un postre que comes en tu cumpleaños.

alquiler	flan	patio	tenedor
amigos	guantes	postre	termómetro
aspiradora	jabón	sillón	vaso
enfermera	manta	sótano	vecino

12.2 Formal commands

ANTE TODO As you learned in **Lección 11**, the command forms are used to give orders or advice. Formal commands are used with people you address as **usted** or **ustedes.** Observe the following examples, then study the chart.

CONSEJOS

Learning these command forms will be very helpful since the same forms are used for the subjunctive, which you will begin learning in the next section.

Hable con ellos, don Francisco.
Talk with them, don Francisco.

Coma frutas y verduras.
Eat fruits and vegetables.

Laven los platos ahora mismo.
Wash the dishes right now.

Beban menos té y café.
Drink less tea and coffee.

Formal commands (*Ud.* and *Uds.*)

Infinitive	Present tense *yo* form	*Ud.* command	*Uds.* command
limpiar	limpi**o**	limpi**e**	limpi**en**
barrer	barr**o**	barr**a**	barr**an**
sacudir	sacud**o**	sacud**a**	sacud**an**
decir (e:i)	dig**o**	dig**a**	dig**an**
pensar (e:ie)	piens**o**	piens**e**	piens**en**
volver (o:ue)	vuelv**o**	vuelv**a**	vuelv**an**
servir (e:i)	sirv**o**	sirv**a**	sirv**an**

▶ The **Ud.** and **Uds.** commands, like the negative **tú** commands, are formed by dropping the final **–o** of the **yo** form of the present tense. For **–ar** verbs, add **–e** or **–en**. For **–er** and **–ir** verbs, add **–a** or **–an**.

No se preocupe... La vamos a ayudar en todo lo posible.

Sí, cuente con nosotros.

▶ Verbs with irregular **yo** forms maintain the same irregularity in their formal commands. These verbs include **conducir, conocer, decir, hacer, ofrecer, oír, poner, salir, tener, traducir, traer, venir,** and **ver.**

Oiga, don Francisco...
Listen, don Francisco...

¡Salgan inmediatamente!
Leave immediately!

Ponga la mesa, por favor.
Set the table, please.

Hagan la cama antes de salir.
Make the bed before leaving.

▶ Note also that stem-changing verbs maintain their stem-changes in **Ud.** and **Uds.** commands.

(e:ie)	(o:ue)	(e:i)
No **pierda** la llave.	**Vuelva** temprano, joven.	**Sirva** la sopa, por favor.
Cierren la puerta.	**Duerman** bien, chicos.	**Repitan** las frases.

CONSEJOS

Some spelling changes are necessary to ensure that the words are pronounced correctly. See **Lección 8, Pronunciación,** p. 219, and **Lección 9, Pronunciación,** p. 249.

• • •

It may help you to study the following five series of syllables. Note that within each series, the consonant sound doesn't change.

ca que qui co cu

za ce ci zo zu

ga gue gui go gu

ja ge gi jo ju

▶ Verbs ending in **-car, -gar,** and **-zar** have a spelling change in the command forms.

sa**car**	**c** → **qu**	sa**qu**e, sa**qu**en
ju**gar**	**g** → **gu**	jue**gu**e, jue**gu**en
almor**zar**	**z** → **c**	almuer**c**e, almuer**c**en

▶ The following verbs have irregular formal commands.

Infinitive	Ud. command	Uds. command
dar	**dé**	**den**
estar	**esté**	**estén**
ir	**vaya**	**vayan**
saber	**sepa**	**sepan**
ser	**sea**	**sean**

▶ To make a formal command negative, simply place **no** before the verb.

No ponga las maletas en la cama.   **No ensucien** los sillones.
Don't put the suitcases on the bed.   *Don't dirty the armchairs.*

¡ATENCIÓN!

When a pronoun is attached to an affirmative command that has two or more syllables, an accent mark is added to maintain the original stress:

limpie → límpielo

lean → léanlo

diga → dígamelo

sacudan → sacúdanlos

▶ In affirmative commands, reflexive, indirect, and direct object pronouns are always attached to the end of the verb.

Siénten**se**, por favor.   Acuésten**se** ahora.
Síga**me**, Laura.   Póngan**las** en el suelo, por favor.

▶ In negative commands, these pronouns always precede the verb.

No **se** preocupe.   No **los** ensucien.
No **me lo** dé.   No **nos las** traigan.

▶ **Ud.** and **Uds.** can be used with the command forms to strike a more formal tone. In such instances they follow the command form.

Muéstrele usted la foto a su amigo.   **Tomen ustedes** esta alcoba.
Show the photo to your friend.   *Take this bedroom.*

¡INTÉNTALO! Indica cuáles son los mandatos afirmativos y negativos correspondientes.

1. escucharlo (Ud.) _Escúchelo_. _No lo escuche_.
2. decírmelo (Uds.) _____. _____.
3. salir (Ud.) _____. _____.
4. servírnoslo (Uds.) _____. _____.
5. barrerla (Ud.) _____. _____.
6. hacerlo (Ud.) _____. _____.
7. ir (Uds.) _____. _____.
8. sentarse (Uds.) _____. _____.

Práctica

1 **Completar** La señora González quiere mudarse de casa. Ayúdala a organizarse. Indica el mandato formal de cada verbo.

1. _____ los anuncios (*ads*) del periódico y _____. (leer, guardar)
2. _____ personalmente y _____ las casas usted misma. (ir, ver)
3. Decida qué casa quiere y _____ al agente. _____ un contrato de alquiler. (llamar, pedirle)
4. _____ un camión (*truck*) para ese día y _____ la hora exacta de llegada. (contratar, preguntarles)
5. El día de la mudanza (*On moving day*) _____ tranquila. _____ a revisar su lista para completar todo lo que tiene que hacer. (estar, volver)
6. Primero, _____ a todos en casa que usted va a estar ocupada. No _____ que usted va a hacerlo todo. (decirles, decirles)
7. _____ la ropa con tiempo para hacer las maletas tranquilamente. No _____ las maletas a sus hijos. (sacar, hacerles)
8. No _____. _____ que todo va a salir bien. (preocuparse, saber)

2 **¿Qué dicen?** Mira los dibujos y escribe un mandato lógico para cada uno. Usa palabras que aprendiste en **Contextos**.

1. _____

2. _____

3. _____

4. _____

5. _____

6. _____

Comunicación

3

Solucionar Trabajen en parejas para presentar los siguientes problemas. Un(a) estudiante presenta los problemas de la columna A y el/la otro/a los de la columna B. Usen mandatos formales y túrnense para ofrecer soluciones.

> **modelo**
>
> **Estudiante 1:** Vilma se torció un tobillo jugando al tenis. Es la tercera vez.
> **Estudiante 2:** No juegue más al tenis. / Vaya a ver a un especialista.

A

1. Se me perdió el libro de español con todas mis notas.
2. A Vicente se le cayó la botella de vino para la cena.
3. ¿Cómo? ¿Se le olvidó traer el traje de baño a la playa?
4. Se nos quedaron los pasajes en la casa. El avión sale en una hora.

B

1. Mis hijas no se levantan temprano. Siempre llegan tarde a la escuela.
2. A mi abuela le robaron (*stole*) las maletas. Era su primer día de vacaciones.
3. Nuestra casa es demasiado pequeña para nuestra familia.
4. Me preocupo constantemente por Roberto. Trabaja demasiado.

4

Conversaciones En parejas, escojan dos situaciones y preparen conversaciones para presentar a la clase. Usen mandatos formales.

> **modelo**
>
> **Lupita:** Señor Ramírez, siento mucho llegar tan tarde. Mi niño se enfermó. ¿Qué debo hacer?
> **Sr. Ramírez:** No se preocupe. Siéntese y descanse un poco.

NOTA CULTURAL ▶

El 31 de diciembre de 1999, los Estados Unidos cedió control del **Canal de Panamá** al gobierno de Panamá, terminando así casi 100 años de administración estadounidense.

SITUACIÓN 1 Profesor Rosado, no vine la semana pasada porque el equipo jugaba en Boquete. ¿Qué debo hacer para ponerme al día *(catch up)*?

SITUACIÓN 2 Los invitados de la boda llegan a las cuatro de la tarde, la mesa está sin poner y el champán sin servir. Los camareros apenas están llegando. ¿Qué deben hacer los camareros?

SITUACIÓN 3 Mi novio es un poco aburrido. No le gustan ni el cine, ni los deportes, ni salir a comer. Tampoco habla mucho. ¿Qué puedo hacer o qué le puedo decir?

SITUACIÓN 4 Tengo que preparar una presentación para mañana sobre el Canal de Panamá. ¿Por dónde comienzo?

Síntesis

5

Presentar En grupos, preparen un anuncio (*ad*) de televisión para presentar a la clase. El anuncio debe tratar de (*be about*) un detergente, un electrodoméstico, o una agencia inmobiliaria (*real estate agency*). Usen mandatos, los pronombres relativos **(que, quien(es)** o **lo que)** y el **se** impersonal.

> **modelo**
>
> Compre el lavaplatos Siglo XXI. Tiene todo lo que usted desea. Es el lavaplatos que mejor funciona. Venga a verlo ahora mismo... No pierda ni un minuto más. Se aceptan tarjetas de crédito.

12.3 The present subjunctive

ANTE TODO   With the exception of commands, all of the verb forms you have been using have been in the indicative mood. The indicative is used to state facts and to express actions or states that the speaker considers to be real and definite. In contrast, the subjunctive mood expresses the speaker's attitudes toward events, as well as actions or states the speaker views as uncertain or hypothetical.

Quiero que ustedes ayuden con los quehaceres domésticos.

Insistimos en que nos deje ayudarla a preparar la comida.

Present subjunctive of regular verbs

		hablar	comer	escribir
SINGULAR FORMS	yo	habl**e**	com**a**	escrib**a**
	tú	habl**es**	com**as**	escrib**as**
	Ud./él/ella	habl**e**	com**a**	escrib**a**
PLURAL FORMS	nosotros/as	habl**emos**	com**amos**	escrib**amos**
	vosotros/as	habl**éis**	com**áis**	escrib**áis**
	Uds./ellos/ellas	habl**en**	com**an**	escrib**an**

¡LENGUA VIVA!

You may think that English has no subjunctive, but it does! It used to be very common but now survives mostly in set expressions such as *if I were you* and *be that as it may.*

▶ The present subjunctive is formed very much like **usted** and **ustedes** and *negative* **tú** commands. From the **yo** form of the present indicative, drop the **-o** ending, and replace it with the subjunctive endings.

INFINITIVE	PRESENT INDICATIVE	VERB STEM	PRESENT SUBJUNCTIVE
hablar	**hablo**	**habl-**	**hable**
comer	**como**	**com-**	**coma**
escribir	**escribo**	**escrib-**	**escriba**

CONSEJOS

Note that, in the present subjunctive, **-ar** verbs use endings normally associated with present tense **-er** and **-ir** verbs and vice versa. Note also that the **yo** form is the same as the **Ud./él/ella** form.

▶ The present subjunctive endings are:

–*ar* verbs	
–e	–emos
–es	–éis
–e	–en

–*er* and –*ir* verbs	
–a	–amos
–as	–áis
–a	–an

▶ Verbs with irregular **yo** forms show the same irregularity in all forms of the present subjunctive.

Infinitive	Present indicative	Verb stem	Present subjunctive
conducir	conduzco	**conduzc-**	**conduzca**
conocer	conozco	**conozc-**	**conozca**
decir	digo	**dig-**	**diga**
hacer	hago	**hag-**	**haga**
ofrecer	ofrezco	**ofrezc-**	**ofrezca**
oír	oigo	**oig-**	**oiga**
parecer	parezco	**parezc-**	**parezca**
poner	pongo	**pong-**	**ponga**
tener	tengo	**teng-**	**tenga**
traducir	traduzco	**traduzc-**	**traduzca**
traer	traigo	**traig-**	**traiga**
venir	vengo	**veng-**	**venga**
ver	veo	**ve-**	**vea**

▶ Verbs ending in **-car, -gar,** and **-zar** have a spelling change in all forms of the present subjunctive.

sacar: sa**qu**e, sa**qu**es, sa**qu**e, sa**qu**emos, sa**qu**éis, sa**qu**en

jugar: jue**gu**e, jue**gu**es, jue**gu**e, ju**gu**emos, ju**gu**éis, jue**gu**en

almorzar: almuer**c**e, almuer**c**es, almuer**c**e, almor**c**emos, almor**c**éis, almuer**c**en

Present subjunctive of stem-changing verbs

▶ **-Ar** and **-er** stem-changing verbs have the same stem changes in the subjunctive as they do in the present indicative.

pensar (e:ie): p**ie**nse, p**ie**nses, p**ie**nse, pensemos, penséis, p**ie**nsen

mostrar (o:ue): m**ue**stre, m**ue**stres, m**ue**stre, mostremos, mostréis, m**ue**stren

entender (e:ie): ent**ie**nda, ent**ie**ndas, ent**ie**nda, entendamos, entendáis, ent**ie**ndan

volver (o:ue): v**ue**lva, v**ue**lvas, v**ue**lva, volvamos, volváis, v**ue**lvan

▶ **–Ir** stem-changing verbs have the same stem changes in the subjunctive as they do in the present indicative, but in addition, the **nosotros/as** and **vosotros/as** forms undergo a stem change. The unstressed **e** changes to **i,** while the unstressed **o** changes to **u.**

pedir (e:i): p**i**da, p**i**das, p**i**da, p**i**damos, p**i**dáis, p**i**dan

sentir (e:ie): s**ie**nta, s**ie**ntas, s**ie**nta, s**i**ntamos, s**i**ntáis, s**ie**ntan

dormir (o:ue): d**ue**rma, d**ue**rmas, d**ue**rma, d**u**rmamos, d**u**rmáis, d**ue**rman

Irregular verbs in the present subjunctive

▶ The following five verbs are irregular in the present subjunctive.

Irregular verbs in the present subjunctive					
	dar	**estar**	**ir**	**saber**	**ser**
SINGULAR FORMS					
yo	dé	esté	vaya	sepa	sea
tú	des	estés	vayas	sepas	seas
Ud./él/ella	dé	esté	vaya	sepa	sea
PLURAL FORMS					
nosotros/as	demos	estemos	vayamos	sepamos	seamos
vosotros/as	deis	estéis	vayáis	sepáis	seáis
Uds./ellos/ellas	den	estén	vayan	sepan	sean

¡ATENCIÓN!

The subjunctive form of **hay** (*there is, there are*) is also irregular: **haya**.

General uses of the subjunctive

▶ The subjunctive is mainly used to express: 1) will and influence, 2) emotion, 3) doubt, disbelief, and denial, and 4) indefiniteness and nonexistence.

▶ The subjunctive is most often used in sentences that consist of a main clause and a subordinate clause. The main clause contains a verb or expression that triggers the use of the subjunctive. The conjunction **que** connects the subordinate clause to the main clause.

Main clause	Connector	Subordinate clause

Es muy importante   que   **vayas** al hotel ahora mismo.

▶ These impersonal expressions are always followed by clauses in the subjunctive:

Es bueno que...
It's good that...

Es malo que...
It's bad that...

Es necesario que...
It's necessary that...

Es importante que...
It's important that...

Es mejor que...
It's better that...

Es urgente que...
It's urgent that...

¡INTÉNTALO!   Indica el presente de subjuntivo de los siguientes verbos.

1. (alquilar, beber, vivir)   que yo <u>alquile, beba, viva</u>
2. (estudiar, aprender, asistir) que tú _____
3. (encontrar, poder, dormir)   que él _____
4. (hacer, tener, venir)   que nosotras _____
5. (dar, hablar, escribir)   que ellos _____
6. (pagar, empezar, buscar)   que ustedes _____
7. (ser, ir, saber)   que yo _____
8. (estar, dar, oír)   que tú _____
9. (arreglar, leer, abrir)   que nosotros _____
10. (cantar, leer, vivir)   que ellas _____

Práctica

1 **Completar** Completa las oraciones conjugando los verbos entre paréntesis. Luego empareja las oraciones del primer grupo con las del segundo grupo.

A

1. Es mejor que _____ en casa. (nosotros, cenar)
2. Es importante que _____ las casas colgantes de Cuenca. (tú, visitar)
3. Señora, es urgente que le _____ la muela. Parece que tiene una infección. (yo, sacar)
4. Es malo que Ana les _____ tantos dulces a los niños. (dar)
5. Es necesario que _____ a la una de la tarde. (ustedes, llegar)
6. Es importante que _____ temprano. (nosotros, acostarse)

B

a. Es importante que _____ más verduras. (ellos, comer)
b. No, es mejor que _____ a comer a un restaurante. (nosotros, salir)
c. Y yo creo que es bueno que _____ a Madrid después. (yo, ir)
d. En mi opinión, no es necesario que _____ tanto. (nosotros, dormir)
e. ¿Ah, sí? ¿Es necesario que me _____ un antibiótico también? (yo, tomar)
f. Para llegar a tiempo, es necesario que _____ temprano. (nosotros, almorzar)

Comunicación

2 **Minidiálogos** En parejas, completen los minidiálogos con expresiones impersonales de una manera lógica.

> **modelo**
>
> **Miguelito:**   Mamá, no quiero arreglar mi cuarto.
> **Señora Casas:** Es necesario que lo arregles. Y es importante que
>   sacudas los muebles también.

1. **MIGUELITO**   Mamá, no quiero estudiar. Quiero salir a jugar con mis amigos.
   SRA. CASAS   _____

2. **MIGUELITO**   Mamá, es que no me gustan las verduras. Prefiero comer pasteles.
   SRA. CASAS   _____

3. **MIGUELITO**   ¿Tengo que poner la mesa, mamá?
   SRA. CASAS   _____

4. **MIGUELITO**   No me siento bien, mamá. Me duele todo el cuerpo y tengo fiebre.
   SRA. CASAS   _____

3 **Entrevista** Trabajen en parejas. Entrevístense usando estas preguntas. Expliquen sus respuestas.

1. ¿Es importante que los niños ayuden con los quehaceres domésticos?
2. ¿Es urgente que los norteamericanos aprendan otras lenguas?
3. Si un(a) norteamericano/a quiere aprender francés, ¿es mejor que lo aprenda en Francia?
4. En su universidad, ¿es necesario que los estudiantes vivan en residencias estudiantiles?
5. ¿Es importante que todos los estudiantes asistan a la universidad?

12.4 Subjunctive with verbs of will and influence

 You will now learn how to use the subjunctive with verbs and expressions of will and influence.

Quiero que tengas dientes más blancos.

▶ Verbs of will and influence are often used when someone wants to affect the actions or behavior of other people.

> Enrique **quiere** que salgamos a cenar.
> *Enrique wants us to go out to dinner.*

> Paola **prefiere** que cenemos en casa.
> *Paola prefers that we have dinner at home.*

▶ Here is a list of widely used verbs of will and influence.

	Verbs of will and influence		
aconsejar	*to advise*	**pedir** (e:i)	*to ask (for)*
desear	*to wish; to desire*	**preferir** (e:ie)	*to prefer*
importar	*to be important; to matter*	**prohibir**	*to prohibit*
		querer (e:ie)	*to want*
insistir (en)	*to insist (on)*	**recomendar** (e:ie)	*to recommend*
mandar	*to order*	**rogar** (o:ue)	*to beg; to plead*
necesitar	*to need*	**sugerir** (e:ie)	*to suggest*

▶ Some impersonal expressions, such as **es necesario que, es importante que, es mejor que,** and **es urgente que,** are considered expressions of will or influence.

▶ When the main clause contains an expression of will or influence, the subjunctive is required in the subordinate clause, provided that the two clauses have different subjects.

Main clause	Connector	Subordinate clause
VERB OF WILL		SUBJUNCTIVE
Mi mamá **prefiere**	que	yo **saque** la basura.

> *Quiero que arreglen sus alcobas, que hagan las camas, que pongan la mesa...*

> *...y les aconsejo que se acuesten temprano esta noche.*

▶ Indirect object pronouns are often used with the verbs **aconsejar, importar, mandar, pedir, prohibir, recomendar, rogar,** and **sugerir.**

Te aconsejo que estudies.
I advise you to study.

Les recomiendo que barran el suelo.
I recommend that you sweep the floor.

Le sugiero que vaya a casa.
I suggest that he go home.

Le ruego que no venga.
I beg him not to come.

▶ Note that all the forms of **prohibir** in the present tense carry a written accent, except for the **nosotros** form: **prohíbo, prohíbes, prohíbe, prohibimos, prohibís, prohíben.**

Ella les **prohíbe** que miren la televisión.
She prohibits them from watching television.

Nos **prohíben** que nademos en la piscina.
They prohibit that we swim in the pool.

▶ The infinitive is used with words or expressions of will and influence, if there is no change of subject in the sentence.

No quiero **sacudir** los muebles.
I don't want to dust the furniture.

Es importante **sacar** la basura.
It's important to take out the trash.

Paco prefiere **descansar.**
Paco prefers to rest.

No es necesario **quitar** la mesa.
It's not necessary to clear the table.

¡INTÉNTALO!   Completa cada oración con la forma correcta del verbo entre paréntesis.

1. Te sugiero que ___vayas___ (ir) con ella al supermercado.
2. Él necesita que yo le _____ (prestar) dinero.
3. No queremos que tú _____ (hacer) nada especial para nosotros.
4. Mis papás quieren que yo _____ (limpiar) mi cuarto.
5. Nos piden que la _____ (ayudar) a preparar la comida.
6. Quieren que tú _____ (sacar) la basura todos los días.
7. Quiero _____ (descansar) esta noche.
8. Es importante que ustedes _____ (limpiar) los estantes.
9. Su tía les manda que _____ (poner) la mesa.
10. Te aconsejo que no _____ (salir) con él.
11. Mi tío insiste en que mi prima _____ (hacer) la cama.
12. Prefiero _____ (ir) al cine.
13. Es necesario _____ (estudiar).
14. Recomiendo que ustedes _____ (pasar) la aspiradora.

Práctica

1 **Completar** Completa el diálogo con palabras de la lista.

cocina	haga	quiere	sea
comas	ponga	saber	ser
diga	prohíbe	sé	vaya

IRENE   Tengo problemas con Vilma. Sé que debo hablar con ella. ¿Qué me recomiendas que le (1)_____?

JULIA   Pues, necesito (2)_____ más antes de darte consejos.

IRENE   Bueno, para empezar me (3)_____ que traiga dulces a la casa.

JULIA   Pero chica, tiene razón. Es mejor que tú no (4)_____ cosas dulces.

IRENE   Sí, ya lo sé. Pero quiero que (5)_____ más flexible. Además, insiste en que yo (6)_____ todo en la casa.

JULIA   Yo (7)_____ que Vilma (8)_____ y hace los quehaceres todos los días.

IRENE   Sí, pero siempre que hay fiesta me pide que (9)_____ los cubiertos y las copas en la mesa y que (10)_____ al sótano por las servilletas y los platos. ¡Es lo que más odio: ir al sótano!

JULIA   Mujer, ¡Vilma sólo (11)_____ que ayudes en la casa!

2 **Aconsejar** En parejas, lean lo que dice cada persona. Luego den consejos lógicos usando verbos como **aconsejar, recomendar** y **prohibir.** Sus consejos deben ser diferentes de lo que la persona quiere hacer.

> **modelo**
>
> **Isabel:** Quiero conseguir un comedor con los muebles más caros del mundo.
>
> **Consejo:** *Te aconsejamos que consigas unos muebles menos caros.*

1. **DAVID**   Pienso poner el cuadro del lago de Maracaibo en la cocina.
2. **SARA**   Voy a ir a la gasolinera para comprar unas copas de cristal elegantes.
3. **SR. ALARCÓN**   Insisto en comenzar a arreglar el jardín en marzo.
4. **SRA. VILLA**   Quiero ver las tazas y los platos de la tienda El Ama de Casa Feliz.
5. **DOLORES**   Voy a poner servilletas de tela (*cloth*) para los cuarenta invitados.
6. **SR. PARDO**   Pienso poner todos mis muebles nuevos en el altillo.
7. **SRA. GONZÁLEZ**   Hay una fiesta en mi casa esta noche pero no quiero arreglar la casa.
8. **CARLITOS**   Hoy no tengo ganas de hacer las camas ni de quitar la mesa.

◀ **NOTA CULTURAL**

En el **lago de Maracaibo**, en Venezuela, hay casas suspendidas sobre el agua que se llaman palafitos. Los palafitos son reminiscentes de la ciudad italiana de Venecia, de donde viene el nombre "Venezuela", que significa "pequeña Venecia".

3 **Preguntas** En parejas, túrnense para contestar las preguntas. Usen el subjuntivo.

1. ¿Te dan consejos tus amigos/as? ¿Qué te aconsejan? ¿Aceptas sus consejos? ¿Por qué?
2. ¿Qué te sugieren tus profesores que hagas antes de terminar los cursos que tomas?
3. ¿Insisten tus amigos/as en que salgas mucho con ellos?
4. ¿Qué quieres que te regalen tu familia y tus amigos/as en tu cumpleaños?
5. ¿Qué le recomiendas tú a un(a) amigo/a que no quiere salir los sábados con su novio/a?
6. ¿Qué les aconsejas a los nuevos estudiantes de tu universidad?

Comunicación

4

Inventar En parejas, preparen una lista de seis personas famosas. Un(a) estudiante da el nombre de una persona famosa y el/la otro/a le da un consejo.

> **modelo**
>
> **Estudiante 1:** Judge Judy.
> **Estudiante 2:** Le recomiendo que sea más simpática con la gente.
> **Estudiante 2:** Leonardo DiCaprio.
> **Estudiante 1:** Le aconsejo que haga más películas.

5

Ayudar En parejas, miren la ilustración. Imaginen que Gerardo es su hermano y necesita ayuda para arreglar su casa y resolver sus problemas románticos y económicos. Usen expresiones impersonales y verbos como **aconsejar**, **sugerir** y **recomendar**.

> **modelo**
>
> Es mejor que arregles el apartamento más a menudo.
> Te aconsejo que no dejes para mañana lo que puedes hacer hoy.

Síntesis

6

La doctora Salvamórez Hernán tiene problemas con su novia y le escribe a la doctora Salvamórez, columnista del periódico *Panamá y su gente*. Ella responde a las cartas de personas con problemas románticos. En parejas, lean la carta de Hernán y después usen el subjuntivo para escribir los consejos de la doctora.

> Estimada doctora Salvamórez:
>
> Mi novia nunca quiere que yo salga de casa. No le molesta que vengan mis amigos a visitarme. Pero insiste en que nosotros sólo miremos los programas de televisión que ella quiere. Necesita saber dónde estoy en cada momento, y yo necesito que ella me dé un poco de independencia. ¿Qué hago?
>
> Hernán

Lectura

Antes de leer

Estrategia
Locating the main parts of a sentence

Did you know that a text written in Spanish is an average of 15% longer than the same text written in English? Because the Spanish language tends to use more words to express ideas, you will often encounter long sentences when reading in Spanish. Of course, the length of sentences varies with genre and with authors' individual styles. To help you understand long sentences, identify the main parts of the sentence before trying to read it in its entirety. First locate the main verb of the sentence, along with its subject, ignoring any words or phrases set off by commas. Then reread the sentence, adding details like direct and indirect objects, transitional words, and prepositional phrases.

Examinar el texto

Mira el formato de la lectura. ¿Qué tipo de documento es? ¿Qué cognados encuentras en la lectura? ¿Qué te dicen sobre el tema de la selección?

¿Probable o improbable?

Mira brevemente el texto e indica si las frases son probables o improbables.

1. Este folleto° es de interés turístico.
2. Describe un edificio moderno cubano.
3. Incluye algunas explicaciones de arquitectura.
4. Espera atraer° a visitantes al lugar.

Frases largas

Mira el texto y busca algunas frases largas. Con un(a) compañero/a, identifiquen las partes principales de la frase y después examinen las descripciones adicionales. ¿Qué significan las frases?

folleto *brochure*   atraer *to attract*   épocas *time periods*

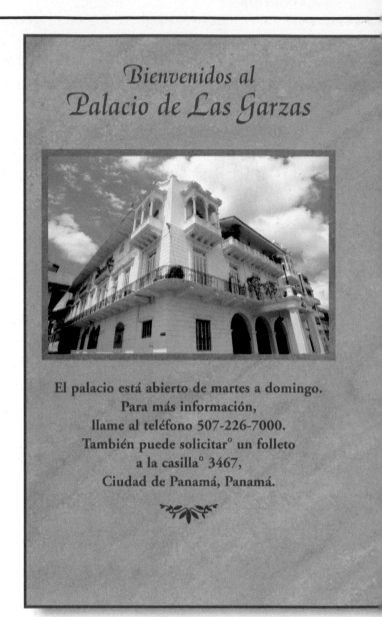

Bienvenidos al
Palacio de Las Garzas

El palacio está abierto de martes a domingo.
Para más información,
llame al teléfono 507-226-7000.
También puede solicitar° un folleto
a la casilla° 3467,
Ciudad de Panamá, Panamá.

Después de leer

Ordenar
Pon los eventos en el orden cronológico adecuado.

_____ El palacio se convirtió en residencia presidencial.

_____ Durante diferentes épocas°, maestros, médicos y banqueros practicaron su profesión en el palacio.

_____ El doctor Belisario Porras ocupó el palacio por primera vez.

_____ Los colonizadores construyeron el palacio.

_____ Se renovó el palacio.

_____ Los turistas pueden visitar el palacio de martes a domingo.

El Palacio de Las Garzas° es la residencia oficial del Presidente de Panamá desde 1903. Fue construido en 1673 para ser la casa de un gobernador español. Con el paso de los años fue almacén, escuela, hospital, aduana, banco y por último, palacio presidencial.

En la actualidad el edificio tiene tres pisos, pero los planos originales muestran una construcción de un piso con un gran patio en el centro. La restauración del palacio comenzó en el año 1922 y los trabajos fueron realizados por el arquitecto Villanueva-Myers y el pintor Roberto Lewis. El palacio, un monumento al estilo colonial, todavía conserva su elegancia y buen gusto, y es una de las principales atracciones turísticas del barrio Casco Viejo°.

Planta baja
El patio de las Garzas

Una antigua puerta de hierro° recibe a los visitantes. El patio interior todavía conserva los elementos originales de la construcción: piso de mármol°, columnas de perla gris y una magnífica fuente de agua en el centro. Aquí están las nueve garzas que le dan el nombre al palacio y que representan las nueve provincias de Panamá.

Primer piso
El salón Amarillo

Aquí el turista puede visitar una galería de cuarenta y un retratos° de gobernadores y personajes ilustres de Panamá. La principal atracción de este salón es el sillón presidencial, que se usa especialmente cuando hay cambio de presidente. Otros atractivos de esta área son el comedor de Los Tamarindos, que se destaca° por la elegancia de sus muebles y sus lámparas de cristal, y el patio andaluz, con sus coloridos mosaicos que representan la unión de la cultura indígena y la española.

El salón Dr. Belisario Porras

Este elegante y majestuoso salón es uno de los lugares más importantes del Palacio de Las Garzas. Lleva su nombre en honor al doctor Belisario Porras, quien fue tres veces presidente de Panamá (1912–1916, 1918–1920 y 1920–1924).

Segundo piso

Es el área residencial del palacio y el visitante no tiene acceso a ella. Los armarios, las cómodas y los espejos de la alcoba fueron comprados en Italia y Francia por el presidente Porras, mientras que las alfombras, cortinas y frazadas° son originarias de España.

solicitar *request* casilla *post office box* **Garzas** *Herons* **Casco Viejo** *Old Quarter* hierro *iron* mármol *marble* retratos *portraits* se destaca *stands out* frazadas *blankets*

Preguntas

Contesta las preguntas.

1. ¿Qué sala es notable por sus muebles elegantes y sus lámparas de cristal?
2. ¿En qué parte del palacio se encuentra la residencia del presidente?
3. ¿Dónde empiezan los turistas su visita al palacio?
4. ¿En qué lugar se representa artísticamente la rica herencia cultural de Panamá?
5. ¿Qué salón honra la memoria de un gran panameño?
6. ¿Qué partes del palacio te gustaría más visitar? ¿Por qué? Explica tu respuesta.

Conversación

En grupos de tres o cuatro estudiantes, hablen sobre lo siguiente:

1. ¿Qué tiene en común el Palacio de Las Garzas con otras residencias presidenciales u otras casas muy grandes?
2. ¿Te gustaría vivir en el Palacio de Las Garzas? ¿Por qué?
3. Imagina que puedes diseñar tu palacio ideal. Describe los planos para cada piso del palacio.

Escritura

Estrategia
Using idea maps

How do you organize ideas for a first draft? Often, the organization of ideas represents the most challenging part of the process. Idea maps are useful for organizing pertinent information. Imagine that you are writing a description of your family. Here is an example of an idea map you might use, changing facts to fit your own situation.

MAPA DE IDEAS

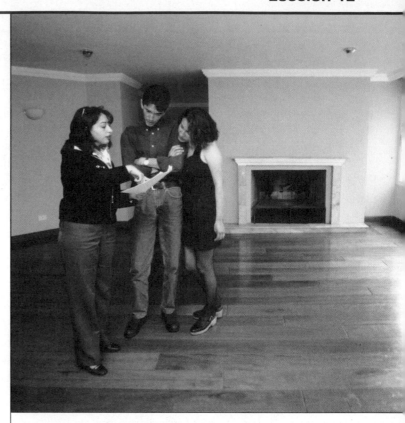

Tema

Escribir un contrato de arrendamiento

Eres el/la administrador(a)° de un edificio de apartamentos. Prepara un contrato de arrendamiento° para los nuevos inquilinos°. El contrato debe incluir los siguientes detalles:

▸ La dirección° del apartamento y del/de la administrador(a)

▸ Las fechas del contrato

▸ El precio del alquiler y el día que se debe pagar

▸ El precio del depósito

▸ Información y reglas° acerca de:
    la basura
    el correo
    los animales domésticos
    el ruido°
    los servicios° de electricidad y agua
    el uso de electrodomésticos

▸ Otros aspectos importantes de la vida comunitaria

---

administrador(a) *manager*   contrato de arrendamiento *lease*   inquilinos *tenants*
dirección *address*   reglas *rules*   ruido *noise*   servicios *utilities*

Escuchar

Preparación

Mira el dibujo. ¿Qué pistas te da para comprender la conversación que vas a escuchar? ¿Qué significa *bienes raíces*?

18G

Bienes raíces

Se vende.
4 alcobas, 3 baños, cocina moderna, jardín con árboles frutales.
B/. 225.000

Se alquila.
2 alcobas, 1 baño. Balcón. Urbanización Las Brisas. B/. 525

Ahora escucha

Mira los anuncios de esta página y escucha la conversación entre el señor Núñez, Adriana y Felipe. Luego indica si cada descripción se refiere a la casa ideal de Adriana y Felipe, a la casa del anuncio° o al apartamento del anuncio.

Frases	La casa ideal	La casa del anuncio	El apartamento del anuncio
Es barato.	____	____	____
Tiene cuatro alcobas.	____	____	____
Tiene una oficina.	____	____	____
Tiene un balcón.	____	____	____
Tiene una cocina moderna.	____	____	____
Tiene un jardín muy grande.	____	____	____
Tiene un patio.	____	____	____

Comprensión

Preguntas

1. ¿Cuál es la relación entre el señor Núñez, Adriana y Felipe? ¿Cómo lo sabes?

2. ¿Qué diferencia de opinión hay entre Adriana y Felipe sobre dónde quieren vivir?

3. Usa la información de los dibujos y la conversación para entender lo que dice Adriana al final. ¿Qué significa "todo a su debido tiempo"?

Conversación En parejas, túrnense para hacer y responder a las preguntas.

1. ¿Qué tienen en común el apartamento y la casa del anuncio con el lugar donde tú vives?
2. ¿Qué piensas de la recomendación del señor Núñez?
3. ¿Qué tipo de sugerencias te da tu familia sobre dónde vivir?
4. ¿Dónde prefieres vivir tú, en un apartamento o en una casa? Explica por qué.

anuncio *advertisement*

recursos

TEXT CD
Lección 12

Panamá

El país en cifras

▶ **Área:** 78.200 km^2 (30.193 millas^2), *aproximadamente el área de Carolina del Sur*

▶ **Población:** 3.067.000

▶ **Capital:** La ciudad de Panamá—1.299.000

▶ **Ciudades principales:** Colón—138.000, David—125.000

SOURCE: Population Division, UN Secretariat

▶ **Moneda:** balboa; Es equivalente al dólar estadounidense.

En Panamá circulan los billetes de dólar estadounidense. El país centroamericano, sin embargo, acuña° sus propias monedas. "El peso" es una moneda grande equivalente a cincuenta centavos°. La moneda de cinco centavos es llamada frecuentemente "real".

▶ **Idiomas:** español (oficial), chibcha, inglés
La mayoría de los panameños es bilingüe. La lengua materna del 14% de los panameños es el inglés.

Mujer kuna lavando una mola

Un turista disfruta del bosque tropical colgado de un cable.

Bandera de Panamá

Panameños célebres

▶ **Rod Carew,** beisbolista (1945–)

▶ **Mireya Moscoso,** política (1946–)

▶ **Rubén Blades,** músico y político (1948–)

acuña *mints* centavos *cents*
actualmente *currently*
peaje *toll* promedio *average*

recursos			
WB pp. 149–150	VM p. 251–252	I CD-ROM Lección 12	vistahigher learning.com

COSTA RICA

Lago Gatún

Canal de Panamá

Islas San Blas

Bocas del Toro

Mar Caribe

Colón

Cordillera de San Blas
Río Chepo

Serranía de Tabasaráí

Ciudad de Panamá

David

Río Cobre

Isla del Rey

Océano Pacífico

Golfo de Panamá

Isla de Coiba

ESTADOS UNIDOS

OCÉANO ATLÁNTICO

PANAMÁ

AMÉRICA DEL SUR

Ruinas de un fuerte panameño

¡Increíble pero cierto!

¿Conocías estos datos sobre el Canal de Panamá?

• Gracias al Canal de Panamá, el viaje en barco de Nueva York a Tokio es 3.000 millas más corto.

• Su construcción costó 639 millones de dólares.

• Actualmente° lo usan 38 barcos al día.

• El peaje° promedio° cuesta 40.000 dólares.

Tokio

Nueva York

PANAMÁ

Lugares • El Canal de Panamá

El Canal de Panamá conecta el océano Pacífico con el océano Atlántico. Se empezó a construir en 1903 y se terminó diez años después. Es la fuente° principal de ingresos° del país, gracias al dinero que se recibe de los más de 12.000 buques° que pasan anualmente por el canal.

Artes • La mola

La mola es una forma de arte textil de los kunas, una tribu indígena que vive en las islas San Blas, en Panamá. Las molas se hacen con capas° y fragmentos de tela° de colores vivos°. Sus diseños son muchas veces abstractos, inspirados en las formas del coral. Las molas tradicionales son las más apreciadas y sus diseños son completamente geométricos. Antes sólo se usaban como ropa, pero hoy día también se usan para decorar las casas.

Deportes • El buceo

Panamá, cuyo° nombre significa "lugar de muchos peces°", es un sitio excelente para los aficionados del buceo, el buceo con esnórkel y la pesca. Las playas en los dos lados del istmo°, el mar Caribe a un lado y el océano Pacífico al otro, son muy variadas. Unas están destinadas al turismo y otras tienen un gran valor° ecológico, por la diversidad de su vida marina, abundante en arrecifes° de coral. En la playa Bluff, por ejemplo, se pueden observar cuatro especies de tortugas° en peligro° de extinción.

COLOMBIA

¿Qué aprendiste? Responde a las preguntas con una frase completa.

1. ¿Cuál es la lengua materna del catorce por ciento de los panameños?

2. ¿A qué unidad monetaria (*monetary unit*) es equivalente el balboa?

3. ¿Qué océanos une el Canal de Panamá?

4. ¿Quién es Rubén Blades?

5. ¿Qué son las molas?

6. ¿Cómo son los diseños de las molas?

7. ¿Para qué se usaban las molas antes?

8. ¿Cómo son las playas de Panamá?

9. ¿Qué significa "Panamá"?

Vista de la Ciudad de Panamá

Conexión Internet Investiga estos temas en el sitio **www.vistahigherlearning.com**.

1. Investiga la historia de las relaciones entre Panamá y los Estados Unidos y la decisión de devolver (*give back*) el Canal de Panamá. ¿Estás de acuerdo con la decisión? Explica tu opinión.

2. Investiga los kunas u otro grupo indígena de Panamá. ¿En qué partes del país viven? ¿Qué lenguas hablan? ¿Cómo es su cultura?

fuente *source*	**ingresos** *income*	**buques** *ships*	**capas** *layers*	**tela** *fabric*	**vivos** *bright*	**cuyo** *whose*	**peces** *fish*
istmo *isthmus*	**valor** *value*	**arrecifes** *reefs*	**tortugas** *turtles*	**peligro** *danger*		

El Salvador

El país en cifras

▶ **Área:** 21.040 km² (8.124 millas²), *el tamaño° de Massachusetts*

▶ **Población:** 6.876.000

El Salvador es el país centroamericano más pequeño y el más densamente° poblado. Su población, al igual que la de Honduras, es muy homogénea: casi el 95 por ciento de la población es mestiza.

▶ **Capital:** San Salvador—1.533.000

▶ **Ciudades principales:** Soyapango—252.000, Santa Ana—202.000, San Miguel—183.000, Mejicanos—145.000

SOURCE: Population Division, UN Secretariat

▶ **Moneda:** colón, dólar estadounidense

▶ **Idiomas:** español (oficial), náhuatl, lenca

Bandera de El Salvador

Salvadoreños célebres

▶ **Óscar Romero,** arzobispo° y activista por los derechos humanos° (1917–1980)

▶ **Claribel Alegría,** poeta, novelista y cuentista (1924–)

▶ **Roque Dalton,** poeta, ensayista y novelista (1935–1975)

▶ **María Eugenia Brizuela,** política (1956–)

Óscar Romero

tamaño *size* densamente *densely* arzobispo *archbishop*
derechos humanos *human rights* Laguna *Lagoon* sirena *mermaid*

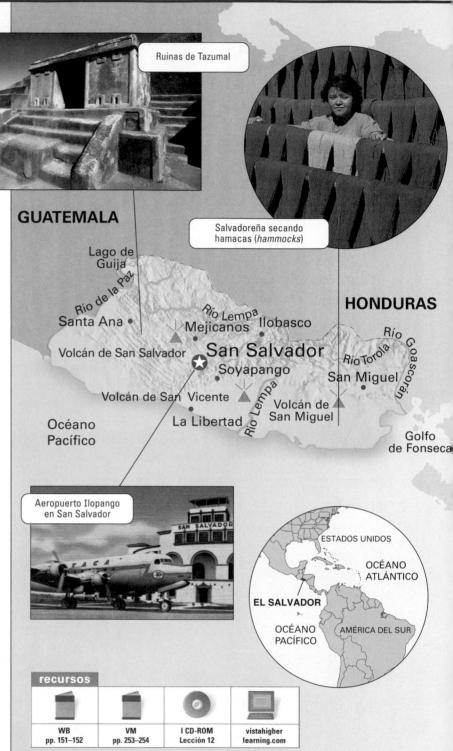

Ruinas de Tazumal

Salvadoreña secando hamacas (*hammocks*)

GUATEMALA

Lago de Guija

Río de la Paz

Santa Ana

Río Lempa

Mejicanos · Ilobasco

HONDURAS

Volcán de San Salvador

San Salvador

Río Torola

Río Goascorán

Soyapango

San Miguel

Volcán de San Vicente

Río Lempa

Volcán de San Miguel

Océano Pacífico

La Libertad

Golfo de Fonseca

Aeropuerto Ilopango en San Salvador

ESTADOS UNIDOS

OCÉANO ATLÁNTICO

EL SALVADOR

OCÉANO PACÍFICO

AMÉRICA DEL SUR

recursos

| WB pp. 151–152 | VM pp. 253–254 | I CD-ROM Lección 12 | vistahigher learning.com |

¡Increíble pero cierto!

El rico folklore salvadoreño se basa sobre todo en sus extraordinarios recursos naturales. Por ejemplo, según una leyenda, las muertes que se producen en la Laguna° de Alegría tienen su explicación en la existencia de una sirena° solitaria que vive en el lago y captura a los jóvenes atractivos.

Deportes • El *surfing*

El Salvador, con unos 300 kilómetros de costa en el Océano Pacífico, es un gran centro de *surfing* por la calidad° y consistencia de sus olas°. *La Libertad* es la playa que está más cerca de la capital, y allí las condiciones son perfectas para el *surfing*. Por eso vienen surfistas de todo el mundo a este pequeño pueblo salvadoreño. Los fines de semana hay muchísima gente en *La Libertad* y por eso muchos surfistas van al oeste, por la *Costa del Bálsamo*, donde las olas son buenas y hay menos gente.

Naturaleza • El Parque Nacional Montecristo

El Parque Nacional Montecristo se encuentra en el norte del país. Es conocido también como El Trifinio porque es el punto donde se unen° Guatemala, Honduras y El Salvador. Este bosque está a una altitud de 2.400 metros (7.900 pies). Recibe 200 centímetros (80 pulgadas°) de lluvia al año y con frecuencia tiene una humedad° relativa del 100 por ciento. Sus altísimos árboles forman una bóveda° que la luz del sol no puede traspasar°. Allí hay muchas especies interesantes de plantas y animales, como orquídeas, hongos°, monos araña°, pumas, quetzales y tucanes.

Artes • La artesanía° de Ilobasco

Ilobasco es un pueblo famoso por sus objetos de arcilla° y por los artículos de cerámica pintados a mano. Los productos más tradicionales de Ilobasco son los juguetes°, los adornos° y los utensilios de cocina. Se ofrecen excursiones en las que se puede observar paso a paso° la fabricación de estos productos. Las "sorpresas" de Ilobasco, pequeñas piezas° de cerámica en cuyo interior están representadas escenas de la vida diaria, son especialmente populares.

¿Qué aprendiste? Responde a las preguntas con una frase completa.

1. ¿Qué es el náhuatl?

2. ¿Quien es María Eugenia Brizuela?

3. Hay muchos lugares ideales para el *surfing* en El Salvador. ¿Por qué?

4. ¿A qué altitud se encuentra el parque Montecristo?

5. ¿Cuáles son algunos de los animales y las plantas que se encuentran en el bosque?

6. ¿Por qué al Parque Nacional Montecristo se le llama también El Trifinio?

7. ¿Por qué es famoso el pueblo de Ilobasco?

8. ¿Qué se puede ver en una excursión a Ilobasco?

9. ¿Qué son las "sorpresas" de Ilobasco?

Conexión Internet Investiga estos temas en el sitio **www.vistahigherlearning.com.**

1. El Parque Nacional Montecristo es una reserva natural; busca información sobre otros parques o zonas protegidas en El Salvador. ¿Cómo son estos lugares? ¿Qué tipos de plantas y animales se encuentran allí?

2. Busca información sobre museos u otros lugares turísticos en San Salvador (u otra ciudad de El Salvador).

calidad *quality*   olas *waves*   se unen *come together*   pulgadas *inches*   humedad *humidity*   bóveda *canopy*   traspasar *pierce*   hongos *fungi*   monos araña *spider monkeys*   artesanía *crafts*   arcilla *clay*   juguetes *toys*   adornos *ornaments*   paso a paso *step by step* piezas *pieces*

Las viviendas

las afueras	suburbs; outskirts
el alquiler	rent (payment)
el ama (m., f.) de casa	housekeeper; caretaker
el barrio	neighborhood
el edificio de apartamentos	apartment building
el/la vecino/a	neighbor
la vivienda	housing
alquilar	to rent
mudarse	to move (from one house to another)

Los cuartos y otros lugares

la alcoba, el dormitorio	bedroom
el altillo	attic
el balcón	balcony
la cocina	kitchen
el comedor	dining room
el cuarto	room
la entrada	entrance
la escalera	stairs; stairway
el garaje	garage
el jardín	garden; yard
la oficina	office
el pasillo	hallway
el patio	patio; yard
la sala	living room
el sótano	basement; cellar

Los muebles y otras cosas

la alfombra	carpet; rug
la almohada	pillow
el armario	closet
el cartel	poster
la cómoda	chest of drawers
las cortinas	curtains
el cuadro	picture
el estante	bookcase; bookshelves
la lámpara	lamp
la luz	light; electricity
la manta	blanket
la mesita	end table
la mesita de noche	night stand
los muebles	furniture
la pared	wall
la pintura	painting; picture
el sillón	armchair
el sofá	couch; sofa

Los electrodomésticos

la cafetera	coffee maker
la cocina, la estufa	stove
el congelador	freezer
el electrodoméstico	electric appliance
el horno (de microondas)	(microwave) oven
la lavadora	washing machine
el lavaplatos	dishwasher
el refrigerador	refrigerator
la secadora	clothes dryer
la tostadora	toaster

La mesa

la copa	wineglass; goblet
la cuchara	(table or large) spoon
el cuchillo	knife
el plato	plate
la servilleta	napkin
la taza	cup
el tenedor	fork
el vaso	glass

Los quehaceres domésticos

arreglar	to neaten; to straighten up
barrer el suelo	to sweep the floor
cocinar	to cook
ensuciar	to get (something) dirty
hacer la cama	to make the bed
hacer quehaceres domésticos	to do household chores
lavar (el suelo, los platos)	to wash (the floor, the dishes)
limpiar la casa	to clean the house
pasar la aspiradora	to vacuum
planchar la ropa	to iron the clothes
poner la mesa	to set the table
quitar la mesa	to clear the table
sacar la basura	to take out the trash
sacudir los muebles	to dust the furniture

Verbos y expresiones verbales

aconsejar	to advise
insistir (en)	to insist (on)
mandar	to order
recomendar (e:ie)	to recommend
rogar (o:ue)	to beg; to plead
sugerir (e:ie)	to suggest
Es bueno que…	It's good that…
Es importante que…	It's important that…
Es malo que…	It's bad that…
Es mejor que…	It's better that…
Es necesario que…	It's necessary that…
Es urgente que…	It's urgent that…

Relative pronouns	See page 336.
Expresiones útiles	See page 333.

recursos

LM p. 72	Lab CD/MP3 Lección 12	Vocab CD Lección 12

La naturaleza

13

Communicative Goals

You will learn how to:

- Talk about and discuss the environment
- Express your beliefs and opinions about issues

A PRIMERA VISTA

- ¿Son excursionistas?
- ¿Es importante que usen zapatos deportivos?
- ¿Se llevan bien o mal?
- ¿Se divierten?

La naturaleza

Más vocabulario

el animal	animal
el bosque (tropical)	(tropical; rain) forest
el desierto	desert
la naturaleza	nature
la planta	plant
la región	region; area
la selva, la jungla	jungle
la tierra	land; soil
el cielo	sky
la estrella	star
la luna	moon
el mundo	world
la conservación	conservation
la contaminación (del aire; del agua)	(air; water) pollution
la deforestación	deforestation
la ecología	ecology
el ecoturismo	ecotourism
la energía (nuclear; solar)	(nuclear; solar) energy
la extinción	extinction
la lluvia (ácida)	(acid) rain
el medio ambiente	environment
el peligro	danger
el recurso natural	natural resource
la solución	solution
el gobierno	government
la ley	law
la población	population
puro/a	pure

Variación léxica

césped ←→ pasto (*Perú*); grama (*Venez., Col.*); zacate (*Méx.*)

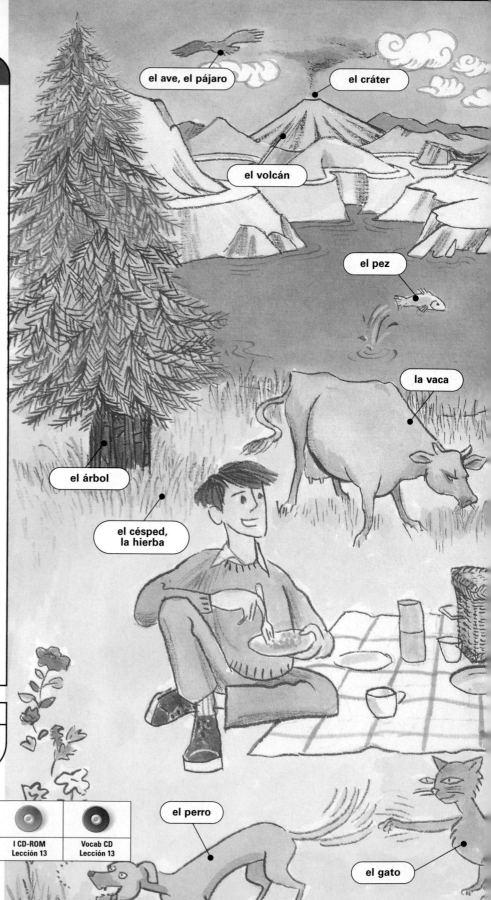

el ave, el pájaro

el cráter

el volcán

el pez

la vaca

el árbol

el césped, la hierba

el perro

el gato

la nube

el sol

el valle

el sendero

el lago

la piedra

el río

la flor

Práctica

1 **Escuchar** 🎧 Mientras escuchas las frases, anota los sustantivos (*nouns*) que se refieren a las plantas, los animales, la tierra y el cielo.

Plantas	Animales	Tierra	Cielo
_____	_____	_____	_____
_____	_____	_____	_____
_____	_____	_____	_____

2 **Seleccionar** Selecciona la palabra que no está relacionada con cada grupo.

1. estrella • gobierno • luna • sol
2. gatos • peces • perros • hierba
3. contaminación • extinción • ecoturismo • deforestación
4. lago • río • mar • peligro
5. vaca • gato • pájaro • población
6. conservación • lluvia ácida • ecología • recurso natural
7. cielo • cráter • aire • nube
8. desierto • solución • selva • bosque
9. nube • cielo • lluvia • piedra
10. flor • césped • sendero • árbol

3 **Definir** Trabaja con un(a) compañero/a para definir o describir cada palabra. Sigue el modelo.

> **modelo**
> **Estudiante 1:** ¿Qué es el cielo?
> **Estudiante 2:** El cielo está sobre la tierra y tiene nubes.

1. la población
2. un valle
3. la lluvia
4. la naturaleza
5. un desierto
6. la extinción
7. la ecología
8. un sendero

4 **Describir** Trabajen en parejas para describir las siguientes fotos.

Recicla la lata de aluminio. (reciclar)

el envase de plástico

Recoge la botella de vidrio. (recoger)

El reciclaje

Más vocabulario

cazar	*to hunt*
conservar	*to conserve*
contaminar	*to pollute*
controlar	*to control*
cuidar	*to take care of*
dejar de (+ *inf.*)	*to stop (doing something)*
desarrollar	*to develop*
descubrir	*to discover*
destruir	*to destroy*
estar afectado/a (por)	*to be affected (by)*
estar contaminado/a	*to be polluted*
evitar	*to avoid*
mejorar	*to improve*
proteger	*to protect*
reducir	*to reduce*
resolver (o:ue)	*to resolve; to solve*
respirar	*to breathe*

5

Completar Selecciona la palabra o la expresión adecuada para completar cada frase.

contaminar	descubrir	proteger
controlan	destruyen	reciclamos
cuidan	están afectadas	recoger
se desarrollaron	mejoramos	resolver

1. Si vemos basura en las calles, la debemos _____.
2. Los científicos trabajan para _____ nuevas soluciones.
3. Es necesario que todos trabajemos juntos para _____ los problemas del medio ambiente.
4. Debemos _____ el medio ambiente porque hoy día está en peligro.
5. Muchas leyes nuevas _____ el número de árboles que se puede cortar (*cut down*).
6. Las primeras civilizaciones _____ cerca de los ríos y los mares.
7. Todas las personas del mundo _____ por la contaminación.
8. Los turistas deben tener cuidado de no _____ las regiones que visitan.
9. Podemos conservar los recursos si _____ el aluminio, el vidrio y el plástico.
10. La lluvia ácida, la contaminación y la deforestación _____ el medio ambiente.

Comunicación

6

¿Es importante?   Lee el siguiente párrafo y después contesta las preguntas con un(a) compañero/a.

Los problemas del medio ambiente

Para celebrar El día de la tierra, una estación de radio colombiana hizo una pequeña encuesta (*survey*) entre estudiantes universitarios, donde les preguntaron sobre los problemas del medio ambiente. Se les preguntó cuáles creían que eran los cinco problemas más importantes del medio ambiente. Ellos también tenían que decidir el orden de importancia de estos problemas, del uno al cinco.

Los resultados probaron (*proved*) que la mayoría de los estudiantes están preocupados por la contaminación del aire. Muchos mencionaron que no hay aire puro en las ciudades. El problema número dos para los estudiantes es que los ríos y los lagos están afectados por la contaminación. La deforestación quedó como el problema número tres, la basura en las ciudades el número cuatro y los animales en peligro de extinción el número cinco.

1. ¿Según la encuesta, qué problema consideran más grave? ¿Qué problema consideran menos grave?
2. ¿Cómo creen que se puede evitar o resolver el problema más importante?
3. ¿Es necesario resolver el problema menos importante? ¿Por qué?
4. ¿Consideran ustedes que existen los mismos problemas en su comunidad? Den algunos ejemplos.

7

Situaciones Trabajen en grupos pequeños para representar las siguientes situaciones.

1. Un(a) representante de una agencia ambiental (*environmental*) habla con el/la presidente/a de una compañía industrial que está contaminando un río o el aire.
2. Un(a) guía de ecoturismo habla con un grupo sobre cómo disfrutar (*enjoy*) de la naturaleza y conservar el medio ambiente.
3. Un(a) representante de la universidad habla con un grupo de nuevos estudiantes sobre la campaña (*campaign*) ambiental de la universidad y trata de reclutar (*tries to recruit*) miembros para un club que trabaja para la protección del medio ambiente.

8

Escribir una carta Trabajen en parejas para escribir una carta a una empresa real o imaginaria que esté contaminando el medio ambiente. Expliquen las consecuencias que sus acciones van a tener para el medio ambiente. Sugiéranle algunas ideas para que solucionen el problema. Utilicen por lo menos diez palabras de **Contextos**.

¡Qué paisaje más hermoso!

Martín y los estudiantes visitan el sendero en las montañas.

DON FRANCISCO Chicos, les presento a Martín Dávalos, el guía de la excursión. Martín, nuestros pasajeros—Maite, Javier, Inés y Álex.

MARTÍN Mucho gusto. Voy a llevarlos al área donde vamos a ir de excursión mañana. ¿Qué les parece?

ESTUDIANTES ¡Sí! ¡Vamos!

MAITE ¡Qué paisaje más hermoso!

INÉS No creo que haya lugares más bonitos en el mundo.

JAVIER Entiendo que mañana vamos a cruzar un río. ¿Está contaminado?

MARTÍN En las montañas el río no parece estar afectado por la contaminación. Cerca de las ciudades, sin embargo, el río tiene bastante contaminación.

ÁLEX ¡Qué aire tan puro se respira aquí! No es como en la Ciudad de México... Tenemos un problema gravísimo de contaminación.

MARTÍN A menos que resuelvan ese problema, los habitantes van a sufrir muchas enfermedades en el futuro.

INÉS Creo que todos debemos hacer algo para proteger el medio ambiente.

MAITE Yo creo que todos los países deben establecer leyes que controlen el uso de automóviles.

MARTÍN Esperamos que ustedes se diviertan mucho, pero es necesario que cuiden la naturaleza.

JAVIER Se pueden tomar fotos, ¿verdad?

MARTÍN Sí, con tal de que no toques las flores o las plantas.

ÁLEX ¿Hay problemas de contaminación en esta región?

MARTÍN La contaminación es un problema en todo el mundo. Pero aquí tenemos un programa de reciclaje. Si ves por el sendero botellas, papeles o latas, recógelos.

JAVIER Pero Maite, ¿tú vas a dejar de usar tu carro en Madrid?

MAITE Pues voy a tener que usar el metro... Pero tú sabes que mi coche es tan pequeñito... casi no contamina nada.

INÉS ¡Ven, Javier!

JAVIER ¡¡Ya voy!!

Enfoque cultural El ecoturismo

La contaminación es un problema en todo el mundo, incluyendo los países hispanohablantes. Sin embargo (*However*), el ecoturismo enseña a los turistas y a los habitantes de las regiones turísticas la importancia de cuidar el medio ambiente. El ecoturismo es muy popular en los bosques tropicales de países como Costa Rica y Perú, donde hay animales y plantas que están en peligro de extinción. Gracias al ecoturismo, los dueños de las tiendas de estas zonas turísticas son sus mismos habitantes, lo cual evita que el turismo altere estas regiones.

Expresiones útiles

Talking about the environment

▶ **¿Hay problemas de contaminación en esta región?**
Are there problems with pollution in this region/area?

▷ **La contaminación es un problema en todo el mundo.**
Pollution is a problem throughout the world.

▶ **¿Está contaminado el río?**
Is the river polluted?

▷ **En las montañas el río no parece estar afectado por la contaminación.**
In the mountains, the river does not seem to be affected by pollution.

▷ **Cerca de las ciudades el río tiene bastante contaminación.**
Near the cities, the river is pretty polluted.

▶ **¡Qué aire tan puro se respira aquí!**
The air you breathe here is so pure!

▶ **Puedes tomar fotos, con tal de que no toques las plantas.**
You can take pictures, provided that you don't touch the plants.

▶ **Es necesario que cuiden la naturaleza.**
It's necessary that you take care of nature/respect the environment.

▶ **Tenemos un problema gravísimo de contaminación.**
We have an extremely serious problem with pollution.

▶ **A menos que resuelvan el problema, los habitantes van a sufrir muchas enfermedades.**
Unless they solve the problem, the inhabitants are going to suffer many illnesses.

▶ **Tenemos un programa de reciclaje.**
We have a recycling program.

▶ **Si ves por el sendero botellas, papeles o latas, recógelos.**
If you see bottles, papers, or cans along the trail, pick them up.

Reacciona a la fotonovela

1   **Seleccionar**   Selecciona la respuesta más lógica para cada frase.

1. Martín va a llevar a los estudiantes al lugar donde van a _____.
   a. contaminar el río   b. bailar   c. ir de excursión

2. El río está más afectado por la contaminación _____.
   a. cerca de los bosques   b. en las ciudades   c. en las montañas

3. Martín quiere que los estudiantes _____.
   a. limpien los senderos   b. descubran nuevos senderos   c. no usen sus autos

4. La naturaleza está formada por _____.
   a. los ríos, las montañas y las leyes   b. los animales, las latas y los ríos
   c. los lagos, los animales y las plantas

5. La contaminación del aire puede producir _____.
   a. problemas del estómago   b. enfermedades respiratorias   c. enfermedades mentales

2   **Identificar**   Identifica quién puede decir las siguientes frases. Puedes usar cada nombre más de una vez.

ÁLEX   INÉS

MAITE

1. Es necesario que hagamos algo por el medio ambiente, ¿pero qué?
2. En mi ciudad es imposible respirar aire limpio. ¡Está muy contaminado!
3. En el futuro, a causa del problema de la contaminación, las personas van a tener problemas de salud.
4. El metro es una excelente alternativa al coche.
5. ¿Está limpio o contaminado el río?
6. Es importante reciclar latas y botellas.
7. De todos los lugares del mundo, me parece que éste es el mejor.
8. Como todo el mundo usa automóviles, debemos establecer leyes para controlar cómo y cuándo usarlos.

MARTÍN   JAVIER

◄ **NOTA CULTURAL**

En la capital de México existe la ley de "Hoy no circula" la cual controla el uso de **los automóviles**. Las personas no pueden manejar su carro un día a la semana. Por ejemplo, los automóviles con placas (*plates*) que terminan en 5 y 6 no pueden circular los lunes.

3   **Preguntas**   Responde a las siguientes preguntas usando la información de **Fotonovela**.

1. Según Martín, ¿qué es necesario que hagan los estudiantes? ¿Qué no pueden hacer?

2. ¿Qué problemas del medio ambiente mencionan Martín y los estudiantes?

3. ¿Qué cree Maite que deben hacer los países?

4. ¿Qué cosas se pueden reciclar? Menciona tres.

5. ¿Qué otro medio de transporte importante dice Maite que hay en Madrid?

4   **El medio ambiente**   En parejas, discutan algunos problemas ambientales y sus posibles soluciones. Usen las siguientes preguntas y frases en su conversación.

- ¿Hay problemas de contaminación donde vives?
- Tenemos un problema muy grave de contaminación de...
- ¿Cómo podemos resolver los problemas de la contaminación?

Ortografía

Los signos de puntuación

In Spanish, as in English, punctuation marks are important because they help you express your ideas in a clear, organized way.

> **No podía ver las llaves. Las buscó por los estantes, las mesas, las sillas, el suelo; minutos después, decidió mirar por la ventana. Allí estaban…**

The **punto y coma (;)**, the **tres puntos (…)**, and the **punto (.)** are used in very similar ways in Spanish and English.

> **Argentina, Brasil, Paraguay y Uruguay son miembros de Mercosur.**

In Spanish, the **coma (,)** is not used before **y** or **o** in a series.

> **13,5%   29,2°   3.000.000 $2.999,99**

In numbers, Spanish uses a **coma** where English uses a decimal point and a **punto** where English uses a comma.

 Cómo te llamas   **¿Dónde está?**   **¡Ven aquí!**   **Hola**

Questions in Spanish are preceded and followed by **signos de interrogación (¿ ?)**, and exclamations are preceded and followed by **signos de exclamación (¡ !)**.

Práctica Lee el párrafo e indica los signos de puntuación necesarios.

Ayer recibí la invitación de boda de Marta mi amiga colombiana inmediatamente empecé a pensar en un posible regalo fui al almacén donde Marta y su novio tenían una lista de regalos había de todo copas cafeteras tostadoras finalmente decidí regalarles un perro ya sé que es un regalo extraño pero espero que les guste a los dos

¿Palabras de amor? El siguiente diálogo tiene diferentes significados (*meanings*) dependiendo de los signos de puntuación que utilices y el lugar donde los pongas. Intenta encontrar los diferentes significados.

JULIÁN	me quieres
MARISOL	no puedo vivir sin ti
JULIÁN	me quieres dejar
MARISOL	no me parece mala idea
JULIÁN	no eres feliz conmigo
MARISOL	no soy feliz

13.1 The subjunctive with verbs of emotion

ANTE TODO In the previous lesson, you learned how to use the subjunctive with expressions of will and influence. You will now learn how to use the subjunctive with verbs and expressions of emotion.

(Main clause)   (Subordinate clause)

Marta **espera** (que) yo **vaya** al lago este fin de semana.

▶ When the verb in the main clause of a sentence expresses an emotion or feeling such as hope, fear, joy, pity, surprise, etc., the subjunctive is required in the subordinate clause.

Nos alegramos de que te
gusten las flores.
We are happy that you like
the flowers.

Siento que tú no **puedas**
venir mañana.
I'm sorry that you can't come
tomorrow.

Temo que Ana no **pueda** ir mañana
con nosotros.
I'm afraid that Ana won't be able to go
with us tomorrow.

Le **sorprende** que Juan **sea** tan
joven.
It surprises him that Juan is so
young.

recursos

WB
pp. 157–164

LM
pp. 75–78

Lab CD/MP3
Lección 13

I CD-ROM
Lección 13

vistahigher
learning.com

Esperamos que ustedes se diviertan mucho en la excursión.

Es triste que tengamos un problema grave de contaminación en la Ciudad de México.

Common verbs and expressions of emotion

alegrarse (de)	*to be happy*	**es extraño**	*it's strange*
esperar	*to hope; to wish*	**es una lástima**	*it's a shame*
gustar	*to be pleasing; to like*	**es ridículo**	*it's ridiculous*
molestar	*to bother*	**es terrible**	*it's terrible*
sentir (e:ie)	*to be sorry; to regret*	**es triste**	*it's sad*
sorprender	*to surprise*	**ojalá (que)**	*I hope (that);*
temer	*to be afraid; to fear*		*I wish (that)*
tener miedo (de)	*to be afraid (of)*		

CONSÚLTALO

Certain verbs of emotion like **gustar**, **molestar**, and **sorprender** require indirect object pronouns. For more examples, see **Estructura 7.4,** pp. 200–201.

Me molesta que la gente no
recicle el plástico.
It bothers me that people don't
recycle plastic.

Es triste que **tengamos**
problemas con la deforestación.
It's sad that we have problems
with deforestation.

▶ As with expressions of will and influence, the infinitive, not the subjunctive, is used after an expression of emotion when there is no change of subject from the main clause to the subordinate clause. Compare these sentences.

> Temo **llegar** tarde.
> *I'm afraid I'll arrive late.*

> Temo que mi novio **llegue** tarde.
> *I'm afraid my boyfriend will arrive late.*

▶ The expression **ojalá (que)** means *I hope* or *I wish,* and it is always followed by the subjunctive. Note that the use of **que** with this expression is optional.

> **Ojalá (que) se conserven** nuestros recursos naturales.
> *I hope (that) our natural resources will be conserved.*

> **Ojalá (que) recojan** la basura hoy.
> *I hope (that) they collect the garbage today.*

¡INTÉNTALO! Completa las oraciones con las formas correctas de los verbos.

1. Ojalá que ellos _descubran_ (descubrir) nuevas formas de energía.
2. Espero que Ana nos _____ (ayudar) a recoger la basura en la carretera.
3. Es una lástima que la gente no _____ (reciclar) más.
4. Esperamos _____ (proteger) el aire de nuestra comunidad.
5. Me alegro de que mis amigos _____ (querer) conservar la naturaleza.
6. A mis padres les gusta que nosotros _____ (participar) en programas de conservación.
7. Es malo _____ (contaminar) el medio ambiente.
8. Espero que tú _____ (venir) a la reunión (*meeting*) del Club de Ecología.
9. Siento que nuestras ciudades _____ (estar) afectadas por la contaminación.
10. Ojalá que yo _____ (poder) hacer algo para reducir la contaminación.

Práctica

1

Completar Completa el diálogo con palabras de la lista. Compara tus respuestas con las de un(a) compañero/a.

Bogotá, Colombia

alegro	molesta	salga
encuentren	ojalá	tengo miedo de
estén	puedan	vayan
lleguen	reduzcan	visitar

NOTA CULTURAL

Los principales factores que determinan la temperatura de **Bogotá, Colombia** son su proximidad al ecuador y su altitud, 2.650 metros (8.660 pies) sobre el nivel (*level*) del mar. Con un promedio (*average*) de 14.5° C (58° F), Bogotá disfruta de un clima templado (*mild*) durante la mayor parte del año. Hay, sin embargo, variaciones considerables durante el día (18° C) y la noche (9° C).

OLGA Me alegro de que Adriana y Raquel (1)_____ a Colombia. ¿Van a estudiar?

SARA Sí. Es una lástima que (2)_____ una semana tarde. Ojalá que la universidad las ayude a buscar casa. (3)_____ que no consigan dónde vivir.

OLGA Me (4)_____ que seas tan pesimista, pero sí, yo también espero que (5)_____ gente simpática y que hablen mucho español.

SARA Sí, ojalá. Van a hacer un estudio sobre la deforestación en las costas. Es triste que en tantos países los recursos naturales (6)_____ en peligro.

OLGA Pues, me (7)_____ de que no se queden mucho en la capital por la contaminación. (8)_____ tengan tiempo de viajar por el país.

SARA Sí, espero que (9)_____ por lo menos ir a la costa. Sé que también esperan (10)_____ la Catedral de Sal de Zipaquirá.

2

Transformar Transforma los siguientes elementos en frases completas para formar un diálogo entre Juan y la madre de Raquel. Añade palabras si es necesario. Luego, con un(a) compañero/a, presenta el diálogo a la clase.

1. Juan, / esperar / (tú) escribirle / Raquel. / Ser / tu / novia. / Ojalá / no / sentirse / sola.

2. molestarme / (usted) decirme / lo que / tener / hacer. / Ahora / mismo / le / estar / escribiendo.

3. alegrarme / oírte / decir / eso. / Ser / terrible / estar / lejos / cuando / nadie / recordarte.

4. señora, / ¡yo / tener / miedo / (ella) no recordarme / mí! / Ser / triste / estar / sin / novia.

5. ser / ridículo / (tú) sentirte / así. / Tú / saber / ella / querer / casarse / contigo.

6. ridículo / o / no, / sorprenderme / (todos) preocuparse / ella / y / (nadie) acordarse / mí.

Comunicación

3

Comentar En parejas, túrnense para formar oraciones sobre su ciudad, sus clases, su gobierno o algún otro tema, usando expresiones como **me alegro de que, temo que** y **es extraño que.** Luego reaccionen a los comentarios de su compañero/a.

> **modelo**
>
> **Estudiante 1:** Me alegro de que vayan a limpiar el río.
> **Estudiante 2:** Yo también. Me preocupa que el agua del río esté tan sucia.

4

Contestar Lee el mensaje electrónico que Raquel le escribió a su novio Juan. Luego, en parejas, contesten el mensaje usando expresiones como **me sorprende que, me molesta que** y **es una lástima que.**

◄ Para	Asunto

Hola, Juan:

Mi amor, siento no escribirte más frecuentemente. La verdad es que estoy muy ocupada todo el tiempo. No sabes cuánto me estoy divirtiendo en Colombia. Me sorprende haber podido adaptarme tan bien. Es bueno tener tanto trabajo. Aprendo mucho más aquí que en el laboratorio de la universidad. Me encanta que me den responsabilidades y que compartan sus muchos conocimientos conmigo. Ay, pero pienso mucho en ti. Qué triste es que no podamos estar juntos por tanto tiempo. Ojalá que los días pasen rápido. Bueno, querido, es todo por ahora. Escríbeme pronto.

Te quiero y te extraño mucho,

Raquel

AYUDA

Echar de menos (a alguien) and **extrañar (a alguien),** are two ways of saying *to miss* (*someone*).

Síntesis

5

No te preocupes Estás muy preocupado/a por los problemas del medio ambiente y le comentas a tu compañero/a todas tus preocupaciones. Él/ella va a darte la solución adecuada para tus preocupaciones. Su profesor(a) les va a dar una hoja distinta a cada uno con la información necesaria para completar la actividad.

> **modelo**
>
> **Estudiante 1:** Me molesta que las personas tiren basura en las calles.
> **Estudiante 2:** Por eso es muy importante que los políticos hagan leyes para conservar las ciudades limpias.

13.2 The subjunctive with doubt, disbelief, and denial

 Just as the subjunctive is required with expressions of emotion, influence, and will, it is also used with expressions of doubt, disbelief, and denial.

Main clause		Subordinate clause
Dudan	que	su hijo les **diga** la verdad.

▶ The subjunctive is always used in a subordinate clause when there is a change of subject and the expression in the main clause implies negation or uncertainty.

No creo que haya lugares más bonitos en el mundo.

Dudo que el río esté contaminado aquí en las montañas.

▶ Here is a list of some common expressions of doubt, disbelief, or denial.

Expressions of doubt, disbelief, or denial

dudar	*to doubt*	**no es seguro**	*it's not certain*
negar (e:ie)	*to deny*	**no es verdad**	*it's not true*
no creer	*not to believe*	**es imposible**	*it's impossible*
no estar seguro/a (de)	*not to be sure*	**es improbable**	*it's improbable*
no es cierto	*it's not true; it's not certain*	**(no) es posible**	*it's (not) possible*
		(no) es probable	*it's (not) probable*

El gobierno **niega** que el agua **esté** contaminada.
The government denies that the water is contaminated.

Dudo que el gobierno **resuelva** el problema.
I doubt that the government will solve the problem.

Es probable que **haya** menos bosques y selvas en el futuro.
It's probable that there will be fewer forests and jungles in the future.

No es verdad que mi hermano **estudie** ecología.
It's not true that my brother studies ecology.

▶ The indicative is used in a subordinate clause when there is no doubt or uncertainty in the main clause. Here is a list of some expressions of certainty.

Expressions of certainty

creer	to believe	**es cierto**	it's true; it's certain
no cabe duda de	there is no doubt	**es obvio**	it's obvious
no dudar	not to doubt	**es seguro**	it's certain
no hay duda de	there is no doubt	**es verdad**	it's true
no negar (e:ie)	not to deny	**estar seguro/a (de)**	to be sure

No negamos que **hay** demasiados carros en las carreteras.
We don't deny that there are too many cars on the highways.

No hay duda de que el Amazonas **es** uno de los ríos más largos.
There is no doubt that the Amazon is one of the longest rivers.

Es verdad que Colombia **es** un país bonito.
It's true that Colombia is a beautiful country.

Es obvio que los tigres **están** en peligro de extinción.
It's obvious that tigers are in danger of extinction.

▶ In affirmative sentences, the verb **creer** expresses belief or certainty, so it is followed by the indicative. In negative sentences, however, when doubt is implied, **creer** is followed by the subjunctive.

No creo que **haya** vida en el planeta Marte.
I don't believe that there is life on the planet Mars.

Creo que **debemos** usar exclusivamente la energía solar.
I believe we should use solar energy exclusively.

▶ The expressions **quizás** and **tal vez** are usually followed by the subjunctive because they imply doubt about something.

Quizás haga sol mañana.
Perhaps it will be sunny tomorrow.

Tal vez veamos la luna esta noche.
Perhaps we will see the moon tonight.

¡INTÉNTALO! Completa estas frases con la forma correcta del verbo.

1. Dudo que ellos _trabajen_ (trabajar).
2. Es cierto que él _____ (comer) mucho.
3. Es imposible que ellos _____ (salir).
4. Es probable que ustedes _____ (ganar).
5. No creo que ella _____ (volver).
6. Es posible que nosotros _____ (ir).
7. Dudamos que tú _____ (reciclar).
8. Creo que ellos _____ (jugar) al fútbol.
9. No niego que ustedes _____ (estudiar).
10. Es posible que ella no _____ (venir) a casa.
11. Es probable que ellos _____ (dormir).
12. Es posible que Marta _____ (llamar).
13. Tal vez Juan no nos _____ (oír).
14. No es cierto que ellos nos _____ (ayudar).
15. Es obvio que Luis _____ (aburrirse).
16. Creo que Juana _____ (ir) a casarse.

Práctica

1

Escoger Escoge las respuestas correctas para completar el diálogo. Luego dramatiza el diálogo con un(a) compañero/a.

RAÚL   Ustedes dudan que yo realmente (1)_____ (estudio/estudie). No niego que a veces me (2)_____ (divierto/divierta) demasiado, pero no cabe duda de que (3)_____ (tomo/tome) mis estudios en serio. Estoy seguro de que cuando me vean graduarme van a pensar de manera diferente. Creo que no (4)_____ (tienen/tengan) razón con sus críticas.

PAPÁ   Es posible que tu mamá y yo no (5)_____ (tenemos/tengamos) razón. Es cierto que a veces (6)_____ (dudamos/dudemos) de ti. Pero no hay duda de que te (7)_____ (pasas/pases) toda la noche en Internet y oyendo música. No es nada seguro que (8)_____ (estás/estés) estudiando.

RAÚL   Es verdad que (9)_____ (uso/use) mucho la computadora pero, ¡piensen! ¿No es posible que (10)_____ (es/sea) para buscar información para mis clases? ¡No hay duda de que Internet (11)_____ (es/sea) el mejor recurso del mundo! Es obvio que ustedes (12)_____ (piensan/piensen) que no hago nada, pero no es cierto.

PAPÁ   No dudo que esta conversación nos (13)_____ (va/vaya) a ayudar. Pero tal vez esta noche (14)_____ (puedes/puedas) trabajar sin música. ¿Está bien?

2

Dudas Carolina es una chica que siempre miente. Expresa tus dudas sobre lo que Carolina está diciendo ahora. Usa las expresiones entre paréntesis para tus respuestas.

> **modelo**
>
> El próximo año mi familia y yo vamos de vacaciones por diez meses.
> (dudar)
>
> *¡Ja! Dudo que vayan de vacaciones por ese tiempo. ¡Ustedes no son ricos!*

1. Estoy escribiendo una novela en español. (no creer)

2. Mi tía es la directora del *Sierra Club*. (no ser verdad)

3. Dos profesores míos juegan para los Osos *(Bears)* de Chicago. (ser imposible)

4. Mi mejor amiga conoce al chef Emeril. (no ser cierto)

5. Mi padre es dueño del Centro Rockefeller. (no ser posible)

6. Yo ya tengo un doctorado *(doctorate)* en lenguas. (ser improbable)

◀ **AYUDA**

Some useful expressions to say that you don't believe someone:
¡Qué va!
¡Imposible!
¡No te creo!
¡Es mentira!

Comunicación

3

Entrevista En parejas, imaginen que trabajan para un periódico y que tienen que hacerle una entrevista a la conservacionista Mary Axtmann, la coordinadora del programa Ciudadanos Pro Bosque San Patricio, en Puerto Rico. Escriban seis preguntas para la entrevista después de leer las declaraciones de Mary Axtmann. Al final, inventen las respuestas de Axtmann.

Declaraciones de Mary Axtmann:

"...que el bosque es un recurso ecológico educativo para la comunidad."

"El bosque San Patricio es un pulmón (*lung*) que produce oxígeno para la ciudad."

"El bosque San Patricio está en medio de la ciudad de San Juan. Por eso digo que este bosque es una esmeralda (*emerald*) en un mar de concreto."

"El bosque pertenece (*belongs*) a la comunidad."

"Nosotros salvamos este bosque mediante la propuesta (*proposal*) y no la protesta."

4

Adivinar Escribe cinco oraciones sobre tu vida presente y futura. Cuatro deben ser falsas y sólo una debe ser cierta. Presenta tus oraciones al grupo. El grupo adivina (*guesses*) cuál es la oración cierta y expresa sus dudas sobre las oraciones falsas.

> *modelo*
>
> **Estudiante 1:** Quiero irme un año a la selva a trabajar.
> **Estudiante 2:** Dudo que te guste vivir en la selva.
> **Estudiante 3:** En cinco años voy a ser presidente de los Estados Unidos.
> **Estudiante 2:** No creo que seas presidente de los Estados Unidos en cinco años. ¡Tal vez en treinta!

Síntesis

5

Intercambiar En grupos, escriban un párrafo sobre los problemas del medio ambiente en su estado o en su comunidad. Compartan su párrafo con otro grupo, que va a ofrecer opiniones y soluciones. Luego presenten su párrafo, con las opiniones y soluciones del otro grupo, a la clase.

13.3 The subjunctive with conjunctions

ANTE TODO In both Spanish and English, conjunctions are words or phrases that connect other words and clauses in sentences. Certain conjunctions commonly introduce adverbial clauses, which describe *how, why, when,* and *where* an action takes place.

Main clause	Conjunction	Adverbial clause
Vamos a visitar a Carlos	**antes de que**	**regrese** a California.

Se pueden tomar fotos, ¿verdad?

Sí, con tal de que no toques ni las flores ni las plantas.

A menos que resuelvan el problema de la contaminación, los habitantes van a sufrir muchas enfermedades en el futuro.

▶ The subjunctive is used to express a hypothetical situation, uncertainty as to whether an action or event will take place, or a condition that may or may not be fulfilled.

Voy a dejar un recado **en caso de que Gustavo me llame.**
I'm going to leave a message in case Gustavo calls me.

Voy al supermercado **para que tengas** algo de comer.
I'm going to the store so that you'll have something to eat.

▶ Here is a list of the conjunctions that always require the subjunctive.

Conjunctions that require the subjunctive

a menos que	*unless*	**en caso (de) que**	*in case (that)*
antes (de) que	*before*	**para que**	*so that*
con tal (de) que	*provided that*	**sin que**	*without*

Algunos animales van a morir **a menos que** haya leyes para protegerlos.
Some animals are going to die unless there are laws to protect them.

Ellos nos llevan a la selva **para que** veamos las plantas tropicales.
They are taking us to the jungle so that we may see the tropical plants.

▶ The infinitive is used after the prepositions **antes de, para,** and **sin** when there is no change of subject.

Te llamamos **antes de salir** de la casa.
We will call you before leaving the house.

Te llamamos mañana **antes de que salgas.**
We will call you tomorrow before you leave.

¡ATENCIÓN!

Note that while you may use a gerund with the English equivalent of these conjunctions, in Spanish you must use the subjunctive.

Lo hacemos sin que nos lo <u>pidan</u>.
We do it without them (their) <u>asking</u> us.

Conjunctions with subjunctive or indicative

> Voy a formar un club de ecología tan pronto como vuelva a España.

> Cuando veo basura, la recojo.

Conjunctions used with subjunctive or indicative

cuando	*when*	**hasta que**	*until*
después de que	*after*	**tan pronto como**	*as soon as*
en cuanto	*as soon as*		

▶ With the conjunctions above, use the subjunctive in the subordinate clause if the main clause expresses a future action or command.

Vamos a resolver el problema **cuando desarrollemos** nuevas tecnologías.
We are going to solve the problem when we develop new technologies.

Voy a llamarte **después de que** Miguel **se vaya**.
I'm going to call you after Miguel leaves.

▶ With these conjunctions, the indicative is used in the subordinate clause if the verb in the main clause expresses an action that habitually happens, or that happened in the past.

Contaminan los ríos **cuando construyen** nuevos edificios.
They pollute the rivers when they build new buildings.

Contaminaron el río **cuando construyeron** ese edificio.
They polluted the river when they built that building.

¡INTÉNTALO! Completa las oraciones con las formas correctas de los verbos.

1. Voy a estudiar ecología cuando ___vuelva___ (volver) a la universidad.
2. No podemos evitar la lluvia ácida a menos que todos _____ (trabajar) juntos.
3. No podemos conducir sin _____ (contaminar) el aire.
4. Siempre recogemos mucha basura cuando _____ (ir) al parque.
5. Elisa habló con el Presidente del Club de Ecología después de que _____ (terminar) la reunión.
6. Vamos de excursión para _____ (observar) los animales y plantas.
7. La contaminación va a ser un problema muy serio hasta que nosotros _____ (cambiar) nuestros sistemas de producción y transporte.
8. El gobierno debe crear más parques nacionales antes de que los bosques y ríos _____ (estar) completamente contaminados.
9. La gente recicla con tal de que no _____ (ser) difícil.

Práctica

1 **Completar** La señora Montero habla de una excursión que quiere hacer con su familia. Completa las oraciones con la forma correcta de cada verbo.

1. Voy a llevar a mis hijos al parque para que _____ (aprender) sobre la naturaleza.
2. Voy a pasar todo el día allí a menos que _____ (hacer) mucho frío.
3. En bicicleta podemos explorar el parque sin _____ (caminar) demasiado.
4. Vamos a bajar al cráter con tal de que no se _____ (prohibir).
5. Siempre llevamos al perro cuando _____ (ir) al parque.
6. No pensamos ir muy lejos en caso de que _____ (llover).
7. Vamos a almorzar a la orilla (*shore*) del río cuando nosotros _____ (terminar) de preparar la comida.
8. Mis hijos van a dejar todo limpio antes de _____ (salir) del parque.

2 **Oraciones** Completa las siguientes oraciones de una manera lógica.

1. No podemos controlar la contaminación del aire a menos que…
2. Voy a reciclar los productos de papel y de vidrio en cuanto…
3. Debemos comprar coches eléctricos tan pronto como…
4. Protegemos los animales en peligro de extinción para que…
5. Mis amigos y yo vamos a recoger la basura de la universidad después de que…
6. No podemos desarrollar nuevas fuentes *(sources)* de energía sin…
7. Hay que eliminar la contaminación del agua para…
8. No podemos proteger la naturaleza sin que…

3 **Recursos naturales** En parejas, lean la información sobre algunos de los recursos naturales de Guinea Ecuatorial. Luego hablen de los temas y den soluciones a los problemas presentados. Usen el subjuntivo y las conjunciones.

GUINEA ECUATORIAL

Bosque lluvioso tropical
En su denso bosque lluvioso (*rain*) tropical hay más de 140 especies de árboles, entre las más importantes están el okume, el nogal africano y varios tipos de caoba. Existe una intensa deforestación por parte de grandes compañías internacionales, y la reforestación de los bosques es mínima.

Parque Nacional Monte Alen
Este parque tiene un territorio montañoso con cascadas (*waterfalls*) y rápidos en sus ríos. Aquí viven muchos tipos de plantas y animales típicas del bosque lluvioso, pero también especies únicas de la zona de Guinea Ecuatorial. Este parque tiene más de cien especies de mamíferos (*mammals*).

El 10% del territorio del país es considerado área protegida.

El petróleo
El cacao (*cocoa bean*) y otros productos agrícolas eran la base de la economía del país hasta que en 1995 se encontró petróleo (*oil*) en el Golfo de Guinea. Desde entonces, este recurso natural es el principal producto de exportación del país. Muchas empresas (*businesses*) internacionales están invirtiendo (*investing*) en la industria petrolera y energética olvidando la industria agrícola.

◄ **AYUDA**

AYUDA

Useful expressions:

A menos que… no vamos a…

Debemos prohibir… antes de que…

Es necesario… para que…

No es posible… sin que…

Se puede evitar… con tal de que…

Vamos a… tan pronto como…

NOTA CULTURAL

Guinea Ecuatorial es un país en la costa oeste (*west*) de África. Su capital es Malabo, en la isla de Bioko. Uno de sus idiomas oficiales es el español. Su área es un poco más pequeña que el área de Maryland. En su territorio hay montañas, volcanes y un bosque lluvioso tropical.

Comunicación

4

Preguntas En parejas, túrnense para hacerse las siguientes preguntas.

1. ¿Qué haces cada noche antes de acostarte?
2. ¿Qué haces después de salir de la universidad?
3. ¿Qué hace tu familia para que puedas asistir a la universidad?
4. ¿Qué piensas hacer tan pronto como te gradúes?
5. ¿Qué quieres hacer mañana, a menos que haga mal tiempo?
6. ¿Qué haces en tus clases sin que los profesores lo sepan?

5

Comparar En parejas, comparen una actividad rutinaria que ustedes hacen con algo que van a hacer en el futuro. Usen palabras de la lista.

modelo

Estudiante 1: El sábado vamos al lago. Tan pronto como volvamos, vamos a estudiar para el examen.

Estudiante 2: Todos los sábados llevo a mi primo al parque para que juegue. Pero el sábado que viene, con tal de que no llueva, lo voy a llevar a las montañas.

antes de	después de que	hasta que	sin (que)
antes de que	en caso de que	para (que)	tan pronto como

Síntesis

6

Tres en raya (*Tic-Tac-Toe*) Formen dos equipos. Una persona comienza una frase y otra persona de su equipo la termina usando palabras de la gráfica. El primer equipo que forme tres oraciones seguidas *(in a row)* gana el tres en raya. Hay que usar la conjunción o la preposición y el verbo correctamente. Si no, ¡no cuenta!

¡LENGUA VIVA!

Tic-tac-toe has various names in the Spanish-speaking world, including **tres en raya, tres en línea, ta-te-ti, gato, la vieja,** and **triqui-triqui.**

modelo

Equipo 1

Estudiante 1: Dudo que podamos eliminar la deforestación…

Estudiante 2: sin que nos ayude el gobierno.

Equipo 2

Estudiante 1: Creo que podemos conservar nuestros recursos naturales…

Estudiante 2: con tal de que todos hagamos algo para ayudar.

cuando	con tal de que	para que
antes de que	para	sin que
hasta que	en caso de que	antes de

13.4 Past participles used as adjectives

ANTE TODO In **Lección 5**, you learned about present participles (**estudiando**). Both Spanish and English have past participles. The past participles of English verbs often end in **–ed** (*to turn* ➤ *turned*), but many are also irregular (*to buy* ➤ *bought*; *to drive* ➤ *driven*).

▶ In Spanish, regular **–ar** verbs form the past participle with **–ado**. Regular **–er** and **–ir** verbs form the past participle with **–ido**.

INFINITIVE	STEM	PAST PARTICIPLE
bailar	bail-	**bailado**
comer	com-	**comido**
vivir	viv-	**vivido**

Irregular past participles

abrir	**abierto**	morir	**muerto**
decir	**dicho**	poner	**puesto**
describir	**descrito**	resolver	**resuelto**
descubrir	**descubierto**	romper	**roto**
escribir	**escrito**	ver	**visto**
hacer	**hecho**	volver	**vuelto**

▶ In Spanish, as in English, past participles can be used as adjectives. They are often used with the verb **estar** to describe a condition or state that results from an action. Like other Spanish adjectives, they must agree in gender and number with the nouns they modify.

Ella vio una botella **rota** en la playa.
She saw a broken bottle on the beach.

Me gusta usar papel **reciclado**.
I like to use recycled paper.

Tenemos la mesa **puesta** y la cena **hecha**.
We have the table set and dinner made.

Este río ya no está **contaminado**.
This river is no longer contaminated.

¡INTÉNTALO! Indica la forma correcta del participio pasado de estos verbos.

1. hablar ____hablado____
2. beber _____
3. decidir _____
4. romper _____
5. escribir _____
6. cantar _____
7. oír _____
8. traer _____
9. correr _____
10. leer _____
11. ver _____
12. hacer _____
13. morir _____
14. reír _____
15. mirar _____
16. abrir _____

Práctica

1

NOTA CULTURAL

Simón Bolívar (1783–1830) es considerado el "libertador" de cinco países de Suramérica: Venezuela, Perú, Bolivia, Colombia y Ecuador. Su apellido se ve en nombres como Bolivia, Ciudad Bolívar, la Universidad Simón Bolívar, el bolívar (la moneda venezolana) y en los nombres de muchas plazas y monumentos.

Completar Completa estas frases con la forma adecuada del participio pasado del verbo que está entre paréntesis.

1. Nuestra excursión a la selva ya está _____ (preparar).
2. Todos los detalles están _____ (escribir) en español.
3. Tenemos que comprar los pasajes, pero Sara no encuentra el mapa. ¡Oh no! Creo que estamos _____ (perder).
4. Sabemos que la agencia de viajes está en una plaza muy _____ (conocer), la Plaza Bolívar. Está _____ (abrir) de nueve a tres.
5. El nombre de la agencia está _____ (escribir) en el letrero y en la acera (*sidewalk*).
6. Pero ya son las tres y diez.... que mala suerte. Seguramente la oficina ya está _____ (cerrar).

2

Preparativos Tú y tu compañero/a van a hacer un viaje. Túrnense para hacerse las siguientes preguntas sobre los preparativos (*preparations*). Usen el participio pasado en sus respuestas.

> **modelo**
>
> **Estudiante 1:** ¿Compraste los pasajes del avión?
> **Estudiante 2:** Sí, los pasajes ya están comprados.

1. ¿Hiciste las maletas?
2. ¿Confirmaste las reservaciones para el hotel?
3. ¿Compraste tus medicinas?
4. ¿Lavaste la ropa?
5. ¿Apagaste todas las luces?
6. ¿Cerraste bien la puerta?

Comunicación

3

Describir Tú y un(a) compañero/a son agentes de policía y tienen que investigar un crimen. Miren el dibujo y describan lo que encontraron en la habitación del señor Villalonga. Usen el participio pasado en la descripción. Luego, comparen su descripción con la de otra pareja.

> **modelo**
>
> La puerta del baño no estaba cerrada.

AYUDA

You may want to use the past participles of these verbs to describe the illustration:

abrir, desordenar *(to make untidy)*, **hacer, poner, tirar** *(to throw)*

Lectura

Antes de leer

Estrategia
Recognizing the purpose of a text

When you are faced with an unfamiliar text, it is important to determine the writer's purpose. If you are reading an editorial in a newspaper, for example, you know that the journalist's objective is to persuade you of his or her point of view. Identifying the purpose of a text will help you better comprehend its meaning.

Examinar el texto

Utiliza las estrategias de lectura para familiarizarte con el texto. Después contesta las siguientes preguntas y compara tus respuestas con las de un(a) compañero/a.

- ¿De qué trata la lectura?°
- ¿Es una fábula°, un poema, un artículo de periódico…?
- ¿Cómo lo sabes?

Predicciones

Lee estas predicciones sobre la lectura e indica si estás de acuerdo° con ellas. Después compara tus opiniones con las de un(a) compañero/a.

1. La lectura trata del medio ambiente.
2. La autora se preocupa por la contaminación.
3. Habla de la naturaleza y de los seres humanos.
4. Tiene opiniones muy fuertes.

Determinar el propósito

Con un(a) compañero/a, hablen de los posibles propósitos° del texto. Consideren estas preguntas:

- ¿Qué te dice el género° del texto sobre los posibles propósitos del texto?
- ¿Piensas que el texto puede tener más de un propósito? ¿Por qué?

recursos

vistahigher learning.com

¿De qué trata la lectura? *What is the reading about?*
fábula *fable*   estás de acuerdo *you agree*
propósitos *purposes*   género *type*

Todos contra la contaminación

Gloria Fuertes

La escritora española Gloria Fuertes nació el 28 de julio de 1917 y murió en 1988. En 1950 publicó su primer libro de poesía y desde entonces escribió poemas para niños y para adultos. De 1960 a 1963 vivió en los Estados Unidos donde dio clases de literatura en varias universidades. A partir de los años setenta trabajó en programas para niños en Televisión Española.

Que los hombres no manchen° los ríos.
Que los hombres no manchen el mar.
Que los niños no maltraten° los árboles.
Que los hombres no ensucien la ciudad.

(No quererse es lo que más contamina,
sobre el barco o bajo la mina°).

Que los tigres no tengan garras°,
que los países no tengan guerras°.

Que los niños no maten pájaros,
que los gatos no maten ratones°
y sobre todo, que los hombres
no maten hombres.

manchen *pollute*   maltraten *mistreat*   mina *mine*
garras *claws*   guerras *wars*   ratones *mice*

Después de leer

¿Cierto o falso?

Indica si lo que se dice es **cierto** o **falso**. Corrige las afirmaciones falsas.

1. La autora cree que los hombres no manchan los ríos.
2. Ella piensa que las ciudades están limpias.
3. Ella quiere que los países no tengan guerras.
4. Según ella, es importante que los hombres no se maten.
5. Dice que los gatos no matan los ratones.

Contestar

Contesta estas preguntas.

1. ¿Cuáles son tres de los problemas que menciona la poeta?
2. ¿Qué crees que quiere decir la poeta en los siguientes versos: "No quererse es lo que más contamina, sobre el barco o bajo la mina"?
3. ¿Tienen importancia las repeticiones en el poema? Explica por qué.
4. Explica qué significan para ti los últimos versos del poema.

Ser poeta

En grupos, un(a) estudiante asume el papel de la poeta de "Todos contra la contaminación". Los/Las otros/as estudiantes le hacen preguntas sobre las ideas y los sentimientos expresados en su poema.

Un grupo de poetas

El poema de Gloria Fuertes habla de algunos problemas del medio ambiente. En grupos pequeños escojan uno de los problemas mencionados y escriban un poema sobre ese tema. Altérnense para escribir un verso cada vez que sea su turno. Compartan su poema con la clase cuando lo terminen.

Colombia

El país en cifras

▶ **Área:** 1.138.910 km² (439.734 millas²), *tres veces el área de Montana*

▶ **Población:** 45.580.000

De todos los países de habla hispana, sólo México tiene más habitantes° que Colombia. Casi toda la población colombiana vive en las áreas montañosas y la costa occidental° del país. Aproximadamente el 55% de la superficie° del país está sin poblar°.

▶ **Capital:** Santa Fe de Bogotá—7.596.000

▶ **Ciudades principales:** Cali—2.583.000, Medellín—3.237.000, Barranquilla—1.918.000, Cartagena—1.002.000

SOURCE: Population Division, UN Secretariat

Medellín

▶ **Moneda:** peso colombiano

▶ **Idiomas:** español (oficial)

Bandera de Colombia

Colombianos célebres

▶ **Edgar Negret,** escultor°, pintor (1920–)

▶ **Gabriel García Márquez,** escritor (1928–)

▶ **Juan Pablo Montoya,** automovilista (1975–)

▶ **Shakira,** cantante (1977–)

habitantes *inhabitants* occidental *western* superficie *surface*
sin poblar *unpopulated* escultor *sculptor* dioses *gods*
arrojaban *threw* cacique *chief* llevó *led* de oro *golden*

Plaza Bolívar, Bogotá

Baile típico de Barranquilla

Barranquilla
Cartagena
Mar Caribe
PANAMÁ

Sierra Nevada de Santa Marta
VENEZUELA

Cordillera Occidental de los Andes
Cordillera Central de los Andes
Río Magdalena

Medellín

Río Meta

ESTADOS UNIDOS
OCÉANO ATLÁNTICO
COLOMBIA
OCÉANO PACÍFICO
AMÉRICA DEL SUR

Cali

Volcán Nevado del Huíla
Cordillera Oriental de los Andes
Bogotá

Océano Pacífico

Cultivo de caña de azúcar cerca de Cali

ECUADOR

PERÚ

recursos

| WB pp. 165–166 | VM pp. 255–256 | I CD-ROM Lección 13 | vistahigher learning.com |

¡Increíble pero cierto!

En el siglo XVI los exploradores españoles oyeron la leyenda de El Dorado. Esta leyenda cuenta que los indios, como parte de un ritual en honor a los dioses°, arrojaban° oro a la laguna de Guatavita y el cacique° se sumergía en sus aguas cubierto de oro. Aunque esto era cierto, muy pronto la exageración llevó° al mito de una ciudad de oro°.

Laguna de Guatavita

Lugares • El Museo del Oro

El famoso Museo del Oro° del Banco de la República fue fundado° en Bogotá en 1939 para preservar las piezas de orfebrería° de la época precolombina. En el museo, que tiene más de 30.000 piezas de oro, se pueden ver joyas°, ornamentos religiosos y figuras que sirvieron de ídolos. El cuidado con el que se hicieron los objetos de oro refleja la creencia° de las tribus indígenas de que el oro era la expresión física de la energía creadora° de los dioses°.

Literatura • Gabriel García Márquez (1928–)

Gabriel García Márquez, ganador del Premio Nobel de Literatura en 1982, es uno de los escritores contemporáneos más importantes del mundo. García Márquez publicó su primer cuento° en 1947, cuando era estudiante universitario. Su libro más conocido, *Cien años de soledad,* está escrito en el estilo° literario llamado "realismo mágico", un estilo que mezcla° la realidad con lo irreal y lo mítico°.

Historia • Cartagena de Indias

Los españoles fundaron la ciudad de Cartagena de Indias en 1533 y construyeron a su lado la fortaleza° más grande de las Américas, el Castillo de San Felipe de Barajas. En la ciudad de Cartagena se conservan° muchos edificios de la época colonial, como iglesias, monasterios, palacios y mansiones. Cartagena es conocida también por el Festival de Música del Caribe y su prestigioso Festival Internacional de Cine.

¿Qué aprendiste? Responde a las preguntas con una frase completa.

1. ¿Cuáles son las principales ciudades de Colombia?

2. ¿Qué país de habla hispana tiene más habitantes que Colombia?

3. ¿Quién es Edgar Negret?

4. ¿Para qué fue fundado el Museo del Oro?

5. ¿Qué tipos de objetos hay en el Museo del Oro?

6. ¿Quién ganó el Premio Nobel de Literatura en 1982?

7. ¿Cuál es el libro más famoso de García Márquez?

8. ¿Qué es el "realismo mágico"?

9. ¿Qué construyeron los españoles al lado de la ciudad de Cartagena de Indias?

10. ¿Qué festivales internacionales se celebran en Cartagena?

BRASIL

Conexión Internet Investiga estos temas en el sitio **www.vistahigherlearning.com**.

1. Busca información sobre las ciudades más grandes de Colombia. ¿Qué lugares de interés hay en estas ciudades? ¿Qué puede hacer un(a) turista en estas ciudades?

2. Busca información sobre pintores y escultores colombianos como Edgar Negret, Débora Arango o Fernando Botero. ¿Cuáles son algunas de sus obras más conocidas? ¿Cuáles son sus temas?

Oro *Gold* fundado *founded* orfebrería *goldsmithing* joyas *jewels* creencia *belief* creadora *creative* dioses *gods* cuento *story* estilo *style* mezcla *mixes* mítico *mythical* fortaleza *fortress* se conservan *are preserved*

Honduras

El país en cifras

▶ **Área:** 112.492 km² (43.870 millas²),
un poco más grande que Tennessee

▶ **Población:** 7.199.000

Cerca del 90 por ciento de la población de Honduras es mestiza. Todavía hay pequeños grupos indígenas como los jicaque, los miskito y los paya, que han mantenido su cultura sin influencias exteriores y que no hablan español.

▶ **Capital:** Tegucigalpa—1.120.000

Tegucigalpa

▶ **Ciudades principales:** San Pedro Sula—470.000, El Progreso—81.000, La Ceiba—72.000

SOURCE: Population Division, UN Secretariat

▶ **Moneda:** lempira

▶ **Idiomas:** español (oficial), miskito, garífuna

Bandera de Honduras

Hondureños célebres

▶ **José Antonio Velásquez,** pintor (1906–1983)
▶ **Argentina Díaz Lozano,** escritora (1917–1999)
▶ **Carlos Roberto Reina,** juez° y presidente del país (1926–2003)
▶ **Roberto Sosa,** escritor (1930–)

juez *judge* presos *prisoners* madera *wood* hamacas *hammocks*
artesanía *crafts*

Guacamayo

Hombres garífuna en Santa Fe

Islas de la Bahía   Mar Caribe

Golfo de Honduras

GUATEMALA   La Ceiba   Santa Fe   Laguna de Caratasca

San Pedro Sula   Río Ulúa   **Sierra Rijol**   **Sierra de Payas**

Sierra Espíritu Santo   Sierra Grita   El Progreso   Río Patuca   **Montañas de Colón**

Lago de Yojoa   **Sierra Villasanta**   Río Guyambre

Tegucigalpa   Río Coco

EL SALVADOR

Río Choluteca

Océano Pacífico   **NICARAGUA**

Niños pescando en el lago de Yojoa.

ESTADOS UNIDOS
OCÉANO ATLÁNTICO
HONDURAS
OCÉANO PACÍFICO   AMÉRICA DEL SUR

recursos			
WB pp. 167–168	VM pp. 257–258	I CD-ROM Lección 13	vistahigher learning.com

¡Increíble pero cierto!

Los presos° de la Penitenciaría Central de Tegucigalpa hacen objetos de madera°, hamacas° y hasta instrumentos musicales. Sus artesanías° son tan populares que los funcionarios de la prisión han abierto una pequeña tienda donde los turistas pueden regatear con este especial grupo de artesanos.

Lugares • Copán

Copán es el sitio arqueológico más importante de Honduras, y para los que estudian la cultura maya, es uno de los más fascinantes de la región. Aproximadamente en 400 d.C., la ciudad era muy grande, con más de 150 edificios y plazas, patios, templos y canchas° para el juego de pelota°. Copán es famoso por las esculturas pintadas que adornan sus edificios; por los cetros° ceremoniales de piedra finamente° esculpidos; y por el templo llamado Rosalila.

Economía • Las plantaciones de bananas

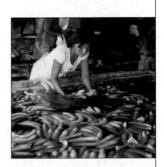

Hoy día las bananas son la exportación principal de Honduras. Hace más de cien años que tienen un papel fundamental en la historia económica y política del país. En 1889, la Standard Fruit Company empezó a exportar bananas a Nueva Orleans y la fruta resultó tan popular que rápidamente empezó a generar° grandes beneficios° para la Standard Fruit y para la United Fruit Company, otra compañía° norteamericana. Debido al° enorme poder° económico que tenían en el país, estas compañías intervinieron° muchas veces en la política hondureña.

Artes • José Antonio Velásquez (1906–1983)

San Antonio de Oriente,
José Antonio Velásquez, 1957.

José Antonio Velásquez fue uno de los pintores primitivistas° más famosos de su tiempo. Se le compara con pintores europeos del mismo género°, como Paul Gauguin o Emil Nolde, porque en su arte representaba lo más concreto de la vida diaria que lo rodeaba°. Se nota fácilmente el énfasis del pintor en los detalles° de la escena°. En su pintura desaparecen° casi totalmente los juegos de perspectiva, y los colores utilizados en los paisajes son puros.

¿Qué aprendiste? Responde a las preguntas con una frase completa.

1. ¿Qué es la lempira?

2. ¿Por qué es famoso Copán?

3. ¿Dónde está el templo Rosalila?

4. ¿Cuál es la exportación principal de Honduras?

5. ¿Qué hizo la Standard Fruit Company?

6. ¿Cómo es el estilo de José Antonio Velásquez?

Conexión Internet Investiga estos temas en el sitio **www.vistahigherlearning.com.**

1. ¿Cuáles son algunas de las exportaciones principales de Honduras, además de las bananas? ¿A qué países exporta Honduras sus productos?

2. Busca información sobre Copán u otro sitio arqueológico en Honduras. En tu opinión, ¿cuáles son los aspectos más interesantes del sitio?

canchas *courts*   juego de pelota *pre-Columbian ceremonial ball game*   cetros *scepters*   finamente *in a refined way*   generar *to generate*   beneficios *profits*   compañía *company*   Debido al *Due to*   poder *power*   intervinieron *intervened*   pintores primitivistas *primitivist painters*   género *genre*   rodeaba *surrounded*   detalles *details*   escena *scene*   desaparecen *disappear*

La naturaleza

el árbol	*tree*
el bosque (tropical)	*(tropical; rain) forest*
el césped, la hierba	*grass*
el cielo	*sky*
el cráter	*crater*
el desierto	*desert*
la estrella	*star*
la flor	*flower*
el lago	*lake*
la luna	*moon*
el mundo	*world*
la naturaleza	*nature*
la nube	*cloud*
la piedra	*stone*
la planta	*plant*
la región	*region; area*
el río	*river*
la selva, la jungla	*jungle*
el sendero	*trail; trailhead*
el sol	*sun*
la tierra	*land; soil*
el valle	*valley*
el volcán	*volcano*

Los animales

el animal	*animal*
el ave, el pájaro	*bird*
el gato	*cat*
el perro	*dog*
el pez	*fish*
la vaca	*cow*

El medio ambiente

la conservación	*conservation*
la contaminación (del aire; del agua)	*(air; water) pollution*
la deforestación	*deforestation*
la ecología	*ecology*
el ecoturismo	*ecotourism*
la energía (nuclear, solar)	*(nuclear, solar) energy*
el envase	*container*
la extinción	*extinction*
el gobierno	*government*
la lata	*(tin) can*
la ley	*law*
la lluvia (ácida)	*(acid) rain*
el medio ambiente	*environment*
el peligro	*danger*
la población	*population*
el reciclaje	*recycling*
el recurso natural	*natural resource*
la solución	*solution*
cazar	*to hunt*
conservar	*to conserve*
contaminar	*to pollute*
controlar	*to control*
cuidar	*to take care of*
dejar de (+ *inf.*)	*to stop (doing something)*
desarrollar	*to develop*
descubrir	*to discover*
destruir	*to destroy*
estar afectado/a (por)	*to be affected (by)*
estar contaminado/a	*to be polluted*
evitar	*to avoid*
mejorar	*to improve*
proteger	*to protect*
reciclar	*to recycle*
recoger	*to pick up*
reducir	*to reduce*
resolver (o:ue)	*to resolve; to solve*
respirar	*to breathe*
de aluminio	*(made) of aluminum*
de plástico	*(made) of plastic*
de vidrio	*(made) of glass*
puro/a	*pure*

Las emociones

alegrarse (de)	*to be happy*
esperar	*to hope; to wish*
sentir (e:ie)	*to be sorry; to regret*
temer	*to fear*
es extraño	*it's strange*
es una lástima	*it's a shame*
es ridículo	*it's ridiculous*
es terrible	*it's terrible*
es triste	*it's sad*
ojalá (que)	*I hope (that); I wish (that)*

Las dudas y certezas

(no) creer	*(not) to believe*
(no) dudar	*(not) to doubt*
(no) negar (e:ie)	*(not) to deny*
es imposible	*it's impossible*
es improbable	*it's improbable*
es obvio	*it's obvious*
no cabe duda de	*there is no doubt*
no hay duda de	*there is no doubt*
(no) es cierto	*it's (not) certain*
(no) es posible	*it's (not) possible*
(no) es probable	*it's (not) probable*
(no) es seguro	*it's (not) certain*
(no) es verdad	*it's (not) true*

Conjunciones

a menos que	*unless*
antes (de) que	*before*
con tal (de) que	*provided (that)*
cuando	*when*
después de que	*after*
en caso (de) que	*in case (that)*
en cuanto	*as soon as*
hasta que	*until*
para que	*so that*
sin que	*without*
tan pronto como	*as soon as*

Past participles used as adjectives	*See page 382.*
Expresiones útiles	*See page 367.*

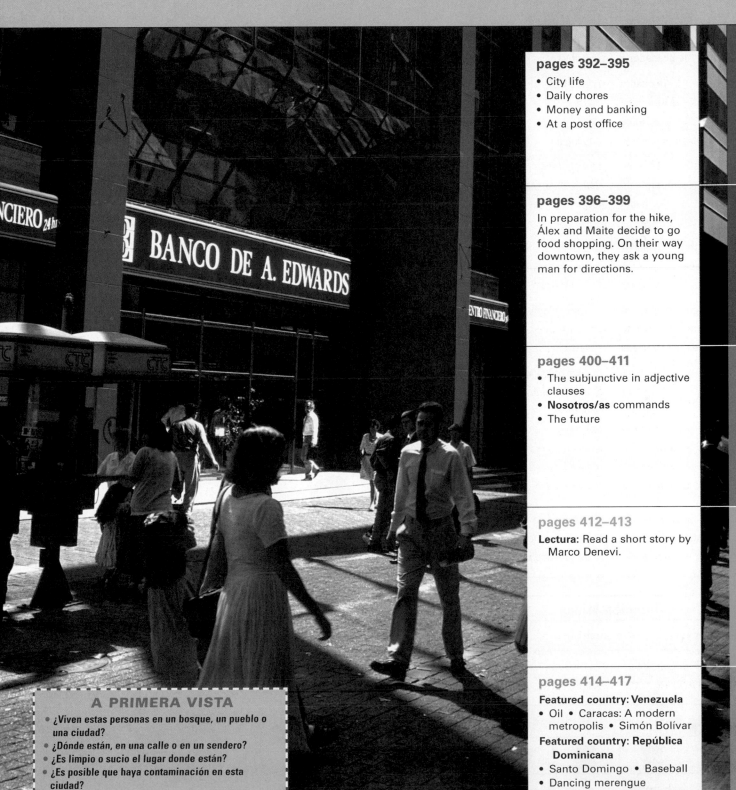

En la ciudad

14

Communicative Goals

You will learn how to:

- Give advice to others
- Give and receive directions
- Discuss daily chores

A PRIMERA VISTA
- ¿Viven estas personas en un bosque, un pueblo o una ciudad?
- ¿Dónde están, en una calle o en un sendero?
- ¿Es limpio o sucio el lugar donde están?
- ¿Es posible que haya contaminación en esta ciudad?

En la ciudad

Más vocabulario

la frutería	fruit store
la heladería	ice cream shop
la pastelería	pastry shop
la pescadería	fish market
la cuadra	(city) block
la dirección	address
la esquina	corner
el estacionamiento	parking lot
derecho	straight (ahead)
enfrente de	opposite; facing
hacia	toward
cruzar	to cross
doblar	to turn
hacer diligencias	to run errands
quedar	to be located
el cheque (de viajero)	(traveler's) check
la cuenta corriente	checking account
la cuenta de ahorros	savings account
ahorrar	to save (money)
cobrar	to cash (a check)
depositar	to deposit
firmar	to sign
llenar (un formulario)	to fill out (a form)
pagar a plazos	to pay in installments
pagar al contado, en efectivo	to pay in cash
pedir prestado	to borrow
pedir un préstamo	to apply for a loan
ser gratis	to be free of charge

Variación léxica

cuadra ⟷ manzana (*Esp.*)

direcciones ⟷ indicaciones (*Esp.*)

doblar ⟷ girar; virar; voltear

hacer diligencias ⟷ hacer mandados

la peluquería, el salón de belleza

el banco

el supermercado

la panadería

la joyería

el cajero automático

Da direcciones. (dar)

Está perdida. (estar)

Práctica

el letrero

la carnicería

la zapatería

la lavandería

ESTE SUR NORTE OESTE

1 **Escuchar** 🎧 Mira el dibujo de las páginas 392 y 393. Luego escucha las frases e indica si lo que dice cada una es **cierto** o **falso**.

	Cierto	Falso		Cierto	Falso
1.	○	○	6.	○	○
2.	○	○	7.	○	○
3.	○	○	8.	○	○
4.	○	○	9.	○	○
5.	○	○	10.	○	○

2 **Seleccionar** Selecciona los lugares de la lista en los que haces las siguientes diligencias.

banco	joyería	pescadería
carnicería	lavandería	salón de belleza
frutería	pastelería	zapatería

1. comprar galletas
2. comprar manzanas
3. comprar un collar (*necklace*)
4. cortarte (*to cut*) el pelo
5. lavar la ropa
6. comprar pescado
7. comprar pollo
8. comprar sandalias

3 **Completar** Llena los espacios en blanco con las palabras más adecuadas.

1. El banco me regaló un reloj. Fue _____.
2. Me gusta _____ dinero, pero no me molesta gastarlo.
3. La cajera me dijo que tenía que _____ el cheque en el dorso (*on the back*) para cobrarlo.
4. Para pagar con un cheque, necesito tener dinero en mi _____.
5. Mi madre va a un _____ para obtener dinero en efectivo cuando el banco está cerrado.
6. Cada viernes, Julio lleva su cheque al banco y lo _____ para tener dinero en efectivo.
7. Cada viernes Ana lleva su cheque al banco y lo _____ en su cuenta de ahorros.
8. Anoche en el restaurante, Marco _____ en vez de usar una tarjeta de crédito.
9. Cuando viajas, es buena idea llevar cheques _____.
10. Para pedir un préstamo, Miguel y Susana tuvieron que _____ cuatro formularios.

4 **Conversación** Completa la conversación entre Juanita y el cartero con las palabras más adecuadas.

CARTERO Buenas tardes, ¿es usted la señorita Ramírez? Le traigo un (1)_____.

JUANITA Sí, soy yo. ¿Quién lo envía?

CARTERO La señora Ramírez. Y también tiene dos (2)_____.

JUANITA Ay, pero ¡ninguna es de mi novio! ¿No llegó nada de Manuel Fuentes?

CARTERO Sí, pero él echó la carta al (3)_____ sin poner un (4)_____ en el sobre.

JUANITA Entonces, ¿qué recomienda usted que haga?

CARTERO Sugiero que vaya al (5)_____. Con tal de que pague el costo del sello, se le puede dar la carta sin ningún problema.

JUANITA Uy, otra diligencia, y no tengo mucho tiempo esta tarde para (6)_____ cola en el correo, pero voy enseguida. ¡Ojalá que sea una carta de amor!

5 **En el banco** Tú eres un(a) empleado/a de banco y tu compañero/a es un(a) estudiante universitario/a que necesita abrir una cuenta corriente. En parejas, hagan una lista de las palabras que pueden necesitar para esta conversación. Después lean las siguientes situaciones y modifiquen su lista original según la situación.

- una pareja de recién casados quiere pedir un préstamo para comprar una casa
- una persona quiere información de los servicios que ofrece el banco
- un(a) estudiante va a estudiar al extranjero (*abroad*) y quiere saber qué tiene que hacer para llevar su dinero de una forma segura
- una persona acaba de ganar 50 millones de dólares en la lotería y quiere saber cómo invertirlos (*invest it*)

Ahora, escojan una de las cuatro situaciones y represéntenla para la clase.

Comunicación

6

Diligencias En parejas, decidan quién va a hacer cada diligencia y cuál es la manera más rápida de llegar a los diferentes lugares desde el campus.

> **modelo**
>
> Cobrar unos cheques
> **Estudiante 1:** *Yo voy a cobrar unos cheques. ¿Cómo llego al banco?*
> **Estudiante 2:** *Conduce hacia el norte hasta cruzar la calle Oak.*
>   *El banco queda en la esquina a la izquierda.*

1. Enviar un paquete
2. Comprar botas nuevas
3. Comprar un pastel de cumpleaños
4. Lavar unas camisas
5. Comprar helado
6. Cortarte (*to cut*) el pelo

7

El Hatillo Trabajen en parejas para representar los papeles (*roles*) de un(a) turista que está perdido/a en El Hatillo y de un(a) residente de la ciudad que quiere ayudarlo/la.

Plaza Bolívar
Plaza Sucre
Banco
Casa de la Cultura
Farmacia
Iglesia
Terminal
Escuela
Estacionamiento
Joyería
Zapatería
Café Primavera

El Hatillo

> **modelo**
>
> Plaza Sucre, Café Primavera
> **Estudiante 1:** *Perdón, ¿por dónde queda la Plaza Sucre?*
> **Estudiante 2:** *Del Café Primavera, camine derecho por la calle Sucre*
>   *hasta cruzar la calle Comercio…*

1. Plaza Bolívar, farmacia
2. Casa de la Cultura, Plaza Sucre
3. banco, terminal
4. estacionamiento (este), escuela
5. Plaza Sucre, estacionamiento (oeste)
6. joyería, banco
7. farmacia, joyería
8. zapatería, iglesia

8

Direcciones En grupos, escriban un minidrama en el que unos/as turistas están preguntando cómo llegar a diferentes sitios de la comunidad en la que ustedes viven.

Estamos perdidos.

Maite y Álex hacen diligencias en el centro.

PERSONAJES

MAITE

INÉS

DON FRANCISCO

ÁLEX

JAVIER

MARTÍN

JOVEN

1

2

3

MARTÍN & DON FRANCISCO Buenas tardes.

JAVIER Hola. ¿Qué tal? Estamos conversando sobre la excursión de mañana.

DON FRANCISCO ¿Ya tienen todo lo que necesitan? A todos los excursionistas yo siempre les recomiendo llevar zapatos cómodos, una mochila, gafas oscuras y un suéter por si hace frío.

JAVIER Todo listo, don Francisco.

MARTÍN Les aconsejo que traigan algo de comer.

ÁLEX Mmm… no pensamos en eso.

MAITE ¡Deja de preocuparte tanto, Álex! Podemos comprar algo en el supermercado ahora mismo. ¿Vamos?

6

7

8

JOVEN ¡Hola! ¿Puedo ayudarte en algo?

MAITE Sí, estamos perdidos. ¿Hay un banco por aquí con cajero automático?

JOVEN Mmm… no hay ningún banco en esta calle que tenga cajero automático.

JOVEN Pero conozco uno en la calle Pedro Moncayo que sí tiene cajero automático. Cruzas esta calle y luego doblas a la izquierda. Sigues todo derecho y antes de que lleguen a la Joyería Crespo van a ver un letrero grande del Banco del Pacífico.

MAITE También buscamos un supermercado.

JOVEN Pues, allí mismo enfrente del banco hay un supermercado pequeño. Fácil, ¿no?

MAITE Creo que sí. Muchas gracias por su ayuda.

recursos

V CD-ROM Lección 14	VM pp. 221–222	I CD-ROM Lección 14

ÁLEX ¡Excelente idea! En cuanto termine mi café te acompaño.

MAITE Necesito pasar por el banco y por el correo para mandar unas cartas.

ÁLEX Está bien.

ÁLEX ¿Necesitan algo del centro?

INÉS ¡Sí! Cuando vayan al correo, ¿pueden echar estas postales al buzón? Además necesito unas estampillas.

ÁLEX Por supuesto.

MAITE Ten, guapa, tus sellos.

INÉS Gracias, Maite. ¿Qué tal les fue en el centro?

MAITE ¡Súper bien! Fuimos al banco y al correo. Luego en el supermercado compramos comida para la excursión. Y antes de regresar, paramos en una heladería.

MAITE ¡Ah! Y otra cosa. Cuando llegamos al centro conocimos a un joven muy simpático que nos dio direcciones. Era muy amable… ¡y muy guapo!

Enfoque cultural Las tiendas especializadas

La popularidad de los supermercados está aumentando (*growing*) en los países hispanos, pero todavía muchas personas van a tiendas especializadas para comprar comidas como la carne, el pescado, el pan y los dulces. La pulpería, por ejemplo, es una tienda típica de las zonas rurales de algunos países de Latinoamérica. La gente va a una pulpería para tomar una bebida o comprar productos esenciales. Otra tienda típica de algunos países hispanos es la rosticería, donde se asan (*roast*) y se venden carnes para llevar (*takeout*).

Expresiones útiles

Giving advice

▶ **Les recomiendo/Hay que llevar zapatos cómodos.**
I recommend that you/It's neces-sary to wear comfortable shoes.

▶ **Les aconsejo que traigan algo de comer.**
I advise you to bring something to eat.

Talking about errands

▶ **Necesito pasar por el banco.**
I need to go by the bank.

▷ **En cuanto termine mi café te acompaño.**
As soon as I finish my coffee, I'll go with you.

Getting directions

▶ **Estamos perdidos.**
We're lost.

▶ **¿Hay un banco por aquí con cajero automático?**
Is there a bank around here with an ATM?

▷ **Crucen esta calle y luego doblen a la izquierda/derecha.**
Cross this street and then turn to the left/right.

▷ **Sigan todo derecho.**
Go straight ahead.

▷ **Antes de que lleguen a la joyería van a ver un letrero grande.**
Before you get to the jewelry store, you're going to see a big sign.

▶ **¿Por dónde queda el supermercado?**
Where is the supermarket?

▷ **Está a dos cuadras de aquí.**
It's two blocks from here.

▷ **Queda en la calle Flores.**
It's on Flores street.

▷ **Pues, allí mismo enfrente del banco hay un supermercado.**
Well, right in front of the bank there is a supermarket.

Reacciona a la fotonovela

1 **¿Cierto o falso?** Decide si lo que dicen las siguientes frases es **cierto** o **falso**. Corrige las frases falsas.

CONSÚLTALO

To review the use of verbs like **insistir**, see **Estructura 12.4**, p. 348.

	Cierto	Falso
1. Don Francisco insiste en que los excursionistas lleven una cámara.	○	○
2. Inés escribió unas postales y ahora necesita mandarlas por correo.	○	○
3. El joven dice que el Banco del Atlántico tiene un cajero automático.	○	○
4. Enfrente del banco hay una heladería.	○	○

2 **Ordenar** Pon los eventos de la **Fotonovela** en el orden correcto.

a. Un joven ayuda a Álex y a Maite a encontrar el banco porque están perdidos.___

b. Álex y Maite comen un helado.___

c. Inés les da unas postales a Maite y a Álex para echar al buzón.___

d. Maite y Álex van al banco y al correo.___

e. Álex termina su café.___

f. Maite y Álex van al supermercado y compran comida.___

3 **Otras diligencias** En parejas, hagan una lista de las diligencias que Maite, Álex, Inés y Javier necesitan hacer para completar las siguientes actividades.

1. ir de excursión
2. pedir una beca (*scholarship*)
3. visitar una nueva ciudad
4. abrir una cuenta corriente
5. celebrar el cumpleaños de Maite
6. comprar una nueva computadora portátil

JAVIER

ÁLEX

MAITE

INÉS

4 **Conversación** Un(a) compañero/a y tú son vecinos/as. Uno/a de ustedes acaba de mudarse y necesita ayuda porque no conoce la ciudad. Los dos tienen que hacer algunas diligencias y deciden hacerlas juntos/as. Preparen una conversación breve incluyendo planes para ir a los siguientes lugares.

AYUDA

primero *first*
luego *then*
¿Sabes dónde queda...? *Do you know where...is?*
¿Qué te parece? *What do you think?*
¡Cómo no! *But of course!*

> **modelo**
>
> **Estudiante 1:** Necesito lavar mi ropa. ¿Sabes dónde queda una lavandería?
> **Estudiante 2:** Sí. Aquí a dos cuadras hay una. También tengo que lavar mi ropa. ¿Qué te parece si vamos juntos?

▶ un banco

▶ una heladería

▶ una lavandería

▶ una panadería

▶ un supermercado

Ortografía

Las abreviaturas

In Spanish, as in English, abbreviations are often used in order to save space and time while writing. Here are some of the most commonly used abbreviations in Spanish.

usted ⟶ **Ud.**	ustedes ⟶ **Uds.**	

As you have already learned, the subject pronouns **usted** and **ustedes** are often abbreviated.

don ⟶ **D.**	**doña** ⟶ **Dña.**	**doctor(a)** ⟶ **Dr(a).**
señor ⟶ **Sr.**	**señora** ⟶ **Sra.**	**señorita** ⟶ **Srta.**

These titles are frequently abbreviated.

centímetro ⟶ **cm**	**metro** ⟶ **m**	**kilómetro** ⟶ **km**
litro ⟶ **l**	**gramo** ⟶ **g, gr**	**kilogramo** ⟶ **kg**

The abbreviations for these units of measurement are often used, but without periods.

por ejemplo ⟶ **p. ej.**	**página(s)** ⟶ **pág(s).**

These abbreviations are often seen in books.

derecha ⟶ **dcha.**	**izquierda** ⟶ **izq., izqda.**
código postal ⟶ **C.P.**	**número** ⟶ **n.°**

These abbreviations are often used in mailing addresses.

Sra. Emilia F. Bazán
Cía. Romero, S.A.
3336
Calle Lozano, n.° 37
Caracas, Venezuela

Banco ⟶ **Bco.**	**Compañía** ⟶ **Cía.**
cuenta corriente ⟶ **c/c.**	**Sociedad Anónima (*Inc.*)** ⟶ **S.A.**

These abbreviations are frequently used in the business world.

Práctica   Escribe otra vez la siguiente información usando las abreviaturas adecuadas.

1. doña María
2. señora Pérez
3. Compañía Mexicana de Inversiones
4. usted
5. Banco de Santander
6. doctor Medina
7. Código Postal 03697
8. cuenta corriente número 20-453

Emparejar   En la tabla hay 9 abreviaturas. Empareja los cuadros necesarios para formarlas.

S.	c.	C.	c	co.	U
B	c/	Sr	A.	D	dc
ta.	P.	ña.	ha.	m	d.

14.1 The subjunctive in adjective clauses

ANTE TODO In **Lección 13**, you learned that the subjunctive is used in adverbial clauses after certain conjunctions. You will now learn how the subjunctive can be used in adjective clauses to express that the existence of someone or something is uncertain or indefinite.

¿Hay un banco por aquí que tenga cajero automático?

No hay ningún banco en esta calle que tenga cajero automático.

▶ The subjunctive is used in an adjective (or subordinate) clause that refers to a person, place, thing, or idea that either does not exist or whose existence is uncertain or indefinite. In the examples below, compare the differences in meaning between the statements using the indicative and those using the subjunctive.

> **¡ATENCIÓN!**
>
> Adjective clauses are subordinate clauses that modify a noun or pronoun in the main clause of a sentence. That noun or pronoun is called the *antecedent*.

Indicative	**Subjunctive**
Necesito **el libro** que **tiene** información sobre Venezuela. *I need **the book** that has information about Venezuela.*	Necesito **un libro** que **tenga** información sobre Venezuela. *I need **a book** that has information about Venezuela.*
Quiero vivir en **esta casa** que **tiene** jardín. *I want to live in this house that has a garden.*	Quiero vivir en **una casa** que **tenga** jardín. *I want to live in a house that has a garden.*
En mi barrio, hay **una heladería** que **vende** helado de mango. *In my neighborhood, there's an ice cream store that sells mango ice cream.*	En mi barrio no hay **ninguna heladería** que **venda** helado de mango. *In my neighborhood, there are no ice cream stores that sell mango ice cream.*

▶ When the adjective clause refers to a person, place, thing, or idea that is clearly known, certain, or definite, the indicative is used.

Quiero ir **al supermercado** que **vende** productos venezolanos.
I want to go to the supermarket that sells Venezuelan products.

Busco **al profesor** que **enseña** japonés.
I'm looking for the professor who teaches Japanese.

Conozco **a alguien** que **va** a esa peluquería.
I know someone who goes to that beauty salon.

Tengo **un amigo** que **vive** cerca de mi casa.
I have a friend who lives near my house.

▶ The personal **a** is not used with direct objects that are hypothetical people. However, as you learned in **Lección 7**, **alguien** and **nadie** are always preceded by the personal **a** when they function as direct objects.

Necesitamos **un empleado** que
  sepa usar computadoras.
*We need an employee who knows
  how to use computers.*

Necesitamos **al empleado** que
  sabe usar computadoras.
*We need the employee who knows how
  to use computers.*

Buscamos **a alguien** que **pueda**
  cocinar.
*We're looking for someone who
  can cook.*

No conocemos **a nadie** que **pueda**
  cocinar.
*We don't know anyone who can
  cook.*

▶ The subjunctive is commonly used in questions with adjective clauses when the speaker is trying to find out information about which he or she is uncertain. However, if the person who responds to the question knows the information, the indicative is used.

—¿Hay un parque que **esté** cerca de
  nuestro hotel?
Is there a park that's near our hotel?

—Sí, hay un parque que **está** muy
  cerca del hotel.
*Yes, there's a park that's very near
  the hotel.*

SECCIÓN
AMARILLA

**Busque cualquier
información que
necesite.**

¡INTÉNTALO! Escoge entre el subjuntivo o el indicativo para completar cada oración.

1. Necesito una persona que ___pueda___ (puede/pueda) cantar bien.
2. Buscamos a alguien que _____ (tiene/tenga) paciencia.
3. ¿Hay restaurantes aquí que _____ (sirven/sirvan) comida japonesa?
4. Tengo una amiga que _____ (saca/saque) fotografías muy bonitas.
5. Hay una carnicería que _____ (está/esté) cerca de aquí.
6. No vemos ningún apartamento que nos _____ (interesa/interese).
7. Conozco a un estudiante que _____ (come/coma) hamburguesas todos los días.
8. ¿Hay alguien que _____ (dice/diga) la verdad?

Práctica

1   **Completar**   Completa estas frases con la forma correcta del indicativo o del subjuntivo de los verbos entre paréntesis.

1. Buscamos un hotel que _____ (tener) piscina.
2. ¿Sabe usted dónde _____ (quedar) el Correo Central?
3. ¿Hay algún buzón por aquí donde yo _____ (poder) echar una carta?
4. Ana quiere ir a la carnicería que _____ (estar) en la avenida Lecuna.
5. Encontramos un restaurante que _____ (servir) comida venezolana típica.
6. ¿Conoces a alguien que _____ (saber) mandar un *fax* por computadora?
7. Necesitas al empleado que _____ (entender) este nuevo programa de computación.
8. No hay nada en este mundo que _____ (ser) gratis.

2   **Oraciones**   Marta está haciendo diligencias en Caracas con una amiga. Forma frases con los siguientes elementos, usando el presente del indicativo o del subjuntivo. Haz los cambios que sean necesarios.

1. yo / conocer / un / panadería / que / vender / pan / cubano
2. ¿hay / alguien / que / saber / dirección / de / un / buen / carnicería?
3. yo / querer / comprarle / mi / hija / un / zapatos / que / gustar
4. Ella / no / encontrar / nada / que / gustar / en / ese / zapatería
5. ¿tener / dependientas / algo / que / ser / más / barato?
6. ¿conocer / tú / alguno / banco / que / ofrecer / cuentas / corriente / gratis?
7. nosotras / no / conocer / nadie / que / hacer / tanto / diligencias / como / nosotras
8. nosotras / necesitar / un / línea / de / metro / que / nos / llevar / a / casa

3   **Anuncios clasificados**   En parejas, lean estos anuncios y luego describan el tipo de persona u objeto que se busca.

CLASIFICADOS

VENDEDOR(A) Se necesita persona dinámica y responsable con buena presencia. Experiencia mínima de un año. Horario de trabajo flexible. Llamar a Joyería Aurora de 10 a 13h y de 16 a 18h. Tel: 263-7553

PELUQUERÍA UNISEX Se busca persona con experiencia en peluquería y maquillaje para trabajar tiempo completo. Llamar de 9 a 13:30h. Tel: 261-3548

COMPARTIR APARTAMENTO Se necesita compañera para compartir apartamento de 2 alcobas en el Chaco. Alquiler $500 por mes. No fumar. Llamar al 951-3642 entre 19 y 22h.

CLASES DE INGLÉS Profesor de Inglaterra con diez años de experiencia ofrece clases para grupos o instrucción privada para individuos. Llamar al 933-4110 de 16:30 a 18:30h.

SE BUSCA CONDOMINIO Se busca condominio en Sabana Grande con 3 alcobas, 2 baños, sala, comedor y aire acondicionado. Tel: 977-2018.

EJECUTIVO DE CUENTAS Se requiere joven profesional con al menos dos años de experiencia en el sector financiero. Se ofrecen beneficios excelentes. Contactar al Banco Unión, Avda. Urdaneta 263, Caracas.

Comunicación

4

Completar Completa estas frases de una manera lógica. Luego, compara tus respuestas con las de un(a) compañero/a.

1. Deseo un trabajo *(job)* que…
2. Algún día espero tener un apartamento (una casa) que…
3. Mis padres buscan un carro que…, pero yo quiero un carro que…
4. Tengo un(a) novio/a que…
5. Un consejero/a *(advisor)* debe ser una persona que…
6. Me gustaría conocer a alguien que…
7. En esta clase no hay nadie que…
8. No tengo ningún profesor que…

5

Encuesta Tu profesor(a) va a darte una hoja de actividades. Circula por la clase y pregúntales a tus compañeros/as si conocen a alguien que haga cada actividad de la lista. Si responden que sí, pregúntales quién es y anota sus respuestas. Luego informa a la clase de los resultados de tu encuesta.

> **modelo**
>
> Trabajar en un supermercado
> **Estudiante 1:** ¿Conoces a alguien que trabaje en un supermercado?
> **Estudiante 2:** Sí, conozco a alguien que trabaja en un supermercado.
> Es mi hermano menor.

Actividades	Nombres	Respuestas
1. Dar direcciones buenas		
2. Hablar japonés		
3. Graduarse este año		
4. Necesitar un préstamo		
5. Pedir prestado un carro		
6. Odiar ir de compras		
7. Ser venezolano/a		
8. Manejar una motocicleta		
9. Trabajar en una zapatería		
10. No tener tarjeta de crédito		

Síntesis

6

Busca los cuatro Tu profesor te va a dar una hoja con ocho anuncios clasificados y a tu compañero/a otra hoja con ocho anuncios distintos a los tuyos. Háganse preguntas para encontrar los cuatro anuncios de cada hoja que tienen su respuesta en la otra.

> **modelo**
>
> **Estudiante 1:** ¿Hay alguien que necesite una alfombra?
> **Estudiante 2:** No, no hay nadie que necesite una alfombra.

14.2 Nosotros/as commands

 ANTE TODO You have already learned familiar (**tú**) commands and formal (**Ud./Uds.**) commands. You will now learn **nosotros/as** commands, which are used to give orders or suggestions that include yourself and other people.

▶ **Nosotros/as** commands correspond to the English *Let's*.

Nosotros/as commands		
Infinitive	**Nosotros/as form of present subjunctive**	**Nosotros/as command**
cruzar	crucemos	**(no) crucemos** (nosotros/as)
comer	comamos	**(no) comamos** (nosotros/as)
escribir	escribamos	**(no) escribamos** (nosotros/as)
pedir	pidamos	**(no) pidamos** (nosotros/as)
salir	salgamos	**(no) salgamos** (nosotros/as)
volver	volvamos	**(no) volvamos** (nosotros/as)

▶ As the chart shows, both affirmative and negative **nosotros/as** commands are generally formed by using the first-person plural form of the present subjunctive.

Crucemos la calle.
Let's cross the street.

No crucemos la calle.
Let's not cross the street.

▶ The affirmative *Let's* + [*verb*] command may also be expressed with **vamos a** + [*infinitive*]. Remember, however, that **vamos a** + [*infinitive*] can also mean *we are going to (do something)*. Context and tone of voice determine which meaning is being expressed.

Vamos a cruzar la calle.
Let's cross the street.

Vamos a trabajar mucho.
We're going to work a lot.

▶ To express *Let's go*, the present indicative form of **ir** (**vamos**) is used, not the subjunctive. For the negative command, however, the subjunctive is used.

Vamos a la pescadería.
Let's go to the fishmarket.

No vayamos a la pescadería.
Let's not go to the fish market.

CONSÚLTALO

Remember that stem-changing –**ir** verbs have an additional stem change in the **nosotros/as** and **vosotros/as** forms of the present subjunctive. To review these forms, see **Estructura 12.3**, p. 344.

¿Quieres ir al supermercado?

¡Excelente idea! ¡Vamos!

▶ Object pronouns are attached to affirmative **nosotros/as** commands. A written accent is added to maintain original stress.

Firmemos el cheque. ⟶ **Firmémoslo.**
Let's sign the check. *Let's sign it.*

Escribamos a Ana y Raúl. ⟶ **Escribámosles.**
Let's write to Ana and Raúl. *Let's write to them.*

▶ Object pronouns are placed in front of negative **nosotros/as** commands.

No **les paguemos** el préstamo. No **se lo digamos** a ellos.
Let's not pay them the loan. *Let's not tell them.*

No **lo compremos.** No **se la presentemos.**
Let's not buy it. *Let's not introduce her.*

▶ When **nos** or **se** are attached to an affirmative **nosotros/as** command, the final **–s** is dropped from the verb ending.

Sentémonos allí. **Démoselo** a ella.
Let's sit there. *Let's give it to her.*

▶ The **nosotros/as** command form of **irse** (*to go away*) is **vámonos**. It's negative form is **no nos vayamos**.

¡**Vámonos** de vacaciones! **No nos vayamos** de aquí.
Let's go away on vacation! *Let's not go away from here.*

¡Hagamos un viaje!

¡Compremos un caballo!

¡Pidamos un préstamo!

BANCOSUR. LLÁMANOS.

¡INTÉNTALO! Indica los mandatos afirmativos y negativos de la primera persona del plural (**nosotros/as**) de los siguientes verbos.

1. estudiar *estudiemos, no estudiemos*
2. cenar _____
3. leer _____
4. decidir _____
5. decir _____
6. cerrar _____

7. levantarse _____
8. irse _____
9. depositar _____
10. quedarse _____
11. pedir _____
12. vestirse _____

Práctica

1 **Completar** Completa esta conversación con mandatos usando **nosotros/as**. Luego, representa la conversación con un(a) compañero/a.

MARÍA Sergio, ¿quieres hacer diligencias ahora o por la tarde?

SERGIO No (1)_____ (dejarlas) para más tarde. (2)_____ (Hacerlas) ahora. ¿Qué tenemos que hacer?

MARÍA Necesito comprar sellos.

SERGIO Yo también. (3)_____ (Ir) al correo.

MARÍA Pues, antes de ir al correo, necesito sacar dinero de mi cuenta corriente.

SERGIO Bueno, (4)_____ (buscar) un cajero automático.

MARÍA ¿Tienes hambre?

SERGIO Sí. (5)_____ (Cruzar) la calle y (6)_____ (entrar) en ese café.

MARÍA Buena idea.

SERGIO ¿Nos sentamos aquí?

MARÍA No, no (7)_____ (sentarse) aquí; (8)_____ (sentarse) enfrente de la ventana.

SERGIO ¿Qué pedimos?

MARÍA (9)_____ (Pedir) café y pan dulce.

2 **Responder** Responde a cada mandato usando **nosotros/as** según las indicaciones. Sustituye los sustantivos por los objetos directos e indirectos.

> **modelo**
> Vamos a vender el carro. (Sí)
> *Sí, vendámoslo.*

1. Vamos a levantarnos a las seis. (Sí)
2. Vamos a enviar los paquetes. (No)
3. Vamos a depositar el cheque. (Sí)
4. Vamos al supermercado. (No)
5. Vamos a mandar esta tarjeta postal a nuestros amigos. (No)
6. Vamos a limpiar la habitación. (Sí)
7. Vamos a mirar la televisión. (No)
8. Vamos a bailar. (Sí)
9. Vamos a pintar la sala. (No)
10. Vamos a comprar estampillas. (Sí)

Comunicación

3

Sugerencias Tú y tu compañero/a están de vacaciones en Caracas y se hacen sugerencias para resolver las situaciones que se presentan. Inventen mandatos afirmativos o negativos usando **nosotros/as**.

> **modelo**
>
> Se nos olvidaron las tarjetas de crédito.
> Paguemos en efectivo./No compremos más regalos.

A

1. El museo está a sólo una cuadra de aquí.
2. Tenemos hambre.
3. Hay mucha cola en el cine.

B

1. Tenemos muchos cheques de viajero.
2. Tenemos prisa para llegar al cine.
3. Estamos cansados y queremos dormir.

4

Decisiones Trabajen en grupos pequeños. Ustedes están en Caracas por dos días. Lean esta página de una guía turística sobre la ciudad y decidan qué van a hacer hoy por la mañana, por la tarde y por la noche. Hagan oraciones con mandatos afirmativos o negativos usando **nosotros/as**.

> **modelo**
>
> Visitemos el Museo de Arte Contemporáneo Sofía Imber esta tarde. Quiero ver las esculturas de Jesús Rafael Soto.

NOTA CULTURAL

El venezolano **Jesús Rafael Soto** (1923–) es un escultor y pintor moderno. Sus obras cinéticas (*kinetic works*) frecuentemente incluyen formas que brillan (*shimmer*) y vibran.

Guía de Caracas

MUSEOS
- **Museo de Arte Colonial** Avenida Panteón
- **Museo de Arte Contemporáneo Sofía Imber** Parque Central. Esculturas de Jesús Rafael Soto y pinturas de Miró, Chagall y Picasso.
- **Galería de Arte Nacional** Parque Central. Colección de más de 4.000 obras de arte venezolano.

SITIOS DE INTERÉS
- **Plaza Bolívar**
- **Jardín Botánico** Avenida Interna UCV. De 8:00 a 5:00.
- **Parque del Este** Avenida Francisco de Miranda. Parque más grande de la ciudad con terrario.
- **Casa Natal de Simón Bolívar** Avenida Universidad, esquina Sociedad Centro. Casa colonial donde nació El Libertador.

RESTAURANTES
- **El Barquero** Avenida Luis Roche
- **Restaurante El Coyuco** Avenida Urdaneta
- **Restaurante Sorrento** Avenida Francisco Solano
- **Café Tonino** Avenida Andrés Bello

Síntesis

5

Situación Tú y un(a) compañero/a viven juntos en un apartamento y tienen problemas económicos. Describan los problemas y sugieran algunas soluciones. Hagan oraciones con mandatos afirmativos o negativos usando **nosotros/as**.

> **modelo**
>
> Es importante que reduzcamos nuestros gastos (*expenses*). Hagamos un presupuesto (*budget*).

14.3 The future

ANTE TODO You have already learned ways of expressing the near future in Spanish. You will now learn how to form and use the future tense. Compare the different ways of expressing the future in Spanish and English.

Present indicative	Present subjunctive
Voy al cine mañana.	Ojalá **vaya al cine** mañana.
I'm going to the movies tomorrow.	*I hope I will go to the movies tomorrow.*

ir a + [infinitive]	Future
Voy a ir al cine.	**Iré** al cine.
I'm going to go to the movies.	*I will go to the movies.*

Future tense

		estudiar	aprender	recibir
SINGULAR FORMS	yo	estudiar**é**	aprender**é**	recibir**é**
	tú	estudiar**ás**	aprender**ás**	recibir**ás**
	Ud./él/ella	estudiar**á**	aprender**á**	recibir**á**
PLURAL FORMS	nosotros/as	estudiar**emos**	aprender**emos**	recibir**emos**
	vosotros/as	estudiar**éis**	aprender**éis**	recibir**éis**
	Uds./ellos/ellas	estudiar**án**	aprender**án**	recibir**án**

CONSÚLTALO

To review **ir a** + [*infinitive*], see **Estructura 4.1**, p. 102.

▶ In Spanish, the future is a simple tense that consists of one word, whereas in English it is made up of the auxiliary verb *will* or *shall*, and the main verb.

¿Cuándo **cobrarás** el cheque?   Mañana **abriré** una cuenta corriente.
When will you cash the check?   *Tomorrow I will open a checking account.*

¡ATENCIÓN!

Note that all of the future endings have a written accent except the **nosotros/as** form.

▶ The future endings are the same for regular and irregular verbs. For regular verbs, simply add the endings to the infinitive. For irregular verbs, add the endings to the irregular stem.

Irregular verbs in the future

INFINITIVE	STEM	FUTURE FORMS
decir	dir-	dir**é**
hacer	har-	har**é**
poder	podr-	podr**é**
poner	pondr-	pondr**é**
querer	querr-	querr**é**
saber	sabr-	sabr**é**
salir	saldr-	saldr**é**
tener	tendr-	tendr**é**
venir	vendr-	vendr**é**

▶ The future of **hay** (*inf.* **haber**) is **habrá** (*there will be*).

La próxima semana **habrá**   **Habrá** más formularios en
   un nuevo director.   el correo.
Next week there will be   *There will be more forms at*
   a new director.   *the post office.*

▶ Although the English word *will* can refer to future time, it also refers to someone's willingness to do something. In this case, Spanish uses **querer** + [*infinitive*], not the future tense.

¿Quieres llamarme, por favor?   **¿Quieren ustedes escucharnos**,
Will you please call me?   por favor?
                                       Will you please listen to us?

COMPARE & CONTRAST

In Spanish, the future tense has an additional use: expressing conjecture or probability. English sentences involving expressions such as *I wonder, I bet, must be, may, might,* and *probably* are often translated into Spanish using the *future of probability.*

—¿Dónde **estarán** mis llaves?   —¿Qué hora **será**?
I wonder where my keys are.   *What time can it be? (I wonder*
                                       what time it is.)

—**Estarán** en la cocina.   —**Serán** las once o las doce.
They're probably in the kitchen.   *It must be (It's probably) eleven*
                                       or twelve.

Note that although the future tense is used, these verbs express conjecture about *present* conditions, events, or actions.

CONSÚLTALO

To review these conjunctions of time, see **Estructura 13.3**, pp. 378–379.

▶ The future may also be used in the main clause of sentences in which the present subjunctive follows a conjunction of time such as **cuando, después (de) que, en cuanto, hasta que,** and **tan pronto como.**

Cuando llegues a casa,   **Nos verás en cuanto entres**
   hablaremos.   en la cafetería.
When you get home, we will talk.   *You'll see us as soon as you enter the*
                                       cafeteria.

¡INTÉNTALO!   Conjuga los verbos entre paréntesis en futuro.

1. yo _____ dejaré, correré, pediré _____ (dejar, correr, pedir)
2. tú _____ (cobrar, beber, vivir)
3. Lola _____ (hacer, poner, venir)
4. nosotros _____ (tener, decir, querer)
5. ustedes _____ (ir, ser, estar)
6. usted _____ (firmar, comer, repetir)
7. yo _____ (saber, salir, poder)
8. tú _____ (encontrar, jugar, servir)

Práctica

1 **Planes** Celia está hablando de sus planes. Repite lo que dice, usando el tiempo futuro.

> **modelo**
> Hoy voy a hacer unas compras.
> Hoy haré unas compras.

1. Voy a pasar por el banco a cobrar un cheque.
2. Mi hermana va a venir conmigo al supermercado.
3. Vamos a buscar las mejores rebajas.
4. Voy a comprarme unas botas.
5. Después voy a volver a casa y me voy a duchar.
6. Seguramente mis amigos me van a llamar para salir esta noche.

2 **¿Quién será?** En parejas, imaginen que están en un café y ven entrar a un hombre o una mujer. Imaginen cómo será su vida y utilicen el futuro de probabilidad en su conversación. Usen estas preguntas como guía y después lean su conversación delante de la clase.

> **modelo**
> **Estudiante 1:** ¿Será simpático?
> **Estudiante 2:** Creo que no, está muy serio. Será antipático.

- ¿Estará soltero/a?
- ¿Cuántos años tendrá?
- ¿Vivirá por aquí cerca?
- ¿Será famoso/a?
- ¿Será de otro país?
- ¿Con quién vivirá?
- ¿Estará esperando a alguien? ¿A quién?

3 **¿Qué pasará?** Imagina que tienes que adivinar (*to predict*) el futuro de tu compañero/a. En parejas, túrnense para hablar sobre cada una de estas categorías usando el futuro.

> **modelo**
> **Estudiante 1:** ¿Seré rico? ¿Tendré una casa grande?
> **Estudiante 2:** Mmm... tendrás muy poco dinero durante los próximos cinco años, pero después serás muy, muy rico con una casa enorme. Luego te mudarás a una isla desierta (*deserted*) donde conocerás a...

- ▶ Amor
- ▶ Dinero
- ▶ Salud
- ▶ Trabajo
- ▶ Vivienda

Comunicación

4

Conversar Tú y tu compañero/a viajarán a la República Dominicana por siete días. En parejas, indiquen lo que harán y no harán. Digan dónde, cómo, con quién o en qué fechas lo harán, usando el anuncio (*ad*) como guía. Pueden usar sus propias ideas también.

NOTA CULTURAL

En la **República Dominicana** está el punto más alto y el más bajo de las Antillas. El Pico Duarte mide (*measures*) 3.175 metros y el lago Enriquillo está a 45 metros bajo el nivel del mar (*sea level*).

> **modelo**
>
> **Estudiante 1:** ¿Qué haremos el martes?
> **Estudiante 2:** Visitaremos el Jardín Botánico.
> **Estudiante 1:** Pues, tú visitarás el Jardín Botánico y yo caminaré por el Mercado Modelo.

¡Bienvenido a la República Dominicana!

Se divertirá desde el momento en que llegue al **Aeropuerto Internacional de las Américas**.

• Visite la ciudad colonial de **Santo Domingo** con su interesante arquitectura.
• Vaya al **Jardín Botánico** y disfrute de nuestra abundante naturaleza.
• En el **Mercado Modelo** no va a

poder resistir la tentación de comprar artesanías.
• No deje de escalar la montaña del **Pico Duarte** (se recomiendan 3 días).
• ¿Le gusta bucear? **Cabarete** tiene todo el equipo que usted necesita.
• ¿Desea nadar? **Punta Cana** le ofrece hermosas playas.

5

Planear En grupos pequeños, imaginen que están haciendo planes para empezar un negocio (*business*). Elijan una de las opciones y usen las preguntas como guía. Finalmente, presenten su plan a la clase.

> un supermercado   un salón de belleza   una heladería

1. ¿Cómo se llamará?
2. ¿Cuánta gente trabajará en este lugar? ¿Qué hará cada persona?
3. ¿En qué parte de la ciudad estará? ¿Cómo llegará la gente?
4. ¿Quién será el/la director(a)? ¿Por qué?
5. ¿Van a necesitar un préstamo? ¿Cómo lo pedirán?
6. Este supermercado / salón de belleza / heladería será el/la mejor de la ciudad porque...

Síntesis

6

El futuro de Cristina Tu profesor(a) va a darte una serie incompleta de dibujos sobre el futuro de Cristina. Tú y tu compañero/a tienen dos series diferentes. Háganse preguntas y respondan de acuerdo a los dibujos para completar la historia.

> **modelo**
>
> **Estudiante 2:** ¿Qué hará Cristina en el año 2015?
> **Estudiante 1:** Ella se graduará en el año 2015.

Lectura

Antes de leer

Estrategia
Identifying point of view

You can understand a narrative more completely if you identify the point of view of the narrator. You can do this by simply asking yourself from whose perspective the story is being told. Some stories are narrated in the first person. That is, the narrator is a character in the story, and everything you read is filtered through that person's thoughts, emotions, and opinions. Other stories have an omniscient narrator who is not one of the story's characters and who reports the thoughts and actions of all the characters.

Examinar el texto

Lee brevemente el cuento. ¿De qué trata? ¿Cómo lo sabes? ¿Se narra en primera persona o tiene un narrador omnisciente? ¿Cómo lo sabes?

Seleccionar

Completa cada frase con la información adecuada.

1. Los personajes° son _____.
   a. árabes b. franceses c. argentinos
2. Abderrahmán era _____.
   a. el ingeniero más sabio de los árabes
   b. un califa importante
   c. supervisor de la construcción de la ciudad
3. El cuento° tiene que ver° con _____.
   a. la construcción de una ciudad
   b. los problemas del califa con su esposa
   c. la burocracia en Bagdad
4. El supervisor de la construcción prometió terminar el proyecto dentro de _____.
   a. diez años b. cuatro años c. un año

personajes *characters* cuento *story*
tiene que ver con *has to do with*

ᏩRANDEZAS° DE LA ᏰUROCRACIA

Marco Denevi

Marco Denevi nació en Buenos Aires, Argentina, en 1922 y murió en la misma ciudad en 1998. Su novela Rosaura a las diez *lo llevó a la fama en 1955. Escribió cuentos, novelas, obras teatrales y, a partir de 1980°, se dedicó a escribir periodismo político. La obra de Denevi, candidato al Premio Nobel de Literatura, se caracteriza por su ingenio° y sentido del humor.*

Después de leer

Completar

Completa cada frase con la información adecuada.

1. Abderrahmán quería fundar _____.
2. Kamaru-l-Akmar prometió _____.
3. Después del primer año, Kamaru-l-Akmar pidió _____.
4. Abderrahmán se enojó porque _____.
5. Cuando Abderrahmán vio la ciudad, dijo que _____.
6. Mientras planeaban la futura ciudad, los ingenieros y arquitectos construyeron _____.

Cuentan que Abderrahmán decidió fundar° la ciudad más hermosa del mundo, para lo cual mandó llamar a una multitud de ingenieros, de arquitectos y de artistas a cuya cabeza estaba Kamaru-l-Akmar, el primero y el más sabio° de los ingenieros árabes.

Kamaru-l-Akmar prometió que en un año la ciudad estaría edificada°, con sus alcázares°, sus mezquitas° y jardines más bellos que los de Susa y Ecbatana y aun° que los de Bagdad. Pero solicitó al califa° que le permitiera construirla con entera libertad y fantasía y según sus propias ideas, y que no se dignase verla sino una vez que estuviese concluida°. Abderrahmán, sonriendo, accedió.

Al cabo del° primer año Kamaru-l-Akmar pidió otro año de prórroga°, que el califa gustosamente le concedió. Esto se repitió varias veces. Así transcurrieron° no menos de diez años. Hasta que Abderrahmán, encolerizado°, decidió ir a investigar.

Cuando llegó, una sonrisa le borró el ceño adusto°. ¡Es la más hermosa ciudad que han contemplado ojos mortales! —le dijo a Kamaru-l-Akmar—. ¿Por qué no me avisaste que estaba construida?

Kamaru-l-Akmar inclinó la frente° y no se atrevió° a confesar al califa que lo que estaba viendo eran los palacios y jardines que los ingenieros, arquitectos y demás artistas habían levantado para sí mismos mientras estudiaban los planes de la futura ciudad.

Así fue construida Zahara, a orillas del° Guadalquivir.

grandezas *grandeurs* a partir de 1980 *from 1980 on*
ingenio *creativity* fundar *to found* sabio *wise*
estaría edificada *would be built* alcázares *fortresses*
mezquitas *mosques* aun *even* califa *caliph (an Islamic leader)*
sino una vez que estuviese concluida *until it was finished*
Al cabo de *At the end of* prórroga *extension*
transcurrieron *passed* encolerizado *angry*
le borró el ceño adusto *wiped the stern frown off his face*
frente *forehead* no se atrevió *didn't dare* a orillas de *on the shores of*

Contestar

Contesta estas preguntas.

1. Describe al califa y a Kamaru-l-Akmar. ¿Qué tipo de personas crees que son? Explica tu respuesta.
2. ¿Por qué el ingeniero no quiere que Abderrahmán vea la ciudad antes de que termine la construcción? Explica tu respuesta.
3. ¿Qué significa la palabra **burocracia**? Da algunos ejemplos.
4. ¿Por qué este cuento se llama *Grandezas de la burocracia*?
5. ¿Crees que el narrador de este cuento está a favor° o en contra de° la burocracia? Explica tu opinión.

Diálogo

Trabaja con un(a) compañero/a para preparar una conversación en tres partes, basándose en la lectura. Después presenten la conversación a la clase.

▶ Primera parte: El califa habla con el más sabio de los ingenieros sobre la ciudad que quiere fundar.

▶ Segunda parte: Kamaru-l-Akmar pide la séptima prórroga y explica por qué es necesaria. El califa se la concede pero no está muy contento.

▶ Tercera parte: Abderrahmán y Kamaru-l-Akmar visitan el lugar de construcción en el décimo año.

a favor de *in favor of*   en contra de *against*

Venezuela

El país en cifras

- **Área:** 912.050 km² (352.144 millas²), *aproximadamente dos veces el área de California*
- **Población:** 26.468.000
- **Capital:** Caracas—3.261.000
- **Ciudades principales:** Maracaibo—2.172.000, Valencia—2.320.000, Maracay—1.249.000, Barquisimeto—1.005.000

SOURCE: Population Division, UN Secretariat

- **Moneda:** bolívar
- **Idiomas:** español (oficial), arahuaco, caribe

El yanomami es uno de los idiomas indígenas que se habla en Venezuela. La cultura de los yanomami tiene su centro en el sur de Venezuela, en el bosque tropical. Son cazadores° y agricultores y viven en comunidades de hasta 400 miembros.

Bandera de Venezuela

Venezolanos célebres

- **Teresa Carreño,** compositora y pianista (1853–1917)
- **Rómulo Gallegos,** escritor y político (1884–1969)
- **Andrés Eloy Blanco,** poeta (1897–1955)
- **Baruj Benacerraf,** científico (1920–)

Baruj Benacerraf, junto con dos de sus colegas, recibió el Premio Nobel por sus investigaciones en el campo° de la inmunología y las enfermedades autoinmunes. Nacido en Caracas, Benacerraf también vivió en París y reside ahora en los Estados Unidos.

cazadores *hunters* campo *field* caída *drop* catarata *waterfall*

Vista central de Caracas

Llanero de la zona central de Venezuela

Una piragua

VENEZUELA
ESTADOS UNIDOS
OCÉANO ATLÁNTICO
OCÉANO PACÍFICO

recursos

| WB pp. 177–178 | VM pp. 259–260 | I CD-ROM Lección 14 | vistahigher learning.com |

¡Increíble pero cierto!

Con una caída° de 979 m (3.212 pies) desde la meseta de Auyan Tepuy, Salto Ángel (*Angel Falls*), en Venezuela, es la catarata° más alta del mundo, ¡diecisiete veces más alta que las cataratas del Niágara! James C. Angel la descubrió en 1937. Los indígenas de la zona la denominan Churún Merú.

Economía • **El petróleo**

La industria petrolera° es muy importante para la economía venezolana. La mayor concentración de petróleo se encuentra debajo del lago Maracaibo, el lago más grande de Suramérica. En 1976 se nacionalizaron las empresas° petroleras y pasaron a ser propiedad° del estado con el nombre de *Petróleos de Venezuela*. Este producto representa más del 70% de las exportaciones del país, siendo Estados Unidos su principal comprador°.

Actualidades • **Caracas**

El *boom* petrolero de los años cincuenta transformó a Caracas en una ciudad cosmopolita. Sus rascacielos° y excelentes sistemas de transporte la hacen una de las ciudades más modernas de Latinoamérica. El metro, construido en 1983, es uno de los más modernos del mundo y sus extensas carreteras y autopistas conectan la ciudad con el interior del país. El corazón de la ciudad es el Parque Central, una zona de centros comerciales, tiendas, restaurantes y clubes.

Historia • **Simón Bolívar (1783–1830)**

A finales del siglo° XVIII, Venezuela, al igual que otros países suramericanos, todavía estaba bajo el dominio de la corona° española. El general Simón Bolívar, nacido en Caracas, es llamado "El Libertador" porque fue el líder del movimiento independentista suramericano en el área que hoy es Venezuela, Colombia, Ecuador, Perú y Bolivia.

¿Qué aprendiste? Responde a las preguntas con una frase completa.

1. ¿Cuál es la moneda de Venezuela?

2. ¿Quién fue Rómulo Gallegos?

3. ¿Cuál es el lago más grande de Suramérica?

4. ¿Cuál es el producto más exportado de Venezuela?

5. ¿Qué ocurrió en 1976 con las empresas petroleras?

6. ¿Cómo se llama la capital de Venezuela?

7. ¿Qué hay en el Parque Central de Caracas?

8. ¿Por qué es conocido Simón Bolívar como "El Libertador"?

Tejedor° en Los Aleros, aldea° en los Andes de Venezuela

Conexión Internet Investiga estos temas en el sitio **www.vistahigherlearning.com**.

1. Busca información sobre Simón Bolívar. ¿Cuáles son algunos de los episodios más importantes de su vida? ¿Crees que Bolívar fue un estadista (*statesman*) de primera categoría? ¿Por qué?

2. Prepara un plan para un viaje de ecoturismo por el Orinoco. ¿Qué quieres ver y hacer durante la excursión? ¿Por qué?

industria petrolera *oil industry* **empresas** *companies* **propiedad** *property* **comprador** *buyer* **rascacielos** *skyscrapers* **siglo** *century* **corona** *crown* **tejedor** *weaver* **aldea** *village*

La República Dominicana

El país en cifras

▸ **Área:** 48.730 km² (18.815 millas²), *el área combinada de New Hampshire y Vermont*

▸ **Población:** 9.026.000

La isla La Española, llamada así tras° el primer viaje de Cristóbal Colón, estuvo bajo el completo dominio de la corona° española hasta 1697, cuando la parte oeste de la isla pasó a ser propiedad° francesa. Hoy día está dividida políticamente en dos países, La República Dominicana en la zona este y Haití en el oeste.

SOURCE: Population Division, UN Secretariat

▸ **Capital:** Santo Domingo—2.889.000

La mitad° de la población de la República Dominicana vive en la capital.

▸ **Ciudades principales:** Santiago de los Caballeros—897.000, La Vega—335.000, Puerto Plata—255.000, San Pedro de Macorís—213.000

▸ **Moneda:** peso dominicano

▸ **Idiomas:** español (oficial), criollo haitiano

Bandera de la República Dominicana

Dominicanos célebres

▸ **Juan Pablo Duarte,** político y padre de la patria° (1808–1876)

▸ **Celeste Woss y Gil,** pintora (1891–1985)

▸ **Juan Luis Guerra,** compositor y cantante de merengue (1956–)

tras *after*   corona *crown*   propiedad *property*   mitad *half*
padre de la patria *founding father*   fortaleza *fortress*
se construyó *was built*   naufragó *shipwrecked*   enterrado *buried*

Catedral de Santa María la Menor

Hombres tocando los palos en una misa en Nochebuena

Océano Atlántico

Española

• Puerto Plata

Santiago •

Bahía Escocesa

Río Yuna

Pico Duarte

• La Vega

HAITÍ

Cordillera Central

Río San Juan

Sierra de Neiba

San Pedro de Macorís

☆ Santo Domingo

Sierra de Baoruco

Bahía de Ocoa

Mar Caribe

ESTADÓS UNIDOS

LA REPÚBLICA DOMINICANA

OCÉANO PACÍFICO

OCÉANO ATLÁNTICO

AMÉRICA DEL SUR

Trabajadores del campo recogen la cosecha de ajos

recursos

| WB pp. 179–180 | VM pp. 261–262 | I CD-ROM Lección 14 | vistahigher learning.com |

¡Increíble pero cierto!

La primera fortaleza° del Nuevo Mundo se construyó° en la República Dominicana en 1492 cuando la Santa María, uno de los tres barcos de Cristóbal Colón, naufragó° allí. Aunque la fortaleza, hecha con los restos del barco, fue destruida por tribus indígenas. Colón quería ser enterrado° allí.

Ciudades • Santo Domingo

La zona colonial de Santo Domingo, fundada en 1496, posee° algunas de las construcciones más antiguas del hemisferio. Gracias a las restauraciones°, la arquitectura de la ciudad es famosa no sólo por su belleza sino también por el buen estado de sus edificios. Entre sus sitios más visitados se cuentan° la Calle de las Damas, llamada así porque allí paseaban las señoras de la corte del Virrey; el Alcázar de Colón, un palacio construido en 1509 por Diego Colón, hijo de Cristóbal; y la Fortaleza Ozama, la más vieja de las Américas, construida en 1503.

Deportes • El béisbol

El béisbol es un deporte muy practicado en el Caribe. Los primeros países hispanos en tener una liga fueron Cuba y México, donde se empezó a jugar al béisbol en el siglo° XIX. Hoy día este deporte es una afición° nacional en la República Dominicana. Pedro Martínez y Manny Ramírez son sólo dos de los muchísimos beisbolistas dominicanos que han alcanzado° enorme éxito° e inmensa popularidad entre los aficionados.

Artes • El merengue

El merengue, una música para bailar originaria de la República Dominicana, tiene sus raíces° en el campo. Tradicionalmente las canciones hablaban de los problemas sociales de los campesinos°. Sus instrumentos eran el acordeón, el saxofón, el bajo°, el guayano° y la tambora, un tambor° característico del lugar. Entre 1930 y 1960, el merengue se popularizó en las ciudades y adoptó un tono más urbano. En este período empezaron a formarse grandes orquestas°. Uno de los cantantes° más famosos y que más ha ayudado a internacionalizar esta música es Juan Luis Guerra.

¿Qué aprendiste? Responde a las preguntas con una frase completa.

1. Aproximadamente ¿qué porcentaje de la población vive en la capital?

2. ¿Cuándo se fundó la ciudad de Santo Domingo?

3. ¿Qué es el Alcázar de Colón?

4. Nombra dos beisbolistas famosos de la República Dominicana.

5. ¿De qué hablaban las canciones de merengue tradicionales?

6. ¿Qué instrumentos se utilizaban para tocar (*play*) el merengue?

7. ¿Cuándo se transformó el merengue en un estilo más urbano?

8. ¿Qué cantante ha ayudado a internacionalizar el merengue?

Conexión Internet Investiga estos temas en el sitio **www.vistahigherlearning.com**.

1. Busca más información sobre la isla La Española. ¿Cómo son las relaciones entre la República Dominicana y Haití?
2. Busca más información sobre la zona colonial de Santo Domingo: la Catedral de Santa María, la Casa de Bastidas o el Panteón Nacional. ¿Cómo son estos edificios? ¿Te gustan? Explica tus respuestas.

---

posee *possesses*   restauraciones *restorations*   se cuentan *are included*   siglo *century*   afición *love*   han alcanzado *have reached*
éxito *success*   raíces *roots*   campesinos *rural people*   bajo *bass*   guayano *metal scraper*   tambor *drum*   orquestas *orchestras*
cantantes *singers*

En la ciudad

el banco	bank
la carnicería	butcher shop
el correo	post office
el estacionamiento	parking lot
la frutería	fruit store
la heladería	ice cream shop
la joyería	jewelry store
la lavandería	laundromat
la panadería	bakery
la pastelería	pastry shop
la peluquería, el salón de belleza	beauty salon
la pescadería	fish market
el supermercado	supermarket
la zapatería	shoe store
hacer cola	to stand in line
hacer diligencias	to run errands

En el banco

el cajero automático	ATM
la cuenta corriente	checking account
la cuenta de ahorros	savings account
el cheque (de viajero)	(traveler's) check
ahorrar	to save (money)
cobrar	to cash (a check)
depositar	to deposit
firmar	to sign
llenar (un formulario)	to fill out (a form)
pagar a plazos	to pay in installments
pagar al contado, en efectivo	to pay in cash
pedir prestado	to borrow
pedir un préstamo	to apply for a loan
ser gratis	to be free of charge

Las direcciones

la cuadra	(city) block
la dirección	address
la esquina	corner
el letrero	sign
cruzar	to cross
dar direcciones	to give directions
doblar	to turn
estar perdido/a	to be lost
quedar	to be located
(al) este	(to the) east
(al) norte	(to the) north
(al) oeste	(to the) west
(al) sur	(to the) south
derecho	straight (ahead)
enfrente de	opposite; facing
hacia	toward

Expresiones útiles	See page 397.

En el correo

el cartero	mail carrier
el correo	mail/post office
el paquete	package
la estampilla, el sello	stamp
el sobre	envelope
echar (una carta) al buzón	to put (a letter) in the mailbox; to mail
enviar, mandar	to send; to mail

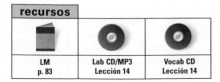

El bienestar

15

A PRIMERA VISTA
- ¿Practicará ella deportes frecuentemente?
- ¿Es activa o sedentaria?
- ¿Es probable que le importe su salud?

El bienestar

Más vocabulario

adelgazar	to lose weight; to slim down
aliviar el estrés	to reduce stress
aliviar la tensión	to reduce tension
apurarse, darse prisa	to hurry; to rush
aumentar de peso, engordar	to gain weight
calentarse (e:ie)	to warm up
disfrutar (de)	to enjoy; to reap the benefits (of)
entrenarse	to practice; to train
estar a dieta	to be on a diet
estar en buena forma	to be in good shape
hacer gimnasia	to work out
llevar una vida sana	to lead a healthy lifestyle
mantenerse en forma	to stay in shape
sufrir muchas presiones	to be under a lot of pressure
tratar de (+ inf.)	to try (to do something)
la droga	drug
el/la drogadicto/a	drug addict
activo/a	active
débil	weak
en exceso	in excess; too much
flexible	flexible
fuerte	strong
sedentario/a	sedentary; related to sitting
tranquilo/a	calm; quiet
el bienestar	well-being

Variación léxica

hacer ejercicios ⟷ hacer aeróbic *(Esp.)*
aeróbicos

entrenador ⟷ monitor

el teleadicto

GIMNASIO SUCRE

Hace ejercicios de estiramiento. (hacer)

la clase de ejercicios aeróbicos

Suda. (sudar)

Hace ejercicio. (hacer)

el entrenador

el músculo

la cinta caminadora

No fumar.

el masaje

Hace ejercicios aeróbicos.
(hacer)

Levanta pesas.
(levantar)

Práctica

1 **Escuchar** 🎧 Mira el dibujo en las páginas 420 y 421. Luego escucha las frases e indica si lo que se dice en cada frase es **cierto** o **falso**.

	Cierto	Falso		Cierto	Falso
1.	○	○	6.	○	○
2.	○	○	7.	○	○
3.	○	○	8.	○	○
4.	○	○	9.	○	○
5.	○	○	10.	○	○

2 **Identificar** Identifica el opuesto (*opposite*) de cada palabra.

apurarse	fuerte
disfrutar	mantenerse en forma
engordar	sedentario
estar enfermo	sufrir muchas presiones
flexible	tranquilo

1. activo
2. adelgazar
3. aliviar el estrés
4. débil
5. ir despacio
6. estar sano
7. nervioso
8. ser teleadicto

3 **Combinar** Combina palabras de cada columna para formar diez frases lógicas sobre el bienestar.

1. David levanta pesas
2. Estás en buena forma
3. Felipe se lastimó
4. José y Rafael
5. María y yo somos
6. Mi hermano
7. Sara hace ejercicios de
8. Mis primas están a dieta
9. Para llevar una vida sana,
10. Ellos sufren muchas

a. aumentó de peso.
b. estiramiento.
c. fuertes.
d. presiones.
e. porque quieren adelgazar.
f. porque haces ejercicio.
g. sudan mucho en el gimnasio.
h. un músculo de la pierna.
i. no se debe fumar.
j. y corre mucho.

Más vocabulario

la bebida alcohólica	*alcoholic beverage*
la cafeína	*caffeine*
la caloría	*calorie*
la merienda	*afternoon snack*
la nutrición	*nutrition*
el/la nutricionista	*nutritionist*
comer una dieta equilibrada	*to eat a balanced diet*
consumir alcohol	*to consume alcohol*
descafeinado/a	*decaffeinated*

la proteína

la grasa

el colesterol

los minerales

las vitaminas

La nutrición

---

4   **Completar** Completa cada frase con la palabra adecuada.

1. Después de hacer ejercicio, como pollo o bistec porque contienen ____.
   a. drogas   b. proteínas   c. grasa
2. Para ____ es necesario consumir comidas de todos los grupos alimenticios (*nutrition groups*).
   a. aliviar el estrés   b. correr   c. comer una dieta equilibrada
3. Mis primas ____ una buena comida.
   a. disfrutan de   b. tratan de   c. sudan
4. Mi entrenador no come chocolate ni papas fritas porque contienen ____.
   a. dietas   b. vitaminas   c. mucha grasa
5. Mi padre no come mantequilla porque él necesita reducir ____.
   a. la nutrición   b. el colesterol   c. el bienestar
6. Mi novio cuenta ____ porque está a dieta.
   a. las pesas   b. los músculos   c. las calorías

◀ **CONSÚLTALO**

To review what you have learned about nutrition and food groups, see **Contextos Lección 8**, pp. 210–213.

---

5   **La nutrición** En parejas, hablen de los tipos de comida que comen y las consecuencias que tienen para su salud. Luego compartan la información con la clase.

1. ¿Cuántas comidas con mucha grasa comes regularmente? ¿Piensas que debes comer menos comidas de este tipo? ¿Por qué?
2. ¿Compras comidas con muchos minerales y vitaminas? ¿Necesitas consumir más comidas que los contienen? ¿Por qué?
3. ¿Tiene algún miembro de tu familia problemas con el colesterol? ¿Qué haces para evitar problemas con el colesterol?
4. ¿Eres vegetariano/a? ¿Conoces a alguien que sea vegetariano/a? ¿Qué piensas de la idea de no comer carne u otros productos animales? ¿Es posible comer una dieta equilibrada sin comer carne? Explica.
5. ¿Tomas cafeína en exceso? ¿Qué ventajas (*advantages*) y desventajas tiene la cafeína? Den ejemplos de productos que contienen cafeína y productos descafeinados.
6. ¿Llevas una vida sana? ¿Y tus amigos? ¿Crees que en general los estudiantes llevan una vida sana? ¿Por qué?

◀ **AYUDA**

Some useful words:

sano = saludable

en general = por lo general

estricto

normalmente

muchas veces

a veces

de vez en cuando

Comunicación

6

Un anuncio En grupos de cuatro, imaginen que son dueños/as de un gimnasio con un equipo (*equipment*) moderno, entrenadores calificados y un(a) nutricionista. Preparen y presenten un anuncio para la televisión que hable del gimnasio y atraiga (*attracts*) a una gran variedad de nuevos clientes. No se olviden de presentar la siguiente información:

▶ Las ventajas de estar en buena forma
▶ El equipo que tienen
▶ Los servicios y clases que ofrecen
▶ Las características únicas del gimnasio
▶ La dirección y el teléfono del gimnasio
▶ El precio para los socios (*members*) del gimnasio

7

Recomendaciones para la salud En parejas, imaginen que están preocupados con los malos hábitos de un(a) amigo/a suyo/a que no está bien últimamente (*lately*). Escriban y representen una conversación en la cual hablan de lo que está pasando en la vida de su amigo/a y los cambios que necesita hacer para llevar una vida sana.

8

El teleadicto Con un(a) compañero/a, representen los papeles (*play the roles*) de un(a) nutricionista y un(a) teleadicto/a. La persona sedentaria habla de sus malos hábitos en las comidas y de que no hace ejercicio. También dice que toma demasiado café y que siente mucho estrés. El/La nutricionista le sugiere una dieta equilibrada con bebidas descafeinadas y una rutina para mantenerse en buena forma. El/La teleadicto/a le da las gracias por su ayuda.

9

El gimnasio perfecto Tú y tu compañero/a quieren encontrar el gimnasio perfecto. Tú tienes el anuncio del gimnasio *Bienestar* y tu compañero tiene el del gimnasio *Músculos*. Hazle preguntas a tu compañero/a sobre las actividades que se ofrecen en el otro gimnasio. Tu profesor(a) le va a dar a cada uno de ustedes una hoja distinta con la información necesaria para completar la actividad.

modelo

Estudiante 1: ¿Se ofrecen clases para levantar pesas?
Estudiante 2: Sí, se ofrecen clases todos los lunes a las seis de la tarde para levantar pesas.

¡Qué buena excursión!

Martín y los estudiantes van de excursión a las montañas.

MARTÍN Buenos días, don Francisco.

DON FRANCISCO ¡Hola, Martín!

MARTÍN Ya veo que han traído lo que necesitan. ¡Todos han venido muy bien equipados!

MARTÍN Muy bien. ¡Atención, chicos! Primero hagamos algunos ejercicios de estiramiento…

MARTÍN Es bueno que se hayan mantenido en buena forma. Entonces, jóvenes, ¿ya están listos?

JAVIER ¡Sí, listísimos! No puedo creer que finalmente haya llegado el gran día.

DON FRANCISCO ¡Hola! ¡Qué alegría verlos! ¿Cómo les fue en la excursión?

JAVIER Increíble, don Efe. Nunca había visto un paisaje tan espectacular. Es un lugar estupendo. Saqué mil fotos y tengo montones de escenas para dibujar.

MAITE Nunca había hecho una excursión. ¡Me encantó! Cuando vuelva a España, voy a tener mucho que contarle a mi familia.

INÉS Ha sido la mejor excursión de mi vida. Amigos, Martín, don Efe, mil gracias.

MARTÍN ¡Fabuloso! ¡En marcha, pues!

DON FRANCISCO ¡Adiós! ¡Cuídense!

Martín y los estudiantes pasan ocho horas caminando en las montañas. Hablan, sacan fotos y disfrutan del paisaje. Se divierten muchísimo.

ÁLEX Sí, gracias, Martín. Gracias por todo.

MARTÍN No hay de qué. Ha sido un placer.

DON FRANCISCO Chicos, pues, es hora de volver. Creo que la señora Vives nos ha preparado una cena muy especial.

Enfoque cultural Para estar en buena forma

Cada país del mundo hispano tiene deportes populares diferentes. En Argentina, por ejemplo, se juega mucho al fútbol, en Venezuela se juega al béisbol y en Colombia y España hay muchos aficionados al ciclismo. Otro deporte conocido en el mundo hispano es el jai alai, que es un juego de pelota originario del País Vasco (España). Su nombre significa "día de fiesta" en vascuence y es un deporte que se practica también en México, en la Florida, en Rhode Island y en Connecticut (EE.UU.).

Expresiones útiles

Getting ready to start a hike

▶ **Ya veo que han traído lo que necesitan.**
I see that you have brought what you need.

▶ **¡Todos han venido muy bien equipados!**
Everyone has come very well equipped!

▶ **Primero hagamos algunos ejercicios de estiramiento.**
First let's do some stretching exercises.

▶ **No puedo creer que finalmente haya llegado el gran día.**
I can't believe that the big day has finally arrived.

▶ **¿(Están) listos?**
(Are you) ready?

▷ **¡En marcha, pues!**
Let's get going, then!

Talking about a hike

▶ **¿Cómo les fue en la excursión?**
How did the hike go?

▷ **Nunca había visto un paisaje tan espectacular.**
I had never seen such spectacular scenery.

▷ **Nunca había hecho una excursión. ¡Me encantó!**
I had never gone on a hike before. I loved it!

▷ **Ha sido la mejor excursión de mi vida.**
It's been the best hike of my life.

Courtesy expressions

▶ **Gracias por todo.**
Thanks for everything.

▶ **Ha sido un placer.**
It's been a pleasure.

▶ **¡Cuídense!**
Take care!

Reacciona a la fotonovela

1 **Seleccionar** Selecciona la respuesta que mejor completa cada frase.

1. Antes de salir, Martín les recomienda a los estudiantes que hagan _____.
   a. ejercicios de estiramiento   b. ejercicios aeróbicos   c. gimnasia
2. Los excursionistas hablaron, _____ en las montañas.
   a. levantaron pesas y se divirtieron   b. caminaron y dibujaron
   c. sacaron fotos y disfrutaron del paisaje
3. Inés dice que ha sido la mejor excursión _____.
   a. del viaje   b. del año   c. de su vida
4. Cuando Maite vuelva a España, va a _____.
   a. tener montones de escenas para dibujar   b. tener mucho que contarle a su familia
   c. tener muchas fotos que enseñarle a su familia
5. La señora Vives les ha preparado _____.
   a. una cena especial   b. un día en las montañas muy especial
   c. una excursión espectacular

2 **Identificar** Identifica quién puede decir las siguientes frases.

1. Oye, muchísimas gracias por el mejor día de mi vida. ¡Fue divertidísimo!
2. Parece que están todos preparados, ¿no? ¡Perfecto! Bueno, ¡vamos!
3. Cuando vea a mis papás y a mis hermanos voy a tener mucho que contarles.
4. Debemos volver ahora para comer. ¡Vamos a tener una cena especial!
5. El lugar fue fenomenal, uno de los más bonitos que he visto. ¡Qué bueno que traje mi cámara!
6. ¡Gracias por todo, Martín!

JAVIER

INÉS

MAITE

ÁLEX

DON FRANCISCO

MARTÍN

3 **Inventar** En parejas, hagan descripciones de los personajes de la **fotonovela**. Utilicen las frases, la lista de palabras y otras expresiones que sepan.

> **modelo**
>
> Martín es activo, flexible y fuerte.
> Martín siempre hace ejercicios de estiramiento. Está en buena forma y lleva una vida muy sana...

aliviar el estrés	hacer ejercicios de estiramiento	mantenerse en forma
bienestar	llevar una vida sana	teleadicto/a
grasa	masaje	vitamina

1. A Javier le duelen los músculos después de hacer gimnasia.
2. Don Francisco a veces sufre presiones y estrés en su trabajo.
3. A Inés le encanta salir con amigos o leer un buen libro.
4. Álex trata de comer una dieta equilibrada.
5. Maite no es muy flexible.

Ortografía

Las letras b y v

Since there is no difference in pronunciation between the Spanish letters **b** and **v**, spelling words that contain these letters can be tricky. Here are some tips.

nombre	**blusa**	**absoluto**	**descubrir**

The letter **b** is always used before consonants.

bonita	**botella**	**buscar**	**bienestar**

At the beginning of words, the letter **b** is usually used when it is followed by the letter combinations **-on, -or, -ot, -u, -ur, -us, -ien,** and **-ene.**

adelgazaba	**disfrutaban**	**ibas**	**íbamos**

The letter **b** is used in the verb endings of the imperfect tense for **–ar** verbs and the verb **ir.**

voy	**vamos**	**estuvo**	**tuvieron**

The letter **v** is used in the present tense forms of **ir** and in the preterite forms of **estar** and **tener.**

octavo	**huevo**	**activa**	**grave**

The letter **v** is used in these noun and adjective endings: **-avo/a, -evo/a, -ivo/a, -ave, -eve.**

Práctica Completa las palabras con las letras **b** o **v**.

1. Una __ez me lastimé el __razo cuando esta__a __uceando.
2. Manuela se ol__idó sus li__ros en el auto__ús.
3. Ernesto tomó el __orrador y se puso todo __lanco de tiza.
4. Para tener una __ida sana y saluda__le necesitas tomar __itaminas.
5. En mi pue__lo hay un __ule__ar que tiene muchos ár__oles.

El ahorcado (*Hangman*) Juega al ahorcado para adivinar las palabras.

1. __ u __ __ s   Están en el cielo.

2. __ u __ __ n   Relacionado con el correo

3. __ o __ e __ __ a   Está llena de líquido.

4. __ i __ __ e   Fenómeno meteorológico

5. __ e __ __ __ __ s   Los "ojos" de la casa

recursos		
LM p. 86	Lab CD/MP3 Lección 15	I CD-ROM Lección 15

15.1 The conditional

ANTE TODO The conditional tense in Spanish expresses what you *would do* or what *would happen* under certain circumstances.

The conditional tense			
		visitar	**comer**	**escribir**

		visitar	**comer**	**escribir**
SINGULAR FORMS	yo	visitar**ía**	comer**ía**	escribir**ía**
	tú	visitar**ías**	comer**ías**	escribir**ías**
	Ud./él/ella	visitar**ía**	comer**ía**	escribir**ía**
PLURAL FORMS	nosotros/as	visitar**íamos**	comer**íamos**	escribir**íamos**
	vosotros/as	visitar**íais**	comer**íais**	escribir**íais**
	Uds./ellos/ellas	visitar**ían**	comer**ían**	escribir**ían**

¿Volverías a este lugar?

Sí, me gustaría volver pronto a este lugar.

¡ATENCIÓN!

The polite expressions **Me gustaría...** (*I would like...*) and **Te gustaría** (*You would like...*) are commonly used examples of the conditional.

▶ The conditional tense is formed much like the future tense. The endings are the same for all verbs, both regular and irregular. For regular verbs, you simply add the appropriate endings to the infinitive.

▶ For irregular verbs add the conditional endings to the irregular stems.

INFINITIVE	STEM	CONDITIONAL	INFINITIVE	STEM	CONDITIONAL
decir	dir-	dir**ía**	querer	querr-	querr**ía**
hacer	har-	har**ía**	saber	sabr-	sabr**ía**
poder	podr-	podr**ía**	salir	saldr-	saldr**ía**
poner	pondr-	pondr**ía**	tener	tendr-	tendr**ía**
haber	habr-	habr**ía**	venir	vendr-	vendr**ía**

¡ATENCIÓN!

All forms of the conditional have an accent mark.

• • •

The infinitive of **hay** is **haber**, so its conditional form is **habría**.

▶ While in English the conditional is a compound verb form made up of the auxiliary verb *would* and a main verb, in Spanish it is a simple verb form that consists of one word.

Yo no **iría** a ese gimnasio.
I would not go to that gym.

¿**Vendrías** conmigo a la clase de yoga?
Would you go with me to yoga class?

▶ The conditional is commonly used to make polite requests.

¿Podrías abrir la ventana, por favor?
Would you open the window, please?

¿Sería tan amable de venir a mi oficina?
Would you be so kind as to come to my office?

▶ In Spanish, as in English, the conditional expresses the future in relation to a past action or state of being. In other words, the future indicates what *will happen* whereas the conditional indicates what *would happen.*

Creo que mañana **hará** sol.
I think it will be sunny tomorrow.

Creía que hoy **haría** sol.
I thought it would be sunny today.

▶ The English *would* is often used with a verb to express the conditional, but it can also mean *used to,* in the sense of past habitual action. To express past habitual actions, Spanish uses the imperfect, not the conditional.

Íbamos a correr al parque los sábados.
We would go running to the park on Saturdays.

De adolescente **entrenaba** todos lo días.
As a teenager, I used to work out every day.

Sin ti, no sé qué haría.

Sólo tú sabes ordenar mi vida.

Computadoras de Bolsillo Vargas   MM-3000

COMPARE & CONTRAST

In **Lección 14**, you learned the *future of probability.* Spanish also has the *conditional of probability,* which expresses conjecture or probability about a past condition, event, or action. Compare these Spanish and English sentences.

Serían las once de la noche
cuando Elvira me llamó.
*It must have been (It was probably)
11 p.m. when Elvira called me.*

Sonó el teléfono. **¿Llamaría** Emilio
para cancelar nuestra cita?
*The phone rang. I wondered if it was
Emilio calling to cancel our date.*

Note that English conveys conjecture or probability with phrases such as *I wondered if, probably,* and *must have been.* In contrast, Spanish gets these same ideas across with conditional forms.

¡INTÉNTALO! Indica la forma apropiada del condicional de los verbos que están entre paréntesis.

1. Yo ___escucharía, leería, me apuraría___ (escuchar, leer, apurarse)
2. Tú _____ (mantenerse, comprender, compartir)
3. Marcos _____ (poner, venir, querer)
4. Nosotras _____ (ser, saber, ir)
5. Ustedes _____ (adelgazar, deber, sufrir)
6. Ella _____ (salir, poder, hacer)
7. Yo _____ (tener, tratar, fumar)
8. Tú _____ (decir, ver, engordar)

Práctica

1   **Preparándose para el verano** Un grupo de amigos está pensando en las vacaciones. En las siguientes oraciones nos cuentan sus planes. Complétalas con el condicional del verbo entre paréntesis.

1. Antes de las vacaciones Guillermo _____ (deber) adelgazar un poco porque está bastante gordo. _____ (ser) muy bueno para su salud comer una dieta más equilibrada.
2. Juan, sin embargo, está muy delgado porque es muy activo. Él _____ (disfrutar) mucho de un fin de semana tranquilo en el campo y _____ (tener) tiempo para practicar su pasatiempo favorito: pescar.
3. A mí _____ (gustarme) pasar un fin de semana en el Salar de Uyuni para relajarme. Estoy seguro/a de que me _____ (aliviar) el estrés de estos últimos meses. También (ellos) me _____ (dar) un buen masaje.
4. Susana y Marta _____ (ir) a la playa. A ellas les _____ (encantar) tomar un poco el sol.

> **NOTA CULTURAL**
>
> **El Salar de Uyuni** es un lago de sal muy conocido en Bolivia por ser un lugar de descanso y por sus efectos beneficiosos para la salud. En este lugar se pueden visitar los característicos hoteles de la región con paredes y muebles de sal.

2   **¿Qué harías?** En parejas, pregúntense qué harían en las siguientes situaciones.

> **modelo**
>
> Haría todo para ir a los premios Ariel. Primero, iría al médico y tomaría medicina para sentirme mejor. También, dormiría, descansaría y comería comida muy sana para estar bien el día de los premios.

> Estás invitado a los premios Ariel. Es posible que te vayan a dar un premio (*award*), pero ese día estás muy enfermo/a.

> Vas al banco a depositar un cheque y te das cuenta de (*you realize*) que en tu cuenta hay por error un millón de dólares que no es tuyo.

> Estás manejando por el desierto y te quedas sin gasolina.

> Vuelves a tu apartamento después de tus clases y tu ex novio/a no te deja entrar.

> **NOTA CULTURAL**
>
> **Los Premios Ariel** de México son premios (*awards*) de cine con gran proyección internacional. Cada año los entrega (*presents*) la Academia Mexicana de Ciencias y Artes Cinematográficas.
>
> Algunas películas que han ganado un Ariel son *Amores perros* y *El Crimen del Padre Amaro*.

3   **Presidente por un día** Imagina que eres el/la presidente/a de tu universidad por un día. Escribe ocho cosas que harías en esa situación. Usa el condicional. Luego compara tus ideas con las de un(a) compañero/a.

> **modelo**
>
> Si yo fuera presidente, tendría un jet privado para mis viajes.

conocer	hacer	poner
dar	invertir en	sufrir
disfrutar	mejorar	tener

Comunicación

4

Conversaciones Tu profesor(a) te dará una hoja de actividades. En ella se presentan dos listas con diferentes problemas que supuestamente tienen los estudiantes. En parejas, túrnense para explicar los problemas de su lista; uno/a cuenta lo que le pasa y el/la otro/a dice lo que haría en esa situación usando la frase "Yo en tu lugar..." (*If I were you...*)

> **modelo**
>
> **Estudiante 1:** ¡Qué problema! Mi novio/a no me habla desde el domingo.
> **Estudiante 2:** Yo en tu lugar no le diría nada por unos días para ver qué pasa.

5

Roberto en el gimnasio Roberto es una persona muy sedentaria. El médico le dice que tiene que adelgazar para mejorar su salud. Dile ocho cosas que tú harías si fueras él. Usa el condicional. Después, compara tus sugerencias con las del resto de la clase.

> **modelo**
>
> Si yo fuera tú, vería menos la televisión e iría a una clase de ejercicios aeróbicos.

Síntesis

6

Encuesta Tu profesor(a) te dará una hoja de actividades. Circula por la clase y pregúntales a tres compañeros/as qué actividad(es) de las que se describen les gustaría realizar. Usa el condicional de los verbos. Anota las respuestas e informa a la clase de los resultados de la encuesta.

> **modelo**
>
> **Estudiante 1:** ¿Dejarías de fumar?
> **Estudiante 2:** Claro que sí. Sería difícil al principio, pero podría hacerlo.

15.2 The present perfect

ANTE TODO In **Lección 13**, you learned how to form past participles. You will now learn how to form the present perfect indicative (**el pretérito perfecto de indicativo**), a compound tense that uses the past participle. The present perfect is used to talk about what someone *has done*. In Spanish, it is formed with the present tense of the auxiliary verb **haber** and a past participle.

Ya veo que han traído todo lo que necesitan.

Todos han venido muy bien equipados.

Present indicative of *haber*

Singular forms		Plural forms	
yo	**he**	nosotros/as	**hemos**
tú	**has**	vosotros/as	**habéis**
Ud./él/ella	**ha**	Uds./ellos/ellas	**han**

Tú no **has aumentado** de peso.
You haven't gained weight.

¿**Ha asistido** Juan a la clase de ejercicios aeróbicos?
Has Juan attended the aerobics class?

Yo ya **he leído** esos libros.
I've already read those books.

Hemos conocido al entrenador.
We have met the trainer.

CONSÚLTALO

To review what you have learned about participles, see **Estructura 13.4**, p. 382.

▶ The past participle does not change in form when it is part of the present perfect tense; it only changes in form when it is used as an adjective.

Clara **ha abierto** las ventanas.
Clara has opened the windows.

Las ventanas están **abiertas**.
The windows are open.

Yo **he cerrado** la puerta del gimnasio.
I've closed the door to the gym.

La puerta del gimnasio está **cerrada**.
The door to the gym is closed.

▶ In Spanish, the present perfect indicative is generally used just as it is used in English: to talk about what someone has done or what has occurred. It usually refers to the recent past.

He trabajado cuarenta horas esta semana.
I have worked forty hours this week.

¿Cuál es el último libro que **has leído**?
What is the last book that you have read?

CONSÚLTALO

Remember that the Spanish equivalent of the English *to have just (done something)* is **acabar de** + [*infinitive*]. Do not use the present perfect to express that English structure.

Juan acaba de llegar.
Juan has just arrived.
See **Estructura 6.3**, p. 167.

▶ In English, the auxiliary verb and the past participle are often separated. In Spanish, however, these two elements—**haber** and the past participle—cannot be separated by any word.

Siempre **hemos vivido** en Bolivia.
We have always lived in Bolivia.

Usted nunca **ha venido** a mi oficina.
You have never come to my office.

Creo que la señora Vives nos ha preparado una cena muy especial.

Gracias, Martín.

No hay de qué. Ha sido un placer.

▶ The word **no** and any object or reflexive pronouns are placed immediately before **haber.**

Yo **no he comido la merienda.**
I haven't eaten the snack.

¿Por qué **no la has comido**?
Why haven't you eaten it?

Susana ya **se ha entrenado**.
Susana has already trained.

Ellos **no lo han terminado**.
They haven't finished it.

▶ Note that *to have* can be either a main verb or an auxiliary verb in English. As a main verb, it corresponds to **tener,** while as an auxiliary, it corresponds to **haber.**

Tengo muchos amigos.
I have a lot of friends.

He tenido mucho éxito.
I have had a lot of success.

▶ To form the present perfect of **hay,** use the third person singular of **haber (ha) + habido.**

Ha habido muchos problemas con el nuevo profesor.
There have been a lot of problems with the new professor.

Ha habido un accidente en la calle Central.
There has been an accident on Central Street.

¡INTÉNTALO! Indica el pretérito perfecto de indicativo de los siguientes verbos.

1. yo ___he disfrutado, he comido, he vivido___ (disfrutar, comer, vivir)
2. tú _____ (traer, adelgazar, compartir)
3. usted _____ (venir, estar, correr)
4. ella _____ (leer, resolver, poner)
5. ellos _____ (decir, romper, hacer)
6. nosotros _____ (mantenerse, dormirse)
7. yo _____ (estar, escribir, ver)
8. él _____ (vivir, correr, morir)

Práctica

1 **Completar** Estas oraciones describen el bienestar o los problemas de unos estudiantes. Completa las oraciones con el pretérito perfecto de indicativo de los verbos de la lista.

adelgazar	comer	llevar
aumentar	hacer	sufrir

1. Luisa _____ muchas presiones este año.
2. Juan y Raúl _____ de peso porque no hacen ejercicio.
3. Pero María y yo _____ porque trabajamos en exceso y nos olvidamos de comer.
4. Desde siempre, yo _____ una vida muy sana.
5. Pero tú y yo no _____ gimnasia este semestre.

2 **¿Qué has hecho?** Indica si has hecho lo siguiente.

> **modelo**
> Escalar una montaña
> Sí, he escalado varias montañas./No, no he escalado nunca una montaña.

1. Jugar al baloncesto
2. Viajar a Bolivia
3. Conocer a una persona famosa
4. Levantar pesas
5. Comer un insecto
6. Recibir un masaje
7. Aprender un segundo idioma
8. Bailar salsa
9. Ver una película española
10. Escuchar música latina
11. Estar despierto 24 horas
12. Bucear

AYUDA

You may use some of these expressions in your answers:
una vez *once*
un par de veces *a couple of times*
algunas veces *a few times*
varias veces *several times*
muchas veces *many times; often*

3 **La vida sana** En parejas, túrnense para hacer preguntas sobre el tema de la vida sana. Sean creativos.

> **modelo**
> Encontrar un gimnasio
> **Estudiante 1:** ¿Has encontrado un buen gimnasio cerca de tu casa?
> **Estudiante 2:** Yo no he encontrado un gimnasio pero sé que debo buscar uno.

1. Tratar de estar en forma
2. Estar a dieta los últimos dos meses
3. Dejar de tomar refrescos
4. Hacerse una prueba del colesterol
5. Entrenarse cinco días a la semana
6. Cambiar de una vida sedentaria a una vida activa
7. Tomar vitaminas por las noches y por las mañanas
8. Hacer ejercicio para aliviar la tensión
9. Consumir mucha proteína
10. Dejar de fumar

Comunicación

4

Descripción En parejas, describan lo que ha(n) hecho y no ha(n) hecho la(s) persona(s) en cada dibujo. Usen la imaginación.

1. Jorge y Raúl

2. Luisa

3. Jacobo

4. Natalia y Diego

5. Ricardo

6. Carmen

5

Describir En parejas, identifiquen a una persona que lleva una vida muy sana. Puede ser una persona que conocen o un personaje que aparece en una película o programa de televisión. Entre los dos, escriban una descripción de lo que esta persona ha hecho para llevar una vida sana.

NOTA CULTURAL

El doctor venezolano **Pedro Penzini Fleury** tiene un programa popular de radio sobre la importancia del bienestar en la vida diaria. También tiene una columna en el periódico.

> **modelo**
> Pedro Penzini Fleury siempre ha hecho todo lo posible para mantenerse en forma. Él...

Síntesis

6

Situación Trabajen en parejas para representar los papeles de un(a) enfermero/a de la universidad y un(a) estudiante. El/La enfermero/a de la clínica de la universidad está conversando con el/la estudiante que no se siente nada bien. El/La enfermero/a debe averiguar de dónde viene el problema e investigar los hábitos del/de la estudiante. El/La estudiante le explica lo que ha hecho en los últimos meses y cómo se ha sentido. Luego el/la enfermero/a le da recomendaciones al/a la estudiante de cómo llevar una vida más sana.

15.3 The past perfect

ANTE TODO   The past perfect indicative (**el pretérito pluscuamperfecto de indicativo**) is used to talk about what someone *had done* or what *had occurred* before another past action, event, or state. Like the present perfect, the past perfect uses a form of **haber**—in this case, the imperfect—plus the past participle.

Nunca había visto un paisaje tan espectacular.

Nunca había hecho una excursión.

Past perfect indicative

		cerrar	perder	asistir
SINGULAR FORMS	yo	**había** cerrado	**había** perdido	**había** asistido
	tú	**habías** cerrado	**habías** perdido	**habías** asistido
	Ud./él/ella	**había** cerrado	**había** perdido	**había** asistido
PLURAL FORMS	nosotros/as	**habíamos** cerrado	**habíamos** perdido	**habíamos** asistido
	vosotros/as	**habíais** cerrado	**habíais** perdido	**habíais** asistido
	Uds./ellos/ellas	**habían** cerrado	**habían** perdido	**habían** asistido

Antes de 2003, **había vivido** en La Paz.
Before 2003, I had lived in La Paz.

Cuando llegamos, Luis ya **había salido.**
When we arrived, Luis had already left.

▶ The past perfect is often used with the word **ya** (*already*) to indicate that an action, event, or state had already occurred before another. Remember that, unlike its English equivalent, **ya** cannot be placed between **haber** and the past participle.

Ella **ya había salido** cuando llamaron.
She had already left when they called.

Cuando llegué, Raúl **ya se había acostado.**
When I arrived, Raúl had already gone to bed.

¡ATENCIÓN!

The past perfect is often used in conjunction with **antes de** + [*noun*] or **antes de** + [*infinitive*] to describe when the action(s) occurred.

Antes de este año, nunca había estudiado español.
Before this year, I had never studied Spanish.

Luis me había llamado antes de venir.
Luis had called me before he came.

¡INTÉNTALO!   Indica el pretérito pluscuamperfecto de indicativo de cada verbo.

1. Nosotros ya ___habíamos cenado___ (cenar) cuando nos llamaron.
2. Antes de tomar esta clase, yo no _____ (estudiar) nunca el español.
3. Antes de ir a México, ellos nunca _____ (ir) a otro país.
4. Eduardo nunca _____ (entrenarse) tanto en invierno.
5. Tú siempre _____ (llevar) una vida sana antes del año pasado.
6. Antes de conocerte, yo ya te _____ (ver) muchas veces.

Práctica

1

Completar Completa los minidiálogos con las formas correctas del pretérito pluscuamperfecto de indicativo.

1. **SARA** Antes de cumplir los 15 años, ¿_____ (estudiar) tú otra lengua?

   JOSÉ Sí, _____ (tomar) clases de inglés y de italiano.

2. **DOLORES** Antes de ir a Argentina, ¿_____ (probar) tú y tu familia el mate?

   TOMÁS Sí, ya _____ (tomar) mate muchas veces.

3. **ANTONIO** Antes de este año, ¿_____ (correr) usted en un maratón?

   SRA. VERA No, nunca lo _____ (hacer).

4. **SOFÍA** Antes de su enfermedad, ¿_____ (sufrir) muchas presiones tu tío?

   IRENE Sí... y él nunca _____ (mantenerse) en buena forma.

2

Tu vida Indica si ya habías hecho las siguientes cosas antes de cumplir los 16 años.

1. Hacer un viaje en avión
2. Escribir un poema
3. Enamorarte
4. Tomar clases de aeróbicos
5. Montar a caballo
6. Escalar una montaña
7. Manejar un carro
8. Navegar en la red
9. Ir de pesca

Comunicación

3

Gimnasio Olímpico En parejas, lean el anuncio y contesten las preguntas.

¡Acabo de descubrir una nueva vida!

Hasta el año pasado, siempre había mirado la tele sentado en el sofá durante mis ratos libres. ¡Era un sedentario y un teleadicto! Jamás había practicado ningún deporte y había aumentado mucho de peso.

Este año, he empezado a comer una dieta más sana y voy al gimnasio todos los días. He comenzado a ser una persona muy activa y he adelgazado. Disfruto de una vida sana y ... ¡Me siento muy feliz!

Manténgase en forma.

¡Venga al **Gimnasio Olímpico** hoy mismo!

1. Identifiquen los elementos del pretérito pluscuamperfecto de indicativo en el anuncio.
2. ¿Cómo era la vida del hombre cuando llevaba una vida sedentaria? ¿Cómo es ahora?
3. ¿Se identifican ustedes con algunos de los hábitos, presentes o pasados, de este hombre? ¿Con cuáles?
4. ¿Qué les recomienda el hombre del anuncio a los lectores? ¿Creen que les da buenos consejos?

Lectura

Antes de leer

Estrategia
Making inferences

For dramatic effect and to achieve a smoother writing style, authors often do not explicitly supply the reader with all the details of a story or poem. Clues in the text can help you infer those things the writer chooses not to state in a direct manner. You simply "read between the lines" to fill in the missing information and draw conclusions. To practice making inferences, read the following statement:

A Liliana le encanta ir al gimnasio. Hace años que empezó a levantar pesas.

Based on this statement alone, what inferences can you draw about Liliana?

El título

Sin leer el texto del poema, lee el título. Piensa en las cosas de la vida que una persona no escoge.

Haz una lista.

_____
_____
_____
_____

Examinar el texto

Lee el poema brevemente y haz una lista de algunos de los cognados y de otras palabras que conoces. Según esta lista, ¿de qué trata el poema?

_____ _____
_____ _____
_____ _____

recursos

vistahigher
learning.com

Uno no escoge

Gioconda Belli

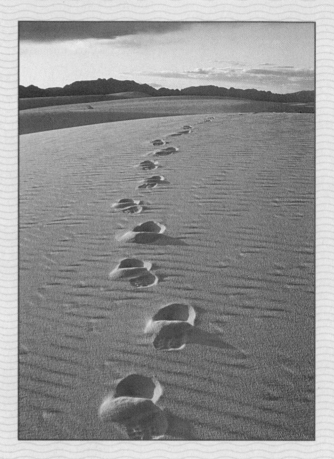

La escritora nicaragüense Gioconda Belli nació en Managua en 1948. Durante la lucha° de revolución de su país, Belli vivió en México en donde escribió su novela Línea de fuego. *Con esta novela ganó el premio Las Américas en 1978. La obra de Belli rompe con las estructuras tradicionales y expresa la urgencia de un cambio social en su país.*

Uno no escoge el país donde nace;
pero ama el país donde ha nacido.

Uno no escoge el tiempo para venir al mundo;
pero debe dejar huella° de su tiempo.

Nadie puede evadir su responsabilidad.

Nadie puede taparse° los ojos, los oídos,
enmudecer° y cortarse° las manos.

Todos tenemos un deber de amor que cumplir,
una historia que nacer
una meta° que alcanzar°.

No escogimos el momento para venir al mundo:
Ahora podemos hacer el mundo
en que nacerá° y crecerá°
la semilla° que trajimos con nosotros.

lucha *fight* dejar huella *leave a mark* taparse *to cover up*
enmudecer *to fall silent* cortarse *to cut* meta *goal* alcanzar *to reach*
nacerá *will be born* crecerá *will grow* la semilla *seed*

Después de leer

¿Cierto o falso?

Indica si estos comentarios sobre el texto son **ciertos** o **falsos**.

	Cierto	Falso
1. Podemos escoger el país donde nacemos.	○	○
2. No es necesario hacer algo importante en la vida.	○	○
3. Debemos ser responsables.	○	○
4. No debemos dejar de ver, escuchar y saber lo que pasa en el mundo.	○	○
5. Debemos ignorar el amor.	○	○
6. Cada persona tiene importancia en el mundo.	○	○

Inferencias

Contesta estas preguntas.

1. ¿Cuál es el tema principal del poema?
2. ¿Estás de acuerdo con las ideas de la poeta?
3. ¿Por qué crees que escribió el poema?
4. Después de leer, ¿has cambiado tu opinión sobre el significado del título? ¿Qué piensas ahora?

Analizar

El poema está compuesto de seis partes. Con un(a) compañero/a, traten de escribir el significado de cada una de las partes. Después, compartan sus ideas con la clase.

Preguntas

Contesta estas preguntas.

1. ¿Cuáles son tus metas personales?
2. ¿Tienes muchas responsabilidades? ¿Cuáles son?
3. ¿Crees que lo que haga una persona puede cambiar el mundo? ¿Por qué?
4. ¿Crees que Gioconda Belli es una líder en cuestiones de bienestar social en su país? Explica tu respuesta.

Escritura

Estrategia

Listing key words

Before beginning your first draft, you may find it helpful to make a list of key words you can use while writing.

If you prepare a list of potentially useful words ahead of time, you may find it easier to avoid using the dictionary while writing your first draft. You will probably also learn a few new Spanish words while preparing your list of key words.

Listing useful vocabulary is also a valuable organizational strategy, since the act of brainstorming key words will help you to form ideas about your topic. In addition, a list of key words can help you avoid redundancy when you write.

If you were writing a description of what you do to stay fit, your list of key words would probably include terms related to nutrition, exercise, and stress management. What are a few of the words you might include?

1. _____
2. _____
3. _____
4. _____
5. _____
6. _____

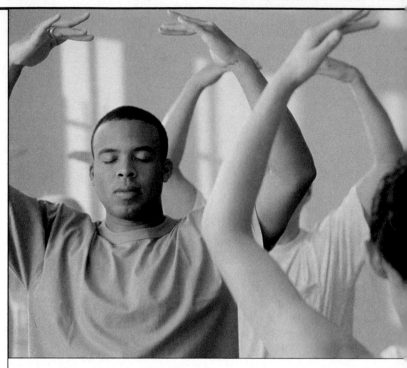

Tema

Escribir un plan personal de bienestar

Desarrolla un plan personal para mejorar tu bienestar, tanto físico como emocional. Tu plan debe describir:

1. Lo que has hecho para mejorar tu bienestar y llevar una vida sana
2. Lo que no has podido hacer todavía
3. Las actividades que debes hacer en los próximos meses

Considera también la siguiente lista de preguntas.

La nutrición

▶ ¿Comes una dieta equilibrada?
▶ ¿Consumes suficientes vitaminas y minerales? ¿Consumes demasiada grasa?
▶ ¿Quieres aumentar de peso o adelgazar?
▶ ¿Qué puedes hacer para mejorar tu dieta?

El ejercicio

▶ ¿Haces ejercicio? ¿Con qué frecuencia?
▶ ¿Vas al gimnasio? ¿Qué tipo de ejercicios haces allí?
▶ ¿Practicas algún deporte?
▶ ¿Qué puedes hacer para mejorar tu bienestar físico?

El estrés

▶ ¿Sufres muchas presiones?
▶ ¿Qué actividades o problemas te causan estrés?
▶ ¿Qué haces (o debes hacer) para aliviar el estrés y sentirte más tranquilo/a?
▶ ¿Qué puedes hacer para mejorar tu bienestar emocional?

Escuchar

Estrategia

Listening for the gist/
Listening for cognates

Combining these two strategies is an easy way to get a good sense of what you hear. When you listen for the gist, you get the general idea of what you're hearing, which allows you to interpret cognates and other words in a meaningful context. Similarly, the cognates give you information about the details of the story that you might not have understood when listening for the gist.

 To practice these strategies, you will listen to a short paragraph. Write down the gist of what you hear and jot down a few cognates. Based on the gist and the cognates, what conclusions can you draw about what you heard?

Preparación

Mira la foto. ¿Qué pistas° te da de lo que vas a oír?

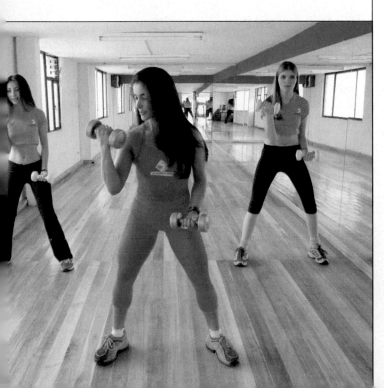

Ahora escucha 🎧

Escucha lo que dice Ofelia Cortez de Bauer. Anota algunos de los cognados que escuchas y también la idea general del discurso°.

_____

_____

_____

_____

Idea general: _____

Ahora contesta las siguientes preguntas.

1. ¿Cuál es el género° del discurso?
2. ¿Cuál es el tema?
3. ¿Cuál es el propósito°?

Comprensión

¿Cierto o falso?

Indica si lo que dicen las siguientes frases es **cierto** o **falso**. Corrige las oraciones que son falsas.

	Cierto	Falso
1. La señora Bauer habla de la importancia de estar en buena forma y de hacer ejercicio.	○	○
2. Según ella, lo más importante es que lleves el programa sugerido por los expertos.	○	○
3. La señora Bauer participa en actividades individuales y de grupo.	○	○
4. El único objetivo del tipo de programa que ella sugiere es adelgazar.	○	○

Preguntas

1. Imagina que el programa de radio sigue. Según las pistas que ella dio, ¿qué vas a oír en la segunda parte?
2. ¿A qué tipo de público° le interesa el tema del que habla la señora Bauer?
3. ¿Sigues los consejos de la señora Bauer? Explica tu respuesta.
4. ¿Qué piensas de los consejos que ella da? ¿Hay otra información que ella debía haber incluido°?

recursos

TEXT CD
Lección 15

pistas *clues* discurso *speech* género *genre* propósito *purpose*
público *audience* debía haber incluido *should have included*

Bolivia

El país en cifras

▶ **Área:** 1.098.580 km² (424.162 millas²), *equivalente al área total de Francia y España*

▶ **Población:** 9.275.000

Los indígenas quechua y aimará constituyen más de la mitad° de la población de Bolivia. Estos grupos indígenas han mantenido sus culturas y lenguas tradicionales. Las personas de descendencia indígena y europea representan la tercera parte de la población. El 15% restante° es gente de descendencia europea nacida en Latinoamérica. Una gran mayoría de los bolivianos, más o menos el 70%, vive en el altiplano°.

▶ **Capital:** La Paz, sede° del gobierno, capital administrativa—1.662.000; Sucre, sede del Tribunal Supremo, capital constitucional y judicial—195.000

▶ **Ciudades principales:** Santa Cruz de la Sierra—1.286.000, Cochabamba—794.000, Oruro—202.000, Potosí—124.000

SOURCE: Population Division, UN Secretariat

▶ **Moneda:** peso boliviano

▶ **Idiomas:** español (oficial), aimará (oficial), quechua (oficial)

Bandera de Bolivia

Bolivianos célebres

▶ **Jesús Lara,** escritor (1898–1980)

▶ **Víctor Paz Estenssoro,** político y presidente (1907–2001)

▶ **María Luisa Pacheco,** pintora (1919–1982)

▶ **Matilde Casazola,** poeta (1942–)

la mitad *half* restante *remaining* altiplano *high plateau*
sede *seat* paraguas *umbrella* cascada *waterfall*

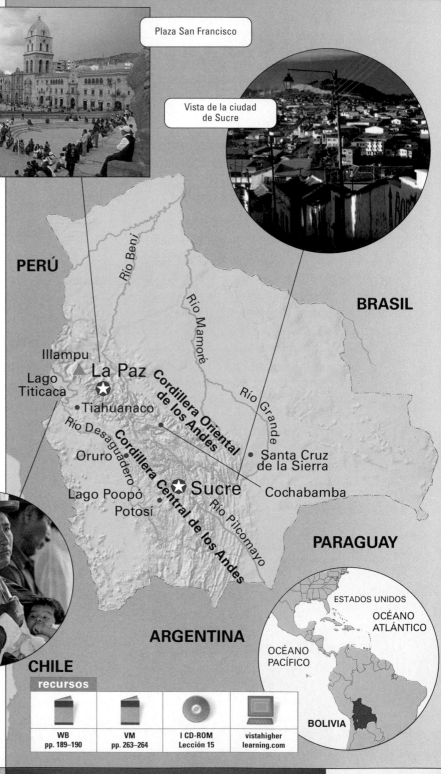

Plaza San Francisco

Vista de la ciudad de Sucre

PERÚ

Río Beni

Río Mamoré

BRASIL

Illampu

Lago Titicaca

La Paz

Cordillera Oriental de los Andes

Río Grande

Tiahuanaco

Río Desaguadero

Cordillera Central de los Andes

Oruro

Santa Cruz de la Sierra

Lago Poopó

Sucre

Cochabamba

Potosí

Río Pilcomayo

PARAGUAY

Mujer indígena con bebé

ARGENTINA

CHILE

ESTADOS UNIDOS

OCÉANO ATLÁNTICO

OCÉANO PACÍFICO

BOLIVIA

recursos			
WB pp. 189–190	VM pp. 263–264	I CD-ROM Lección 15	vistahigher learning.com

¡Increíble pero cierto!

La Paz es la capital más alta del mundo. Su aeropuerto está situado a una altitud de 3.600 m. (12.000 pies). Ah, y si viajas en carro hasta La Paz, ¡no te olvides del paraguas°! En la carretera, que cruza 9.000 metros de densa selva, te encontrarás con una cascada°.

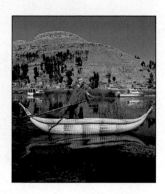

Lugares • **El lago Titicaca**

Titicaca, situado en los Andes de Bolivia y Perú, es el lago navegable más alto del mundo y está a una altitud de 3.815 metros (12.500 pies). También es el segundo lago más grande, después del lago Maracaibo, de Suramérica, con un área de más de 8.000 km² (3.000 millas²). La mitología inca cuenta° que los hijos del dios° Sol emergieron de las profundas aguas del lago Titicaca para fundar° su imperio°. Los indígenas de la zona todavía hacen botes° de totora° a la manera° antigua y los usan para navegar las claras aguas del lago.

Artes • **La música andina**

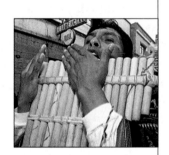

La música andina, compartida por Bolivia, Perú, Ecuador, Chile y Argentina, es el aspecto más conocido de su folklore. Hay muchos conjuntos° profesionales que dan a conocer° esta música popular, de origen indígena, alrededor° del mundo. Uno de los grupos más importantes son los Kjarkas, que llevan más de veinticinco años actuando en los escenarios internacionales. Los instrumentos típicos que se usan son la zampoña y la quena (dos tipos de flauta°), el arpa°, el bombo°, la guitarra y el charango, que es una pequeña guitarra andina.

Historia • **Tiahuanaco**

Tiahuanaco, que significa "Ciudad de los dioses", es un sitio arqueológico de ruinas preincaicas situado cerca de La Paz y del lago Titicaca. Se piensa que los antepasados° de los indígenas aimará fundaron este centro ceremonial hace unos 15.000 años. En el año 1100 d.C., la ciudad tenía más o menos 60.000 habitantes. En este sitio se pueden ver el Templo de Kalasasaya, el Monolito Ponce, el Templete Subterráneo, la Puerta del Sol y la Puerta de la Luna. La Puerta del Sol es un impresionante monumento que tiene tres metros de alto y cuatro de ancho° y que pesa aproximadamente 10 toneladas.

¿Qué aprendiste? Responde a las preguntas con una frase completa.

1. ¿Qué idiomas se hablan en Bolivia?

2. ¿Dónde vive la mayoría de los bolivianos?

3. ¿Cuál es la capital administrativa de Bolivia?

4. ¿Cómo se llama la moneda de Bolivia?

5. Según la mitología inca, ¿qué ocurrió en el lago Titicaca?

6. ¿Qué hacen los indios con la totora?

7. ¿Qué es la quena?

8. ¿Qué es el charango?

9. ¿Qué es la Puerta del Sol?

10. ¿Cómo se llama el sitio arqueológico situado cerca de La Paz y del lago Titicaca?

Conexión Internet Investiga estos temas en el sitio **www.vistahigherlearning.com**.

1. Busca información sobre un(a) boliviano/a célebre. ¿Cuáles son algunos de los episodios más importantes de su vida? ¿Qué ha hecho esta persona? ¿Por qué es célebre?

2. Busca información sobre Tiahuanaco u otro sitio arqueológico en Bolivia. ¿Qué han descubierto los arqueólogos en ese sitio?

---

cuenta *tells the story* **dios** *god* **fundar** *to found* **imperio** *empire* **botes** *rowboats* **totora** *reed* **manera** *way* **conjuntos** *groups* **dan a conocer** *make known* **alrededor** *around* **flauta** *flute* **arpa** *harp* **bombo** *drum* **antepasados** *ancestors* **ancho** *wide*

Paraguay

El país en cifras

▶ **Área:** 406.750 km² (157.046 millas²), *el tamaño° de California*

▶ **Población:** 6.216.000

▶ **Capital:** Asunción—1.472.000

▶ **Ciudades principales:** Ciudad del Este— 134.000, San Lorenzo—133.000, Lambaré— 100.000, Fernando de la Mora—95.000

SOURCE: Population Division, UN Secretariat

▶ **Moneda:** guaraní

▶ **Idiomas:** español (oficial), guaraní (oficial)

Las tribus indígenas que habitaban la zona antes de la llegada de los españoles hablaban guaraní. Ahora el 90 por ciento de los paraguayos habla esta lengua, que se usa con frecuencia en canciones, poemas, periódicos y libros. Varios institutos y asociaciones, como el Teatro Guaraní, se dedican a preservar la cultura y la lengua guaraníes.

Bandera de Paraguay

Paraguayos célebres

▶ **Agustín Barrios,** guitarrista y compositor (1885–1944)

▶ **Josefina Plá,** escritora y ceramista (1909–1999)

▶ **Augusto Roa Bastos,** escritor (1917–)

▶ **Olga Blinder,** pintora (1921–)

recursos			
WB pp. 191–192	VM pp. 265–266	I CD-ROM Lección 15	vistahigher learning.com

tamaño *size* multara *fined* ciudadanos *citizens* elecciones *elections*
multa *fine*

BOLIVIA

ESTADOS UNIDOS

OCÉANO PACÍFICO

OCÉANO ATLÁNTICO

AMÉRICA DEL SUR

PARAGUAY

Paraguayo con alfombras típicas del país

BRASIL

Río Verde

Río Negro

Río Paraguay

Río Paraná

Concepción

Ciudad del Este

ARGENTINA

Fernando de la Mora

Asunción

Río Iguaz

San Lorenzo

Lambaré

Cordillera de Caaguazú

Río Tebicuary

Río Paraná

Agricultor indio de la tribu maca

Itapúa

¡Increíble pero cierto!

¿Te imaginas qué pasaría si el gobierno multara° a los ciudadanos° que no van a votar? En Paraguay, es una obligación. Ésta es una ley nacional, que otros países también tienen, para obligar a los ciudadanos a participar en las elecciones°. En Paraguay los ciudadanos que no van a votar tienen que pagar una multa° al gobierno.

Artesanía° • **El ñandutí**

El ñandutí es la forma artesanal más conocida de Paraguay. Es un fino encaje° hecho a mano, que generalmente tiene forma circular. En guaraní, su nombre significa telaraña° y se llama así porque imita su trazado°. Estos encajes suelen ser blancos, pero también los hay de colores, y sus diseños° pueden tener formas geométricas o florales. Aunque el ñandutí es originario de Itaguá, con el tiempo ha llegado a ser muy conocido en toda Suramérica.

Ciencias • **La represa Itaipú**

La represa° Itaipú, la obra° hidroeléctrica más ambiciosa hasta nuestros días, se encuentra en la frontera° entre Paraguay y Brasil. Su construcción se inició en 1974 y duró once años. Durante los primeros cinco años, se usó suficiente concreto como para construir un edificio de 350 pisos. El proyecto dio trabajo a 100.000 paraguayos. En 1984 se puso en funcionamiento la Central Hidroeléctrica de Itaipú, la mayor del mundo. Gracias a su cercanía a las famosas Cataratas de Iguazú, muchos turistas visitan la Central, atraídos° por lo imponente de su construcción.

Naturaleza • **Los ríos Paraguay y Paraná**

Los ríos Paraguay y Paraná sirven de frontera natural entre Paraguay y Argentina, y son las principales rutas de transporte dentro de Paraguay. El río Paraná tiene unos 3.200 km navegables, y por esta ruta pasan barcos de más de 5.000 toneladas que pueden ir desde el estuario° del Río de la Plata hasta la ciudad de Asunción. El río Paraguay divide el Gran Chaco, una zona poco poblada, de la meseta° Paraná, donde vive la mayoría de los paraguayos.

¿Qué aprendiste?　Responde a las preguntas con una frase completa.

1. ¿Quién es Augusto Roa Bastos?

2. ¿Cómo se llama la moneda de Paraguay?

3. ¿Qué es el ñandutí?

4. ¿De dónde es originario el ñandutí?

5. ¿Qué forma imita el ñandutí?

6. En total, ¿cuántos años tomó la construcción de la represa Itaipú?

7. ¿A cuántos paraguayos dio trabajo la construcción de la represa?

8. ¿Qué países separan los ríos Paraguay y Paraná?

9. ¿Qué distancia se puede navegar por el Paraná?

Conexión Internet　Investiga estos temas en el sitio **www.vistahigherlearning.com**.

1. Busca información sobre Alfredo Stroessner, el ex-presidente de Paraguay. ¿Por qué se le considera un dictador?

2. Busca información sobre la historia de Paraguay. En tu opinión, ¿cuáles fueron los episodios decisivos en su historia?

....

artesanía *crafts*　**encaje** *lace*　**telaraña** *spiderweb*　**trazado** *outline; design*　**diseños** *designs*　**represa** *dam*　**obra** *work (construction)*
frontera *border*　**atraídos** *atracted; drowned*　**estuario** *estuary*　**meseta** *plateau*

El bienestar

el bienestar	well-being
la droga	drug
el/la drogadicto/a	drug addict
el masaje	massage
el/la teleadicto/a	couch potato
adelgazar	to lose weight; to slim down
aliviar el estrés	to reduce stress
aliviar la tensión	to reduce tension
apurarse, darse prisa	to hurry; to rush
aumentar de peso, engordar	to gain weight
disfrutar (de)	to enjoy; to reap the benefits (of)
estar a dieta	to be on a diet
(no) fumar	(not) to smoke
llevar una vida sana	to lead a healthy lifestyle
sufrir muchas presiones	to be under a lot of pressure
tratar de (+ *inf.*)	to try (to do something)
activo/a	active
débil	weak
en exceso	in excess; too much
flexible	flexible
fuerte	strong
sedentario/a	sedentary; related to sitting
tranquilo/a	calm; quiet

En el gimnasio

la cinta caminadora	treadmill
la clase de ejercicios aeróbicos	aerobics class
el/la entrenador(a)	trainer
el músculo	muscle
calentarse (e:ie)	to warm up
entrenarse	to practice; to train
estar en buena forma	to be in good shape
hacer ejercicio	to exercise
hacer ejercicios aeróbicos	to do aerobics
hacer ejercicios de estiramiento	to do stretching exercises
hacer gimnasia	to work out
levantar pesas	to lift weights
mantenerse en forma	to stay in shape
sudar	to sweat

La nutrición

la bebida alcohólica	alcoholic beverage
la cafeína	caffeine
la caloría	calorie
el colesterol	cholesterol
la grasa	fat
la merienda	afternoon snack
el mineral	mineral
la nutrición	nutrition
el/la nutricionista	nutritionist
la proteína	protein
la vitamina	vitamin
comer una dieta equilibrada	to eat a balanced diet
consumir alcohol	to consume alcohol
descafeinado/a	decaffeinated

Expresiones útiles	*See page 425.*

Plan de escritura

1 **Ideas y organización**

Begin by organizing your writing materials. If you prefer to write by hand, you may want to have a few spare pens and pencils on hand, as well as an eraser or correction fluid. If you prefer to use a word-processing program, make sure you know how to use Spanish accent marks, the **tilde,** and Spanish punctuation marks. Then make a list of the resources you can consult while writing. Finally, make a list of the basic ideas you want to cover. Beside each idea, jot down a few Spanish words and phrases you may want to use while writing.

2 **Primer borrador**

Write your first draft, using the resources and ideas you gathered in **Ideas y organización.**

3 **Comentario**

Exchange papers with a classmate and comment on each other's work, using these questions as a guide. Begin by mentioning what you like about your classmate's writing.

  a. How can your classmate make his or her writing clearer, more logical, or more organized?

  b. What suggestions do you have for making the writing more interesting or complete?

  c. Do you see any spelling or grammatical errors?

4 **Redacción**

Revise your first draft, keeping in mind your classmate's comments. Also, incorporate any new information you may have. Before handing in the final version, review your work using these guidelines:

  a. Make sure each verb agrees with its subject. Then check the gender and number of each article, noun, and adjective.

  b. Check your spelling and punctuation.

  c. Consult your **Anotaciones para mejorar la escritura** (see description below) to avoid repetition of previous errors.

5 **Evaluación y progreso**

You may want to share what you've written with a classmate, a small group, or the entire class. After your instructor has returned your paper, review the comments and corrections. On a separate sheet of paper, write the heading **Anotaciones para mejorar** (*Notes for improving*) **la escritura** and list your most common errors. Place this list and your corrected document in your writing portfolio (**Carpeta de trabajos**) and consult it from time to time to gauge your progress.

Plan de escritura

1 **Ideas y organización**

Begin by organizing your writing materials. If you prefer to write by hand, you may want to have a few spare pens and pencils on hand, as well as an eraser or correction fluid. If you prefer to use a word-processing program, make sure you know how to use Spanish accent marks, the **tilde,** and Spanish punctuation marks. Then make a list of the resources you can consult while writing. Finally, make a list of the basic ideas you want to cover. Beside each idea, jot down a few Spanish words and phrases you may want to use while writing.

2 **Primer borrador**

Write your first draft, using the resources and ideas you gathered in **Ideas y organización.**

3 **Comentario**

Exchange papers with a classmate and comment on each other's work, using these questions as a guide. Begin by mentioning what you like about your classmate's writing.

a. How can your classmate make his or her writing clearer, more logical, or more organized?

b. What suggestions do you have for making the writing more interesting or complete?

c. Do you see any spelling or grammatical errors?

4 **Redacción**

Revise your first draft, keeping in mind your classmate's comments. Also, incorporate any new information you may have. Before handing in the final version, review your work using these guidelines:

a. Make sure each verb agrees with its subject. Then check the gender and number of each article, noun, and adjective.

b. Check your spelling and punctuation.

c. Consult your **Anotaciones para mejorar la escritura** (see description below) to avoid repetition of previous errors.

5 **Evaluación y progreso**

You may want to share what you've written with a classmate, a small group, or the entire class. After your instructor has returned your paper, review the comments and corrections. On a separate sheet of paper, write the heading **Anotaciones para mejorar** (*Notes for improving*) **la escritura** and list your most common errors. Place this list and your corrected document in your writing portfolio (**Carpeta de trabajos**) and consult it from time to time to gauge your progress.

Algunas estrategias

Considering audience and purpose

Before you write, think about what you are writing and the people for whom you are writing it. Try to write in a way that would appeal to and meet the needs of your audience.

Organizing information logically

There are many ways to organize your writing. You may, for example, want to organize your information chronologically (e.g., events in the history of a country), sequentially (e.g., steps in a recipe), or in order of importance. Some people prepare an outline before they write. Others jot information down on note cards and then arrange the note cards in a logical order. If you are organizing information chronologically or sequentially, you may want to use adverbs or adverbial phrases (e.g., **primero, luego, entonces, más tarde, al final**) to indicate the sequence in which events occurred.

Improving your style

You can improve your style by using complex sentences and avoiding redundancies. You can use linking words (e.g., **pero, y, o**) to connect simple sentences and create more complex ones. To avoid redundancy with verbs and nouns, consult a **diccionario de sinónimos.** You can also avoid redundancy by replacing nouns with direct object pronouns, possessive adjectives, demonstrative adjectives, and pronouns. For example: Have you seen my <u>racquet</u>? I can't seem to find it anywhere. Do you mind if I borrow <u>yours</u>?

Doing a comparative analysis

You may want to create a Venn diagram in order to organize your information visually before comparing or contrasting people, places, objects, events, or issues. To create a Venn diagram, draw two circles that overlap and label the top of each circle with the names of the people or things you are comparing. In the outer rings of the two circles, list the differences between the people or things. Then list their similarities where the two circles overlap. When you write a comparative analysis or give your opinions, be sure to express yourself clearly and support your ideas with appropriate details, facts, examples, and other forms of evidence.

Writing strong introductions and conclusions

Introductions and conclusions focus the reader's attention on your topic. The introduction previews the topic and informs your reader of the important points that will be covered. The conclusion concisely sums up the information. A compelling fact or statistic, a humorous anecdote, or a question directed to the reader are all interesting ways to begin or end your writing.

Glossary of Grammatical Terms

ADJECTIVE A word that modifies, or describes, a noun or pronoun.

muchos libros	un hombre **rico**
many books	*a rich man*
las mujeres **altas**	
the tall women	

Demonstrative adjective An adjective that specifies which noun a speaker is referring to.

esta fiesta	**ese** chico
this party	*that boy*
aquellas flores	
those flowers	

Possessive adjective An adjective that indicates ownership or possession.

mi mejor vestido	Éste es **mi** hermano.
my best dress	*This is my brother*

Stressed possessive adjective A possessive adjective that emphasizes the owner or possessor.

Es un libro **mío**.
It's my book./It's a book of mine.

Es amiga **tuya**; yo no la conozco.
She's a friend of yours; I don't know her.

ADVERB A word that modifies, or describes, a verb, adjective, or other adverb.

Pancho escribe **rápidamente**.
Pancho writes quickly.

Este cuadro es **muy** bonito.
This picture is very pretty.

ARTICLE A word that points out a noun in either a specific or a non-specific way.

Definite article An article that points out a noun in a specific way.

el libro	**la** maleta
the book	*the suitcase*
los diccionarios	**las** palabras
the dictionaries	*the words*

Indefinite article An article that points out a noun in a general, non-specific way.

un lápiz	**una** computadora
a pencil	*a computer*
unos pájaros	**unas** escuelas
some birds	*some schools*

CLAUSE A group of words that contains both a conjugated verb and a subject, either expressed or implied.

Main (or Independent) clause A clause that can stand alone as a complete sentence.

Pienso ir a cenar pronto.
I plan to go to dinner soon.

Subordinate (or Dependent) clause A clause that does not express a complete thought and therefore cannot stand alone as a sentence.

Entraron en la casa **sin que lo supiéramos nosotros**.
*They came into the house **without our knowing it**.*

COMPARATIVE A construction used with an adjective or adverb to express a comparison between two people, places, or things.

Este programa es **más interesante** que el otro.
*This program is **more interesting** than the other one.*

Tomás no es **tan alto como** Alberto.
*Tomás is not **as tall as** Alberto.*

CONJUGATION A set of the forms of a verb for a specific tense or mood or the process by which these verb forms are presented.

Preterite conjugation of **cantar**:

cant**é**	cant**amos**
cant**aste**	cant**asteis**
cant**ó**	cant**aron**

CONJUNCTION A word used to connect words, clauses, or phrases.

Susana es de Cuba **y** Pedro es de España.
*Susana is from Cuba **and** Pedro is from Spain.*

No quiero estudiar **pero** tengo que hacerlo.
*I don't want to study, **but** I have to.*

CONTRACTION The joining of two words into one. The only contractions in Spanish are **al** and **del**.

Mi hermano fue **al** concierto ayer.
*My brother went **to the** concert yesterday.*

Saqué dinero **del** banco.
*I took money **from the** bank.*

DIRECT OBJECT A noun or pronoun that directly receives the action of the verb.

Tomás lee **el libro**.   **La** pagó ayer.
*Tomás reads **the book**.   She paid **it** yesterday.*

GENDER The grammatical categorizing of certain kinds of words, such as nouns and pronouns, as masculine, feminine, or neuter.

Masculine
articles el, un
pronouns él, lo, éste, ése, aquél
adjective simpático, mío

Feminine
articles la, una
pronouns ella, la, ésta, ésa, aquélla
adjective simpática, mía

IMPERSONAL EXPRESSION A third-person expression with no expressed or specific subject.

Es muy importante.   **Llueve** mucho.
It's very important.   It's raining hard.

Aquí **se habla** español.
*Spanish **is spoken** here.*

INDIRECT OBJECT A noun or pronoun that receives the action of the verb indirectly; the object, often a living being, to or for whom an action is performed.

Eduardo **le** dio un libro **a Linda**.
*Eduardo gave a book **to Linda**.*

La profesora **me** dio una C en el examen.
*The professor gave **me** a C on the test.*

INFINITIVE The basic form of a verb. Infinitives in Spanish end in -ar, -er, or -ir.

hablar   correr   abrir
to speak   to run   to open

INTERROGATIVE An adjective or pronoun used to ask a question.

¿**Quién** habla?   ¿**Cuántos** compraste?
Who is speaking?   How many did you buy?

¿**Qué** piensas hacer hoy?
What do you plan to do today?

INVERSION Changing the word order of a sentence, often to form a question.

Statement: Elena pagó la cuenta del restaurante.

Inversion: ¿Pagó Elena la cuenta del restaurante?

MOOD A grammatical distinction of verbs that indicates whether the verb is intended to make a statement or command or to express a doubt, emotion, or condition contrary to fact.

Imperative mood Verb forms used to make commands.

Di la verdad.   **Caminen** Uds. conmigo.
*Tell **the truth**.   Walk **with me**.*

¡**Comamos** ahora!
*Let's eat **now**!*

Indicative mood Verb forms used to state facts, actions, and states considered to be real.

Sé que **tienes** el dinero.
*I **know** that **you have** the money.*

Subjunctive mood Verb forms used principally in subordinate (dependent) clauses to express wishes, desires, emotions, doubts, and certain conditions, such as contrary-to-fact situations.

Prefieren que **hables** en español.
*They prefer that **you speak** in Spanish.*

Dudo que Luis **tenga** el dinero necesario.
*I doubt that Luis **has** the necessary money.*

NOUN A word that identifies people, animals, places, things, and ideas.

hombre   gato
man   *cat*

México   casa
Mexico   *house*

libertad
freedom

NUMBER A grammatical term that refers to singular or plural. Nouns in Spanish and English have number. Other parts of a sentence, such as adjectives, articles, and verbs, can also have number.

Singular	Plural
una cosa	**unas** cosas
a thing	*some things*
el profesor	**los** profesores
the professor	*the professors*

NUMBERS Words that represent amounts.

Cardinal numbers Words that show specific amounts.

cinco minutos
five minutes

el año **dos mil dos**
the year 2002

Ordinal numbers Words that indicate the order of a noun in a series.

el **cuarto** jugador	la **décima** hora
the fourth player	*the tenth hour*

PAST PARTICIPLE A past form of the verb used in compound tenses. The past participle may also be used as an adjective, but it must then agree in number and gender with the word it modifies.

Han **buscado** por todas partes.
They have searched everywhere.

Yo no había **estudiado** para el examen.
I hadn't studied for the exam.

Hay una **ventana abierta** en la sala.
There is an open window in the living room.

PERSON The form of the verb or pronoun that indicates the speaker, the one spoken to, or the one spoken about. In Spanish, as in English, there are three persons: first, second, and third.

Person	Singular	Plural
1st	yo *I*	nosotros/as *we*
2nd	tú, Ud. *you*	vosotros/as, Uds. *you*
3rd	él, ella *he/she*	ellos, ellas *they*

PREPOSITION A word or words that describe(s) the relationship, most often in time or space, between two other words.

Anita es **de** California.
Anita is from California.

La chaqueta está **en** el carro.
The jacket is in the car.

Marta se peinó **antes de** salir.
Marta combed her hair before going out.

PRESENT PARTICIPLE In English, a verb form that ends in *-ing*. In Spanish, the present participle ends in **-ndo**, and is often used with **estar** to form a progressive tense.

Mi hermana está **hablando** por teléfono ahora mismo.
My sister is talking on the phone right now.

PRONOUN A word that takes the place of a noun or nouns.

Demonstrative pronoun A pronoun that takes the place of a specific noun.

Quiero **ésta**.
I want this one.

¿Vas a comprar **ése**?
Are you going to buy that one?

Juan prefirió **aquéllos**.
Juan preferred those (over there).

Object pronoun A pronoun that functions as a direct or indirect object of the verb.

Te digo la verdad.
I'm telling you the truth.

Me lo trajo Juan.
Juan brought it to me.

Reflexive pronoun A pronoun that indicates that the action of a verb is performed by the subject on itself. These pronouns are often expressed in English with *-self: myself, yourself,* etc.

Yo **me** bañé antes de salir.
I bathed (myself) before going out.

Elena **se acostó** a las once y media.
Elena went to bed at eleven-thirty.

Relative pronoun A pronoun that connects a subordinate clause to a main clause.

El chico **que** nos escribió viene a visitar mañana.
*The boy **who** wrote us is coming to visit tomorrow.*

Ya sé **lo que** tenemos que hacer.
*I already know **what** we have to do.*

Subject pronoun A pronoun that replaces the name or title of a person or thing and acts as the subject of a verb.

Tú debes estudiar más.
***You** should study more.*

Él llegó primero.
***He** arrived first.*

SUBJECT A noun or pronoun that performs the action of a verb and is often implied by the verb.

María va al supermercado.
***María** goes to the supermarket.*

(Ellos) Trabajan mucho.
***They** work hard.*

Esos **libros** son muy caros.
*Those **books** are very expensive.*

SUPERLATIVE A word or construction used with an adjective or adverb to express the highest or lowest degree of a specific quality among three or more people, places, or things.

Entre todas mis clases, ésta es la **más interesante**.
*Among all my classes, this is the **most interesting**.*

Raúl es el **menos simpático** de los chicos.
*Raúl is the **least nice** of the boys.*

TENSE A set of verb forms that indicates the time of an action or state: past, present, or future.

Compound tense A two-word tense made up of an auxiliary verb and a present or past participle. In Spanish, there are two auxiliary verbs: **estar** and **haber**.

En este momento, **estoy estudiando**.
*At this time, **I am studying**.*

El paquete no **ha llegado** todavía.
*The package **has** not **arrived** yet.*

Simple tense A tense expressed by a single verb form.

María **estaba** mal anoche.
*María **was** ill last night.*

Juana **hablará** con su mamá mañana.
*Juana **will** speak with her mom tomorrow.*

VERB A word that expresses actions or states of being.

Auxiliary verb A verb used with a present or past participle to form a compound tense. **Haber** is the most commonly used auxiliary verb in Spanish.

Los chicos **han** visto los elefantes.
*The children **have** seen the elephants.*

Espero que **hayas** comido.
*I hope you **have** eaten.*

Reflexive verb A verb that uses a reflexive pronoun to show that an action performed by the subject on itself.

Me compré un carro nuevo.
***I bought myself** a new car.*

Pedro y Adela **se levantan** muy temprano.
*Pedro and Adela **get (themselves) up** very early.*

Spelling change verb A verb that undergoes a predictable change in spelling in order to reflect its actual pronunciation in the various conjugations.

practicar	c→qu	practico	practiqué
dirigir	g→j	dirijo	dirigí
almorzar	z→c	almorzó	almorcé

Stem-changing verb A verb whose stem vowel undergoes one or more predictable changes in the various conjugations.

entender (i:ie)	entiendo
pedir (e:i)	piden
dormir (o:ue, u)	duermo, durmieron

Verb conjugation tables

The verb lists

The list of verbs below and the model-verb tables that start on page 590 show you how to conjugate every verb taught in **VISTAS**. Each verb in the list is followed by a model verb conjugated according to the same pattern. The number in parentheses indicates where in the tables you can find the conjugated forms of the model verb. If you want to find out how to conjugate **divertirse**, for example, look up number 33, **sentir**, the model for verbs that follow the **i:ie** stem-change pattern.

How to use the verb tables

In the tables you will find the infinitive, past and present participles, and all the simple forms of each model verb. The formation of the compound tenses of any verb can be inferred from the table of compound tenses, pages 590–597, either by combining the past participle of the verb with a conjugated form of **haber** or combining the present participle with a conjugated form of **estar**.

---

abrazar (z:c) like cruzar (37)

abrir like vivir (3) *except* past participle is abierto

aburrir(se) like vivir (3)

acabar de like hablar (1)

acampar like hablar (1)

acompañar like hablar (1)

aconsejar like hablar (1)

acordarse (o:ue) like contar (24)

acostarse (o:ue) like contar (24)

adelgazar (z:c) like cruzar (37)

afeitarse like hablar (1)

ahorrar like hablar (1)

alegrarse like hablar (1)

aliviar like hablar (1)

almorzar (o:ue) like contar (24) *except* (z:c)

alquilar like hablar (1)

anunciar like hablar (1)

apagar (g:gu) like llegar (41)

aplaudir like vivir (3)

apreciar like hablar (1)

aprender like comer (2)

apurarse like hablar (1)

arrancar (c:qu) like tocar (43)

arreglar like hablar (1)

asistir like vivir (3)

aumentar like hablar (1)

ayudar(se) like hablar (1)

bailar like hablar (1)

bajar(se) like hablar (1)

bañarse like hablar (1)

barrer like comer (2)

beber like comer (2)

besar(se) like hablar (1)

brindar like hablar (1)

bucear like hablar (1)

buscar (c:qu) like tocar (43)

caber (4)

caer(se) (5)

calentarse (e:ie) like pensar (30)

calzar (z:c) like cruzar (37)

cambiar like hablar (1)

caminar like hablar (1)

cantar like hablar (1)

casarse like hablar (1)

celebrar like hablar (1)

cenar like hablar (1)

cepillarse like hablar (1)

cerrar (e:ie) like pensar (30)

chocar (c:qu) like tocar (43)

cobrar like hablar (1)

cocinar like hablar (1)

comenzar (e:ie) (z:c) like empezar (26)

comer (2)

compartir like vivir (3)

comprar like hablar (1)

comprender like comer (2)

comprometerse like comer (2)

comunicarse (c:qu) like tocar (43)

conducir (c:zc) (6)

confirmar like hablar (1)

conocer (c:zc) (35)

conseguir (e:i) like seguir (32)

conservar like hablar (1)

consumir like vivir (3)

contaminar like hablar (1)

contar (o:ue) (24)

controlar like hablar (1)

correr like comer (2)

costar (o:ue) like contar (24)

creer (y) (36)

cruzar (z:c) (37)

cubrir like vivir (3) *except* past participle is cubierto

cuidar like hablar (1)

cumplir like vivir (3)

dañar like hablar (1)

dar(se) (7)

deber like comer (2)

decidir like vivir (3)

decir (e:i) (8)

declarar like hablar (1)

dejar like hablar (1)

depositar like hablar (1)

desarrollar like hablar (1)

desayunar like hablar (1)

descansar like hablar (1)

describir like vivir (3) *except* past participle is descrito

descubrir like vivir (3) *except* past participle is descubierto

desear like hablar (1)

despedirse (e:i) like pedir (29)

despertarse (e:ie) like pensar (30)

destruir (y) (38)

dibujar like hablar (1)

disfrutar like hablar (1)

divertirse (e:ie) like sentir (33)

divorciarse like hablar (1)

doblar like hablar (1)

doler (o:ue) like volver (34) *except* past participle is regular

dormir(se) (o:ue) (25)

ducharse like hablar (1)

dudar like hablar (1)

durar like hablar (1)

echar like hablar (1)

elegir (e:i) like pedir (29) *except* (g:j)

emitir like vivir (3)

empezar (e:ie) (z:c) (26)
enamorarse like hablar (1)
encantar like hablar (1)
encontrar(se) (o:ue) likc contar (24)
enfermarse like hablar (1)
engordar like hablar (1)
enojarse like hablar (1)
enseñar like hablar (1)
ensuciar like hablar (1)
entender (e:ie) (27)
entrenarse like hablar (1)
entrevistar like hablar (1)
enviar (envío) (39)
escalar like hablar (1)
escribir like vivir (3) *except* past participle is escrito
escuchar like hablar (1)
esculpir like vivir (3)
esperar like hablar (1)
esquiar (esquío) like enviar (39)
establecer (c:zc) like conocer (35)
estacionar like hablar (1)
estar (9)
estornudar like hablar (1)
estudiar like hablar (1)
evitar like hablar (1)
explicar (c:qu) like tocar (43)
explorar like hablar (1)
faltar like hablar (1)
fascinar like hablar (1)
firmar like hablar (1)
fumar like hablar (1)
funcionar like hablar (1)
ganar like hablar (1)
gastar like hablar (1)
graduarse (gradúo) (40)
guardar like hablar (1)
gustar like hablar (1)
haber (hay) (10)
hablar (1)
hacer (11)
importar like hablar (1)
imprimir like vivir (3)
informar like hablar (1)
insistir like vivir (3)
interesar like hablar (1)
invertir (e:ie) like sentir (33)
invitar like hablar (1)

ir(se) (12)
jubilarse like hablar (1)
jugar (u:ue) (g:gu) (28)
lastimarse like hablar (1)
lavar(se) like hablar (1)
leer (y) like creer (36)
levantar(se) like hablar (1)
limpiar like hablar (1)
llamar(se) like hablar (1)
llegar (g:gu) (41)
llenar like hablar (1)
llevar(se) like hablar (1)
llover (o:ue) like volver (34) *except* past participle is regular
luchar like hablar (1)
mandar like hablar (1)
manejar like hablar (1)
mantener(se) (e:ie) like **tener** (20)
maquillarse like hablar (1)
mejorar like hablar (1)
merendar (e:ie) like pensar (30)
mirar like hablar (1)
molestar like hablar (1)
montar like hablar (1)
morir (o:ue) like dormir (25) *except* past participle is muerto
mostrar (o:ue) like contar (24)
mudarse like hablar (1)
nacer (c:zc) like conocer (35)
nadar like hablar (1)
navegar (g:gu) like llegar (41)
necesitar like hablar (1)
negar (e:ie) like pensar (30) *except* (g:gu)
nevar (e:ie) like pensar (30)
obedecer (c:zc) like conocer (35)
obtener (e:ie) like tener (20)
ocurrir like vivir (3)
odiar like hablar (1)
ofrecer (c:zc) like conocer (35)
oír (13)
olvidar like hablar (1)
pagar (g:gu) like llegar (41)
parar like hablar (1)

parecer (c:zc) like conocer (35)
pasar like hablar (1)
pasear like hablar (1)
patinar like hablar (1)
pedir (e:i) (29)
peinarse like hablar (1)
pensar (e:ie) (30)
perder (e:ie) like entender (27)
pescar (c:qu) like tocar (43)
pintar like hablar (1)
planchar like hablar (1)
poder (o:ue) (14)
ponchar like hablar (1)
poner(se) (15)
practicar (c:qu) like tocar (43)
preferir (e:ie) like sentir (33)
preguntar like hablar (1)
preocuparse like hablar (1)
preparar like hablar (1)
presentar like hablar (1)
prestar like hablar (1)
probar(se) (o:ue) like contar (24)
prohibir like vivir (3)
proteger (g:j) (42)
publicar (c:qu) like tocar (43)
quedar(se) like hablar (1)
querer (e:ie) (16)
quitar(se) like hablar (1)
recetar like hablar (1)
recibir like vivir (3)
reciclar like hablar (1)
recoger (g:j) like proteger (42)
recomendar (e:ie) like pensar (30)
recordar (o:ue) like contar (24)
reducir (c:zc) like conducir (6)
regalar like hablar (1)
regatear like hablar (1)
regresar like hablar (1)
reír(se) (e:i) (31)
relajarse like hablar (1)
renunciar like hablar (1)
repetir (e:i) like pedir (29)
resolver (o:ue) like volver (34)

respirar like hablar (1)
revisar like hablar (1)
rogar (o:ue) like contar (24) *except* (g:gu)
romper(se) like comer (2) *except* past participle is roto
saber (17)
sacar (c:qu) like tocar (43)
sacudir like vivir (3)
salir (18)
saludar(se) like hablar (1)
seguir (e:i) (32)
sentarse (e:ie) like pensar (30)
sentir(se) (e:ie) (33)
separarse like hablar (1)
ser (19)
servir (e:i) like pedir (29)
solicitar like hablar (1)
sonar (o:ue) like contar (24)
sonreír (e:i) like reír(se) (31)
sorprender like comer (2)
subir like vivir (3)
sudar like hablar (1)
sufrir like vivir (3)
sugerir (e:ie) like sentir (33)
suponer like poner (15)
temer like comer (2)
tener (e:ie) (20)
terminar like hablar (1)
tocar (c:qu) (43)
tomar like hablar (1)
torcerse (o:ue) like volver (34) *except* (c:z) and past participle is regular; for ex, **yo tuerzo**
toser like comer (2)
trabajar like hablar (1)
traducir (c:zc) like conducir (6)
traer (21)
transmitir like vivir (3)
tratar like hablar (1)
usar like hablar (1)
vender like comer (2)
venir (e:ie) (22)
ver (23)
vestirse (e:i) like pedir (29)
viajar like hablar (1)
visitar like hablar (1)
vivir (3)
volver (o:ue) (34)

Regular verbs: simple tenses

Infinitive	INDICATIVE						SUBJUNCTIVE		IMPERATIVE
	Present	Imperfect	Preterite	Future	Conditional		Present	Past	
hablar	hablo	hablaba	hablé	hablaré	hablaría		hable	hablara	
	hablas	hablabas	hablaste	hablarás	hablarías		hables	hablaras	habla tú (no hables)
Participles:	habla	hablaba	habló	hablará	hablaría		hable	hablara	hable Ud.
hablando	hablamos	hablábamos	hablamos	hablaremos	hablaríamos		hablemos	habláramos	hablemos
hablado	habláis	hablabais	hablasteis	hablaréis	hablaríais		habléis	hablarais	hablad (no habléis)
	hablan	hablaban	hablaron	hablarán	hablarían		hablen	hablaran	hablen Uds.
comer	como	comía	comí	comeré	comería		coma	comiera	
	comes	comías	comiste	comerás	comerías		comas	comieras	come tú (no comas)
Participles:	come	comía	comió	comerá	comería		coma	comiera	coma Ud.
comiendo	comemos	comíamos	comimos	comeremos	comeríamos		comamos	comiéramos	comamos
comido	coméis	comíais	comisteis	comeréis	comeríais		comáis	comierais	comed (no comáis)
	comen	comían	comieron	comerán	comerían		coman	comieran	coman Uds.
vivir	vivo	vivía	viví	viviré	viviría		viva	viviera	
	vives	vivías	viviste	vivirás	vivirías		vivas	vivieras	vive tú (no vivas)
Participles:	vive	vivía	vivió	vivirá	viviría		viva	viviera	viva Ud.
viviendo	vivimos	vivíamos	vivimos	viviremos	viviríamos		vivamos	viviéramos	vivamos
vivido	vivís	vivíais	vivisteis	viviréis	viviríais		viváis	vivierais	vivid (no viváis)
	viven	vivían	vivieron	vivirán	vivirían		vivan	vivieran	vivan Uds.

All verbs: compound tenses

PERFECT TENSES

INDICATIVE

Present Perfect		Past Perfect		Preterite Perfect		Future Perfect		Conditional Perfect	
he	hablado	había	hablado			habré	hablado	habría	hablado
has	comido	habías	comido			habrás	comido	habrías	comido
ha	vivido	había	vivido			habrá	vivido	habría	vivido
hemos		habíamos				habremos		habríamos	
habéis		habíais				habréis		habríais	
han		habían				habrán		habrían	

SUBJUNCTIVE

Present Perfect		Past Perfect	
haya	hablado	hubiera	hablado
hayas	comido	hubieras	comido
haya	vivido	hubiera	vivido
hayamos		hubiéramos	
hayáis		hubierais	
hayan		hubieran	

PROGRESSIVE TENSES

INDICATIVE				SUBJUNCTIVE	
Present Progressive	Past Progressive	Future Progressive	Conditional Progressive	Present Progressive	Past Progressive
estoy estás está estamos estáis estan } hablando comiendo viviendo	estaba estabas estaba estábamos estabais estaban } hablando comiendo viviendo	estaré estarás estará estaremos estaréis estarán } hablando comiendo viviendo	estaría estarías estaría estaríamos estaríais estarían } hablando comiendo viviendo	esté estés esté estemos estéis estén } hablando comiendo viviendo	estuviera estuvieras estuviera estuviéramos estuvierais estuvieran } hablando comiendo viviendo

Irregular verbs

	Infinitive	INDICATIVE					SUBJUNCTIVE		IMPERATIVE
		Present	Imperfect	Preterite	Future	Conditional	Present	Past	
4	caber **Participles:** cabiendo cabido	**quepo** cabes cabe cabemos cabéis caben	cabía cabías cabía cabíamos cabíais cabían	**cupe** **cupiste** **cupo** **cupimos** **cupisteis** **cupieron**	**cabré** **cabrás** **cabrá** **cabremos** **cabréis** **cabrán**	**cabría** **cabrías** **cabría** **cabríamos** **cabríais** **cabrían**	**quepa** **quepas** **quepa** **quepamos** **quepáis** **quepan**	**cupiera** **cupieras** **cupiera** **cupiéramos** **cupierais** **cupieran**	 cabe tú (no **quepas**) quepa Ud. **quepamos** cabed (no **quepáis**) **quepan** Uds.
5	caer(se) **Participles:** cayendo caído	**caigo** caes cae caemos caéis caen	caía caías caía caíamos caíais caían	**caí** **caíste** **cayó** **caímos** **caísteis** **cayeron**	caeré caerás caerá caeremos caeréis caerán	caería caerías caería caeríamos caeríais caerían	**caiga** **caigas** **caiga** **caigamos** **caigáis** **caigan**	**cayera** **cayeras** **cayera** **cayéramos** **cayerais** **cayeran**	 cae tú (no **caigas**) **caiga** Ud. (no **caiga**) **caigamos** caed (no **caigáis**) **caigan** Uds.
6	conducir (c:zc) **Participles:** conduciendo conducido	**conduzco** conduces conduce conducimos conducís conducen	conducía conducías conducía conducíamos conducíais conducían	**conduje** **condujiste** **condujo** **condujimos** **condujisteis** **condujeron**	conduciré conducirás conducirá conduciremos conduciréis conducirán	conduciría conducirías conduciría conduciríamos conduciríais conducirían	**conduzca** **conduzcas** **conduzca** **conduzcamos** **conduzcáis** **conduzcan**	**condujera** **condujeras** **condujera** **condujéramos** **condujerais** **condujeran**	 conduce tú (no **conduzcas**) **conduzca** Ud. (no **conduzca**) **conduzcamos** conducid (no **conduzcáis**) **conduzcan** Uds.

		INDICATIVE						SUBJUNCTIVE		IMPERATIVE
Infinitive	Present	Imperfect	Preterite	Future	Conditional		Present	Past	
dar	doy	daba	di	daré	daría		dé	diera	
	das	dabas	diste	darás	darías		des	dieras	da tú (no des)
	da	daba	dio	dará	daría		dé	diera	dé Ud.
Participles:	damos	dábamos	dimos	daremos	daríamos		demos	diéramos	demos
dando	dais	dabais	disteis	daréis	daríais		deis	dierais	dad (no deis)
dado	dan	daban	dieron	darán	darían		den	dieran	den Uds.
decir (e:i)	digo	decía	dije	diré	diría		diga	dijera	
	dices	decías	dijiste	dirás	dirías		digas	dijeras	di tú (no digas)
	dice	decía	dijo	dirá	diría		diga	dijera	diga Ud.
Participles:	decimos	decíamos	dijimos	diremos	diríamos		digamos	dijéramos	digamos
diciendo	decís	decíais	dijisteis	diréis	diríais		digáis	dijerais	decid (no digáis)
dicho	dicen	decían	dijeron	dirán	dirían		digan	dijeran	digan Uds.
estar	estoy	estaba	estuve	estaré	estaría		esté	estuviera	
	estás	estabas	estuviste	estarás	estarías		estés	estuvieras	está tú (no estés)
	está	estaba	estuvo	estará	estaría		esté	estuviera	esté Ud.
Participles:	estamos	estábamos	estuvimos	estaremos	estaríamos		estemos	estuviéramos	estemos
estando	estáis	estabais	estuvisteis	estaréis	estaríais		estéis	estuvierais	estad (no estéis)
estado	están	estaban	estuvieron	estarán	estarían		estén	estuvieran	estén Uds.
haber	he	había	hube	habré	habría		haya	hubiera	
	has	habías	hubiste	habrás	habrías		hayas	hubieras	
	ha	había	hubo	habrá	habría		haya	hubiera	
Participles:	hemos	habíamos	hubimos	habremos	habríamos		hayamos	hubiéramos	
habiendo	habéis	habíais	hubisteis	habréis	habríais		hayáis	hubierais	
habido	han	habían	hubieron	habrán	habrían		hayan	hubieran	
hacer	hago	hacía	hice	haré	haría		haga	hiciera	
	haces	hacías	hiciste	harás	harías		hagas	hicieras	haz tú (no hagas)
	hace	hacía	hizo	hará	haría		haga	hiciera	haga Ud.
Participles:	hacemos	hacíamos	hicimos	haremos	haríamos		hagamos	hiciéramos	hagamos
haciendo	hacéis	hacíais	hicisteis	haréis	haríais		hagáis	hicierais	haced (no hagáis)
hecho	hacen	hacían	hicieron	harán	harían		hagan	hicieran	hagan Uds.
ir	voy	iba	fui	iré	iría		vaya	fuera	
	vas	ibas	fuiste	irás	irías		vayas	fueras	ve tú (no vayas)
	va	iba	fue	irá	iría		vaya	fuera	vaya Ud.
Participles:	vamos	íbamos	fuimos	iremos	iríamos		vayamos	fuéramos	vamos
yendo	vais	ibais	fuisteis	iréis	iríais		vayáis	fuerais	id (no vayáis)
ido	van	iban	fueron	irán	irían		vayan	fueran	vayan Uds.
oír (y)	oigo	oía	oí	oiré	oiría		oiga	oyera	
	oyes	oías	oíste	oirás	oirías		oigas	oyeras	oye tú (no oigas)
	oye	oía	oyó	oirá	oiría		oiga	oyera	oiga Ud.
Participles:	oímos	oíamos	oímos	oiremos	oiríamos		oigamos	oyéramos	oigamos
oyendo	oís	oíais	oísteis	oiréis	oiríais		oigáis	oyerais	oíd (no oigáis)
oído	oyen	oían	oyeron	oirán	oirían		oigan	oyeran	oigan Uds.

7 8 9 10 11 12 13

	Infinitive	INDICATIVE					SUBJUNCTIVE		IMPERATIVE
		Present	Imperfect	Preterite	Future	Conditional	Present	Past	
14	poder (o:ue)	puedo	podía	pude	podré	podría	pueda	pudiera	
		puedes	podías	pudiste	podrás	podrías	puedas	pudieras	puede tú (no puedas)
		puede	podía	pudo	podrá	podría	pueda	pudiera	pueda Ud.
	Participles:	podemos	podíamos	pudimos	podremos	podríamos	podamos	pudiéramos	podamos
	pudiendo	podéis	podíais	pudisteis	podréis	podríais	podáis	pudierais	poded (no podáis)
	podido	pueden	podían	pudieron	podrán	podrían	puedan	pudieran	puedan Uds.
15	poner	pongo	ponía	puse	pondré	pondría	ponga	pusiera	
		pones	ponías	pusiste	pondrás	pondrías	pongas	pusieras	pon tú (no pongas)
		pone	ponía	puso	pondrá	pondría	ponga	pusiera	ponga Ud.
	Participles:	ponemos	poníamos	pusimos	pondremos	pondríamos	pongamos	pusiéramos	pongamos
	poniendo	ponéis	poníais	pusisteis	pondréis	pondríais	pongáis	pusierais	poned (no pongáis)
	puesto	ponen	ponían	pusieron	pondrán	pondrían	pongan	pusieran	pongan Uds.)
16	querer (e:ie)	quiero	quería	quise	querré	querría	quiera	quisiera	
		quieres	querías	quisiste	querrás	querrías	quieras	quisieras	quiere tú (no quieras)
		quiere	quería	quiso	querrá	querría	quiera	quisiera	quiera Ud.
	Participles:	queremos	queríamos	quisimos	querremos	querríamos	queramos	quisiéramos	queramos
	queriendo	queréis	queríais	quisisteis	querréis	querríais	queráis	quisierais	quered (no queráis)
	querido	quieren	querían	quisieron	querrán	querrían	quieran	quisieran	quieran Uds.
17	saber	sé	sabía	supe	sabré	sabría	sepa	supiera	
		sabes	sabías	supiste	sabrás	sabrías	sepas	supieras	sabe tú (no sepas)
		sabe	sabía	supo	sabrá	sabría	sepa	supiera	sepa Ud.
	Participles:	sabemos	sabíamos	supimos	sabremos	sabríamos	sepamos	supiéramos	sepamos
	sabiendo	sabéis	sabíais	supisteis	sabréis	sabríais	sepáis	supierais	sabed (no sepáis)
	sabido	saben	sabían	supieron	sabrán	sabrían	sepan	supieran	sepan Uds.
18	salir	salgo	salía	salí	saldré	saldría	salga	saliera	
		sales	salías	saliste	saldrás	saldrías	salgas	salieras	sal tú (no salgas)
		sale	salía	salió	saldrá	saldría	salga	saliera	salga Ud.
	Participles:	salimos	salíamos	salimos	saldremos	saldríamos	salgamos	saliéramos	salgamos
	saliendo	salís	salíais	salisteis	saldréis	saldríais	salgáis	salierais	salid (no salgáis)
	salido	salen	salían	salieron	saldrán	saldrían	salgan	salieran	salgan Uds.
19	ser	soy	era	fui	seré	sería	sea	fuera	
		eres	eras	fuiste	serás	serías	seas	fueras	sé tú (no seas)
		es	era	fue	será	sería	sea	fuera	sea Ud.
	Participles:	somos	éramos	fuimos	seremos	seríamos	seamos	fuéramos	seamos
	siendo	sois	erais	fuisteis	seréis	seríais	seáis	fuerais	sed (no seáis)
	sido	son	eran	fueron	serán	serían	sean	fueran	sean Uds.
20	tener (e:ie)	tengo	tenía	tuve	tendré	tendría	tenga	tuviera	
		tienes	tenías	tuviste	tendrás	tendrías	tengas	tuvieras	ten tú (no tengas)
		tiene	tenía	tuvo	tendrá	tendría	tenga	tuviera	tenga Ud.
	Participles:	tenemos	teníamos	tuvimos	tendremos	tendríamos	tengamos	tuviéramos	tengamos
	teniendo	tenéis	teníais	tuvisteis	tendréis	tendríais	tengáis	tuvierais	tened (no tengáis)
	tenido	tienen	tenían	tuvieron	tendrán	tendrían	tengan	tuvieran	tengan Uds.

21 traer
Participles: **trayendo**, **traído**

	Present	Imperfect	Preterite	Future	Conditional	Present (Subj.)	Past (Subj.)	Imperative
	traigo	traía	**traje**	traeré	traería	**traiga**	**trajera**	
	traes	traías	**trajiste**	traerás	traerías	**traigas**	**trajeras**	trae tú (no **traigas**)
	trae	traía	**trajo**	traerá	traería	**traiga**	**trajera**	**traiga** Ud.
	traemos	traíamos	**trajimos**	traeremos	traeríamos	**traigamos**	**trajéramos**	**traigamos**
	traéis	traíais	**trajisteis**	traeréis	traeríais	**traigáis**	**trajerais**	traed (no **traigáis**)
	traen	traían	**trajeron**	traerán	traerían	**traigan**	**trajeran**	**traigan** Uds.

22 venir (e:ie)
Participles: **viniendo**, venido

	Present	Imperfect	Preterite	Future	Conditional	Present (Subj.)	Past (Subj.)	Imperative
	vengo	venía	**vine**	**vendré**	**vendría**	**venga**	**viniera**	
	vienes	venías	**viniste**	**vendrás**	**vendrías**	**vengas**	**vinieras**	**ven** tú (no **vengas**)
	viene	venía	**vino**	**vendrá**	**vendría**	**venga**	**viniera**	**venga** Ud.
	venimos	veníamos	**vinimos**	**vendremos**	**vendríamos**	**vengamos**	**viniéramos**	**vengamos**
	venís	veníais	**vinisteis**	**vendréis**	**vendríais**	**vengáis**	**vinierais**	venid (no **vengáis**)
	vienen	venían	**vinieron**	**vendrán**	**vendrían**	**vengan**	**vinieran**	**vengan** Uds.

23 ver
Participles: viendo, **visto**

	Present	Imperfect	Preterite	Future	Conditional	Present (Subj.)	Past (Subj.)	Imperative
	veo	**veía**	vi	veré	vería	**vea**	**viera**	
	ves	**veías**	viste	verás	verías	**veas**	**vieras**	**ve** tú (no **veas**)
	ve	**veía**	vio	verá	vería	**vea**	**viera**	**vea** Ud.
	vemos	**veíamos**	vimos	veremos	veríamos	**veamos**	**viéramos**	**veamos**
	veis	**veíais**	visteis	veréis	veríais	**veáis**	**vierais**	ved (no **veáis**)
	ven	**veían**	vieron	verán	verían	**vean**	**vieran**	**vean** Uds.

Stem changing verbs

24 contar (o:ue)
Participles: contando, contado

	Present	Imperfect	Preterite	Future	Conditional	Present (Subj.)	Past (Subj.)	Imperative
	cuento	contaba	conté	contaré	contaría	**cuente**	contara	
	cuentas	contabas	contaste	contarás	contarías	**cuentes**	contaras	**cuenta** tú (no **cuentes**)
	cuenta	contaba	contó	contará	contaría	**cuente**	contara	**cuente** Ud.
	contamos	contábamos	contamos	contaremos	contaríamos	contemos	contáramos	contemos
	contáis	contabais	contasteis	contaréis	contaríais	contéis	contarais	contad (no **contéis**)
	cuentan	contaban	contaron	contarán	contarían	**cuenten**	contaran	**cuenten** Uds.

25 dormir (o:ue)
Participles: **durmiendo**, dormido

	Present	Imperfect	Preterite	Future	Conditional	Present (Subj.)	Past (Subj.)	Imperative
	duermo	dormía	dormí	dormiré	dormiría	**duerma**	**durmiera**	
	duermes	dormías	dormiste	dormirás	dormirías	**duermas**	**durmieras**	**duerme** tú (no **duermas**)
	duerme	dormía	**durmió**	dormirá	dormiría	**duerma**	**durmiera**	**duerma** Ud.
	dormimos	dormíamos	dormimos	dormiremos	dormiríamos	**durmamos**	**durmiéramos**	**durmamos**
	dormís	dormíais	dormisteis	dormiréis	dormiríais	**durmáis**	**durmierais**	dormid (no **durmáis**)
	duermen	dormían	**durmieron**	dormirán	dormirían	**duerman**	**durmieran**	**duerman** Uds.

26 empezar (e:ie) (c)
Participles: empezando, empezado

	Present	Imperfect	Preterite	Future	Conditional	Present (Subj.)	Past (Subj.)	Imperative
	empiezo	empezaba	**empecé**	empezaré	empezaría	**empiece**	empezara	
	empiezas	empezabas	empezaste	empezarás	empezarías	**empieces**	empezaras	**empieza** tú (no **empieces**)
	empieza	empezaba	empezó	empezará	empezaría	**empiece**	empezara	**empiece** Ud.
	empezamos	empezábamos	empezamos	empezaremos	empezaríamos	**empecemos**	empezáramos	**empecemos**
	empezáis	empezabais	empezasteis	empezaréis	empezaríais	**empecéis**	empezarais	empezad (no **empecéis**)
	empiezan	empezaban	empezaron	empezarán	empezarían	**empiecen**	empezaran	**empiecen** Uds.

Infinitive	INDICATIVE					SUBJUNCTIVE		IMPERATIVE
	Present	Imperfect	Preterite	Future	Conditional	Present	Past	

27 entender (e:ie) — Participles: entendiendo, entendido

	Present	Imperfect	Preterite	Future	Conditional	Present	Past	IMPERATIVE
	entiendo	entendía	entendí	entenderé	entendería	entienda	entendiera	
	entiendes	entendías	entendiste	entenderás	entenderías	entiendas	entendieras	entiende tú (no entiendas)
	entiende	entendía	entendió	entenderá	entendería	entienda	entendiera	entienda Ud.
	entendemos	entendíamos	entendimos	entenderemos	entenderíamos	entendamos	entendiéramos	entendamos
	entendéis	entendíais	entendisteis	entenderéis	entenderíais	entendáis	entendierais	entended (no entendáis)
	entienden	entendían	entendieron	entenderán	entenderían	entiendan	entendieran	entiendan Uds.

28 jugar (u:ue) (gu) — Participles: jugando, jugado

	Present	Imperfect	Preterite	Future	Conditional	Present	Past	IMPERATIVE
	juego	jugaba	jugué	jugaré	jugaría	juegue	jugara	
	juegas	jugabas	jugaste	jugarás	jugarías	juegues	jugaras	juega tú (no juegues)
	juega	jugaba	jugó	jugará	jugaría	juegue	jugara	juegue Ud.
	jugamos	jugábamos	jugamos	jugaremos	jugaríamos	juguemos	jugáramos	juguemos
	jugáis	jugabais	jugasteis	jugaréis	jugaríais	juguéis	jugarais	jugad (no juguéis)
	juegan	jugaban	jugaron	jugarán	jugarían	jueguen	jugaran	jueguen Uds.

29 pedir (e:i) — Participles: pidiendo, pedido

	Present	Imperfect	Preterite	Future	Conditional	Present	Past	IMPERATIVE
	pido	pedía	pedí	pediré	pediría	pida	pidiera	
	pides	pedías	pediste	pedirás	pedirías	pidas	pidieras	pide tú (no pidas)
	pide	pedía	pidió	pedirá	pediría	pida	pidiera	pida Ud.
	pedimos	pedíamos	pedimos	pediremos	pediríamos	pidamos	pidiéramos	pidamos
	pedís	pedíais	pedisteis	pediréis	pediríais	pidáis	pidierais	pedid (no pidáis)
	piden	pedían	pidieron	pedirán	pedirían	pidan	pidieran	pidan Uds.

30 pensar (e:ie) — Participles: pensando, pensado

	Present	Imperfect	Preterite	Future	Conditional	Present	Past	IMPERATIVE
	pienso	pensaba	pensé	pensaré	pensaría	piense	pensara	
	piensas	pensabas	pensaste	pensarás	pensarías	pienses	pensaras	piensa tú (no pienses)
	piensa	pensaba	pensó	pensará	pensaría	piense	pensara	piense Ud.
	pensamos	pensábamos	pensamos	pensaremos	pensaríamos	pensemos	pensáramos	pensemos
	pensáis	pensabais	pensasteis	pensaréis	pensaríais	penséis	pensarais	pensad (no penséis)
	piensan	pensaban	pensaron	pensarán	pensarían	piensen	pensaran	piensen Uds.

31 reír(se) (e:i) — Participles: riendo, reído

	Present	Imperfect	Preterite	Future	Conditional	Present	Past	IMPERATIVE
	río	reía	reí	reiré	reiría	ría	riera	
	ríes	reías	reíste	reirás	reirías	rías	rieras	ríe tú (no rías)
	ríe	reía	rió	reirá	reiría	ría	riera	ría Ud.
	reímos	reíamos	reímos	reiremos	reiríamos	riamos	riéramos	riamos
	reís	reíais	reísteis	reiréis	reiríais	riáis	rierais	reíd (no riáis)
	ríen	reían	rieron	reirán	reirían	rían	rieran	rían Uds.

32 seguir (e:i) (gu) — Participles: siguiendo, seguido

	Present	Imperfect	Preterite	Future	Conditional	Present	Past	IMPERATIVE
	sigo	seguía	seguí	seguiré	seguiría	siga	siguiera	
	sigues	seguías	seguiste	seguirás	seguirías	sigas	siguieras	sigue tú (no sigas)
	sigue	seguía	siguió	seguirá	seguiría	siga	siguiera	siga Ud.
	seguimos	seguíamos	seguimos	seguiremos	seguiríamos	sigamos	siguiéramos	sigamos
	seguís	seguíais	seguisteis	seguiréis	seguiríais	sigáis	siguierais	seguid (no sigáis)
	siguen	seguían	siguieron	seguirán	seguirían	sigan	siguieran	sigan Uds.

33 sentir (e:ie) — Participles: sintiendo, sentido

	Present	Imperfect	Preterite	Future	Conditional	Present	Past	IMPERATIVE
	siento	sentía	sentí	sentiré	sentiría	sienta	sintiera	
	sientes	sentías	sentiste	sentirás	sentirías	sientas	sintieras	siente tú (no sientas)
	siente	sentía	sintió	sentirá	sentiría	sienta	sintiera	sienta Ud.
	sentimos	sentíamos	sentimos	sentiremos	sentiríamos	sintamos	sintiéramos	sintamos
	sentís	sentíais	sentisteis	sentiréis	sentiríais	sintáis	sintierais	sentid (no sintáis)
	sienten	sentían	sintieron	sentirán	sentirían	sientan	sintieran	sientan Uds.

	INDICATIVE					SUBJUNCTIVE		IMPERATIVE
Infinitive	**Present**	**Imperfect**	**Preterite**	**Future**	**Conditional**	**Present**	**Past**	
34 volver (o:ue)	**vuelvo**	volvía	volví	volveré	volvería	**vuelva**	volviera	
	vuelves	volvías	volviste	volverás	volverías	**vuelvas**	volvieras	**vuelve** tú (no **vuelvas**)
	vuelve	volvía	volvió	volverá	volvería	**vuelva**	volviera	**vuelva** Ud.
Participles:	volvemos	volvíamos	volvimos	volveremos	volveríamos	volvamos	volviéramos	volvamos
volviendo	volvéis	volvíais	volvisteis	volveréis	volveríais	volváis	volvierais	volved (no **volváis**)
vuelto	**vuelven**	volvían	volvieron	volverán	volverían	**vuelvan**	volvieran	**vuelvan** Uds.

Verbs with spelling changes only

	INDICATIVE					SUBJUNCTIVE		IMPERATIVE
Infinitive	**Present**	**Imperfect**	**Preterite**	**Future**	**Conditional**	**Present**	**Past**	
35 conocer (c:zc)	**conozco**	conocía	conocí	conoceré	conocería	**conozca**	conociera	
	conoces	conocías	conociste	conocerás	conocerías	**conozcas**	conocieras	conoce tú (no **conozcas**)
	conoce	conocía	conoció	conocerá	conocería	**conozca**	conociera	**conozca** Ud.
Participles:	conocemos	conocíamos	conocimos	conoceremos	conoceríamos	**conozcamos**	conociéramos	**conozcamos**
conociendo	conocéis	conocíais	conocisteis	conoceréis	conoceríais	**conozcáis**	conocierais	conoced (no **conozcáis**)
conocido	conocen	conocían	conocieron	conocerán	conocerían	**conozcan**	conocieran	**conozcan** Uds.
36 creer (y)	creo	creía	**creí**	creeré	creería	crea	**creyera**	
	crees	creías	**creíste**	creerás	creerías	creas	**creyeras**	cree tú (no creas)
	cree	creía	**creyó**	creerá	creería	crea	**creyera**	crea Ud.
Participles:	creemos	creíamos	**creímos**	creeremos	creeríamos	creamos	**creyéramos**	creamos
creyendo	creéis	creíais	**creísteis**	creeréis	creeríais	creáis	**creyerais**	creed (no creáis)
creído	creen	creían	**creyeron**	creerán	creerían	crean	**creyeran**	crean Uds.
37 cruzar (c)	cruzo	cruzaba	**crucé**	cruzaré	cruzaría	**cruce**	cruzara	
	cruzas	cruzabas	cruzaste	cruzarás	cruzarías	**cruces**	cruzaras	cruza tú (no **cruces**)
	cruza	cruzaba	cruzó	cruzará	cruzaría	**cruce**	cruzara	**cruce** Ud.
Participles:	cruzamos	cruzábamos	cruzamos	cruzaremos	cruzaríamos	**crucemos**	cruzáramos	**crucemos**
cruzando	cruzáis	cruzabais	cruzasteis	cruzaréis	cruzaríais	**crucéis**	cruzarais	cruzad (no **crucéis**)
cruzado	cruzan	cruzaban	cruzaron	cruzarán	cruzarían	**crucen**	cruzaran	**crucen** Uds.
38 destruir (y)	**destruyo**	destruía	destruí	destruiré	destruiría	**destruya**	**destruyera**	
	destruyes	destruías	destruiste	destruirás	destruirías	**destruyas**	**destruyeras**	**destruye** tú (no **destruyas**)
	destruye	destruía	**destruyó**	destruirá	destruiría	**destruya**	**destruyera**	**destruya** Ud.
Participles:	destruimos	destruíamos	destruimos	destruiremos	destruiríamos	**destruyamos**	**destruyéramos**	**destruyamos**
destruyendo	destruís	destruíais	destruisteis	destruiréis	destruiríais	**destruyáis**	**destruyerais**	destruid (no **destruyáis**)
destruido	**destruyen**	destruían	**destruyeron**	destruirán	destruirían	**destruyan**	**destruyeran**	**destruyan** Uds.
39 enviar (envío)	**envío**	enviaba	envié	enviaré	enviaría	**envíe**	enviara	
	envías	enviabas	enviaste	enviarás	enviarías	**envíes**	enviaras	**envía** tú (no **envíes**)
	envía	enviaba	envió	enviará	enviaría	**envíe**	enviara	**envíe** Ud.
Participles:	enviamos	enviábamos	enviamos	enviaremos	enviaríamos	**enviemos**	enviáramos	enviemos
enviando	enviáis	enviabais	enviasteis	enviaréis	enviaríais	**enviéis**	enviarais	enviad (no **enviéis**)
enviado	**envían**	enviaban	enviaron	enviarán	enviarían	**envíen**	enviaran	**envíen** Uds.

Infinitive	INDICATIVE Present	Imperfect	Preterite	Future	Conditional	SUBJUNCTIVE Present	Past	IMPERATIVE
40 graduarse (gradúo) Participles: graduando graduado	gradúo gradúas gradúa graduamos graduáis gradúan	graduaba graduabas graduaba graduábamos graduabais graduaban	gradué graduaste graduó graduamos graduasteis graduaron	graduaré graduarás graduará graduaremos graduaréis graduarán	graduaría graduarías graduaría graduaríamos graduaríais graduarían	gradúe gradúes gradúe graduemos graduéis gradúen	graduara graduaras graduara graduáramos graduarais graduaran	gradúa tú (no gradúes) gradúe Ud. graduemos graduad (no graduéis) gradúen Uds.
41 llegar (gu) Participles: llegando llegado	llego llegas llega llegamos llegáis llegan	llegaba llegabas llegaba llegábamos llegabais llegaban	llegué llegaste llegó llegamos llegasteis llegaron	llegaré llegarás llegará llegaremos llegaréis llegarán	llegaría llegarías llegaría llegaríamos llegaríais llegarían	llegue llegues llegue lleguemos lleguéis lleguen	llegara llegaras llegara llegáramos llegarais llegaran	llega tú (no llegues) llegue Ud. lleguemos llegad (no lleguéis) lleguen Uds.
42 proteger (j) Participles: protegiendo protegido	protejo proteges protege protegemos protegéis protegen	protegía protegías protegía protegíamos protegíais protegían	protegí protegiste protegió protegimos protegisteis protegieron	protegeré protegerás protegerá protegeremos protegeréis protegerán	protegería protegerías protegería protegeríamos protegeríais protegerían	proteja protejas proteja protejamos protejáis protejan	protegiera protegieras protegiera protegiéramos protegierais protegieran	protege tú (no protejas) proteja Ud. protejamos proteged (no protejáis) protejan Uds.
43 tocar (qu) Participles: tocando tocado	toco tocas toca tocamos tocáis tocan	tocaba tocabas tocaba tocábamos tocabais tocaban	toqué tocaste tocó tocamos tocasteis tocaron	tocaré tocarás tocará tocaremos tocaréis tocarán	tocaría tocarías tocaría tocaríamos tocaríais tocarían	toque toques toque toquemos toquéis toquen	tocara tocaras tocara tocáramos tocarais tocaran	toca tú (no toques) toque Ud. toquemos tocad (no toquéis) toquen Uds.

Guide to Vocabulary

Note on alphabetization

Formerly, **ch**, **ll**, and **ñ** were considered separate letters in the Spanish alphabet, **ch** appearing after **c**, **ll** after **l**, and **ñ** after **n**. In current practice, for purposes of alphabetization, **ch** and **ll** are not treated as separate letters, but **ñ** still follows **n**. Therefore, in this glossary you will find that **año**, for example, appears after **anuncio**.

Abbreviations used in this glossary

adj.	adjective	*interj.*	interjection	*poss.*	possessive
adv.	adverb	*i.o.*	indirect object	*prep.*	preposition
conj.	conjunction	*m.*	masculine	*pron.*	pronoun
d.o.	direct object	*n.*	noun	*ref.*	reflexive
f.	feminine	*obj.*	object	*sing.*	singular
fam.	familiar	*p.p.*	past participle	*sub.*	subject
form.	formal	*pl.*	plural	*v.*	verb

Spanish-English

A

a *prep.* at; to 1
  ¿A qué hora...? At what time . . . ? 1
  a bordo aboard 1
  a dieta on a diet 15
  a la derecha to the right 2
  a la izquierda to the left 2
  a la plancha grilled 8
  a la(s) + *time* at + *time* 1
  a menos que unless 13
  a menudo often 10
  a nombre de in the name of 5
  a plazos in installments 14
  A sus órdenes. At your service. 11
  a tiempo on time 10
  a veces sometimes 10
  a ver let's see 2
¡Abajo! *adv.* Down! 15
abeja *f.* bee
abierto/a *p.p.* open 5
abogado/a *m., f.* lawyer
abrazar(se) *v.* to hug; to embrace (each other) 11
abrazo *m.* hug
abrigo *m.* coat 6
abril *m.* April 5
abrir *v.* to open 3
abuelo/a *m., f.* grandfather; grandmother 3
abuelos *pl.* grandparents 3
aburrido/a *adj.* bored; boring 5
aburrir *v.* to bore 7
aburrirse *v.* to get bored
acabar de (+ *inf.*) *v.* to have just (*done something*) 6
acampar *v.* to camp 5
accidente *m.* accident 10
acción *f.* action
aceite *m.* oil 8

ácido/a *adj.* acid 13
acompañar *v.* to go with; to accompany 14
aconsejar *v.* to advise 12
acontecimiento *m.* event
acordarse (de) (o:ue) *v.* to remember 7
acostarse (o:ue) *v.* to go to bed 7
activo/a *adj.* active 15
actor *m.* actor
actriz *f.* actor
actualidades *f., pl.* news; current events
acuático/a *adj.* aquatic 4
adelgazar *v.* to lose weight; to slim down 15
además (de) *adv.* furthermore; besides; in addition (to) 10
adicional *adj.* additional
adiós *m.* good-bye 1
adjetivo *m.* adjective
administración de empresas *f.* business administration 2
adolescencia *f.* adolescence 9
¿adónde? *adv.* where? (destination) 2
aduana *f.* customs 5
aeróbico/a *adj.,* aerobic 15
aeropuerto *m.* airport 5
afectado/a *adj.* affected 13
afeitarse *v.* to shave 7
aficionado/a *adj.* fan 4
afirmativo/a *adj.* affirmative
afueras *f., pl.* suburbs; outskirts 12
agencia de viajes *f.* travel agency 5
agente de viajes *m., f.* travel agent 5
agosto *m.* August 5
agradable *adj.* pleasant 5
agua *f.* water 8
  agua mineral mineral water 8
ahora *adv.* now 2
  ahora mismo right now 5

ahorrar *v.* to save money 14
ahorros *m.* savings 14
aire *m.* air 6
ajo *m.* garlic 8
al (*contraction of* **a + el**) 2
  al aire libre open-air 6
  al contado in cash 14
  al este to the east 14
  al fondo (de) at the end (of) 12
  al lado de beside 2
  al norte to the north 14
  al oeste to the west 14
  al sur to the south 14
alcoba *f.* bedroom 12
alcohol *m.* alcohol 15
alcohólico/a *adj.* alcoholic 15
alegrarse (de) *v.* to be happy 13
alegre *adj.* happy; joyful 5
alegría *f.* joy 9
alemán, alemana *adj.* German 3
alérgico/a *adj.* allergic 10
alfombra *f.* carpet; rug 12
algo *pron.* something; anything 7
algodón *m.* cotton 6
alguien *pron.* someone; somebody; anyone 7
algún, alguno/a(s) *adj.* any; some 7
aliviar *v.* to ease; alleviate 15
  aliviar el estrés/la tensión to reduce stress/tension 15
allí *adv.* there 5
  allí mismo right there 14
almacén *m.* department store 6
almohada *f.* pillow 12
almorzar (o:ue) *v.* to have lunch 8
almuerzo *m.* lunch 8
aló *interj.* hello (*on the telephone*) 11
alquilar *v.* to rent 12
alquiler *m.* rent 12

alternador *m.* alternator 11
altillo *m.* attic 12
alto/a *adj.* tall 3
aluminio *m.* aluminum 13
amable *adj.* nice; friendly 5
ama de casa *f.* housekeeper; caretaker; housewife 12
amarillo/a *adj.* yellow 6
amigo/a *m., f.* friend 3
amistad *f.* friendship 9
amor *m.* love 9
anaranjado/a *adj.* orange 6
animal *m.* animal 13
aniversario (de bodas) *m.* (wedding) anniversary 9
anoche *adv.* last night 6
anteayer *adv.* the day before yesterday 6
antes *adv.* before 7
  antes (de) que *conj.* before 13
  antes de *prep.* before 7
antibiótico *m.* antibiotic 10
antipático/a *adj.* unpleasant 3
anunciar *v.* to announce; to advertise
anuncio *m.* advertisement
año *m.* year 2, 5
  el año pasado *last* year 6
apagar *v.* to turn off 11
aparato *m.* appliance 12
apartamento *m.* apartment 12
apellido *m.* last name 9
apenas *adv.* hardly; scarcely; just 10
aplaudir *v.* to applaud
apreciar *v.* to appreciate
aprender *v.* to learn 3
apurarse *v.* to hurry; to rush 15
aquel, aquella *adj.* that; those (over there) 6
aquél, aquélla *pron.* that; those (over there) 6
aquello *neuter, pron.* that; that thing; that fact 6
aquellos/as *pl. adj.* that; those (over there) 6
aquéllos/as *pl. pron.* those (ones) (over there) 6
aquí *adv.* here 1
  Aquí está... Here it is . . . 5
  Aquí estamos en... Here we are in . . . 2
  aquí mismo right here 11
árbol *m.* tree 13
archivo *m.* file 11
armario *m.* closet 12
arqueólogo/a *m., f.* archaeologist
arquitecto/a *m., f.* architect
arrancar *v.* to start (*a car*) 11
arreglar *v.* to fix; to arrange 11
arriba *adv.* up 15
arroz *m.* rice 8
arte *m.* art 2
artes *f., pl.* arts

artesanía *f.* craftsmanship; crafts
artículo *m.* article
artista *m., f.* artist 3
artístico/a *adj.* artistic
arveja *m.* pea 8
asado/a *adj.* roasted 8
ascenso *m.* promotion
ascensor *m.* elevator 5
así *adj.* thus; so (*in such a way*) 10
  así así so so 1
asistir (a) *v.* to attend 3
aspiradora *f.* vacuum cleaner 12
aspirante *m. f.* candidate; applicant
aspirina *f.* aspirin 10
atún *m.* tuna 8
aumentar *v.* **de peso** to gain weight 15
aumento *m.* increase
  aumento de sueldo pay raise
aunque although
autobús *m.* bus 1
automático/a *adj.* automatic 14
auto(móvil) *m.* auto(mobile) 5
autopista *f.* highway 11
ave *f.* bird 13
avenida *f.* avenue 11
aventura *f.* adventure
avergonzado/a *adj.* embarrassed 5
avión *m.* airplane 5
¡Ay! *interj.* Oh! 10
  ¡Ay, qué dolor! Oh, what pain! 10
ayer *adv.* yesterday 6
ayudar (a) *v.* to help 12
ayudarse *v.* to help each other 11
azúcar *m.* sugar 8
azul *adj. m., f.* blue 6

B

bailar *v.* to dance 2
bailarín/bailarina *m., f.* dancer
baile *m.* dance
bajar(se) *v.* to go down; to get off (of) 11
bajo/a *adj.* short (*in height*) 3
bajo control under control 7
balcón *m.* balcony 12
ballet *m.* ballet
baloncesto *m.* basketball 4
banana *f.* banana 8
banco *m.* bank 14
banda *f.* band
bandera *f.* flag
bañarse *v.* to bathe take a bath 7
baño *m.* bathroom 7
barato/a *adj.* cheap 6
barco *m.* ship 5

barrer *v.* to sweep 12
  barrer el suelo *v.* to sweep the floor 12
barrio *m.* neighborhood 12
bastante *adv.* enough; rather 10; pretty
basura *f.* trash 12
baúl *m.* trunk 11
beber *v.* to drink 3
bebida *f.* drink 8
béisbol *m.* baseball 4
bellas artes *f., pl.* fine arts
belleza *f.* beauty 14
beneficio *m.* benefit
besar(se) *v.* to kiss (each other) 11
beso *m.* kiss 9
biblioteca *f.* library 2
bicicleta *f.* bicycle 4
bien *adj.* good well 1
bienestar *m.* well-being 15
bienvenido/a *adj.* welcome 12
billete *m.* paper money 8
billón *m.* trillion 5
biología *f.* biology 2
bistec *m.* steak 8
bizcocho *m.* biscuit 9
blanco/a *adj.* white 6
bluejeans *m., pl.* jeans 6
blusa *f.* blouse 6
boca *f.* mouth 10
boda *f.* wedding 9
boleto *m.* ticket
bolsa *f.* purse, bag 6
bombero/a *m., f.* firefighter
bonito/a *adj.* pretty 3
borrador *m.* eraser 2
bosque *m.* forest 13
  bosque tropical tropical forest; rainforest 13
bota *f.* boot 6
botella *f.* bottle 9
  botella de vino bottle of wine 9
botones *m., sing.* bellhop 5
brazo *m.* arm 10
brindar *v.* to toast (*drink*) 9
bucear *v.* to (scuba) dive 4
bueno *adv.* well 2
bueno/a, buen *adj.* good 3, 6
  Buen viaje. Have a good trip. 1
  buena forma good shape (*physical*) 15
  Buena idea. Good idea. 4
  Buenas noches. Good evening; Good night. 1
  Buenas tardes. Good afternoon. 1
  buenísimo extremely good 8
  ¿Bueno? Hello. (*on telephone*) 11
  Buenos días. Good morning. 1
bulevar *m.* boulevard 11
buscar *v.* to look for 2
buzón *m.* mailbox 14

C

caballo *m.* horse 5
cabaña *f.* cabin 5
cabe: no cabe duda (de) que...
there's no doubt that . . . 13
cabeza *f.* head 10
cada *adj. m., f.* each 6
caerse *v.* to fall (down) 10
café *m.* café 4; *adj. m., f.* brown
6; coffee 8
cafetera *f.* coffee maker 12
cafetería *f.* cafeteria 2
caído/a *p.p.* fallen 14
caja *f.* cash register 6
cajero/a *m., f.* cashier 14
    cajero automático *m.* auto-
    matic teller machine (ATM) 14
calcetín *m.* sock 6
calculadora *f.* calculator 11
caldo *m.* soup 8
    caldo de patas *m.* beef soup 8
calentarse *v.* to warm up 15
calidad *f.* quality 6
calle *m.* street 11
calor *m.* heat 4
caloría *f.* calorie 15
calzar *v.* to take size ... shoes 6
cama *f.* bed 5
cámara *f.* camera 11
cámara de video *f.* videocamera
11
camarero/a *m., f.* waiter 8
camarón *m.* shrimp 8
cambiar (de) *v.* to change 9
cambio *m.* **de moneda** currency
exchange 8
caminar *v.* to walk 2
camino *m.* road 11
camión *m* truck; bus
camisa *f.* shirt 6
camiseta *f.* t-shirt 6
campo *m.* countryside 5
canadiense *adj.* Canadian 3
canal *m.* channel (TV) 11
canción *f.* song
candidato/a *m., f.* candidate
cansado/a *adj.* tired 5
cantante *m., f.* singer
cantar *v.* to sing 2
capital *f.* capital (city) 1
capó *m.* hood 11
cara *f.* face 7
caramelo *m.* caramel 9
carne *f.* meat 8
    carne de res *f.* beef 8
carnicería *f.* butcher shop 14
caro/a *adj.* expensive 6
carpintero/a *m., f.* carpenter
carrera *f.* career
carretera *f.* highway 11
carro *m.* car; automobile 11
carta *f.* letter 4; (playing) card 5
cartel *m.* poster 12

cartera *f.* wallet 6
cartero *m.* mail carrier 14
casa *f.* house; home 4
casado/a *adj.* married 9
casarse (con) *v.* to get married
(to) 9
casi *adv.* almost 10
catorce *adj.* fourteen 1
cebolla *f.* onion 8
celebrar *v.* to celebrate 9
celular *adj.* cellular 11
cena *f.* dinner 8
cenar *v.* to have dinner 8
centro *m.* downtown 4
    centro comercial shopping
    mall 6
cepillarse los dientes/el pelo
v. to brush one's teeth/one's
hair 7
cerámica *f.* pottery
cerca de *prep.* near 2
cerdo *m.* pork 8
cereales *m., pl.* cereal; grains 8
cero *m.* zero 1
cerrado/a *p.p.* closed 5
cerrar (e:ie) *v.* to close 4
cerveza *f.* beer 8
césped *m.* grass 13
ceviche *m.* marinated fish dish 8
    ceviche de camarón *m.*
    marinated shrimp 8
chaleco *m.* vest 6
champán *m.* champagne
champiñón *m.* mushroom 8
champú *m.* shampoo 7
chaqueta *f.* jacket 6
chau *fam. interj.* bye 1
cheque *m.* (bank) check 14
    cheque de viajero *m.* traveler's
    check 14
chévere *adj., fam.* terrific
chico/a *adj.* boy/girl 1
chino/a *adj.* Chinese 3
chocar (con) *v.* to run into 11
chocolate *m.* chocolate 9
choque *m.* collision
chuleta *f.* chop (food) 8
    chuleta de cerdo *f.* pork
    chop 8
ciclismo *m.* cycling 4
cielo *m.* sky 13
cien(to) one hundred 5
ciencia *f.* science 2
    ciencia ficción *f.* science
    fiction
científico/a *m., f.* scientist
cierto *m.* certain; true 13
cifra *f.* figure
cinco five 1
cincuenta fifty 2
cine *m.* movie theater 4
cinta *f.* (audio)tape 11
cinturón *m.* belt 6
circulación *f.* traffic 11

cita *f.* date; appointment 9
ciudad *f.* city 4
ciudadano/a *adj.* citizen
claro que sí *fam.* of course
clase *f.* class 2
    clase de ejercicios aeróbicos
    f. aerobics class 15
clásico/a *adj.* classical
cliente/a *m., f.* customer 6
clínica *f.* clinic 10
cobrar *v.* to cash a check 14
coche *m.* car; automobile 11
cocina *f.* kitchen; stove 12
cocinar *v.* to cook 12
cocinero/a *m., f.* cook, chef
cola *f.* line 14
colesterol *m.* cholesterol 15
color *m.* color 6
comedia *f.* comedy; play
comedor *m.* dining room 12
comenzar (e:ie) *v.* to begin 4
comer *v.* to eat 3
comercial *adj.* commercial;
business-related
comida *f.* food; meal 8
como like; as 8
¿cómo? what; how 1
    ¿Cómo es...? What's... like? 3
    ¿Cómo está Ud.? *form.*
    How are you? 1
    ¿Cómo estás? *fam.* How are
    you? 1
    ¿Cómo les fue...? *pl.* How did
    . . . go for you? 15
    ¿Cómo se llama (Ud.)?
    (form.) What's your name? 1
    ¿Cómo te llamas (tú)? *(fam.)*
    What's your name? 1
cómoda *f.* chest of drawers 12
cómodo/a *adj.* comfortable 5
compañero/a de clase *m., f.*
classmate 2
compañero/a de cuarto *m., f.*
roommate 2
compañía *f.* company; firm
compartir *v.* to share 3
completamente *adv.* completely
compositor(a) *m., f.* composer
comprar *v.* to buy 2
compras *f., pl.* purchases 5
    ir de compras go shopping
comprender *v.* to understand 3
comprobar *v.* to check
comprometerse (con) *v.* to get
engaged (to) 9
computación *f.* computer science 2
computadora *f.* computer 1
computadora portátil *f.*
portable computer; laptop 11
comunicación *f.* communication
comunicarse (con) *v.* to communicate (with)
comunidad *f.* community 1
con *prep.* with 2

Con él/ella habla. This is he/she. (*on telephone*) 11
con frecuencia *adv.* frequently 10
Con permiso. Pardon me., Excuse me. 1
con tal (de) que provided (that) 13
concierto *m.* concert
concordar *v.* to agree 8
concurso *m.* contest; game show
conducir *v.* to drive 8, 11
conductor(a) *m., f.* chauffeur; driver 1
confirmar *v.* to confirm 5
confirmar *v.* **la reservación** *f.* to confirm the reservation 5
congelador *m.* freezer 12
congestionado/a *adj.* congested; stuffed-up 10
conmigo *pron.* with me 4
conocer *v.* to know; to be acquainted with 8
conocido *adj.* known 2
conseguir (e:i) *v.* to get; to obtain 4
consejero/a *m., f.* counselor; advisor
consejo *m.* advice 9
conservación *f.* conservation 13
conservar *v.* to conserve 13
construir *v.* build 4
consultorio *m.* doctor's office 10
consumir *v.* consume 15
contabilidad *f.* accounting 2
contador(a) *m., f.* accountant
contaminación *f.* pollution; contamination 4
contaminación del aire/del agua air/water pollution 13
contaminado/a *adj.* polluted 13
contaminar *v.* to pollute 13
contar (con) *v.* to count (on) 12
contento/a *adj.* happy; content 5
contestadora *f.* answering machine 11
contestar *v.* to answer 2
contigo *fam. pron.* with you 8
contratar *v.* to hire
control *m.* control 7
control remoto remote control 11
controlar *v.* to control 13
conversación *f.* conversation 2
conversar *v.* to talk 2
copa *f.* wineglass; goblet 12
corazón *m.* heart 10
corbata *f.* tie 6
corredor(a) *m., f.* **de bolsa** stockbroker
correo *m.* post office; mail 14
correo electrónico *m.* e-mail 4
correr *v.* to run; to jog 3
cortesía *f.* courtesy 1

cortinas *f., pl.* curtains 12
corto/a *adj.* short (*in length*) 6
cosa *f.* thing 1
costar (o:ue) *f.* to cost 6
cráter *m.* crater 13
creer (en) *v.* to believe (in) 3
creído/a *p.p.* believed 14
crema de afeitar *f.* shaving cream 7
crimen *m.* crime; murder
cruzar *v.* to cross 14
cuaderno *m.* notebook 1
cuadra *f.* city block 14
¿cuál(es)? which?; which ones?; what? 2
¿Cuál es la fecha (de hoy)? What is the date (today)? 5
cuadro *m.* picture 12
cuadros *m., pl.* plaid 6
cuando when 7
¿cuándo? when? 2
¿cuánto/a(s)? how much?, how many? 1
¿Cuánto cuesta...? How much does . . . cost? 6
¿Cuántos años tienes? How old are you? 3
cuarenta forty 2
cuarto de baño *m.* bathroom 7
cuarto *m.* room 7
cuarto/a *adj.* fourth 5
menos cuarto quarter to (time)
y cuarto quarter after (time)
cuatro four 1
cuatrocientos/as *m., f.* four hundred 5
cubiertos *m., pl.* silverware
cubierto/a *p.p.* covered 14
cubrir *v.* to cover 14
cuchara *f.* tablespoon 12
cuchillo *m.* knife 12
cuello *m.* neck 10
cuenta *f.* bill 9; account 14
cuenta corriente *f.* checking account 14
cuenta de ahorros *f.* savings account 14
cuento *m.* story
cuerpo *m.* body 10
cuidado *m.* care 3
cuidar *v.* to take care of 13
cultura *f.* culture
cumpleaños *m., sing.* birthday 9
cumplir años *v.* to have a birthday 9
cuñado/a *m., f.* brother-in-law; sister-in-law 3
currículum *m.* résumé; curriculum vitae
curso *m.* course 2

D

danza *f.* dance

dañar *v.* to damage; to breakdown 11
dar *v.* to give 9
dar direcciones *v.* to give directions 14
dar un consejo *v.* to give advice 9
darse con *v.* to bump into; to run into 10
de *prep.* of; from 1
¿De dónde eres (tú)? *fam.* Where are you from? 1
¿De dónde es (Ud.)? *form.* Where are you from? 1
¿De parte de quién? Who is calling? (*on telephone*) 11
¿de quién? whose? (*sing.*) 1
¿de quiénes? whose? (*pl.*) 1
de algodón (made of) cotton 6
de aluminio (made of) aluminum 13
de compras shopping 5
de cuadros plaid 6
de excursión hiking 4
de hecho in fact 5
de ida y vuelta roundtrip 5
de la mañana in the morning; A.M. 1
de la noche in the evening; at night; P.M. 1
de la tarde in the afternoon; in the early evening; P.M. 1
de lana (made of) wool 6
de lunares polka-dotted 6
de mi vida of my life 15
de moda in fashion 6
De nada. You're welcome. 1
de ninguna manera no way
de niño/a as a child 10
de parte de on behalf of 11
de plástico (made of) plastic 13
de rayas striped 6
de repente suddenly 6
de seda (made of) silk 6
de vaqueros western (genre)
de vez en cuando from time to time 10
de vidrio (made of) glass 13
debajo de *prep.* below; under 2
deber (+ infin.) *v.* to have to (*do something*), should (*do something*) 3
deber *m.* responsibility; obligation
debido a due to 3
débil *adj.* weak 15
decidido/a *adj.* decided 14
decidir *v.* to decide 3
décimo/a *adj.* tenth 5
decir *v.* **(que)** to say (that); to tell (that) 9
declarar *v.* to declare; to say
dedo *m.* finger 10
deforestación *f.* deforestation 13
dejar *v.* to let 12; to quit; to leave behind

dejar de *(+ inf.)* *v.* to stop *(doing something)* 13

dejar una propina *v.* to leave a tip 9

del *(contraction of* **de + el)** of the; from the 1

delante de *prep.* in front of 2

delgado/a *adj.* thin; slender 3

delicioso/a *adj.* delicious 8

demás *pron.* the rest 5

demasiado *adv.* too much 6

dentista *m., f.* dentist 10

dentro de within

dependiente/a *m., f.* clerk 6

deporte *m.* sport 4

deportista *m.* sports person 1

deportivo/a *adj.* sports-loving 4

depositar *v.* to deposit 14

derecha *f.* right 2

derecho/a *adj.* straight 14

derechos *m.* rights

desarrollar *v.* to develop 13

desastre natural *m.* natural disaster

desayunar *v.* to have breakfast 8

desayuno *m.* breakfast 8

descafeinado/a *adj.* decaffeinated 15

descansar *v.* to rest 2

descompuesto/a *adj.* not working; out-of-order 11

describir *v.* to describe 3

descrito/a *p.p.* described 14

descubierto/a *p.p.* discovered 14

descubrir *v.* to discover 13

desde from; since 6

desear *v.* to wish; to desire 2

desempleo *m.* unemployment

desierto *m.* desert 13

desigualdad *f.* inequality

desordenado/a *adj.* disorderly 5

despacio *adj.* slowly 8

despedida *f.* farewell; good-bye

despedir (e:i) *v.* fire

despedirse (de) (e:i) *v.* to say good-bye (to) 7

despejado/a *adj.* clear *(weather)* 4

despertador *m.* alarm clock 7

despertarse (e:ie) *v.* to wake up 7

después *adv.* afterwards; then 7

después de after 7

después (de) que *conj.* after 14

destruir *v.* to destroy 13

detrás de *prep.* behind 2

día *m.* day 1

día de fiesta holiday 9

diario *m.* diary 1; newspaper

diario/a *adj.* daily 7

dibujar *v.* to draw 2

dibujo *m.* drawing

dibujos animados *m., pl.* cartoons

diccionario *m.* dictionary 1

dicho/a *p.p.* said 14

diciembre *m.* December 5

dictadura *f.* dictatorship

diecinueve nineteen 1

dieciocho eighteen 1

dieciséis sixteen 1

diecisiete seventeen 1

diente *m.* tooth 7

dieta *f.* diet 15

dieta equilibrada balanced diet 15

diez ten 1

difícil *adj.* hard; difficult 3

Diga. Hello. *(on telephone)* 11

diligencia *f.* errand 14

dinero *m.* money 6

dirección *f.* address 14

direcciones *f., pl.* directions 14

director(a) *m., f.* director; *(musical)* conductor

disco *m.* (computer) disk 11

disco compacto compact disc (CD) 11

discriminación *f.* discrimination

discurso *m.* speech

diseñador(a) *m., f.* designer

diseño *m.* design

disfrutar (de) *v.* to enjoy; to reap the benefits (of) 15

diversión *f.* fun activity 4

divertido/a *adj.* fun 7

divertirse (e:ie) *v.* to have fun 9

divorciado/a *adj.* divorced 9

divorciarse (de) *v.* to get divorced (from) 9

divorcio *m.* divorce 9

doblar *v.* to turn 14

doce twelve 1

doble *adj.* double

doctor(a) *m., f.* doctor 3

documental *m.* documentary

documentos de viaje *m., pl.* travel documents

doler (o:ue) *v.* to hurt 10

dolor *m.* ache; pain 10

dolor de cabeza *m.* headache 10

doméstico/a *adj.* domestic

domingo *m.* Sunday 2

don/doña title of respect used with a person's first name 1

donde *prep.* where

¿Dónde está...? Where is . . . ? 2

¿dónde? where? 1

dormir (o:ue) *v.* to sleep 4

dormirse (o:ue) *v.* to go to sleep; to fall asleep 7

dos two 1

dos veces *f.* twice; two times 6

doscientos/as *m.* two hundred 5

drama *m.* drama; play

dramático/a *adj.* dramatic

dramaturgo/a *m., f.* playwright

droga *f.* drug 15

drogadicto/a *adj.* drug addict 15

ducha *f.* shower 7

ducharse *v.* to shower; to take a shower 7

duda *f.* doubt 13

dudar *v.* to doubt 13

dueño/a *m., f.* owner; landlord 8

dulces *m., pl.* sweets; candy 9

durante *prep.* during 7

durar *v.* to last

E

e *conj. (used instead of* **y** *before words beginning with* **i** *and* **hi)** and 4

echar *v.* to throw 14

echar una carta al buzón *v.* to throw a letter in the mailbox 14

ecología *f.* ecology 13

economía *f.* economics 2

ecoturismo *m.* ecotourism 13

Ecuador *m.* Ecuador 1

ecuatoriano/a *adj.* Ecuadorian 3

edad *f.* age 8

edificio *m.* building 12

efectivo *m.* cash 14

ejercicio *m.* exercise 15

ejercicios aeróbicos *m.* aerobic exercises 15

ejercicios de estiramiento stretching exercises 15

ejército *m.* army

el *m., sing.* the 1

él *sub. pron.* he 1; *adj. pron.* him 1

elección *f.* election

electricista *m., f.* electrician

elegante *adj. m., f.* elegant 6

elegir *v.* to elect

ella *sub. pron.* she 1; *obj. pron.* her 1

ellos/as *sub. pron.* they 1; them 1

embarazada *adj.* pregnant 10

emergencia *f.* emergency 10

emitir *v.* to broadcast 18

emocionante *adj. m., f.* exciting

empezar (e:ie) *v.* to begin 4

empleado/a *m., f.* employee 5

empleo *m.* job; employment

empresa *f.* company; firm

en *prep.* in; on 2

en casa at home 7

en caso (de) que in case (that) 13

en cuanto as soon as 14

en efectivo in cash 14

en exceso in excess; too much 15

en línea in-line 4

¡En marcha! Forward march! 15

en mi nombre in my name 5

en punto on the dot; exactly; sharp *(time)* 1

en qué in what; how 2

¿En qué puedo servirles? How may I help you? 5

enamorado/a *adj.* **(de)** in love with 5

enamorarse (de) *v.* to fall in love (with) 9

encantado/a *adj.* delighted; pleased to meet you 1

encantar *v.* to like very much; to love (*inanimate things*) 7

encima de *prep.* on top of 2

encontrar (o:ue) *v.* to find 4

encontrar(se) *v.* to meet (each other); to find (each other) 11

encuesta *f.* poll; survey

energía *f.* energy 13

enero *m.* January 5

enfermarse *v.* to get sick 10

enfermedad *f.* illness 10

enfermero/a *m., f.* nurse 10

enfermo/a *adj.* sick 10

enfrente de *adv.* opposite; facing 14

engordar *v.* to gain weight 15

enojado/a *adj.* mad; angry 5

enojarse (con) *v.* to get angry (with) 7

ensalada *f.* salad 8

enseguida *adv.* right away 9

enseñar *v.* to teach 2

ensuciar *v.* to dirty; to get dirty 12

entender (e:ie) *v.* to understand 4

entonces *adv.* then 7

entrada *f.* entrance 12; ticket

entre *prep.* between; among 2

entremeses *m., pl.* hors d'oeuvres; appetizers 8

entrenarse *v.* to practice; to train 15

entrevista *f.* interview

entrevistador(a) *m., f.* interviewer

entrevistar *v.* to interview

envase *m.* container 13

enviar *v.* to send; to mail 14

equilibrado/a *adj.* balanced 15

equipado/a *adj.* equipped 15

equipaje *m.* luggage 5

equipo *m.* team 4

equivocado/a *adj.* mistaken; wrong 5

eres *fam.* you are 1

es he/she/it is 1

Es (una) lástima que... It's a shame that . . . 13

Es bueno que... It's good that . . . 12

Es de... He/She is from . . . 1

Es extraño que... It's strange that . . . 13

Es importante que... It's important that . . . 12

Es imposible que... It's impossible that . . . 13

Es improbable que... It's improbable that . . . 13

Es la una. It's one o'clock. 1

Es malo que... It's bad that . . . 12

Es mejor que... It's better that . . . 12

Es necesario que... It's necessary that . . . 12

Es obvio que... It's obvious that . . . 13

Es ridículo que... It's ridiculous that . . . 13

Es seguro que... It's sure that . . . 13

Es terrible que... It's terrible that . . . 13

Es triste que... It's sad that . . . 13

Es urgente que... It's urgent that . . . 12

Es verdad que... It's true that . . . 13

esa(s) *f., adj.* that; those 6

ésa(s) *f., pron.* those (ones) 6

escalar *v.* to climb 4

escalar montañas *v.* to climb mountains 4

escalera *f.* stairs; stairway 12

escoger *v.* choose 8

escribir *v.* to write 3

escribir un mensaje electrónico to write an e-mail message 4

escribir una (tarjeta) postal to write a postcard 4

escribir una carta to write a letter 4

escrito/a *p.p.* written 14

escritor(a) *m., f* writer

escritorio *m.* desk 2

escuchar *v.* to listen to 2

escuchar la radio to listen to the radio 2

escuchar música to listen to music 2

escuela *f.* school 1

esculpir *v.* to sculpt

escultor(a) *m., f.* sculptor

escultura *f.* sculpture

ese *m., sing., adj.* that 6

ése *m., sing., pron.* that (one) 6

eso *neuter, pron.* that; that thing 6

esos *m., pl., adj.* those 6

ésos *m., pl., pron.* those (ones) 6

España *f.* Spain 1

español *m.* Spanish (*language*) 2

español(a) *m., f., adj.* Spanish 3

espárragos *m., pl.* asparagus 8

especialización *f.* major field of study or interest; specialization

espectacular *adj.* spectacular 15

espectáculo *m.* show

espejo *m.* mirror 7

esperar *v.* to wait for; to hope 2; to wish 13

esposo/a *m., f.* husband/wife; spouse 3

esquí (acuático) *m.* (water) skiing 4

esquiar *v.* to ski 4

esquina *m.* corner 14

está he, she, it is, you are 1

Está (muy) despejado. It's (very) clear. (*weather*) 4

Está (muy) nublado. It's (very) cloudy. (*weather*) 4

Está bien. That's fine. It's okay. 11

esta(s) *f., adj.* this; these 4

esta noche tonight 4

ésta(s) *f., pron.* this (one); these (ones) 6

Ésta es... *f.* This is . . . (*introducing someone*) 1

establecer *v.* to establish

estación *f.* station; season 5

estación de autobuses bus station 5

estación del metro subway station 5

estación de tren train station 5

estacionar *v.* to park 11

estadio *m.* stadium 2

estado civil *m.* marital status 9

Estados Unidos *m.* (EE.UU.; E.U.) United States 1

estadounidense *adj.* from the United States 3

estampado/a *adj.* print 6

estampilla *f.* stamp 14

estante *m.* bookcase; bookshelf 12

estar *v.* to be 2

estar a (veinte kilómetros) de aquí. to be (20 kilometers) from here 11

estar a dieta to be on a diet 15

estar aburrido/a to be bored 5

estar afectado/a por to be affected by 13

estar bajo control to be under control 7

estar cansado/a to be tired 5

estar contaminado/a to be polluted 13

estar de acuerdo to agree

estar de moda to be in fashion 6

estar de vacaciones *f., pl.* to be on vacation 5

estar en buena forma to be in good shape 15

estar enfermo/a to be sick 10

estar listo/a to be ready 15

estar perdido/a to be lost 14

estar roto/a to be broken 10

estar seguro/a to be sure 5

estar torcido/a to be twisted; to be sprained 10

(no) está nada mal it's not at all bad 5

estatua *f.* statue

este *m.* east 14; umm

este *m., sing., adj.* this 6

éste *m., sing., pron.* this (one) 6

    Éste es... *m.* This is . . . (introducing someone) 1

estéreo *m.* stereo 11

estilo *m.* style 5

estiramiento *m.* stretching 15

esto *neuter pron.* this; this thing 6

estómago *m.* stomach 10

estornudar *v.* to sneeze 10

estos *m., pl., adj.* these 6

éstos *m., pl., pron.* these (ones) 6

estrella *f.* star 13

    estrella de cine *m., f.* movie star

estrés *m.* stress 15

estudiante *m., f.* student 1

estudiantil *adj. m., f.* student 2

estudiar *v.* to study 2

estufa *f.* stove 12

estupendo/a *adj.* stupendous 5

etapa *f.* stage; step 9

evitar *v.* to avoid 13

examen *m.* test; exam 2

    examen médico physical exam 10

excelente *adj. m., f.* excellent 5

exceso *m.* excess; too much 15

excursión *f.* hike; tour; excursion 4

excursionista *m., f.* hiker 4

éxito *m.* success

experiencia *f.* experience

explicar *v.* to explain 2

explorar *v.* to explore 4

    explorar un pueblo to explore a town 4

    explorar una ciudad to explore a city 4

expresión *f.* expression

extinción *f.* extinction 13

extranjero/a *adj.* foreign

extraño/a *adj.* strange 13

F

fabuloso/a *adj* fabulous 5

fácil *adj. m., f.* easy 3

falda *f.* skirt 6

faltar *v.* to lack; to need 7

familia *f.* family 3

famoso/a *adj.* famous

farmacia *f.* pharmacy 10

fascinar *v.* to fascinate 7

favorito/a *adj.* favorite 4

fax *m.* fax (machine) 11

febrero *m.* February 5

fecha *f.* date 5

feliz *adj.* happy 5

¡Felicidades! Congratulations! (*for an event such as a birthday or anniversary*) 9

¡Felicitaciones! Congratulations! (*for an event such as an engagement or a good grade on a test*) 9

¡Feliz cumpleaños! Happy birthday! 9

fenomenal *adj.* phenomenal; great 5

feo/a *adj.* ugly 3

festival *m.* festival

fiebre *f.* fever 10

fiesta *f.* party 9

fijo/a *adj.* set, fixed 6

fin *m.* end 4

    fin de semana weekend 4

finalmente *adv.* finally 15

firmar *v.* to sign (*a document*) 14

física *f.* physics 2

flan (de caramelo) *m.* baked (caramel) custard 9

flexible *adj.* flexible 15

flor *f.* flower 13

folklórico/a *adj.* folk; folkloric

folleto *m.* brochure 5

fondo *m.* end 12

forma *f.* shape 15

formulario *m.* form 14

foto(grafía) *f.* photograph 1

francés, francesa *m., f.* French 3

frecuentemente *adv.* frequently 10

frenos *m., pl.* brakes 11

fresco/a *adj.* cool 4

frijoles *m., pl.* beans 8

frío/a *adj.* cold 4

fritada *f.* fried dish (pork, fish, etc.) 8

frito/a *adj.* fried 8

fruta *f.* fruit 8

frutería *f.* fruit store 14

frutilla *f.* strawberry 8

fuente de fritada *f.* platter of fried food

fuera *adv.* outside 8

fuerte *adj. m., f.* strong 15

fumar *v.* to smoke 15

funcionar *v.* to work; to function 11

fútbol *m.* soccer 4

    fútbol americano *m.* football 4

futuro/a *adj.* future

    en el futuro in the future

G

gafas (de sol) *f., pl.* (sun)glasses 6

gafas (oscuras) *f., pl.* (sun)glasses 6

galleta *f.* cookie 9

ganar *v.* to win 4; to earn (money)

ganga *f.* bargain 6

garaje *m.* garage 12

garganta *f.* throat 10

---

gasolina *f.* gasoline 11

gasolinera *f.* gas station 11

gastar *v.* to spend (*money*) 6

gato/a *m., f.* cat 13

gente *f.* people 3

geografía *f.* geography 2

gerente *m., f.* manager

gimnasio *m.* gymnasium 4

gobierno *m.* government 13

golf *m.* golf 4

gordo/a *adj.* fat 3

grabadora *f.* tape recorder 1

gracias *f., pl.* thank you; thanks 1

    Gracias por todo. Thanks for everything. 9

    Gracias una vez más. Thanks again. 9

graduarse (en) *v.* to graduate (from) 9

gran, grande *adj.* big 3

grasa *f.* fat 15

gratis *adj. m., f.* free of charge 14

grave *adj.* grave; serious 10

gravísimo/a *adj.* extremely serious 13

grillo *m.* cricket 4

gripe *f.* flu 10

gris *adj. m., f.* gray 6

gritar *v.* to scream 7

guantes *m., pl.* gloves 6

guapo/a *adj.* handsome; good-looking 3

guardar *v.* to save (on a computer) 11

guerra *f.* war

guía *m., f.* guide 12

gustar *v.* to be pleasing to; to like 7

    Me gustaría... I would like . . .

gusto *m.* pleasure 1

    El gusto es mío. The pleasure is mine. 1

    Gusto de (+ *inf.*)... It's a pleasure to . . .

    Mucho gusto. Pleased to meet you. 1

H

haber (*aux.*) *v.* to have (*done something*) 15

    ha sido un placer it's been a pleasure 15

habitación *f.* room 5

    habitación doble double room 5

    habitación individual single room 5

hablar *v.* to talk; to speak 2

hacer *v.* to do; to make; 4

    Hace (mucho) viento. It's (very) windy. (*weather*) 4

    Hace buen tiempo. The weather is good.; It's good weather. 4

    Hace calor. It's hot. (*weather*) 4

Gusto de verlo/la. *(form.)* It's nice to see you.

Gusto de verte. *(fam.)* It's nice to see you.

Mucho gusto. Pleased to meet you. 1

¡Qué gusto volver a verlo/la! *(form.)* I'm happy to see you again!

¡Qué gusto volver a verte! *(fam.)* I'm happy to see you again!

haber *(aux.) v.* to have *(done something)* 15

Ha sido un placer. It's been a pleasure. 15

habitación *f.* room 5

habitación doble double room 5

habitación individual single room 5

hablar *v.* to talk; to speak 2

hacer *v.* to do; to make; 4

Hace buen tiempo. The weather is good. 5

Hace (mucho) calor. It's (very) hot. *(weather)* 5

Hace fresco. It's cool. *(weather)* 5

Hace (mucho) frío. It's very cold. *(weather)* 5

Hace mal tiempo. The weather is bad. 5

Hace (mucho) sol. It's (very) sunny. *(weather)* 5

Hace (mucho) viento. It's (very) windy. *(weather)* 5

hacer cola to stand in line 14

hacer diligencias to run errands 14

hacer ejercicio to exercise 15

hacer ejercicios aeróbicos to do aerobics 15

hacer ejercicios de estiramiento to do stretching exercises 15

hacer el papel (de) to play the role (of)

hacer gimnasia to work out 15

hacer juego (con) to match (with) 6

hacer la cama to make the bed 12

hacer las maletas to pack (one's) suitcases 5

hacer quehaceres domésticos to do household chores 12

hacer turismo to go sightseeing 5

hacer un viaje to take a trip 5

hacer una excursión to go on a hike; to go on a tour 5

hacia *prep.* toward 14

hambre *f.* hunger 3

hamburguesa *f.* hamburger 8

hasta *prep.* until 6; toward

Hasta la vista. See you later. 1

Hasta luego. See you later. 1

Hasta mañana. See you tomorrow. 1

hasta que until 13

Hasta pronto. See you soon. 1

hay there is; there are 1

Hay (mucha) contaminación. It's (very) smoggy.

Hay (mucha) niebla. It's (very) foggy. 5

Hay que It is necessary that

No hay duda de There's no doubt 13

No hay de qué. You're welcome. 1

hecho/a *p.p.* done 13

heladería *f.* ice cream shop 14

helado/a *adj.* iced 8

helado *m.* ice cream 9

hermanastro/a *m., f.* stepbrother/stepsister 3

hermano/a *m., f.* brother/sister 3

hermano/a mayor/menor *m., f.* older/younger brother/sister 3

hermanos *m., pl.* siblings (brothers and sisters) 3

hermoso/a *adj.* beautiful 6

hierba *f.* grass 13

hijastro/a *m., f.* stepson/stepdaughter 3

hijo/a *m., f.* son/daughter 3

hijo/a único/a *m., f.* only child 3

hijos *m., pl.* children 3

historia *f.* history 2; story

hockey *m.* hockey 4

hola *interj.* hello; hi 1

hombre *m.* man 1

hombre de negocios *m.* businessman

hora *f.* hour 1; the time

horario *m.* schedule 2

horno *m.* oven 12

horno de microondas *m.* microwave oven 12

horror *m.* horror

de horror horror (genre)

hospital *m.* hospital 10

hotel *m.* hotel 5

hoy *adv.* today 2

hoy día *adv.* nowadays

Hoy es... Today is... 2

huelga *f.* strike (labor)

hueso *m.* bone 10

huésped *m., f.* guest 5

huevo *m.* egg 8

humanidades *f., pl.* humanities 2

huracán *m.* hurricane

ida *f.* one way *(travel)*

idea *f.* idea 4

iglesia *f.* church 4

igualdad *f.* equality

igualmente *adv.* likewise 1

impermeable *m.* raincoat 6

importante *adj. m., f.* important 3

importar *v.* to be important to; to matter 7

imposible *adj. m., f.* impossible 13

impresora *f.* printer 11

imprimir *v.* to print 11

improbable *adj. m., f.* improbable 13

impuesto *m.* tax

incendio *m.* fire

increíble *adj. m., f.* incredible 5

individual *adj.* private *(room)* 5

infección *f.* infection 10

informar *v.* to inform

informe *m.* report; paper *(written work)*

ingeniero/a *m., f.* engineer 3

inglés *m.* English *(language)* 2

inglés, inglesa *adj.* English 3

inodoro *m.* toilet 6

insistir (en) *v.* to insist (on) 12

inspector(a) de aduanas *m., f.* customs inspector 5

inteligente *adj. m., f.* intelligent 3

intercambiar *v.* to exchange

interesante *adj. m., f.* interesting 3

interesar *v.* to be interesting to; to interest 7

(inter)nacional *adj. m., f.* (inter)national

Internet *m.* Internet 11

inundación *f.* flood

invertir (e:ie) *v.* to invest

invierno *m.* winter 5

invitado/a *m., f.* guest *(at a function)* 9

invitar *v.* to invite 9

inyección *f.* injection 10

ir *v.* to go 4

ir a (+ *inf.*) to be going to do something 4

ir de compras to go shopping 5

ir de excursión (a las montañas) to go for a hike (in the mountains) 4

ir de pesca to go fishing 5

ir de vacaciones to go on vacation 5

Ir en autobús to go by bus 5

ir en auto(móvil) to go by auto(mobile); to go by car 5

ir en avión to go by plane 5

ir en barco to go by boat 5

ir en metro to go by subway 5

ir en motocicleta to go by

motorcycle 5
ir en taxi to go by taxi 5
ir en tren to go by train 5
irse *v.* to go away; to leave 7
italiano/a *adj.* Italian 3
izquierdo/a *adj.* left 2
  a la izquierda de to the left of 2

J

jabón *m.* soap 7
jamás *adv.* never; not ever 7
jamón *m.* ham 8
japonés, japonesa *adj.* Japanese 3
jardín *m.* garden; yard 12
jefe, jefa *m., f.* boss
joven *adj. m., f.* young 3
  joven *m., f.* youth; young person 1
joyería *f.* jewelry store 14
jubilarse *v.* to retire (*from work*) 9
juego *m.* game
jueves *m., sing.* Thursday 2
jugador(a) *m., f.* player 4
jugar (u:ue) *v.* to play 4
  jugar a las cartas *f. pl.* to play cards 5
jugo *m.* juice 8
  jugo de fruta *m.* fruit juice 8
julio *m.* July 5
jungla *f.* jungle 13
junio *m.* June 5
juntos/as *adj.* together 9
juventud *f.* youth 9

K

kilómetro *m.* kilometer 11

L

la *f., sing., def. art.* the 1
  la *f., sing., d.o. pron.* her, it, *form.* you 5
laboratorio *m.* laboratory 2
lago *m.* lake 13
lámpara *f.* lamp 12
lana *f.* wool 6
langosta *f.* lobster 8
lápiz *m.* pencil 1
largo/a *adj.* long (*in length*) 6
las *f., pl., def. art.* the 1
  las *f., pl., d.o.pron.* them; *form.* you 5
lástima *f.* shame 13
lastimarse *v.* to injure oneself 10
  lastimarse el pie to injure one's foot 10
lata *f.* (*tin*) can 13
lavabo *m.* sink 7

lavadora *f.* washing machine 12
lavandería *f.* laundromat 14
lavaplatos *m., sing.* dishwasher 12
lavar *v.* to wash 12
lavarse *v.* to wash oneself 7
  lavarse la cara to wash one's face 7
  lavarse las manos to wash one's hands 7
le *sing., i.o. pron.* to/for him, her, *form.* you 6
  Le presento a... *form.* I would like to introduce... to you. 1
lección *f.* lesson 1
leche *f.* milk 8
lechuga *f.* lettuce 8
leer *v.* to read 3
  leer correo electrónico to read e-mail 4
  leer un periódico to read a newspaper 4
  leer una revista to read a magazine 4
leído/a *p.p.* read 13
lejos de *prep.* far from 2
lengua *f.* language 2
  lenguas extranjeras *f., pl.* foreign languages 2
lentes de contacto *m., pl.* contact lenses 6
  lentes (de sol) (sun)glasses 6
lento/a *adj.* slow 11
les *pl., i.o. pron.* to/for them, *form.* you 6
letrero *m.* sign 14
levantar *v.* to lift 15
  levantar pesas to lift weights 15
levantarse *v.* to get up 7
ley *f.* law 13
libertad *f.* liberty; freedom
libre *adj. m., f.* free 4
librería *f.* bookstore 2
libro *m.* book 2
licencia de conducir *f.* driver's license 11
limón *m.* lemon 8
limpiar *v.* to clean 12
  limpiar la casa *v.* to clean the house 12
limpio/a *adj.* clean 5
línea *f.* line 4
listo/a *adj.* ready; smart 5
literatura *f.* literature 2
llamar *v.* to call 11
  llamar por teléfono to call on the phone
  llamarse *v.* to be called; to be named 7
llanta *f.* tire 11
llave *f.* key 5
llegada *f.* arrival 5
llegar *v.* to arrive 2
llenar *v.* to fill 11, 14
  llenar el tanque to fill the

tank 11
  llenar (un formulario) to fill out (a form) 14
lleno/a *adj.* full 11
llevar *v.* to carry 2; *v.* to wear; to take 6
  llevar una vida sana to lead a healthy lifestyle 15
  llevarse bien/mal (con) to get along well/badly (with) 9
llover (o:ue) *v.* to rain 5
  Llueve. It's raining. 5
lluvia *f.* rain 13
  lluvia ácida acid rain 13
lo *m., sing. d.o. pronoun.* him, it, *form.* you 5
  ¡Lo hemos pasado de película! We've had a great time!
  ¡Lo hemos pasado maravillosamente! We've had a great time!
  lo mejor the best (thing)
  Lo pasamos muy bien. We had a good time.
  lo peor the worst (thing)
  lo que that which; what 12
  Lo siento. I'm sorry. 1
  Lo siento muchísimo. I'm so sorry. 4
loco/a *adj.* crazy 6
locutor(a) *m., f.* (TV or radio) announcer
lomo a la plancha *m.* grilled flank steak 8
los *m., pl., def. art.* the 1
  los *m.pl., d.o. pron.* them, *form.* you 5
luchar (contra/por) *v.* to fight; to struggle (against/for)
luego *adv.* then 7; *adv.* later 1
lugar *m.* place 4
luna *f.* moon 13
lunares *m.* polka dots 6
lunes *m., sing.* Monday 2
luz *f.* light; electricity 12

M

madrastra *f.* stepmother 3
madre *f.* mother 3
madurez *f.* maturity; middle age 9
maestro/a *m., f.* teacher
magnífico/a *adj.* magnificent 5
maíz *m.* corn 8
mal, malo/a *adj.* bad 3
maleta *f.* suitcase 1
mamá *f.* mom 1
mandar *v.* to order 12; to send; to mail 14
manejar *v.* to drive 11
manera *f.* way
mano *f.* hand 1
  ¡Manos arriba! Hands up!

manta *f.* blanket 12
mantener *v.* to maintain 15
  mantenerse en forma to stay in shape 15
mantequilla *f.* butter 8
manzana *f.* apple 8
mañana *f.* morning, a.m. 1; tomorrow 1
mapa *m.* map 2
maquillaje *m.* make-up 7
maquillarse *v.* to put on makeup 7
mar *m.* sea 5
maravilloso/a *adj.* marvelous 5
mareado/a *adj.* dizzy; nauseated 10
margarina *f.* margarine 8
mariscos *m., pl.* shellfish 8
marrón *adj. m., f.* brown 6
martes *m., sing.* Tuesday 2
marzo *m.* March 5
más *pron.* more 2
  más de (+ number) more than 8
  más tarde later 7
  más... que more... than 8
masaje *m.* massage 15
matemáticas *f., pl.* mathematics 2
materia *f.* course 2
matrimonio *m.* marriage 9
máximo/a *adj.* maximum 11
mayo *m.* May 5
mayonesa *f.* mayonnaise 8
mayor *adj.* older 3
  el/la mayor *adj.* eldest 8; oldest
me *pron.* me 6
  Me duele mucho. It hurts me a lot. 10
  Me gusta... I like... 2
  No me gustan nada. I don't like them at all. 2
  Me gustaría(n)... I would like... 15
  Me llamo... My name is... 1
  Me muero por... I'm dying to (for)...
mecánico/a *m., f.* mechanic 11
mediano/a *adj.* medium
medianoche *f.* midnight 1
medias *f., pl.* pantyhose, stockings 6
medicamento *m.* medication 10
medicina *f.* medicine 10
médico/a *m., f.* doctor 3; *adj.* medical 10
medio/a *adj.* half 3
  medio ambiente *m.* environment 13
  medio/a hermano/a *m., f.* half-brother/half-sister 3
  mediodía *m.* noon 1
  medios de comunicación *m., pl.* means of communication; media

y media thirty minutes past the hour (time) 1
mejor *adj.* better 8
  el/la mejor *m., f.* the best 8
mejorar *v.* to improve 13
melocotón *m.* peach 8
menor *adj.* younger 3
  el/la menor *m., f.* youngest 8
menos *adv.* less 10
  menos cuarto... menos quince... quarter to... (time) 1
  menos de (+ number) fewer than 8
  menos... que less... than 8
mensaje electrónico *m.* e-mail message 4
mentira *f.* to lie 4
menú *m.* menu 8
mercado *m.* market 6
  mercado al aire libre open-air market 6
merendar *v.* to snack 8; to have an afternoon snack
merienda *f.* afternoon snack 15
mes *m.* month 5
mesa *f.* table 2
mesita *f.* end table 12
  mesita de noche night stand 12
metro *m.* subway 5
mexicano/a *adj.* Mexican 3
México *m.* Mexico 1
mí *pron. obj. of prep.* me 8
mi(s) *poss. adj.* my 3
microonda *f.* microwave 12
  horno de microondas *m.* microwave oven 12
miedo *m.* fear 3
mientras *adv.* while 10
miércoles *m., sing.* Wednesday 2
mil *m.* one thousand 6
  mil millones billion
  Mil perdones. I'm so sorry. (*lit.* A thousand pardons.) 4
milla *f.* mile 11
millón *m.* million 6
millones (de) *m.* millions (of) 6
mineral *m.* mineral 15
minuto *m.* minute 1
mío(s)/a(s) *poss.* my; (of) mine 11
mirar *v.* to look (at); to watch 2
  mirar (la) televisión to watch television
mismo/a *adj.* same 3
mochila *f.* backpack 2
moda *f.* fashion 6
módem *m.* modem
moderno/a *adj.* modern
molestar *v.* to bother; to annoy 7
monitor *m.* (computer) monitor 11
  monitor(a) *m., f.* trainer
montaña *f.* mountain 4
montar a caballo *v.* to ride a horse 5
monumento *m.* monument 4

mora *f.* blackberry 8
morado/a *adj.* purple 6
moreno/a *adj.* brunet(te) 3
morir (o:ue) *v.* to die 8
mostrar (o:ue) *v.* to show 4
motocicleta *f.* motorcycle 5
motor *m.* motor
muchacho/a *m., f.* boy; girl 3
mucho/a *adj., adv.* a lot of; much 2; many 3
  muchas veces *adv.* a lot; many times 10
  Muchísimas gracias. Thank you very, very much. 9
  Mucho gusto. Pleased to meet you. 1
  (Muchas) gracias. Thank you (very much); Thanks (a lot). 1
muchísimo very much 2
mudarse *v.* to move (from one house to another) 12
muebles *m., pl.* furniture 12
muela *f.* tooth 10
muerte *f.* death 9
muerto/a *p.p.* died 13
mujer *f.* woman 1
  mujer de negocios *f.* business woman
  mujer policía *f.* female police officer
multa *f.* fine
mundial *adj. m., f.* worldwide
mundo *m.* world 13
municipal *adj. m., f.* municipal
músculo *m.* muscle 15
museo *m.* museum 4
música *f.* music 2
musical *adj. m., f.* musical
músico/a *m., f.* musician
muy *adv.* very 1
  Muy amable. That's very kind of you. 5
  (Muy) bien, gracias. (Very) well, thanks. 1

N

nacer *v.* to be born 9
nacimiento *m.* birth 9
nacional *adj. m., f.* national
nacionalidad *f.* nationality 1
nada nothing 1; not anything 7
  nada mal not bad at all 5
nadar *v.* to swim 4
nadie *pron.* no one, nobody, not anyone 7
naranja *f.* orange 8
nariz *f.* nose 10
natación *f.* swimming 4
natural *adj. m., f.* natural 13
naturaleza *f.* nature 13
navegar (en Internet) *v.* to surf (the Internet) 11
Navidad *f.* Christmas 9

necesario/a *adj.* necessary 12
necesitar (+ *inf*.) *v.* to need 2
negar (e:ie) *v.* to deny 13
   no negar (e:ie) *v.* not to deny 13
negativo/a *adj.* negative
negocios *m., pl.* business; commerce
negro/a *adj.* black 6
nervioso/a *adj.* nervous 5
nevar (e:ie) *v.* to snow 5
   Nieva. It's snowing. 5
ni…ni neither… nor 7
niebla *f.* fog
nieto/a *m., f.* grandson/granddaughter 3
nieve *f.* snow
ningún, ninguno/a(s) *adj.* no; none; not; any 7
ningún problema no problem 7
niñez *f.* childhood 9
niño/a *m., f.* child 3
no no; not 1
   No cabe duda de… There is no doubt… 13
   No es así. That's not the way it is.
   No es para tanto. It's not a big deal. 12
   No es seguro. It's not sure. 13
   No es verdad. It's not true. 13
   No está nada mal. It's not bad at all. 5
   no estar de acuerdo to disagree
   No estoy seguro. I'm not sure.
   (no) hay there is (not); there are (not) 1
   No hay de qué. You're welcome. 1
   No hay duda de… There is no doubt… 13
   ¡No me diga(s)! You don't say! 11
   No me gustan nada. I don't like them at all. 2
   no muy bien not very well 1
   ¿no? right? 1
   No quiero. I don't want to. 4
   No sé. I don't know.
   No se preocupe. (*form.*) Don't worry. 7
   No te preocupes. (*fam.*) Don't worry. 7
   no tener razón to be wrong 3
noche *f.* night 1
nombre *m.* name 1
norte *m.* north 14
norteamericano/a *adj.* (North) American 3
nos *pron.* us 6
   Nos divertimos mucho. We had a lot of fun.
   Nos vemos. See you. 1

nosotros/as *sub. pron.* we 1; *ob. pron.* us
noticias *f., pl.* news
noticiero *m.* newscast
novecientos/as *adj.* nine hundred 6
noveno/a *adj.* ninth 5
noventa ninety 2
noviembre *m.* November 5
novio/a *m., f.* boyfriend/girlfriend 3
nube *f.* cloud 13
nublado/a *adj.* cloudy 5
   Está (muy) nublado. It's very cloudy. 5
nuclear *adj. m. f.* nuclear 13
nuera *f.* daughter-in-law 3
nuestro(s)/a(s) *poss. adj.* our 3; (of ours) 11
nueve nine 1
nuevo/a *adj.* new 6
número *m.* number 1
   número (shoe) size 6
nunca *adj.* never; not ever 7
nutrición *f.* nutrition 15
nutricionista *m., f.* nutritionist 15

O

o or 7
o… o o; either… or 7
obedecer (c:zc) *v.* to obey
obra *f.* work (*of art, literature, music, etc.*)
   obra maestra *f.* masterpiece
obtener *v.* to obtain; to get
obvio/a *adj.* obvious 13
océano *m.* ocean 5
ochenta eighty 2
ocho *m.* eight 1
ochocientos/as *adj.* eight hundred 6
octavo/a *adj.* eighth 5
octubre *m.* October 5
ocupación *f.* occupation
ocupado/a *adj.* busy 5
ocurrir *v.* to occur; to happen
odiar *v.* to hate 9
oeste *m.* west 14
oferta *f.* offer 12
oficina *f.* office 12
oficio *m.* trade
ofrecer (c:zc) *v.* to offer 8
oído *m.* (sense of) hearing; inner ear 10
   oído *p.p.* heard 13
oír *v.* to hear 4
   Oigan. *form., pl.* Listen. (*in conversation*)
   Oye. *fam., sing.* Listen. (*in conversation*) 1
ojalá (que) *interj.* I hope (that); I wish (that) 13
ojo *m.* eye 10

olvidar *v.* to forget 10
once eleven 1
ópera *f.* opera
operación *f.* operation 10
ordenado/a *adj.* orderly 5
ordinal *adj.* ordinal (*number*)
oreja *f.* (outer) ear 10
orquesta *f.* orchestra
ortografía *f.* spelling
   ortográfico/a *adj.* spelling
os *fam., pl. pron.* you 6
otoño *m.* autumn 5
otro/a *adj.* other; another 6
   otra vez again

P

paciente *m., f.* patient 10
padrastro *m.* stepfather 3
padre *m.* father 3
   padres *m., pl.* parents 3
pagar *v.* to pay 6, 9
   pagar a plazos to pay in installments 14
   pagar al contado to pay in cash 14
   pagar en efectivo to pay in cash 14
   pagar la cuenta to pay the bill 9
página *f.* page 11
   página principal *f.* home page 11
país *m.* country 1
paisaje *m.* landscape 5
pájaro *m.* bird 13
palabra *f.* word 1
pan *m.* bread 8
   pan tostado *m.* toasted bread 8
panadería *f.* bakery 14
pantalla *f.* screen 11
pantalones *m., pl.* pants 6
   pantalones cortos *m., pl.* shorts 6
pantuflas *f.* slippers 7
papa *f.* potato 8
   papas fritas *f., pl.* fried potatoes; French fries 8
papá *m.* dad 3
   papás *m., pl.* parents 3
papel *m.* paper 2; *m.* role
papelera *f.* wastebasket
paquete *m.* package 14
par *m.* pair 6
para *prep.* for; in order to; by; used for; considering 11
   para que so that 13
parabrisas *m., sing.* windshield 11
parar *v.* to stop 11
parecer *v.* to seem 8
pared *f.* wall 12
pareja *f.* (married) couple; partner 9
parientes *m., pl.* relatives 3
parque *m.* park 4

párrafo *m.* paragraph
parte: de parte de on behalf of 11
partido *m.* game; match (*sports*) 4
pasado/a *adj.* last; past 6
 pasado *p.p.* passed
pasaje *m.* ticket 5
 pasaje de ida y vuelta *m.* roundtrip ticket 5
pasajero/a *m., f.* passenger 1
pasaporte *m.* passport 5
pasar *v.* to go through 5
 pasar la aspiradora to vacuum 12
 pasar por el banco to go by the bank 14
 pasar por la aduana to go through customs 5
 pasar tiempo to spend time 4
 pasarlo bien/mal to have a good/bad time 9
pasatiempo *m.* pastime; hobby 4
pasear *v.* to take a walk; to stroll 4
 pasear en bicicleta to ride a bicycle 4
 pasear por to walk around 4
pasillo *m.* hallway 12
pasta *f.* **de dientes** toothpaste 7
pastel *m.* cake; pie 9
 pastel de chocolate *m.* chocolate cake 9
 pastel de cumpleaños *m.* birthday cake 9
pastelería *f.* pastry shop 14
pastilla *f.* pill; tablet 10
patata *f.* potato; 8
 patatas fritas *f., pl.* fried potatoes; French fries 8
patinar (en línea) *v.* to skate (in-line) 4
patineta *f.* skateboard 4
patio *m.* patio; yard 12
pavo *m.* turkey 8
paz *f.* peace
pedir (e:i) *v.* to ask for; to request 4; to order (*food*) 8
 pedir prestado *v.* to borrow 14
 pedir un préstamo *v.* to apply for a loan 14
peinarse *v.* to comb one's hair 7
película *f.* movie 4
peligro *m.* danger 13
peligroso/a *adj.* dangerous
pelirrojo/a *adj.* red-haired 3
pelo *m.* hair 7
pelota *f.* ball 4
peluquería *f.* beauty salon 14
peluquero/a *m., f.* hairdresser
penicilina *f.* penicillin 10
pensar (e:ie) *v.* to think 4
 pensar (+ inf.) *v.* to intend to 4; to plan to (*do something*)
 pensar en *v.* to think about
pensión *f.* boardinghouse
peor *adj.* worse 8

el/la peor *adj.* the worst 8
pequeño/a *adj.* small 3
pera *f.* pear 8
perder (e:ie) *v.* to lose; to miss 4
perdido/a *adj.* lost 14
Perdón. Pardon me.; Excuse me. 1
perezoso/a *adj.* lazy
perfecto/a *adj.* perfect 5
periódico *m.* newspaper 4
periodismo *m.* journalism 2
periodista *m., f.* journalist 3
permiso *m.* permission
pero *conj.* but 2
perro *m.* dog 13
persona *f.* person 3
personaje *m.* character
 personaje (principal) *m.* (main) character
pesas *f. pl.* weights 15
pesca *f.* fishing 5
pescadería *f.* fish market 14
pescado *m.* fish (*cooked*) 8
pescador(a) *m., f.* fisherman/ fisherwoman
pescar *v.* to fish 5
peso *m.* weight 15
pez *m.* fish (*live*) 13
pie *m.* foot 10
piedra *f.* stone 13
pierna *f.* leg 10
pimienta *f.* black pepper 8
pintar *v.* to paint
pintor(a) *m., f.* painter
pintura *f.* painting; picture 12
piña *f.* pineapple 8
piscina *f.* swimming pool 4
piso *m.* floor (*of a building*) 5
pizarra *f.* blackboard 2
placer *m.* pleasure 15
 Ha sido un placer. It's been a pleasure. 15
planchar la ropa *v.* to iron the clothes 12
planes *m., pl.* plans 4
planta *f.* plant 13
 planta baja *f.* ground floor 5
plástico *m.* plastic 13
plato *m.* dish (*in a meal*) 8; *m.* plate 12
 plato principal *m.* main dish 8
playa *f.* beach 5
plaza *f.* city or town square
plazos *m., pl.* periods; time 14
pluma *f.* pen 2
población *f.* population 13
pobre *adj. m., f.* poor 6
pobreza *f.* poverty
poco/a *adj.* little; few 5
poder (o:ue) *v.* to be able to; can 4
poema *m.* poem
poesía *f.* poetry
poeta *m., f.* poet
policía *f.* police (force) 11

política *f.* politics
político/a *m., f.* politician; *adj.* political
pollo *m.* chicken 8
 pollo asado *m.* roast chicken 8
ponchar *v.* to go flat
poner *v.* to put; to place 4; *v.* to turn on (*electrical appliances*) 11
 poner la mesa *v.* to set the table 12
 poner una inyección *v.* to give an injection 10
ponerse (+ adj.) *v.* to become (+ *adj.*) 7; to put on 7
por *prep.* in exchange for; for; by; in; through; around; along; during; because of; on account of; on behalf of; in search of; by way of; by means of 11
 por aquí around here 11
 por avión by plane
 por ejemplo for example 11
 por eso that's why; therefore 11
 Por favor. Please. 1
 por fin finally 11
 por la mañana in the morning 7
 por la noche at night 7
 por la tarde in the afternoon 7
 por lo menos *adv.* at least 10
 ¿por qué? why? 2
 Por supuesto. Of course.
 por teléfono by phone; on the phone
 por último finally 7
porque *conj.* because 2
portátil *m.* portable 11
porvenir *m.* future
 ¡Por el porvenir! Here's to the future!
posesivo/a *adj.* possessive 3
posible *adj.* possible 13
 Es posible. It's possible. 13
 No es posible. It's not possible. 13
postal *f.* postcard 4
postre *m.* dessert 9
practicar *v.* to practice 2
 practicar deportes *m., pl.* to play sports 4
precio (fijo) *m.* (fixed; set) price 6
preferir (e:ie) *v.* to prefer 4
pregunta *f.* question
preguntar *v.* to ask (*a question*) 2
premio *m.* prize; award
prender *v.* to turn on 11
prensa *f.* press
preocupado/a (por) *adj.* worried (about) 5
preocuparse (por) *v.* to worry (about) 7
preparar *v.* to prepare 2
preposición *f.* preposition

presentación *f.* introduction
presentar *v.* to introduce
to put on (*a performance*)
   Le presento a... I would like to introduce (name) to you... (*form.*) 1
   Te presento a... I would like to introduce (name) to you... (*fam.*) 1
presiones *f., pl.* pressures 15
prestado/a *adj.* borrowed
préstamo *m.* loan 14
prestar *v.* to lend; to loan 6
primavera *f.* spring 5
primer, primero/a *adj.* first 5
primo/a *m., f.* cousin 3
principal *adj. m., f.* main 8
prisa *f.* haste 3
   darse prisa *v.* to hurry; to rush 15
probable *adj. m., f.* probable 13
   Es probable. It's probable. 13
   No es probable. It's not probable. 13
probar (o:ue) *v.* to taste; to try 8
probarse (o:ue) *v.* to try on 7
problema *m.* problem 1
profesión *f.* profession 3
profesor(a) *m., f.* teacher 1, 2
programa *m.* 1
   programa de computación *m.* software 11
   programa de entrevistas *m.* talk show
programador(a) *m., f.* programmer 3
prohibir *v.* to prohibit 10; 12 to forbid
pronombre *m.* pronoun
pronto *adv.* soon 10
propina *f.* tip 9
propio/a *adj.* own
proteger *v.* to protect 13
proteína *f.* protein 15
próximo/a *adj.* next
prueba *f.* test; quiz 2
psicología *f.* psychology 2
psicólogo/a *m., f.* psychologist
publicar *v.* to publish
público *m.* audience
pueblo *m.* town 4
puerta *f.* door 2
Puerto Rico *m.* Puerto Rico 1
puertorriqueño/a *adj.* Puerto Rican 3
pues *conj.* well 2
puesto *m.* position; job
puesto/a *p.p.* put 13
puro/a *adj.* pure 13

Q

que *pron.* that; which; who 12
   ¡Qué...! How...! 3
   ¡Qué dolor! What pain!
   ¡Qué ropa más bonita! What pretty clothes! 6
   ¡Qué sorpresa! What a surprise!
   ¿qué? what? 1
   ¿Qué día es hoy? What day is it? 2
   ¿Qué hay de nuevo? What's new? 1
   ¿Qué hora es? What time is it? 1
   ¿Qué les parece? What do you (*pl.*) think?
   ¿Qué pasa? What's happening? What's going on? 1
   ¿Qué pasó? What happened? 11
   ¿Qué precio tiene? What is the price?
   ¿Qué tal...? How are you?; How is it going? 1; How is/are . . . ? 2
   ¿Qué talla lleva/usa? What size do you wear? 6
   ¿Qué tiempo hace? How's the weather? 5
   ¿En qué...? In which...? 2
quedar *v.* to be left over; to fit (*clothing*) 7; to be left behind; to be located 14
quedarse *v.* to stay; to remain 7
quehaceres domésticos *m., pl.* household chores 12
quemado/a *adj.* burned (out) 11
quemar *v.* to burn (a CD) 11
querer (e:ie) *v.* to want; to love 4
queso *m.* cheese 8
quien(es) *pron.* who; whom; that 12
   ¿Quién es...? Who is...? 1
   ¿Quién habla? Who is speaking? (*telephone*) 11
   ¿quién(es)? who?; whom? 1
química *f.* chemistry 2
quince fifteen 1
   menos quince quarter to (time) 1
   y quince quarter after (time) 1
quinceañera *f.* young woman's fifteenth birthday celebration/ fifteen-year old girl 9
quinientos/as *adj.* five hundred 6
quinto/a *adj.* fifth 5
quisiera *v.* I would like
quitar la mesa *v.* to clear the table 12
quitarse *v.* to take off 7
quizás *adv.* maybe 5

R

racismo *m.* racism
radio *f.* radio (*medium*)
   radio *m.* radio (set) 11
radiografía *f.* X-ray 10
rápido/a *adv.* quickly 10
ratón *m.* mouse 11
ratos libres *m., pl.* spare (free) time 4
raya *f.* stripe 6
razón *f.* reason 3
rebaja *f.* sale 6
recado *m.* (telephone) message 11
receta *f.* prescription 10
recetar *v.* to prescribe 10
recibir *v.* to receive 3
reciclaje *m.* recycling 13
reciclar *v.* to recycle 13
recién casado/a *m., f.* newlywed 9
recoger *v.* to pick up 13
recomendar (e:ie) *v.* to recommend 8, 12
recordar (o:ue) *v.* to remember 4
recorrer *v.* to tour an area
recurso *m.* resource 13
   recurso natural *m.* natural resource 13
red *f.* network; Web 11
reducir *v.* to reduce 13
refresco *m.* soft drink 8
refrigerador *m.* refrigerator 12
regalar *v.* to give (a gift) 9
regalo *m.* gift 6
regatear *v.* to bargain 6
región *f.* region; area 13
regresar *v.* to return 2
regular *adj. m., f.* so so.; OK 1
reído *p.p.* laughed 13
reírse (e:i) *v.* to laugh 9
relaciones *f., pl.* relationships 9
relajarse *v.* to relax 9
reloj *m.* clock; watch 2
renunciar (a) *v.* to resign (from)
repetir (e:i) *v.* to repeat 4
reportaje *m.* report
reportero/a *m., f.* reporter; journalist
representante *m., f.* representative
reproductor de DVD *m.* DVD player 11
resfriado *m.* cold (*illness*) 10
residencia estudiantil *f.* dormitory 2
resolver (o:ue) *v.* to resolve; to solve 13
respirar *v.* to breathe 13
respuesta *f.* answer
restaurante *m.* restaurant 4
resuelto/a *p.p.* resolved 13
reunión *f.* meeting
revisar *v.* to check 11

revisar el aceite *v.* to check the oil 11
revista *f.* magazine 4
rico/a *adj.* rich 6; *adj.* tasty; delicious 8
ridículo *adj.* ridiculous 13
río *m.* river 13
riquísimo/a *adj.* extremely delicious 8
rodilla *f.* knee 10
rogar (o:ue) *v.* to beg; to plead 12
rojo/a *adj.* red 6
romántico/a *adj.* romantic
romper (con) *v.* to break up (with) 9
romper(se) *v.* to break 10
romperse la pierna *v.* to break one's leg 10
ropa *f.* clothing; clothes 6
ropa interior *f.* underwear 6
rosado/a *adj.* pink 6
roto/a *adj.* broken 10, 13
rubio/a *adj.* blond(e) 3
ruso/a *adj.* Russian 3
rutina *f.* routine 7
rutina diaria *f.* daily routine 7

S

sábado *m.* Saturday 2
saber *v.* to know; to know how 8
saber (+ *adj.*) to taste + (adj.) 8
saber + a to taste like 8
sabroso/a *adj.* tasty; delicious 8
sacar *v.* to take out
sacar fotos to take photos 5
sacar la basura to take out the trash 12
sacar(se) una muela to have a tooth removed 10
sacudir *v.* to dust 12
sacudir los muebles to dust the furniture 12
sal *f.* salt 8
sala *f.* living room 12; room
sala de emergencia(s) emergency room 10
salario *m.* salary
salchicha *f.* sausage 8
salida *f.* departure; exit 5
salir *v.* to leave 4; to go out
salir (con) to go out (with); to date 9
salir de to leave from
salir para to leave for (*a place*)
salmón *m.* salmon 8
salón de belleza *m.* beauty salon 14
salud *f.* health 10
saludable *adj.* healthy 10
saludar(se) *v.* to greet (each other) 11

saludo *m.* greeting 1
saludos a... greetings to... 1
sandalia *f.* sandal 6
sandía *f.* watermelon 8
sándwich *m.* sandwich 8
sano/a *adj.* healthy 10
se *ref.pron.* himself, herself, itself, *form.* yourself, themselves, yourselves 7
se *impersonal* one 10
Se nos dañó... The... broke down. 11
Se hizo... He/she/it became...
Se nos pinchó una llanta. We had a flat tire. 11
secadora *f.* clothes dryer 12
secarse *v.* to dry (oneself) 7
sección de (no) fumar *f.* (non) smoking section 8
secretario/a *m., f.* secretary
secuencia *f.* sequence
sed *f.* thirst 3
seda *f.* silk 6
sedentario/a *adj.* sedentary; related to sitting 15
seguir (e:i) *v.* to follow; to continue 4
según according to
segundo/a *adj.* second 5
seguro/a *adj.* sure 5
seis six 1
seiscientos/as *adj.* six hundred 6
sello *m.* stamp 14
selva *f.* jungle 13
semana *f.* week 2
fin *m.* **de semana** weekend 4
semana *f.* **pasada** last week 6
semestre *m.* semester 2
sendero *m.* trail; trailhead 13
sentarse (e:ie) *v.* to sit down 7
sentir(se) (e:ie) *v.* to feel 7; to be sorry; to regret 13
señor (Sr.); don *m.* Mr.; sir 1
señora (Sra.) *f.* Mrs.; ma'am 1
señorita (Srta.) *f.* Miss 1
separado/a *adj.* separated 9
separarse (de) *v.* to separate (from) 9
septiembre *m.* September 5
séptimo/a *adj.* seventh 5
ser *v.* to be 1
ser aficionado/a (a) to be a fan (of) 4
ser alérgico/a (a) to be allergic (to) 10
ser gratis to be free of charge 14
serio/a *adj.* serious
servilleta *f.* napkin 12
servir (e:i) *v.* to serve 8; to help 5
sesenta sixty 2
setecientos/as *adj.* seven hundred 6
setenta seventy 2
sexismo *m.* sexism

sexto/a *adj.* sixth 5
sí *adv.* yes 1
si *conj.* if 4
SIDA *m.* AIDS
sido *p.p.* been 15
siempre *adv.* always 7
siete seven 1
silla *f.* seat 2
sillón *m.* armchair 12
similar *adj. m., f.* similar
simpático/a *adj.* nice; likeable 3
sin *prep.* without 2, 13
sin duda without a doubt
sin embargo however
sin que *conj.* without 13
sino but (rather) 7
síntoma *m.* symptom 10
sitio *m.* **web;** website 11
situado/a *p.p.* located
sobre *m.* envelope 14; *prep.* on; over 2
sobrino/a *m., f.* nephew; niece 3
sociología *f.* sociology 2
sofá *m.* couch; sofa 12
sol *m.* sun 4; 5; 13
solar *adj. m., f.* solar 13
soldado *m., f.* soldier
soleado/a *adj.* sunny
solicitar *v.* to apply (*for a job*)
solicitud (de trabajo) *f.* (job) application
sólo *adv.* only 3;
solo *adj.* alone
soltero/a *adj.* single 9
solución *f.* solution 13
sombrero *m.* hat 6
Son las dos. It's two o'clock. 1
sonar (o:ue) *v.* to ring 11
sonreído *p.p.* smiled 13
sonreír (e:i) *v.* to smile 9
sopa *f.* soup 8
sorprender *v.* to surprise 9
sorpresa *f.* surprise 9
sótano *m.* basement; cellar 12
soy I am 1
Soy yo. That's me. 1
Soy de... I'm from... 1
su(s) *poss. adj.* his; her; its; *form.* your; their; 3
subir(se) a *v.* to get on/into (*a vehicle*) 11
sucio/a *adj.* dirty 5
sucre *m.* Former Ecuadorian currency 6
sudar *v.* to sweat 15
suegro/a *m., f.* father-in-law; mother-in-law 3
sueldo *m.* salary
suelo *m.* floor 12
sueño *n.* sleep 3
suerte *f.* luck 3
suéter *m.* sweater 6
sufrir *v.* to suffer 10
sufrir muchas presiones to be under a lot of pressure 15

sufrir una enfermedad to suffer an illness 10
sugerir (e:ie) *v.* to suggest 12
supermercado *m.* supermarket 14
suponer *v.* to suppose 4
sur *m.* south 14
sustantivo *m.* noun
suyo(s)/a(s) *poss.* (of) his/her; (of) hers; (of) its; (of) *form.* your, (of) yours, (of) their 11

T

tal vez *adv.* maybe 5
talentoso/a *adj.* talented
talla *f.* size 6
  talla grande *f.* large 6
taller *m.* **mecánico** garage; mechanic's repairshop 11
también *adv.* also; too 2; 7
tampoco *adv.* neither; not either 7
tan *adv.* so
  tan pronto como as soon as 13
  tan... como as... as 8
tanque *m.* tank 11
tanto *adv.* so much
  tanto... como as much... as 8
  tantos/as... como as many... as 8
tarde *adv.* late 7
  tarde *f.* afternoon; evening; P.M. 1
tarea *f.* homework 2
tarjeta *f.* (post) card 4
tarjeta de crédito *f.* credit card 6
tarjeta postal *f.* postcard 4
taxi *m.* taxi 5
taza *f.* cup 12
te *fam. pron.* you 6
  Te presento a... I would like to introduce you to... 1
  ¿Te gustaría? Would you like to? 15
  ¿Te gusta(n)... ? Do you like... ? 2
té *m.* tea 8
  té helado *m.* iced tea 8
teatro *m.* theater
teclado *m.* keyboard 11
técnico/a *m., f.* technician
tejido *m.* weaving
teleadicto/a *m., f.* couch potato 15
teléfono (celular) *m.* (cell) telephone 11
telenovela *f.* soap opera
teletrabajo *m.* telecommuting
televisión *f.* television 11
televisión por cable *f.* cable television 11
televisor *m.* television set 11
temer *v.* to fear 13

temperatura *f.* temperature 10
temprano *adv.* early 7
tenedor *m.* fork 12
tener *v.* to have 3
  tener... años to be... years old 3
  Tengo... años. I'm... years old. 3
  tener (mucho) calor to be (very) hot 3
  tener (mucho) cuidado to be (very) careful 3
  tener dolor to have a pain 10
  tener éxito to be successful
  tener fiebre to have a fever 10
  tener (mucho) frío to be (very) cold 3
  tener ganas de (+ *inf.*) to feel like (*doing something*) 3
  tener (mucha) hambre *f.* to be (very) hungry 3
  tener (mucho) miedo (de) to be (very) afraid (of); to be (very) scared (of) 3
  tener miedo (de) que to be afraid that
  tener planes *m., pl.* to have plans 4
  tener (mucha) prisa to be in a (big) hurry 3
  tener que (+ *inf.*) *v.* to have to (*do something*) 3
  tener razón *f.* to be right 3
  tener (mucha) sed *f.* to be (very) thirsty 3
  tener (mucho) sueño to be (very) sleepy 3
  tener (mucha) suerte to be (very) lucky 3
  tener tiempo to have time 4
  tener una cita to have a date; to have an appointment 9
tenis *m.* tennis 4
tensión *f.* tension 15
tercer, tercero/a *adj.* third 5
terminar *v.* to end; to finish 2
  terminar de (+*inf.*) *v.* to finish (*doing something*) 4
terremoto *m.* earthquake
terrible *adj. m., f.* terrible 13
ti *prep., obj. of prep., fam.* you
tiempo *m.* time 4; weather 5
  tiempo libre free time 4
tienda *f.* shop; store 6
  tienda de campaña tent
tierra *f.* land; soil 13
tinto/a *adj.* red (wine) 8
tío/a *m., f.* uncle; aunt 3
tíos *m.* aunts and uncles 3
título *m.* title
tiza *f.* chalk 2
toalla *f.* towel 7
tobillo *m.* ankle 10
tocadiscos compacto *m.* compact-disc player 11

tocar *v.* to play (*a musical instrument*) ; to touch 13
todavía *adv.* yet; still 5
todo *m.* everything 5
  en todo el mundo throughout the world 13
  Todo está bajo control. Everything is under control. 7
  todo derecho straight (ahead) 14
  ¡Todos a bordo! All aboard! 1
todo/a *adj.* all 4; whole
todos *m., pl.* all of us; *m., pl.* everybody; everyone
todos los días *adv.* every day 10
tomar *v.* to take; to drink 2
  tomar clases *f., pl.* to take classes 2
  tomar el sol to sunbathe 4
  tomar en cuenta take into account
  tomar fotos *f., pl.* to take photos 5
  tomar la temperatura to take someone's temperature 10
tomate *m.* tomato 8
tonto/a *adj.* silly; foolish 3
torcerse (o:ue) (el tobillo) *v.* to sprain (one's ankle) 10
torcido/a *adj.* twisted; sprained 10
tormenta *f.* storm
tornado *m.* tornado
tortilla *f.* kind of flat bread 8
  tortillas de maíz flat bread made of corn flour 8
tos *f., sing.* cough 10
toser *v.* to cough 10
tostado/a *adj.* toasted 8
tostadora *f.* toaster 12
trabajador(a) *adj.* hard-working 3
trabajar *v.* to work 2
trabajo *m.* job; work
traducir *v.* to translate 8
traer *v.* to bring 4
tráfico *m.* traffic 11
tragedia *f.* tragedy
traído/a *p.p.* brought 13
traje *m.* suit 6
  traje (de baño) *m.* (bathing) suit 6
tranquilo/a *adj.* calm; quiet 15
  Tranquilo. Don't worry.; Be cool. 7
transmitir to broadcast
tratar de (+ *inf.*) *v.* to try (*to do something*) 15
Trato hecho. You've got a deal.
trece thirteen 1
treinta thirty 1, 2
  y treinta thirty minutes past the hour (time) 1
tren *m.* train 5
tres three 1
trescientos/as *adj.* three

hundred 6
trimestre *m.* trimester; quarter 2
triste *adj.* sad 5
tú *fam. sub. pron.* you 1
  Tú eres... You are... 1
tu(s) *fam. poss. adj.* your 3
turismo *m.* tourism 5
turista *m., f.* tourist 1
turístico/a *adj.* touristic
tuyo(s)/a(s) *fam. poss. pron.*
  your; (of) yours 11

U

Ud. *form. sing.* you 1
Uds. *form., pl.* you 1
último/a *adj.* last
un, uno/a *indef. art.* a; one 1
  uno/a *m., f., sing. pron.* one
    a la una at one o'clock 1
  una vez más one more time 9
  una vez once; one time 6
único/a *adj.* only 3
universidad *f.* university;
  college 2
unos/as *m., f., pl. indef. art.*
  some 1
  unos/as *pron.* some 1
urgente *adj.* urgent 12
usar *v.* to wear; to use 6
usted (Ud.) *form. sing.* you 1
  ustedes (Uds.) *form., pl.* you 1
útil *adj.* useful
uva *f.* grape 8

V

vaca *f.* cow 13
vacaciones *f. pl.* vacation 5
valle *m.* valley 13
vamos let's go 4
vaquero *m.* cowboy
  de vaqueros *m., pl.* western
  (genre)
varios/as *adj. m. f., pl.* various 8
vaso *m.* glass 12
veces *f., pl.* times 6
vecino/a *m., f.* neighbor 12
veinte twenty 1
veinticinco twenty-five 1
veinticuatro twenty-four 1
veintidós twenty-two 1
veintinueve twenty-nine 1
veintiocho twenty-eight 1
veintiséis twenty-six 1
veintisiete twenty-seven 1
veintitrés twenty-three 1
veintiún, veintiuno/a *adj.*
  twenty-one 1
vejez *f.* old age 9
velocidad *f.* speed 11
  velocidad máxima *f.* speed
  limit 11

vendedor(a) *m., f.* salesperson 6
vender *v.* to sell 6
venir *v.* to come 3
ventana *f.* window 2
ver *v.* to see 4
  ver películas *f., pl.* to see
  movies 4
  a ver *v.* let's see 2
verano *m.* summer 5
verbo *m.* verb
verdad *f.* truth 4
  ¿verdad? right? 1
verde *adj., m. f.* green 6
verduras *pl., f.* vegetables 8
vestido *m.* dress 6
vestirse (e:i) *v.* to get dressed 7
vez *f.* time 6
viajar *v.* to travel 2
viaje *m.* trip 5
viajero/a *m., f.* traveler 5
vida *f.* life 9
video(casete) *m.* video
  (cassette) 11
videocasetera *f.* VCR 11
videoconferencia *f.* videoconference
vidrio *m.* glass 13
viejo/a *adj.* old 3
viento *m.* wind 5
viernes *m., sing.* Friday 2
vinagre *m.* vinegar 8
vino *m.* wine 8
  vino blanco *m.* white wine 8
  vino tinto *m.* red wine 8
violencia *f.* violence
visitar *v.* to visit 4
  visitar monumentos *m., pl.*
  to visit monuments 4
visto/a *p.p.* seen 13
vitamina *f.* vitamin 15
viudo/a *adj.* widower/widow 9
vivienda *f.* housing 12
vivir *v.* to live 3
vivo/a *adj.* bright; lively; living
volante *m.* steering wheel 11
volcán *m.* volcano 13
vóleibol *m.* volleyball 4
volver (o:ue) *v.* to return 4
volver a ver(te, lo, la) *v.* to see
  (you, him, her) again
vos *pron.* you
vosotros/as *form., pl.* you 1
votar *v.* to vote
vuelta *f.* return trip
vuelto/a *p.p.* returned 13
vuestro(s)/a(s) *poss. adj.* your 3;
  (of) yours *fam.* 11

W

walkman *m.* walkman 11

Y

y *conj.* and 1
  y cuarto quarter after (time) 1
  y media half-past (time) 1
  y quince quarter after (time) 1
  y treinta thirty (minutes past
  the hour) 1
  ¿Y tú? *fam.* And you? 1
  ¿Y usted? *form.* And you? 1
ya *adv.* already 6
yerno *m.* son-in-law 3
yo *sub. pron.* I 1
  Yo soy... I'm... 1
yogur *m.* yogurt 8

Z

zanahoria *f.* carrot 8
zapatería *f.* shoe store 14
zapatos (de tenis) *m., pl.* (tennis)
  shoes, sneakers 6

English-Spanish

A

a **un/a** *m., f., sing.; indef. art.* 1
@ (*symbol*) **arroba** *f.* 11
A.M. **mañana** *f.* 1
able: be able to **poder (o:ue)** *v.* 4
aboard **a bordo** 1
accident **accidente** *m.* 10
accompany **acompañar** *v.* 14
account **cuenta** *f.* 14
  on account of **por** *prep.* 11
accountant **contador(a)** *m., f.*
accounting **contabilidad** *f.* 2
ache **dolor** *m.* 10
acid **ácido/a** *adj.* 13
  acid rain **lluvia ácida** 13
acquainted: be acquainted with
  conocer *v.* 8
action (genre) **de acción** *f.*
active **activo/a** *adj.* 15
actor **actor** *m.,* **actriz** *f.*
addict (*drug*) **drogadicto/a**
  adj. 15
additional **adicional** *adj.*
address **dirección** *f.* 14
adjective **adjetivo** *m.*
adolescence **adolescencia** *f.* 9
adventure (genre) **de aventura** *f.*
advertise **anunciar** *v.*
advertisement **anuncio** *m.*
advice **consejo** *m.* 6
  give advice **dar consejos** 6
advise **aconsejar** *v.* 12
advisor **consejero/a** *m., f.*
aerobic **aeróbico/a** *adj.* 15
  to do aerobics **hacer ejercicios**
    aeróbicos 15
  aerobics class **clase de**
    ejercicios aeróbicos 15
affected **afectado/a** *adj.* 13
  be affected (by) **estar** *v.*
    afectado/a (por) 13
affirmative **afirmativo/a** *adj.*
afraid: be (very) afraid (of) **tener**
  (mucho) miedo (de) 3
  be afraid that **tener miedo**
    (de) que
after **después de** *prep.* 7;
  después de que *conj.* 14
afternoon **tarde** *f.* 1
afterward **después** *adv.* 7
again **otra vez**
age **edad** *f.* 9
agree **concordar** *v.*
agree **estar** *v.* **de acuerdo**
  I agree (completely). **Estoy**
    (completamente) de
    acuerdo.
  I don't agree. **No estoy de**
    acuerdo.
agreement **acuerdo** *m.*
AIDS **SIDA** *m.*

air **aire** *m.* 13
  air pollution **contaminación**
    del aire 13
airplane **avión** *m.* 5
airport **aeropuerto** *m.* 5
alarm clock **despertador** *m.* 7
alcohol **alcohol** *m.* 15
  to consume alcohol **consumir**
    alcohol 15
alcoholic **alcohólico/a** *adj.* 15
all **todo/a** *adj.* 4
  All aboard! **¡Todos a bordo!** 1
  all of us **todos** 1
  all over the world **en todo el**
    mundo
allergic **alérgico/a** *adj.* 10
  be allergic (to) **ser alérgico/a**
    (a) 10
alleviate **aliviar** *v.*
almost **casi** *adv.* 10
alone **solo/a** *adj.*
along **por** *prep.* 11
already **ya** *adv.* 6
also **también** *adv.* 2; 7
alternator **alternador** *m.* 11
although *conj.* **aunque**
aluminum **aluminio** *m.* 13
  (made of) aluminum **de**
    aluminio 13
always **siempre** *adv.* 7
American (*North*) **norteameri-**
  cano/a *adj.* 3
among **entre** *prep.* 2
amusement **diversión** *f.*
and **y** 1, **e** (*before words beginning*
  with i or hi) 4
  And you? **¿Y tú?** *fam.* 1;
    ¿Y usted? *form.* 1
angry **enojado/a** *adj.* 5
  get angry (with) **enojarse** *v.*
    (con) 7
animal **animal** *m.* 13
ankle **tobillo** *m.* 10
anniversary **aniversario** *m.* 9
  (wedding) anniversary **aniver-**
    sario *m.* **(de bodas)** 9
announce **anunciar** *v.*
announcer (*TV/radio*) **locutor(a)**
  m., f.
annoy **molestar** *v.* 7
another **otro/a** *adj.* 6
answer **contestar** *v.* 2;
  respuesta *f.*
answering machine **contestadora**
  f. 11
antibiotic **antibiótico** *m.* 10
any **algún, alguno/a(s)** *adj.* 7
anyone **alguien** *pron.* 7
anything **algo** *pron.* 7
apartment **apartamento** *m.* 12
apartment building **edificio de**
  apartamentos 12
appear **parecer** *v.*
appetizers **entremeses** *m., pl.*
applaud **aplaudir** *v.*

apple **manzana** *f.* 8
appliance (electric) **elec-**
  trodoméstico *m.* 12
applicant **aspirante** *m., f.*
application **solicitud** *f.*
  job application **solicitud de**
    trabajo
apply (*for a job*) **solicitar** *v.*
  apply for a loan **pedir** *v.*
    préstamo 14
appointment **cita** *f.* 9
  have an appointment **tener** *v.*
    una cita 9
appreciate **apreciar** *v.*
April **abril** *m.* 5
aquatic **acuático/a** *adj.*
archaeologist **arqueólogo/a**
  m., f.
architect **arquitecto/a** *m., f.*
area **región** *f.* 13
arm **brazo** *m.* 10
armchair **sillón** *m.* 12
army **ejército** *m.*
around **por** *prep.* 11
  around here **por aquí** 11
arrange **arreglar** *v.* 11
arrival **llegada** *f.* 5
arrive **llegar** *v.* 2
art **arte** *m.* 2
  (fine) arts **bellas artes** *f., pl.*
article *m.* **artículo**
artist **artista** *m., f.* 3
artistic **artístico/a** *adj.*
arts **artes** *f., pl.*
as **como** 8
  as... as **tan... como** 8
  as a child **de niño/a** 10
  as many... as **tantos/as...**
    como 8
  as much... as **tanto...**
    como 8
  as soon as **en cuanto** *conj.* 13;
    tan pronto como *conj.* 13
ask (*a question*) *v.* **preguntar** *v.* 2
  ask for **pedir (e:i)** *v.* 4
asparagus **espárragos** *m., pl.* 8
aspirin **aspirina** *f.* 10
at **a** *prep.* 1
  at + *time* **a la(s)** + *time* 1
  at home **en casa** 7
  at least **por lo menos** 10
  at night **por la noche** 7
  at the end (of) **al fondo (de)** 12
  At what time...? **¿A qué**
    hora...? 1
  At your service. **A sus**
    órdenes. 11
ATM **cajero automático** *m.* 14
attend **asistir (a)** *v.* 3
attic **altillo** *m.* 12
attract **atraer** *v.* 4
audience **público** *m.*
August **agosto** *m.* 5
aunt **tía** *f.* 3

aunts and uncles **tíos** *m., pl.* 3
automatic **automático/a** *adj.*
automobile **automóvil** *m.* 5;
  carro *m.*; **coche** *m.* 11
autumn **otoño** *m.* 5
avenue **avenida** *f.*
avoid **evitar** *v.* 13
award **premio** *m.*

B

backpack **mochila** *f.* 2
bad **mal, malo/a** *adj.* 3
  It's bad that... **Es malo
    que...** 12
  It's not at all bad. **No está
    nada mal.** 5
bag **bolsa** *f.* 6
bakery **panadería** *f.* 14
balanced **equilibrado/a** *adj.* 15
  to eat a balanced diet **comer
    una dieta equilibrada** 15
balcony **balcón** *m.* 12
ball **pelota** *f.* 4
banana **banana** *f.* 8
band **banda** *f.*
bank **banco** *m.* 14
bargain **ganga** *f.* 6; **regatear** *v.* 6
baseball (*game*) **béisbol** *m.* 4
basement **sótano** *m.* 12
basketball (*game*) **baloncesto** *m.* 4
bathe **bañarse** *v.* 7
(bathing) suit **traje** *m.* **(de baño)** 6
bathroom **baño** *m.* 7; **cuarto de
  baño** *m.* 7
be **ser** *v.* 1; **estar** *v.* 2
be... years old **tener... años** 3
beach **playa** *f.* 5
beans **frijoles** *m., pl.* 8
beautiful **hermoso/a** *adj.* 6
beauty **belleza** *f.* 14
  beauty salon **peluquería** *f.* 14;
    salón *m.* **de belleza** 14
because **porque** *conj.* 2
because of **por** *prep.* 11
become (+ *adj.*) **ponerse (+ *adj.*)**
  7; **convertirse** *v.*
bed **cama** *f.* 5
  go to bed **acostarse (o:ue)** *v.* 7
bedroom **alcoba** *f.*, **dormitorio**
  m. 12; **recámara** *f.*
beef **carne de res** *f.* 8
  beef soup **caldo de patas** 8
been **sido** *p.p.* 15
beer **cerveza** *f.* 8
before **antes** *adv.* 7; **antes de**
  prep. 7; **antes (de) que**
  conj. 13
beg **rogar (o:ue)** *v.* 12
begin **comenzar (e:ie)** *v.* 4;
  empezar (e:ie) *v.* 4
behalf: on behalf of **de parte
  de** 11
behind **detrás de** *prep.* 2

believe (in) **creer** *v.* **(en)** 3; **creer**
  v. 13
  not to believe **no creer** 13
believed **creído/a** *p.p.* 13
bellhop **botones** *m., f. sing.* 5
below **debajo de** *prep.* 2
belt **cinturón** *m.* 6
benefit **beneficio** *m.*
beside **al lado de** *prep.* 2
besides **además (de)** *adv.* 10
best **mejor** *adj.*
  the best **el/la mejor** *m., f.* 8
    lo mejor *neuter*
better **mejor** *adj.* 8
  It's better that... **Es mejor
    que...** 12
between **entre** *prep.* 2
beverage **bebida** *f.*
  alcoholic beverage **bebida
    alcohólica** *f.* 15
bicycle **bicicleta** *f.* 4
big **gran, grande** *adj.* 3
bill **cuenta** *f.* 9
billion: billion **mil millones**
biology **biología** *f.* 2
bird **ave** *f.* 13; **pájaro** *m.* 13
birth **nacimiento** *m.* 9
birthday **cumpleaños** *m., sing.* 9
  birthday cake **pastel de
    cumpleaños** 9
  have a birthday **cumplir** *v.*
    años 9
biscuit **bizcocho** *m.*
black **negro/a** *adj.* 6
blackberry **mora** *f.* 8
blackboard **pizarra** *f.* 2
blanket **manta** *f.* 12
block (city) **cuadra** *f.* 14
blond(e) **rubio/a** *adj.* 3
blouse **blusa** *f.* 6
blue **azul** *adj. m., f.* 6
boarding house **pensión** *f.*
boat **barco** *m.* 5
body **cuerpo** *m.* 10
bone **hueso** *m.* 10
book **libro** *m.* 2
bookcase **estante** *m.* 12
bookshelves **estante** *m.* 12
bookstore **librería** *f.* 2
boot **bota** *f.* 6
bore **aburrir** *v.* 7
bored **aburrido/a** *adj.* 5
  be bored **estar** *v.* **aburrido/a** 5
  get bored **aburrirse** *v.*
boring **aburrido/a** *adj.* 5
born: be born **nacer** *v.* 9
borrow **pedir prestado** 14
borrowed **prestado/a** *adj.*
boss **jefe** *m.*, **jefa** *f.*
bother **molestar** *v.* 7
bottle **botella** *f.* 9
  bottle (of wine) **botella (de
    vino)** 9
bottom **fondo** *m.*
boulevard **bulevar** *m.*

boy **chico** *m.* 1; **muchacho** *m.* 3
boyfriend **novio** *m.* 3
brakes **frenos** *m., pl.*
bread **pan** *m.* 8
break **romper** *v.* 10
  break (one's leg) **romperse (la
    pierna)** 10
  break down **dañar** *v.* 10
  The... broke down. **Se nos
    dañó el/la...** 11
  break up (with) **romper** *v.*
    (con) 9
breakfast **desayuno** *m.* 2, 8
  have breakfast **desayunar** *v.* 2
breathe **respirar** *v.* 13
bring **traer** *v.* 4
broadcast **transmitir** *v.*;
  emitir *v.*
brochure **folleto** *m.*
broken **roto/a** *adj.* 10, 13
  be broken **estar roto/a** 10
brother **hermano** *m.* 3
  brother-in-law **cuñado** *m., f.* 3
  brothers and sisters **hermanos**
    m., pl. 3
brought **traído** *p.p.* 13
brown **café** *adj.* 6; **marrón** *adj.* 6
brunet(te) **moreno/a** *adj.* 3
brush **cepillar** *v.* 7
  brush one's hair **cepillarse el
    pelo** 7
  brush one's teeth **cepillarse los
    dientes** 7
build **construir** *v.* 4
building **edificio** *m.* 12
bump into (*something accidentally*)
  darse con 10; (*someone*)
  encontrarse *v.* 11
burn (a CD) **quemar** *v.* 11
burned (out) **quemado/a** *adj.* 11
bus **autobús** *m.* 1
  bus station **estación** *f.* **de
    autobuses** 5
business **negocios** *m. pl.*
  business administration **admi-
    nistración** *f.* **de empresas** 2
  business-related **comercial** *adj.*
businessperson **hombre** *m.*
  /mujer *f.* **de negocios**
busy **ocupado/a** *adj.* 5
but **pero** *conj.* 2; (*rather*) **sino**
  conj. (*in negative sentences*) 7
butcher shop **carnicería** *f.* 14
butter **mantequilla** *f.* 8
buy **comprar** *v.* 2
by **por** *conj.* 11; **para** *prep.* 11
  by means of **por** *prep.* 11
  by phone **por teléfono** 11
  by plane **en avión** 5
  by way of **por** *prep.* 11
bye **chau** *interj. fam.* 1

C

cabin **cabaña** *f.* 5
cable television **televisión** *f.*
   por cable *m.* 11
café **café** *m.* 4
cafeteria **cafetería** *f.* 2
caffeine **cafeína** *f.* 15
cake **pastel** *m.* 9
   (chocolate) cake **pastel (de**
    chocolate) *m.* 9
calculator **calculadora** *f.* 11
call **llamar** *v.* 11
   call on the phone **llamar por**
    teléfono
   be called **llamarse** *v.* 7
calm **tranquilo/a** *adj.* 15
calorie **caloría** *f.* 15
camera **cámara** *f.* 11
camp **acampar** *v.* 5
can **lata** *f.* 13
can **poder (o:ue)** *v.* 4
Canadian **canadiense** *adj.* 3
candidate **aspirante** *m. f.*; candidate **candidato/a** *m., f.*
candy **dulces** *m., pl.* 9
capital (*city*) **capital** *f.* 1
car **coche** *m.* 11; **carro** *m.* 11;
   auto(móvil) *m.* 5
caramel **caramelo** *m.* 9
card **tarjeta** *f.* 4; (*playing*)
   carta *f.* 5
care **cuidado** *m.* 3
   take care of **cuidar** *v.* 13
   Take care! **¡Cuídense!** *v.* 15
career **carrera** *f.*
careful: be (very) careful **tener** *v.*
   (mucho) cuidado 3
caretaker **ama** *m., f.* **de casa** 12
carpenter **carpintero/a** *m., f.*
carpet **alfombra** *f.* 12
carrot **zanahoria** *f.* 8
carry **llevar** *v.* 2
cartoons **dibujos** *m, pl.* **anima-**
   dos
case: in case (that) **en caso (de)**
   que 13
cash (a check) **cobrar** *v.* 14;
   cash **(en) efectivo** 6
   cash register **caja** *f.* 6
   pay in cash **pagar** *v.* 6 **al**
    contado 14; **pagar en efectivo**
    14
cashier **cajero/a** *m., f.*
cat **gato** *m.* 13
CD-ROM **cederrón** *m.* 11
celebrate **celebrar** *v.* 9
celebration **celebración** *f.*
   young woman's fifteenth
    birthday celebration
    quinceañera *f.* 9
cellar **sótano** *m.* 12
cellular **celular** *adj.* 11
   cellular telephone **teléfono**
    celular *m.* 11

cereal **cereales** *m., pl.* 8
certain **cierto** *m.*; **seguro** *m.* 13
   It's (not) certain. **(No) Es**
    cierto/seguro. 13
chalk **tiza** *f.* 2
champagne **champán** *m.* 9
change **cambiar** *v.* **(de)** 9
channel (*TV*) **canal** *m.*
character (*fictional*) **personaje** *m.*
   (main) character *m.* **personaje**
    (principal)
chat **conversar** *v.* 2
chauffeur **conductor(a)** *m., f.* 1
cheap **barato/a** *adj.* 6
check **comprobar** *v.*; **revisar** *v.*
   11; (*bank*) **cheque** *m.* 14
   check the oil **revisar el aceite**
    11
checking account **cuenta** *f.*
   corriente 14
cheese **queso** *m.* 8
chef **cocinero/a** *m., f.*
chemistry **química** *f.* 2
chest of drawers **cómoda** *f.* 12
chicken **pollo** *m.* 8
child **niño/a** *m., f.* 3
childhood **niñez** *f.* 9
children **hijos** *m., pl.* 3
Chinese **chino/a** *adj.* 3
chocolate **chocolate** *m.* 9
   chocolate cake **pastel** *m.* **de**
    chocolate 9
cholesterol **colesterol** *m.* 15
choose **escoger** *v.* 8
chop (*food*) **chuleta** *f.* 8
Christmas **Navidad** *f.* 9
church **iglesia** *f.* 4
citizen **ciudadano/a** *m., f.*
city **ciudad** *f.* 4
class **clase** *f.* 2
   take classes **tomar clases** 2
classical **clásico/a** *adj.*
classmate **compañero/a** *m., f.* **de**
   clase 2
clean **limpio/a** *adj.* 5;
   limpiar *v.* 12
   clean the house *v.* **limpiar la**
    casa 12
clear (*weather*) **despejado/a** *adj.*
   clear the table **quitar la**
    mesa 12
   It's (very) clear. (*weather*)
    Está (muy) despejado.
clerk **dependiente/a** *m., f.* 6
climb **escalar** *v.* 4
   climb mountains **escalar**
    montañas 4
clinic **clínica** *f.* 10
clock **reloj** *m.* 2
close **cerrar (e:ie)** *v.* 4
closed **cerrado/a** *adj.* 5
closet **armario** *m.* 12
clothes **ropa** *f.* 6
   clothes dryer **secadora** *f.* 12
clothing **ropa** *f.* 6

cloud **nube** *f.* 13
cloudy **nublado/a** *adj.* 5
   It's (very) cloudy. **Está (muy)**
    nublado. 5
coat **abrigo** *m.* 6
coffee **café** *m.* 8
   coffee maker **cafetera** *f.* 12
cold **frío** *m.* 5;
   (*illness*) **resfriado** *m.* 10
   be (*feel*) (very) cold **tener**
    (mucho) frío 3
   It's (very) cold. (*weather*) **Hace**
    (mucho) frío. 5
college **universidad** *f.* 2
collision **choque** *m.*
color **color** *m.* 6
comb one's hair **peinarse** *v.* 7
come **venir** *v.* 3
comedy **comedia** *f.* .
comfortable **cómodo/a** *adj.* 5
commerce **negocios** *m., pl.*
commercial **comercial** *adj.*
communicate (with) **comunicarse**
   v. **(con)**
communication **comunicación** *f.*
   means of communication
    medios *m. pl.* **de comuni-**
    cación
community **comunidad** *f* .1
compact disc (CD) **disco** *m.* **com-**
   pacto 11
   compact disc player **tocadiscos**
    m. sing. **compacto** 11
company **compañía** *f.*; **empresa** *f.*
comparison **comparación** *f.*
completely **completamente**
   adv.
composer **compositor(a)** *m., f.*
computer **computadora** *f.* 1
   computer disc **disco** *m.*
   computer monitor **monitor**
    m. 11
   computer programmer **progra-**
    mador(a) *m., f.* 3
   computer science **computación**
    f. 2
concert **concierto** *m.*
conductor (*musical*) **director(a)**
   m., f.
confirm **confirmar** *v.* 5
   confirm a reservation **confirmar**
    una reservación 5
confused **confundido/a** *adj.* 5
congested **congestionado/a**
   adj. 10
Congratulations! (*for an event such*
   as a birthday or anniversary)
   ¡Felicidades! 9; (*for an*
   event such as an engagement
   or a good grade on a test)
   f., pl. **¡Felicitaciones!** 9
conservation **conservación** *f.* 13
conserve **conservar** *v.* 13
considering **para** *prep.* 11
consume **consumir** *v.* 15

contact lenses **lentes** *m. pl.* **de contacto** 6

container **envase** *m.* 13

contamination **contaminación** *f.*

content **contento/a** *adj.* 5

contest **concurso** *m.*

continue **seguir (e:i)** *v.* 4

control **control** *m.;* **controlar** *v.* 13
be under control **estar bajo control** 7

conversation **conversación** *f.* 1

converse **conversar** *v.* 2

cook **cocinar** *v.* 12; **cocinero/a** *m., f.*

cookie **galleta** *f.* 9

cool **fresco/a** *adj.* 5
It's cool. (*weather*) **Hace fresco.** 5

corn **maíz** *m.* 8

corner **esquina** *m.* 14

cost **costar (o:ue)** *v.* 6

cotton **algodón** *f.* 6
(made of) cotton **de algodón** 6

couch **sofá** *m.* 12

couch potato **teleadicto/a** *m., f.* 15

cough **tos** *f.* 10; **toser** *v.* 10

counselor **consejero/a** *m., f.*

count (on) **contar** *v.* **(con)** 4, 12

country (*nation*) **país** *m.* 1

countryside **campo** *m.* 5;
paisaje *m.* 5

(married) couple **pareja** *f.* 9

course **curso** *m.* 2; **materia** *f.* 2

courtesy **cortesía** *f.*

cousin **primo/a** *m., f.* 3

cover **cubrir** *v.*

covered **cubierto** *p.p.*

cow **vaca** *f.* 13

crafts **artesanía** *f.*

craftsmanship **artesanía** *f.*

crater **cráter** *m.* 13

crazy **loco/a** *adj.* 6

create **crear** *v.*

credit **crédito** *m.* 6
credit card **tarjeta** *f.* **de crédito** 6

crime **crimen** *m.*

cross **cruzar** *v.* 14

culture **cultura** *f.*

cup **taza** *f.* 12

currency exchange **cambio** *m.* **de moneda**

current events **actualidades** *f., pl.*

curtains **cortinas** *f., pl.* 12

custard (*baked*) **flan** *m.* 9

custom **costumbre** *f.* 1

customer **cliente/a** *m., f.* 6

customs **aduana** *f.* 5
customs inspector **inspector(a)** *m., f.* **de aduanas** 5

cybercafé **cibercafé** *m.* 11

cycling **ciclismo** *m.* 4

D

dad **papá** *m.* 3

daily **diario/a** *adj.* 7
daily routine **rutina** *f.* **diaria** 7

damage **dañar** *v.* 10

dance **bailar** *v.* 2; **danza** *f.;* **baile** *m.*

dancer **bailarín/bailarina** *m. f.*

danger **peligro** *m.* 13

dangerous **peligroso/a** *adj.*

date (*appointment*) **cita** *f.* 9; (*calendar*) **fecha** *f.* 5; (*someone*) **salir** *v.* **con (alguien)** 9
date: have a date **tener una cita** 9

daughter **hija** *f.* 3
daughter-in-law **nuera** *f.* 3

day **día** *m.* 1
day before yesterday **anteayer** *adv.* 6

deal **trato** *m.*
You've got a deal! **¡Trato hecho!**
It's not a big deal. **No es para tanto.** 12

death **muerte** *f.* 9

decaffeinated **descafeinado/a** *adj.* 15

December **diciembre** *m.* 5

decide **decidir** *v.* **(+ inf.)** 3

decided **decidido/a** *adj. p.p.* 14

declare **declarar** *v.*

deforestation **deforestación** *f.* 13

delicious **delicioso/a** *adj.* 8;
rico/a *adj.* 8; **sabroso/a** *adj.* 8

delighted **encantado/a** *adj.* 1

dentist **dentista** *m., f.* 10

deny **negar (e: ie)** *v.* 13
not to deny **no dudar** 13

department store **almacén** *m.* 6

departure **salida** *f.* 5

deposit **depositar** *v.* 14

describe **describir** *v.* 3

described **descrito/a** *p.p.* 13

desert **desierto** *m.* 13

design **diseño** *m.*

designer **diseñador(a)** *m., f.*

desire **desear** *v.* 2

desk **escritorio** *m.* 2

dessert **postre** *m.* 9

destroy **destruir** *v.* 13

develop **desarrollar** *v.* 13

diary **diario** *m.* 1

dictatorship **dictadura** *f.*

dictionary **diccionario** *m.* 1

die **morir (o:ue)** *v.* 8

died **muerto/a** *p.p.* 13

diet **dieta** *f.* 15; **alimentación**
balanced diet **dieta equilibrada** 15
be on a diet **estar a dieta** 15

difficult **difícil** *adj. m., f.* 3

digital camera **cámara** *f.* **digital** 11

dining room **comedor** *m.* 12

dinner **cena** *f.* 2, 8
have dinner **cenar** *v.* 2

direct **dirigir** *v.*

directions **direcciones** *f., pl.* 14
give directions **dar direcciones** 14

director **director(a)** *m., f.*

dirty **ensuciar** *v.;* **sucio/a** *adj.* 5
get (something) dirty **ensuciar** *v.* 12

disagree **no estar de acuerdo**

disaster **desastre** *m.*

discover **descubrir** *v.* 13

discovered **descubierto** *p.p.* 13

discrimination **discriminación** *f.*

dish **plato** *m.* 8; 12
main dish *m.* **plato principal** 8

dishwasher **lavaplatos** *m., sing.* 12

disk **disco** *m.*

disorderly **desordenado/a** *adj.* 5

dive **bucear** *v.* 4

divorce **divorcio** *m.* 9

divorced **divorciado/a** *adj.* 9
get divorced (from) **divorciarse** *v.* **(de)** 9

dizzy **mareado/a** *adj.* 10

do **hacer** *v.* 4
do aerobics **hacer ejercicios aeróbicos** 15
do household chores **hacer quehaceres domésticos** 12
do stretching exercises **hacer ejercicios de estiramiento** 15
(I) don't want to. **No quiero.** 4

doctor **doctor(a)** *m., f.* 3; **médico/a** *m., f.* 3

documentary (*film*) **documental** *m.*

dog **perro** *m.* 13

domestic **doméstico/a** *adj.*
domestic appliance **electrodoméstico** *m.* 12

done **hecho/a** *p.p.* 13

door **puerta** *f.* 2

dormitory **residencia** *f.* **estudiantil** 2

double **doble** *adj.* 5
double room **habitación** *f.* **doble** 5

doubt **duda** *f.* 13; **dudar** *v.* 13
not to doubt 13
There is no doubt **No cabe duda de** 13; **No hay duda de** 13

Down with… ! **¡Abajo el/la…!**

download **descargar** *v.* 11

downtown **centro** *m.* 4

drama **drama** *m.*

dramatic **dramático/a** *adj.*

draw **dibujar** *v.* 2

drawing **dibujo** *m.*

dress **vestido** *m.* 6
get dressed **vestirse (e:i)** *v.* 7

drink **beber** *v.* 3; **bebida** *f.* 8;

tomar v. 2
Do you want something to drink? **¿Quieres algo de tomar?**
drive **conducir** v. 8; **manejar** v. 11
driver **conductor(a)** m., f. 1
drug f. **droga** 15
drug addict **drogadicto/a** adj. 15
dry (oneself) **secarse** v. 7
due to **por** prep.
due to the fact that **debido a**
during **durante** prep. 7; **por** prep. 11
dust **sacudir** v. 12
dust the furniture **sacudir los muebles** 12
DVD player **reproductor** m. **de DVD** 11
dying: I'm dying to (for)... **me muero por...**

E

each **cada** adj. m., f. 6
eagle **águila** f.
ear (outer) **oreja** f. 10
early **temprano** adv. 7
earn **ganar** v.
earthquake **terremoto** m.
ease **aliviar** v.
east **este** m. 14
to the east **al este** 14
easy **fácil** adj. m., f. 3
eat **comer** v. 3
ecology **ecología** f. 13
economics **economía** f. 2
ecotourism **ecoturismo** m. 13
Ecuador **Ecuador** m. 1
Ecuadorian **ecuatoriano/a** adj. 3
effective **eficaz** adj. m., f.
egg **huevo** m. 8
eight **ocho** 1
eight hundred **ochocientos/as** 6
eighteen **dieciocho** 1
eighth **octavo/a** 5
eighty **ochenta** 2
either... or **o... o** conj. 7
eldest **el/la mayor** 8
elect **elegir** v.
election **elecciones** f. pl.
electric appliance **electrodoméstico** m. 12
electrician **electricista** m., f.
electricity **luz** f. 12
elegant **elegante** adj. m., f. 6
elevator **ascensor** m. 5
eleven **once** 1
e-mail **correo** m. **electrónico** 4
e-mail address **dirrección** f. **electrónica** 11
e-mail message **mensaje** m. **electrónico**
read e-mail **leer** v. **el correo electrónico** 4

embarrassed **avergonzado/a** adj. 5
embrace (each other) **abrazar(se)** v. 11
emergency **emergencia** f. 10
emergency room **sala** f. **de emergencia** 10
employee **empleado/a** m., f. 5
employment **empleo** m.
end **fin** m. 4; **terminar** v. 2
end table **mesita** f. 12
energy **energía** f. 13
engaged: get engaged (to) **comprometerse** v. **(con)** 9
engineer **ingeniero/a** m., f. 3
English (language) **inglés** m. 2; **inglés, inglesa** adj. 3
enjoy **disfrutar** v. **(de)** 15
enough **bastante** adv. 10
entertainment **diversión** f. 4
entrance **entrada** f. 12
envelope **sobre** m. 14
environment **medio ambiente** m. 13
equality **igualdad** f.
equipped **equipado/a** adj. 15
erase **borrar** v. 11
eraser **borrador** m. 2
errand f. **diligencia** 14
establish **establecer** v.
evening **tarde** f. 1
event **acontecimiento** m.
every day **todos los días** 10
everybody **todos** m., pl.
everything **todo** m. 5
Everything is under control. **Todo está bajo control.** 7
exactly **en punto** 1
exam **examen** m. 2
excellent **excelente** adj. 5
excess **exceso** m. 15
in excess **en exceso** 15
exchange **intercambiar** v.
in exchange for **por** 11
exciting **emocionante** adj. m., f.
excursion **excursión** f.
excuse **disculpar** v.
Excuse me. (May I?) **Con permiso.** 1; (I beg your pardon.) **Perdón.** 1
exercise **ejercicio** m. 15
hacer ejercicio 15
exit **salida** f. 5
expensive **caro/a** adj. 6
experience **experiencia** f.
explain **explicar** v. 2
explore **explorar** v.
expression **expresión** f.
extinction **extinción** f. 13
extremely delicious **riquísimo/a** adj. 8
extremely serious **gravísimo** adj. 13
eye **ojo** m. 10

F

fabulous **fabuloso/a** adj 5
face **cara** f. 7
facing **enfrente de** prep. 14
fact: in fact **de hecho**
fall (down) **caerse** v. 10
fall asleep **dormirse (o:ue)** v. 7
fall in love (with) **enamorarse** v. **(de)** 9
fall (season) **otoño** m. 5
fallen **caído** p.p. 13
family **familia** f. 3
famous **famoso/a** adj.
fan **aficionado/a** adj. 4
be a fan (of) **ser aficionado/a (a)** 4
far from **lejos de** prep. 2
farewell **despedida** f.
fascinate **fascinar** v. 7
fashion **moda** f. 6
be in fashion **estar de moda** 6
fast **rápido/a** adj. 10
fat **gordo/a** adj. 3; **grasa** f. 15
father **padre** m. 3
father-in-law **suegro** m. 3
favorite **favorito/a** adj. 4
fax (machine) **fax** m. 11
fear **miedo** m. 3; fear **temer** v. 13
February **febrero** m. 5
feel **sentir(se) (e:ie)** v. 7
feel like (doing something) **tener ganas de (+ inf.)** 3
festival **festival** m.
fever **fiebre** f. 10
have a fever **tener** v. **fiebre** 10
few **pocos/as** adj. pl.
fewer than **menos de (+ number)** 8
field: major field of study **especialización** f.
fifteen **quince** 1
young woman's fifteenth birthday celebration **quinceañera** f. 9
fifteen-year-old girl **quinceañera** f.
fifth **quinto/a** 5
fifty **cincuenta** 2
fight (for/against) **luchar** v. **(por/contra)**
figure (number) **cifra** f.
file **archivo** m. 11
fill **llenar** v. 11
fill out (a form) **llenar (un formulario)** 14
fill the tank **llenar** v. **el tanque** 11
finally **finalmente** adv. 15; **por último** 7; **por fin** 11
find **encontrar (o:ue)** v. 4
find (each other) **encontrar(se)** v.
fine arts **bellas artes** f., pl.
fine **multa** f.
That's fine. **Está bien.** 11
finger **dedo** m. 10
finish **terminar** v. 2

finish (*doing something*)
  terminar *v.* **de (+** *inf.***)** 4
fire **incendio** *m.*; **despedir (e:i)**
firefighter **bombero/a** *m., f.*
firm **compañía** *f.*; **empresa** *f.*
first **primer, primero/a** *adj.* 5
fish (*food*) **pescado** *m.* 8; **pescar**
  v. 5; (*live*) **pez** *m.* 13
  fish market **pescadería** *f.* 14
fisherman **pescador** *m.*
fisherwoman **pescadora** *f.*
fishing **pesca** *f.* 5
fit (*clothing*) **quedar** *v.* 7
five **cinco** 1
five hundred **quinientos/as** 6
fix (*put in working order*) **arreglar**
  v. 11
fixed **fijo/a** *adj.* 6
flag **bandera** *f.*
flank steak **lomo** *m.* 8
flat tire: We had a flat tire. **Se nos**
  pinchó una llanta. 11
flexible **flexible** *adj.* 15
flood **inundación** *f.*
floor (*of a building*) **piso** *m.* 5;
  suelo *m.* 12
  ground floor **planta baja** *f.* 5
  top floor **planta** *f.* **alta**
flower **flor** *f.* 13
flu **gripe** *f.* 10
fog **niebla** *f.* 5
foggy: It's (very) foggy. **Hay**
  (mucha) niebla. 5
folk **folklórico/a** *adj.*
follow **seguir (e:i)** *v.* 4
food **comida** *f.* 8; **alimento**
foolish **tonto/a** *adj.* 3
foot **pie** *m.* 10
football **fútbol** *m.* **americano** 4
for **para** *prep.* 11; **por** *prep.* 11
  for example **por ejemplo** 11
  for me **para mí** 8
forbid **prohibir** *v.* 10, 12
foreign **extranjero/a** *adj.*
  foreign languages **lenguas**
  f. pl. **extranjeras** 2
forest **bosque** *m.* 13
forget **olvidar** *v.* 10
fork **tenedor** *m.* 12
form **formulario** *m.* 14
forty **cuarenta** *m.* 2
four **cuatro** 1
four hundred **cuatrocientos/as** 6
fourteen **catorce** 1
fourth **cuarto/a** *m., f.* 5
free **libre** *adj. m., f.* 4
  be free (of charge) **ser gratis** 14
  free time **tiempo libre** 4; spare
  (free) time **ratos libres** 4
freedom **libertad** *f.*
freezer **congelador** *m.* 12
French **francés, francesa** *adj.* 3
  French fries **papas** *f., pl* **fritas** 8
  patatas *f., pl* **fritas** 8
frequently **frecuentemente** *adv.*

10; **con frecuencia** *adv.* 10
Friday **viernes** *m., sing.* 2
fried **frito/a** *adj.* 8
  fried potatoes **papas** *f., pl.*
  fritas 8; **patatas** *f., pl.*
  fritas 8
friend **amigo/a** *m., f.* 3
friendly **amable** *adj. m., f.* 5
friendship **amistad** *f.* 9
from **de** *prep.* 1; **desde** *prep.* 6
  from the United States
  estadounidense *m., f. adj.* 3
  from time to time **de vez en**
  cuando 10
  He/She/It is from... **Es de...**;
  I'm from... **Soy de...** 1
fruit **fruta** *f.* 8
  fruit juice **jugo** *m.* **de fruta** 8
  fruit store **frutería** *f.* 14
full **lleno/a** *adj.* 11
fun **divertido/a** *adj.* 7
  fun activity **diversión** *f.* 4
  have fun **divertirse (e:ie)** *v.* 9
function **funcionar** *v.*
furniture **muebles** *m., pl.* 12
furthermore **además (de)** *adv.* 10
future **futuro** *adj.*; **porvenir** *m.*
  Here's to the future! **¡Por el**
  porvenir!
  in the future **en el futuro**

gain weight **aumentar** *v.* **de peso**
  15; **engordar** 15
game **juego** *m.*; (*match*)
  partido *m.* 4
  game show **concurso** *m.*
garage (*in a house*) **garaje** *m.* 12;
  garaje *m.* 11; **taller**
  (mecánico) 12
garden **jardín** *m.* 12
garlic **ajo** *m.* 8
gas station **gasolinera** *f.* 11
gasoline **gasolina** *f.* 11
geography **geografía** *f.* 2
German **alemán, alemana** *adj.* 3
get **conseguir (e:i)** *v.* 4; **obtener** *v.*
  get along well/badly with
  llevarse bien/mal con 9
  get bored **aburrirse** *v.*
  get off (a vehicle) **bajar(se)** *v.*
  (de) 11
  get on/into (a vehicle) **subir(se)**
  v. **a** 11
  get out of (a vehicle) **bajar(se)**
  v. **(de)** 11
  get up **levantarse** *v.* 7
gift **regalo** *m.* 6
girl **chica** *f.* 1; **muchacha** *f.* 3
girlfriend **novia** *f.* 3
give **dar** *v.* 6, 9;
  (*as a gift*) **regalar** 9
glass (*drinking*) **vaso** *m.* 12;

vidrio *m.* 13
  (made of) glass **de vidrio** 13
glasses **gafas** *f., pl.* 6
  (sun)glasses **gafas** *f., pl.*
  (oscuras/de sol) 6
gloves **guantes** *m., pl.* 6
go **ir** *v.* 4
  go away **irse** 7
  go by boat **ir en barco** 5
  go by bus **ir en autobús** 5
  go by car **ir en auto(móvil)** 5
  go by motorcycle **ir en**
  motocicleta 5
  go by plane **ir en avión** 5
  go by subway **ir en metro** 5
  go by taxi **ir en taxi** 5
  go by the bank **pasar por el**
  banco 14
  go by train **ir en tren** 5
  go down; **bajar(se)** *v.* 11
  go fishing **ir** *v.* **de pesca** 5
  go on a hike (in the mountains)
  ir de excursión (a las
  montañas) 4; **hacer una**
  excursión 5
  go out **salir** *v.* 9
  go out (with) **salir** *v.* **(con)** 9
  go through customs **pasar** *v.*
  por la aduana 5
  go up **subir** *v.* 11
  go with **acompañar** *v.* 14
  Let's go. **Vamos.** 4
goblet **copa** *f.* 12
going to: be going to (*do some-*
  thing) **ir a (+** *inf.***)** 4
golf **golf** *m.* 4
good **buen, bueno/a** *adj.* 3, 6
  Good afternoon. **Buenas**
  tardes. 1
  Good evening. **Buenas**
  noches. 1
  Good idea. **Buena idea.** 4
  Good morning. **Buenos días.** 1
  Good night. **Buenas noches.** 1
  It's good that... **Es bueno**
  que... 12
goodbye **adiós** *m.* 1
  say goodbye (to) **despedirse** *v.*
  (de) (e:i) 7
good-looking **guapo/a** *adj.* 3
government **gobierno** *m.* 13
graduate (from/in) **graduarse** *v.*
  (de/en) 9
grains **cereales** *m., pl.* 8
granddaughter **nieta** *f.* 3
grandfather **abuelo** *m.* 3
grandmother **abuela** *f.* 3
grandparents **abuelos** *m. pl.* 3
grandson **nieto** *m.* 3
grape **uva** *f.* 8
grass **césped** *m.* 13; **hierba** *f.* 13
grave **grave** *adj.* 10
gray **gris** *adj. m., f.* 6
great **fenomenal** *adj. m., f.* 5
great-grandfather **bisabuelo** *m.* 3

great-grandmother **bisabuela** *f.* 3
green **verde** *adj. m., f.* 6
greet (each other) **saludar(se)** *v.* 11
greeting **saludo** *m.* 1
   Greetings to… **Saludos a…** 1
grilled (*food*) **a la plancha** 8
   grilled flank steak **lomo a la plancha** 8
ground floor **planta baja** *f.* 5
guest (*at a house/hotel*) **huésped** *m., f.* 5 (*invited to a function*) **invitado/a** *m., f.* 9
guide **guía** *m., f.* 13
gymnasium **gimnasio** *m.* 4

H

hair **pelo** *m.* 7
hairdresser **peluquero/a** *m., f.*
half **medio/a** *adj.* 3
   half-brother **medio hermano** 3;
   half-sister **media hermana** 3
   half-past… (*time*) **…y media** 1
hallway **pasillo** *m.* 12
ham **jamón** *m.* 8
hamburger **hamburguesa** *f.* 8
hand **mano** *f.* 1
Hands up! **¡Manos arriba!**
handsome **guapo/a** *adj.* 3
happen **ocurrir** *v.*
Happy birthday! **¡Feliz cumpleaños!** 9
happy **alegre** *adj.* 5; **contento/a** *adj.* 5; **feliz** *adj. m., f.* 5
   be happy **alegrarse** *v.* **(de)** 13
hard **difícil** *adj. m., f.* 3
hard-working **trabajador(a)** *adj.* 3
hardly **apenas** *adv.* 10
haste **prisa** *f.* 3
hat **sombrero** *m.* 6
hate **odiar** *v.* 9
have **tener** *v.* 3
   have time **tener tiempo** 4
   have to (*do something*) **tener que (+ *inf.*)** 3; **deber (+ *inf.*)**
   have a tooth removed **sacar(se) una muela** 10
he **él** 1
head **cabeza** *f.* 10
headache **dolor de cabeza** *m.* 10
health **salud** *f.* 10
healthy **saludable** *adj. m., f.* 10; **sano/a** *adj.* 10
   lead a healthy lifestyle **llevar** *v.* **una vida sana** 15
hear **oír** *v.* 4
heard **oído** *p.p.* 13
hearing: sense of hearing **oído** *m.* 10
heart **corazón** *m.* 10
heat **calor** *m.* 5

Hello. **Hola.** 1; (*on the telephone*) **Aló.** 11; **¿Bueno?** 11; **Diga.** 11
help **ayudar** *v.* 12; **servir (e:i)** *v.* 5
   help each other **ayudarse** *v.* 11
her **su(s)** *poss.* 3; (of) hers **suyo(s)/a(s)** *poss.* 11
here *adv.* **aquí** 1
   Here it is. **Aquí está.** 5
   Here we are at/in… **Aquí estamos en…** 2
Hi. **Hola.** 1
highway **autopista** *f.* 11; **carretera** *f.* 11
hike **excursión** *f.* 4
   go on a hike **hacer una excursión** 5; **ir de excursión** 4
hiker **excursionista** *m., f.* 4
hiking **de excursión** 4
hire **contratar** *v.*
his **su(s)** *poss. adj.* 3; (of) his **suyo(s)/a(s)** *poss. pron.* 11
history **historia** *f.* 2
hobby **pasatiempo** *m.* 4
hockey **hockey** *m.* 4
holiday **día** *m.* **de fiesta** 9
home **casa** *f.* 2
   home page **página** *f.* **principal** 11
homework **tarea** *f.* 2
hood **capó** *m.* 11; **cofre** *m.* 11
hope **esperar** *v.* **(+ *inf.*)** 2; **esperar** *v.* 13
   I hope (that) **Ojalá (que)** 13
horror (genre) **de horror** *m.*
hors d'oeuvres **entremeses** *m., pl.* 8
horse **caballo** *m.* 5
hospital **hospital** *m.* 10
hot: be (*feel*) (very) hot **tener (mucho) calor** 3
   It's (very) hot. **Hace (mucho) calor.** 5
hotel **hotel** *m.* 5
hour **hora** *f.* 1
house **casa** *f.* 2
household chores **quehaceres** *m. pl.* **domésticos** 12
housekeeper **ama** *m., f.* **de casa** 12
housing **vivienda** *f.* 12
How… ! **¡Qué…!** 3
   how **¿cómo?** *adv.* 1
   How are you? **¿Qué tal?** 1
   How are you? **¿Cómo estás?** *fam.* 1
   How are you? **¿Cómo está usted?** *form.* 1
   How can I help you? **¿En qué puedo servirles?** 5
   How did it go for you…? **¿Cómo le/les fue…?** 15
   How is it going? **¿Qué tal?** 1
   How is/are…? **¿Qué tal…?** 2
   How is the weather like? **¿Qué tiempo hace?** 15
   How many? **¿Cuánto(s)/a(s)?** 1

   How much does… cost? **¿Cuánto cuesta…?** 6
   How old are you? **¿Cuántos años tienes?** *fam.* 3
however **sin embargo**
hug (each other) **abrazar(se)** *v.* 11
humanities **humanidades** *f., pl.* 2
hunger **hambre** *f.* 3
hundred **cien, ciento** *m.* 2, 6
hungry: be (very) hungry **tener** *v.* **(mucha) hambre** 3
hunt **cazar** *v.* 13
hurricane **huracán** *m.*
hurry **apurarse** *v.* 15; **darse prisa** *v.* 15
   be in a (big) hurry **tener** *v.* **(mucha) prisa** 3
hurt **doler (o:ue)** *v.* 10
   It hurts me a lot… **Me duele mucho…** 10
husband **esposo** *m.* 3

I

I **Yo** 1
I am… **Yo soy…** 1
I hope (that) **Ojalá (que)** *interj.* 13
I wish (that) **Ojalá (que)** *interj.* 13
ice cream **helado** *m.* 9
   ice cream shop **heladería** *f.* 14
iced **helado/a** *adj.* 9
   iced tea **té** *m.* **helado** 8
idea **idea** *f.* 4
if **si** *conj.* 4
illness **enfermedad** *f.* 10
important **importante** *adj.* 3
   be important to **importar** *v.* 7
   It's important that… **Es importante que…** 12
impossible **imposible** *adj.* 13
   It's impossible. **Es imposible.** 13
improbable **improbable** *adj.* 13
   It's improbable. **Es improbable.** 13
improve **mejorar** *v.* 13
in **en** *prep.* 2; **por** *prep.* 11
   in the afternoon **de la tarde** 1; **por la tarde** 7
   in a bad mood **de mal humor** 5
   in the direction of **para** *prep.* 1;
   in the early evening **de la tarde** 1
   in the evening **de la noche** 1; **por la tarde** 7
   in a good mood **de buen humor** 1
   in the morning **de la mañana** 1; **por la mañana** 7
   in love (with) **enamorado/a (de)** 5
   in search of **por** *prep.* 11
in front of **delante de** *prep.* 2
increase **aumento** *m.*
incredible **increíble** *adj.* 5
inequality **desigualdad** *f.*

infection **infección** *f.* 10
inform **informar** *v.*
injection **inyección** *f.* 10
  give an injection *v.* **poner una Inyección** 10
injure (oneself) **lastimarse** 10
  injure (one's foot) **lastimarse** *v.* **(el pie)** 10
inner ear **oído** *m.* 10
inside **dentro** *adv.*
insist (on) **insistir** *v.* **(en)** 12
installments: pay in installments **pagar** *v.* **a plazos** 14
intelligent **inteligente** *adj.* 3
intend to **pensar** *v.* **(+ *inf.*)** 4
interest **interesar** *v.* 7
interesting **interesante** *adj.* 3
  be interesting to **interesar** *v.* 7
(inter)national **(inter)nacional** *adj. m., f.*
Internet **Internet** *m.* 11
interview **entrevista** *f.*; interview **entrevistar** *v.*
interviewer **entrevistador(a)** *m., f.*
introduction **presentación** *f.*
  I would like to introduce (name) to you... **Le presento a...** *form.* **Te presento a...** *fam.*
invest **invertir (e:ie)** *v.*
invite **invitar** *v.* 9
iron (clothes) **planchar** *v.* **la ropa** 12
Italian **italiano/a** *adj.* 3
its **su(s)** *poss. adj.* 3, **suyo(s)/a(s)** *poss. pron.* 11
It's me. **Soy yo.** 1

J

jacket **chaqueta** *f.* 6
January **enero** *m.* 5
Japanese **japonés, japonesa** *adj.* 3
jeans **bluejeans** *m., pl.* 6
jewelry store **joyería** *f.* 14
job **empleo** *m.*; **puesto** *m.*; **trabajo** *m.*
  job application **solicitud** *f.* **de trabajo**
jog **correr** *v.*
journalism **periodismo** *m.* 2
journalist **periodista** *m., f.* 3; **reportero/a** *m., f.*
joy **alegría** *f.* 9
  give joy **dar** *v.* **alegría** 9
joyful **alegre** *adj.* 5
juice **jugo** *m.* 8
July **julio** *m.* 5
June **junio** *m.* 5
jungle **selva, jungla** *f.* 13
just **apenas** *adv.*
  have just (*done something*) **acabar de (+ *inf.*)** 6

K

key **llave** *f.* 5
keyboard **teclado** *m.* 11
kilometer **kilómetro** *m.* 11
kind: That's very kind of you. **Muy amable.** 5
kiss **beso** *m.* 9; (each other) **besar(se)** *v.* 11
kitchen **cocina** *f.* 12
knee **rodilla** *f.* 10
knife **cuchillo** *m.* 12
know **saber** *v.* 8; **conocer** *v.* 8
know how **saber** *v.* 8

L

laboratory **laboratorio** *m.* 2
lack **faltar** *v.* 7
lake **lago** *m.* 13
lamp **lámpara** *f.* 12
land **tierra** *f.* 13
landlord **dueño/a** *m., f.* 8
landscape **paisaje** *m.* 5
language **lengua** *f.* 2
laptop (computer) **computadora** *f.* **portátil** 11
large (*clothing size*) **talla grande** 6
last **durar** *v.*; **pasado/a** *adj.* 6; **último/a** *adj.*
  last name **apellido** *m.* 3
  last night **anoche** *adv.* 6
  last week **semana** *f.* **pasada** 6
  last year **año** *m.* **pasado** 6
late **tarde** *adv.* 7
later **más tarde** 7
  See you later. **Hasta la vista.** 1; **Hasta luego.** 1
laugh **reírse (e:i)** *v.* 9
laughed **reído** *p.p.* 13
laundromat **lavandería** *f.* 14
law **ley** *f.* 13
lawyer **abogado/a** *m., f.*
lazy **perezoso/a** *adj.*
learn **aprender** *v.* **(a + *inf.*)** 3
least, at **por lo menos** *adv.* 10
leave **salir** *v.* 4; **irse** *v.* 7
  leave a tip **dejar una propina** 9
  leave behind **dejar** *v.*
  leave for (*a place*) **salir para**
  leave from **salir de**
left **izquierdo/a** *adj.* 2
  be left over **quedar** *v.* 7
  to the left of **a la izquierda de** 2
leg **pierna** *f.* 10
lemon **limón** *m.* 8
lend **prestar** *v.* 6
less **menos** *adv.* 10
  less... than **menos... que** 8
  less than **menos de (+ *number*)**
lesson **lección** *f.* 1
let **dejar** *v.* 12

let's see **a ver** 2
letter **carta** *f.* 4, 14
lettuce **lechuga** *f.* 8
liberty **libertad** *f.*
library **biblioteca** *f.* 2
license (*driver's*) **licencia** *f.* **de conducir** 11
lie **mentira** *f.* 4
life **vida** *f.* 9
  of my life **de mi vida** 15
lifestyle: lead a healthy lifestyle **llevar una vida sana** 15
lift **levantar** *v.* 15
  lift weights **levantar pesas** 15
light **luz** *f.* 12
like **como** *prep.* 8; **gustar** *v.* 7
  I like... **Me gusta(n)...** 2
  like this **así** *adv.* 10
  like very much *v.* **encantar** 7
  Do you like...? **¿Te gusta(n)...?** 2
likeable **simpático/a** *adj.* 3
likewise **igualmente** *adv.* 1
line **línea** *f.* 4; **cola** (*queue*) *f.* 14
listen (to) **escuchar** *v.* 2
  Listen! (*command*) **¡Oye!** *fam., sing.*1; **¡Oigan!** *form., pl.*
  listen to music **escuchar música** 2
  listen (to) the radio **escuchar la radio** 2
literature **literatura** *f.* 2
little (*quantity*) **poco/a** *adj.* 5; **poco** *adv.* 10
live **vivir** *v.* 3
living room **sala** *f.* 12
loan **préstamo** *m.* 14; **prestar** *v.* 6, 14
lobster **langosta** *f.* 8
located **situado/a** *adj.*
  be located **quedar** *v.* 14
long (in length) **largo/a** *adj.* 6
look (at) **mirar** *v.* 2
look for **buscar** *v.* 2
lose **perder (e:ie)** *v.* 4
  lose weight **adelgazar** *v.* 15
lost **perdido/a** *adj.* 14
  be lost **estar perdido/a** 14
lot, a **muchas veces** *adv.* 10
lot of, a **mucho/a** *adj.* 2, 3
love (*another person*) **querer (e:ie)** *v.* 4; (*inanimate objects*) **encantar** *v.* 7 ; **amor** *m.* 9
  in love **enamorado/a** *adj.* 5
  I loved it! **¡Me encantó!** 15
luck **suerte** *f.* 3
lucky: be (very) lucky **tener (mucha) suerte** 3
luggage **equipaje** *m.* 5
lunch **almuerzo** *m.* 8
  have lunch **almorzar (o:ue)** *v.* 4

M

ma'am **señora (Sra.)** *f.* 1
mad **enojado/a** *adj.* 5
magazine **revista** *f.* 4
magnificent **magnífico/a** *adj.* 5
mail **correo** *m.* 14; **enviar** *v.*,
   mandar *v.* 14
   mail carrier **cartero** *m.* 14
mailbox **buzón** *m.* 14
main **principal** *adj. m., f.* 8
maintain **mantener** *v.* 15
major **especialización** *f.* 2
make **hacer** *v.* 4
   make the bed **hacer la cama** 12
make-up **maquillaje** *m.* 7
   to put on make-up **maquillarse**
     v. 7
man **hombre** *m.* 1
manager **gerente** *m., f.*
many **mucho/a** *adj.* 3
   many times **muchas veces** 10
map **mapa** *m.* 2
March **marzo** *m.* 5
margarine **margarina** *f.* 8
marinated fish **ceviche** *m.* 8
   lemon-marinated shrimp
     ceviche *m.* **de camarón** 8
marital status **estado** *m.* **civil** 9
market **mercado** *m.* 6
   (open air) market **mercado (al**
     aire libre) 6
marriage **matrimonio** *m.* 9
married **casado/a** *adj.* 9
   get married (to) **casarse** *v.*
     (con) 9
marvelous **maravilloso/a** *adj.* 5
marvelously **maravillosamente**
   adv.
massage **masaje** *m.* 15
masterpiece **obra maestra** *f.*
match (*sports*) **partido** *m.* 4
   match **hacer** *v.* **juego (con)** 6
mathematics **matemáticas**
   f., pl. 2
matter **importar** *v.* 7
maturity **madurez** *f.* 9
maximum **máximo/a** *m.* 11
May **mayo** *m.* 5
maybe **tal vez** 5; **quizás** 5
mayonnaise **mayonesa** *f.* 8
(to, for) me **me** *pron.* 6
meal **comida** *f.* 8
means of communication **medios**
   m. pl. **de comunicación**
meat **carne** *f.* 8
mechanic **mecánico/a** *m., f.* 11
   mechanic's repair shop **taller**
     mecánico 11
media **medios** *m., pl.* **de**
   comunicación
medical **médico/a** *adj.* 10
medication **medicamento** *m.* 10
medicine **medicina** *f.* 10
medium **mediano/a** *adj.*

meet (each other) **encontrar(se)**
   v. 11; **conocerse(se)** *v.* 8
meeting **reunión** *f.*
menu **menú** *m.* 8
message (*telephone*) **recado** *m.* 11,
   mensaje *m.*
Mexican **mexicano/a** *adj.* 3
Mexico **México** *m.* 1
microwave **microonda** *f.* 12
   microwave oven **horno** *m.* **de**
     microondas 12
middle age **madurez** *f.* 9
midnight **medianoche** *f.* 1
mile **milla** *f.* 11
milk **leche** *f.* 8
million **millón** *m.* 6
million of **millón de** *m.* 6
mine **mío(s)/a(s)** *poss.* 11
mineral **mineral** *m.* 15
   mineral water **agua** *f.*
     mineral 8
minute **minuto** *m.* 1
mirror **espejo** *m.* 7
Miss **señorita (Srta.)** *f.* 1
miss **perder** *v.* 4
mistaken **equivocado/a** *adj.*
modem **módem** *m.*
modern **moderno/a** *adj.*
molar **muela** *f.* 10
mom **mamá** *f.* 3
Monday **lunes** *m., sing.* 2
money **dinero** *m.* 6
monitor **monitor** *m.* 11
month **mes** *m.* 5
monument **monumento** *m.* 4
moon **luna** *f.* 13
more **más**
   more... than **más... que** 8
   more than **más de (+ *number*)** 8
morning **mañana** *f.* 1
mother **madre** *f.* 3
mother-in-law **suegra** *f.* 3
motor **motor** *m.*
motorcycle **motocicleta** *f.* 5
mountain **montaña** *f.* 4
mouse **ratón** *m.* 11
mouth **boca** *f.* 10
move (*from one house to another*)
   mudarse *v.* 12
movie **película** *f.* 4
   movie star **estrella** *f.* **de**
     cine
   movie theater **cine** *m.* 4
Mr. **señor (Sr.)** *m.* 1
Mrs. **señora (Sra.)** *f.* 1
much **mucho/a** *adj.* 2, 3
   very much **muchísimo/a** *adj.* 2
municipal **municipal** *adj. m., f.*
murder **crimen** *m.*
muscle **músculo** *m.* 15
museum **museo** *m.* 4
mushroom **champiñón** *m.* 8
music **música** *f.* 2
musical **musical** *adj.*
musician **músico/a** *m., f.*

must **deber** *v.* (+ *inf.*) 3
   It must be... **Debe ser...** 6
my **mi(s)** *poss. adj.* 3; **mío(s)/a(s)**
   poss. pron. 11

N

name **nombre** *m.* 1
   in the name of **a nombre de** 5
   last name *m.* **apellido**
   My name is... **Me llamo...** 1
   be named **llamarse** *v.* 7
napkin **servilleta** *f.* 12
national **nacional** *adj. m., f.*
nationality **nacionalidad** *f.* 1
natural **natural** *adj. m., f.* 13
   (natural) disaster **desastre** *m.*
     (natural)
   natural resource **recurso** *m.*
     natural 13
nature **naturaleza** *f.* 13
nauseated **mareado/a** *adj.* 10
near **cerca de** *prep.* 2
neaten **arreglar** *v.* 12
necessary **necesario/a** *adj.* 12
   It is necessary that...
     Es necesario que... 12;
     Hay que
neck **cuello** *m.* 10
need **faltar** *v.* 7; **necesitar** *v.* 2
negative **negativo/a** *adj.*
neighbor **vecino/a** *m., f.* 12
neighborhood **barrio** *m.* 12
neither... nor **ni... ni** *conj.* 7; neither **tampoco** *adv.* 7
nephew **sobrino** *m.* 3
nervous **nervioso/a** *adj.* 5
network **red** *f.* 11
never **nunca** *adj.* 7; **jamás** 7
new **nuevo/a** *adj.* 6
newlywed **recién casado/a**
   m., f. 9
news **noticias** *f., pl.*;
   actualidades *f., pl.*
newscast **noticiero** *m.*
newspaper **periódico** 4; **diario** *m.*
next **próximo/a** *adj.*
   next to **al lado de** *prep.* 2
nice **simpático/a** *adj.* 3; **amable**
   adj. m., f. 5
niece **sobrina** *f.* 3
night **noche** *f.* 1
   night stand **mesita** *f.* **de**
     noche 12
nine **nueve** 1
nine hundred **novecientos/as** 6
nineteen **diecinueve** 1
ninety **noventa** 2
ninth **noveno/a** 5
no **no** 1; **ningún, ninguno/a(s)**
   adj. 7
   no one **nadie** *pron.* 7
   No problem. **Ningún**
     problema. 7

no way **de ninguna manera**
nobody **nadie** 7
none **ningún, ninguno/a(s)** *adj.* 7
noon **mediodía** *m.* 1
nor **ni** *conj.* 7
north **norte** *m.* 14
  to the north **al norte** 14
nose **nariz** *f.* 10
not **no** 1
  not any **ningún, ninguno/a(s)** *adj.* 7
  not anyone **nadie** *pron.* 7
  not anything **nada** *pron.* 7
  not bad at all **nada mal** 5
  not either **tampoco** *adv.* 7
  not ever **nunca** *adv.* 7; **jamás** *adv.* 7
  not very well **no muy bien** 1
  not working **descompuesto/a** *adj.* 11
notebook **cuaderno** *m.* 1
nothing **nada** 1; 7
noun **sustantivo** *m.*
November **noviembre** *m.* 5
now **ahora** *adv.* 2
nowadays **hoy día** *adv.*
nuclear **nuclear** *adj. m., f.* 13
  nuclear energy **energía nuclear** 13
number **número** *m.* 1
nurse **enfermero/a** *m., f.* 10
nutrition **nutrición** *f.* 15
nutritionist **nutricionista** *m., f.* 15

O

o'clock: It's... o'clock **Son las...** 1
  It's one o'clock. **Es la una.** 1
obey **obedecer (c:zc)** *v.*
obligation **deber** *m.*
obtain **conseguir (e:i)** *v.* 4; **obtener** *v.*
obvious **obvio/a** *adj.* 13
  it's obvious **es obvio** 13
occupation **ocupación** *f.*
occur **ocurrir** *v.*
ocean **océano** *m.* 5
October **octubre** *m.* 5
of **de** *prep.* 1
  Of course. **Claro que sí.; Por supuesto.**
offer **oferta** *f.* 12; **ofrecer (c:zc)** *v.* 8
office **oficina** *f.* 12
  doctor's office **consultorio** *m.* 10
often **a menudo** *adv.* 10
Oh! **¡Ay!**
oil **aceite** *m.* 8
OK **regular** *adj.* 1
  It's okay. **Está bien.**
old **viejo/a** *adj.* 3; old age **vejez** *f.* 9

older **mayor** *adj. m., f.* 3
  older brother, sister **hermano/a mayor** *m., f.* 3
oldest **el/la mayor** 8
on **en** *prep.* 2: **sobre** *prep.* 2
  on behalf of **por** *prep.* 11
  on the dot **en punto** 1
  on time **a tiempo** 10
  on top of **encima de** 2
once **una vez** 6
one **un, uno/a** *m., f., sing. pron.* 1
  one hundred **cien(to)** 6
  one million **un millón** *m.* 6
  one more time **una vez más** 9
  one thousand **mil** 6
  one time **una vez** 6
  one way (*travel*) **ida** *f.*
onion **cebolla** *f.* 8
only **sólo** *adv.* 3; **único/a** *adj.* 3
  only child **hijo/a único/a** *m., f.* 3
open **abierto/a** *adj.* 5, 13; **abrir** *v.* 3
open-air **al aire libre** 6
opera **ópera** *f.*
operation **operación** *f.* 10
opposite **en frente de** *prep.* 14
or **o** *conj.* 7
orange **anaranjado/a** *adj.* 6; **naranja** *f.* 8
orchestra **orquesta** *f.*
order **mandar** 12; (*food*) **pedir (e:i)** *v.* 8
  in order to **para** *prep.* 11
orderly **ordenado/a** *adj.* 5
ordinal (*numbers*) **ordinal** *adj.*
other **otro/a** *adj.* 6
our **nuestro(s)/a(s)** *poss. adj.* 3; *poss. pron.* 11
out of order **descompuesto/a** *adj.* 11
outside **fuera** *adv.*
outskirts **afueras** *f., pl.* 12
oven **horno** *m.* 12
over **sobre** *prep.* 2
own **propio/a** *adj.*
owner **dueño/a** *m., f* 8

P

p.m. **tarde** *f.* 1
pack (one's suitcases) **hacer** *v.* **las maletas** 5
package **paquete** *m.* 14
page **página** *f.* 11
pain **dolor** *m.* 10
  have a pain **tener** *v.* **dolor** 10
paint **pintar** *v.*
painter **pintor(a)** *m., f.*
painting **pintura** *f.* 12
pair **par** *m.* 6
pants **pantalones** *m., pl.* 6
pantyhose **medias** *f., pl.* 6
paper **papel** *m.* 2; (*report*)

informe *m.*
  paper money **billete** *m.*
paragraph **párrafo** *m.*
Pardon me. (*May I?*) **con permiso** 1; (*Excuse me.*) Pardon me. **Perdón.** 1
parents **padres** *m., pl.* 3; **papás** *m., pl.* 3
park **estacionar** *v.* 11; **parque** *m.* 4
parking lot **estacionamiento** *m.* 14
partner (*one of a married couple*) **pareja** *f.* 9
party **fiesta** *f.* 9
passed **pasado/a** *p.p.*
passenger **pasajero/a** *m., f.* 1
passport **pasaporte** *m.* 5
past **pasado/a** *adj.* 6
pastime **pasatiempo** *m.* 4
pastry shop **pastelería** *f.* 14
patient **paciente** *m., f.* 10
patio **patio** *m.* 12
pay **pagar** *v.* 6
  pay in cash **pagar** *v.* **al contado; pagar en efectivo** 14
  pay in installments **pagar** *v.* **a plazos** 14
  pay the bill **pagar la cuenta** 9
peas **arvejas** *m.* 8
peace **paz** *f.*
peach **melocotón** *m.* 8
pear **pera** *f.* 8
pen **pluma** *f.* 2
pencil **lápiz** *m.* 1
penicillin **penicilina** *f.* 10
people **gente** *f.* 3
pepper (*black*) **pimienta** *f.* 8
per **por** *prep.* 11
perfect **perfecto/a** *adj.* 5
perhaps **quizás** 5; **tal vez** 5
permission **permiso** *m.*
person **persona** *f.* 3
pharmacy **farmacia** *f.* 10
phenomenal **fenomenal** *adj.* 5
photograph **foto(grafía)** *f.* 1
physical (*exam*) **examen** *m.* **médico** 10
physician **doctor(a), médico/a** *m., f.* 3
physics **física** *f. sing.* 2
pick up **recoger** *v.* 13
picture **cuadro** *m.* 12; **pintura** *f.* 12
pie **pastel** *m.* 9
pill (tablet) **pastilla** *f.* 10
pillow **almohada** *f.* 12
pineapple **piña** *f.* 8
pink **rosado/a** *adj.* 6
place **lugar** *m.* 4; **poner** *v.* 4
plaid **de cuadros** 6
plans **planes** *m., pl.* 4
  have plans **tener planes** 4
plant **planta** *f.* 13
plastic **plástico** *m.* 13
  (made of) plastic **de plástico** 13

plate **plato** *m.* 12
  platter of fried food **fuente** *f.*
  de fritada
play **drama** *m.*; **comedia** *f.*; **jugar**
  (u:ue) *v.* 4; (*a musical*
  instrument) **tocar** *v.*; (*a role*)
  hacer el papel de; (*cards*)
  jugar a (las cartas) 5; (*sports*)
  practicar deportes 4
player **jugador(a)** *m., f.* 4
playwright **dramaturgo/a**
  m., f.
plead **rogar (o:ue)** *v.* 12
pleasant **agradable** *adj. m., f.*
Please. **Por favor.** 1
Pleased to meet you. **Mucho**
  gusto. 1; **Encantado/a.** *adj.* 1
pleasing: be pleasing to **gustar** *v.* 7
pleasure **gusto** *m.* 1; **placer** *m.* 15
  It's a pleasure to… **Gusto de**
  (+ *inf.*)
  It's been a pleasure. **Ha sido un**
  placer. 15
  The pleasure is mine. **El gusto**
  es mío. 1
poem **poema** *m.*
poet **poeta** *m., f.*
poetry **poesía** *f.*
police (force) **policía** *f.* 11
  police officer **policía** *m.*, **mujer**
  policía *f.*
political **político/a** *adj.*
politician **político/a** *m., f.*
politics **política** *f.*
polka-dotted **de lunares** 6
poll **encuesta** *f.*
pollute **contaminar** *v.* 13
polluted **contaminado/a** *m., f.* 13
  be polluted **estar contami-**
  nado/a 13
pollution **contaminación** *f.* 13
pool **piscina** *f.* 4
poor **pobre** *adj.* 6
population **población** *f.* 13
pork **cerdo** *m.* 8
  pork chop **chuleta** *f.* **de**
  cerdo 8
portable **portátil** *adj.* 11
  portable computer **computa-**
  dora *f.* **portátil** 11
position **puesto** *m.*
possessive **posesivo/a** *adj.* 3
possible **posible** *adj.* 13
  It's (not) possible. **(No) Es**
  posible. 13
post office **correo** *m.* 14
postcard **postal** *f.* 4; **tarjeta**
  postal *f.* 4
poster **cartel** *m.* 12
potato **papa** *f.* 8; **patata** *f.* 8
pottery **cerámica** *f.* 15
practice **entrenarse** *v.* 15;
  practicar *v.* 2
prefer **preferir (e:ie)** *v.* 4
pregnant **embarazada** *adj. f.* 10

prepare **preparar** *v.* 2
preposition **preposición** *f.*
prescribe (*medicine*) **recetar** *v.* 10
prescription **receta** *f.* 10
present **regalo** *m.*; **presentar** *v.*
pressure **presión** *f.*
  be under a lot of pressure **sufrir**
  muchas presiones 15
pretty **bonito/a** *adj.* 3; **bastante**
  adv. 13
price **precio** *m.* 6
  (fixed, set) price **precio** *m.* **fijo** 6
print **estampado/a** *adj.*;
  imprimir *v.* 11
printer **impresora** *f.* 11
private (*room*) **individual** *adj.*
prize **premio** *m.*
probable **probable** *adj.* 13
  It's (not) probable. **(No) Es**
  probable. 13
problem **problema** *m.* 1
profession **profesión** *f.* 3
professor **profesor(a)** *m., f.*
program **programa** *m.* 1
programmer **programador(a)**
  m., f. 3
prohibit **prohibir** *v.* 10
promotion (*career*) **ascenso** *m.*
pronoun **pronombre** *m.*
protect **proteger** *v.* 13
protein **proteína** *f.* 15
provided (that) **con tal (de) que**
  conj. 13
psychologist **psicólogo/a**
  m., f.
psychology **psicología** *f.* 2
publish **publicar** *v.*
Puerto Rican **puertorriqueño/a**
  adj. 3
Puerto Rico **Puerto Rico** *m.* 1
pull a tooth **sacar una muela**
purchases **compras** *f., pl.* 5
pure **puro/a** *adj.* 13
purple **morado/a** *adj.* 6
purse **bolsa** *f.* 6
put **poner** *v.* 4; **puesto/a** *p.p.* 13
  put (a letter) in the mailbox
  echar (una carta) al buzón
  14
  put on (*a performance*)
  presentar *v.*
  put on (*clothing*) **ponerse** *v.* 7
  put on makeup **maquillarse**
  v. 7

Q

quality **calidad** *f.* 6
quarter **trimestre** *m.* 2
  quarter after (*time*) **y cuarto** 1;
  y quince 1
  quarter to (*time*) **menos cuarto**
  1; **menos quince** 1
question **pregunta** *f.* 2

quickly **rápido** *adv.* 10
quiet **tranquilo/a** *adj.* 15
quit **dejar** *v.*
quiz **prueba** *f.* 2

R

racism **racismo** *m.*
radio (*medium*) **radio** *f.* 2
  radio (set) **radio** *m.* 11
rain **llover (o:ue)** *v.* 5; **lluvia** *f.* 13
  It's raining. **Llueve.** 5
raincoat **impermeable** *m.* 6
rainforest **bosque** *m.* **tropical** 13
raise (*salary*) **aumento de**
  sueldo
rather **bastante** *adv.* 10
read **leer** *v.* 3; **leído/a** *p.p.* 13
  read e-mail **leer correo**
  electrónico 4
  read a magazine **leer una**
  revista 4
  read a newspaper **leer un**
  periódico 4
ready **listo/a** *adj.*
  (Are you) ready? **¿(Están)**
  listos? 15
reap the benefits (of) *v.* **disfrutar**
  v. **(de)** 15
reason **razón** *f.*
receive **recibir** *v.* 3
recommend **recomendar (e:ie)**
  v. 8; 12
record **grabar** *v.* 11
recreation **diversión** *f.* 4
recycle **reciclar** *v.* 13
recycling **reciclaje** *m.* 13
red **rojo/a** *adj.* 6
red-haired **pelirrojo/a** *adj.* 3
reduce **reducir** *v.* 13
  reduce stress/tension **aliviar el**
  estrés/la tensión 15
refrigerator **refrigerador** *m.* 12
region **región** *f.* 13
regret **sentir (e:ie)** *v.* 13
related to sitting **sedentario/a**
  adj. 15
relationships **relaciones** *f., pl.* 9
relatives **parientes** *m., pl.* 3
relax **relajarse** *v.* 9
remain **quedarse** *v.* 7
remember **acordarse (o:ue)** *v.*
  (de) 7; **recordar (o:ue)** *v.* 4
remote control **control remoto**
  m. 11
rent **alquilar** *v.* 12; (*payment*)
  alquiler *m.* 12
repeat **repetir (e:i)** *v.* 4
report **informe** *m.*; **reportaje** *m.*
reporter **reportero/a** *m., f.*
representative **representante** *m., f.*
request **pedir (e:i)** *v.* 4
reservation **reservación** *f.* 5
resign (from) **renunciar (a)** *v.*

resolve **resolver (o:ue)** *v.* 13
resolved **resuelto/a** *p.p.* 13
resource **recurso** *m.* 13
responsibility **deber** *m.* **responsabilidad** *f.*
rest **descansar** *v.* 2
the rest **lo/los/las demás** *pron.*
restaurant **restaurante** *m.* 4
résumé **currículum** *m.*
retire (from work) **jubilarse** *v.* 9
return **regresar** *v.* 2; **volver (o:ue)** *v.* 4
return trip **vuelta** *f.*
returned **vuelto/a** *p.p.* 13
rice **arroz** *m.* 8
rich **rico/a** *adj.* 6
ride a bicycle **pasear** *v.* **en bicicleta** 4
ride a horse **montar** *v.* **a caballo** 5
ridiculous **ridículo/a** *adj.* 13
It's ridiculous. **Es ridículo.** 13
right **derecha** *f.* 2;
right away **enseguida** *adv.* 9
right here **aquí mismo** 11
right now **ahora mismo** 5
right there **allí mismo** 14
be right **tener razón** 3
to the right of **a la derecha de** 2
right? (*question tag*) **¿no?** 1; **¿verdad?** 1
rights **derechos** *m.*
ring (*a doorbell*) **sonar (o:ue)** *v.* 11
river **río** *m.* 13
road **camino** *m.*
roast **asado/a** *adj.* 8
roast chicken **pollo** *m.* **asado** 8
rollerblade **patinar en línea** *v.* 4
romantic **romántico/a** *adj.*
room **habitación** *f.* 5; **cuarto** *m.* 7; 13
living room **sala** *f.* 12
roommate **compañero/a** *m., f.* **de cuarto** 2
roundtrip **de ida y vuelta** 5
roundtrip ticket **pasaje** *m.* **de ida y vuelta** 5
routine **rutina** *f.* 7
rug **alfombra** *f.* 12
run **correr** *v.* 3
run errands **hacer diligencias** 14
run into (*have an accident*) **chocar (con)** *v.*; (*meet accidentally*) **encontrar(se) (o:ue)** *v.* 11; (*run into something*) **darse (con)** 10
run into (*each other*) **encontrar(se) (o:ue)** *v.* 11
rush **apurarse, darse prisa** *v.* 15
Russian **ruso/a** *adj.* 3

S

sad **triste** *adj.* 5; 13
It's sad. **Es triste.** 13
said **dicho/a** *p.p.* 13
sake: for the sake of **por**
salad **ensalada** *f.* 8
salary **salario** *m.*; **sueldo** *m.*
sale **rebaja** *f.* 6
salesperson **vendedor(a)** *m., f.* 6
salmon **salmón** *m.* 8
salt **sal** *f.* 8
same **mismo/a** *adj.* 3
sandal **sandalia** *f.* 6
sandwich **sándwich** *m.* 8
Saturday **sábado** *m.* 2
sausage **salchicha** *f.* 8
save (*on a computer*) **guardar** *v.* 11; save (*money*) **ahorrar** *v.* 14
savings **ahorros** *m.* 14
savings account **cuenta** *f.* **de ahorros** 14
say **decir** *v.* 4
say (*that*) **decir (que)** *v.* 4, 9
scarcely **apenas** *adv.* 10
scared: be (very) scared (of) **tener (mucho) miedo (de)** 3
schedule **horario** *m.* 2
school **escuela** *f.* 1
science *f.* **ciencia** 2
science fiction **ciencia ficción** *f.*
scientist **científico/a** *m., f.*
screen **pantalla** *f.* 11
scuba dive **bucear** *v.* 4
sculpt **esculpir** *v.*
sculptor **escultor(a)** *m., f.*
sculpture **escultura** *f.*
sea **mar** *m.* 5
season **estación** *f.* 5
seat **silla** *f.* 2
second **segundo/a** *adj.* 5
secretary **secretario/a** *m., f.*
sedentary **sedentario/a** *adj.* 15
see **ver** *v.* 4
see (you, him, her) again **volver a ver(te, lo, la)**
see movies **ver películas** 4
See you. **Nos vemos.** 1
See you later. **Hasta la vista.** 1; **Hasta luego.** 1
See you soon. **Hasta pronto.** 1
See you tomorrow. **Hasta mañana.** 1
seem **parecer** *v.* 8
seen **visto/a** *p.p.* 13
sell **vender** *v.* 6
semester **semestre** *m.* 2
send **enviar; mandar** *v.* 14
separate (from) **separarse** *v.* **(de)** 9
separated **separado/a** *adj.* 9
September **septiembre** *m.* 5
sequence **secuencia** *f.*
serious **grave** *adj.* 10
serve **servir (e:i)** *v.* 8

set (*fixed*) **fijo** *adj.* 6
set the table **poner la mesa** 12
seven **siete** 1
seven hundred **setecientos/as** 6
seventeen **diecisiete** 1
seventh **séptimo/a** 5
seventy **setenta** 2
sexism **sexismo** *m.*
shame **lástima** *f.* 13
It's a shame. **Es una lástima.** 13
shampoo **champú** *m.* 7
shape **forma** *f.* 15
be in good shape **estar en buena forma** 15
stay in shape **mantenerse en forma** 15
share **compartir** *v.* 3
sharp (*time*) **en punto** 1
shave **afeitarse** *v.* 7
shaving cream **crema** *f.* **de afeitar** 7
she **ella** 1
shellfish **mariscos** *m., pl.* 8
ship **barco** *m.*
shirt **camisa** *f.* 6
shoe **zapato** *m.* 6
shoe size **número** *m.* 6
shoe store **zapatería** *f.* 14
tennis shoes **zapatos** *m., pl.* **de tenis** 6
shop **tienda** *f.* 6
shopping, to go **ir de compras** 5
shopping mall **centro comercial** *m.* 6
short (*in height*) **bajo/a** *adj.* 3; (*in length*) **corto/a** *adj.* 6
short story **cuento** *m.*
shorts **pantalones cortos** *m., pl.* 6
should (*do something*) **deber** *v.* **(+ infin.)** 3
show **espectáculo** *m.*; **mostrar (o:ue)** *v.* 4
game show **concurso** *m.*
shower **ducha** *f.* 7; **ducharse** *v.* 7; **bañarse** *v.* 7
shrimp **camarón** *m.* 8
siblings **hermanos/as** *pl.* 3
sick **enfermo/a** *adj.* 10
be sick **estar enfermo/a** 10
get sick **enfermarse** *v.* 10
sightseeing: go sightseeing **hacer turismo** 5
sign **firmar** *v.* 14; **letrero** *m.* 14
silk **seda** *f.* 6; (*made of*) **de seda** 6
silly **tonto/a** *adj.* 3
silverware **cubierto** *m.*
since **desde** *prep.*
sing **cantar** *v.* 2
singer **cantante** *m., f.*
single **soltero/a** *adj.* 9
single room **habitación** *f.* **individual** 5
sink **lavabo** *m.* 7

sir **señor (Sr.)** *m.* 1
sister **hermana** *f.* 3
sister-in-law **cuñada** *f.* 3
sit down **sentarse (e:ie)** *v.* 7
six **seis** 1
six hundred **seiscientos/as** 6
sixteen **dieciséis** 1
sixth **sexto/a** 5
sixty **sesenta** 2
size **talla** *f.* 6
   shoe size *m.* **número** 6
skate (in-line) **patinar (en línea)** 4
skateboard **andar en patineta**
   v. 4
ski **esquiar** *v.* 4
skiing **esquí** *m.* 4
   water-skiing **esquí** *m.*
    acuático 4
skirt **falda** *f.* 6
sky **cielo** *m.* 13
sleep **dormir (o:ue)** *v.* 4; **sueño**
   m. 3
   go to sleep **dormirse**
    (o:ue) *v.* 7
sleepy: be (very) sleepy **tener**
   (mucho) sueño 3
slender **delgado** *adj.* 3
slim down **adelgazar** *v.* 15
slippers **pantuflas** *f.* 7
slow **lento/a** *adj.* 11
slowly **despacio** *adv.* 10
small **pequeño/a** *adj.* 3
smart **listo/a** *adj.* 5
smile **sonreír (e:i)** *v.* 9
smiled **sonreído** *p.p.* 13
smoggy: It's (very) smoggy. **Hay**
   (mucha) contaminación.
smoke **fumar** *v.* 8, 15
   (not) to smoke **(no) fumar** 15
smoking section **sección** *f.* **de**
   fumar 8
   (non) smoking section *f.* **sección**
    de (no) fumar 8
snack **merendar** *v.* 8; afternoon
   snack **merienda** *f.* 15
   have a snack **merendar** *v.*
sneakers **los zapatos de tenis** 6
sneeze **estornudar** *v.* 10
snow **nevar (e:ie)** *v.* 5; **nieve** *f.*
snowing: It's snowing. **Nieva.** 5
so (*in such a way*) **así** *adv.* 10;
   tan *adv.*
   so much **tanto** *adv.*
   so so **regular** 1, **así así**
   so that **para que** *conj.* 13
soap **jabón** *m.* 7
   soap opera **telenovela** *f.*
soccer **fútbol** *m.* 4
sociology *f.* **sociología** 2
sock **calcetín** *m.* 6
sofa **sofá** *m.* 12
soft drink **refresco** *m.* 8
software **programa** *m.* **de**
   computación 11
soil **tierra** *f.* 13
solar **solar** *adj., m., f.* 13

solar energy **energía solar** 13
solution **solución** *f.* 13
solve **resolver (o:ue)** *v.* 13
some **algún, alguno/a(s)** *adj.* 7;
   unos/as *pron./ m., f., pl; indef.*
    art. 1
somebody **alguien** *pron.* 7
someone **alguien** *pron.* 7
something **algo** *pron.* 7
sometimes **a veces** *adv.* 10
son **hijo** *m.* 3
song **canción** *f.*
son-in-law **yerno** *m.* 3
soon **pronto** *adv.* 10
   See you soon. **Hasta pronto.** 1
sorry: be sorry **sentir (e:ie)** *v.* 13
   I'm sorry. **Lo siento.** 1
   I'm so sorry. **Mil perdones.**;
    Lo siento muchísimo. 4
soup **caldo** *m.* 8; **sopa** *f.* 8
south **sur** *m.* 14
   to the south **al sur** 14
Spain **España** *f.* 1
Spanish (*language*) **español** *m.* 2;
   español(a) *adj.* 3
spare (free) time **ratos libres** 4
speak **hablar** *v.* 2
specialization **especialización** *f.*
spectacular **espectacular** *adj. m.,*
   f. 15
speech **discurso** *m.*
speed **velocidad** *f.* 11
   speed limit **velocidad** *f.*
    máxima 11
spelling **ortografía** *f.*, **ortográfi-**
   co/a *adj.*
spend (*money*) **gastar** *v.* 6
   spend time **pasar tiempo** 4
spoon (*table or large*) **cuchara** *f.* 12
sport **deporte** *m.* 4
   sports-related **deportivo/a**
    adj. 4
spouse **esposo/a** *m., f.* 3
sprain (one's ankle) **torcerse**
   (o:ue) *v.* **(el tobillo)** 10
sprained **torcido/a** *adj.* 10
   be sprained **estar torcido/a** 10
spring **primavera** *f.* 5
(city or town) square **plaza** *f.* 4
stadium **estadio** *m.* 2
stage **etapa** *f.* 9
stairs **escalera** *f.* 12
stairway **escalera** *f.* 12
stamp **estampilla** *f.* 14; **sello**
   m. 14
stand in line **hacer** *v.* **cola** 14
star **estrella** *f.* 13
start (*a vehicle*) **arrancar** *v.* 11;
   establecer *v.*
state **estado** *m.*
station **estación** *f.* 5
statue **estatua** *f.*
status: marital status **estado** *m.*
   civil 9
stay **quedarse** *v.* 7
   stay in shape **mantenerse en**

   forma 15
steak **bistec** *m.* 8
steering wheel **volante** *m.* 11
step **etapa** *f.*
stepbrother **hermanastro** *m.* 3
stepdaughter **hijastra** *f.* 3
stepfather **padrastro** *m.* 3
stepmother **madrastra** *f.* 3
stepsister **hermanastra** *f.* 3
stepson **hijastro** *m.* 3
stereo **estéreo** *m.* 11
still **todavía** *adv.* 5
stockbroker **corredor(a)** *m., f.* **de**
   bolsa
stockings **medias** *f., pl.* 6
stomach **estómago** *m.* 10
stone **piedra** *f.* 13
stop **parar** *v.* 11
   stop (*doing something*) **dejar de**
    (+ inf.) 13
store **tienda** *f.* 6
storm **tormenta** *f.*
story **cuento** *m.*; **historia** *f.*
stove **cocina, estufa** *f.* 12
straight **derecho** *adj.* 14
   straight (ahead) **derecho** 14
straighten up **arreglar** *v.* 12
strange **extraño/a** *adj.* 13
   It's strange. **Es extraño.** 13
strawberry **frutilla** *f.* 8, **fresa**
street **calle** *f.* 11
stress **estrés** *m.* 15
stretching **estiramiento** *m.* 15
   to do stretching exercises **hacer**
    ejercicios
    m. pl. **de estiramiento** 15
strike (*labor*) **huelga** *f.*
stripe **raya** *f.* 6
   striped **de rayas** 6
stroll **pasear** *v.* 4
strong **fuerte** *adj.* 15
struggle (for) **luchar** *v.* **(por)**
student **estudiante** *m., f.* 1, 2;
   estudiantil *adj.* 2
study **estudiar** *v.* 2
stuffed-up (*sinuses*) **congestio-**
   nado/a *adj.* 10
stupendous **estupendo/a** *adj.* 5
style **estilo** *m.*
suburbs **afueras** *f., pl.* 12
subway **metro** *m.* 5
   subway station **estación** *f.*
    del metro 5
success **éxito** *m.*
successful: be successful **tener**
   éxito
such as **tales como**
suddenly **de repente** *adv.* 6
suffer **sufrir** *v.* 10
   suffer an illness **sufrir una**
    enfermedad 10
sufficient **bastante** *adj.*
sugar **azúcar** *m.* 8
suggest **sugerir (e:ie)** *v.* 12
suit **traje** *m.* 6
suitcase **maleta** *f.* 1

summer **verano** *m.* 5
sun **sol** *m.* 5; 13
sunbathe **tomar** *v.* **el sol** 4
Sunday **domingo** *m.* 2
(sun)glasses **gafas** *f., pl.*
　(oscuras/de sol) 6; **lentes** *m.*
　pl. **(de sol)** 6
sunny: It's (very) sunny. **Hace**
　(mucho) sol. 5
supermarket **supermercado**
　m. 14
suppose **suponer** *v.* 4
sure **seguro/a** *adj.* 5
　be sure **estar seguro/a** 5
surf (*the Internet*) **navegar** *v.* **(en**
　Internet) 11
surprise **sorprender** *v.* 9;
　sorpresa *f.* 9
survey **encuesta** *f.*
sweat **sudar** *v.* 15
sweater **suéter** *m.* 6
sweep the floor **barrer el suelo** 12
sweets **dulces** *m., pl.* 9
swim **nadar** *v.* 4
swimming **natación** *f.* 4
　swimming pool **piscina** *f.* 4
symptom **síntoma** *m.* 10

T

table **mesa** *f.* 2
tablespoon **cuchara** *f.* 12
tablet (*pill*) **pastilla** *f.* 10
take **tomar** *v.* 2; **llevar** *v.* 6;
　take care of **cuidar** 13
　take someone's temperature
　　tomar la temperatura 10
　take (*wear*) a shoe size *v.*
　　calzar 6
　take a bath **bañarse** *v.* 7
　take a shower **ducharse** *v.* 7
　take into account **tomar** *v.* **en**
　　cuenta
　take off **quitarse** *v.* 7
　take out (*the trash*) *v.* **sacar (la**
　　basura) 12
　take photos **tomar fotos** 5;
　　sacar fotos 5
talented **talentoso/a** *adj.*
talk *v.* **hablar** 2
　talk show **programa** *m.* **de**
　　entrevistas
tall **alto/a** *adj.* 3
tank **tanque** *m.* 11
tape (*audio*) **cinta** *f.*
　tape recorder **grabadora** *f.* 1
taste **probar (o:ue)** *v.* 8
　taste + (*adj.*) **saber +** (*adj.*) 8
　taste like **saber a** 8
tasty **rico/a** *adj.* 8; **sabroso/a**
　adj. 8
tax **impuesto** *m.*
taxi **taxi** *m.* 5
tea **té** *m.* 8
teach **enseñar** *v.* 2

teacher **profesor(a)** *m., f.* 1;
　maestro/a *m., f.*
team **equipo** *m.* 4
technician **técnico/a** *m., f.*
telecommuting **teletrabajo** *m.*
telephone **teléfono** *m.* 11
　cellular telephone **teléfono** *m.*
　　celular 11
television **televisión** *f.* 11
　television set **televisor** *m.* 11
tell **contar** *v.*; **decir** *v.* 4
tell (that) **decir** *v.* **(que)** 4, 9
　tell the truth **decir la verdad** 4
　tell lies **decir mentiras** 4
temperature **temperatura** *f.* 10
ten **diez** 1
tennis **tenis** *m.* 4
　tennis shoes **zapatos** *m., pl.* **de**
　　tenis 6
tension **tensión** *f.* 15
tent **tienda** *f.* **de campaña**
tenth **décimo/a** 5
terrible **terrible** *adj. m., f.* 13
　It's terrible. **Es terrible.** 13
terrific **chévere** *adj.*
test **prueba** *f.* 2; **examen** *m.* 2
Thank you. *f., pl.* **Gracias.** 1
　Thank you (very much).
　　(Muchas) gracias. 1
　Thank you very, very much.
　　Muchísimas gracias. 9
　Thanks (a lot). **(Muchas)**
　　gracias. 1
　Thanks again. (lit. Thanks one
　　more time.) **Gracias una vez**
　　más. 9
　Thanks for everything. **Gracias**
　　por todo. 9, 15
that **que, quien, lo que** *pron.* 12
　that (one) **ése, ésa, eso**
　　pron. 6; **ese, esa,** *adj.* 6
　that (*over there*) **aquél,**
　　aquélla, aquello *pron.* 6;
　　aquel, aquella *adj.* 6
　that which **lo que** *conj.* 12
　That's not the way it is. **No es**
　　así.
　that's why **por eso** 11
the **el** *m.,* **la** *f. sing.,* **los** *m.,* **las** *f.*
　pl.
theater **teatro** *m.*
their **su(s)** *poss. adj.* 3;
　suyo(s)/a(s) *poss. pron.* 11
then **después** (*afterward*) *adv.* 7;
　entonces (*as a result*) *adv.* 7;
　luego (*next*) *adv.* 7; **pues**
　　adv. 15
there **allí** *adv.* 5
　There is/are... **Hay...** 1;
　There is/are not... **No hay...** 1
therefore **por eso** 11
these **éstos, éstas** *pron.* 6;
　estos, estas *adj.* 6
they **ellos** *m.,* **ellas** *f. pron.*
thin **delgado/a** *adj.* 3

thing **cosa** *f.* 1
think **pensar (e:ie)** *v.* 4; (believe)
　creer *v.*
　think about **pensar en** *v.* 4
third **tercero/a** 5
thirst **sed** *f.* 3
thirsty: be (very) thirsty **tener**
　(mucha) sed 3
thirteen **trece** 1
thirty **treinta** 1, 2; thirty (*minutes*
　past the hour) **y treinta; y**
　media 1
this **este, esta** *adj.*; **éste, ésta,**
　esto *pron.* 6
　This is... (*introduction*)
　　Éste/a es... 1
　This is he/she. (*on telephone*)
　　Con él/ella habla. 11
those **ésos, ésas** *pron.* 6; **esos,**
　esas *adj.* 6
those (over there) **aquéllos,**
　aquéllas *pron.* 6; **aquellos,**
　aquellas *adj.* 6
thousand **mil** *m.* 6
three **tres** 1
three hundred **trescientos/as** 6
throat **garganta** *f.* 10
through **por** *prep.* 11
throughout: throughout the world
　en todo el mundo 13
throw **echar** *v.*
Thursday **jueves** *m., sing.* 2
thus (*in such a way*) **así** *adj.*
ticket **boleto** *m.*; **pasaje** *m.* 5
tie **corbata** *f.* 6
time **vez** *f.* 6; time **tiempo** *m.* 4
　buy on time **comprar a plazos**
　　m., pl.
　have a good/bad time **pasarlo**
　　bien/mal 9
　We had a great time. **Lo**
　　pasamos de película.
　What time is it? **¿Qué hora**
　　es? 1
　(At) What time...? **¿A qué**
　　hora...? 1
times **veces** *f., pl.* 6
　many times **muchas veces** 10
　two times **dos veces** 6
tip **propina** *f.* 9
tire **llanta** *f.* 11
tired **cansado/a** *adj.* 5
　be tired **estar cansado/a** 5
title **título** *m.*
to **a** *prep.* 1
toast (*drink*) **brindar** *v.* 9
　toast **pan** *m.* **tostado**
toasted **tostado/a** *adj.* 8
　toasted bread **pan tostado** *m.* 8
toaster **tostadora** *f.* 12
today **hoy** *adv.* 2
　Today is... **Hoy es...** 2
together **juntos/as** *adj.* 9
toilet **inodoro** *m.* 7
tomato **tomate** *m.* 8
tomorrow **mañana** *f.* 1

See you tomorrow. **Hasta
mañana.** 1
tonight **esta noche** *adv.* 4
too **también** *adv.* 2; 7
too much **demasiado** *adv.* 6;
en exceso 15
tooth **diente** *m.* 7; tooth **muela** *f.*
toothpaste **pasta** *f.* **de dientes** 7
tornado **tornado** *m.*
tortilla **tortilla** *f.* 8
touch **tocar** *v.* 13
tour an area **recorrer** *v;* **excursión** *f.* 4
go on a tour **hacer una
excursión** 5
tourism **turismo** *m.* 5
tourist **turista** *m., f.* 1; **turísti-
co/a** *adj.*
toward **hacia** *prep.* 14; **para** *prep.*
11
towel **toalla** *f.* 7
town **pueblo** *m.* 4
trade **oficio** *m.*
traffic **circulación** *f.* 11; **tráfico**
m. 11
traffic signal **semáforo** *m.*
tragedy **tragedia** *f.*
trail **sendero** *m.* 13
trailhead **sendero** *m.* 13
train **entrenarse** *v.* 15; **tren** *m.* 5
train estation **estación** *f.* **(de)
tren** *m.* 5
trainer **entrenador/a** *m., f.* 15
translate **traducir** *v.* 8
trash **basura** *f.* 12
travel **viajar** *v.* 2
travel agency **agencia** *f.*
de viajes 5
travel agent **agente** *m., f.*
de viajes 5
travel documents **documentos**
pl. m. **de viaje**
traveler **viajero/a** *m., f.* 5
(traveler's) check **cheque (de
viajero)** 14
treadmill **cinta caminadora** *f.* 15
tree **árbol** *m.* 13
trillion **billón** *m.*
trimester **trimestre** *m.* 2
trip **viaje** *m.* 5
take a trip **hacer un viaje** 5
tropical forest **bosque** *m.*
tropical 13
truck **camión** *m.*
true **verdad** *adj.* 13
It's (not) true **(No) Es verdad** 13
trunk **baúl** *m.* 11
truth **verdad** *f.*
try **intentar** *v.;* **probar (o:ue)**
v. 8
try (*to do something*) **tratar de
(+** *inf.***)** 15
try on **probarse (o:ue)** *v.* 7
t-shirt **camiseta** *f.* 6
Tuesday **martes** *m., sing.* 2

tuna **atún** *m.* 8
turkey *m.* **pavo** 8
turn **doblar** *v.* 14
turn off (*electricity/appliance*)
apagar *v.* 11
turn on (*electricity/appliance*)
poner *v.* 11; **prender** *v.* 11
twelve **doce** 1
twenty **veinte** 1
twenty-eight **veintiocho** 1
twenty-five **veinticinco** 1
twenty-four **veinticuatro** 1
twenty-nine **veintinueve** 1
twenty-one **veintiún, vein-
tiuno/a** 1
twenty-seven **veintisiete** 1
twenty-six **veintiséis** 1
twenty-three **veintitrés** 1
twenty-two **veintidós** 1
twice **dos veces** 6
twin **gemelo/a** *m., f.* 3
twisted **torcido/a** *adj.* 10; be
twisted **estar torcido/a** 10
two **dos** 1
two hundred **doscientos/as** 6
two times **dos veces**

U

ugly **feo/a** *adj.* 3
uncle **tío** *m.* 3
under **bajo** *adv.* 7; **debajo de**
prep. 2
understand **comprender** *v.* 3;
entender (e:ie) *v.* 4
underwear **ropa interior** 6
unemployment **desempleo** *m.*
United States **Estados Unidos** *m.*
pl. 1
university **universidad** *f.* 2
unless **a menos que** *adv.* 13
unmarried **soltero/a** *adj.* 9
unpleasant **antipático/a** *adj.* 3
until **hasta** *prep.* 6; **hasta que**
conj. 13
up **arriba** *adv.* 15
urgent **urgente** *adj.* 12
It's urgent that… **Es urgente
que…** 12
us **nosotros,** (to, for) us *pl. pron.* 6
use **usar** *v.* 6
used for **para** *prep.* 11
useful **útil** *adj. m., f.*

V

vacation **vacaciones** *f. pl.* 5
be on vacation **estar de
vacaciones** 5
go on vacation **ir de
vacaciones** 5
vacuum **pasar** *v.* **la aspiradora** 12
vacuum cleaner **aspiradora**
f. 12

valley **valle** *m.* 13
various **varios/as** *adj. m., f. pl.* 8
VCR **videocasetera** *f.* 11
vegetables **verduras** *pl., f.* 8
verb **verbo** *m.*
very **muy** *adv.* 1
very much **muchísimo** *adv.* 2
(Very) well, thank you. **(Muy)
bien gracias.** 1
vest **chaleco** *m.*
video **video** *m.* 1
video camera **cámara** *f.* **de
video** 11
video(cassette) **video(casete)**
m. 11
videoconference **videoconferencia** *f.*
vinegar **vinagre** *m.* 8
violence **violencia** *f.*
visit **visitar** *v.* 4
visit monuments **visitar
monumentos** 4
vitamin **vitamina** *f.* 15
volcano **volcán** *m.* 13
volleyball **vóleibol** *m.* 4
vote **votar** *v.*

W

wait for **esperar** *v.* 2
waiter **camarero/a** *m., f.* 8
wake up **despertarse (e:ie)** *v.* 7
walk **caminar** *v.* 2
take a walk **pasear** *v.* 4; walk
around **pasear por** 4
walkman *walkman m.* 11
wall **pared** *f.* 12
wallet **cartera** *f.* 6
want **querer (e:ie)** *v.* 4
war **guerra** *f.*
warm (oneself) up **calentarse**
v. 15
wash **lavar** *v.* 12
wash one's face/hands **lavarse
la cara/las manos** 7
wash oneself *v.* **lavarse** 7
washing machine **lavadora** *f.* 12
wastebasket **papelera** *f.* 2
watch **mirar** *v.* 2; **reloj** *m.* 2
watch television **mirar (la)
televisión**
water **agua** *f.* 8
water pollution **contaminación
del agua** 13
water-skiing *m.* **esquí
acuático** 4
way **manera** *f.*
we **nosotros(as)** *m., f.* 1
weak **débil** *adj. m., f.* 15
wear **llevar** *v.* 6; **usar** 6
weather **tiempo** *m.*
The weather is bad. **Hace mal
tiempo.** 5
The weather is good. **Hace
buen tiempo.** 5

weaving **tejido** *m.*

Web **red** *f.* 11

website **sitio** *m.* **web** 11

wedding **boda** *f.* 9

Wednesday **miércoles** *m., sing.* 2

week **semana** *f.* 2

weekend **fin** *m.* **de semana** 4

weight **peso** *m.* 15

lift weights **levantar** *v.* **pesas** *f., pl.* 15

welcome **bienvenido(s)/a(s)** *adj.* 12

well **pues** *adv.* 2; **bueno** *adv.* 2; (Very) well, thanks. **(Muy) bien, gracias.**

well-being **bienestar** *m.* 15

well-organized **ordenado/a** *adj.* 5

west **oeste** *m.* 14

to the west **al oeste** 14

western (*genre*) **de vaqueros**

what **lo que** 12

what? **¿qué?** 1;

At what time...? **¿A qué hora...?** 1

What a... ! **¡Qué...!**

What a pleasure to... ! **¡Qué gusto (+ *inf.*)...**

What a surprise! **¡Qué sorpresa!**

What day is it? **¿Qué día es hoy?** 2

What did you say? **¿Cómo?**

What do you think? **¿Qué le/les** *form.* **parece?**

What happened? **¿Qué pasó?** 11

What is the date (today)? **¿Cuál es la fecha (de hoy)?** 5

What is the price? **¿Qué precio tiene?**

What pain! **¡Qué dolor!**

What pretty clothes! **¡Qué ropa más bonita!** 6

What size do you take? **¿Qué talla lleva/usa?** 6

What time is it? **¿Qué hora es?** 1

What's going on? **¿Qué pasa?** 1

What's happening? **¿Qué pasa?** 1

What's. . . like? **¿Cómo es...?** 3

What's new? **¿Qué hay de nuevo?** 1

What's the weather like? **¿Qué tiempo hace?** 5

What's wrong? **¿Qué pasó?** 11

What's your name? **¿Cómo se llama usted?** *form.* 1

What's your name? **¿Cómo te llamas (tú)?** *fam.* 1

when **cuando** *conj.* 7; 13

When? **¿Cuándo?** 2

where **donde**

where? (*destination*) **¿adónde?** 2; (*location*) **¿dónde?** 1

Where are you from? **¿De dónde eres (tú)?** (*fam.*) 1; **¿De dónde es (usted)?** (*form.*) 1

Where is...? **¿Dónde está...?** 2

(to) where? **¿adónde?** 2

which **que** *pron.*

which? **¿cuál?** 2; **¿qué?** 2

which one(s)? **¿cuáles?** 2

while **mientras** *adv.* 10

white **blanco/a** *adj.* 6

white wine **vino blanco** 8

who **que** *pron.* 12; **quien(es)** *pron.* 12

who? **¿quién(es)?** 1

Who is...? **¿Quién es...?** 1

Who is calling? (*on telephone*) **¿De parte de quién?** 11

Who is speaking? (*on telephone*) **¿Quién habla?** 11

whom **quien(es)** *pron.*

whole **todo/a** *adj.*

whose **¿de quién(es)?** 1

why? **¿por qué?** 2

widower/widow **viudo/a** *adj.* 9

wife **esposa** *f.* 3

win **ganar** *v.* 4

wind **viento** *m.* 5

window **ventana** *f.* 2

windshield **parabrisas** *m., sing.* 11

windy: It's (very) windy. **Hace (mucho) viento.** 5

wine **vino** *m.* 8

red wine **vino tinto** 8

white wine **vino blanco** 8

wineglass **copa** *f.* 12

winter **invierno** *m.* 5

wish **desear** *v.* 2; **esperar** *v.* 13

I wish (that) **Ojalá (que)** 13

with **con** *prep.* 2

with me **conmigo** 4, 9

with you **contigo** *fam.* 9

within (ten years) **dentro de (diez años)** *prep.*

without **sin** *prep.* 2

sin que *conj.* 13

without a doubt **sin duda**

woman **mujer** *f.* 1

wool **lana** *f.* 6

(made of) wool **de lana** 6

word **palabra** *f.* 1

work **trabajar** *v.* 2; **funcionar** *v.* 11; **trabajo** *m.*

work (*of art, literature, music, etc.*) **obra** *f.*

work out **hacer gimnasia** 15

world **mundo** *m.* 13

worldwide **mundial** *adj. m., f.*

worried (about) **preocupado/a (por)** *adj.* 5

worry (about) **preocuparse** *v.* **(por)** 7

Don't worry. **No se preocupe.** *form.* 7; **Tranquilo.** *adj.*; **No te preocupes.** *fam.* 7

worse **peor** *adj. m., f.* 8

worst **el/la peor, lo peor** 8

Would you like to...? **¿Te gustaría...?** *fam.* 4

write **escribir** *v.* 3

write a letter/post card/e-mail message **escribir una carta/(tarjeta) postal/ mensaje electrónico** 4

writer **escritor(a)** *m., f.*

written **escrito/a** *p.p.* 13

wrong **equivocado/a** *adj.* 5

be wrong **no tener razón** 3

X-ray **radiografía** *f.* 10

Y

yard **jardín** *m.* 12; **patio** *m.* 12

year **año** *m.* 5

be... years old **tener... años** 3

yellow **amarillo/a** *adj.* 6

yes **sí** *interj.* 1

yesterday **ayer** *adv.* 6

yet **todavía** *adv.* 5

yogurt **yogur** *m.* 8

You **tú** *fam.* **usted (Ud.)** *form. sing.* **vosotros/as** *m., f. fam.* **ustedes (Uds.)** *form.* 1; (to, for) you *fam. sing.* **te** *pl.* **os** 6; *form. sing.* **le** *pl.* **les** 6

You don't say! **¡No me digas!** *fam.*; **¡No me diga!** *form.* 11

You are. . . **Tú eres...** 1

You're welcome. **De nada.** 1; **No hay de qué.** 1

young **joven** *adj.* 3

young person **joven** *m., f.* 1

young woman **señorita (Srta.)** *f.*

younger **menor** *adj. m., f.* 3

younger: younger brother, sister *m., f.* **hermano/a menor** 3

youngest **el/la menor** *m., f.* 8

your **su(s)** *poss. adj. form.* 3

your **tu(s)** *poss. adj. fam. sing.* 3

your **vuestro/a(s)** *poss. adj. form. pl.* 3

your(s) *form.* **suyo(s)/a(s)** *poss. pron. form.* 11

your(s) **tuyo(s)/a(s)** *poss. fam. sing.* 11

your(s) **vuestro(s)/a(s)** *poss. fam.* 11

youth *f.* **juventud** 9

Z

zero **cero** *m.* 1

Text Credits

384–385 © Gloria Fuertes. Reprinted by permission of Fundación Gloria Fuertes.

412–413 © Marco Denevi. Falsificaciones, Buenos Aires, Corregidor, 1999. Reprinted by permission of Editorial Corregidora.

438–439 © Giaconda Belli. Reprinted by permission of the author.

Fine Art Credits

59 Diego Velázquez. *Las meninas.* 1656. Derechos reservados © Museo Nacional del Prado, Madrid.

91 Oswaldo Guayasamín. *Madre y niño en azul.* 1986. Cortesía Fundación Guayasamín. Quito, Ecuador.

118 Frida Kahlo. *Autorretrato con mono.* 1938. Oil on masonite, overall 16 X12" (40.64 x 30.48 cms). Albright-Knox Art Gallery, Buffalo, New York. Bequest of A. Conger Goodyear, 1966

389 José Antonio Velásquez. *San Antonio de Oriente.* 1957. Colección: Art Museum of the Americas, Organization of American States. Washington D.C.

Illustration Credits

Debra Spina Dixon: 410.

Hermann Mejía: 5, 12, 13, 15, 16, 20, 21, 44, 51, 65, 73 (b), 76, 84, 85, 103, 107, 114, 133, 136, 141, 145, 155, 173, 184, 185, 192, 202, 221, 235, 244, 252, 271, 281, 286, 287, 312, 315, 318, 319, 342, 351, 355, 376, 383, 431, 435.

Pere Virgili: 2–3, 32–33, 52, 55, 62–63, 73 (t), 94–95, 96, 122–123, 124, 125, 137, 140, 152–153, 154, 182–183, 210–211, 212, 242–243, 268–269, 298–299, 300, 328–329, 330, 362–363, 364, 392–393, 394, 420–421, 422.

Yayo: 9, 39, 69, 101, 131, 159, 189, 219, 249, 275, 305, 335, 369, 399, 412–413, 427.

Photography Credits

Alamy Images: **Cover** © David Noton Photography.

Martín Bernetti: 1, 3, 4, 6 (b), 10 (l), 14, 17 (l, m), 28 (b), 34, 42, 47, 63, 64 (tl,tml, tmr, bml, bmr, br), 66 (b), 72, 79 (r), 80, 86, 87 (b), 89, 95 (b), 98, (b), 115, 116, 156 (b), 165, 169 (tl, tr, ml, mr), 170, 171, 176, 177, 186 (b), 191, 193 (l), 196, 197, 215, 245, 262, 272 (b), 279, 283, 302 (b), 314, 331, 332 (b), 354, 396, (b), 406, 423, 441.

Corbis: iii © Chuck Savage. **2** © John Henley. **10** (r) © José Luis Pelaez, Inc. **17** (r) © Charles Gupton. **28** (tr) © Robert Holmes. **29** (tr) © Tony Arruza. **36** (b) © Owen Franken. **48** © Charles Gupton. **58** (tl, tr) © Patrick Ward, (m) © Elke Stolzenberg, (b) © Reuters/Heino Kalis. **59** (tl) © Paul Almasy, (tr) © Jean-Pierre Lescourret, (mr) © Tony Arruza, (br) © Dave G. Houser. **61** © Ronnie Kaufman. **64** (tr) © LWA-Dann Tardif, (bl) © Ariel Skelley. **77** © Walter Hodges. **79** (l) Warren Morgan. **87** (t) © José Luis Pelaez, Inc.,

About the Authors

José A. Blanco founded Vista Higher Learning in 1998. A native of Barranquilla, Colombia, Mr. Blanco holds degrees in Literature and Hispanic Studies from Brown University and the University of California, Santa Cruz. He has worked as a writer, editor, and translator for Houghton Mifflin and D.C. Heath and Company and has taught Spanish at the secondary and university levels. Mr. Blanco is also the co-author of several other Vista Higher Learning programs: **Vistas** at the introductory level, **Ventanas, Facetas**, and **Enfoques** at the intermediate level, and **Revista** at the advanced conversation level.

Philip Redwine Donley received his M.A. in Hispanic Literature from the University of Texas at Austin in 1986 and his Ph.D. in Foreign Language Education from the University of Texas at Austin in 1997. Dr. Donley taught Spanish at Austin Community College, Southwestern University, and the University of Texas at Austin. He published articles and conducted workshops about language anxiety management, and the development of critical thinking skills, and was involved in research about teaching languages to the visually impaired. Dr. Donley was also the co-author of **Aventuras** and **Vistas**, two other introductory college Spanish textbook programs published by Vista Higher Learning.

About the Illustrators

Yayo, an internationally acclaimed illustrator, was born in Colombia. He has illustrated children's books, newspapers, and magazines, and has been exhibited around the world. He currently lives in Montreal, Canada.

Pere Virgili lives and works in Barcelona, Spain. His illustrations have appeared in textbooks, newspapers, and magazines throughout Spain and Europe.

Born in Caracas, Venezuela, **Hermann Mejía** studied illustration at the *Instituto de Diseño de Caracas*. Hermann currently lives and works in the United States.

Mar Caribe

Barranquilla

Maracaibo

Caracas

Puerto España
Trinidad y
Tobago

Venezuela

Medellín

Georgetown

Colombia

Bogotá

Guyana

Paramaribo

R. Orinoco

Cali

Surinam

Cayena

Guayana
Francesa

Pasto

R. Magdalena

Quito

R. Negro

R. Amazonas

Belém

Ecuador

Guayaquil

Iquitos

Manaus

Perú

R. Madeira

Recife

Cordillera de los Andes

Lima

Cuzco

Salvador

Lago Titicaca

Brasil

Arequipa

La Paz

Brasilia

Arica

Bolivia

Sucre

R. Paraguay

Iquique

Belo Horizonte

Océano
Pacífico

Antofagasta

Paraguay

R. Paraná

São Paulo

Río de Janeiro

Santos

Salta

Asunción

Chile

Córdoba

R. Paraná

R. Uruguay

Porto Alegre

Valparaíso

Mendoza

Rosario

Santiago

Buenos Aires

Uruguay

Concepción

Cordillera de los Andes

Argentina

Montevideo

Bahía Blanca

Océano
Atlántico

Puerto Montt

N

O ← → E

S

Estrecho de
Magallanes

Islas Malvinas

Punta Arenas

Tierra
del Fuego

América del Sur

Islas Galápagos

Océano
Pacífico

Isla Pinta

Isla
Marchena

Isla
Genovesa

Isla
Isabela

Línea Ecuatorial

ECUADOR

Volcán Darwin

Isla Santiago
(San Salvador)

Isla
Fernandina

Puerto Ayora

Isla San
Cristóbal

Santo
Tomás

Isla Santa
Cruz

Puerto Barquerizo
Moreno

Isla
Santa María

Isla Española